Serviço Social em Tempo de Capital Fetiche

Capital financeiro, trabalho e *questão social*

EDITORA AFILIADA

Conselho Editorial da
área de Serviço Social
Ademir Alves da Silva
Dilséa Adeodata Bonetti
Elaine Rossetti Behring
Ivete Simionatto
Maria Lúcia Carvalho da Silva
Maria Lucia Silva Barroco

Dados Internacionais de Catalogação na Publicação (CIP)
(Câmara Brasileira do Livro, SP, Brasil)

Bibliografia.
ISBN 978-85-249-1345-7

07-8639	CDD-361.3

Índices para catálogo sistemático:

1. Serviço Social   361.3

Marilda Villela Iamamoto

Serviço Social em Tempo de Capital Fetiche

Capital financeiro, trabalho e *questão social*

8ª edição

SERVIÇO SOCIAL EM TEMPO DE CAPITAL FETICHE: capital financeiro, trabalho e *questão social*
Marilda Villela Iamamoto

Capa: Márcia Carnaval
Preparação dos originais: Jaci Dantas
Revisão: Viviam Silva Moreira
Composição: Linea Editora Ltda.
Assessoria editorial: Elisabete Borgianni
Assistente bilíngüe: Priscila F. Augusto
Coordenação editorial: Danilo A. Q. Morales

Nenhuma parte desta obra pode ser reproduzida ou duplicada sem autorização expressa da autora e do editor.

© 2007 by Autora

Direitos para esta edição
CORTEZ EDITORA
Rua Monte Alegre, 1074 — Perdizes
05014-001 — São Paulo-SP
Tel.: (11) 3864-0111   Fax: (11) 3864-4290
E-mail: cortez@cortezeditora.com.br
www.cortezeditora.com.br

Impresso no Brasil — fevereiro de 2014

Para Yan Toshio e Clara Miyuki, meus netos, condensação de todos os afetos e da alegria de viver.

Ao Paulo e Maria, Ronan e Dora, irmãos e amigos, síntese de aconchego, generosidade e cumplicidade na vida.

À Masuko Yamamoto (*in memoriam*), em nome da família Yamamoto, símbolo de determinação, sabedoria e delicadeza.

Razão por que fiz?
Sei ou não sei. De ás, eu pensava claro,
Acho que de bês não pensei. [...]
O senhor pense outra vez,
Repense o bem pensado. [...]

Guimarães Rosa*

---

* Rosa, G. *Grande sertão: veredas.* In: *João Guimarães Rosa.* Ficção completa em dois volumes, v. II. Rio de Janeiro, Nova Aguilar, 1994, p. 83 e p. 75.

Sumário

Prefácio ☐ José Paulo Netto 13

Introdução 19

Capítulo I ☐ A sociabilidade na órbita do capital: a invisibilidade do trabalho e radicalização da alienação 47
1. Trabalho e (re)produção das relações sociais na teoria de Marx 59
2. Desvendando o fetiche: a visibilidade do trabalho e os processos de alienação 71
   2.1. A produtividade do capital: trabalho produtivo e improdutivo 72
   2.2. A propriedade capitalista e a renda fundiária 89
   2.3. O capital fetiche 93
3. Capital financeiro na expansão monopolista 100

Capítulo II ☐ Capital fetiche, *questão social* e Serviço Social 105
1. Mundialização da economia, capital financeiro e *questão social* . 108
2. *A questão social* no Brasil 128
   2.1. Particularidades da formação histórica brasileira e *questão social* 128
   2.2. *Questão social* no Brasil contemporâneo 142

3. Sociabilidade capitalista, *questão social* e Serviço Social 155

   3.1. Preliminares 155

   3.2. *Questão social* e Serviço Social 167

      3.2.1. O debate francês sobre a *questão social* 172

      3.2.2. O debate na literatura profissional brasileira
         recente 181

   3.3. Serviço Social e as respostas político-institucionais
     à *questão social* 195

Capítulo III □ A produção teórica brasileira sobre os fundamentos
do trabalho do assistente social 209

1. Rumos da análise 210

   1.1. A condição de trabalhador assalariado 214

   1.2. O projeto profissional 222

2. Conquistas e desafios da herança recente 234

3. O debate sobre as particularidades do trabalho do assistente
social 245

   3.1. Um balanço crítico de *Relações Sociais e Serviço Social
no Brasil* 246

   3.2. A tese do sincretismo e da prática indiferenciada 264

   3.3. A tese da identidade alienada 283

   3.4. A tese da correlação de forças 293

   3.5. A tese da assistência social 301

   3.6. A tese da proteção social 311

   3.7. A tese da função pedagógica do assistente social 315

4. Fundamentos do Serviço Social: percurso de duas décadas 331

Capítulo IV □ O Serviço Social em tempo de capital fetiche 335

1. Trabalho e sociabilidade 339

   1.1. O debate sobre o processo de trabalho: o sujeito em cena 339

   1.2. Trabalho e indivíduo social 346

1.2.1. A forma histórica de individualidade social na sociedade burguesa	355
1.2.2. Processo capitalista de trabalho e indivíduo social	375
1.2.3. Classe e cultura	393
2. O trabalho do assistente social em tempo de capital fetiche	414
2.1. O trabalho do assistente social...............................	414
2.2. Ensino universitário e a formação acadêmico-profissional	432
2.3. A pós-graduação em Serviço Social e os rumos da pesquisa..	452
Bibliografia	473

Prefácio

José Paulo Netto

Abrir, na condição de prefaciador, as páginas do livro de uma Amiga é sempre algo arriscado. A tensão é óbvia — de uma parte, o comprometimento do afeto: a cumplicidade e o companheirismo construídos ao longo de décadas é um convite ao elogio quase inevitável; de outra, a responsabilidade intelectual: a exigência da seriedade que impõe o rigor do juízo cuidadoso. Este risco, sabem-no todos que já o correram, às vezes convida à diplomática leniência que é tão comum entre os cordiais colegas da academia.

Não é a minha situação neste caso preciso. E por duas razões elementares. Em primeiro lugar, os vínculos medulares que nos ligam, a Marilda e a mim — vínculos que datam de quase trinta anos —, nunca inibiram ou travaram o claro aflorar das nossas divergências e discrepâncias teóricas e políticas. Estivemos (e estamos) do mesmo lado naquilo que é o principal: a trincheira socialista e proletária nas lutas de classes; e isto com o lastro de uma arraigada pretensão de prolongar a inspiração marxista. Esta sólida ancoragem nos permitiu enfrentar com lucidez (e delicadeza, quase sempre) as interpretações e avaliações distintas que fizemos (e fazemos) de referências teóricas, bem como de impedir que opções partidárias (quando existiram, e existiram por longo tempo!) e profissionais diferentes nos separassem. Numa palavra, nossa amizade e nossos laços afetivos nunca escamotearam os diversos caminhos que trilhamos na busca do que, ambos, estamos convencidos (observe-se que uso o verbo no presente) ser a superação possível, viável e necessária da ordem do capital, pondo fim à "préhistória da humanidade", no rumo da sociedade que configure o ingresso na verdadeira "história humana".

Mas é a segunda razão a mais decisiva: sinto-me, na condição de prefaciador deste livro, inteiramente confortável *porque ele é a mais densa e substantiva contribuição que, do ponto de vista marxista, procura iluminar o Serviço Social contemporâneo no Brasil.* Isto é: a avaliação que faço deste livro *não* deriva, nem muito menos é caudatária, das relações pessoais e intelectuais que tenho para com Marilda — antes, ela decorre da qualidade intrínseca da reflexão e da crítica exemplares plasmadas em *Serviço Social em tempo de capital fetiche. Capital financeiro, trabalho e questão social.*

Considero que, no campo específico do Serviço Social, Marilda elaborou uma *obra*, e não apenas publicou livros expressivos. Desde a parte sob sua responsabilidade no já clássico *Relações sociais e Serviço Social no Brasil* (lançado originalmente em 1982, em parceria com Raul de Carvalho), passando por *Renovação e conservadorismo no Serviço Social. Ensaios críticos* (1992) e *O Serviço Social na contemporaneidade: trabalho e formação profissional* (1998), Marilda ofereceu para a solução dos problemas teóricos e profissionais do Serviço Social a mais sistemática e coerente chave heurística. Dentre todos os intelectuais vinculados ao Serviço Social que vieram (e vêm) produzindo desde o último terço do século passado, Marilda se peculiariza por ter construído uma *interpretação histórico-crítica* da profissão que, pelo seu caráter inclusivo, supera amplamente quer as análises endogenistas, quer as explicações sociologistas do Serviço Social: sua abordagem macroscópica permite seja a compreensão da função sócio-ideológica da profissão, seja a apreensão das suas particularidades operativas. A fecundidade e o peso do contributo de Marilda podem ser facilmente aferidos, entre outros indícios, pelo fato de muitas das suas formulações terem passado a constituir parte não pequena daquilo que podemos chamar de *bom senso* na cultura profissional.

A trajetória intelectual de Marilda sofre uma clara inflexão, porém, no seu livro de 2001, *Trabalho e indivíduo social.* Neste texto fundamental, Marilda deslocou-se do campo do Serviço Social e, de modo explícito, ingressou frontalmente no debate da teoria social: partindo do pretexto de uma pesquisa de campo que realizou nos anos oitenta, com vistas ao seu doutoramento, enfrentou diretamente a questão da sociabilidade fundada na atividade do trabalho. Para além de todas as outras considerações que este ensaio brilhante pode estimular, ele me parece importante por assinalar o trânsito que marca um giro no desenvolvimento da reflexão de Marilda: com este ensaio, ela se pôs abertamente no terreno da teoria social *stricto sensu*. É em *Trabalho e indivíduo social* que, a meu juízo, Marilda avança na sua intimidade com o legado marxiano, incorporando, ademais d'*O Capital*, as geniais determinações dos *Gründrisse*...

O livro que agora o leitor tem em mãos é um retorno ao Serviço Social. No entanto, Marilda não se restringe a desenvolver as idéias seminais que foram divulgadas pela primeira vez em *Relações sociais e Serviço Social no Brasil*, tal como o fizera nos livros de 1992 e 1998. O tratamento da profissão, no volume que ora se publica, é mais apurado e aprofundado, mais criativo e instigante. Penso que o salto qualitativo (porque é mesmo de salto qualitativo que se trata aqui) resulta muito mais que do amadurecimento de Marilda — que, eu diria, se encontra hoje em plena madurez intelectual —; resulta, na minha avaliação, da incorporação que, nos últimos anos (e, por isto, o significado da inflexão registrada em *Trabalho e indivíduo social*), ela operou da marxiana crítica da economia política. O Marx com que Marilda trabalhou em 1982 era, fundamentalmente, o d'*O Capital* (especialmente do Livro 1); nos últimos anos, o conhecimento desta pedra angular amplia-se com o domínio *inteiro* d'*O capital* e também dos *Gründrisse* — e isto faz toda a diferença.

Trata-se de um retorno ao Serviço Social, evidenciado especialmente nos capítulos segundo e terceiro, marcante ainda no capítulo final, com claras preocupações de ordem institucional — mas me atrevo a interpretá-lo também como uma despedida. O temerário da interpretação (o tempo dirá se ando mal em termos de futurologia...) é óbvio, mas não me inibo de formulá-la: cruzada pela autora a fronteira da preocupação teórico-profissional para o terreno da expressa teoria social, o Serviço Social será deslocado na prossecução das investigações de Marilda. Não é casual a própria arquitetura formal desde livro: ele se abre com um debate sobre o movimento *contemporâneo* do capital e só depois faz o foco incidir sobre o Serviço Social. Porém, estou convencido de que a abertura do texto não atende à demanda de construir uma "moldura", um "cenário", para a análise subseqüente do Serviço Social (seja em face de seu desenvolvimento teórico recente, seja em face das fontes a que este recorre, seja em face, ainda, dos desafios e das faticidades — mormente no âmbito da formação acadêmica — especificamente profissionais). Ao contrário: o movimento *contemporâneo* do capital, trazido à consciência teórica no primeiro capítulo, atravessa todas as páginas que se lhe seguem — da crítica às concepções acerca da "questão social", da análise dos formuladores brasileiros, até o exame das condições da formação profissional em tempos de privatização alargada e de aviltamento da educação superior.

Que não haja dúvidas: o personagem principal deste livro é *o capital em seu movimento contemporâneo*. O Serviço Social é um ator coadjuvante — e, por favor, não entendam por isso que o Serviço Social é aqui secundário; muito ao contrário: desfruta de excepcional privilégio. Já referi acima, *en passant*, e cabe declará-lo alto e bom som: a análise de autores brasileiros, aqui realizada por Marilda (ademais do destaque que cabe à sua argumentação sobre o exercício profissional do assistente social), oferece o mais articulado sumário da produção brasileira e da funcionalidade sócio-ideológica dos anos posteriores à emergência do que um dia designei como "intenção de ruptura" com o conservadorismo.

O essencial deste livro, todavia, *transcende* largamente as fronteiras do Serviço Social: é uma ambiciosa tentativa de atualizar a crítica marxiana da economia política, com uma interpretação de Marx que assenta numa perspectivação ontológica da tradição teórica por ele iniciada. É neste sentido que, visualizando aqui o Serviço Social como coadjuvante, ouso vislumbrar que, a partir deste livro, Marilda — cuja produtividade intelectual com certeza prosseguirá intensamente nos próximos anos — avançará no enfrentamento da problemática da crítica da economia política. Para afirmá-lo em poucas linhas: a "despedida" significa que, tendo dito o essencial sobre o Serviço Social, Marilda vai daqui por diante confrontar-se com outros objetos. Verifica o leitor, pois, que julgo este livro a culminação do trabalho de Marilda no campo do Serviço Social e a promessa (já adiantada em *Trabalho e indivíduo social*) de elaborações profícuas no âmbito mais largo da teoria social.

Cumpre assinalar o caráter polêmico deste livro — e, também aqui, acrescento: trata-se do mais polêmico dos livros de Marilda. Este caráter é flagrante nas análises e apreciações que Marilda opera e enuncia sobre a produção desenvolvida no âmbito do Serviço Social; muitos dos seus juízos serão, certamente, objeto de discussão — na escala, porém, em que são cuidadosamente fundados, essa discussão, se conduzida para além de critérios paroquiais e provincianos (tão comuns entre nós), seguramente haverá de ser enriquecedora. Mas a polêmica maior, penso, deve incidir sobre o que chamei de "personagem principal": a concepção que Marilda tem do movimento contemporâneo do capital — polêmica, é óbvio anotar, que ultrapassa de longe as problemáticas afetas ao Serviço Social (ainda que sobre elas se refrate fortemente).

De um lado, a *interpretação* da textualidade de Marx por Marilda — como, aliás, *toda* interpretação — pode se constituir em alvo de debate. Analistas qualificados poderão discrepar da leitura que ela realiza dos escritos marxianos e eu mesmo não subscrevo a totalidade das suas teses, conclusões e inferências. Mas todo leitor que percorrer estas páginas com seriedade haverá de creditar à autora os méritos de um extremo cuidado na argumentação, de uma notável honestidade intelectual, de um sólido esforço para realizar uma crítica imanente compatível com a grandeza das fontes. Por outro lado, conhecedores da tradição marxista poderão increpá-la pela marginalização de interlocutores que seguramente contribuiriam para aprofundar (e/ou problematizar) linhas de análise que ela explora para compreender o capitalismo contemporâneo — penso em textos emblemáticos do passado (Rosa Luxemburgo, H. Grossmann) ou em fontes menos remotas (por exemplo, a bibliografia anglo-americana pós-Dobb/ Sweezy/Baran ou, para ficar no terreno que é o da minha preferência, a *Ontologia...* do último Lukács). Essa polêmica maior, porém, se se desenvolver, tão somente realçará a relevância deste livro: comprovará, mais uma vez, a gravitação que a obra de Marilda exerce, indo muito mais além das fronteiras do Serviço Social.

Suponho — como se diria nas fazendas de Minas Gerais, bem ao gosto e ao estilo pessoal de Marilda —, após estas mal traçadas linhas, que o leitor deste livro terá compreendido por que, prefaciando o livro da minha Amiga, não me vejo constrangido nem em posição de risco. Se a Amiga é ótima, o que não passa de assunto privado, o livro é excelente — e este, sim, é tema de interesse público. E não é todos os dias que temos em mãos um livro excelente.

Que ao leitor ele ofereça bom proveito.

Recreio dos Bandeirantes, RJ
setembro de 2007

Introdução*

> No real da vida
> as coisas acabam com menos formato,
> nem acabam. Melhor assim.
> Pelejar por exato dá erro contra a gente.
> Não se queira.Viver é muito perigoso...
>
> *Guimarães Rosa*, Grande sertão: veredas**

---

* As revisões do material pré-existente, a produção de textos e a preparação desta publicação foram realizadas como atividade principal do projeto de pesquisa: *Estado, classes trabalhadoras e Serviço Social no Brasil. 2003-2006* (Leitura crítica das concepções que fundamentam a política social), com aprovação e financiamento do CNPq — Conselho Nacional de Desenvolvimento Científico e Tecnológico — e do Programa PROCIENCIA da Universidade do Estado do Rio de Janeiro (UERJ). Este projeto desdobra se em outras iniciativas nesta universidade: o Programa de Estudos e Pesquisas: *Pensamento social e realidade brasileira na América Latina e o Centro de Estudos Octávio Ianni* (CEOI), sob a coordenação desta autora. O presente estudo é parte das atividades do Programa de Cooperação Acadêmica (PROCAD) entre o Programa de Pós-Graduação em Política Social do Departamento de Serviço Social da Universidade de Brasília (UnB); Programa de Pós-Graduação em Serviço Social da Universidade do Estado do Rio de Janeiro (UERJ); Programa de Pós-Graduação em Serviço Social da Universidade Federal de Santa Catarina (UFSC); e Programa de Pós-Graduação em Serviço Social da Universidade do Rio Grande do Norte (UFRN), aprovado e financiado pela CAPES — Fundação Coordenação de Aperfeiçoamento de Pessoal de Nível Superior.

** Rosa, G. *Grande sertão: veredas*. In: *João Guimarães Rosa*. Ficção completa em dois volumes,. v. II. Rio de Janeiro: Nova Aguilar, 1994, p. 59.

É certo que me repito,
é certo que me refuto
e, que, decidido, hesito
no entra-e-sai de um minuto.

C. D. *Andrade*, Confissão*

O presente livro nasce sob o crivo da polêmica teórica e político-profissional sob vários aspectos: afirma a centralidade ao fetichismo que impregna radicalmente a sociabilidade capturada pelo capital e a inversão sujeito-objeto que o caracteriza — a humanidade a serviço de coisas sociais mercantis, ao invés destas estarem a serviço das necessidades sociais. Tem a ousadia de apresentar uma análise presidida pelo legado de uma teoria social de Marx no contrafluxo das tendências predominantes, que vigoram na academia. Assegura a pertinência dessa teoria para pensar os dilemas da sociedade aprisionada no circuito das finanças, e o Serviço Social em tempo de capital fetiche. E estabelece, ainda, um diálogo crítico com a literatura profissional recente brasileira elaborada sob inspiração daquela tradição intelectual, construído ao longo de anos no âmbito da pesquisa e da docência no País e no exterior.

Este livro propõe-se a uma análise do Serviço Social processo de (re)produção das relações sociais *no movimento global do capital*. Prioriza o redimensionamento do trabalho e da sociabilidade no tempo presente, presididos pelos mistérios dos fetichismos, que o capital assume na sua forma mais mistificada: *o capital que rende juros,* cunhado por Marx de *capital fetiche.* Ele apresenta-se numa relação ensimesmada consigo mesmo, como fonte autocriadora de valor, obscurecendo as cicatrizes de sua origem, isto é, suas relações com a apropriação de trabalho excedente não pago — ou mais-valia — que alimenta a reprodução ampliada daquele capital. Consuma assim sua aparência, enquanto coisa: capital-dinheiro que produz capital-dinheiro acrescido, como se este aumento brotasse da mera propriedade, dissociando a forma jurídica do contrato do seu conteúdo, o qual impulsiona o seu crescimento dependente da produção e da apropriação da mais-valia social.

---

* Andrade, C. D. Confissão. In: *Carlos Drummond de Andrade. Poesia e prosa*. Rio de Janeiro: Nova Aguilar, 1983, p. 441.

Nesse quadro, os dilemas do trabalho e da satisfação das necessidades sociais são obscurecidos, em favor das mercadorias e do dinheiro, enquanto produtos do capital. A hipótese analítica é que o resultado desse processo tem conduzido à banalização da vida humana, que se encontra na raiz da *questão social* na era das finanças, na qual o capital, em luta contra a sua crise, torna-se um "espectro de si mesmo", como anota Finelli (2003), parafraseando Marx: oculta e dissimula na sua superfície aparente e sedutora o processo interior que o gera e reproduz.

A mundialização financeira, em suas refrações no País, impulsiona a generalização das relações mercantis às mais recônditas esferas e dimensões da vida social, que afetam transversalmente a divisão do trabalho, as relações entre as classes e a organização da produção e distribuição de bens e serviços. Ela espraia-se na conformação da sociabilidade e da cultura, reconfigura o Estado e a sociedade civil, redimensionando as lutas sociais. O resultado tem sido uma nítida regressão aos direitos sociais e políticas públicas correspondentes, atingindo as condições e relações sociais, que presidem a realização do trabalho profissional.

O capital expande sua face financeira integrando grupos industriais associados às instituições financeiras (bancos, companhias de seguros, fundos de pensão, sociedades financeiras de investimento coletivo e fundos mútuos) que passam a comandar o conjunto da acumulação. Na busca incessante e ilimitada do aumento exponencial da riqueza quantitativa — o crescimento do valor pelo valor —, os investimentos financeiros tornam a relação social do capital com o trabalho aparentemente invisível. Intensifica-se a investida contra a organização coletiva de todos aqueles que, destituídos de propriedade, dependem de um lugar nesse mercado (cada dia mais restrito e seletivo) para produzir o equivalente de seus meios de vida. Crescem as desigualdades e o contingente de destituídos de direitos civis, políticos e sociais, potenciados pelas orientações (neo) liberais, que capturam os Estados nacionais, erigidas pelos poderes imperialistas como caminho único para animar o crescimento econômico, cujo ônus recai sobre as grandes maiorias.

O *propósito* que move essa análise é reunir subsídios para elucidar o significado da *questão social* em tempo de capital fetiche: particularidades que assume no Brasil contemporâneo, no lastro da formação histórica brasileira, dilemas de sua qualificação teórica e seu debate no Serviço Social. Mas é também um de seus objetivos centrais *entender o exercício profissional como uma especialização do trabalho social na sociedade sob a égide do capital financeiro* com o intuito de decifrar impasses e dilemas que, nesses "tempos de aflição e não de aplausos" (nos termos do poeta Ledo Ivo) incidem no trabalho e na formação profissionais. Assim, no tocante à *profissão*, recorre-se a uma leitura crítica de parcela da produção teórica recente soldada pela teoria social crítica e áreas fronteiriças referente aos fundamentos do trabalho do assistente social, produzida no País nas décadas de 80, 90 e nos anos 2000. Procura-se atribuir visibilidade aos diferentes ângulos sob os quais os autores consideram a natureza da profissão e seu significado no processo de reprodução das relações sociais: teses sustentadas e fontes teóricas que orientam o percurso das elaborações. Nesse trajeto, realiza-se um intento de crítica teórica, de parca tradição nessa área acadêmica, permitindo identificar a riqueza teórica do conjunto da produção considerada, seus fios de complementaridade e dissonâncias e indicar sendas abertas à pesquisa no Serviço Social.

O intuito é identificar avanços acumulados e desafios da herança recente para a agenda da pesquisa direcionada ao *trabalho do assistente social*. Busca-se articular a profissão — e o respectivo projeto profissional do Serviço Social no País — ao seu processamento, no qual a condição assalariada salienta-se como um determinante essencial da profissionalização do assistente social na sociedade contemporânea (Iamamoto, in: Iamamoto e Carvalho, 1982; Netto, 1992).

Na órbita da *formação profissional* — e tendo por base as alterações incidentes na universidade brasileira, que imprimem uma lógica mercantil e empresarial a essa instituição consoante as recomendações dos organismos internacionais —, *pretende-se atribuir destaque ao quadro atual do ensino universitário na área de Serviço Social,* que condensa e atribui visibilidade àquelas reorientações. Salientam-se suas repercussões na qualidade da formação acadêmica e no redimensionamento do mercado de trabalho para o assistente social. Complementando esse quadro, é apresentado o terreno da pós-graduação e da pesquisa na área de Serviço Social, com base em dados oficiais recentes, problematizando a agenda temática da pesquisa em vigor.

Preliminarmente, cabe registrar que este livro é uma *versão revista e ampliada* da tese do mesmo título apresentada, em 2005, para fins de inscrição em concurso público para preenchimento de vaga de Professor Titular do Departamento de Fundamentos Teórico-Práticos do Serviço Social, da Faculdade de Serviço Social da Universidade do Estado do Rio de Janeiro (UERJ).[1] Esse esclarecimento se faz necessário porque os requisitos estabelecidos para a tese condicionam as características assumidas pela presente publicação. Ela dispõe de um *caráter inédito*, mas é também um trabalho de *síntese da produção anteriormente acumulada*. Incorpora elementos de textos publicados em veículos de menor circulação, redimensionados no corpo desta obra,[2] assim como extratos de capítulos de livros anteriormente difundidos, estes últimos identificados ao longo da exposição.

Entretanto, o texto que ora submeto à apreciação pública, *não é um texto de ocasião*, mera formalidade para atender às exigências acadêmicas para ingresso em um concurso público universitário. Ele forma parte e é expressão de um *projeto intelectual em construção*, cujo marco inicial é o livro em co-autoria com Raul de Carvalho, *Relações sociais e Serviço Social no Brasil*, editado, pela primeira vez, em 1982, hoje em sua 21ª edição. Aquela pesquisa teve por objeto o Serviço Social, enquanto profissão no contexto de expansão do capitalismo, na sociedade brasileira, no período de 1930 a 1960, o que impõe a atualização histórica da análise. Volta-se agora ao *processamento da ação profissional*; adequando-o ao novo cenário sob a hegemonia das finanças e seu fetiche. O tema da reprodução das relações sociais é retomado como um problema a ser elucidado, tratado no movimento do capital no seu conjunto, privilegiando suas refrações na análise da *questão*

---

1. Após aposentadoria, como Professora Titular da Universidade Federal do Rio de Janeiro (UFRJ), em dezembro de 1997, no governo Cardoso — em razão de perda permanente de direitos adquiridos a que vem sendo submetido o funcionalismo público, em decorrência da chamada "reforma do Estado" sob orientação neoliberal — atuei, na qualidade de professora visitante, em universidades do Brasil e da Argentina. Nesse lapso de tempo, o maior período foi dedicado à UERJ, onde, durante quatro anos, participei ativamente da consolidação do mestrado em Serviço Social em suas atividades de ensino, pesquisa e intercâmbios; na revisão do Programa de Pós-Graduação, com a construção da proposta do curso de doutorado; e na reestruturação do projeto pedagógico do curso de graduação de Serviço Social dessa Faculdade.

2. Considerando que os extratos originam-se de publicações de minha própria autoria e estando esses elementos diluídos ao longo da análise neste livro, aquelas publicações não foram objetos de referência especial.

social, do exercício profissional e da formação universitária. Assim, o *Serviço Social em tempo de capital fetiche* representa um momento de aprofundamento, atualização e desdobramento daquela proposta analítica sobre a profissão no tempo presente.

No estudo anterior, a reprodução das relações sociais na sociedade capitalista, nos marcos da teoria social crítica, é entendida como reprodução *da totalidade concreta desta sociedade, em seu movimento e em suas contradições*. É reprodução de um modo de vida que envolve o cotidiano da vida social: um modo de viver e de trabalhar socialmente determinado. O processo de reprodução das relações sociais não se reduz à reprodução da força viva de trabalho e dos meios materiais de produção, ainda que os abarque. Ele se refere à reprodução das forças produtivas sociais do trabalho e das relações de produção na sua globalidade, envolvendo sujeitos e suas lutas sociais, as relações de poder e os antagonismos de classes. Aquele processo inclui a reprodução da vida material e espiritual, ou seja, das formas de consciência social — jurídicas, religiosas, artísticas, filosóficas e científicas — através das quais os homens tomam consciência das mudanças ocorridas nas condições materiais de produção, pensam e se posicionam perante a vida em sociedade.

Esse modo de vida implica contradições básicas: por um lado, a igualdade jurídica dos cidadãos livres é inseparável da desigualdade econômica, derivada do caráter cada vez mais social da produção, contraposta à apropriação privada do trabalho alheio. Por outro lado, ao crescimento do capital corresponde a crescente pauperização relativa do trabalhador. Essa é a lei geral da produção capitalista, que se encontra na raiz da *questão social* nessa sociedade, que se expressa sob inéditas condições no atual contexto histórico.

Assim, o processo de reprodução das relações sociais não é mera repetição ou reposição do instituído; *é também criação de novas necessidades, de novas forças produtivas sociais do trabalho, que aprofundam desigualdades e criam novas relações sociais entre os homens na luta pelo poder político e pela hegemonia entre diferentes classes e grupos na sociedade. Trata-se, pois, de uma noção aberta ao vir a ser histórico, à criação do novo.* Ela captura o movimento e a tensão das relações sociais entre as classes que as constituem, as formas mistificadas que as revestem, assim como as possibilidades de ruptura com a alienação pela ação criadora dos homens na construção da história. Esse rumo da análise recusa visões unilaterais, que apreendem dimensões isoladas da realidade, sejam elas de cunho economicista, politicista ou culturalista. A preocupação é afirmar a óptica da totalidade na apreensão da dinâmica da vida social e procurar identificar como o Serviço Social participa no processo de produção e reprodução das relações sociais.

Assim, pensar o Serviço Social na reprodução das relações sociais significa afirmar que ele participa de um mesmo movimento que permite a continuidade da sociedade de classes e cria as possibilidades de sua transformação. Como a sociedade é atravessada por projetos sociais distintos — projeto de classes para a sociedade — cria o terreno sócio-histórico para a construção de projetos profissionais também diversos, indissociáveis dos projetos mais amplos para a sociedade. Tem-se, portanto, a presença de forças sociais e políticas reais — não mera ilusão — que permitem à categoria profissional estabelecer estratégias político-profissionais no sentido de reforçar interesses das classes subalternas, alvo prioritário das ações profissionais. Sendo a profissão atravessada por relações de poder, dispõe de um caráter essencialmente político, o que não decorre apenas das intenções pessoais do assistente social, mas dos condicionantes histórico-sociais dos contextos em que se insere e atua.

Aquele estudo partia do suposto que a compreensão das determinações históricas das condições e relações sociais, que tornam o Serviço Social possível e necessário na sociedade capitalista, poderia iluminar o significado social desse tipo de especialização de trabalho coletivo, para além da aparência em que se apresenta em seu próprio discurso; e elucidar sua necessidade social e contribuição ao processo contraditório de reprodução da sociedade. A construção da análise foi presidida por uma preocupação metodológica central, aqui reafirmada: desvendar por que, na sociedade do capital, as relações sociais entre pessoas, enquanto portadoras de interesses de classes, aparecem como relações entre coisas. Os sujeitos desse processo são submersos para transparecer, na superfície da sociedade, as mercadorias que possuem e por meio das quais se relacionam. O propósito era elucidar a articulação das relações sociais e as formas sociais por meio das quais necessariamente se expressam e, simultaneamente, encobrem o seu conteúdo mais substancial. Essa proposta se repõe no presente livro ao defrontar-se com um contexto social e profissional distinto e requer atualização no campo dos fundamentos do Serviço Social.

A compreensão acerca dos *fundamentos do Serviço Social* parte do pressuposto de que a história da sociedade é o terreno privilegiado para apreensão das particularidades do Serviço Social: do seu modo de atuar e de pensar incorporados e construídos ao longo de seu desenvolvimento. Sendo a profissão um produto sócio-histórico, adquire sentido e inteligibilidade na dinâmica societária da qual é parte e expressão. Decifrar essa especialização do trabalho supõe, nesse sentido, elucidar os processos sociais que geram a sua necessidade social; o significado de suas ações no campo das relações de poder econômico e político — das relações entre as classes e destas com o Estado —, assim como o envolvimento no debate teórico e cultural de seu tempo. Portanto, situar o Serviço Social na história é distinto de uma história do Serviço Social reduzida aos muros da profissão, que tende a erigir o discurso dos profissionais como achados conclusivos da pesquisa. Esses, ao contrário, são materiais a serem submetidos ao crivo da crítica teórico-metodológica, redimensionando o seu significado no jogo das forças sociais.

Essa concepção é inspirada em uma tradição cultural que, ao privilegiar a história, reconhece não serem as categorias teóricas, com as quais se procede a análise, fruto de uma formulação autônoma e aleatória do processo de pensar. Ao contrário, as categorias teóricas são entendidas como expressões, na esfera da razão, *de modos de ser, determinações da existência,* dadas na realidade efetiva. (Marx, 1974a: 27). Estabelece-se, pois, como quesito fundamental a indissociável articulação entre conhecimento e história, entre teoria e realidade (prática social), em que o método — não se reduzindo a pautas de procedimentos para o conhecer e/ou o agir — expressa-se na lógica que organiza o processo mesmo do conhecimento. Requer que os fenômenos e processos sociais sejam re-traduzidos na esfera do pensamento, que procura aprendê-los nas suas múltiplas relações e determinações, isto é, em seu processo de constituição e de transformação, pleno de contradições e mediações (em sua totalidade).[3]

_____

3. Sobre a categoria da totalidade, ver: Marx (1974a, 1977c); Lukács (1974); Coutinho (1994).

Desvendar a profissão é, também, elucidar a *herança cultural* a partir da qual se constrói a explicação sobre o seu fazer, expressa no discurso profissional. O Serviço Social não surge como parte da divisão do trabalho entre as ciências, ainda que produza investigações que adensam o acervo das ciências sociais e humanas, hoje inscrito no circuito oficial das ciências sociais aplicadas. O Serviço Social afirma-se como uma profissão, que vem respaldando seu exercício, sistematizações, saberes e a produção científica acumulada por seus pesquisadores no acervo intelectual e cultural herdado fundamentalmente do pensamento social na modernidade,[4] sofrendo, hoje, os influxos da *crítica pós-moderna*.

Essa concepção sobre os fundamentos do trabalho do assistente social é radicalmente histórica e aberta a um vivo acompanhamento crítico do universo cultural e político contemporâneo. Ela impulsiona uma formação culta e universalista, capaz de propiciar uma leitura do exercício profissional que apreenda suas características nas múltiplas determinações e relações em que se constitui; e voltada para sedimentar uma teleologia historicamente fundada e calcada em valores e princípios éticos[5] que norteiam a formação de competências e habilidades necessárias à sua operacionalização.

A leitura do trabalho do assistente social no âmbito das relações sociais capitalistas supera os influxos liberais, que, ainda hoje, grassam as análises sobre a chamada "prática profissional" como prática do indivíduo isolado, desvinculada da trama social que cria sua necessidade e condiciona seus efeitos na sociedade. Nessas, os processos históricos são reduzidos a um contexto distinto da prática profissional, que a condiciona "externa-

---

4. Em seus primórdios, o Serviço Social estabeleceu uma interlocução privilegiada com o pensamento social católico e com o pensamento conservador europeu, tendo se secularizado em estreita aproximação com as concepções estrutural-funcionalistas difundidas nas Ciências Sociais e Humanas norte-americanas, além da incorporação de rudimentos da Psicanálise. A aproximação teórica da profissão ao universo diferenciado da tradição marxista ocorre tardiamente, a partir de meados dos anos 60, na América Latina, no bojo do conhecido "movimento de reconceituação do Serviço Social". Instaura-se, a partir de então, uma tendência ao *debate plural* no campo da idéias no meio acadêmico do Serviço Social. Assim sendo, é impossível decifrar a profissão independente do diálogo crítico com o acervo intelectual, que vem alimentando, historicamente, a cultura profissional, estabelecendo distintos parâmetros de qualificação da profissão e de sua função na sociedade.

5. Cf. CFESS. *Código de Ética do Assistente Social*. In: CRESS — 7ª Região. *Assistente Social*: ética e direitos. Coletânea de Leis e Resoluções. Rio de Janeiro: Lidador, maio 2000.

mente". A prática é tida como uma relação singular entre o assistente social e o usuário de seus serviços — o "cliente" —, com frágil conhecimento das expressões da *questão social* e das políticas sociais correspondentes. Essa visão a-histórica tende a subestimar o rigor teórico-metodológico na análise da sociedade e da profissão, — desqualificado como "teoricismo" — em favor das versões empiristas, pragmáticas e descritivas da sociedade e do exercício profissional, enraizadas em um positivismo camuflado sob um discurso progressista de esquerda. Nessa perspectiva, reivindica-se que a formação universitária privilegie a construção de estratégias, técnicas e formação de habilidades — centrando-se no *como fazer* — a partir da justificativa de que o Serviço Social é uma "profissão voltada à intervenção no social". Este caminho está fadado a criar um profissional que, aparentemente sabe fazer, mas não consegue explicar as razões, o conteúdo, a direção social e os efeitos de seu trabalho na sociedade. O assistente social fruto dessa formação corre o perigo de ser reduzido a um mero "técnico", delegando aos outros — cientistas sociais, filósofos, historiadores, economistas etc. — a tarefa de pensar a sociedade. O resultado é um profissional mistificado e da mistificação, dotado de uma frágil identidade com a profissão.

Assim, a condução do trabalho profissional tende a oscilar entre o *voluntarismo messiânico*, que superestima os propósitos do sujeito individual e as possibilidades transformadoras da profissão, como se a determinação da vida social fosse um produto da consciência; e o *fatalismo,* fruto de uma naturalização da ordem do capital dotada de um caráter perene, resultando numa visão perversa da profissão, que a ela deve se adequar.

Na década de 80, sob o impulso das lutas políticas na defesa da democracia e dos direitos sociais, afirma-se a maioridade acadêmica dos assistentes sociais impulsionada pela pós-graduação, pelo crescimento do mercado editorial e por uma fértil produção acadêmica que ultrapassa os muros profissionais, permitindo uma interlocução teórica, no mesmo patamar, com áreas conexas de maior tradição na pesquisa social.

A preocupação aqui expressa com o Serviço Social no processo de produção e reprodução das relações sociais desdobra-se, atualmente, na busca de apreender o processo de realização desse trabalho especializado — ou seja, o trabalho vivo — como atividade do sujeito, no âmbito da organização social e técnica do trabalho nas condições e relações sociais conformadas pela mundialização financeira. O fio que conduz a presente análise é o *trabalho*, em suas indissociáveis dimensões de trabalho útil e trabalho abstrato, permitindo articular e ampliar um conjunto de determinações e mediações que foram alvo da literatura brasileira recente voltada à fundamentação do Serviço Social.

O diálogo crítico no campo dos fundamentos históricos e teórico-metodológicos necessários ao Serviço Social, transversal a esta obra, é expressão da *autonomia intelectual* que se requer de um pesquisador em sua maturidade acadêmica e profissional. Extrapolando uma síntese da produção acumulada, realiza-se uma *interlocução intelectual e política* com o conhecimento coletivamente construído e historicamente determinado. Cabe ao intelectual *fazer perguntas, romper as barreiras das especialidades* e assumir *o desafio de construir a crítica teórica* que alimenta o avanço da produção científica. Ela impõe um trabalho rigoroso: apropriar-se, com fidelidade, das propostas dos interlocutores e da lógica que preside suas elaborações; identificar os interesses sociais que elas veiculam, a relação que essa produção estabelece com o pensamento social de sua época, identificando as condições sócio-históricas que impõem limites e possibilidades da atividade científica. Esse foi o esforço efetuado.

A motivação que funda a presente análise parte da hipótese de que a concepção de profissão na divisão social e técnica do trabalho, apresentada pela autora, em 1982, tornou-se de domínio público, mas não os seus fundamentos. Entretanto eles indicam um percurso teórico-metodológico capaz de elucidar o significado social do exercício profissional do assistente social na divisão social e técnica do trabalho coletivo: como ele participa do processo de produção e reprodução das relações sociais. Daí a necessidade de retomá-los, incorporando e ampliando a abordagem anterior, tendo em vista recolher elementos que permitam atualizar e fundamentar a *leitura do trabalho do assistente social como uma especialização do trabalho coletivo na sociedade presente*.

Em relação à análise de minha autoria, contida na primeira parte do livro *Relações Sociais e Serviço Social*, existe um elo de *continuidade e de superação*. A *continuidade* está na busca de atribuir visibilidade à *alienação*, indissociável do capital como relação social reificada, reposta do pensamento fetichista que transforma as relações sociais, baseadas nos elementos materiais da riqueza em atributos de coisas sociais (mercadorias) e converte a própria relação social em coisa, expressa no equivalente geral, o dinheiro. Ou seja, na sociedade burguesa, quanto mais se desenvolve a produção, mais as relações sociais se alienam dos próprios homens, confrontando-se como potências externas que os dominam. Essa inversão sujeito e objeto, inerente ao capital como relação social, é expressão da histórica da auto-alienação humana. Resulta na progressiva *reificação* das categorias econômicas, cujas origens encontram-se na economia mercantil.

A *superação* consiste em efetuar a leitura da reprodução das relações sociais *no processo global do capital social total*, em que cada capital constitui fração autonomizada do capital social na sua totalidade. Assim, a reprodução envolve o processo imediato de produção e a fase de circulação, seu ciclo periódico que constitui a *rotação do capital*, em que se produz e reproduz as correspondentes relações de produção e de distribuição. O processo de produção no seu fluxo permanente de renovação é também o seu processo de reprodução: desenvolve as forças produtivas sociais do trabalho e o capital frente ao trabalhador como riqueza alheia que o domina e é por ele produzido e reproduzido de forma ampliada. No mesmo movimento desenvolve sua pobreza, subordinação subjetiva e inconformismo. Cresce o proletariado laborioso, ao mesmo tempo em que são criadas as condições materiais de uma vida social conformada de maneira nova.

Este livro, em seu capítulo de abertura, *A sociabilidade na órbita do capital: a invisibilidade do trabalho e radicalização da alienação*, trata de um tema determinante e de maior abstração: o caráter da sociabilidade sob a órbita do capital, no domínio de sua face financeira e seus fetichismos — "essa religião da vida diária" —, que radicaliza antagonismos, desigualdades e lutas sociais condensados na *questão social*. A reprodução das relações sociais é tratada no seu vir a ser, como totalidade histórica não acabada, resgatando o movimento global do capital, seu ciclo ininterrupto de produção, distribuição, troca e consumo. Essa ampliação da abrangência da análise, antes centrada privilegiadamente na esfera da produção, permite apreender os fetiches presentes na totalidade das formas de produção e de distribuição da mais-valia social: lucro comercial e industrial, o juro e a renda da terra, partes do mesmo trabalho social materializado produzido pelo trabalhador coletivo.

O valor produzido anualmente divide-se em capital e rendas (renda do solo, lucro e salário), o que supõe o capital como relação social. Atribui-se especial relevo à mistificação do processo social de produção tal como se consuma na forma irracional e alienada das fontes de rendimento: "capital-juro", "terra-renda" e "trabalho-salário", apresentadas independentes entre si, desvinculando as relações de produção das de distribuição, e obscurecendo o fato dessas fontes de rendimento serem partes do trabalho social materializado.

O texto indaga sobre as abordagens correntes sobre *trabalho e reprodução das relações sociais, tomadas como um dado* e não como um *problema a ser elucidado* — o que se encontra na base de muitos dos dilemas da análise do trabalho do assistente social. Verifica a freqüente redução do trabalho na sociedade burguesa *a trabalho concreto* — ao seu processo técnico-material — esvaziado de sua dimensão de trabalho abstrato, marca do caráter social do trabalho nessa sociedade; a reiterada *segmentação entre produção* — reduzida ao trabalho fabril nos moldes clássicos — e a *reprodução*, restrita a um de seus elementos, a reprodução da força de trabalho; o *trabalho restrito ao trabalho material*, como transformação imediata da natureza, segmentada da forma assumida pelas relações sociais que lhe dão vida, resvalando nas armadilhas da reificação: a materialização das relações sociais e a personificação das coisas.

Esses descaminhos incidem na arena profissional. Sobressai, aí, a tendência majoritária de tratar as particularidades da profissão e do trabalho concreto do assistente social na divisão social e técnica do trabalho social — necessária às diferenciações entre as profissões — elidindo, entretanto, suas implicações no circuito da produção e distribuição do valor e/ou da mais-valia, como se a "forma-valor fosse um mero cerimonial" na sociedade presente.

Para a elucidação desses dilemas realiza-se um resgate da teoria do valor trabalho na obra de Marx. Seu ponto de partida é o trabalho — e não o valor — e a estrutura da sociedade mercantil, *onde o caráter social do trabalho só pode expressar-se no valor mercantil*. O trabalho que *cria valor* é uma forma histórica específica de trabalho: o *trabalho concreto*, que produz valores de uso e satisfazem necessidades sociais "do estômago ou da fantasia" (Marx, 1985b, t. I, v. I). Abstraídas as particularidades dos trabalhos úteis, resta a objetividade das mercadorias enquanto valores na medida em que são expressão da mesma unidade social: trabalho humano em geral ou trabalho abstrato socialmente igual — e não fisiologicamente igual — em que cada hora de trabalho corresponde a igual parcela do trabalho total da sociedade. Na sociedade mercantil, o trabalho concreto de produtores privados, de qualidade determinada, só se mostra igual ao trabalho dos demais, quando igualado por meio da troca dos produtos. *O trabalho abstrato supõe a igualação social de diferentes tipos de trabalho, que se realiza na forma específica de igualação dos produtos do trabalho na troca.* Nela, ao mesmo tempo em que se confirma o caráter útil do trabalho corporificado nos produtos — que devem ter um valor de uso para outros —, realiza-se a equivalência de valores contidos nos produtos do trabalho, atestando o seu caráter de trabalho social. Ela supõe abstrair as formas úteis assumidas pelo trabalho concreto, útil, contido nas mercadorias, permitindo que o trabalho aí presente surja como gelatina de trabalho humano indistinto, parte alíquota do trabalho social médio: trabalho humano abstrato.

Assim, o trabalho como fenômeno social, medido pelo tempo de trabalho socialmente necessário à produção das mercadorias, só pode *expressar-se* por meio da *forma do valor ou valor de troca.* Só no processo de troca o trabalho privado se confirma como trabalho social — *mostra o seu caráter geral* — o que supõe um equivalente geral, o dinheiro, que permita trocar trabalho privado por outro trabalho privado. Em outros termos, na sociedade mercantil o trabalho privado só se mostra social por meio do valor de troca que o revela como trabalho abstrato, parte de uma mesma massa social de trabalho homogêneo. Exatamente por isto, o valor de troca não é mero acessório na leitura de qualquer tipo de especialização do trabalho, não sendo suficiente pensar o trabalho do assistente social como mero trabalho concreto, na qualidade que o diferencia de outros tipos de trabalho.

No intuito de desvendar os *fetiches* presentes no processo de produção e reprodução do capital como relação social é considerada: a) a *"produtividade do capital"*, ou *como, e por meio de que, o trabalho se manifesta como trabalho produtivo e improdutivo frente ao capital,* recorrendo-se para tanto ao conjunto dos extratos da obra de Marx sobre o tema; b) *a propriedade fundiária* e renda fundiária; c) o ápice da *fetichização presente no "capital-dinheiro" que rende juros* — o "capital fetiche", nos termos de Marx. Ela representa a mera propriedade do dinheiro como meio de apropriar-se do trabalho alheio presente e futuro à margem do processo de produção, obscurecendo seu caráter antagônico frente ao trabalho.

O debate sobre *trabalho produtivo e improdutivo* — um dos mais controversos da leitura de Marx — é enfrentado mediante uma leitura do tema no conjunto da obra do autor. Esse debate também objetiva acumular elementos para uma leitura do significado social do trabalho do assistente social nas particulares relações sociais em que se inscreve — no Estado, nas empresas capitalistas, nas instituições filantrópicas, nas Organizações Não-Governamentais e em organizações dos trabalhadores —, suas implicações enquanto trabalho produtivo ou improdutivo.

A produtividade do capital, expressão da força produtiva do *trabalho e das condições de seu desenvolvimento* aparece socialmente ao reverso: como obra do capital contra o trabalho, como poder do trabalho materializado sobre o trabalho vivo. Indaga-se: como e por meio de que o trabalho manifesta-se como produtivo para o capital? Trata-se do trabalho produtivo de mais-valia. Considerando o caráter cooperativo do trabalho, a noção de trabalho produtivo *amplia-se*, pois para trabalhar produtivamente exige ser membro de um trabalhador coletivo, executando uma de suas funções. Mas a noção *se retrai* porquanto a produção capitalista não é só produção de mercadorias, mas de mais-valia. Ora, só é produtivo o trabalhador que produz mais-valia para o capital, que serve à autovalorização do capital no processo real de produção, o que não envolve qualquer relação entre atividade e efeito útil, porque é um atributo que não diz respeito ao caráter concreto do trabalho. Trabalho produtivo é o que se troca por dinheiro enquanto capital, ou o que se troca diretamente pela parte variável do capital (investida em salários), que não só a repõe, mas cria um valor novo, produz uma mais-valia para o capitalista (produtividade relativa e não absoluta: não só reproduz o valor do capital adiantado na compra da força de trabalho). Trabalho improdutivo é o que é trocado por renda: salário ou lucro (incluindo juro, renda fundiária e lucro comercial). Os custos de circulação — tempo de compra e venda — representando a transferência de propriedade são necessários à realização do valor. Mas o trabalho afeto aos custos de circulação não cria mais-valia, embora o assalariado produza tanto trabalho necessário, por meio do qual lhe é transferido parte do produto social sob a forma de salário, quanto trabalho excedente, pois parte de seu tempo de trabalho é apropriada gratuita pelo capital comercial em sua função de realização do valor. A lei geral é a de que os custos de circulação — que só se originam de uma *transformação formal da mercadoria* — não agregam valor ao capital. Não se incluem aí os custos de conservação da mercadoria — formação de estoques e transporte —, em que o caráter produtivo do trabalho é apenas "ocultado" pela forma de circulação.

O texto referencia o debate de Marx com Adam Smith sobre o tema, visto que muitas interpretações difundidas como de Marx se referem, de fato, a Smith. Existem duas posições contrapostas presentes na concepção de Adam Smith: a) trabalho produtivo é o que produz capital, na linha tratada por Marx; b) é o trabalho que se *realiza em mercadoria*, em objeto duradouro, *e apenas repõe o valor consumido,* um ponto de vista muito mais elementar do que aquele que produz capital. Aí Smith lê a *produção capitalista* com *mera produção de mercadoria*, destituindo a particularidade do capital como relação social e *privilegia a diferença material entre mercadoria e serviços*, confundindo forma social com forma material. Como alerta Marx, quando se fala em mercadoria fala-se de uma existência figurada, puramente social que nada tem a ver com sua realidade corpórea. A mercadoria é representada por determinada quantidade de trabalho social — expresso no dinheiro —, sendo possível que o trabalho concreto não deixe nela qualquer marca, como no caso dos produtos agrícolas.

Outro destaque importante no capítulo de abertura refere-se à leitura de Marx sobre o *capital que rende juros:* o capital dinheiro aparece na superfície numa relação consigo mesmo, como fonte independente de valor, pois o juro aparece como brotando da mera *propriedade* do capital, separada de sua função econômica, quando se completa a figura fetichista do capital. Sendo o juro parte da mais-valia, a mera divisão desta em lucro e juro não pode alterar sua natureza, sua origem e suas condições de existência, como alerta o autor. A forma de *empréstimo* é peculiar à circulação do capital como mercadoria: a diferença específica do capital portador de juro. O empréstimo é uma transação jurídica em que a propriedade do capital não é cedida, pois não há compra e venda. Há apenas uma *cessão provisória* do capital, para posterior reembolso do capital valorizado: seu valor acrescido de maisvalia sob a forma de juro, mantendo o capital a relação original com seu proprietário. O juro representa a possibilidade de o proprietário do capital monetário apropriar-se de parte do lucro médio, alienando temporariamente o valor de uso de seu capital dinheiro: seu poder de funcionar como capital e produzir mais-valia.

Marx anota que, ainda que a taxa de juros seja determinada pela taxa geral de lucro e suas flutuações, com o desenvolvimento do sistema de crédito, a taxa de juros torna-se independente da taxa de lucro. O crédito passa a ser condição do fluxo ininterrupto da produção, da redução do tempo de circulação, da ampliação da capacidade de consumo além de mediar o nivelamento da taxa de lucro. Ao manter separados os atos de compra e venda, o crédito estimula a *especulação sem limites*. Os papéis de crédito são especulativos porque apostam na receita esperada calculada por antecipação; estabelecem uma relação com o trabalho alheio existente e futuro, como é o caso das ações. O *negócio bancário* é analisado por Marx como o que concentra grandes massas de capital monetário e unifica os mutuários: fundos de reserva dos produtores e comerciantes, rendimentos a serem consumidos, poupança em dinheiro inativo de todas as classes, que juntos tornam-se poder monetário.

Também o tema da *dívida pública* é objeto de consideração em *O Capital*, de Marx: o credor de títulos de dívida contra o Estado tem direitos sobre as receitas anuais do Estado, produto dos impostos, que aparecem como juro para o credor. Apesar de a dívida pública aparecer no mercado como mercadoria e meio de acumulação de capital, o que se tem é *o capital ilusório ou fictício*. A soma emprestada ao Estado já foi despendida — embora não como capital — e, quando os títulos da dívida pública tornam-se invendáveis, desaparece a aparência de capital. Aí toda a conexão com o processo real de produção perde seu último vestígio. Outro contra-senso é o que parece ocorrer hoje nos fundos de pensão: a poupança de salário — trabalho necessário — passa a atuar na formação de capital fictício, como capitalização.

No crédito, o capital, ao colocar-se diferente dos capitais individuais, o caráter social da produção encontra sua mais clara expressão. O crédito suprime obstáculos à valorização e, ao mesmo tempo, eleva-os à sua forma mais geral, ao criar ciclos de superprodução e subprodução que se encontram nas raízes das crises do capital. Ele eleva a ordem capitalista a sua forma suprema, aproximando-a de sua dissolução para decepção dos "ilusionistas da circulação".

A teoria de Marx é antecipatória de muitos dos desdobramentos históricos da ordem capitalista que, dispondo de componentes inéditos, preserva-se e complexifica sua natureza determinante.

Extrapolando essa leitura clássica sobre o capital portador de juro, no intuito de ir lançando luzes para pensar o presente, procede-se à caracterização do capital financeiro na expansão monopolista, fruto da fusão entre o capital industrial e bancário, segundo a teoria do imperialismo, de Lênin (1976).

O segundo capítulo, *Capital fetiche, questão social e Serviço Social*, traz um esforço inédito de articular *questão social e capital financeiro* nos marcos da transnacionalização do capital. Orienta-se pela *hipótese* de que na raiz do perfil atual assumido pela *questão social* no Brasil encontram-se as políticas de favorecimento das instituições dos mercados financeiros e das empresas multinacionais como forças que capturam o Estado, as empresas de menor porte e o conjunto das classes sociais, que passam a assumir os ônus das ditas "exigências dos mercados". Ainda que o fetichismo das finanças as apresente como potências autônomas frente à sociedade, elas só são operantes se existe produção de riqueza, que passa a contar com o apoio do Estado, como esteio do capital privado, que tem a função de administração das crises com políticas anticíclicas.

Para dar sustentação a essa diretriz analítica, faz-se uma incursão no debate sobre a mundialização financeira, um modo de estruturação da economia mundial, que se torna espaço do capital. Ao mesmo tempo em que ela impulsiona a tendência à *homogeneização* — dos circuitos do capital, dos modos de dominação ideológica e dos objetos de consumo — apóia-se na completa heterogeneidade e desigualdade das economias nacionais. Acelera o desenvolvimento desigual, aos saltos, entre empresas ramos de produção da indústria, entre nações, e, no seu interior a transferência de riqueza entre classes e categorias sociais, que se encontra na base do desemprego crônico, da precariedade das relações de trabalho, das exigências de contenção salarial da flexibilidade das relações de trabalho e do desmonte dos sistemas de proteção social. A desregulamentação iniciada na esfera financeira invade o mercado de trabalho e todo o tecido social na contratendência do desenvolvimento lento e da superprodução endêmica em uma onda longa com tonalidade recessiva, nos termos de Mandel (1985). Essa análise recorre ainda às contribuições de Chesnais (1996; 1998; 2001) e Husson (1999), dentre outros.

Nesse novo contexto, os bancos perdem o monopólio da criação de crédito para os *grandes fundos de investimentos* (seguros de vida, fundos de previdência privada por capitalização, fundos mútuos de investimento, administradores de carteiras e títulos). Alia-se o *crescimento da dívida pública*, ampliando o capital fictício, com juros exorbitantes perante o produto interno bruto dos países. O capital financeiro avança sobre o fundo público e os investimentos especulativos no mercado acionário das empresas apostam na extração da mais-valia presente e futura dos trabalhadores para alimentar a lucratividade das empresas segundo padrões internacionais. Sobressaem, nesta direção, as políticas de gestão, o enxugamento de mão-de-obra, a intensificação do trabalho e o aumento da jornada; os estímulos à competição entre trabalhadores, dificultando a organização sindical, os chamamentos à participação e a mais ampla regressão dos direitos sociais e trabalhistas anteriormente conquistados.

As feições assumidas pela *questão social* são indissociáveis das responsabilidades dos governos, nos campos monetário e financeiro, e da liberdade dada aos movimentos do capital concentrado para atuar sem regulamentação e controle, transferindo lucros e salários oriundos da produção para se valorizar na esfera financeira e especulativa. Reafirma-se a hipótese antes referida que o predomínio do capital fetiche conduz à banalização do humano, à descartabilidade e indiferença perante o outro, o que se encontra na raiz da questão social na era das finanças. Atesta o caráter radical da alienação que conduz à invisibilidade do trabalho — e dos sujeitos que o realizam — subordinando a sociabilidade humana às coisas: ao capital dinheiro e ao capital mercadoria, potenciando, simultaneamente, as contradições de toda ordem e as necessidades sociais radicais.

A sugestão é que a mundialização financeira unifica, dentro de um mesmo movimento, processos que tendem a ser tratados pelos intelectuais de forma isolada e autônoma: a "reforma" do Estado, a reestruturação produtiva, a *questão social*, a ideologia neoliberal e as concepções pós-modernas.

O texto trata as particularidades da formação histórica brasileira que se refratam na *questão* social na atualidade, pois, se a lei geral da acumulação opera independentemente das fronteiras nacionais, traz a marca da história que as concretiza, como já sugeria Netto (2001). Neste sentido, colocam-se em relevo as *desigualdades de temporalidades históricas* em que velho e novo se articulam, imprimindo um ritmo particular ao processo de mudanças no País. Desenvolvimento desigual apreendido em sua acepção clássica como desigualdade entre desenvolvimento econômico e social e entre tempos desiguais nas mudanças materiais e culturais, entre o ser e o parecer. Acentua como um dos pilares das desigualdades a feição antidemocrática da revolução burguesa no Brasil (Fernandes, 1975), que se expressa como *contra-revolução burguesa permanente* nos termos de Ianni (1984a) ou como *revolução passiva* (Coutinho, 1989): os grupos dominantes reagem às efetivas pressões transformadoras que vêm de baixo e incorporam demandas populares, alimentando uma "democracia restrita": da democracia dos oligarcas à democracia do grande capital. As particularidades históricas do liberalismo no Brasil fazem com que as idéias de universalismo, de liberdade do trabalho, de igualdade perante a lei coexistam historicamente com a escravatura, o arbítrio e o favor. O interesse privado torna-se medida de todas as coisas, obstruindo a esfera pública e a dimensão ética da vida social, terreno favorável ao neoliberalismo, como acentua Chaui (1995a).

No Brasil contemporâneo, a *questão social* que assume proporções de um *desastre social* (Soares, 2003), ilustrada com dados referentes aos Governos Cardoso e Lula da Silva, que referendam as hipóteses supracitadas.

No que concerne às relações entre *questão social e Serviço Social*, faz-se uma leitura crítica dos expoentes da "escola francesa" (Castel; Rosanvallon e Fitoussi; Paugan) dada às amplas repercussões desse debate no universo dos assistentes sociais e na gestão das políticas públicas. O texto recorre ainda a um resgate do debate sobre o tema na literatura profissional recente (Netto, Yazbek, Pereira, Costa, Serra e Faleiros), situando as polêmicas aí presentes no lastro das diretrizes curriculares definidas pela, hoje, Associação Brasileira de Ensino e Pesquisa em Serviço Social (ABEPSS). Finalizando essas reflexões, são abordadas as respostas político-institucionais à *questão social* que trazem as marcas de projetos para a sociedade, aí situando a inserção dos assistentes sociais e as respostas profissionais.

O terceiro capítulo, *A produção teórica brasileira sobre os fundamentos do trabalho do assistente social* propõe-se a uma interlocução crítica com parcela representativa da literatura brasileira das três últimas décadas, sob inspiração da tradição marxista e de entonação hegeliana, voltada às particularidades do Serviço Social na divisão do trabalho e suas refrações no exercício profissional. Procura-se atribuir visibilidade às posições defendidas pelos autores quanto à natureza da profissão e ao significado do trabalho do assistente social: teses defendidas, fontes teóricas e resultados das elaborações. Nesse processo, é estabelecido um diálogo fraterno com interlocutores situados no interior do mesmo campo político profissional, cujas produções são orientadas por diversas angulações teóricas, no âmbito da teoria social crítica e áreas fronteiriças (Hegel, Marx, Gramsci, Lukács). Como a ótica de análise, que informa a revisão dessa literatura, é a perspectiva que situa o Serviço Social no processo de reprodução das relações sociais (Iamamoto, 1982a), também foi incluído um balanço dessa elaboração.

A *hipótese* que orienta a revisão crítica é que as obras analisadas centraram sua análise no Serviço Social, enquanto *trabalho concreto, útil*, de qualidade determinada, abordado sob focos distintos: a tese do *sincretismo da prática indiferenciada* (Netto, 1991a, 1992, 1996); *a tese da identidade alienada* (Martinelli, 1989); a *tese da correlação de forças* (Faleiros, 1980a; 1981, 1987b; 1999a; 1999b); *a tese da assistência social* (Santos, 1982; Yazbek, 1993; 1999a); a *tese da proteção social* (Costa, 1995a; 1995b) e *a tese da função pedagógica do assistente social* (Abreu, 2002). Esses diferentes recortes temáticos na abordagem do Serviço Social e de seu exercício atestam uma riqueza da produção acadêmica dessa área, alertando para questões que ora se complementam, ora se distanciam na totalização da leitura das particularidades da profissão e de seus agentes, enquanto trabalho útil que responde às necessidades sociais historicamente circunscritas. Entretanto, *a análise do processamento do trabalho do assistente social nem sempre adquiriu centralidade e nem foi totalizado nas suas múltiplas determinações*. Os restritos investimentos nas implicações da mercantilização dessa força de trabalho especializada, inscrita na organização coletiva do trabalho das organizações empregadoras, comprometem a elucidação do significado social desse trabalho — em suas dimensões de trabalho concreto e abstrato — no processo de reprodução das relações sociais na sociedade brasileira contemporânea. Assim, ao tempo em que acentua as diferenças desse trabalho perante outras especializações do trabalho social, não adquire igual visibilidade nessas análises sua unidade enquanto parte do trabalho social médio, na condição de trabalhador assalariado. O trânsito da análise da profissão ao seu efetivo exercício agrega um conjunto de determinações e mediações no trabalho profissional mediado pela compra e venda dessa força de trabalho especializada às instituições empregadoras de diferente natureza: estatais, empresariais, organizações privadas sem fins lucrativos e representações de trabalhadores. Essas relações estabelecidas com sujeitos sociais distintos condicionam o processamento do trabalho concreto cotidiano e significado social de seus resultados, ao mesmo tempo em que impregna essa atividade dos constrangimentos do trabalho alienado. Eles restringem, em graus variados, a autonomia profissional na direção social desse exercício, com incidências na sua configuração técnico-profissional.

A exposição coloca em relevo a conjugação entre trabalho assalariado e projetos profissionais em disputa na categoria profissional, indissociáveis dos projetos societários que lhes oferecem matrizes e valores, nos marcos da renovação crítica do Serviço Social, brasileiro, quando a profissão se re-configura num forte embate com o tradicionalismo profissional. O projeto profissional norteado por princípios radicalmente humanistas na contracorrente do clima cultural prevalecente, e que adquiriu hegemonia no Serviço Social brasileiro nas últimas décadas, é matéria de análise. Consta ainda deste capítulo um breve balanço das conquistas e desafios do legado recente da produção sobre os fundamentos do Serviço Social tendo em vista a elucidação do trabalho do assistente social.

O quarto capítulo *O Serviço Social em tempo de capital fetiche*, objetiva, por um lado explicitar os fundamentos teóricos concernentes ao trabalho e sociabilidade que subsidiam a análise do exercício profissional como uma especialização do trabalho na sociedade contemporânea; e, por outro trazer uma abordagem mais diretamente vinculada às particularidades do trabalho do assistente social. Destaca-se a tensão entre uma atividade legalmente regulamentada como profissão liberal, dotada de relativa autonomia na sua condução e direcionamento social, historicamente determinada pela correlação de forças sociais e políticas; mas que se realiza pela mediação do trabalho assalariado, que atualiza no universo da profissão os determinantes da alienação do trabalho.

A tensão entre projeto profissional e condição assalariada condensa os clássicos dilemas entre teleologia e alienação, liberdade e necessidade, ação do sujeito e constrangimentos estruturais, dimensões indissolúveis do exercício profissional na sociedade capitalista, o que se radicaliza na era das finanças. Essa tensão se refrata nos diversos espaços ocupacionais e nas condições e relações em que se realiza esse trabalho; e na formação universitária de graduação, na pós-graduação e na pesquisa, cujo perfil atual é traçado em grandes linhas.

O eixo teórico central recai sobre o *trabalho em seu processo de realização* como atividade do sujeito vivo: condições, meios, formas materiais e sociais assumidas. Trabalho que, sendo o selo distintivo de humanidade dos indivíduos sociais na construção de respostas às necessidades humanas, é portador de projetos a realizar, transformando simultaneamente o sujeito e a realidade. Entretanto, nas condições em que se realiza na sociedade do capital — e, em particular, na cena contemporânea —, o trabalho é subvertido no seu significado mais fundamental. A auto-objetivação do sujeito metamorfoseia-se na sua própria negação, na perda do controle de sua atividade e de seu tempo de vida, subordinada a finalidades que lhe são estranhas. O reconhecimento das condições e relações sociais por meio de que esse trabalho é realizado, não é sinônimo exclusivo de submissão às orientações do mercado. Apenas como parte de um *trabalhador coletivo* que busca afirmar seus interesses e necessidades sociais, o assistente social pode avançar na construção de um projeto profissional socialmente referenciado em propostas abrangentes das classes sociais para a sociedade. Propostas que potenciem a relativa autonomia do profissional no contexto particular das relações de poder e de classe por meio das quais se realiza esse trabalho especializado. Este, em suas características particulares, encontra-se sujeito às mesmas determinações que afetam a coletividade dos trabalhadores na atualidade, nas específicas condições que constituem as classes trabalhadoras no País.

No tratamento do tema merece destaque a historicidade de uma forma de constituição da individualidade social — ou de produtividade humana — em que os nexos entre os produtores é reificado, soldado por meio da universalização da dependência em relação às coisas materiais. Dependência esta mediada pelo dinheiro como poder privado, que passa a representar a comunidade universal, autonomizada dos indivíduos. A sociedade da mercantilização universal tende ao mais alto grau de expansão das forças produtivas humanas e ao desenvolvimento das disposições, capacidades, habilidades e atividades realizadas de forma limitada, porquanto alienadas. A elaboração plena do humano aparece como esvaziamento pleno do indivíduo, ainda que abra campo à emergência da livre individualidade, da universalidade efetiva de suas relações reais e ideais. Toda esta problemática requer desvendar os valores que presidem o ideário por meio do qual são elaboradas as relações entre os indivíduos no reino mercantil: liberdade, igualdade, reciprocidade e interesse privado.

Nesse contexto, teórico tem lugar a análise do processo capitalista de produção, enquanto produção de objetos úteis e de valor, com ênfase nos dilemas do trabalho. Enfatiza-se a tensão entre o trabalhador como objeto do capital e sujeito criativo vivo presidido pela articulação entre momentos de estrutura e de ação, dimensões inseparáveis do processo de constituição histórica dos indivíduos sociais. Esta mesma tensão se repõe na interpretação das classes e sua consciência, expressa em formas culturais tratadas em suas determinações econômicas e em suas dimensões ético-políticas no processo de transformação do subalterno em protagonista político. Tem especial destaque as contradições entre o ser e a consciência, entre o pensar e o agir enfeixado no debate sobre a ideologia e a cultura popular apoiada na tradição gramsciana, trazendo à luz as relações sobre classe e cultura, com ênfase na consciência das classes subalternas.

A construção dessa análise inicia-se no diálogo com a literatura recente sobre a sociologia do trabalho que reivindica a questão do sujeito, contestando a sua submersão no debate marxista contemporâneo. O percurso teórico é construído no embate com esta crítica, no intuito de atribuir visibilidade à presença do sujeito na construção marxiana. Este é o elo de reencontro com as preocupações presentes naquele debate, aqui partilhadas. Trata-se, pois, de uma abordagem construída no embate com o antimarxismo que viceja hoje na universidade, cultivado no renascimento do pensamento conservador travestido de atualidade sob o crivo da pós-modernidade. Mas também, informado pelo desconhecimento ou dificuldade de tratamento rigoroso da complexidade do legado teórico-metodológico de Marx.

SERVIÇO SOCIAL EM TEMPO DE CAPITAL FETICHE

Este primeiro nível de abordagem do tema trabalho e do indivíduo social, de caráter teórico-sistemático — e, portanto, de maior nível de generalidade e abstração —, é complementado com um percurso da análise, que inclui progressivamente determinações de maior concretude ao objeto de estudo.

O texto retoma chaves teóricas, apresentadas ao longo da exposição, para a análise do trabalho do assistente social em tempo de capital fetiche: a tensa conjunção entre projeto profissional e trabalho assalariado, enquanto trabalho concreto e abstrato, inscrito na divisão do trabalho. Ela repõe, nas particulares condições de trabalho do assistente social, o clássico dilema entre causalidade e teleologia, momentos de estrutura e de ação do sujeito.

São feitas, ainda, incursões sobre o quadro atual do ensino universitário e da formação acadêmico-profissional no seu âmbito. E apresenta um perfil da pós-graduação no País e os rumos da pesquisa na área de Serviço Social em um contexto de extensiva privatização da política educacional, submetendo-a aos interesses empresariais. A expansão exponencial das instituições de ensino superior e do número de matrículas em cursos de Serviço Social, nos governos Cardoso e Lula, sob a liderança do empreendimento empresarial privado, é hoje adensado pela regulamentação do ensino à distância. Esse crescimento indica a duplicação, a curto prazo, do contingente profissional com repercussões no crescimento do desemprego, na precarização das condições de trabalho, no aumento da insegurança no trabalho e numa preocupante despolitização da categoria profissional, com inéditas conseqüências para o projeto norteador da profissão no País. Provavelmente, estamos diante da formação de um *exército assistencial de reserva*, possível recurso para qualificação do voluntariado, reforçando os chamamentos à solidariedade. Isso impõe o acompanhamento criterioso dessa expansão recente do ensino universitário na área.

Complementando esse perfil da formação universitária, é apresentado um breve quadro da pós-graduação *stricto sensu* em Serviço Social, com base em dados primários da CAPES/MEC, de 2004, o que permite visualizar o crescimento e consolidação acadêmica da área, além de identificar as tendências atuais da pesquisa. O acervo de investigações permitiu apreender avanços significativos na diversificada pauta da pesquisa, liderada pela análise das *políticas sociais* no feixe de relações entre o Estado e a sociedade civil. Marcam também presença temas como relações e processos de trabalho; culturas e identidades: processo e práticas sociais; famílias, relações de gênero e de geração: sociabilidade violência e cidadania; e, com menor incidência, movimentos sociais, processos organizativos e mobilização popular. O tema referente à formação profissional em Serviço Social — fundamentos e exercícios da profissão — não alcança o merecido destaque — ainda que com uma instigante agenda —, indicando que avanços anteriormente detectados não foram integralmente totalizados na análise do exercício e da formação do assistente social. A riqueza das determinações abordadas pelo círculo de pesquisadores da área atesta uma amplitude de visão que rompe efetivamente com qualquer endogenia na leitura da profissão. Mas parece ser ainda necessária realizar a "viagem de volta" para a apreensão do exercício e da formação profissionais em suas múltiplas determinações e relações no cenário atual. E, assim, extrair da dinâmica societária suas incidências nos fundamentos e no processamento do trabalho profissional, retomando, assim, sob novas luzes, o Serviço Social, mergulhado na tessitura das relações e contradições sociais que movem a sociedade brasileira, como objeto de sua pesquisa.

As preocupações que movem este trabalho beneficiam-se da experiência acumulada pelas entidades nacionais da categoria: Conselho Federal de Serviço Social (CFESS) e Associação Brasileira de Ensino e Pesquisa em Serviço Social (ABEPSS) e Executiva Nacional de Estudantes de Serviço Social (ENESSO) sem as quais as reflexões aqui apresentadas não seriam possíveis. Ao longo das últimas décadas, tive o privilégio de acompanhar sistematicamente o CFESS e a ABEPSS na condição de consultora. Se as indagações que norteiam o texto foram recolhidas do debate coletivo no decurso da construção de um projeto para o Serviço Social no País, o seu desenvolvimento analítico é de minha inteira responsabilidade.

A versão preliminar desta análise foi apresentada sob a forma de tese para concurso público para o cargo de Professor Titular da Faculdade de Serviço Social da UERJ. Gostaria de expressar meus sinceros agradecimentos à *banca examinadora*, composta pelos seguintes professores: Dra. Rose Serra (UERJ); Dr. José Paulo Netto (UFRJ); Dra. Maria Carmelita Yazbek (PUC-SP); Dra. Mariângela Belfiore Wanderley (PUC-SP) e Dra. Suely Gomes Costa (UFF). Agradeço a leitura atenta dos originais, as preciosas sugestões, o privilégio de um debate de alto nível acadêmico, o respeito intelectual e a delicadeza no trato das relações interpessoais no decurso dessa rica experiência.

Expresso minha gratidão aos colegas do *Departamento de Fundamentos Teórico-Práticos do Serviço Social*, da Faculdade de Serviço Social da UERJ, na pessoa da Prof. Dra. Elaine Marlowa Francisco, pela acolhida e zelo na organização do referido concurso; *à direção desta Faculdade*, na pessoa da prof. Dra. Elaine Rossetti Behring, pelo companheirismo; aos docentes e à *Coordenação do Programa de Pós-graduação em Serviço Social*, na pessoa das professoras Dra. Ana Maria de Vasconcelos e Dra. Maria Inês Souza Bravo, pela estimulante experiência de trabalho coletivo; *aos meus alunos*, que instigam sempre novas descobertas, pelo prévio debate de muitos dos temas constantes neste trabalho.

Meu reconhecimento às *instituições e unidades de ensino que me acolheram ao longo do meu percurso profissional e acadêmico*; à *Leila Lima Santos*, ex-diretora do *Centro Latinoamericano de Trabajo Social (CELATS)*, que tornou possível a pioneira pesquisa sobre a história do Serviço Social no Brasil, a qual se encontra na gênese das elaborações aqui expressas; à Elizabete Borgianni, responsável pela área de Serviço Social na Cortez Editora, pela aposta neste livro; à Márcia Carnaval, pela arte da capa; à Regina C. Junqueira pela revisão das originais da primeira versão deste texto; à Ana Paula Procópio da Silva, Verônica Lopes Campos e Rossana Bossi pela dedicação e apoio técnico à viabilização deste trabalho.

Ao longo da elaboração deste estudo, contei com o apoio de meus familiares, amigos e amigas, que estiveram comigo nesses caminhos sem fim. A eles minhas homenagens, nas palavras de Guimarães Rosa:

Amigo, para mim, é só isto: é a pessoa com quem a gente gosta de conversar, do igual o igual, desarmado. O de que um tira prazer de estar próximo. Só isto, quase: e todos os sacrifícios.

— à Berenice Rojas Couto, Sara Granemann, Ana Maria de Vasconcelos e Elaine Rossetti Behring pelas prosas e sugestões;

— ao Carlos Nelson Coutinho, José Paulo Netto, Manuel Manrique Castro, à Maria Inês Souza Bravo, Maria Rosângela Batistoni, Mariléa Venâncio Porfírio, Maria Carmelita Yazbek, Mariangela Belfiore Wanderley, Raquel Raichelis e Raul de Carvalho, que estiveram comigo em muitas outras aventuras acadêmicas;

— aos meus familiares: André e Karen, Yan e Clara, fontes de afeição e renovação de vida, por compreenderem as privações do convívio;

— aos meus irmãos Ronan e Dora, Paulo e Maria — e suas famílias — pelo carinho e incondicional apoio.

A todos vocês, meus agradecimentos.

Enseada de Botafogo, primavera de 2007.

Rio de Janeiro (RJ)

Capítulo I

A sociabilidade na órbita do capital: invisibilidade do trabalho e radicalização da alienação

A gente tem que sair do sertão!
Mas só se sai do sertão
tomando conta dele a dentro...

Guimarães Rosa*

O convite de Antônio Cândido, em sua leitura de Guimarães Rosa, guia esta exposição: "Entremos nessa realidade fluida para compreender o sertão, que nos devolverá mais claros a nós mesmos e aos outros. O Sertão é o Mundo" (Cândido, 1994: 59).

Na sociedade burguesa, quanto mais se desenvolve a produção capitalista, mais as relações sociais de produção se alienam dos próprios homens, confrontando-os como potências externas que os dominam. Essa inversão de sujeito e objeto, inerente ao capital como relação social, é expressão de uma história da auto-alienação humana. Resulta na progressiva reificação das categorias econômicas, cujas origens se encontram na produção mercantil. O pensamento fetichista transforma as relações sociais, baseadas nos elementos materiais da riqueza, em atributos de coisas sociais (mercadorias) e converte a própria relação de produção em uma coisa (dinheiro). Esse caráter mistificador que envolve o trabalho e a sociabilidade na era do capital é potencializado na mundialização financeira e conduz à potenciação da exploração do trabalho a sua invisibilidade e à radi-

---

* Rosa, G. *João Guimarães Rosa*. Ficção completa em dois volumes, v. I. Rio de Janeiro: Nova Aguilar, 1994, p. 92.

SERVIÇO SOCIAL EM TEMPO DE CAPITAL FETICHE

calização do séquito de suas desigualdades e lutas contra as elas consubstanciadas na *questão social*, aprofundando as fraturas que se encontram na base da crise do capital.

O propósito deste capítulo é retomar o debate sobre o processo de reprodução das relações sociais na sociedade capitalista na sua dinâmica contraditória, ou seja, tratar a sociabilidade sob a órbita do capital em seu movimento global. Apresenta fundamentos necessários, de um maior nível de abstração, para decifrar os dilemas do trabalho e a sociabilidade no contexto da mundialização do capital, que potencia a centralização e a concentração de capitais, capturando a economia e os Estados nacionais. No capitalismo tardio (Mandel, 1985), a financeirização da economia radicaliza o complexo dos fetichismos da vida social — esta "religião da vida diária" — e a exploração do trabalho, com seu fosso das desigualdades, impulsionando as crises. A preocupação é, então, reunir subsídios para situar as *diferenças específicas*[6] da *questão social* sob a hegemonia do capital financeiro, patamar histórico necessário para identificar o significado social do trabalho do assistente social na atualidade.

Busca-se considerar o processo de reprodução no seu vir a ser[7] enquanto totalidade histórica não acabada, em processo de realização. Trata-se de um conceito global,[8] que designa um processo complexo, denso de contradições, que não só as repete, mas as reproduz de forma ampliada, desloca-as e as modifica, uma vez que, em sua continuidade, o capitalismo transforma-se e desagrega-se. A reprodução das relações sociais de produção não se reduz à reprodução dos meios de produção, isto é, da força de trabalho e dos meios materiais de produção, ainda que os envolva. Segundo Lefebvre (1973), as relações sociais de produção envolvem contradições

---

6. "Indicar a *differentia specifica* constitui aqui tanto um desenvolvimento lógico, como a chave para compreender o desenvolvimento histórico", como acentua Marx. (Rosdolsky, 2001: 323).

7. Retomamos aqui a temática originalmente apresentada em 1982, registrada no primeiro capítulo do livro *Relações Sociais e Serviço Social no Brasil* (Iamamoto: In: Iamamoto e Carvalho, 1982), aprofundada e ampliada para os propósitos deste trabalho.

8. Em 1863, Marx descobre a reprodução global, como registra em carta a F. Engels, datada de 6 de julho daquele ano, em que comenta o "Tableau Économique" de Quesnay, época em que redige *Libro I. Capítulo VI. Inédito. Resultados del proceso inmediato de producción* (Marx, 1971). Descobre que o processo de reprodução não se interrompe: reproduz suas próprias contradições, os meios de produção e de subsistência, as relações sociais e suas mistificações. Cf. Lênin (1976a: 331-335).

de classe (capital e trabalho) que se amplificam em contradições sociais (burguesia e proletariado) e políticas (governados e governantes). Toda a sociedade torna-se o "lugar" da reprodução das relações sociais. Todo o espaço ocupado pelo capital transforma-se em "espaços de poder" — a empresa, o mercado, a vida cotidiana, a família, a cidade, a arte, a cultura, a ciência, entre outros —, tanto aqueles onde a mais-valia é produzida, quanto aqueles em que ela reparte-se e é realizada, abrangendo o conjunto do funcionamento da sociedade. Por não ser esse um processo linear, provoca a manutenção, no essencial, das relações de produção e de propriedade e ao mesmo tempo impulsiona o desenvolvimento das forças produtivas, em que a natureza dá lugar ao espaço produzido. Verifica-se a regressão, degradação e transgressão no nível das relações de família, de amizade, da vida social de grupos parciais, do meio ambiente, assim como a produção de novas relações no âmbito de segmentos sociais como a juventude, os idosos, as mulheres e os trabalhadores.

O desafio, como sugere o autor, é romper com a *naturalização da noção de reprodução*, tal como ocorre na versão do marxismo estrutural-funcionalista em que o processo tende a ser substituído pela estrutura, colocando a coerência acima das contradições.[9] Lefebvre sugere, ainda, que apontar como se reproduzem as relações de produção não significa sublinhar a coesão interna ao capitalismo, mas mostrar também e, sobretudo, como essas relações ampliam e aprofundam, em escala mundial, suas contradições e suas mistificações. Nesse lastro analítico, o ponto de partida é assumir *a reprodução das relações sociais como um problema a ser elucidado*, evitando que se transforme em rotina como se fosse uma questão dada.

---

9. Aí a dimensão de processo tende a ser substituída pela estrutura na "noção de modo de produção", em que a coerência se sobrepõe à contradição. Nesse veio analítico, a noção de reprodução é reduzida ao reforço ou duplicação das relações sociais pela intervenção do Estado, por meio de seus aparelhos ideológico e repressivo. Este teria, assim, o poder de reduzir (ou resolver parcialmente) as contradições econômicas, depois de tê-las compreendido. Ao *lado* do Estado existiria *o nível da determinação*, no qual se manifestariam as contradições econômicas, distinto do *nível da sobredeterminação*. Este implicaria uma distância entre os interesses econômicos e políticos, como campo da ação do Estado ou instância política onde os interesses da fração hegemônica, originalmente econômicos, transformam-se em interesses políticos gerais do povo, da nação ou do país. (Lefebvre, 1972; Coutinho, 1972).

Em um outro nível de abordagem, o fecundo ensaio de Finelli (2003) traz elementos provocativos para a análise do processo de reprodução nos marcos do que denomina "subsunção real da sociedade ao capital", traduzida na noção ideológica de globalização, enquanto categoria mítica do capitalismo.[10] Para o autor, Gramsci, ao discutir o "Americanismo e Fordismo" nas primeiras décadas do século XX, vê o capital (EUA) dotado de profunda liberdade e autonomia, definindo sua estrutura essencial. Essa etapa do progresso histórico do capitalismo traz novas características desse modo de produzir e de trabalhar, bem como de todo o sistema sociopolítico a ele vinculado. A estrutura (fábrica) tende a atuar como fator organizativo de toda a vida social, centro gerador não só da produção material, mas da produção de uma nova ideologia — o americanismo — e, logo, da formação da consciência social e do senso comum. O fordismo, ao racionalizar e simplificar o processo de trabalho através da eliminação de tempos e movimentos supérfluos, exige uma nova antropologia — uma humanidade nova — nos planos da ação prático-laborativa, ideológico-cultural e da auto-representação política, conseguindo centrar toda a vida do país na produção: "a hegemonia nasce na fábrica e necessita apenas, para ser exercida, de uma quantidade mínima de intermediários, profissionais da política e da ideologia" (Gramsci, 2001: 247-248, v. 4). O fordismo vai além do uso da força de trabalho na fábrica, exigindo transformações na forma de vida, na moral, no comportamento da força de trabalho, no tempo do não-trabalho (questão sexual, puritanismo, lei seca etc.). Destarte, ao proceder à racionalização do processo de trabalho mediante uma transformação tecnológica e organizativa, define um uso específico da força de trabalho e da consciên-

---

10. A noção ideológica de globalização, enquanto categoria mítica do capitalismo, anuncia o mercado único, a difusão das tecnologias da comunicação através das quais as empresas poderiam produzir e vender em qualquer lugar possível, e a um preço substancialmente idêntico, a mesma mercadoria. Fala de uma economia sem fronteira, que superaria o tempo e os limites do Estado Nacional e conciliaria as diferenças e desigualdades econômicas e geopolíticas entre as várias regiões do globo, como conseqüência da força expansiva e eqüalizadora as mercadorias. Todavia, esconde que o capital cresce sobre si mesmo através da exploração, em primeiro lugar, das diferenças de classe e de todas as diferenças possíveis. Assim, a realidade oculta por traz do conceito estereotipado de globalização e de sua forte valência ecumênica e pacificadora revela um maior aprofundamento das assimetrias econômicas e culturais das condições gerais de vida entre classes, países, raças e continentes de nosso planeta. (Cf. Finelli, 2003: 104-105; Finelli, 2000).

cia social; e o americanismo se encarrega de difundir essa mesma racionalização no interior da totalidade social.

Para Finelli, esta genial intuição de Gramsci prefigura o que, parafraseando Marx, denomina de *subsunção real da sociedade ao capital*, isto é:

> [...] a produção do capital subordina e assimila a si, progressivamente, todo o espaço e todo o sentido da vida individual e coletiva, tornando-a funcional à produção de si como lucro ampliado. Ou seja, o capital se faz totalidade e enquanto totalidade é, ao mesmo tempo, produção de mercadorias, produção de classes, isto é, de relações sociais desiguais, que terminam por se tornar opostas, e produção de formas de consciência moral, enquanto princípios de uma visão de mundo. (Finelli, 2003: 101).

A subsunção da sociedade ao capital é, para o autor, a substância do período pós-moderno em que vivemos, quando o capital se faz totalidade, subordinando a si a sociedade que produz e que consome. Pós-modernidade entendida não como o fim da modernidade e a passagem de uma época a outra da história e da vida social, mas como *a realização do moderno, explicitando sua verdadeira e profunda natureza* (Idem: 101). Em outros termos, a pós-modernidade seria a realização mais adequada do capital, tal como pensado por Marx, como riqueza abstrata, meramente quantitativa, que não pode ter outra finalidade que aumentar, de modo tendencialmente infinito, sua quantidade, indiferente ao mundo dos particulares — do valor de uso — das diferenças qualitativas, da satisfação do carecimento dos seres humanos.

O capital como sujeito não-antropomórfico,[11] no seu processo de acumulação, depende de uma série de metamorfoses (capital-dinheiro, capital-produtivo e capital-mercadoria),[12] cuja necessidade não depende da escolha dos homens, mas da lei do valor e da valorização. Dada a sua nature-

---

11. O antropomorfismo é a tendência a considerar realidades não-humanas (deuses, astros, fenômenos naturais, montanhas etc.) a partir da forma (figura) do homem. Pode-se entender como algo mental, em cujo caso a forma humana é a "forma" de comportamento, pensamento, vontade e sentimento e humanos. Pode-se entender como "semelhante ao homem", sem que se precise em que consiste a semelhança. (Ferrater Mora, 1986: 174, v. I).

12. Cf. Marx (1985b, t. II, v. III) a primeira seção: "As metamorfoses do capital e seu ciclo".

za de sujeito abstrato, não-humano, ainda que produto da ação dos homens, *ao subordinar toda a sociedade, torna-se paradoxalmente invisível.* A potência de seu ser só pode ser percebida em seus *efeitos*: a superficialização do mundo e o esvaziamento progressivo das necessidades humanas, que se expressam, entre outras dimensões, na descartabilidade das mercadorias, no rebaixamento da emoção e da tonalidade dos afetos que dão lugar ao tédio, à repetição à insignificância emotiva, ao aumento do fosso das desigualdades de toda ordem. Operando uma intensificação do fetichismo, cria-se um mundo que,

> [...] privado de autonomia e esvaziado pela lógica do capital, oculta e dissimula, precisamente por meio da superfície, de sua exterioridade, aparente e sedutora, o processo interior que o gera e reproduz continuamente [...] o domínio do capital reside no fato de ter se tornado um espectro de si mesmo. (Idem: 103).

Assim, o capital internacionalizado em amplo movimento de concentração e centralização da propriedade das empresas expande sua face financeira e especulativa, com irrestrita liberdade de operar sem regulamentações. É acompanhado da redução da capacidade contratual da força de trabalho, do aprofundamento das distâncias e desigualdades entre países do centro e da periferia. Referendado e apoiado pelas políticas imperialistas ditadas pelos organismos multilaterais, o capital subordina, aos seus fins de valorização, toda a organização da vida em sociedade: a economia, a política e a cultura. Potencia as mistificações — o mundo dos seus fetichismos —, tornando opacas as relações de exploração e subordinação política que mantém com os trabalhadores (e suas lutas), que nutrem o processo de acumulação e sua desagregação.

O capital, em seu movimento de valorização, produz a sua *invisibilidade do trabalho e a banalização do humano*, condizente com a indiferença ante a esfera das necessidades sociais e dos valores de uso. Potencia exponencialmente as desigualdades inerentes a essa relação social, as quais são hoje impensáveis sem a ativa intermediação do Estado capitalista e das políticas econômicas e sociais implementadas. *Ampliam-se, ao mesmo tempo, as fissuras e contradições entre as classes e o espectro de suas lutas, acrescidas de disparidades de gênero, geração, etnias, regiões e meio ambiente, que, enraizadas nas particularidades nacionais, impõem novas determinações históricas à produção e reprodução das relações sociais.* É necessário, portanto, um esforço de apreender as mediações que envolvem a produção e reprodução da *questão social* e suas múltiplas expressões, que são objeto de trabalho do assistente social.

A abordagem da reprodução das relações sociais tem sido objeto de muitos mitos no debate acadêmico contemporâneo, cujas raízes parecem encontrar-se na forma como muitos analistas, que se autoproclamam ou não marxistas, vêm vulgarizando e/ou desconhecendo a obra de Marx.[13] Há, pois, que retornar às fontes para iluminar questões particulares da cena contemporânea e dirimir equívocos analíticos sobre as relações entre trabalho, sociabilidade e reprodução social. No conjunto dos descaminhos a que tem sido submetido o tema, podem-se considerar duas versões.

A primeira delas está na redução da análise do trabalho na sociedade capitalista ao *trabalho concreto,* de qualidade determinada e, conseqüentemente, ao processo técnico-material de trabalho, voltado à produção de valores de uso que responde a necessidades sociais determinadas. O trabalho é esvaziado da historicidade que assume na sociedade burguesa, enquanto trabalho abstrato, indissociável dos dilemas da alienação e das lutas pela sua superação no processo social concreto. Assim, o processo de trabalho na sociedade capitalista — apoiado nas relações de propriedade que o sustentam — é reduzido à sua dimensão técnico-material, silenciando seus vínculos com o processo de valorização, isto é, com a formação de valor e de mais-valia, o que envolve as esferas da produção e de circulação. Essa redução remete à necessidade de re-visitar a teoria do valor-trabalho, que expressa as relações sociais entre produtores mercantis, assim como seus desdobramentos históricos na constituição do capital como relação social e na transformação da mercadoria como produto do capital.[14] *Este é mistificado como coisa, obscurecendo o processo de (re)produção das relações sociais, atualizando velhos dilemas da economia política clássica e vulgar.*

---

13. Esta é a tônica predominante da produção brasileira contemporânea oriunda da chamada "Sociologia do Trabalho".

14. Um desenvolvimento mais detalhado deste tema pode ser encontrado no item 1: Trabalho e Sociabilidade, do capítulo IV deste livro.

A segunda versão desse reducionismo afirma uma segmentação entre produção e reprodução, em que a produção é aprisionada ao circuito fabril, lócus da classe operária revolucionária e dos tradicionais movimentos sindicais. Verifica-se uma "espacialização" da produção e da reprodução. Esta é reduzida à reprodução da força de trabalho, um dos elementos do processo de reprodução, para além do espaço fabril. A reprodução estaria afeta ao consumo, considerado "fora" do movimento da produção, segundo os cânones da economia política.[15] Deriva daí a idéia dos "novos movimentos sociais", tidos como alheios às determinações de classe, que só se refratariam no movimento operário e sindical.

Na trilha apontada aparece com maior sofisticação uma versão que reduz a noção de trabalho em Marx ao trabalho material, que implica uma transformação imediata da natureza, segmentada das relações sociais que o constituem. Em uma análise dualista, a produção é reduzida ao trabalho material, que transforma a natureza, abstraído das relações sociais por meio das quais se realiza, enquanto a reprodução estaria afeta às relações dos homens entre si na sua historicidade, eliminando, ao nível da análise, a processualidade contraditória do movimento do capital. Todavia, o regime capitalista de produção é um processo de produção das condições materiais da vida humana que satisfaz "necessidades sociais do estômago ou da fantasia" e se desenvolve sob relações sociais de produção específicas. Em sua dinâmica produz e reproduz seus expoentes: suas condições materiais de existência, as relações sociais contraditórias e as formas sociais através das quais se expressam. Existe, pois, uma indissociável relação entre a *produção dos bens materiais e a forma econômico-social em que é realizada*, isto é, a *totalidade das relações entre os homens em uma sociedade historicamente particular*, regulada pelo desenvolvimento das forças produtivas do trabalho social.

Vimos que o processo de produção capitalista é uma forma historicamente determinada do processo social de produção em geral. Este último é tanto um processo de produção das condições materiais de existência humana, quanto um processo que, ocorrendo em relações histórico-econômicas de

---

15. Cf. o debate de Marx com a economia política vulgar referente às conexões entre produção, consumo, circulação e troca, na conhecida *Introdução à Crítica da Economia Política*, de 1857-1858. (Marx, 1974a).

produção específicas, produz e reproduz essas mesmas relações de produção e, com isso, os portadores desse processo, suas condições materiais de existência e suas relações recíprocas, isto é, sua forma econômica determinada. Pois a totalidade dessas relações, em que os portadores dessa produção se encontram com a natureza e entre si, em que eles produzem, essa totalidade é exatamente a sociedade, considerada segundo a sua estrutura econômica. Como todos os seus predecessores, o processo de produção capitalista transcorre sob determinadas condições materiais que, no entanto, são, ao mesmo tempo, portadoras de relações sociais determinadas, nas quais os indivíduos entram no processo de reprodução de sua vida. Aquelas condições, assim como essas relações, são, por um lado, *pressupostos* e, por outro, *resultados e criações do processo de produção capitalista*: são por ele produzidos e reproduzidos. (Marx, 1985b: 272, t. III, v. V).

Reter essa dupla e indissociável dimensão da análise — a *existência material das condições de trabalho e a forma social pela qual se realizam* — é fundamental. Obscurecer as relações sociais que se expressam nos componentes materiais da riqueza, autonomizando-os enquanto propriedade das coisas é cair nas armadilhas da mistificação, o que se refrata hoje em muitas análises sobre o trabalho na sociedade burguesa. Aliás, esse foi o embaraço da economia política clássica: os economistas aprisionavam sua análise na ótica do valor de uso — ou da forma técnico-material do processo de trabalho — incapazes de compreender *a forma social da riqueza, isto é, a natureza do valor de troca e os fetichismos que a acompanham* (cf. Marx, 1985b, cap. 48, t. III, v. V). Razão pela qual não captavam o caráter específico do trabalho e da riqueza na sociedade do capital, pois os apresentavam como *riqueza em geral*, destituída de sua historicidade, "como se o valor de troca fosse mero cerimonial", já anotara Marx.[16]

---

16. Referindo-se a Ricardo, Marx acusa-o de conceber o trabalho assalariado e o capital como "*formas sociais naturais*, não determinadas historicamente, *para a produção da riqueza como valor de uso...* Daí que não compreenda o *caráter específico da riqueza burguesa*, precisamente porque esta se apresenta como forma correspondente da riqueza em geral e, portanto, economicamente". Ainda que Ricardo tenha partido do valor de troca, "as formas econômicas determinadas do intercâmbio não desempenham papel algum em sua economia, uma vez que só fala da distribuição do produto geral do trabalho e da terra entre as três classes, *como se, na riqueza fundada no valor de troca, só se tratasse de valor de uso e o valor de troca fosse tão-somente uma forma cerimonial*, o que, em Ricardo, desaparece inteiramente, como o faz o dinheiro, enquanto meio de circulação, na troca". (Marx, 1980b: 272-273, v. I).

A alusão a essa problemática é fundamental, porque, ao desconsiderá-la, desfigura-se o debate sobre o trabalho e reprodução das relações sociais na sociedade capitalista. Esse procedimento atualiza-se hoje entre intelectuais que, em nome da teoria social de Marx, discutem o trabalho enquanto valor de uso — enquanto atividade produtiva útil, em sua substância material —, independente de sua determinação formal, isto é, da historicidade das relações sociais e das formas de propriedade por meio das quais se produz na sociedade burguesa. Relações estas que são inseparáveis da forma-valor, cujas implicações são silenciadas nessas análises, o que conduz, por vias não previstas, às armadilhas da reificação: privilegiar os atributos das coisas materiais em detrimento das relações sociais que as qualificam. Em outros termos, reforça-se "a materialização das relações sociais e a personificação das coisas", "um modo de ficção sem fantasia, uma religião do vulgar", cujas idéias são cativas da produção capitalista e só refletem sua aparência superficial (Marx, 1974a). Reiteram-se os mesmos equívocos da economia política e sua lógica, embora em nome da teoria social crítica. A argumentação — e seus sofismas — tende a ser presidida pela lógica formal e evolutiva na abordagem da história, a qual não se impregna na construção da análise. No desencontro entre método e teoria, uma linguagem típica do universo teórico de Marx, confundem-se os leitores desavisados ou não especialistas.[17] Como já alertara Marx, considerar *"a atividade produtiva do homem em geral, por meio da qual opera seu metabolismo com a natureza — em sua simples existência natural e independente da sociedade, nada tem de social"* (Marx, 1985b: 272, t. III, v. V). Portanto, pensar o

---

17. Cf. o texto do filósofo Lessa "Serviço Social e trabalho: do que se trata?" (Lessa, 2000: 35-58). E, ainda, do mesmo autor, "O processo de produção/reprodução social: trabalho e sociabilidade" (Lessa, 1999: 19-33). Considero fundamental dar conta da perspectiva ontológica presente em Marx, que tem no trabalho o elemento determinante na distinção do ser social ante a natureza. Pelo trabalho, o homem afirma-se como um ser dotado de capacidade teleológica na formulação de respostas prático-sociais aos seus carecimentos, capaz de antecipar e formular projetos, direcionando a razão e vontade na consecução de seus objetivos, como sujeito da história. A essência humana, radicalmente histórica, é excentrada em relação ao indivíduo isolado constituída pelas condições e relações sociais que constroem as formas de sociabilidade. (Cf. Marx, 1977a). Entretanto, se esse é um patamar de indiscutível importância no debate, é também insuficiente para dar conta das particularidades históricas do trabalho na sociedade burguesa, sob o risco de cair nas armadilhas da produção em geral, tal como tratada pela economia política, como alertou Marx na Introdução aos *Grundrisse* (1857-1858). Para análise desta problemática, conferir o último capítulo deste livro.

trabalho e a sociabilidade na sociedade capitalista supõe dar conta de sua historicidade, que, na análise do autor de *O Capital*, dispõe de uma dupla e indissociável característica que a particulariza.

Em primeiro lugar, nessa sociedade, a mercadoria é o caráter predominante e determinante do produto: o caráter do produto como mercadoria e a mercadoria como produto do capital. O próprio trabalhador aparece como um mero vendedor de mercadorias: trabalhador "livre" que vende a sua força de trabalho — ou uma medida determinada de seu tempo de vida — e seu trabalho assume a determinação social de trabalho assalariado, com caráter geral.[18] Assim, os agentes principais dessa sociedade — o capitalista e o trabalhador assalariado — aparecem como "personificações do capital e do trabalho", isto é, portadores de determinados caracteres sociais que o processo social de produção imprime aos indivíduos sociais, produtos destas relações, no âmbito das quais afirmam seu protagonismo. A forma específica do valor — a forma mercadoria e seu fetiche — entranha tanto as relações de circulação, quanto aquelas que têm lugar entre os agentes de produção. Ela inverte e subverte o sentido das relações sociais em um amplo processo de reificação, submetendo as relações entre os homens às relações entre coisas.

Em segundo lugar, a mais-valia é a finalidade direta e o móvel determinante da produção. O capital produz essencialmente capital e só o faz na medida em que produz mais-valia. A tendência a reduzir ao mínimo o preço de custo converte-se na *alavanca* mais poderosa para a intensificação da força produtiva do trabalho social, que aparece mistificada como força produtiva do capital. Este não é uma coisa material, mas:

> [...] uma determinada relação de produção social, pertencente a uma determinada formação sócio-histórica da sociedade que se representa numa coisa e dá um caráter especificamente social a essa coisa. O capital não é a soma dos meios de produção materiais e produzidos... São os meios de produção

---

18. Embora a forma de trabalho assalariado seja decisiva para a configuração de todo o processo e para o modo específico da própria produção, "o trabalho assalariado não é determinante. Na determinação do valor se trata do tempo de trabalho em geral, do *quantum* de trabalho de que a sociedade em geral dispõe e cuja absorção relativa pelos distintos produtos determina, até certo ponto, seu peso social relativo" (Marx, 1985b: 314, cap. LI, t. III, v. V).

monopolizados por determinada parte da sociedade, *os produtos autonomizados em relação à força de trabalho viva e às condições de atividade exatamente dessa força de trabalho,* que são personificados no capital por meio dessa oposição (Marx, 1985b: 269, t. III, v. V; grifos nossos).

Aqueles descaminhos anunciados também se refratam na arena profissional. Sobressai a tendência majoritária de tratar as particularidades que assumem a profissão e o trabalho concreto do assistente social na divisão social e técnica do trabalho social — necessária às diferenciações entre as profissões — elidindo, entretanto, suas implicações no circuito da produção e distribuição do valor e/ou da mais-valia, como se a "forma-valor fosse um mero cerimonial" na sociedade presente.

Verifica-se, ainda, na análise do exercício profissional enquanto trabalho, o trato mecânico "do processo de trabalho do assistente social" na ótica liberal do indivíduo isolado, muitas vezes abordado como "processo de trabalho do Serviço Social" em que a profissão passa a ser erigida como sujeito que age. O processo de trabalho é reduzido ao conjunto de operações realizadas pelo assistente social individualmente na sua "prática", segundo os cânones liberais, abordado nos elementos gerais constitutivos de qualquer processo de trabalho, em qualquer sociedade (meios de trabalho, objeto de trabalho ou matéria-prima e o próprio trabalho), abstraído das relações sociais e de propriedade pelas quais é realizado. O trabalho é, assim, dotado de um caráter trans-histórico, como se este fosse suficiente para enfrentar os dilemas relativos à forma social que assume o trabalho na ordem do capital. O resultado é uma "positivização" das categorias, deformadas em sua significação original.

1. Trabalho e (re)produção das relações sociais na teoria de Marx

> O modo de produção capitalista aparece com "um mundo encantado, distorcido, e posto de cabeça para baixo, no qual *Monsieur Le Capital* e *Madame La Terre* exercem suas fantasmagorias ao mesmo tempo como caracte-

res sociais e imediatamente como meras coisas" (Marx, *O Capital*, 1985b: 280, t. III, v. V).

Para elucidar os dilemas supra-assinalados há que atribuir nitidez às relações entre o trabalho e a constituição de uma forma específica de sociabilidade inseparável dos dilemas do fetichismo, típica da sociedade mercantil, e seus desdobramentos na sociedade do capital.

O ponto de partida da teoria do valor trabalho de Marx[19] é a sociedade mercantil, que representa uma forma histórica de distribuição do trabalho entre os produtores, que se encontra por detrás das leis de troca ou da equivalência das coisas no mercado. Nem toda forma de divisão do trabalho social confere ao trabalho a forma de valor: é na sociedade mercantil que a distribuição do trabalho não é regulada diretamente pela sociedade, mas indiretamente pelo mercado através da troca de coisas. Nela o trabalho da sociedade encontra-se organizado por meio de produtores isolados, formalmente independentes uns dos outros, que são proprietários privados (e que se desdobram nos capitalistas e trabalhadores e nos capitalistas industriais e proprietários fundiários).[20] É essa forma de organização do trabalho que torna possível a existência do valor. Este é uma relação entre pessoas, que assume uma forma material (de produtos do trabalho) e encontra-se relacionado ao processo de produção numa sociedade de produtores isolados e formalmente independentes. Assim, o valor mercantil não caracteriza coisas, mas um tipo de relações humanas sob as quais as coisas são produzidas. Ou, em outros termos, o valor das mercadorias expressa um tipo de relação de produção entre pessoas, que estão vinculadas entre si através das coisas, dos produtos do trabalho, os quais assumem a função de um intermediário, de portador de relações entre pessoas. Assim, o valor é uma determinada relação social tomada como coisa.

O ponto de partida de Marx é, portanto, o trabalho (e não o valor) e a estrutura da sociedade mercantil, isto é, a totalidade das relações de produ-

---

19. A breve síntese da teoria do valor-trabalho que se segue foi apoiada nos estudos sobre a obra de Marx ao longo das últimas três décadas, nas análises de Rubin (1987) e de Rosdolsky (2001). Uma exposição mais extensa e detalhada da temática consta no último capítulo deste livro.

20. É preciso lembrar que, em Marx, o conceito posterior leva sempre a marca do anterior, do qual é um desdobramento, a que se acrescem outras determinações.

ção entre as pessoas que se expressam nas transações que efetuam entre si. Aí essas relações adquirem a forma material de coisa e só podem ser analisadas sob essa forma, visto que o caráter social do trabalho só pode expressar-se no valor mercantil. Assim, a lei do valor analisa as relações entre pessoas que estão vinculadas entre si através das coisas, conformando um padrão histórico de sociabilidade indissolúvel do fetichismo da mercadoria.

O trabalho que cria valor é uma forma social específica (histórica) de trabalho útil, que produz um valor de uso determinado, tendo por suporte um trabalho técnico-material concreto dirigido por produtores individuais mercantis e não pela sociedade. Abstraindo-se do caráter concreto da atividade produtiva e, portanto, da utilidade desse trabalho, resta-lhe o caráter de ser gasto da força humana de trabalho (gasto produtivo dos cérebro, das mãos, dos nervos etc. do homem): trabalho humano indiferenciado ou formas distintas de aplicar o trabalho humano. Nessa condição é *trabalho abstrato*, trabalho humano em geral, trabalho socialmente igual (e não fisiologicamente igual), cuja unidade de medida é o trabalho simples médio — historicamente determinado — em que cada hora de trabalho corresponde à igual parcela do trabalho total da sociedade.

Na sociedade produtora de mercadorias, o *trabalho* de produtores independentes *só se torna social sob a forma de trabalho abstrato, uma partícula da mossa global de trabalho social homogêneo e impessoal.*

O trabalho abstrato representa uma "determinação social do trabalho", uma igualação social de diferentes tipos de trabalho, que supõe determinadas relações de produção entre pessoas e somente ele cria valor. O *valor*, a propriedade social dos produtos do trabalho, é a expressão material do trabalho social na forma específica assumida pelo trabalho na economia mercantil: é "trabalho coagulado", "cristalização dessa substância social do trabalho", trabalho materializado e simultaneamente uma expressão das relações de produção entre pessoas (Rubin, 1987: 170).

Assim, o trabalho abstrato não aparece como diretamente social, mas é socialmente igualado, na *forma específica de valor social*, ao trabalho de todos os outros produtores privados independentes por meio da troca de seus produtos. O vínculo entre os trabalhos de vários produtores só *aparece* através da troca de suas mercadorias. Nesta se abstraem os valores de uso concretos ou as formas concretas de trabalho e este se revela como trabalho abstrato — mera gelatina de trabalho humano cristalizado — e socialmente necessário.

O valor da mercadoria é determinado pela quantidade de trabalho abstrato necessária à sua produção, medida pelo tempo de trabalho socialmente necessário (um elemento histórico), o que depende da produtividade do trabalho, condicionada pelas relações de produção e pelo desenvolvimento das forças produtivas. Em termos sintéticos: o *trabalho socialmente igualado* é a *substância* do valor; *o valor é trabalho humano cristalizado*, cuja existência é puramente social e sua materialidade enquanto valor só pode revelar-se na relação de uma mercadoria com outras; a *forma social de manifestação do valor é o valor de troca* (dinheiro); e *a grandeza do valor é medida pelo tempo — tempo de trabalho socialmente necessário para a produção de uma mercadoria*, o que é um dado histórico, variando de acordo com o desenvolvimento das forças produtivas sociais do trabalho.

Assim, na sociedade mercantil, o trabalho privado dos produtores individuais só adquire o caráter de trabalho social através do valor do produto e, portanto, o trabalho como fenômeno social só pode expressar-se no valor mercantil (valor de troca), que representa o nexo reificado entre os indivíduos sociais. O papel do processo de troca na economia mercantil é o de igualar produtos enquanto valores, porque o trabalho socialmente necessário para produção de determinado produto não é expresso diretamente em unidades de trabalho, mas indiretamente na forma do valor, isto é, na relação com outras mercadorias. Só no processo de troca o trabalho privado se confirma e se revela como trabalho social, isto é, mostra o seu caráter geral, o que supõe um equivalente geral — o dinheiro — que permite trocar trabalho privado por trabalho privado. A forma social de equivalente geral — representada pelo dinheiro — permite que seu valor de uso se torne a forma de expressão do valor, o trabalho concreto nele contido se torne a forma de expressar o trabalho abstrato, e o trabalho privado se revele como trabalho social. Na sociedade mercantil, o trabalho privado só se torna social pela transformação do trabalho concreto em trabalho abstrato. Este pressupõe um processo de despersonalização (ou equalização do trabalho) que se torna social ao ser socializado e unificado, isto é, ao ser igualado a outras formas de trabalho tornando-se trabalho impessoal, despersonalizado, parte da massa total do trabalho homogêneo.

Na sociedade capitalista produtora de mercadorias, o produto tem um valor de uso — atende a necessidades de outros, necessidades sociais — e tem um valor, que representa o trabalho socialmente necessário à sua produção nela materializado, isto é, seu valor. Esse valor é trabalho coagulado, aderido às coisas, que parece pertencer a elas em si mesmas. O valor de troca é a forma social do produto do trabalho, sua capacidade de ser trocado em determinada proporção por qualquer outro produto. Portanto, o valor é indissociável do fetiche, pois nessa sociedade as relações humanas assumem essa forma de relações entre coisas: relações reificadas entre pessoas.

Esses elementos são suficientes para dar sustentação aos descaminhos anteriormente apontados no tratamento unilateral do trabalho na sociedade capitalista, seja este reduzido ao trabalho concreto, seja aprisionando um padrão histórico de sociabilidade ao espaço exclusivo da produção fabril *stricto sensu*. Aliás, Marx já denunciava dois equívocos da economia política, que merecem consideração na desmistificação daqueles descaminhos anunciados: identificar as formas elementares do capital — mercadoria e dinheiro — como capital, esvaziando a especificidade do capital como relação social; e, principalmente, transformar o capital, de uma relação social, em uma coisa — um conjunto de mercadorias que serve de condições de novo trabalho, ao mesmo tempo em que transforma coisas em capital, considerando a relação social que se representa nelas e através delas como uma propriedade que corresponde às coisas enquanto tais, expressando a mistificação do capital. (Marx, 1971). Ora, o "capital não é uma coisa, mas determinadas relações de produção sociais entre pessoas que se apresentam como relações entre coisas" (Marx, 1971: 38).

O dinheiro e a mercadoria são formas elementares de capital e o ponto de partida necessário do processo imediato de produção de mercadorias, patamar indispensável para a sua transformação em capital, que supõe uma relação de compra e venda estabelecida entre os capitalistas e a força de trabalho. Esta é a única mercadoria que, ao ser acionada e consumida como atividade, aliada aos meios de produção, é capaz de vivificá-los, transferindo o seu valor ao produto e criando um valor superior ao seu preço (expresso no salário), apropriado sem equivalente pelos proprietários dos meios de produção.

O processo imediato de produção é uma unidade imediata dos processos de trabalho e de valorização, que supõem os processos de produção e circulação. O dinheiro só é capital quando empregado com vistas ao seu crescimento, o que, para o capitalista, aparece como finalidade, subordinando o processo de trabalho como simples meio do processo de valorização. Aí a natureza específica do processo capitalista aparece em toda a sua simplicidade: valor que gera valor. O objetivo é a produção da mais-valia, que compreende a conservação do valor adiantado e seu crescimento quantitativo como fim e resultado do processo capitalista de produção.

Considerado em seu fluxo constante de renovação, todo o processo social de produção é, ao mesmo tempo, um processo de reprodução. As condições sociais de produção são, também, as condições de reprodução, pois nenhuma sociedade pode produzir continuamente — isto é, reproduzir —, sem transformar parte de seus produtos em elementos da nova produção:

> [...] se a produção tem forma capitalista, então terá a reprodução. Como no modo de produção capitalista o processo de trabalho só aparece como meio para o processo de valorização, assim a reprodução aparece apenas como meio de reproduzir o valor adiantado como capital, isto é, como valor que se valoriza. Uma pessoa só encarna a personagem econômica do capitalista porque seu dinheiro funciona continuamente como capital (Marx, 1985b: 153, t. I, v. II).

Marx acrescenta que, apenas como personificação do capital, o capitalista é uma potência respeitável (Marx, 1980a) à medida que força, sem qualquer escrúpulo, a humanidade à produção pela produção e, "em decorrência, ao desenvolvimento das forças produtivas sociais e à criação de condições materiais de produção que são as únicas que podem constituir a base de uma sociedade mais elevada, cujo princípio básico é o desenvolvimento livre e pleno de cada indivíduo" (Marx, 1985b: 172, t. I, v. II).

O processo direto de *produção do capital* é seu processo de trabalho e de valorização, que tem por resultado uma mercadoria e cujo móvel é a produção da mais-valia. Já o *processo de reprodução* abrange tanto *esse processo direto de produção, quanto a fase de circulação (compra e venda)*, isto é, seu *ciclo periódico*, que se repete sempre de novo e constitui a *rotação do capital*. Considera-se, assim, *o processo global*, em que cada ciclo do capital individual constitui apenas uma fração autonomizada do *capital social na sua totalida-*

de. Esse processo global de produção e de circulação do capital social total abrange a conversão do capital dinheiro em força de trabalho e meios de produção, sua incorporação no processo de produção, o consumo produtivo (ou processo direto de produção), a circulação das mercadorias que entram no consumo individual dos capitalistas e trabalhadores, esse mesmo consumo individual e a circulação da mais-valia. Em outros termos, abrange a reprodução das classes capitalista e trabalhadora e a reprodução do caráter capitalista da produção global (Marx, 1985b: 291, t. II, v. III),[21] indissociável do fundo público na expansão monopolista.

A tese expressa nos *resultados do processo imediato de produção* (Marx, 1971) é a de que, em seu processo de reprodução, a sociedade capitalista desenvolve as forças produtivas sociais do trabalho e faz crescer, frente ao trabalhador, como capital, a riqueza acumulada alheia que o domina, que é por ele produzida e reproduzida. No mesmo movimento desenvolve-se sua pobreza, sujeição e indigência subjetiva. São resultados simultâneos: o esvaziamento do trabalhador e a plenitude do capital. Todavia, no interior desse processo, são criadas as forças que impulsionam suas contradições internas: cresce o proletariado laborioso, ao tempo em que são criadas as condições materiais de um novo modo de produção que elimine os antagonismos do modo capitalista de produção, gerando as bases de um processo de vida social conformado de maneira nova, uma nova formação social[22] (cf. Marx, 1971: 103).

---

21. Como se pode observar, a noção de processo de (re)produção das relações sociais é transversal à interpretação de Marx sobre a sociedade capitalista, presente na análise do processo de produção, da circulação e do processo global de produção. O processo de (re)produção das relações sociais tem certamente um tratamento privilegiado nos manuscritos de 1863-65/66, parte dos quais foi editada pelo Instituto Marx-Engels, em 1933, sob o título de *O Capital. Livro I. Capítulo VI. (Inédito). Resultados do processo imediato de produção.* Daquele grande manuscrito F. Engels extrai o Livro II de *O Capital* e, mais tarde, Kautsky publica as *Teorias sobre a Mais-Valia* (cf. Aricó, 1971; Dussel, 1988 e 1990).

22. A citação literal é a seguinte: "La producción capitalista no es solo reproducción de la relación: en su reproducción en una escala sempre creciente, y en la misma medida en que, con el modo de producción capitalista, se desarrolla la fuerza productiva del trabajo crece también frente al obrero la riqueza acumulada, como riqueza que lo domina, como capital, se extiende frente a él el mundo de la riqueza como un mundo ajeno y que lo domina, y en la misma proporción se desenvuelve por oposición su pobreza, indigencia y sujeción subjetivas. Su vaciamiento y esa plétora se corresponden, van par a par. Al mismo tiempo se acrecienta la masa de esos medios de producción vivos del capital: el proletariado laborioso. Por ende, el crecimiento del capital y el aumento del

O produto da produção capitalista não é só a mais-valia — fruto de um tempo de trabalho não pago, apropriado sem equivalente pelo proprietário dos meios de produção —, mas é o próprio capital como relação social, que se produz e reproduz em nível ampliado. Antes de ingressar no processo de produção, a soma de valor adiantada só era potencialmente capital. Os mistérios desse processo só se decifram no âmbito mesmo do processo real de produção, mediante a incorporação do trabalho vivo às formas objetivas do capital. O trabalhador vendeu sua força de trabalho pelo equivalente dos meios de vida, consumidos na sua conservação, e forneceu o trabalho, esta atividade conservadora e criadora de valor, que se incorpora ao capital como atividade que lhe pertence. O produtor direto sai do processo como entrou, como mera força de trabalho, tendo que reiniciá-lo para manter viva sua capacidade de trabalho. Já o capitalista transformou seu capital em capital real, em valor que se valoriza a si mesmo, e o produto total obtido é sua propriedade. Para o trabalhador, as condições de produção que se lhe contrapunham como capital continuam existindo como autônomas e, também, o produto de seu trabalho é transformado em capital acrescido, que exige a incorporação de novos assalariados. O capital não só produz capital: produz uma massa de força de trabalho sempre crescente, única substância que, ao ser transformada em trabalho, lhe permite funcionar como capital. A reprodução capitalista não é só reprodução da relação, mas reprodução em escala ampliada. O trabalhador produz, em antítese consigo mesmo, as condições de trabalho como capital, da mesma forma como o capital produz o trabalho enquanto trabalho assalariado, como meio de realização do capital.

---

proletariado se presentan como productos concomitantes, aunque polarmente opuestos, del mismo proceso..." (Marx, 1971: 103) "Fundándose en esta relación modificada se desarrolla sin embargo, un modo de producción específicamente transformado que por un lado genera nuevas fuerzas productivas materiales y por otro no se desarrolla si no es sobre la base de éstas, con lo cual crea de hecho nuevas condiciones reales. Se inicia una revolución económica total, que por una parte produce por vez primera las condiciones reales para la hegemonía del capital sobre el trabajo, las perfecciona y les da una forma adecuada, y por la otra genera, en las fuerzas productivas del trabajo, en las condiciones de la producción y relaciones de circulación desarrolladas por ella en oposición al obrero [genera, decíamos] las condiciones reales de un nuevo modo de producción que elimine la forma antagónica del modo capitalista de producción, y echa de esta suerte la base material de un proceso de vida social conformado de manera nueva y, con ello, de una formación social nueva." (Idem: 106)

O resultado é, portanto, a reprodução contraditória das relações de classes, das condições de continuidade da produção capitalista e de suas fraturas. Cresce a força produtiva do trabalho como riqueza que domina o trabalhador, na proporção em que cresce, para o trabalhador, a pobreza, a indigência e a sujeição subjetiva. A ampliação do capital e o aumento do proletariado são produtos contraditórios do mesmo processo, esfumando-se a relação entre iguais proprietários de mercadorias equivalentes, que se apresentava na esfera da circulação, atestando que a compra e a venda da força de trabalho são formas mediadoras de subjugar o trabalhador ao capital. Encobre-se, como mera transação monetária, a relação real de dependência permanente que aquela intermediação renova constantemente. O resultado é a reprodução das contradições de classes e da consciência alienada que permite essa mesma reprodução em níveis crescentes. As novas forças produtivas materiais, que são impulsionadas por esse processo, revolucionam a produção e a vida em sociedade, criando, simultaneamente, as condições mais adequadas de hegemonia do capital sobre o trabalho, aperfeiçoando-a e dando-lhe a forma adequada, e as condições reais de um novo modo de produção ao criar as bases materiais para uma vida social conformada de maneira nova. Cria-se a relação e as condições históricas de sua dissolução. (Marx, 1980a: 364, v. I)

Todo esse processo é encoberto por uma ampla *mistificação do capital*: como o trabalho vivo está subsumido ao capital — dentro do processo de produção já está incorporado ao capital como seu elemento constitutivo —, todas as forças produtivas sociais do trabalho manifestam-se ao reverso, como forças produtivas do capital, como propriedades inerentes ao trabalho materializado, como poderes que dominam o trabalhador. Desse modo, o capital converte-se em um ser extremamente misterioso (Marx, 1971: 96).

O capital emprega o trabalho, pois o processo de valorização subsume o processo de trabalho, ou seja, os meios de produção não estão a serviço da atividade criadora do trabalhador, mas este é um meio para conservar o valor e aumentá-lo, sendo o trabalho excedente absorvido pelo capital. Aí enfrentam o trabalhador essas coisas corpóreas e materiais, convertidas em capital: todos os produtos do trabalho e todas as formas de trabalho socialmente desenvolvidas — a cooperação, a manufatura, a fábrica — todas elas se manifestam como formas de desenvolvimento do capital. Em conseqüência, o desenvolvimento das forças produtivas sociais do trabalho se apresenta invertido como força produtiva do capital. A cooperação, a divisão do trabalho, as aplicações da ciência na produção, os produtos do trabalho, a maquinaria atuam como meios de exploração do trabalho — isto é, de apropriação de trabalho excedente —, como forças inerentes ao capital e enfrentam o trabalhador como coisas que lhe são alheias e que o dominam. Essa relação é a personificação de coisas e a coisificação de pessoas. Essa inversão é o que distingue a forma de produção capitalista das anteriores e caracteriza o capital como relação social. O capitalista não submete o trabalhador mediante qualquer poder pessoal, mas o subjuga enquanto capital: seu poder é simplesmente o poder do trabalho materializado sobre o trabalho vivo (Marx, 1980a: 362-363, v. I).

A relação se torna ainda mais misteriosa com o desenvolvimento do modo de produção capitalista. A cooperação social em que as diversas forças de trabalho funcionam articuladamente, como órgãos particulares da capacidade de trabalho combinada que constitui *a oficina coletiva*, não pertencem ao trabalhador, mas são a ele impostas. E como as forças produtivas do trabalho social combinado só se desenvolvem no modo de produção capitalista, estas aparecem como imanentes ao capital. Entretanto, o caráter social das condições objetivas de trabalho em grande escala é resultado do trabalho cooperativo, ainda que apareça, ao contrário, como algo absolutamente autônomo e separado do trabalhador individual, como um modo de existência do capital, organizado pelo capitalista e independente do trabalho. Essa aparência se reforça uma vez que o lucro (e não a mais-valia) pode aumentar com o emprego das condições coletivas de trabalho, propiciando um barateamento relativo do capital constante (em relação ao capital variável empregado na compra da força de trabalho) e um aumento absoluto de seu valor. Ora, a utilização coletiva dos meios de produção não é mais que expressão coletiva do caráter social do trabalho e da força produtiva dele resultante. Todavia, frente ao trabalhador, as condições de trabalho erguem-se como forças produtivas do capital, pré-existentes, independentes dele: a economia dessas condições objetivas de trabalho aparece como alheias ao trabalho excedente criado pelo trabalhador e obra direta dos empresários capitalistas; a ciência e seu emprego na produção, um produto intelectual geral da sociedade, apresenta-se subjugada ao capital, assim como o desenvolvimento geral da sociedade aparece como desenvolvimento do capital. O capitalista, portanto, só é poderoso enquanto personificação do capital; só é "produtivo" como coerção ao sobretrabalho e representante das forças produtivas sociais do trabalho, as quais são transpostas como propriedades objetivas do capital.[23]

Marx salienta a diferença entre sua concepção e a dos economistas burgueses, que se limitam a sistematizar como doutrina as idéias dos agentes de produção cativas das relações de produção do regime burguês, pois "toda ciência seria supérflua se a forma de manifestação e a essência das coisas coincidissem imediatamente" (Marx, 1985b: 271, t. III, v. V). Explicitando, os economistas vêem *"como se produz dentro da relação capitalista*, mas não *como se produz esta mesma relação, nem como, ao mesmo tempo, são produzidas nela as condições materiais de sua dissolução"*, com o que se suprime sua justificativa histórica como forma necessária do desenvolvimento econômico ou da produção da riqueza social (Marx, 1971: 106-107).

A mistificação do regime capitalista de produção consuma-se na *trindade econômica* das fontes de rendimentos, que engloba todos os segredos do processo social de produção: *capital, terra e trabalho aparecem como fontes, respectivamente, de juros, renda fundiária e salário*, tidos como seus produtos (inclusive eliminando-se o lucro, a forma mais especificamente característica do regime capitalista de produção). As fontes de rendimento são apresentadas como se fossem correspondentes a esferas distintas, não relacionadas entre si, expressando três conexões impossíveis: a) *capital-juro*, a forma mais absurda do capital, pois, se o capital é uma determinada soma de valor expressa em dinheiro, é inconcebível que tenha mais valor do que ele realmente tem; b) *terra-renda*, a terra como um elemento natural — um valor de uso — que não contém em si nenhum valor, uma vez que o trabalho abstrato é a substância do valor, já a renda da terra, que expressa uma rela-

---

23. Existe uma grande controvérsia sobre as razões pelas quais o *Capítulo IV. Inédito* teria sido "eliminado" por Marx dos planos finais de redação de *O Capital*. Aricó (1971) incorpora a hipótese do editor italiano Bruno Maffi, assinalando que teria sido impossível conseguir, à época, um editor que aceitasse publicar um livro politicamente tão comprometedor. Um texto teórico e político que solda a análise contida no *Manifesto Comunista* com a registrada em *O Capital*, numa condenação não apenas moral, mas histórica do mundo burguês e do modo capitalista de produção. É interessante notar que as análises contidas no Capítulo VI — inédito — reaparecem, com todo vigor, tanto nos *Apêndices* do tomo I das *Teorias sobre a Mais-Valia — A produtividade do capital. Trabalho produtivo e improdutivo*, quanto no livro III de *O Capital*, seção VII: *Os rendimentos e suas fontes*.

ção social, é concebida como coisa numa relação com a natureza; c) *trabalho-salário*, outra relação irracional, pois o trabalho considerado como atividade produtiva do homem em geral por meio do qual opera seu metabolismo com a natureza, independente da sociedade, e que nada tem de social. Já o salário não é o "preço do trabalho" — uma expressão irracional —, mas da força de trabalho. Essas formas alienadas, prisioneiras da aparência na qual se movem os agentes de produção e a economia vulgar, correspondem aos interesses das classes dominantes para atribuir legitimidade às suas fontes de renda.

Como já foi apresentado, o capital nutre-se de trabalho excedente, sem equivalente, extraído dos produtores diretos como trabalho forçado, apesar de sua aparência de trabalho livre. Esse mais-trabalho, extraído diretamente dos trabalhadores pelo capital, representa-se numa mais-valia que se materializa no produto. A soma da mais-valia social (trabalho não pago) corresponde ao lucro médio (lucro do empresário mais o juro) e à renda da terra, visto que a propriedade territorial no regime capitalista de produção, pressupondo a expropriação dos trabalhadores de suas condições de trabalho, tem o papel de remover parte da mais-valia do bolso do capitalista para o proprietário de terra. Já o trabalhador assalariado, que é proprietário e vendedor da força de trabalho, obtém, através do salário (tempo de trabalho pago), o trabalho necessário para conservação e reprodução de sua força de trabalho. Assim, *lucro, renda e salário são três partes do mesmo valor produzido anualmente, ou seja, do trabalho social materializado produzido pelo trabalhador*. Esse trabalho se distribui em *capital e rendas*, uma parte da qual assume a forma de renda do trabalhador (salário) após este ter se defrontado como trabalhador frente ao capital, possuidor das condições de trabalho. Se uma parte do produto não se convertesse em capital, então a outra não assumiria as formas de renda do solo, lucro e salário, a renda anual das três classes fundamentais: os capitalistas, os proprietários territoriais e os trabalhadores assalariados. O regime capitalista de produção pressupõe essa forma social determinada das condições de produção e as reproduz constantemente: "Produz não só os produtos materiais, mas reproduz constantemente as relações de produção em que aqueles são produzidos e, com isso, também as correspondentes relações de distribuição" (Marx, 1985b: 312, t. III, v. V). Assim, as relações de distribuição correspondem e se originam das relações de produção, como o seu reverso. Derivam de formas historicamente determinadas e socialmente específicas do processo de produção e das relações que os homens estabelecem entre si no processo de reprodução da vida humana (Marx, 1985b: 315, t. II, v. V).

O ponto de vista da economia burguesa considera históricas as relações de distribuição e não as relações de produção, que são naturalizadas. A base desta confusão é a identificação do processo social de produção com um processo de trabalho isolado, sem interferência da sociedade. Identifica ainda o processo social de produção com um processo de relação entre o homem e a natureza, comum a todas as formas sociais, elidindo que cada forma histórica determinada desenvolve tanto os fundamentos materiais quanto suas formas sociais. Ao alcançar certa fase de maturidade, a forma histórico-concreta é abandonada dando lugar à outra mais desenvolvida, configurando um momento de crise. Este anuncia, em extensão e profundidade, a contradição e o antagonismo entre as relações de distribuição e, portanto, entre a forma histórica das relações de produção a elas correspondentes, e as forças produtivas, a capacidade de produção e o desenvolvimento de seus agentes. Verifica-se, então, um conflito entre o desenvolvimento material da produção e sua forma social" (Marx, 1985b: 315, t. III, v. V).

2. Desvendando o fetiche: a visibilidade do trabalho e os processos de alienação

A análise que se segue está orientada para atribuir visibilidade às efetivas relações sociais que se escondem por detrás da "trindade econômica", que apresenta as fontes de renda segmentadas entre si, e independentes do trabalho produtivo, criador da mais-valia, que é distribuída no interior da classe capitalista, sob as formas de lucro industrial e comercial, renda fundiária e juro. O propósito é retirar as névoas que encobrem a explicação mistificada dos agentes de produção, que reverbera nos intelectuais cujas análises são prisioneiras das representações por meio das quais as relações sociais se mostram na superfície da sociedade. A prioridade é dada *ao capital produtivo e aos dilemas do trabalho produtivo* (e do trabalho improdutivo) porque criam e alimentam o próprio capital em seu movimento ilimitado de crescimento e aí se revela a gênese da produção da mais-valia social, o que condiciona a sua distribuição. Como o debate sobre o trabalho produtivo e improdutivo é uma das temáticas mais controversas e eivadas de equívocos entre os analistas de Marx, será atribuído um maior destaque ao tema, em cujo desenvolvimento se incorpora o capital em suas fases de produção e circulação.

Em seguida, é abordada a *propriedade fundiária capitalista*, elucidando os mecanismos que permitem ao seu proprietário apropriar-se de parte da mais-valia social sob a forma de renda da terra, contrapondo-se à relação mistificada *terra-renda fundiária*.

E, finalmente, um destaque especial é dado à *natureza do capital portador de juros e sua fetichização*, em que aparece numa relação ensimesmada consigo mesmo, como fonte de seu próprio crescimento na forma *capital-juros*. Elucidar as mediações que se ocultam nessa forma de apresentação da reprodução do capital-dinheiro que rende juro é pressuposto para desvendar sua natureza e os processos sociais envolvidos na trama do capital fetiche, que se mantém e ao mesmo tempo adquire novas determinações no processo de expansão monopolista sob a forma de capital financeiro. Esse árduo, porém necessário, percurso teórico do processo de reprodução do capital social e das relações sociais fundamentais que lhe dão vida, constitui um patamar de análise indispensável para elucidar a sociabilidade reificada vigente na sociedade contemporânea, que resulta numa (re)produção ampliada da *questão social* na mundialização do capital, no marco das particularidades históricas que assume na sociedade brasileira.

2.1. A produtividade do capital: trabalho produtivo e improdutivo[24]

A produtividade do capital é expressão capitalista da força produtiva social do trabalho e das condições de seu desenvolvimento, que aparecem

---

24. Para análise desse tema polêmico foram pesquisados todos os extratos da obra de Marx que tratam do assunto, a saber: *O Capital*, Livro I, Cap. XIV "Mais-valia absoluta e relativa" (Marx, 1985b: 105-112, t. I, v. II); o Livro II integral de *O Capital*, em especial, a seção I, "As metamorfoses do capital e seu ciclo" (Marx, 1985b: 25-88, t. II, v. III) e o cap. VI "Os custos de circulação" (Marx, 1985b: 95-110, t. II, v. III); *El Capital*. Libro I. Capítulo VI (inédito), Cap. I "Resultados del proceso

SERVIÇO SOCIAL EM TEMPO DE CAPITAL FETICHE

como obra do capital contra o trabalhador: o poder do trabalho materializado sobre o trabalho vivo, do produto do trabalho sobre o próprio produtor. O caráter social do trabalho, assim como as forças naturais e a ciência, forças produtivas gerais da sociedade, enfrentam o trabalhador coletivo submetido aos meios e às condições materiais de produção desenvolvidas em larga escala — material de trabalho, meios de trabalho e meios de vida —, como potências do capital, alheias ao trabalhador individual às quais se encontra subsumido. Como vimos, essa relação é, na sua simplicidade, uma inversão: a personificação de coisas e a coisificação de pessoas. Aquela produtividade consiste, sobretudo, na coação para obter trabalho excedente — trabalhar mais do que o socialmente necessário, o que a produção capitalista compartilha com modos anteriores de produção, mas que nela se realiza de modo mais favorável à produção.

Marx indaga: como e por meio de que o trabalho revela sua produtividade ou se manifesta como trabalho produtivo frente ao capital? (Marx, 1980a: 365, v. I).

No Livro I de O Capital (Cap. XI) são apresentadas as balizas decisivas para análise do tema. Considerando o caráter cooperativo do trabalho e o produto comum de um trabalhador coletivo, amplia-se, por um lado, a noção de trabalho produtivo e de seu portador, o trabalhador produtivo: "para trabalhar produtivamente, já não é necessário, agora, pôr pessoalmente a mão na obra: basta ser órgão de um trabalhador coletivo, executando qualquer uma de suas subfunções" (Marx, 1985b: 105, t. I, v. I). Por outro lado, a noção de trabalho produtivo contrai-se, uma vez que a produção capitalista não é apenas produção de mercadorias, mas essencialmente de mais-valia, na qual trabalhador não produz para si, mas para o capital: "apenas é produtivo o trabalhador que produz mais-valia para um capital ou serve a autovalorização do capital" (Idem). É interessante notar que, para ilustrar a noção, o autor dá um exemplo fora da esfera da produção material, reme-

---

inmediato de producción", em especial o extrato "Trabajo productivo e improductivo" (Marx, 1971: 77-90); *Teorías sobre la Plusvalia*, tomo I, Cap. IV. "Teorías sobre el trabajo productivo y el trabajo improductivo" (Marx, 1977f: 137-281) e os apêndices: "La productividad del capital. Trabajo productivo e improductivo" (Marx, 1980a: 362-384). Foram consultados ainda os seguintes analistas: Rubin (1987:277-293); Dussel (1988: 137-158 e 262-283 e 1990: 33-49); Mandel (1988: 119-134 e 1985); Singer (1985: VII-XXXIII); Napoleoni (1981: 96-119) e Rosdolsky (2001).

tendo ao mesmo tempo o leitor para o Livro IV de *O Capital*, as *Teorias sobre a mais-valia*, em que estabelece o debate com a Economia Política Clássica e sua concepção sobre a natureza da mais-valia:[25]

> [...] um mestre-escola é um trabalhador produtivo se ele não apenas trabalha as cabeças das crianças, mas extenua a si mesmo para enriquecer o empresário. O fato de que este último tenha investido seu capital numa fábrica de ensinar, em vez de numa fábrica de salsichas, não altera nada a relação. *O conceito de trabalho produtivo, portanto, não encerra de modo algum apenas uma relação entre atividade e efeito útil, entre trabalhador e produto do trabalho, mas também uma relação de produção especificamente social, formada historicamente, a qual marca o trabalhador como meio direto de valorização do capital. Ser trabalhador produtivo não é, portanto, sorte, mas um azar".* (Marx, 1985b: 106, t. I, v. II;. grifos nossos)

A produtividade do trabalho supõe, portanto, uma relação social determinada: o trabalho, como trabalho assalariado, e os meios de trabalho, como capital. O capital está formado por mercadorias sendo, duplamente, *valor de troca* (dinheiro) — pois é valor que se valoriza, fruto da troca de uma quantidade dada de trabalho materializado por uma maior quantidade de trabalho vivo e *valor de uso*, tal como se manifesta nas relações dentro do

---

25. Destaco esta indicação porque mostra a centralidade atribuída por Marx ao debate sobre trabalho produtivo e improdutivo contido naquela obra. Afirmação diferente é exarada por Mandel (1988), que privilegia o tomo II de *O Capital* —, e não as *Teorias sobre a Mais-Valia* — em que se encontraria a "versão final da opinião de Marx a respeito do trabalho produtivo e improdutivo". Para Mandel, este é pensado a partir dos nexos entre os esquemas de reprodução (e os problemas da circulação do capital em geral) e a teoria do valor, quando Marx distingue o que é capital produtivo para o capitalista individual daquilo que é para o capital global, em que só é considerado produtivo o trabalho que aumenta a massa global de mais-valia. Mandel apóia-se no argumento de que *O Capital* (II) encontra-se apoiado nos manuscritos de 1867-1870, que são posteriores *às Teorias da Mais-Valia*, datadas de 1861-1863. Todavia, o Livro II está dedicado à circulação do capital, que supõe a sua produção no âmbito do capital produtivo, a qual é indissociável do trabalho produtivo. É importante distinguir *lucro de mais-valia*, e só a produção desta pode aumentar a sua massa global. Singer (1985) considera a interpretação de Mandel sobre o tema bastante polêmica, com o que afirmo minha concordância. Não raras vezes Mandel cai nas artimanhas da concepção de Smith (exposta a seguir), com exemplos que privilegiam a determinação do caráter produtivo ou improdutivo do trabalho a partir do caráter do concreto do trabalho individual, em detrimento das relações sociais em quem se inscreve. Todavia, o autor comentado traz uma questão essencial ao debate político e para a luta de classes: os trabalhadores improdutivos são parte do proletariado?

processo de trabalho — combinações sociais do trabalho e meios de trabalho a elas correspondentes, respectivamente, condições subjetivas e objetivas do processo de trabalho. Como as forças produtivas se transferiram ao capital, a produtividade do trabalho é a produtividade do capital. Ela requer a conversão do dinheiro em capital, em valor que se valoriza, o que passa pela conversão de uma parte do valor em mercadorias que servem de meios de trabalho (matérias-primas e instrumentos que são condições materiais de trabalho) e a conversão de outra parte do valor em força de trabalho. Mas não é essa primeira troca entre dinheiro e força de trabalho, ocorrida na esfera da circulação, que transforma o dinheiro em capital. O que essa troca faz é incorporar a força de trabalho, durante determinado tempo, ao capital. Ou seja, converter determinada quantidade de trabalho vivo em uma das modalidades de existência do capital. *É no processo real de produção que o trabalho vivo se converte em capital*, isto é, reproduz o valor do capital variável aplicado em salário e cria uma mais-valia. Esse processo de transformação faz com que a soma total de dinheiro se converta em capital, ainda que varie apenas parte da soma de capital-dinheiro transformada em salário. Todavia, para que isto aconteça, é necessária a mediação do capital constante, ou seja, da conversão da outra parte do valor em condições materiais de trabalho necessárias à objetivação da força de trabalho como trabalho materializado, que não pertence mais ao trabalhador, mas ao capitalista. É isso que torna possível que o dinheiro se converta em capital. "Esta relação determinada, como relação de trabalho, é o que converte o dinheiro ou a mercadoria em capital e o trabalho que adquire força materializada independente, cujo valor é conservado e incrementado é *trabalho produtivo*" (Marx, 1980a: 367, t. I, v. I).

Assim, o trabalho produtivo é o que se troca por dinheiro enquanto capital — ou, mais concisamente, *troca-se diretamente por capital* —, isto é, por dinheiro que está destinado a enfrentar, como capital, a força de trabalho. Para o trabalhador, o trabalho produtivo limita-se a reproduzir o valor previamente definido da força de trabalho. Embora o trabalhador coletivo efetue o trabalho, este, como força criadora de valor, pertence ao capital, realizado sob sua direção e controle. E o produto comum em que se materializa o trabalho cooperativo é uma nova forma em que se manifesta o capital. O resultado específico do processo de produção capitalista não é nem o produto (valor de uso), nem a mercadoria (valor de uso que possui valor de troca); seu resultado é a criação da mais-valia para o capital, isto é, a conversão do dinheiro ou da mercadoria em capital, uma vez que a finalidade direta dessa produção é a apropriação de trabalho alheio não retribuído ou o enriquecimento. Esse é o valor de uso específico do trabalho produtivo para o capital.

Importa reter que, para produzir uma mercadoria, necessita-se de trabalho útil que produza um valor de uso, mas não é esse caráter concreto do trabalho (trabalho do alfaiate, do pedreiro, da tecelã) que atribui ao trabalho um valor de uso específico para capital. Este não deriva do caráter útil do trabalho, mas do fato de que a força de trabalho em ação é capaz de produzir uma quantidade maior de trabalho abstrato (valor) do que contido em seu preço (ou valor de troca), que se corporifica em uma quantidade maior de trabalho materializado. "O processo de produção capitalista só consegue este seu produto específico mediante a troca com o trabalho ao qual, por isto mesmo, dá-se o nome de *trabalho produtivo*" (Marx, 1985b: 371, v. I).

Então, trabalho produtivo é uma expressão abreviada para expressar toda essa relação e o modo como a força de trabalho figura no processo de produção capitalista, expressando a determinação formal do trabalho em que se baseia o modo de produção capitalista e em que se apóia o capital. Resulta daí a importância de distingui-lo de outras formas de trabalho (Idem: 368). Do exposto também se depreende que o trabalho produtivo constitui uma função do trabalho que "não tem absolutamente nada a ver com o conteúdo determinado do trabalho, com a utilidade específica ou com o valor de uso peculiar em que se corporifica" (Marx, 1980a: 372, v. I), de modo que o mesmo tipo de trabalho pode ser produtivo ou improdutivo: a cantora que vende seu canto é improdutiva, mas, se contratada por um empresário que a faz cantar para enriquecer, é produtiva, porque produz capital.

Só a estreiteza burguesa, que considera as formas de produção capitalistas como formas absolutas de produção, confunde o trabalho produtivo do ponto de vista do capital com *o trabalho produtivo em geral*. O trabalho produtivo, no sentido da produção capitalista, é aquele que, ao ser trocado pela *parte variável do capital* (parte do capital investida em salários), não só repõe esta parte (ou o valor da própria força de trabalho), mas *produz também uma mais-valia para o capitalista*, o que faz com que o dinheiro e a mercadoria se transformem em capital. Não se está falando, conforme esclareceu Marx, de uma *produtividade absoluta*, em que o trabalho seria apenas reprodutivo (isto é, reproduziria o valor da força de trabalho, limitando-se a repor o valor anteriormente existente), mas de uma *produtividade relativa* — na qual o trabalhador, além de repor o valor anterior, cria um valor novo, materializando no seu produto mais tempo de trabalho que aquele materializado nos produtos que mantêm sua vida como trabalhador, expresso no salário. Sobre esse tipo de trabalho assalariado produtivo repousa o capital (Marx, 1977f: 137, v. I).

Nas *Teorias sobre a mais-valia* tem-se o debate de Marx com os fisiocratas e os mercantilistas a respeito das suas concepções sobre a mais-valia, que influenciam Adam Smith em sua análise sobre o trabalho produtivo e improdutivo.[26] Os fisiocratas[27] têm o mérito de deslocar a investigação sobre a mais-valia da esfera da circulação para a esfera da produção, ainda que sua concepção da natureza do valor consista em matéria, terra e natureza, e não em um determinado modo de existência da atividade humana. Só consideravam produtivo o trabalho agrícola, que produz uma mais-valia para os proprietários das condições de produção. Apóiam-se em uma noção falsa de valor, reduzindo-a ao valor de uso do trabalho agrícola — e não ao tempo de trabalho —, o que condiciona a sua noção de sobrevalor, visto como a sobra dos produtos agrícolas após seu consumo pelo trabalhador e o arrendatário agrícola. Sob essa concepção falsa, sustentavam a determinação precisa de que só é produtivo o trabalho assalariado que produz mais valor do que custa, permitindo a Adam Smith liberar o trabalho produtivo dos equívocos dos fisiocratas (Marx, 1977f: 139, v. I). Já os mercantilistas tinham, "ainda que inconscientemente", o mesmo ponto de vista sobre o trabalho produtivo, mediante a representação de que só é produtivo um determinado tipo específico de trabalho: aquele empregado nos ramos de produção cujos produtos, após terem sido enviados ao estrangeiro, devol-

---

26. Creio ser importante fazer referência centralmente à concepção de A. Smith, pois muitos autores da tradição marxista tomam as posições de Smith como sendo as de Marx, o que é fonte de muitos dos equívocos em torno do tema. Há que reconhecer que o texto deste debate é complexo, requerendo muito critério para distinguir as afirmativas de Marx das de seu interlocutor.

27. Sobre a concepção dos fisiocratas sobre o valor e mais-valia e sua crítica, conferir o segundo capítulo das *Teorias sobre la Plusvalia*: "Los fisiocratas". (Marx, 1980a: 37-60, v. I).

vem mais dinheiro do que custaram, capacitando o país a participar nos produtos das minas de ouro e de prata (Marx, 1977f: 139, v. I).

Todavia, é o debate com A. Smith[28] que merece destaque. Marx identifica dois pontos de vista entrelaçados, por vezes contidos no mesmo parágrafo, quanto à explicação do trabalho produtivo: (1) *aquele que se troca por capital* e (2) *aquele que se realiza em mercadoria.*

No primeiro ponto de vista, que Marx considera procedente, o trabalho produtivo é o que reproduz, para o capitalista, não só o valor íntegro dos meios de subsistência contidos no salário, mas os reproduz com um lucro, afirmando que *"só é produtivo o trabalho que produz capital".* Mercadoria e dinheiro só se convertem em capital porque são trocados diretamente pela força de trabalho, cujo valor de uso para o capitalista não consiste na utilidade desse trabalho particular e nem do produto do trabalho enquanto tal, mas em que "ele devolve mais tempo de trabalho do que lhe foi pago como salário".

Assim, para Marx, um dos maiores méritos de Smith foi o de ir ao cerne da questão e determinar, do ponto de vista da produção capitalista, o trabalho produtivo como *o trabalho que se troca imediatamente por capital. Em conseqüência, fixa o trabalho improdutivo como aquele que não se troca por capital, mas diretamente por renda, salário ou lucro* (incluindo as diferentes categorias que participam como co-sócios do lucro do capitalista, como o juro e a renda da terra). Onde todo o trabalho se paga a si mesmo — como o trabalho agrícola dos servos camponeses — ou é trocado diretamente por renda — como o trabalho manufatureiro existente à época na Ásia —, não existe nenhum capital e nenhum trabalho assalariado no sentido da economia burguesa. E, acentua Marx com extrema clareza, essas determinações não derivam da determinação material do trabalho, nem a natureza do produto e nem do caráter determinado do trabalho enquanto trabalho concreto, mas "da forma social determinada, das relações sociais de produção nas quais o trabalho se realiza" (Marx, 1980a: 142, v. I).

O trabalho produtivo é considerado do ponto de vista do proprietário do dinheiro (do capital) e não do ponto de vista do trabalhador. Uma rique-

---

28. Não cabe, neste texto, uma exposição detalhada do pensamento de Adam Smith e o debate de Marx com a sua teoria, em especial sua interpretação sobre o valor e sua teoria geral da mais-valia. Remeto o leitor para o Capítulo II das *Teorias sobre la Plusvalia.* (Marx, 1980a: 61-136, v. I).

za de exemplos ilustra essa concepção: um ator teatral é trabalhador produtivo se trabalha a serviço de um capitalista a quem devolve mais trabalho do que recebe como salário. Já um alfaiate que vai à casa do capitalista e produz valores de uso é um trabalhador improdutivo. Um escritor não é um trabalhador produtivo enquanto produz idéias, mas o é à medida que enriquece o editor que explora a editora e publica seus livros (enquanto é um trabalhador assalariado de um capitalista). Marx salienta, ainda, que o valor de uso em que o trabalho se corporifica pode ser o mais insignificante, pois é uma determinação do trabalho que não procede de seu conteúdo, mas de sua forma social determinada (Marx, 1977f: 144, v. I). A determinação material do trabalho e, portanto, de seu produto, nada tem a ver em si com a diferença entre trabalho produtivo e improdutivo: cozinheiros e camareiros de um hotel são trabalhadores produtivos na medida em que seu trabalho se converte em capital para o proprietário do hotel. Os mesmos trabalhadores são improdutivos, enquanto servidores domésticos, porque aí consomem renda. Um fabricante de piano é trabalhador produtivo para o empresário, pois repõe o salário e cria mais-valia, mas se faz piano para si mesmo é um trabalhador improdutivo.

À proporção que o capital domina toda a produção — desaparecendo ao mesmo tempo a indústria doméstica e em pequena escala — e só o capitalista é produtor de mercadorias (excluída a força de trabalho), a renda tem que ser trocada por *mercadorias* produzidas e vendidas pelo capital e por *serviços*, isto é, trabalhos que são comprados por seu valor de uso para serem consumidos. Esses serviços produzidos pela força de trabalho têm valor de uso e valor de troca, assim como, para quem os produz, esses serviços são mercadorias (dotadas também de valor de uso e de troca). Mas para o comprador é simples valor de uso, isto é, objetos nos quais consome sua renda. Portanto, os trabalhadores que prestam serviços, mesmo que estes realizem um trabalho improdutivo, não obtêm grátis parte da renda pela qual são trocados, isto é, não reduzem a renda da sociedade, embora possam empobrecer o capitalista individual. Conclui-se que se os serviços para o seu produtor são mercadorias (valor de uso e de troca), para o comprador são valores de uso, e para o capital, no caso de ser trabalho produtivo, são meios de reproduzir o valor adiantado e criar mais valor além do que foi pago ao trabalhador.

Assim que se generaliza a produção mediante trabalho assalariado, a produção de mercadorias tem de ser a *forma geral da produção*. Sendo esta pressuposta como genérica, condiciona por sua vez uma divisão crescente do trabalho social, isto é, uma especialização cada vez maior do produto que é produzido como mercadoria por determinado capitalista, separação sempre maior de processos de produção complementares que assim se autonomizam. [...] as mesmas circunstâncias que produzem a condição básica da produção capitalista — a existência de uma classe de trabalhadores assalariados — requerem a passagem de toda a produção capitalista *para a produção capitalista de mercadorias* [...] Toda empresa produtora de mercadorias torna-se, ao mesmo tempo, empresa de exploração de força de trabalho, *mas só a produção capitalista de mercadorias é que se torna um modo de produzir que marca uma época, que, em seu desenvolvimento histórico e mediante a organização do processo de trabalho e gigantesco aperfeiçoamento técnico, revoluciona toda a estrutura econômica da sociedade e supera, de modo incomparável, todas as épocas anteriores* (Marx, 1985b: 32-33, t. II, v. III).

À medida que se expande o domínio do capital sobre a produção de mercadorias, desenvolvendo a produtividade do trabalho, produz-se uma diferença material cada vez maior entre os trabalhadores produtivos e improdutivos. A tendência é que os primeiros produzam exclusivamente riqueza material sob a forma de mercadorias — afora a força de trabalho —, e os segundos realizem, em grande parte, *exclusivamente prestação de serviços pessoais que são trocados por renda*.[29] Só uma mínima parte deles produzirá mercadorias enquanto tal, pois a mercadoria nunca é objeto de consumo de maneira direta, mas suporte do valor de troca. Essa diferença vai desdobrar-se na outra posição equívoca de Smith sobre o trabalho produtivo, *ao lado* da primeira, determinante da *differentia specifica*.

O segundo ponto de vista de A. Smith, que se choca com o anterior, afirma: só é produtivo o trabalho que se realiza em mercadoria, que se fixa em um objeto duradouro e repõe o valor consumido. Trabalho improdutivo é aquele que não produz valor e nem repõe os meios de subsistência,

---

29. É importante destacar que quando Marx refere-se a serviço na análise do tema refere-se *a serviços pessoais*, visto que os serviços produzidos sob a forma capitalista eram insignificantes no seu tempo. Entretanto, ele considera o trabalho que produz serviços produtivos, quando submetido diretamente ao capital.

não se fixa em um objeto particular ou mercadoria vendável, mas se expressa em serviços que perecem no instante de sua realização. Smith abandona, assim, a determinação da forma social do trabalho produtivo, sua relação com a produção do capital, para tratá-la como mera reprodução do valor consumido — como produtividade absoluta — e não em termos de produção da mais-valia. Nessa outra concepção, trabalho produtivo é o que repõe o que consome, e trabalho improdutivo o que não reembolsa os seus gastos. Ela convive ao lado do primeiro sentido do trabalho produtivo defendido pelo autor, referente à produção da mais-valia — que inclui a reprodução de um equivalente do valor consumido. E passa, então, a privilegiar a diferença material entre mercadorias e serviços. Confunde forma material com forma social, como se a diferença material tivesse em si o poder de diferenciar trabalho produtivo e improdutivo, resvalando para a mistificação em que a relação social é tomada como coisa.

A diferença é que, para Marx, o trabalho produtivo é o que repõe o capital variável e produz mais-valia; o mesmo trabalho de qualidade determinada pode ser produtivo — se é comprado pelo capital para valorizá-lo — ou improdutivo, se é comprado pelo consumidor, com sua renda, para consumi-lo como valor de uso, não importando se este desaparece com a atividade da capacidade de trabalho ou se materializa em uma coisa. Por exemplo, o empresário de um teatro, de um bordel, compra a capacidade de trabalho dos atores, músicos, prostitutas etc. e, com a venda dos serviços por eles produzidos ao público, restitui o salário e obtém o lucro, embora o empresário seja pago com a renda do público, o que vale para todos os produtos que entram no consumo individual. Em outros termos, o caráter de trabalho produtivo não é definido pelo consumidor dos serviços, mas pelo empresário capitalista que emprega os trabalhadores que o realizam e, ao realizá-lo, repõem o capital variável e produzem mais-valia.

Esclarecendo: se por um lado, parte do trabalho improdutivo se corporifica em valores de uso materiais, que poderiam ser mercadorias vendáveis; por outro lado, uma parte dos meros serviços, que não assumem nenhuma configuração objetiva — que não obtêm, como coisa, uma existência separada do prestador de serviço e que não entram tampouco como parte constitutiva do valor de uma mercadoria —, podem ser adquiridos pelo comprador imediato da força de trabalho como capital e repor seu próprio salário e criar um lucro (Marx, 1977f: 150-151, v. I). Em síntese:

[...] a produção dos serviços pode ser subsumida ao capital da mesma maneira que uma parte dos trabalhos que toma corpo em coisas úteis é comprado diretamente com renda e não pode ser subsumida à produção capitalista (Marx, 1977f: 153, v. I).

As noções de trabalho produtivo e improdutivo dependem da explicação do valor e conseqüentemente da mais-valia. No sistema monetário e mercantil, a mais-valia se manifesta como dinheiro; entre os fisiocratas, como produto agrícola e, para Smith, simplesmente como mercadoria. Quando os fisiocratas se referem à substância do valor, ela se resolve como puro valor de uso (matéria), da mesma maneira que para os mercantilistas se resolve na pura forma do valor (dinheiro). Em Smith, são resumidas as duas determinações da mercadoria, como valor de uso e como valor de troca. O autor reage tanto aos fisiocratas, recolocando o valor do produto como essencial à riqueza burguesa, quanto aos mercantilistas, ao suprimir a forma fantástica — de ouro e prata — em que eles apresentam o valor, concepção segundo a qual toda mercadoria é, em si, dinheiro.

Quando se fala em mercadoria como *materialização do trabalho* — no sentido do seu valor de troca, — está se referindo apenas a um *modo de existência figurada, puramente social, que nada tem a ver com sua realidade corpórea.* A mercadoria é representada por uma determinada quantidade de trabalho social ou dinheiro, sendo possível que o trabalho concreto do qual é resultante não deixe nela qualquer marca, como é o caso do produto agrícola. Como a mercadoria é a forma mais elementar da riqueza burguesa, a explicação do "trabalho produtivo" como aquele que produz "mercadorias" corresponde a um ponto de vista muito mais elementar que a explicação do trabalho produtivo como o que produz capital (Idem: 160).

Assim, privilegiar a segunda concepção de Smith é cair nas armadilhas de tomar a produção capitalista como mera produção de mercadorias, destituindo as particularidades do capital como relação social e seu processo de reprodução. Essa concepção opera o reforço da mistificação do capital e o mundo de seus fetichismos, ao identificar o trabalho produtivo com a produção de *bens materiais,* em que o decisivo passa a ser o conteúdo do trabalho, ou seu resultado materializado em um objeto material, em detrimento da forma do trabalho assalariado realizado sob o comando do capitalista. Somente o trabalho organizado sob a forma de empresas capitalistas, comprado com o capital variável do capitalista e consumido pelo capital com a finalidade de gerar mais-valia é trabalho produtivo.

Não é demais reafirmar que o critério determinante que afirma o caráter de trabalho produtivo não é o conteúdo do trabalho ou sua qualidade determinada enquanto trabalho útil, mas sim sua forma de organização compatível com a produção capitalista, na qual se produz mais-valia para o empregador, transforma as condições objetivas de trabalho em capital, seu proprietário em capitalista e cria o seu próprio produto como capital. O critério é a forma social determinada assumida pelo trabalho ou as relações de produção sob as quais se realiza. Daí que o mesmo trabalho pode ser produtivo ou não, caso esteja ou não organizado sob a forma capitalista. Como já sustentou Marx, o trabalho improdutivo é aquele que se troca diretamente por *renda, isto é, salário e lucro*, incluindo, as categorias que participam, como sócios, do lucro do capitalista industrial, absorvendo, sob as formas de lucro comercial, juros e renda fundiária, partes da mais-valia social produzida.

O trabalho produtivo repousa na forma que o valor capital *assume na fase da produção como capital-produtivo*, distinta das metamorfoses que este valor sofre na *esfera da circulação* como *capital-mercadoria e capital-dinheiro* (Marx, 1985b, t. II, v. III), formas necessárias e constitutivas do ciclo de rotação do capital, cujo tempo de rotação envolve o tempo de produção e de circulação.

> O *capital industrial* é o único modo de existência do capital em que não só a apropriação da mais-valia, ou, respectivamente, do mais produto, mas ao mesmo tempo sua criação, é uma função do capital. Condiciona, por isso, o *caráter capitalista da produção*: sua existência implica a contradição entre capitalistas e trabalhadores assalariados. Na medida em que se apodera da produção social, a *técnica e organização social do trabalho são revolucionadas e com elas o tipo econômico-histórico da sociedade.* [...] Capital-monetário e capital-mercadoria, na medida em que aparecem em suas funções de portadores de ramos próprios de negócios, ao lado do capital, são somente modos de existência autonomizados e desenvolvidos unilateralmente pela divisão do trabalho, das diferentes formas de função que, dentro da circulação, o capital industrial ora adota, ora abandona (Marx, 1985b: 43, t. II, v. III).

A indústria da comunicação — seja a indústria de transporte de mercadorias e pessoas propriamente ditas, seja a transmissão de informações, o envio de cartas telegramas etc. e, hoje, a comunicação virtual — constitui um dos ramos da indústria no qual o produto do processo de produção não é um novo produto material, não é uma mercadoria com existência autônoma. O seu resultado — que pessoas, informações e mercadorias sejam transportadas — é sua existência espacial modificada. O efeito útil só é consumível dentro do processo de produção, não existindo como coisa útil distinta desse processo, que só funciona como artigo de comércio após a sua produção. "Mas o valor de troca desse efeito útil é determinado, como o das demais mercadorias, pelo valor dos elementos de produção consumidos para obtê-lo (força de trabalho e meios de produção) somados à mais-valia, criada pelo mais-trabalho dos trabalhadores empregados da indústria de transportes" (Marx, 1985b: 43, t. II, v. III). Também o consumo desse efeito útil é determinado como o das mercadorias: ao ser consumido individualmente, seu valor reaparece no consumo, e ao ser consumido produtivamente — enquanto um estágio da produção de mercadorias que se encontra em transporte — então seu valor é transferido, como valor adicional, à própria mercadoria. (Idem).[30]

Esse exemplo é muito importante tanto para desmistificar aqueles que só consideram o trabalho que se expressa em coisas materiais[31] e que opera

---

30. A fórmula para a indústria de transporte é D – M (meios de produção e força de trabalho). D – D', já que é o próprio processo de produção, não um produto separável dele, que é pago e consumido.

31. Este é o lúcido teor da crítica de Singer a Mandel (1985) quanto à noção de trabalho produtivo e improdutivo. Segundo Mandel, no Livro II de *O Capital*, "Marx define o trabalhador produtivo como aquele que participa da produção de bens *materiais* e, assim, da produção do valor e da mais-valia" (1985: 283). E daí deriva que "se mesmo o trânsito de pessoas, organizado de forma capitalista, é improdutivo, então é de se supor que lavanderias, os concertos, os circos e a assistência médica e jurídica, organizados de forma capitalista sejam mais improdutivos ainda" (Idem: 283). Afirma Singer: "Nada do que Mandel cita de Marx, suporta esta conclusão. O que Marx sustentou foi que nem todo trabalho que se troca por capital (isto é, trabalho assalariado em empresa capitalista) é necessariamente produtivo. O que de modo algum significa que somente trabalho material seja produtivo [...]" "O essencial — e isso Marx não se cansa de repetir nas *Teorias da Mais-valia* (v. I) — é que o produto do trabalho social não precisa ser material para ser uma mercadoria. Para tanto, basta que tenha valor de uso e valor de troca. Mandel perde de vista esta determinação essencial e decreta que todo trabalho enquadrado no terciário (com a notória exceção do transporte de mercadorias) é improdutivo, o que leva inevitavelmente a uma série de falsas

uma transformação imediata da natureza, como para se pensar, hoje, a industrialização dos serviços, visto ser tendência do capital absorver todos os ramos de produção, submetendo-os à sua lógica de reprodução.

Certamente a esfera da circulação — o tempo de compra e venda — representa uma transferência do direito de propriedade, abstraída a transferência real do produto. Ocorre uma *mera transformação formal do valor do capital*, seu trânsito da forma dinheiro à forma mercadoria e vice-versa. O tempo de trabalho empregado nessas atividades é parte dos custos puros de circulação, necessários à *realização do valor*.[32] Portanto, ele não cria valor, ainda que seja necessário à metamorfose do valor do capital, que é parte de seu processo de reprodução, o qual inclui funções improdutivas. Constitui uma dedução da receita do capitalista, que para ele é um ganho positivo, pois reduz o limite negativo da valorização do seu capital.[33] A figura do comerciante, ao encurtar o tempo de compra e venda de muitos produtores, tem sua utilidade para a sociedade, que consiste em fazer com que parte menor da força de trabalho e do tempo de trabalho da sociedade seja utilizado em funções improdutivas. Nesse âmbito, o assalariado trabalha parte de seu tempo gratuitamente; todavia, o trabalho necessário e o trabalho excedente que executa não produzem valor — a sociedade não se apropria de nenhum produto ou valor excedente —, embora, por meio do tempo de trabalho necessário, seja transferido para ele parte do produto social sob a forma de salário (Marx, 1985b: 97, t. II, v. III).

Já os custos de conservação das mercadorias produzidas, originados no processo de produção e que continuam na circulação, têm seu caráter produtivo apenas "ocultado" pela forma de circulação: a formação de estoques em geral[34] e o transporte. E sintetiza Marx:

---

conclusões... mostrando o absurdo da tese, na verdade smithiana, de que a produção de valor dependeria da forma material assumida pelo produto do trabalho". (Singer, 1985: XXVIII a XXX).

32. O mesmo se aplica aos custos de contabilidade e da mercadoria dinheiro que ingressam nos custo de circulação. (Marx, 1985b: 95-110, t. II, v. III).

33. "Custos de circulação que derivam *da mera mudança de forma do valor*, da circulação considerada idealmente, não entram no valor da mercadoria. As partes do capital nela gastos constituem meras deduções do capital gasto produtivamente, no que concerne ao capitalista. De *outra natureza são os custos de circulação que consideramos como custos de conservação*". (Marx, 1985b: 100, t. II, v. III).

34. Explica os amplos investimentos que têm sido feitos pelas empresas capitalistas de redução do volume de estoque sob a forma de capital produtivo, materializado em políticas de "estoque zero" ou "kan-ban".

A *lei geral* é que todos os custos de circulação que só se originam da transformação formal da mercadoria não lhe agregam valor. São apenas custos de realização do valor ou para sua conversão de uma forma à outra. O capital despendido nesses custos (inclusive o trabalho por ele empregado) pertence aos *faux-frais* da produção capitalista. A reposição dos mesmos tem que se dar a partir do mais-produto e, considerando-se a classe capitalista como um todo, constitui uma dedução da mais-valia ou do mais-produto, exatamente como, para um trabalhador, o tempo que precisa para comprar seus meios de subsistência é tempo perdido (Marx, 1985b: 109, t. II, v. III).

O caráter produtivo do trabalho é expressão do caráter produtivo do capital ou do capital na fase de produção, distinguindo-se do trabalho empregado pelo capital-mercadoria ou capital-dinheiro ou, mais precisamente, do capital na sua fase de circulação, ainda que ambas as fases de produção e circulação sejam necessárias à reprodução do capital. "O movimento das fases do capital determina as características do trabalho que eles empregam" (Rubin, 1987: 287).

Importa salientar, ainda, três aspectos sobre o trabalho produtivo e improdutivo. Em primeiro lugar, o trabalho realizado diretamente na esfera do Estado, na prestação de serviços públicos, nada tem a ver com o trabalho produtivo, visto que não estabelece uma relação direta com o capital, não estando o trabalho a ele subsumido. Como diz Rubin (1987: 283):

[...] o trabalho do servidor público, da polícia, dos soldados, do sacerdote não pode ser relacionado a trabalho produtivo. Não porque este trabalho seja "inútil" ou porque não se materialize em "coisas", mas porque está organizado segundo os princípios do direito público e não sob a forma de empresas capitalistas privadas.

Um exemplo, dado pelo autor, é elucidativo: os agentes da polícia rodoviária federal são trabalhadores improdutivos, mas se a proteção de passageiros e de cargas não fosse realizada pela polícia estatal, mas por agências privadas de transporte, que mantivessem a proteção armada através de trabalhadores empregados, os membros dessa agência seriam trabalhadores produtivos, pois as agências privadas estariam sujeitas às leis da produção capitalista (por exemplo, à lei de iguais taxas de lucro para todos os ramos da produção). (Idem). Já os trabalhadores das empresas estatais que funcionam segundo as leis do capital são trabalhadores produtivos, como, por exemplo, é o caso da Petrobrás, no Brasil.

Em segundo lugar, não se considera produtivo apenas os trabalhos que satisfazem necessidades *materiais* (e não as chamadas necessidades *espirituais*). A natureza dessas necessidades não tem qualquer significado, como já considerava Marx, ao tratar da mercadoria: o caráter dessas necessidades, o de surgirem, por exemplo, do estômago ou da fantasia não interessa minimamente para esses efeitos. Marx remete a uma citação de Barbon: *"Desejo inclui necessidade, é o apetite do espírito e tão natural como a fome para o corpo [...] a maioria [das coisas] tem seu valor de uso derivado da satisfação das necessidades do espírito"* (Barbon, apud Marx, 1985: 45, t. I, v. I, nota 2). A distinção entre trabalho produtivo e improdutivo não diz respeito ao conteúdo, ao caráter de trabalho útil ou de seus produtos, sendo indiferente à sua natureza material ou imaterial. Aliás, *as manifestações do capitalismo no campo da produção imaterial* são objetos de referência explícita nos Apêndices das *Teorias da Mais-Valia*, nos quais se apontam duas possibilidades: a) a produção imaterial se traduz em mercadorias, em valores de uso que assumam uma forma distinta e independente dos produtores e dos consumidores, podendo ocorrer um intervalo entre produção e consumo, circulando neste tempo como mercadoria passível de ser vendida; b) a produção não é separável do modo de produzir (artistas, escritores, oradores, professores, médicos etc.). No âmbito dos serviços, a produção capitalista era reduzida a um grau mínimo na época de Marx, apresentando-se, de modo muito limitado, quando comparada com a produção material, algo distinto do que ocorre na atualidade com o crescimento dos serviços sob a órbita do capital. Todavia, Marx a considera: nos estabelecimentos de ensino, que são fábricas de ensino mantidas por empresários, o professor não é um trabalhador produtivo em relação aos seus alunos, mas o é em relação ao seu empresário; nas empresas teatrais, centros de diversões etc., espaços onde o ator, na relação ao público, comporta-se como um artista, mas na relação com seu empresário é um trabalhador produtivo. (Marx, 1980a: 381, v. I).

A análise completa-se com uma afirmativa esclarecedora, ao se admitir que todas as esferas da produção da riqueza material encontram-se subsumidas (formal ou realmente) ao modo de produção capitalista, os trabalhadores são assalariados, e os meios de produção, uma forma de existência do capital:

> Podemos, pois, admitir como característica do trabalho produtivo — isto é, dos trabalhadores que produzem para o capital, [o fato de] que seu trabalho se realiza como mercadorias, [em] riqueza material. Daí que o trabalho produtivo assume *uma segunda nota acessória, característica diferente de sua característica decisiva, a de ser de todo inteiramente indiferente ao conteúdo do trabalho e independente dele* (Idem: 380).

Em terceiro lugar, considere-se o modo de produção especificamente capitalista e o processo de produção na sua totalidade, em que muitos trabalhadores cooperam na produção de uma mesma mercadoria, tendo que variar consideravelmente a relação direta entre o trabalhador e o objeto da produção. Por exemplo, os peões de uma fábrica nada têm a ver com a elaboração da matéria-prima; os trabalhadores que vigiam aqueles diretamente encarregados dessa elaboração, encontram-se mais à margem; o engenheiro mantém uma relação distinta com a matéria-prima e trabalha só com a cabeça. Porém, o conjunto desses trabalhadores, constituído de forças de trabalho de diversos valores, produz um resultado — que se traduz numa mercadoria ou produto material — e todos juntos constituem a "maquinaria viva" de produção desses produtos, do mesmo modo que trocam seu trabalho por capital e reproduzem o capital como dinheiro do capitalista, isto é, o reproduzem como valor que se valoriza. Apesar de produzirem um produto comum, isto não impede que a relação de cada uma dessas pessoas individuais "seja uma relação entre um trabalhador assalariado e um capital, e, no sentido eminente, um trabalhador produtivo" (Marx, 1980a: 351, v. I). Todas essas pessoas não só intervêm diretamente na produção da riqueza material, mas trocam diretamente trabalho por dinheiro enquanto capital e reproduzem diretamente, além de seu salário, uma mais-valia para o capitalista. Seu trabalho está formado por trabalho pago e não retribuído. (Idem: 351, v. I).

O debate sobre a produtividade do capital — trabalho produtivo e improdutivo — é da maior importância para elucidar o significado do trabalho assalariado na sociedade presente, oferecendo as balizas fundamentais para, com fidelidade ao movimento da história e às transformações ocorridas na expansão monopolista do capital, elucidar as transformações operadas no trabalho e na sociabilidade sob o comando do capital financeiro. Permite explicitar a origem da mais-valia no movimento do capital total, assim como o papel do trabalho sob uma forma social específica, o trabalho assalariado subordinado ao capital, na criação do trabalho excedente, que assume as formas de capital e renda. Esse é o pressuposto para se pensar a distribuição da mais-valia no interior da classe capitalista, que assume as formas de lucro, renda fundiária e juro. O percurso da análise, que se segue, privilegia outras dimensões da reprodução das relações sociais, com foco no monopólio capitalista da terra e sua valorização econômica e no capital que rende juros — o capital fetiche — congregando elementos que permitam a desmistificação da aparência com que se apresentam as relações sociais — e sua reprodução — na superfície da vida social.

2.2. A propriedade capitalista e a renda fundiária

As *relações de propriedade* articulam-se às *relações de trabalho* como meio de subordinar o trabalho. As diversas formas de organização do trabalho — e de participação em seus frutos — condicionadas pela distribuição dos meios de produção, expressam formas diferentes de relação com o empresário capitalista e proprietário territorial, articulando *sujeitos sociais distintos*.

A propriedade fundiária é um pressuposto histórico e fundamento permanente do regime capitalista de produção, comum a outros modos históricos de produzir. Entretanto, o capital cria a *forma histórica específica de propriedade que lhe convém, valorizando este monopólio na base da exploração capitalista, subordinando a agricultura ao capital.* Aí a propriedade privada adquire sua forma puramente econômica — despojando-se dos vínculos políticos e sociais anteriores —, na renda fundiária capitalista:[35] a forma como se realiza economicamente a propriedade territorial. A renda da terra constitui parte da *mais-valia social*, produzida pelo trabalho social assalariado no processo produtivo, que é apropriada pelos proprietários fundiários,

---

35. A complexa discussão sobre a renda territorial encontra-se em Marx (1985b, t. III, v. V). Ver também: Silva (1981); Martins (1980); Wanderley (1979b: 15-40) e Sallum (1982).

em decorrência do fato de disporem de um título jurídico da propriedade da terra. O que é típico da renda fundiária capitalista é ser resultado do *trabalho global da sociedade, e não resultado imediato do trabalho do produtor direto na agricultura, supondo* a *intermediação ativa do capital.* No sentido moderno, é o excedente do lucro agrícola sobre o lucro médio, fazendo com que o *preço regulador do mercado* (que repõe o capital constante e variável, além do lucro médio) *inclua a renda.* Nesse sentido, a renda da terra impede o nivelamento de capitais investidos na terra, interceptando parte da mais-valia, sob a forma de renda, que em outras circunstâncias seria canalizada para formar o nivelamento da taxa geral de lucro.[36] É o capitalista quem primeiro se apropria da mais-valia, *redistribuindo* uma parcela da mesma àqueles que detêm o monopólio de um bem natural não-reprodutível, pelo direito de submetê-lo à exploração produtiva no sentido capitalista. Permite, dessa maneira, que o trabalho agrícola se torne subordinado ao capital, embora o proprietário da terra, como agente classicamente autônomo, não interfira diretamente na produção. A terra passa a ser considerada como equivalente de capital e o título jurídico da propriedade assegura a captação da renda aos proprietários territoriais. A capitalização da renda fundiária constitui "o valor de compra ou o valor do solo, uma categoria *prima facie* irracional, exatamente como o preço do trabalho, já que a terra não é produto do trabalho, não tendo, portanto, nenhum valor. Sob essa forma irracional, esconde-se uma *relação real de produção*" (Marx, 1985b: 129, t. III, v. V). O que é escondido pela forma é o fato de que a renda capitalizada representa não o preço da compra do solo, mas da renda fundiária que proporciona, calculada de acordo com a taxa média de juros, sendo por ela regulada. Tal capitalização supõe a existência da renda fundiária. Isso porque a renda da terra é distinta dos juros, não-passível de ser com ele confundida, embora esse possa ser um componente estranho, adicional do total de rendimentos recebido pelo proprietário fundiário. Ora, na prática *aparece* como renda fundiária tudo que é pago em forma de dinheiro de arrendamento ao dono da terra, em troca da permissão do uso do solo, qualquer que seja sua fonte e seus componentes. Tanto os juros do capital

---

36. "A renda constitui então uma parte do valor — especificamente da mais-valia — das mercadorias, que em vez de reverter para a classe capitalista que a extraiu dos trabalhadores, é canalizada para os proprietários de terras que a extraem dos capitalistas" (Marx, 1985b: 234, t. IIII, v. V).

fixo incorporado ao solo podem estar embutidos no dinheiro do arrendamento, como este pode esconder também uma dedução do lucro médio ou do salário nominal. Porém, economicamente falando, tais componentes não constituem renda fundiária, embora na prática representem uma valorização econômica do monopólio do proprietário da terra.[37]

Assim sendo, o dinheiro empregado na compra de terras não funciona como capital: "é compra de renda, direito de extrair a renda da sociedade no seu conjunto. É renda capitalizada e não capital" (Martins, 1980). Essa renda é *antecipada* no ato da compra, mediante dinheiro subtraído do processo de produção. No ato de venda da propriedade territorial, aquela renda é integralmente revertida em capital. Revela-se a face do proprietário fundiário, escondida, muitas, vezes, sob a máscara do capitalista, especialmente quando estas duas *personae* se confundem no mesmo sujeito social, não se estabelecendo a clássica separação entre arrendatários capitalistas e proprietários fundiários,[38] como é o caso predominante na agricultura brasileira. Tal fato não elimina, entretanto, as formas distintas de riqueza criadas pelo capital, lucro e renda da terra, sendo esta última o único caso em que o capital cria

---

37. Marx distingue claramente a renda capitalista daquelas condições em que a renda existe *formalmente* sem que exista o modo de produção capitalista, citando o caso da Irlanda. "O arrendatário, aí, é, em regra, um pequeno camponês. O que ele paga ao proprietário da terra como arrendamento não só absorve com freqüência parte de seu lucro, isto é, seu próprio mais-trabalho sobre o qual ele tem direito como dono de seu próprio instrumento de trabalho, mas, também, parte do salário normal que, em outras condições, ele receberia pela mesma quantidade de trabalho. Além disso, o proprietário da terra, que não faz nada aí para melhorar o solo, expropria-o de seu pequeno capital que ele em grande parte mediante seu próprio trabalho incorpora ao solo, exatamente como faria um usurário. Só que o usurário ao menos arrisca seu próprio capital nessa operação" (Marx, 1985b: 131, t. III, v. V).

38. Marx, analisando a origem do sobrelucro de um fabricante que emprega uma queda-d'água, demonstra que a maior força produtiva do trabalho por ele empregado não se origina do capital nem do trabalho, mas do emprego de uma força natural monopolizável e monopolizada, que só está à disposição daqueles que detêm uma fração do globo terrestre. Afirma que, nessas circunstâncias, o sobrelucro se transforma em renda fundiária, recaindo sobre o proprietário da queda d'água. E acrescenta: "Nada se alteraria na questão se o próprio capitalista se apropriasse da queda-d'água. Ele continuaria a receber o sobrelucro de 10 libras esterlinas, não como capitalista, mas como proprietário da queda-d'água, e exatamente porque esse excedente não se origina de seu capital enquanto tal, mas da circunstância de dispor de uma força natural separável de seu capital, monopolizável, limitada em seu volume, é que se transforma em renda fundiária". (Marx, 1985b: 145, t. III, v. V)

um valor *diferente* de sua própria produção.[39] Sobre a fusão das duas personagens em uma mesma figura, Marx (1980) observa o seguinte:

> Se o antigo proprietário da terra é rico, não necessita de nenhum capitalista para converter-se em proprietário moderno. Basta-lhe transformar seus trabalhadores em assalariados e produzir com vistas ao lucro ao invés de fazê-lo visando à renda. Em sua *persona* estão pressupostos o arrendatário e o proprietário territorial modernos. Que se modifique a forma em que recebe sua renda ou a forma em que paga o trabalhador, não é certamente diferença formal, mas supõe uma alteração total do modo mesmo de produção (da agricultura); têm, portanto supostos que se baseiam em determinado desenvolvimento da indústria, do comércio e da ciência, em suma, das forças produtivas (Marx, 1980b: 218-219, t. I).

Uma vez a agricultura dominada pelo capital industrial — e a mais-valia, a fonte corrente de renda —, a renda da terra é o resultado de relações sociais estabelecidas entre trabalhadores assalariados, capitalistas industriais, proprietários territoriais na produção e distribuição social da riqueza. A renda capitalista da terra é, assim, diferente das formas de rendas originárias — renda em trabalho, em produto ou dinheiro — que supõem uma apropriação imediata do sobretrabalho do produtor direto da parte daquele que explora economicamente a propriedade fundiária, em decorrência do insuficiente desenvolvimento da mercantilização da vida social.

---

39. Essa assertiva encontra-se clara e sinteticamente expressa nos *Grundrisse*: "En el mercado monetário el capital está puesto en su totalidad; en él determina los precios del trabajo, regula la fuente de producción, en una palabra, es fuente productiva; pero no sólo el capital como productor de si propio, sino al mismo tiempo como criador de valores debe poner una forma de riqueza o un valor especificamente diferente del capital. Esa forma es la *renta de la tierra*. Constituye el unico caso en el cual el capital crea un valor diferente del propio capital, de su propia producción. Tanto por la naturaleza, como historicamente, el capital és el creador de la moderna propriedad de la tierra, de la renta de la tierra; por ende su acción se apresenta asimismo como disolución de la vieja forma de la propriedad de la tierra. La nueva surge a consecuencia de la acción del capital sobre la vieja. El capital — considerado bajo cierto aspecto — es el fundador de la agricultura moderna. En las relaciones económicas de la moderna propiedad de la tierra, lo que aparece como un proceso: renta de la tierra-capital — trabajo asalariado (la forma de la serie pode ser concebida de otra manera, como trabajo asalariado — capital-renta de la tierra, pero el capital debe parecer siempre como el princípio activo), constituye por ende la estructura interna de la sociedad moderna, o el capital puesto en la totalidad de sus relaciones". (Marx, 1980b: 217, v. I).

2.3. O capital fetiche

O caráter alienado da relação do capital, sua fetichização, alcança seu ápice no capital que rende juros, que representa a mera propriedade do capital como meio de apropriar-se do trabalho alheio presente e futuro. O capital-dinheiro aparece, na sua superfície, numa relação consigo mesmo, como fonte independente de criação de valor, à margem do processo de produção, apagando o seu caráter antagônico frente ao trabalho. "O capital é agora coisa, mas como coisa capital. O dinheiro tem agora 'amor no corpo'" (Marx, 1985b: 295, t. III, v. IV), como cita o Fausto, de Goethe. Aparece como fonte misteriosa, como coisa autocriadora de juro, *dinheiro que gera dinheiro (D – D')*. *Obscurece as cicatrizes de sua origem, assumindo a forma mais coisificada do capital*, que Marx denomina de *capital fetiche*.[40] A relação social está consumada na relação com uma coisa, do dinheiro consigo mesmo. Em vez da transformação real do dinheiro em capital, aqui se mostra apenas *sua forma sem conteúdo*.

> O *juro* e não o lucro aparece, pois, como *criação de valor* do capital, brotando do capital, portanto de sua mera propriedade. Daí o rendimento criado especialmente pelo capital. É nesta forma que também é concebido pelos economistas vulgares. Nesta desaparece toda mediação e se completa *a figura fetichista do capital*, assim como a representação *do fetiche capital*. Essa figura se cria porque a propriedade jurídica do capital se separa de sua propriedade econômica, porque a apropriação de uma parte do lucro, sob o nome de juros, aflui para um *capital em si* ou *proprietário do capital* inteiramente separada do processo produtivo (Marx, 1974: 274).[41]

---

40. Para esta breve síntese do pensamento de Marx sobre o capital portador de juros foram pesquisadas todas as obras do autor que tratam do assunto, a saber: *O Capital. Crítica da Economia Política* nos três *tomos; Teorias sobre la Plusvalia,* três tomos, especialmente os apêndices; "Revenue and It's Sources. La Economia Vulgar" (p. 403-478). As citações desta obra foram feitas a partir da tradução para o português: "O rendimento e suas fontes. A economia vulgar". In. *Manuscritos econômico-filosóficos e outros textos escolhidos.* Col. Os Pensadores, v. XXXV. São Paulo: Abril Cultural, 1974: 265-328. Foram ainda consultados os fragmentos sobre o juro e o crédito constante nos *Grundrisse* e comentados por Rosdolsky (2001). Embora Marx analise o capital bancário, creio ser importante recuperar o pensamento de Marx quanto à *natureza* do capital portador de juros e seu *fetiche*, além de suas importantes incursões sobre o *crédito e o capital fictício que fornecem chaves para se pensar a mundialização financeira e a lógica cultural do capitalismo tardio.*

41. Ao discutir a alienação da relação-capital na forma de capital portador de juros (Cap. XXIV) a mesma idéia é assim apresentada n'*O Capital*: "Aqui a *figura fetichista do capital*, e a con-

Importa lembrar que, embora a categoria juro seja mais antiga que o lucro, uma vez que a usura é a mais antiga "forma antediluviana do capital", o papel que o capital a juros desempenha no capitalismo é *distinto* dos estágios pré-capitalistas. Conceder e obter empréstimo não é mero sinônimo de crédito, da mesma forma que trabalho não é sinônimo de trabalho industrial. Como relação de produção desenvolvida, o crédito se apresenta historicamente na circulação baseada no capital ou no trabalho assalariado. Pressupõe o pleno desenvolvimento da produção e circulação de mercadorias capitalistas, sendo um erro confundir capital que rende juros com sua forma antediluviana. Nas origens, o lucro é determinado pelo juro e, na sociedade burguesa, a relação se inverte: o juro é determinado pelo lucro, que deve ser suficientemente grande para que parte dele possa existir como juro. Tanto o juro como o lucro indicam *relações do capital*. Embora em sua forma aburguesada, adaptada ao capital, a usura seja uma forma de crédito, em sua forma pré-burguesa é expressão da *falta de crédito*.

O desenvolvimento da valorização do capital permite e torna necessário o desdobramento da taxa geral de lucro nas figuras autônomas do lucro e do juro, personificadas numa classe especial de capitalistas proprietários de capital-dinheiro e numa classe de capitalistas industriais, como pessoas juridicamente distintas que desempenham papéis diferenciados no processo de reprodução: um empresta e outro emprega o capital de forma produtiva.[42] Embora o juro seja simplesmente uma parte da mais-valia

---

cepção do fetiche-capital está acabada. *Em D-D' temos a forma irracional do capital, a inversão e reificação das relações de produção em sua potência mais elevada*: a figura do capital portador de juros, a figura simples do capital, na qual este é pressuposto de seu próprio processo de reprodução: a capacidade do dinheiro, respectivamente da mercadoria, de valorizar seu próprio valor, independentemente da reprodução — *a mistificação do capital na sua forma mais crua*" (Marx, 1985b: 294, t. III, v. IV).

42. Não importa que essas duas *personae* — o investidor de capital e o mero proprietário de capital monetário — se unifiquem no mesmo capitalista, que passa a receber o lucro e o juro do capital: "O capitalista que trabalha com capital próprio, assim como o que trabalha com emprestado, reparte seu lucro bruto em juro, que lhe cabe como proprietário, como prestamista de capital a si mesmo, e em ganho empresarial, que lhe cabe como capitalista ativo, em função. Assim, para esta divisão enquanto qualitativa, torna-se indiferente se o capitalista tem realmente que repartir com outro ou não. O aplicador de capital, mesmo que trabalhe com capital próprio, se decompõe em duas pessoas, o mero proprietário do capital e o aplicador de capital: seu capital mesmo com relação às categorias de lucro que proporciona, se decompõe em *propriedade* do capital *fora* do processo de produção, que proporciona juro em si e capital *dentro* do processo de produção, que como processante proporciona ganho empresarial". (Marx, 1985b: 280, t. IIII, v. IV).

plasmada sob um nome especial, o juro se manifesta como criação de valor peculiar do capital enquanto tal, que emana dele independente do processo de produção, das relações sociais que imprimem à propriedade do dinheiro e da mercadoria, sua marca capitalista enquanto contraposta ao trabalho (Marx, 1980a: 410, v. III). Essa ossificação e autonomização de duas partes do lucro bruto em lucro e juro *aparecem* como se originassem de fontes essencialmente diversas: uma do processo de produção e outra do capital enquanto tal, sem mediação do processo de produção e de circulação. Todavia, *a mera divisão da mais-valia* em lucro e juro *não pode alterar a natureza, sua origem e as condições de sua existência* (Marx, 1985b: 284, t. III, v. IV; grifos nossos).

O juro *aparece* sob a forma jurídica de contrato, expressão do ato comum de vontades de seus participantes, cuja execução pode ser imposta a cada uma das partes pelo Estado. No entanto, *a forma jurídica do contrato não determina o seu conteúdo*. Ao entrar na circulação, o capital já realizado existente na forma material do dinheiro é *emprestado*, mantendo a relação original com seu proprietário. A *forma de empréstimo é* peculiar da circulação do capital como mercadoria: *a diferença específica do capital portador de juros. Trata-se de uma transação jurídica em que a propriedade não é cedida e nem há compra e venda.* Há cessão provisória de capital com posterior reembolso como capital realizado, isto é, valor acrescido de mais-valia sob a forma de juro. Ou seja, parte da mais-valia ou lucro é retirada da circulação sob a forma de juro, expressando uma distribuição da mais-valia entre pessoas diferentes. O juro expressa a valorização do capital, a possibilidade de apropriar-se de parcela do lucro médio que a propriedade do capital propicia ao capitalista monetário. Este aliena temporariamente o valor de uso do seu capital-dinheiro, ou seja, seu poder de funcionar como capital e produzir mais-valia — lucro médio — além de sua grandeza original, por meio de uma série de processos econômicos na relação com o capital industrial e comercial, que não adquirem visibilidade.

Entretanto, o juro aparece para o prestamista, de maneira mistificada, como "preço" do capital emprestado, assim como o "ganho empresarial" do capitalista em função aparece sob forma invertida, como decorrente de seu "trabalho" de dirigir o processo de produção e circulação: como "salário de superintendência".

Considerado *qualitativamente, o juro é mais-valia* (trabalho não retribuído) que o mero título de propriedade sobre o capital proporciona ao seu proprietário, embora *apareça* separado do processo real de produção. Como o já explicitado, o juro se apresenta como criação peculiar que emana do capital e é a ele inerente, independente das relações sociais que atribuem o caráter capitalista à propriedade: *o poder de mando sobre o trabalho alheio*. Do ponto de vista *quantitativo* é *parte do lucro médio*, que tem que ser paga pelo capitalista industrial ao capitalista monetário. É, portanto, fruto da repartição do lucro médio entre o capitalista em funcionamento (lucro líquido) e o capitalista monetário (juro), sendo o juro determinado pela taxa geral de lucro e suas flutuações.[43] Contudo, a queda da taxa de juros se torna independente da taxa de lucro em alguns casos, como os dos rentistas que vivem do trabalho de seus antepassados e do desenvolvimento do sistema de crédito, tal como se verifica na atualidade, o que reforça o seu fetiche.

O juro, em si, expressa a mera existência das condições de trabalho enquanto *capital, em sua oposição social e sua metamorfose em poderes pessoais frente ao tra-*

---

43. Para Marx, quando se observam os ciclos de rotação do capital, a taxa de juros atinge seu nível mais elevado durante as crises, quando se tem que tomar dinheiro emprestado a qualquer custo. E os níveis mais baixos de juros ocorrem nos períodos de prosperidade ou de lucros extraordinários. "A taxa geral de lucro é determinada, na realidade: (1) pela mais-valia que o capital global produz, (2) pela relação entre essa mais-valia e o valor do capital global, e (3) pela concorrência, mas apenas na medida em que esta é movimento por meio do qual os capitais investidos em esferas particulares de produção procuram extrair dividendos iguais dessa mais-valia, proporcionalmente a suas grandezas relativas" (Marx, 1985b: 275, t. III, v. IV). Assim, a taxa de lucro não depende apenas da mais-valia, mas do preço de compra dos meios de produção, dos métodos produtivos acima da média, da economia do capital constante — que interferem no preço de produção —, além da astúcia e diligência dos capitalistas em vender seus produtos acima ou abaixo do preço de produção. A taxa de lucro do capital individual pode diferir, resultado da diferença entre o preço de mercado e o preço de custo. Já a *taxa de juros* é determinada pela *taxa geral de lucro* — que só existe como tendência — como movimento de equalização das taxas particulares de lucro, cujo movimento é concorrência entre os capitalistas e não pelas taxas específicas de lucro que possam imperar nos diversos ramos industriais e, menos ainda, pelo lucro extraordinário que o capitalista individual possa obter numa esfera particular de negócios. A taxa de mercado de juros, embora sempre flutuante, aparece em cada momento dada, constantemente fixada e uniforme como o preço de mercado da "mercadoria" capital portador de juro. Este, embora categoria absolutamente diferente da mercadoria, torna-se uma mercadoria *sui generis*. Assim, a taxa geral de juros é direta e imediatamente dada pela relação entre oferta e procura, apresenta-se sempre como tal, influenciada pelo mercado mundial e pela existência de capital portador de juro (cf. Marx, 1985b: 275, t. III, v. IV).

balho e sobre ele. Resume o caráter *alienado* das condições de trabalho em relação à atividade do sujeito. Apresenta a propriedade pertencente ao capital ou a simples propriedade do capital como meio de apropriar-se dos produtos do trabalho alheio, como domínio sobre o trabalho de outros. Mas apresenta esse caráter de capital na qualidade de algo que lhe cabe fora do próprio processo de produção e que de nenhum modo resulta da determinação específica deste próprio processo de produção. Mas em vez de apresentá-lo em oposição ao trabalho, o faz sem qualquer relação com ele, mero vínculo de um capitalista com outro. Portanto como uma determinação indiferente e extrínseca à relação do capital com o próprio trabalho (Marx, 1974: 298-299).

A existência do capital de empréstimo depende do processo de circulação do capital, que libera periodicamente quantias de capital dinheiro colocadas à disposição de outros capitalistas com a mediação do crédito. Este se apresenta como condição *sine qua non* ao fluxo ininterrupto do processo de produção — pois só aí é criada a mais-valia —, à redução do tempo de circulação e à ruptura de barreiras ao intercâmbio de indivíduos e entre povos, de modo a ampliar a capacidade de consumo das mercadorias produzidas. Baseia-se na necessidade de alargar e ultrapassar os obstáculos à circulação e à esfera do intercâmbio, além de mediar o nivelamento da taxa de lucro.

Como força propulsora da ordem capitalista e de seu processo de reprodução, todo o sistema de crédito, ao permitir manter separados os atos de compra e venda, estimula a especulação sem limites. O valor de mercado dos papéis de crédito é, em parte, especulativo, pois não é determinado apenas pela receita real, mas pela receita esperada, calculada por antecipação. Assim, o capital de empréstimo não estabelece relação apenas com o trabalho existente, mas sim com *o trabalho futuro* (alheio), como no caso das ações:

> Como mando [sobre o trabalho], sua existência material [do capital] como dinheiro é indiferente e pode ser substituída por qualquer título. Assim, como ocorre com o credor do Estado, cada capitalista, no valor recém-adquirido, *possui um mando sobre o trabalho futuro (alheio) e mediante a apropriação do trabalho presente se apropria, ao mesmo tempo, do trabalho futuro* (Rosdolsky, 2001: 325).

Marx analisa o crédito comercial e bancário e o capital fictício, mostrando a origem do negócio bancário. Com o desenvolvimento do comércio do dinheiro, a administração do capital portador de juros torna-se função peculiar dos comerciantes do dinheiro. Tomar dinheiro emprestado e emprestá-lo torna-se um negócio especial dos administradores gerais do capital monetário. O negócio bancário concentra grandes massas de capital monetário e representa a centralização dos mutuários: fundos de reserva do produtor e do comerciante ou pagamentos que recebem; depósitos de capitalistas monetários; rendimentos a serem consumidos que são depositados nos bancos; e poupança de dinheiro inativo de todas as classes, que figuram pequenas somas que, unificadas em grandes massas, passam a formar um poder monetário. A composição do capital bancário inclui empréstimos (crédito *comercial*), que se realizam por meio de desconto de *letras de câmbio* e que se convertem em dinheiro antes de seu vencimento, por meio de adiantamentos via crédito pessoal, títulos públicos, saques acima dos depósitos e ações de toda espécie —, além de títulos públicos de valor (do Estado, do tesouro e ações de toda espécie).

A forma de capital portador de juros faz com que *cada rendimento monetário regular apareça como juro de um capital, quer provenha ou não de um capital*. No caso da dívida pública, o Estado tem que pagar aos credores o juro referente ao capital emprestado. O credor possui o título de dívida contra o Estado, que lhe dá direitos sobre as receitas anuais do Estado, produto anual dos impostos. Apesar desses títulos serem passíveis de compra e venda — pois as dívidas podem aparecer como mercadoria e meio de acumulação de capital —, o que se tem é *capital ilusório, fictício*, já que a soma emprestada ao Estado já foi despendida — mas não como capital — e já não mais existe, o que mostra o ápice da distorção do sistema de crédito. Contudo, para o capitalista credor, a parte que lhe cabe dos impostos representa o juro de seu capital. Por mais que essas transações se multipliquem, o capital de dívida pública permanece *fictício:* uma vez que os títulos da dívida pública se tornem invendáveis desaparece a aparência de capital. "Assim toda a conexão com o processo real de valorização perde assim o seu último vestígio e a concepção do capital como autômato, que se valoriza por si mesmo, se consolida" (Marx, 1985b: 11, t. III, v. V).

Outro contra-senso da concepção capitalista está em conceber salário como juro e a força de trabalho como capital que proporciona esse juro. Ao invés de explicar a valorização do capital pela exploração da força de trabalho, esta se torna uma coisa mística, passando a ser concebida como capital portador de juro, uma concepção irracional, cara aos economistas vulgares. Parece ser esse o malabarismo que se atualiza hoje com os "fundos de pensão" que fazem com que a centralização das poupanças do trabalho assalariado, isto é, parte do trabalho socialmente necessário à reprodução da força de trabalho, atue na formação de capital fictício, como capitalização. Quem compra o título de propriedade recebe juros, fazendo com que todo o processo real de valorização perca seu último vestígio, consolidando-se a concepção do capital como autômato, que valoriza a si mesmo.

O crédito apresenta-se como *um novo elemento de concentração, da aniquilação de capitais individuais centralizados*. O crédito é a forma na qual o capital procura colocar-se como diferente dos capitais individuais e na qual o caráter social da produção capitalista encontra sua mais clara expressão. Contraditoriamente, o crédito, ao mesmo tempo, suprime os obstáculos à valorização e eleva-os à forma mais geral, criando períodos de superprodução e subprodução que se encontram nas raízes das crises do capital. Impulsiona a ordem capitalista na direção de sua forma suprema possível, aproximando-a de sua dissolução, para decepção dos "ilusionistas da circulação".

> Ainda mais insensatos, são os ilusionistas da circulação. Eles imaginam que, criando na esfera do crédito inovações capazes de anular o tempo de circulação, não só suprimiriam a interrupção do processo produtivo, exigida pela transformação do produto acabado em capital, mas tornariam supérfluo o próprio capital, pelo qual se intercambia o capital produtivo; querem produzir à base do valor de troca e, ao mesmo tempo, suprimir e exorcizar as condições necessárias da produção que repousa sobre esta base. O máximo que o crédito pode fazer quanto a isso — que se refere à mera circulação —, é salvaguardar a continuidade do processo produtivo, sempre e quando existam as demais condições para essa continuidade, ou seja, sempre que exista realmente o capital pelo qual se deve intercambiar etc. (Marx, apud Rosdolsky, 2001: 330).

O capital, ao subordinar toda a sociedade, impõe-se em sua lógica quantitativa enquanto riqueza abstrata, que busca incessante crescimento, aprofunda as desigualdades de toda natureza e torna, paradoxalmente, invisíveis as mediações que viabilizam esse processo e, conseqüentemente, o trabalho vivo que cria a riqueza e os sujeitos que o realizam. Conduz à banalização do humano, resultante de sua indiferença frente à esfera das necessidades das grandes maiorias e dos direitos a elas atinentes. A reificação do capital — sua manifestação como sujeito não-humano coisificado na forma dinheiro, em que aparece numa relação consigo próprio, como motor de seu autocrescimento — ofusca os processos sociais reais mediadores de sua própria produção. Torna opaca sua natureza, tributária da coerção econômica ao trabalho excedente. A teoria social de Marx, ao apreender as leis de desenvolvimento e de transformação do modo capitalista de organização da vida em sociedade, é profundamente antecipatória dos desdobramentos históricos da expansão capitalista que, se tem componentes inéditos, também preserva e complexifica sua natureza determinante. As análises sobre o capital fetiche ilustram essa afirmativa.

O desafio que se impõe é, incorporando e extrapolando essa análise clássica, lançar os olhos para as particularidades históricas do presente, para decifrar, nos quadros da expansão imperialista, os liames entre capital fetiche e *questão social.*

3. Capital financeiro na expansão monopolista

A expansão monopolista provoca a fusão entre o capital industrial e bancário, dando origem ao domínio do *capital financeiro* (Lênin, 1976, t. V).[44] A concentração da produção e a expansão industrial transformam a competição em monopólio,[45] dando origem a um gigantesco processo de socia-

---

44. É próprio do capitalismo em geral separar a propriedade do capital e sua aplicação na produção, separar o capital monetário e o industrial produtivo, separar o rentista, que vive só de rendas procedentes do capital monetário, e o empresário e todas as pessoas que participam diretamente na gestão do capital. *O imperialismo é o domínio do capital financeiro em seu mais alto grau, no qual esta separação adquire imensas proporções.* O predomínio do capital financeiro sobre todas as demais formas de capital implica o predomínio do rentista e da oligarquia financeira, a situação de destaque de uns quantos Estados, como potência 'financeira' entre todos os demais". (Lênin, 1976: 429, t. V).

45. Os monopólios datam de 1860, e os cartéis e trustes, do início do século XX (1900-1903). Privilegiamos a análise de Lênin, de 1916, sobre o imperialismo, visto que já incorpora as pesqui-

SERVIÇO SOCIAL EM TEMPO DE CAPITAL FETICHE

lização da produção — incluindo os inventos, o aperfeiçoamento técnico e mão-de-obra mais especializada —, que se choca com a apropriação privada. Nesse processo de monopolização verifica-se uma ampla concentração e centralização bancária. Pequenos bancos são absorvidos pelos grandes, passando a ser incluídos em seus grupos ou consórcios, e unidades antes independentes são subordinadas a um centro único, que funciona como um capitalista coletivo, congregando capitalistas antes dispersos. O sistema bancário mantém sua função de converter o *capital monetário inativo em ativo*, isto é, em capital que rende lucro ao reunir todo tipo de rendimento monetário a serviço da classe capitalista, inclusive os de pequenos proprietários e camadas dos trabalhadores. O capital bancário concentrado e centralizado passa a subordinar as operações comerciais e industriais de toda a sociedade. A estreita relação entre os bancos e as empresas industriais e comerciais consolida-se, estimulando sua fusão mediante a posse de ações e a participação de diretores bancários nos conselhos de administração das empresas e vice-versa, o que se completa com a presença de agentes governamentais.

Assim, o capital financeiro envolve a fusão do capital bancário e industrial em condições de monopólio capitalista, redundando na concentração da produção e na fusão de bancos com a indústria. A gestão desses monopólios converte-se em *dominação da oligarquia financeira*, que tende a crescer com os lucros excepcionais, os empréstimos estatais, a especulação com terras, dentre outros mecanismos. Desdobra-se na monopolização da renda da terra pelo monopólio bancário e industrial, espraiando-se o domínio dessa oligarquia financeira para todas as dimensões da vida social, independente dos regimes políticos. Impulsiona-se, assim, a produção capitalista de mercadorias, aumentando os circuitos de troca nos mercados interno e externo, tornando inevitável o *"desenvolvimento desigual, aos saltos, das distintas empresas e ramos da produção, da indústria e de diferentes países"* (Lênin, 1976: 431, t. V). O excedente de capital produzido não é canalizado para elevar o nível de vida das grandes massas populacionais dos países, mas para aumentar os lucros mediante a exportação de capitais do estran-

---

sas de J. A. Hobson (de 1902) sobre o tema, assim como a polêmica com R. Hilferding (de 1910) sobre o capital financeiro.

geiro aos países mais atrasados, onde o capital é mais escasso, os salários mais baixos, o preço da terra relativamente menor e as matérias-primas abundantes e baratas.[46] Países exportadores de capital e, com eles, as associações monopolistas (cartéis, consórcios e trustes) tendem a realizar a repartição econômica e política do mundo segundo seus interesses, entrelaçados com os monopólios do Estado, por meio de uma "política colonial". Subordinam conjuntamente os povos e Estados Nacionais, mesmo aqueles dotados de independência política, transitoriamente aprisionados em uma rede de dependência financeira e diplomática.

A tese de Lênin é a de que o imperialismo é uma fase peculiar e superior do capitalismo. Ela surge em continuidade e em decorrência do desenvolvimento, em mais alto grau, das propriedades fundamentais do capitalismo. Algumas de suas características essenciais se transformam na sua antítese, materializando-se em traços de transição para uma estrutura econômica e social mais elevada.Verifica-se a substituição da livre competição — característica da produção de mercadorias em geral — pelo monopólio: *o imperialismo é a fase monopolista do capitalismo*. Sinteticamente, são seus traços essenciais: a concentração da produção e do capital em elevado grau, criando os monopólios que passam a desempenhar um papel decisivo na vida econômica; a fusão do capital bancário com o industrial, com domínio da oligarquia financeira; a exportação de capitais (distinta da exportação de mercadorias), que passa a assumir maior relevância; a presença de associações internacionais monopolistas de capitalistas, que, junto com as potências imperialistas, realizam uma repartição do mundo. O capital industrial não é a característica determinante dessa etapa do desenvolvimento capitalista, mas sim o capital financeiro e a vitalidade das grandes potências em suas aspirações de hegemonia. Essas traduzem a luta para "apoderar-se de territórios não tanto diretamente para si, mas para debilitar o adversário e quebrar sua hegemonia", realizando uma substancial integração entre economia e política. Contraditoriamente, o capitalismo de monopólios gera a tendência à estagnação e à sua decomposição, sendo o Estado

---

46. "Quanto mais desenvolvido o capitalismo, tanto mais sensível à insuficiência de matérias-primas, tanto mais árdua é a competição e a busca de fontes de matérias-primas em todo o mundo, mais violenta é a luta para a aquisição de colônias" (Idem: 453), o que se atualiza, hoje, nas guerras impulsionadas pelo Império.

rentista, o Estado do capitalismo parasitário. O imperialismo afeta todas as condições sociais e políticas dos países, assim como o movimento operário e suas lutas.

A fase do imperialismo clássico desdobra-se, a partir da década de 40 do século XX e, mais particularmente, após a Segunda Guerra Mundial, em um desenvolvimento ulterior da expansão monopolista, que Mandel chama de "capitalismo tardio".[47] Este mantém, no desdobramento da história "concreta" do capitalismo contemporâneo, as características fundamentais destacadas por Lênin e as leis básicas do movimento do capital anunciadas por Marx, sendo que a *busca de superlucros* torna-se o estímulo principal do crescimento da produção. As flutuações das taxas de lucro resultam em ondas longas com tonalidade expansiva e/ou de estagnação na tensão entre superacumulação e crise e depressão.[48]

Esses elementos são suficientes para se passar aos desdobramentos, na história presente, dos dilemas da *questão social* no marco da mundialização do capital sob a hegemonia das finanças.

---

47. Mandel desenvolve uma análise multicausal do capitalismo monopolista no pós-guerra, a partir de uma "concepção do modo de produção capitalista como uma *totalidade dinâmica*, na qual a ação recíproca de *todas* as leis básicas de desenvolvimento se faz necessária para que se produza um resultado específico. Esta idéia implica, em certa medida, que *todas* as variáveis básicas desse modo de produção possam, parcial e periodicamente, desempenhar o papel de variáveis autônomas [...] Estas seis variáveis abrangem os seguintes itens centrais: a composição orgânica do capital em geral e nos mais importantes setores em particular (o que também inclui, entre outros aspectos, o volume do capital e sua distribuição nos setores), a distribuição do capital constante ente o capital fixo e circulante [...]; o desenvolvimento da taxa de mais-valia; o desenvolvimento da acumulação (a relação entre a mais-valia produtiva e a mais-valia consumida improdutivamente); o desenvolvimento do tempo de rotação do capital; e as relações de troca entre os dois Departamentos". (Mandel, 1985: 252-26). Ou seja, o departamento que produz os elementos do capital constante (Depto. I) e o que produz os elementos do capital variável e o consumo improdutivo de mais-valia (Depto. II). O autor sustenta a tese de que a história do capitalismo e, ao mesmo tempo, a história de suas regularidades internas e contradições em desdobramento só pode ser explicada e compreendida como uma função recíproca dessas seis variáveis.

48. Para um aprofundamento do pensamento de Mandel na literatura do Serviço Social, conferir Behring (1988).

Capítulo II

Capital fetiche, *questão social* e Serviço Social

Tem verdade
que se carece de aprender,
do encoberto,
e que ninguém não ensina:
o beco para a liberdade se fazer.

Guimarães Rosa*

O propósito deste capítulo é estabelecer balizas que permitam delinear as novas determinações que incidem no *capital financeiro* no atual contexto da mundialização da economia,[49] tendo em vista salientar as determinações históricas que redimensionam a *questão social* na cena contemporânea e suas particularidades no Brasil. Ele traz ainda o debate sobre o tema no universo profissional e estratégias de seu enfrentamento nos quadros das forças sociais que incidem nas políticas governamentais.

A estruturação da economia capitalista mundial, após a Guerra Fria e no alvorecer do século XXI, sob a hegemonia do império norte-americano, sofre profundas mudanças na sua conformação. A efetiva mundialização

---

* Rosa, G. *Grande sertão: veredas*. In: *João Guimarães Rosa*. Ficção completa em dois volumes, v. II. Rio de Janeiro: Nova Aguilar, 1994, p. 197.

49. O presente texto encontra-se apoiado nas análises de Chesnais (1996; 1999; 2001); Chesnais e Duménil e Levy e Wallerstein (2003); Husson (1999); Harvey (1993; 2004; 2005a e 2005b); Wallerstein (2002); e Mandel (1985), Petras (2002) e Anderson (1995; 2002). O propósito aqui é bastante limitado: apenas indicar algumas linhas-forças da financeirização da economia mundial — cujo aprofundamento foge ao alcance deste trabalho — para identificar os novos determinantes da produção e reprodução da *questão social* na atualidade.

da "sociedade global" é acionada pelos grandes grupos industriais transnacionais articulados ao mundo das finanças. Este tem como suporte as instituições financeiras que passam a operar com o capital que rende juros (bancos, companhias de seguros, fundos de pensão, fundos mútuos e sociedades financeiras de investimento), apoiadas na dívida pública e no mercado acionário das empresas. Esse processo impulsionado pelos organismos multilaterais captura os Estados nacionais e o espaço mundial, atribuindo um caráter cosmopolita à produção e consumo de todos os países; e, simultaneamente, radicaliza o desenvolvimento desigual e combinado, que estrutura as relações de dependência entre nações no cenário internacional. O capital financeiro assume o comando do processo de acumulação e, mediante inéditos processos sociais, envolve a economia e a sociedade, a política e a cultura, vincando profundamente as formas de sociabilidade e o jogo das forças sociais. O que é obscurecido nessa nova dinâmica do capital é o seu avesso: o universo do trabalho — as classes trabalhadoras e suas lutas —, que cria riqueza para outros, experimentando a radicalização dos processos de exploração e expropriação. As necessidades sociais das maiorias, a luta dos trabalhadores organizados pelo reconhecimento de seus direitos e suas refrações nas políticas públicas, arenas privilegiadas do exercício da profissão, sofrem uma ampla regressão na prevalência do neoliberalismo, em favor da economia política do capital. Em outros termos, tem-se o *reino do capital fetiche na plenitude de seu desenvolvimento e alienação*.

Nesse novo momento do desenvolvimento do capital, a inserção dos países "periféricos" na divisão internacional do trabalho carrega as marcas históricas persistentes que presidiram sua formação e desenvolvimento, as quais se atualizam redimensionadas no presente. Essas novas condições históricas metamorfoseiam a *questão social* inerente ao processo de acumulação capitalista, adensando-a de novas determinações e relações sociais historicamente produzidas, e impõem o desafio de elucidar o seu significado social no presente. Neste capítulo retoma-se a profissionalização do Serviço Social no âmbito da divisão social e técnica do trabalho em seus vínculos com a *questão social*. Dialoga-se com diferentes interpretações sobre o tema, presentes no universo acadêmico e profissional do Serviço Social, com ênfase nos debates recentes de maior incidência na literatura especializada: a produção francesa (especialmente Robert Castel e Pierre Rosanvallon) e parcela representativa desse debate no universo do Serviço Social no País. Finalmente são identificadas estratégias presentes na arena política como respostas à radicalização da *questão social* na sociedade brasileira.

1. Mundialização da economia, capital financeiro e *questão social*

A mundialização da economia está ancorada nos grupos industriais transnacionais, resultantes de processos de fusões e aquisições de empresas em um contexto de desregulamentação e liberalização da economia. Esses grupos assumem formas cada vez mais concentradas e centralizadas do capital industrial e se encontram no centro da acumulação. As empresas industriais associam-se às instituições financeiras (bancos, companhias de seguros, fundos de pensão, sociedades financeiras de investimentos coletivos e fundos mútuos), que passam a comandar o conjunto da acumulação, configurando um modo específico de dominação social e política do capitalismo, com o suporte dos Estados Nacionais.

Os investidores financeiros institucionais, por meio das operações realizadas no mercado financeiro, tornam-se, na sombra, proprietários acionários das empresas transnacionais e passam a atuar independente delas. Interferem no nível e no ritmo de investimentos das empresas — na criação de novas capacidades de produção e na extensão das relações sociais capitalistas voltadas à extração da mais-valia —, na repartição de suas receitas e na definição das formas de emprego assalariado, na gestão da força de trabalho e no perfil do mercado de trabalho.

Como lembra Husson (1999: 99), o processo de financeirização indica um *modo de estruturação da economia mundial*. Não se reduz a mera preferência do capital por aplicações financeiras especulativas em detrimento de aplicações produtivas.[50] O discurso da "economia de cassino" é prisioneiro

---

50. "Do ponto de vista teórico, é crucial ligar o processo de financeirização à sua base material e evitar fazer como se a economia se tornasse de certo modo 'virtual'. Só essa articulação permite compreender como se pode conduzir uma política de austeridade salarial sem soçobrar numa crise crônica sem saídas e por que também o ascenso do desemprego é indissociável do dos rendimentos financeiros" (Husson, 1999: 101).

SERVIÇO SOCIAL EM TEMPO DE CAPITAL FETICHE

do fetiche das finanças, como se fosse possível frutificar uma massa de rendimentos independente da produção direta. O fetichismo dos mercados financeiros, que apresenta as finanças como potências autônomas diante das sociedades nacionais, esconde o funcionamento e a dominação operada pelo capital transnacional e investidores financeiros, que atuam mediante o efetivo respaldo dos Estados nacionais sob a orientação dos organismos internacionais, porta-vozes do grande capital financeiro e das grandes potências internacionais.

A esfera estrita das finanças, por si mesma, nada cria. Nutre-se da riqueza criada pelo investimento capitalista produtivo e pela mobilização da força de trabalho no seu âmbito, ainda que apareça de uma forma fetichizada, como já anteriormente elucidado. Nessa esfera, o capital aparece como se fosse capaz de criar "ovos de ouro", isto é, como se o capital-dinheiro tivesse o poder de gerar mais dinheiro no circuito fechado das finanças, independente da retenção que faz dos lucros e dos salários criados na produção. O fetichismo das finanças só é operante se existe produção de riquezas, ainda que as finanças minem seus alicerces ao absorverem parte substancial do valor produzido.

> É sobre os grupos industriais que repousa a atividade de valorização do capital na indústria, os serviços, o setor energético e a grande agricultura, da qual depende tanto a existência material das sociedades nas quais camponeses e artesãos foram quase que totalmente destruídos, quanto a extração da mais-valia destinada a passar para as mãos dos capitais financeiros. (Chesnais, 2001: 20).

Essa dominação é impensável sem a intervenção política e apoio efetivo dos Estados nacionais, pois só na vulgata neoliberal o Estado é externo aos "mercados".[51] O triunfo dos mercados é inconcebível sem a ativa intervenção das instâncias políticas dos Estados nacionais, no lastro dos tratados internacionais como o *Consenso de Washington*, o *Tratado de Marrakech*, que cria Organização Mundial do Comércio (OMC) e o Acordo do Livre Comércio Americano (ALCA), e o *Tratado de Maastricht*, que cria a "unificação" européia. Isto é, estabelece-se o quadro jurídico e político da liberali-

---

51. Uma síntese da teoria marxista do Estado pode ser encontrada em Harvey (2005b: 75-94).

zação e da privatização, pelos agentes financeiros, do conjunto dos países da União Européia. O espaço mundial torna-se *espaço do capital*,[52] que se faz totalidade, elemento de diferenciação no interior de uma unidade. (Marx, 1974, Lênin, 1976; Harvey, 1993, 2005a e 2005b).

Para Ianni (2004b), nesse palco da história do século XXI, o novo ciclo de expansão do capitalismo transnacional redesenha o mapa do mundo. Ele desafia a compreensão da chamada "sociedade global": uma sociedade na qual se subordinam as sociedades nacionais em seus segmentos locais e arranjos regionais, com suas potencialidades e negatividades, consideran-do seus dinamismos e contradições. Nela se confrontam o neoliberalismo, o nazifascismo e o neo-socialismo.[53] Nesse novo estágio do desenvolvimento do capital redefinem-se as soberanias nacionais, com a presença de corpo-rações transnacionais e organizações multilaterais — o Fundo Monetário Internacional, o Banco Mundial e a Organização Mundial do Comércio, a "santíssima trindade do capital em geral" — principais porta-vozes das classes dominantes em escala mundial. O autor levanta a polêmica hipóte-se que está em curso *um novo ciclo da revolução burguesa em escala mundial*, por dentro da qual aí se fermentam, simultaneamente, novas condições para uma *globalização desde abaixo*, para um novo ciclo da revolução socia-

---

52. Chesnais (2001) esclarece que a *globalização* foi um termo utilizado nas *business scholls* ame-ricanas, na década de 80, para fazer referência à ação estratégica dos grandes grupos industriais e à necessidade de "condutas globais", dirigindo-se aos mercados de "demandas solventes", às fon-tes de abastecimento e aos movimentos dos grupos rivais oligopólicos. Mais tarde, com a globali-zação financeira, o termo estende-se ao investidor financeiro.

53. O autor anota que se trata de *neo*-socialismo, na organização da luta contra as desigualda-des e contradições sociais, porque incorpora a avaliação crítica dos regimes socialistas instalados na União Soviética, em países da Europa Central, China, Angola, Moçambique, dentre outros. "De forma breve, pode-se dizer que o neo-socialismo é uma corrente do pensamento e prática com raízes muito profundas nas tensões e contradições que se formam e desenvolvem com o globalismo. Uma corrente e prática diversificada em tendências múltiplas, mas que se expressa em movimen-tos sociais, partidos políticos e sindicatos, sem esquecer atividades artísticas, científicas e filosófi-cas. Está fortemente influenciada e dinamizada pelas tensões e contradições sociais produzidas com o desemprego estrutural, as xenofobias, os etnicismos, os racismos, os fundamentalismos, as desigualdades entre a mulher e o homem, a privatização e destruição da natureza por empresas conglomeradas, o pauperismo, a lumpenização e a formação de subclasses. Implica a reflexão crí-tica sobre a dinâmica do capitalismo, a lógica do capital, a crescente potencialização da força pro-dutiva do trabalho por meios técnicos e organizatórios e o desenvolvimento das desigualdades de todos os tipos" (Ianni, 2004b: 361).

lista, vistas como revoluções mundiais (Ianni, 2004b: 17). Nessa visão otimista, afirma que, desse processo, também redundam "as condições sociais, simultaneamente econômicas, políticas e culturais, sob as quais se recriam os ideais, as práticas e organizações empenhadas na socialização da propriedade e do produto do trabalho coletivo agora vistos em perspectiva mundial" (Ianni, 2004b: 34).

Em um mercado mundial realmente unificado, impulsiona-se a tendência à homogeneização dos circuitos do capital, dos modos de dominação ideológica e dos objetos de consumo — por meio da tecnologia e da multimídia. *Homogeneização esta apoiada na mais completa heterogeneidade e desigualdade das economias nacionais.* Acelera-se, pois, o desenvolvimento desigual, aos saltos, entre empresas, ramos de produção da indústria e de diferentes nações, e, no interior dos países, a favor das classes e grupos dominantes, reafirmando as tendências apontadas por Lênin (1976). A transferência de riqueza entre classes e categorias sociais e entre países está na raiz do aumento do desemprego crônico, da precariedade das relações de trabalho, das exigências de contenção salarial, da chamada "flexibilidade" das condições e relações de trabalho, além do desmonte dos sistemas de proteção social.

A desregulamentação, iniciada na esfera financeira, invade paulatinamente o conjunto do mercado de trabalho e todo o tecido social, na contratendência das manifestações do crescimento lento e da superprodução endêmica, que persiste ao longo dos anos 90. A superprodução é sempre relativa e, longe de expressar um excedente absoluto de riqueza, é expressão de um regime de produção cujos fundamentos impõem limites à acumulação em razão dos mecanismos de distribuição da riqueza que lhe são próprios. Em outros termos, expressa o conflito entre produção e distribuição, apontado por Marx. O capital internacionalizado produz a concentração da riqueza, em um pólo social (que é, também, espacial) e, noutro, a polarização da pobreza e da miséria, potenciando exponencialmente a lei geral da acumulação capitalista, em que se sustenta a *questão social.*

A redução do ritmo do crescimento e a superprodução em uma "onda longa de tonalidade recessiva" (Mandel, 1985) impulsionam o deslocamento espacial de capitais, sua mobilidade geográfica, mediante a produção de novos espaços para a exploração capitalista, combinando formas de mais-valia absoluta e relativa. Produz-se a incorporação de novas tecnologias na produção acompanhadas do ecletismo das formas de organização do trabalho. Ao lado de formas especificamente capitalistas e de novos setores incorporados à lógica da valorização, alvo dos investimentos externos diretos entre os quais o dos serviços[54] —, revigoram-se as formas arcaicas do trabalho doméstico, artesanal, familiar e o renascimento de economias subterrâneas e "informais" — mesmo nos países centrais —, ressuscitando velhos traços paternalistas impressos às relações de trabalho. A subcontratação de pequenas empresas e ou do trabalho em tempo parcial são encobertas sob o manto da moderna "flexibilização". A intensificação da competição internacional e inter-regional estimula respostas "flexíveis" no mercado e processos de trabalho e nos produtos e padrões de consumo (Harvey, 1993).

O *novo* nesse contexto de liberalização e desregulamentação do capital é *que os bancos perdem o monopólio da criação de crédito, e os grandes fundos de investimentos passam a realizar operações de empréstimos às empresas, que eram clientes preferenciais do sistema bancário, com ele competindo na busca de juros elevados.* Aos grandes bancos comerciais e aos bancos de investimento — dois segmentos do mercado financeiro mundial — somam-se companhias de seguro, atualmente as instituições não-bancárias mais poderosas. Não tendo a responsabilidade de criar créditos, elas dedicam-se a fazer crescer os rendimentos monetários que concentram em suas mãos, oriundos de contribuições patronais sobre o salário e poupança forçada dos assalariados a partir dos quais se sustentam. Esses grandes fundos de investimentos incluem os seguros de vida, fundos de previdência privada por capitalização (fundos de pensão), fundos mútuos de investimentos e administradores de carteiras de títulos — *mutual funds.*

Outro elemento inédito, que alimenta a mundialização é o *crescimento da dívida pública,* que se converte em fonte de poder dos fundos de investi-

---

54. A internacionalização dos serviços acompanha a internacionalização das multinacionais industriais, reforçada pela transferência para o setor capitalista mercantil de atividades até então administradas pelo Estado, que passa a representar uma nova fronteira para os investimentos externos diretos, como é o caso da área de comunicação em geral. Os serviços invadem os setores manufatureiros e as indústrias se diversificam no setor de serviços (Chesnais, 1996). Cf. também, Mandel (1985).

mentos, assoberbando o capital fictício. Como as taxas de juros são superiores ao crescimento global da economia — ao produto interno bruto —, tais rendimentos crescem como uma bola de neve. Em especial, a partir da década de 80, os fundos de previdência privada e os fundos de investimentos passam a aplicar cerca de um terço de suas carteiras em títulos da dívida pública, tidos como investimentos mais seguros (Chesnais, 1996). O aumento da dívida pública combina com a desigual distribuição de renda e a menor tributação das altas rendas, por razões de ordem política, fazendo com que a maior carga tributária recaia sobre os trabalhadores.

A desigual distribuição de renda faz com que a poupança possa ser "investida", isto é, transformada em ações, que representam expectativas de participação futura nos lucros a serem realizados pelas empresas, e em créditos sobre as receitas futuras dos Estados.

Traduzindo esses mecanismos, tem-se que o capital financeiro avança sobre o que Oliveira (1998) denomina de *fundo público*, formado por parte dos lucros dos empresários e do trabalho necessário de trabalhadores, que são apropriados pelo Estado sob a forma de impostos e taxas. Por um lado, reforça-se a desigual distribuição de rendimentos, estimulando as poupanças dos altos rendimentos por meio de elevadas taxas de juros, que consomem parcelas importantes da produção do valor, engessando a produção. Considerando a tributação regressiva — tributos menores para os altos rendimentos —, o ônus da dívida pública recai sobre a grande maioria dos trabalhadores ativos — e, inclusive, inativos —, cujos rendimentos são consumidos por meio da tributação pública direta ou de tributos inscritos no preço dos produtos; inclusive aqueles essenciais à reprodução da força de trabalho (ou, de maneira mais restrita, naqueles produtos que compõem a cesta básica de alimentos dos trabalhadores).

De outro ângulo, o investimento especulativo no mercado de ações aposta *na extração da mais-valia presente e futura dos trabalhadores, para alimentar as expectativas de lucratividade das empresas, segundo padrões internacionais que parametram o mercado financeiro*. Ele impõe mecanismos de ampliação da taxa de exploração via: políticas de gestão; "enxugamento de mão-de-obra"; intensificação do trabalho e aumento da jornada sem correspondente aumento dos salários; estímulo à competição entre os trabalhadores em um contexto recessivo, que dificulta a organização sindical; chamamentos à participação para garantia das metas empresariais; ampliação das relações de trabalho não formalizadas ou "clandestinas", com ampla regressão dos direitos; entre outros mecanismos, como os aperfeiçoamentos técnicos e a incorporação da ciência e da tecnologia no ciclo da produção no sentido *lato* (produção, circulação, troca e consumo).

O que se pretende *insinuar é que a mundialização financeira sob suas distintas vias de efetivação unifica, dentro de um mesmo movimento, processos que vêm sendo tratados pelos intelectuais como se fossem isolados ou autônomos*: a "reforma" do Estado, tida como específica da arena política; a reestruturação produtiva, referente às atividades econômicas empresariais e à esfera do trabalho; a *questão social*, reduzida aos chamados *processos de exclusão e integração social*, geralmente circunscritos a *dilemas da eficácia da gestão social; à ideologia neoliberal e concepções pós-modernas, atinentes à esfera da cultura.* Sem desmerecer as particularidades dos processos econômicos, políticos e ideológicos — que não podem ser embaçadas —, o que se olvida e obscurece é que o capitalismo financeiro integra, na expansão monopolista, processos econômicos, políticos e ideológicos, que alimentam o crescente movimento de valorização do capital, realizando a "subsunção real da sociedade ao capital", nos termos de Finelli (2003). Atribuir visibilidade aos fios intransparentes supra-assinalados, que tecem a totalidade do processo de mundialização, é da maior importância para compreender a gênese da (re)produção da *questão social*, que se esconde por detrás de suas múltiplas expressões específicas, que condensam uma unidade de diversidades. Aquelas expressões aparecem sob a forma de "fragmentos" e "diferenciações", independentes entre si, traduzidas em autônomas "questões sociais".

A história recente da formação do regime de acumulação financeira, como indica Chesnais (2001, 1999), encontra-se na ruptura unilateral, por parte dos Estados Unidos da América, das taxas de câmbio fixas, negociadas internacionalmente, de conversibilidade do dólar em ouro. As taxas de câmbio fixas foram estabelecidas pelo Tratado de *Bretton Woods* (EUA), em 1944 — cujo objetivo era superar a crônica instabilidade monetária e financeira mundial, que se arrastava desde as décadas de 20-30. Quarenta e quatro países, representados na Conferência Monetária e Financeira das Nações Unidas, criam o *Banco Internacional para a Reconstrução e o Desenvolvimento* (BIRD), que dá origem ao Banco Mundial, e o *Fundo Monetário Inter-*

nacional (FMI). Os Estados Unidos da América não poderiam alterar as taxas de câmbio sem a expressa concordância dos demais países signatários do Tratado. Isso significava que, sendo o dólar a moeda mundial ancorada no ouro, as taxas de câmbio de outras moedas nacionais eram definidas por referência ao dólar, considerando a hegemonia norte-americana, em tensão com a crescente resistência do Bloco Comunista no contexto da Guerra Fria.

O acordo monetário de *Bretton Woods* expressou o início de uma estratégia unificada comercial e ideológica, que se desdobrou nos Planos Marshall[55] e Dodge[56] para a reconstrução da Europa e Japão, na criação da *Organização do Tratado do Atlântico Norte* (NATO/OTAN)[57] e do *Acordo Geral de Tarifas e Comércio* (GATT), culminando com a criação da *Organização da Comunidade Econômica Européia* (OCDE). (Anderson, 2002: 18). A ideologia oficial do Leste durante o período da Guerra-Fria (1946-1989) não foi voltada à defesa da nação, mas da exaltação do "mundo livre" no confronto com a União Soviética. Como nos lembra o autor, essa hegemonia sofre as tensões do nacionalismo, de caráter antiimperialista, que se tornou dominante em escala mundial após a Segunda Guerra (1939-1945), socialmente muito mais heterogêneo do que as formas de nacionalismo europeu. Nacionalismo de expressões ideológicas híbridas e variadas, geograficamente localizado na Ásia, África e América Latina, a exemplo dos movimentos de libertação nacional e/ou das revoluções contra o capital. Podem ser lembradas, dentre outras, as revoluções da China, do Vietnã, de Cuba e ainda as Revoluções Iraniana e Nicaragüense.

---

55. O *Plano Marshall*, conhecido como *Programa de Recuperação Européia*, foi a principal iniciativa dos EUA para a reconstrução dos países aliados da Europa, nos anos subseqüentes à Segunda Guerra Mundial. A iniciativa recebeu o nome do Secretário do Estado dos EUA, George Marshall. Criado em 1947, preconizava a política do *laissez-faire* voltada à estabilização dos mercados através do crescimento econômico. O Plano permaneceu em vigência durante quatro anos fiscais e os países reunidos na *Organização Européia para a Cooperação e Desenvolvimento* receberam assistência técnica e econômica.

56. O *Plano Dodge* foi o plano de estabilização japonês no pós-guerra, com o apoio dos EUA.

57. A OTAN, também chamada de Aliança Atlântica, é uma organização internacional de colaboração militar, criada em 1949, no contexto da Guerra Fria, com o objetivo de constituir uma frente de oposição ao bloco comunista, contrapartida militar do que representou o Plano Marshall no domínio político-econômico.

Os anos sessenta são palcos de profundas mudanças nas relações entre Estados e países com os avanços do capitalismo mundial: o desenvolvimento da Alemanha, da França e Itália reconstruídas e consolidadas; o crescimento da economia japonesa mais rápida que a americana; o peso do poder das corporações multinacionais e dos mercados financeiros com seu vasto circuito de especulação e investimentos intercontinentais. As bases do acordo de *Bretton Woods* estavam sendo erodidas. A ruptura *unilateral* desse acordo é realizada, em 1971, por parte do governo dos EUA. Ela foi impulsionada pela explosão da dívida e do crescente déficit da balança de pagamentos, reforçada pela emissão de dólares para financiamento da Guerra do Vietnã, gerando o esvaziamento das reservas norte-americanas. Essa conjuntura é agravada pelo torpor econômico com estagnação e inflação elevadas e pelo choque do petróleo de 1973 (cf. Husson, 1999 Harvey, 1993). O governo cria, então, instrumentos de liquidez para financiar a dívida, dando origem à *economia do endividamento*, com o reforço do dólar em relação a outras moedas, passando a alimentar os *euromercados* e os mercados financeiros.

O mercado de eurodólares expressava a concentração de capitais industriais das multinacionais americanas, realizados na Europa, que ali permaneciam sob a forma dinheiro, e buscavam obter lucros sem abandonar a esfera financeira diante da queda de rentabilidade do capital investido na indústria, no início dos anos 70 do século XX. A quebra das legislações nacionais protetoras impulsiona os *euromercados,* que têm um *boom* em 1973, seguindo uma trajetória de crescimento até 1980. Ela é retomada, posteriormente, com a ampliação da liberalização monetária por parte dos governos neoliberais, já na esteira da crise do Leste Europeu e a queda do muro de Berlim, na década de 80, e da conseqüente reordenação das relações do poder mundial.

Em função do crescimento da dívida pública americana, nos inícios da década de 80, os EUA atribuem ao bônus do tesouro americano o *estatuto de ativo financeiro*, atraindo fundos líquidos em busca de investimentos financeiros rentáveis e seguros. Isto representou o financiamento dos déficits orçamentários mediante aplicação, nos mercados financeiros, de bônus do tesouro e outros ativos da dívida. Essas medidas se estendem aos países da OCDE e, nos anos 90, aos países de "economia de transição" (Rússia e países do Leste) e aos países de industrialização recente da Ásia e da América Latina.

A concentração e centralização dos grandes bancos internacionais criam um mercado interbancário, por eles dominados. Sob a forma de um mercado "por atacado", passa a realizar empréstimos conjuntos aos países "em desenvolvimento". Como esclarece Chesnais (1999), a natureza dos créditos aos países de Terceiro Mundo surge de uma "convenção fictícia de liquidez", não havendo transferência de poupança que representasse sacrifício aos que concederam empréstimo.

Com as taxas de câmbio flutuante, um pequeno número dos maiores operadores privados passa a dispor de um papel decisivo na determinação dos preços relativos das moedas nacionais, ou taxas de câmbio. O *comitê dos credores* impõe planos de escalonamento da dívida estatal e exigências de privatização e venda das empresas públicas, para converter títulos da dívida em títulos de propriedade entregue aos credores. Está aberto o caminho para a abolição de controle sobre fluxos de capitais, acompanhado da abertura do mercado de títulos públicos. A mobilidade permanente dos capitais em busca de maiores rendimentos expõe as economias nacionais, a ela sujeitas, aos impactos da especulação financeira.

Assim, a *primeira etapa da liberalização e desregulamentação dos mercados financeiros (de 1982 a 1994) teve na dívida pública seu principal ingrediente*. O poder das finanças foi construído com o endividamento dos governos, com investimentos financeiros nos Títulos emitidos pelo Tesouro, criando-se a *indústria da dívida*. A dívida pública foi e é o mecanismo de criação de crédito; e os serviços da dívida, o maior canal de transferência de receitas em benefício dos rentistas. Sob o efeito das taxas de juros elevadas, superiores à inflação e ao crescimento do produto interno bruto, o endividamento dos governos cresce exponencialmente. O aumento da taxa de juros representa uma solução de partilha da mais-valia a favor da *oligarquia financeira rentista*, permitindo sua redistribuição social e geográfica. O endividamento gera pressões fiscais sobre as empresas menores e receitas mais fracas, a austeridade orçamentária e a paralisia das despesas públicas (incentivos e créditos à indústria e agricultura, políticas sociais e serviços públicos, entre outros).

Recursos financeiros oriundos da produção, arrecadados e centralizados pelos mecanismos fiscais, por meio da dívida pública, tornam-se cativos das finanças, que se apropriam do Estado, paralisando-o. Este passa a ser "reduzido" na satisfação das necessidades das grandes maiorias, visto que o fundo público é canalizado para alimentar o mercado financeiro. Tem-se aí o significado dos *programas de ajustamento estrutural* contra o desenvolvimento, imposto pelo Fundo Monetário Internacional (FMI) e pelo Banco Mundial, aos países devedores. Eles impõem ao re-escalonamento dos empréstimos condicionados à aplicação de políticas econômicas favorecedoras da entrada de divisas necessárias ao pagamento da dívida. Todas as medidas estão voltadas para a maximização do fluxo líquido de capitais, tendo em vista a "indústria" da dívida e os programas de ajuste são erigidos como um *modelo universal de crescimento*. Visam abrir as economias dos países, priorizando as exportações, apoiados na "abordagem monetária da balança de pagamentos", que preconiza aos países endividados não se protegerem, não estimularem a emissão das moedas, não controlarem a saída de capitais. Impõem a redução da massa salarial pública e da despesa pública, afetando os programas sociais, a eliminação de empresas públicas não rentáveis, exacerbando as desigualdades de rendimentos e o aumento da pobreza. (Husson, 1999).

Em uma segunda etapa, *a partir de 1994, os mercados das bolsas de valores (compra e venda de ações) ocupam o cenário econômico, com a compra de ações dos grupos industriais pelas instituições financeiras*, que apostam na *lucratividade futura* dessas empresas. Passam, então, a impor, além da manutenção do monopólio tecnológico e dos estímulos ao "trabalho de concepção criativa" sob o seu controle (Tauille, 2001; Carmo, 2003), normas de rentabilidade, exigências relativas à produtividade e à intensificação do trabalho, baixos salários, mudanças organizacionais nas estruturas produtivas, "flexibilidade" das formas de remuneração etc. O peso recai sobre o aumento do desemprego estrutural e o conseqüente retrocesso do poder sindical, cuja desarticulação foi parte de uma estratégia política ultraliberal, como condição de viabilizar o rebaixamento salarial e estimular a competitividade entre os trabalhadores (Anderson, 1995). Amplia-se o alargamento da jornada de trabalho acoplada à intensificação do trabalho, estimulada pelas formas participativas de gestão voltadas a capturar o consentimento passivo do trabalhador às estratégias de elevação da produtividade e de rentabilidade empresarial. A redução do trabalho protegido tem no seu verso a expansão do trabalho precário, temporário, subcontratado, com perda de direitos e ampliação da rotatividade da mão-de-obra.

Esse processo provoca a polarização da classe trabalhadora.[58] Por um lado, um grupo central, proporcionalmente restrito, de trabalhadores regulares, com cobertura de seguros e direitos de pensão, dotados de uma força de trabalho de maior especialização e salários relativamente mais elevados. Por outro lado, um amplo grupo periférico, formado de um contingente de trabalhadores temporários e/ou de tempo parcial, dotados de habilidades facilmente encontráveis no mercado, sujeitos aos ciclos instáveis da produção e dos mercados. A ampliação de trabalhadores temporários expressa o aumento da subcontratação de pequenas empresas, que agem como escudo protetor das grandes corporações, enquanto transferem os custos das flutuações dos mercados à externalização da produção.

A contenção salarial, somada ao desemprego e à instabilidade do trabalho, acentua as alterações na composição da força de trabalho, com a expansão do contingente de mulheres, jovens, migrantes, minorias étnicas e raciais, sujeitos ao trabalho instável e invisível, legalmente clandestino. Cresce o trabalho desprotegido e sem expressão sindical, assim como o desemprego de larga duração. Os segmentos do proletariado excluídos do trabalho envolvem trabalhadores idosos ou pouco qualificados e jovens pobres, cujo ingresso no mercado de trabalho é vetado (Bihr, 1999: 83-86). Tais mudanças encontram-se na origem do sofrimento do trabalho e da falta deste, que conduz à ociosidade forçada enormes segmentos de trabalhadores aptos ao trabalho, mas alijados do mercado de trabalho, engrossando a superpopulação relativa para as necessidades médias do capital.

O crescimento mundial lento impulsiona, ao mesmo tempo, um fantástico movimento de *fusão empresarial*, de compra de empresas, que passam a monopolizar o valor criado em outras estruturas terceirizadas. Os grandes grupos industriais aumentam sua concentração para salvaguardar taxas de lucro, além de ampliarem o seu poder econômico e político. Daí as estratégias de destruição dos postos de trabalho, a austeridade orça-

---

58. Cf. Harvey (1993); Bihr (1999); Antunes (1995; 1997; 2003); Alves (2000); Mattoso (1995); Larangeira (1999) Mota e Amaral (1998), entre outros.

mentária dos governos, agravando a estagnação das economias e o deslocamento de parcela dos lucros para a aplicação financeira.

Nesse quadro, os países que dispõem de um "mercado financeiro emergente" — um número limitado de cerca de dez países no cenário mundial — passam a ser alvo de interesse, em função do tamanho de seu mercado interno, das fontes de matérias-primas e do custo de sua mão-de-obra.

É importante acentuar o papel que cumpre ao *Estado* nesse modo de dominação. O Estado tem o papel-chave de sustentar a estrutura de classes e as relações de produção. O marxismo clássico já estabelecia as funções que pertencem ao domínio do Estado: criar as condições gerais da produção, que não podem ser asseguradas pelas atividades privadas dos grupos dominantes; controlar as ameaças das classes dominadas ou frações das classes dominantes, através de seu braço repressivo (exército, polícia, sistema judiciário e penitenciário); e integrar as classes dominantes, garantindo a difusão de sua ideologia para o conjunto da sociedade. Essas funções coercitivas se unem às funções integradoras, destacadas pela análise gramsciana, exercidas pela ideologia e efetivadas por meio da educação, cultura, dos meios de comunicação e categorias do pensamento. Para Mandel (1985), as funções repressivas e integradoras se entrelaçam para providenciar as condições gerais da produção.

A concorrência capitalista "determina a tendência à autonomização do aparato estatal, de maneira que possa funcionar com 'capitalista total ideal', acima e ao contrário dos interesses conflitantes do "capitalista total real", constituído pelos muitos capitais do mundo real" (Idem: 336). Embora o Estado transcenda os interesses em conflito, tem efeitos sobre os mesmos, em especial por meio de suas funções econômicas (manutenção de relações legais universalmente válidas, emissão de moedas fiduciárias, expansão do mercado local e regional, defesa do capital nacional ante o estrangeiro), cujas despesas devem ser mínimas, consideradas pela burguesia como puro desperdício de mais-valia. O Estado requer grupos capitalistas politicamente ativos para articular seus interesses de classes e defender seus interesses particulares. A expansão monopolista, em sua tendência à superacumulação permanente, à exportação de capital e à divisão do mundo em áreas de influência imperialistas, aumenta o aparato estatal e as despesas correspondentes. As despesas com armamentos, o financiamento das *condições gerais da produção*, o aumento dos gastos para fazer frente à ampliação da legislação social — que determina redistribuição considerável do valor a favor do orçamento público — requerem maior canalização de rendimentos sociais para o Estado. O Estado funciona como esteio do capital privado, oferecendo-lhe, por meio de subsídios estatais, possibilidades de investimentos lucrativos nas indústrias de armamento, proteção ao meio ambiente, empréstimos aos países estrangeiros e infra-estrutura. A hipertrofia do Estado propicia maior controle sobre os rendimentos sociais, o que amplia os interesses dos grupos de capitalistas em interferir nas decisões do Estado.[59]

A tese de Mandel (1985: 341) é que, no capitalismo tardio, a maior suscetibilidade às crises atribui ao Estado a função de *administração das crises com políticas anticíclicas*, isto é, o estabelecimento de políticas voltadas para evitar as crises, proporcionando garantias econômicas aos processos de valorização e acumulação. Essa função estatal é acompanhada de uma vasta ofensiva ideológica para integrar o trabalhador à sociedade como "consumidor", buscando, ainda, transformar qualquer rebelião em "reformas" que o Estado possa absorver. Para o citado autor, "a hipertrofia e autonomia do Estado capitalista tardio são um corolário histórico das dificuldades crescentes de valorizar o capital e realizar a mais-valia de maneira regular" (Idem). Essas dificuldades encontram-se associadas à intensificação da luta de classes, à presença da classe operária como força política independente, ao agravamento das contradições entre os países imperialistas metropolitanos e entre estes e os demais Estados nacionais.

A mundialização não suprime as funções do Estado de reproduzir os interesses institucionalizados entre as classes e grupos sociais, mas modifica as condições de seu exercício, na medida em que aprofunda o fracionamento social e territorial. O Estado passa a presidir os "grandes equilíbrios" sob a vigilância estrita das instituições financeiras supranacionais, consoante a sua necessária submissão aos constrangimentos econômicos, sem que desapareçam suas funções de regulação interna (Husson, 1999; Ianni, 2004b)

---

59. "Essa 're-privatização' não oficial, por assim dizer, da articulação dos interesses da classe burguesa é uma contrapartida da concentração e centralização crescente do capital. É a sombra inseparável da autonomia e da hipertrofia cada vez maiores do Estado burguês tardio" (Mandel, 1985: 344).

Na mesma linha de análise, Petras (2002) sustenta que o atual Estado imperialista — como os EUA, Inglaterra, União Européia, com Alemanha e França à frente, e Japão — é particularmente ativo na concentração do poder no interior da nação e na sua projeção externa. Ele estende seu poder às instituições financeiras internacionais, por meio do apoio econômico, da influência na nomeação de seus líderes e da interferência a favor de políticas favoráveis às empresas multinacionais de seus países.

Apesar do refrão neoliberal sobre o "declínio" do Estado ou do mito de um "mundo sem Nações-Estado", difundido pelos teóricos da globalização, afirma-se a centralidade do Estado, peça-chave da expansão global das empresas multinacionais. O Estado interfere na gestão da crise e na competição intercapitalista, pois, se os mercados transcendem os Estados, operam nas suas fronteiras. São também decisivos na conquista de mercados externos e na proteção dos mercados locais. Os Estados são estratégicos no estabelecimento dos pactos comerciais, dos acordos de investimentos, da proteção à produção produzida no seu território mediante barreiras alfandegárias, na pesquisa e no desenvolvimento de novas tecnologias para subsidiar os interesses empresariais, nos meios de comunicação de massa e na expansão do poder político das entidades internacionais:

> Ao mesmo tempo em que o Estado recolonizado parece débil ante as demandas das instituições financeiras internacionais, é forte quando traduz essas demandas em políticas nacionais [...] Quem fala de um Estado liberal, fala de um Estado poderoso, que impõe e implanta políticas. (Petras, 2002: 163-64).

Em outros termos, os Estados recolonizados realizaram a privatização das empresas estratégicas e lucrativas, o que requer alianças políticas, repressão aos sindicatos e militantes. Conseguiram efetivar as políticas de ajuste estrutural com decisivas incidências nas relações de propriedade, que se deslocam do público para o privado, do capital nacional ao estrangeiro. Foram ainda capazes de impor a re-concentração de renda e da propriedade via políticas sociais regressivas. Promoveram o *agrobusiness*" às expensas dos agricultores e viabilizaram o incremento de subsídios às exportações. Impuseram redução dos gastos sociais e implantaram uma política previdenciária e trabalhista regressiva, com nítido compromisso com os interesses do grande capital. Todas estas e outras medidas constitutivas das políticas neoliberais exigem um Estado forte, capaz de resistir à oposição das maiorias.

A desregulamentação da movimentação financeira aumentou, contraditoriamente, a necessidade da intervenção do Estado para estabilizar a anarquia do mercado e contribuir para a superação das crises dos sistemas financeiros e das empresas, com recursos oriundos das mais diversas fontes, e em especial dos contribuintes, inclusive os de baixa renda. Assim, o Estado continua forte, o que muda é direção socioeconômica da atividade e da intervenção estatal, estabelecendo novas regras para governar a favor do grande capital financeiro.

Como mostra Chesnais (1999: 67), a economia internacional de transferência de riquezas entre classes e categorias sociais e entre países é responsável pelo desemprego crônico (Husson, 1999) e a precariedade do trabalho, afetando o conjunto do mercado de trabalho. Fome e epidemias afligem a população excluída da satisfação de suas mais elementares necessidades, devido à incapacidade de transformar essas necessidades imediatas em demandas monetárias, dando origem à "exclusão", cuja natureza é econômica, produto desse regime de acumulação com predominância financeira.

Salama (1999) é outro autor que estabelece as conexões entre financeirização e modalidades de extração da mais-valia — ou "flexibilização" do trabalho — na América Latina. Todavia, não identificamos na literatura consultada qualquer análise que salientasse a relação entre financeirização e *questão social*.

O resultado desse processo tem sido o agravamento da exploração e das desigualdades sociais dela indissociáveis, o crescimento de enormes segmentos populacionais excluídos do "círculo da civilização", isto é, dos mercados, uma vez que não conseguem transformar suas necessidades sociais em demandas monetárias. As alternativas que se lhes restam, na ótica oficial, são a "violência e a solidariedade".

É preciso ressaltar o seguinte: os dois braços em que se apóiam as finanças — as dívidas públicas e o mercado acionário das empresas — só sobrevivem com decisão política dos Estados e o suporte das políticas fiscais e monetárias. Eles encontram-se na raiz de uma dupla via de redução do padrão de vida do conjunto dos trabalhadores, com o efetivo impulso dos Estados nacionais: por um lado, a privatização do Estado, o desmonte das políticas públicas e a mercantilização dos serviços, a chamada flexibilização da legislação protetora do trabalho; por outro, a imposição da redução dos custos empresariais para salvaguardar as taxas de lucratividade, e com elas a reestruturação produtiva, centrada menos no avanço tecnológico e fundamentalmente na redução dos custos do chamado "fator trabalho" com elevação das taxas de exploração. Daí a *des*industrialização expressa no fechamento de empresas que não conseguem manter-se na concorrência mediante a abertura comercial, redundando na redução dos postos de trabalho, no desemprego, na intensificação do trabalho daqueles que permanecem no mercado, na ampliação das jornadas de trabalho, da clandestinidade e da invisibilidade do trabalho não-formalizado, entre outros aspectos.

Uma contradição interna está presente entre os interesses dos segmentos capitalistas financeiros e produtivos. A autonomia das finanças é relativa, uma vez que os capitais que aí se valorizam nascem na esfera produtiva sob as formas de lucros não reinvestidos na produção, de salários, de rendimentos retidos pela via fiscal ou sob as agiotagens do crédito ao consumidor, salários guardados nos fundos de aposentadoria. Esses, ao ingressarem na esfera financeira, buscam maior rentabilidade. Ao mesmo tempo, as vantagens obtidas no mercado financeiro drenam recursos que poderiam ser canalizados para a ampliação do parque produtivo. Paralisam a economia e penalizam o conjunto da população para o qual é transferido o ônus desses processos.

A hipótese diretriz dessa análise é a de que na raiz do atual perfil assumido pela *questão social* encontram-se as políticas governamentais favorecedoras da esfera financeira e do grande capital produtivo — das instituições e mercados financeiros e empresas multinacionais. Estas são forças que capturam o Estado, as empresas nacionais, o conjunto das classes e grupos sociais que passam a assumir o ônus das "exigências dos mercados". Afirma-se existir uma estreita dependência entre a responsabilidade dos governos no campo monetário e financeiro e a liberdade dada aos movimentos de capital concentrado para atuar no país sem regulamentações e controles, transferindo lucros e salários oriundos da produção para valorizar-se na esfera financeira e especulativa, que (re)configuram a *questão social* na cena contemporânea. O predomínio do capital fetiche conduz à banalização do humano, à descartabilidade e indiferença perante o outro, o que se encontra na raiz das novas configurações da *questão social* na era das finanças. Nessa perspectiva, a *questão social* é mais do que as expressões de pobreza, miséria e "exclusão". Condensa a banalização do humano, que atesta a radicalidade da alienação e a invisibilidade do trabalho social — e dos sujeitos que o realizam — na era do capital fetiche. A subordinação da sociabilidade humana às coisas — ao capital-dinheiro e ao capital mercadoria —, retrata, na contemporaneidade, um desenvolvimento econômico que se traduz como barbárie social. Ao mesmo tempo, desenvolvem-se, em níveis sem precedentes históricos, em um mercado mundial realmente unificado e desigual, as forças produtivas sociais do trabalho aprisionadas pelas relações sociais que as sustentam. Potencia contradições sociais de toda natureza, que impulsionam as *necessidades sociais radicais* (Heller, 1978: 87-113): aquelas que nascem do trabalho e motivam uma práxis que transcende o capitalismo e aponta para uma livre individualidade social emancipada das travas da alienação — da sociabilidade reificada —, cujas bases materiais estão sendo, progressivamente, produzidas no processo histórico em curso.

> [...] a teoria transforma-se em poder material tão logo se apodera das massas. A teoria é capaz de apoderar-se das massas quando argumenta e demonstra *ad hominem*, e argumenta e demonstra *ad hominem* quando se torna radical: ser radical é tomar as coisas pela raiz. Mas a raiz para o homem é o próprio homem [...]. Num povo a teoria realiza-se somente na medida em que é realização de suas necessidades [...]. Uma revolução radical só pode ser a revolução das necessidades radicais... (Marx, 1977b: 8-9).

Na direção analítica supra-referida, a *questão social* expressa a subversão do humano própria da sociedade capitalista contemporânea, que se materializa na naturalização das desigualdades sociais e na submissão das necessidades humanas ao poder das coisas sociais — do capital dinheiro e de seu fetiche. Conduz à indiferença ante os destinos de enormes contingentes de homens e mulheres trabalhadores — resultados de uma pobreza produzida historicamente (e, não, naturalmente produzida) —, universalmente subjugados, abandonados e desprezados, porquanto sobrantes para as necessidades médias do capital.[60]

A concepção liberal atribui ao "mercado" a solução para todos os desequilíbrios e imputa a causa do desemprego aos elevados salários, justificando as "medidas contra a rigidez" como a solução miraculosa. Contraditando a visão liberal, Husson (1999) nos brinda com uma rica análise a respeito das origens do desemprego e seus mitos, uma das expressões mais dramáticas da *questão social* no presente. Compõem essa mitologia inúmeros aforismos, tais como: existe uma conivência entre os patrões e assalariados à custa dos desempregados — ou seja, os "outsiders" estão desempregados por causa dos "insiders" — atribuindo-se aos trabalhadores as causas do desemprego; este é reforçado pelos subsídios ao desemprego, que desencorajariam a busca por empregos. Outra máxima é a de que o crescimento do desemprego é um momento necessário e penoso da mutação tecnológica, da automação e da reestruturação do aparelho produtivo, que destrói temporariamente empregos, mas também volta a criá-los em outro lugar, com o re-estabelecimento da taxa de lucro. Daí a absorção do desemprego é tida como mera questão de tempo para formar trabalhadores, para sua reciclagem ou para seu envelhecimento. Insinua-se, assim, serem os desempregados "inadaptados" porque não apresentam as qualificações exigidas para os novos postos de trabalho. Em conseqüência, a programática centra-se nas políticas de requalificação de mão-de-obra. Outro libelo das causas do desemprego é o "elevado custo do trabalho": ainda que o salário direto esteja num nível "conveniente", os encargos sociais são "excessivos".[61]

---

60. Marx, referindo-se à Alemanha, indaga: "Onde reside, pois, a possibilidade *positiva* da emancipação alemã? *Resposta*: na formação de uma classe com *cadeias radicais*, de uma classe da sociedade civil que não é uma classe da sociedade civil; de um estamento, que é dissolução de todos os estamentos; de uma esfera que possui um caráter universal por seus sofrimentos universais e que não reclama para si nenhuma justiça *especial*, porque não se comete contra ela nenhuma *injustiça especial*, mas a *injustiça pura e simples*; que já não pode reclamar um título *histórico*, mas simplesmente o título *humano*; que não se encontra em oposição unilateral às conseqüências, mas numa oposição unilateral aos pressupostos do Estado alemão; de uma esfera, enfim, que não pode emancipar-se, sem emancipar todas as outras esferas da sociedade e, ao mesmo tempo, emancipar todas elas; que é, numa palavra, a *perda total* do homem e que, portanto, só pode recuperar a si mesma através da recuperação total do homem. Esta dissolução, da sociedade como um estamento particular é o *proletariado*". (Marx, 1977a: 12-13)

61. Para uma contestação de muitos destes mitos, conferir: Oliveira, C. A. B. e Mattoso, J. E. L. (1996).

SERVIÇO SOCIAL EM TEMPO DE CAPITAL FETICHE

Contrapondo-se a esses aforismos, Husson (1999) considera que as origens do desemprego capitalista são indissociáveis de um sistema econômico que prefere não produzir a produzir sem lucro; prefere recusar o direito ao emprego a uma franja social cada vez maior à falta de lugares propícios à acumulação de capital. O autor situa a tese polêmica de que o mecanismo essencial está na "divergência crescente que se instala entre a estrutura da demanda e as exigências de rentabilidade (Husson, 1999: 89),[62] que provoca ao aumento da desigualdade e redunda em uma crise estrutural profunda que exprime a perda progressiva de legitimidade dos critérios de eficácia capitalista. Nesse sentido, para Husson, essa é tanto uma *crise clássica* — visto que a desregulamentação libera, agravando, o jogo das contradições do funcionamento do capitalismo — como também uma *crise inteiramente inédita*, pois não se trata de uma perturbação conjuntural, mas da crise de um dos princípios essenciais do capital — o valor trabalho —, revestindo a forma de uma mundialização ampliada.

Como acentua Netto (2001: 48), o problema teórico que envolve a *questão social* é o de determinar concretamente a relação entre suas expressões

---

62. O autor integra a análise marxista com a contribuição regulacionista, procurando manter uma distância tanto do "catastrofismo marxista", quanto dos "postulados harmoniosos" da Escola da regulação. Para ele, o dilema é articular a produção com lucro e a venda das mercadorias. Sua tese é a de que "para funcionar corretamente [o capitalismo] deve simultaneamente produzir com lucro e vender as mercadorias assim produzidas. Essas duas condições são contraditórias e não podem tornar-se compatíveis duradouramente, porque o capitalismo não dispõe de domínio da economia que permita regular, duradouramente, essas contradições. São, pois, as relações sociais fundamentais que estão em causa: cada grande crise combina um problema de saída do escoamento e de valorização do capital". (Husson, 1999: 40). Para o analista, a noção de *norma de consumo*, de Aglietta (1991), valoriza um aspecto importante da reprodução, que tem a ver com a articulação entre o valor de uso e o valor, pois nem todos os modos de consumo são compatíveis com as condições gerais de produção. É preciso que a estrutura da produção seja adequada ao consumo do ponto de vista do *valor de uso* ou das necessidades sociais. Husson traz a questão da realização do valor, da necessária correspondência entre produção e rendimento, voltada às condições necessárias à reprodução do capital, ou seja, à não-interrupção de seu ciclo de rotação. Ela é abordada na tradição marxista com o auxílio dos esquemas de reprodução; caso a produção exceda os rendimentos distribuídos, uma parte dela desapareceria no circuito do capital e não ascenderia à condição de mercadorias. O autor considera as propostas de análise, no campo do marxismo, incompletas, porque só pensadas do ponto de vista do valor. Salienta ser necessário que a estrutura da produção seja adaptada às necessidades sociais, articulando produção e consumo. Em outros termos, a necessidade de garantir uma adequação entre e oferta e procura, entre modalidades da acumulação do capital e as normas de consumo (Idem: 51).

emergentes e o conjunto de mediações envolvidas nas modalidades vigentes de exploração do trabalho: "se a lei geral da acumulação capitalista opera independentemente das fronteiras nacionais, seus resultantes societários trazem a marca da história que a concretiza". Daí decorre a importância de considerar as *particularidades histórico-culturais nacionais*, na análise da *questão social*.

2. A *questão social* no Brasil

2.1. *Particularidades da formação histórica brasileira e* questão social[63]

As desigualdades que presidem o processo de desenvolvimento do País têm sido uma de suas particularidades históricas. O "moderno" se constrói por meio do "arcaico", recriando elementos de nossa herança histórica colonial e patrimonialista, ao atualizar marcas persistentes e, ao mesmo tempo, transformá-las, no contexto de mundialização do capital sob a hegemonia financeira. As marcas históricas persistentes, ao serem atualizadas, repõem-se, modificadas, ante as inéditas condições históricas presentes, ao mesmo tempo em que imprimem uma dinâmica própria aos processos contemporâneos. O novo surge pela mediação do passado, transformado e recriado em novas formas nos processos sociais do presente. A atual inserção do País na divisão internacional do trabalho, como um país de economia dita "emergente" em um mercado mundializado, carrega a história de sua formação social, imprimindo um caráter peculiar à organização da produção, às relações entre o Estado e a sociedade, atingindo a formação do universo político-cultural das classes, grupos e indivíduos sociais.

Tais desigualdades revelam o descompasso entre temporalidades históricas distintas, mas coetaneamente articuladas, atribuindo particularidades à formação social do País. Afetam a economia, a política e a cultura, redimensionando, simultaneamente, nossa herança histórica e o presente.

---

63. Reproduzo aqui, com pequenas alterações, extratos do capítulo 2 do livro de minha autoria: *Trabalho e indivíduo social*. São Paulo: Cortez, 2001, p. 101-112.

SERVIÇO SOCIAL EM TEMPO DE CAPITAL FETICHE

Imprimem um ritmo particular ao processo de mudanças em que tanto o novo quanto o velho alteram-se em direções contrapostas: a modernidade das forças produtivas do trabalho social convive com padrões retrógrados nas relações no trabalho, radicalizando a *questão social*.

A noção de *desenvolvimento desigual* é utilizada em sua acepção *clássica*[64] (Marx, 1985b, t. I, v. II): a desigualdade entre o desenvolvimento econômico e o desenvolvimento social, entre a expansão das forças produtivas e as relações sociais na formação capitalista. Revela-se como reprodução ampliada da riqueza e das desigualdades sociais, fazendo crescer a pobreza relativa à concentração e centralização do capital, alijando segmentos majoritários da sociedade do usufruto das conquistas do trabalho social. Desenvolvimento desigual em outra dimensão não menos fundamental: os tempos desiguais entre as mudanças ocorridas na produção material e as formas culturais, artísticas, jurídicas etc.; que expressam as alterações da vida material.[65] A tensão entre o movimento da realidade e as representações sociais que o expressam estabelece descompassos entre o ser e o aparecer. Atualiza fetichismos e mistificações que acobertam as desigualdades e sua reprodução social.[66]

Martins (1994), ao discutir o *poder do atraso* na sociedade brasileira, considera estar seu núcleo sediado na propriedade territorial capitalista. Na interpretação do autor, a propriedade é responsável pela persistência de constrangimentos históricos que *freiam* o alcance das transformações históricas do presente, porque se realizam por meio de instituições, concepções e valores enraizados em relações que tiveram sentido pleno no

---

64. A contradição entre as desigualdades históricas fundamentais da sociedade do capital é tratada por Marx na "Lei geral da acumulação capitalista" (Marx, 1985b, t. 1, v. II).

65. A referida dimensão do desenvolvimento desigual é exposta por Marx na conhecida "Introdução" aos *Grundrisse*, de 1857: "a desigual relação do desenvolvimento da produção material frente à produção artística, por exemplo. De uma maneira geral não tomar o progresso no sentido habitual. Arte moderna etc. Esta desproporção está longe de ser importante e tão difícil de apreender como *a que se produz no interior das relações sociais práticas*. Por exemplo, a cultura. *O propriamente difícil nesse caso é discutir o seguinte: de que modo as relações sociais de produção, como relações jurídicas, seguem um desenvolvimento desigual* (Marx, 1974a: 129; grifos nossos).

66. Uma interpretação do desenvolvimento desigual no segundo sentido proposto por Marx, qual seja, de como as relações sociais de produção como relações jurídicas seguem um desenvolvimento desigual, pode ser encontrada em Lukács (1979: 128-171).

passado e que são ressuscitadas na atualidade. Preocupado em identificar as condições históricas particulares que estabelecem o ritmo do progresso na sociedade brasileira, sugere como perspectiva de interpretação o que chama de *sociologia da história lenta*: "a que permite fazer uma leitura dos fatos e acontecimentos orientada pela necessidade de distinguir no contemporâneo a presença viva e ativa de estruturas sociais do passado". (Martins, 1994: 14).

A modernização conservadora articula o progresso no marco da ordem e atribui um ritmo lento às transformações operadas, de modo que o novo surja como um desdobramento do velho (Martins, 1994: 30). Ela permite explicar a incorporação e/ou criação de relações sociais arcaicas ou atrasadas nos setores de ponta na economia, que adquirem força nos anos recentes, como a peonagem, a escravidão por dívida, a clandestinidade nas relações de trabalho e sua precarização mediante a regressão dos direitos sociais e trabalhistas. O desafio é, pois, compreender o modo como o capital articula essa diversidade de relações, trazendo, para as determinações de seu tempo, isto é, do seu ritmo e de sua reprodução ampliada, os tempos de diferentes relações que foi reproduzindo na sua lógica, ou mesmo produzindo. (Martins, 1989a: 20).

A desigualdade de temporalidades históricas tem na feição antidemocrática assumida pela revolução burguesa no Brasil um de seus pilares. As soluções políticas para as grandes decisões que presidiram a condução da vida nacional têm sido orientadas por deliberações "de cima para baixo" e pela reiterada exclusão das classes subalternas, historicamente destituídas da cidadania social e política.[67]

Segundo Fernandes (1975), a transição do capitalismo competitivo ao monopolista no Brasil ocorre por caminhos que fogem ao "modelo universal da democracia burguesa". A economia brasileira relacionou-se com a expansão monopolista segundo a forma típica que assumiu na periferia dos centros mundiais. As grandes corporações, operando diretamente ou

---

67. Como ressalta Ianni (1984a: 11): "Todas as formas históricas do Estado, desde a Independência até o presente, denotam a continuidade e reiteração de soluções autoritárias, de cima para baixo, pelo alto, organizando o Estado segundo os interesses oligárquicos, burgueses e imperialistas. O que se revela, ao longo da história, é o desenvolvimento de uma espécie de *contra-revolução burguesa permanente*".

SERVIÇO SOCIAL EM TEMPO DE CAPITAL FETICHE

por meio de filiais, surgem aqui quase simultaneamente ao seu aparecimento nas economias centrais. Até o início da Segunda Grande Guerra, elas dispõem de um controle segmentar de uma gama de setores da produção, contando com o espaço econômico que elas conseguiram conquistar. Drenam parcelas do excedente econômico para fora, vitalizando a expansão do capitalismo monopolista nas economias centrais. Segundo o autor referido, é na década de 50 que a economia brasileira já não concorre apenas para intensificar o crescimento monopolista no exterior: "ela se incorpora a este crescimento, aparecendo, daí em diante, como um dos seus pólos dinâmicos na periferia" (Fernandes, 1975: 255-256).

No País essa transição não foi presidida por uma burguesia com forte orientação democrática e nacionalista voltada à construção de um desenvolvimento capitalista interno autônomo. Ao contrário, ela foi e é marcada por uma forma de dominação burguesa que Fernandes qualifica de "democracia restrita" — restrita aos membros das classes dominantes que universalizam seus interesses de classe a toda a nação, pela mediação do Estado e de seus organismos privados de hegemonia. O País transitou da "democracia dos oligarcas" à "democracia do grande capital", com clara dissociação entre desenvolvimento capitalista e regime político democrático. Esse processo manteve e aprofundou os laços de dependência em relação ao exterior e ocorreu sem uma desagregação radical da herança colonial na conformação da estrutura agrária brasileira. Dessa herança, permanecem tanto a subordinação da produção agrícola aos interesses exportadores, quanto os componentes não-capitalistas nas relações de produção e nas formas de propriedade, que são redimensionados e incorporados à expansão capitalista. Essa, gradualmente, moderniza a grande propriedade territorial que assume a face racional de empresa capitalista, convivendo com as vantagens da apropriação da renda fundiária. É acompanhada da concentração da propriedade territorial e de uma ampla expropriação de trabalhadores. Cresce a massa de assalariados rurais e urbanos, necessária à expansão do mercado interno, e às exigências de ampliação da produção e a produtividade. Esse mesmo desenvolvimento incorpora e recria a pequena produção mercantil simples — parceiros, pequenos arrendatários, posseiros — submetendo-a ao jugo do capital (comercial, industrial, financeiro) e à renda fundiária. Assalariados agrícolas e camponeses experimentam uma permanente privação dos direitos sociais, trabalhistas e políticos

— especialmente o direito de voto —, aprofundando sua exclusão do bloco do poder e dos pactos políticos.

Em síntese, no caso brasileiro, a expansão monopolista faz-se, mantendo, de um lado, a dominação imperialista e, de outro, a desigualdade interna do desenvolvimento da sociedade nacional. Ela aprofunda as disparidades econômicas, sociais e regionais, na medida em que favorece a concentração social, regional e racial de renda, prestígio e poder. Engendra uma forma típica de dominação política, de cunho contra-revolucionário, em que o Estado assume um papel decisivo não só na unificação dos interesses das frações e classes burguesas, como na imposição e irradiação de seus interesses, valores e ideologias para o conjunto da sociedade. O Estado é capturado historicamente pelo bloco do poder, por meio da violência ou de cooptação de interesses. Perfila-se, em conseqüência, um *divórcio crescente entre o Estado e as classes subalternas*, "em que o povo se sente estrangeiro em seu próprio país e emigra para dentro de si mesmo" apesar das fórmulas político-jurídicas liberais estabelecidas nas constituições republicanas. (Ianni, 1984a).

Foi decisivo o papel do Estado nos caminhos trilhados pela modernização "pelo alto", em que as classes dominantes se antecipam às pressões populares, realizando mudanças para preservar a ordem. Evitam qualquer ruptura radical com o passado, conservando traços essenciais das relações sociais e a dependência ampliada do capital internacional. Os traços elitistas e antipopulares da transformação política e da modernização econômica se expressam na conciliação entre as frações das classes dominantes com a exclusão das forças populares, no recurso freqüente aos aparelhos repressivos e à intervenção econômica do Estado. (Coutinho, 1989: 122).[68]

Ao contrário do que supunha a tradição marxista-leninista, o Brasil experimentou um processo de modernização capitalista, sem por isso ser obrigado a realizar uma "revolução democrático-burguesa" ou de "libertação nacional" segundo o modelo jacobino — o latifúndio pré-capitalista e a dependência face ao imperialismo não se revelaram como obstáculos insuperáveis ao completo desenvolvimento capitalista do País. Por um lado, gradualmente e "pelo alto", a grande propriedade transformou-se em em-

---

68. Cf. também Coutinho (1984).

SERVIÇO SOCIAL EM TEMPO DE CAPITAL FETICHE

presa capitalista agrária e, por outro, com a internacionalização do mercado interno, a participação do capital estrangeiro contribuiu para reforçar a conversão do Brasil em país moderno com alta taxa de urbanização e complexa estrutura social. Ambos os processos foram incrementados pela ação do Estado, ao invés de serem resultados de movimentos populares — ainda que marcando presença ao longo da história política brasileira — ou seja, de um processo dirigido por uma burguesia revolucionária que arrastasse consigo as massas camponesas e os trabalhadores urbanos. A transformação capitalista teve lugar graças a acordos entre as frações de classe economicamente dominantes, à exclusão forçada das forças populares e à utilização permanente dos aparelhos repressivos e de intervenção econômica do Estado. Nesse sentido, todas as opções concretas enfrentadas pelo Brasil, direta ou indiretamente ligadas à transição do capitalismo (desde a Independência política ao golpe de 64, passando pela Proclamação da República e pela Revolução de 1930), encontraram uma solução "pelo alto", ou seja, etilista e antipopular (Idem).

Esse processo evoca o tipo clássico de transformação agrária na "forma prussiana", tal como qualificada por Lênin (1980).[69] Para salientar as

---

69. Lênin (1980: 31-32), analisando os dois tipos de revolução agrária burguesa, ressalta duas formas clássicas desse desenvolvimento: *a via prussiana* e *a via americana*. O autor atribui um grau de universalidade à sua análise do caso russo ao afirmar que "os traços fundamentais de uma e de outra forma aparecem também com absoluta clareza em *todos* os lugares onde existam, lado a lado, a economia latifundiária e a camponesa". O autor assim caracteriza esses caminhos de desenvolvimento agrário: "Os restos do feudalismo podem desaparecer quer mediante a transformação dos domínios latifundiários, quer mediante a destruição dos latifúndios feudais, isto é, por meio da *reforma ou da revolução*. O desenvolvimento burguês pode verificar-se tendo à frente as grandes propriedades dos latifundiários que, paulatinamente, se tornarão mais burguesas, que, paulatinamente, substituirão os métodos feudais de exploração pelos métodos burgueses; e pode verificar-se, também, tendo à frente as pequenas explorações camponesas que, por via revolucionária, extirparão do organismo social a 'excrescência' dos latifúndios feudais e, sem eles, desenvolver-se-ão livremente pelo caminho da agricultura capitalista dos granjeiros (*farmmers*). A estes dois caminhos possíveis do desenvolvimento burguês chamaríamos de caminho do tipo *prussiano* e caminho do tipo *americano*. No primeiro caso, a exploração feudal do latifundiário transforma-se *lentamente* numa exploração *burguesa-junker*, condenando os camponeses a decênios inteiros da mais dolorosa expropriação e do mais doloroso jugo, ao mesmo tempo em que distingue uma minoria dos 'Grosbaeuers' (lavradores abastados). No segundo caso, ou não existem domínios feudais, ou são liquidados pela revolução, que confisca e fragmenta as propriedades feudais. Neste caso, predomina o camponês, que passa a ser o agente exclusivo da agricultura e vai evoluindo até converter-se num granjeiro capitalista". (Idem: 29-30).

particularidades econômicas e políticas dessas transformações históricas, Coutinho (1989) integra a noção de "via prussiana", para análise da estrutura agrária, à concepção gramsciana de "revolução passiva". Esta indica a prática restauradora das classes dominantes, que, ao se defrontarem com pressões populares carentes de iniciativa de articulação unitária, introduzem mudanças reais, que derivam progressivamente em alterações na composição anterior das forças ante o poder. A revolução passiva inclui um vetor de "restauração" — por ser uma reação à possibilidade de uma efetiva e radical transformação de "baixo para cima" — e outro vetor de "renovação" — uma vez que várias demandas populares são incorporadas e implementadas pelos antigos grupos dominantes (Coutinho, 1989: 122).

A debilidade histórica da democracia no Brasil, que se expressa no fortalecimento do Estado e na subalternidade da sociedade civil, é indissociável do perfil da revolução burguesa no País.[70] O amplo uso de instrumentos coercitivos por parte do Estado restringiu a participação política e o exercício da cidadania para os setores majoritários da população, derivando em uma rede de relações autoritárias que atravessa a própria sociedade civil "incorporada" pelo Estado.

Ianni (1984a: 33-44) alerta para que essa interpretação não resvale, de contrabando ainda que por lentes que se propõem críticas, na reafirmação da tese conservadora da existência de uma sociedade civil *amorfa, frágil, incompetente* — nas trilhas de Oliveira Vianna e outros —, silenciando a longa história das lutas populares.[71] O autor sustenta que os "de baixo"

---

70. Gramsci diria da sociedade política em sentido restrito, isto é, dos aparelhos militares e burocráticos de dominação e coerção. A sociedade civil é compreendida enquanto o conjunto dos aparelhos "privados" de hegemonia, que supõe adesão voluntária e através dos quais o bloco do poder imprime uma direção política e moral ao conjunto da sociedade. Tais organizações têm a função de elaboração e difusão das ideologias, meio de criação de um consenso que atribua legitimidade à direção política imprimida, ampliando o arco de alianças em que se sustenta o poder: o sistema escolar, as organizações profissionais, as igrejas, os partidos políticos, os sindicatos, os meios de comunicação de massa. (Coutinho, 1989).

71. Ianni (1984a: 13), citando Rodrigues (1976), lembra, ao refutar a tese da sociedade civil amorfa: "O decênio (1870-1880) não está isento de revoltas, a do quebra-quilos, em 1874, no Nordeste, a dos Muckers, no Rio Grande do Sul, em 1874-1875, ambas rústicas, de influência religiosa ou messiânica, nem de inumeráveis bandos que lutam no interior, nem tampouco de insurreições negras. Em Mossoró (Rio Grande do Norte), em 27 de janeiro de 1879, a população paupérrima de indigentes e retirantes, que pedia apenas gêneros alimentícios, sofreu das autoridades policiais as

nunca deixaram de "reivindicar, protestar e lutar", contribuindo, na ofensiva e pelo avesso, para a construção do Estado forte, que se desenvolve ao longo da revolução burguesa no Brasil.

A burguesia brasileira tem suas raízes profundamente imbricadas às bases do poder oligárquico e à sua renovação diante da expansão dos interesses comerciais, financeiros e industriais. Essa expansão determinou uma diferenciação e reintegração do poder — qualificado impropriamente de "crise do poder oligárquico" — que anuncia o início da era da modernidade no país (Fernandes, 1975: 30). A velha oligarquia agrária recompõe-se, moderniza-se economicamente, refaz alianças para se manter no bloco do poder, influenciando decisivamente as bases conservadoras da dominação burguesa no Brasil. Esse vínculo de origem marca profundamente o "horizonte cultural da burguesia", que se socializa polarizada por um forte conservantismo sociocultural e político, traduzido no mandonismo oligárquico. A ele se aliam as representações ideais da burguesia, segundo o modelo francês, como símbolo da modernidade e da civilização restrito à condução de suas atividades econômicas, nas quais são incorporados os princípios da livre concorrência.

Portanto, estamos diante de uma burguesia dotada de moderado espírito modernizador e que, além do mais, tendia a circunscrever a modernização ao âmbito empresarial e às condições imediatas de sua atividade econômica ou do crescimento econômico. Ir além representava um risco: o de acordar o homem nativo para os sonhos de independência e revolução social, que estavam em conflito com a dominação externa (Idem: 51).

Com a República são estabelecidos os requisitos formais para a universalização dos direitos dos cidadãos. Eliminam-se, em tese, as fronteiras

---

maiores violências de que resultaram seis mortos e feridos. Sob vários aspectos, a brutalidade do Estado monárquico foi a contrapartida das reivindicações, protestos e lutas de forças populares, no campo e na cidade. [...] Muitos padeciam a violência oligárquica, sob a forma estatal e privada: os seguidores de Antônio Conselheiro, em Canudos; os seguidores de João Maria, no Contestado; colonos nas fazendas de café quando realizavam greves, protestando contra as condições de trabalho e remuneração; operários das fábricas e oficinas, por ocasião de assembléias e greves; seringueiros na Amazônia, quando tentavam escapar das malhas da escravidão organizada no sistema de aviamento; populares, no Rio de Janeiro, em 1904, quando protestavam contra a vacina obrigatória". (Ianni, 1984a: 14).

jurídico-políticas entre as classes e estratos sociais, com a abolição da escravatura, a generalização do trabalho livre e a instauração da propriedade privada da terra (Lei de Terras, de 1850). Essas medidas permitem o estabelecimento dos pressupostos para a organização capitalista da produção e do mercado de trabalho, cujas virtualidades não foram homogeneamente incorporadas na formação econômica e política brasileira.

A revolução burguesa no País nasce marcada com o selo do mundo rural, sendo a classe dos proprietários de terra um de seus protagonistas. Foi a agricultura que viabilizou historicamente a acumulação de capital de âmbito do comércio e da indústria. Aos fazendeiros, juntaram-se os imigrantes que vinham cobrir as necessidades de suprimentos de mão-de-obra no campo e na cidade. Uma vez desfeitas as ilusões do enriquecimento rápido e do sonho de retorno às regiões de origem, os imigrantes deslocam-se do meio rural, mas levam consigo as concepções rurais de organização de vida. Assim, as origens e o desenvolvimento da revolução burguesa explicam a persistência e tenacidade de um horizonte que colide com as formas de concepção do mundo e organização de vida inerentes à uma sociedade capitalista, verificando-se uma "combinação entre a ordem tradicionalista e as concepções de cunho liberal que sustentam, no nível ideológico, o ordenamento competitivo da economia" (Fernandes, 1975: 105). A burguesia brasileira aceita o princípio da livre-concorrência nas relações econômicas estratégicas, todavia, repele, na prática, a igualdade jurídico-política, tal como proclamada nas cartas constitucionais. Apega-se às formas tradicionais de mandonismo, recurso para preservar suas posições na estrutura de poder no nível nacional. Estabelece-se, pois, uma *estranha* articulação entre o forte conservantismo no plano político — do qual o mandonismo oligárquico é expressão — e a incorporação do ideário liberal e sua defesa no campo de seus interesses econômicos.

Aquela articulação adquire inteligibilidade, ao se considerar o papel desempenhado pela propriedade territorial na organização política brasileira. No país, a questão agrária é decisiva para a compreensão das formas históricas assumidas pelo Estado ante a permanente presença dos interesses vinculados à propriedade territorial na composição política do poder, interferindo nas grandes transformações operadas na vida da nação (Camargo, 1983; Ianni, 1984b). Também as lutas sociais no campo passam pela "propriedade fundiária".[72] Salientar o papel da propriedade territorial não significa subestimar a interferência do grande capital nos negócios do Estado, uma vez que os interesses do capital e da renda da terra tenderam aqui a se fundir numa única e mesma figura, metamorfoseando o proprietário de terras em capitalista e vice-versa. As composições do bloco do poder, ao longo da história política republicana, contaram com alianças que, ao excluírem os trabalhadores rurais — inclusive dos pactos populistas —, tornaram possível a manutenção da velha oligarquia fundiária nas alianças do poder. Ao mesmo tempo, a burguesia industrial era beneficiada com o aumento da população sobrante, rebaixando os salários urbanos (Coutinho, 1984). Os interesses atinentes à propriedade fundiária foram preservados, sem impedir a modernização capitalista, dando forma à modernidade arcaica no Brasil.

A combinação entre o forte teor conservador no plano político cultural das elites dirigentes e a incorporação ornamental do ideário liberal na defesa de suas atividades econômicas passa pelo *caráter particular do liberalismo* no Brasil, com amplas repercussões na questão democrática. Schwarz (1981), analisando o liberalismo brasileiro, fala "das idéias fora do lugar".[73] As idéias do universalismo, da liberdade do trabalho, da igualdade perante a lei — bases da cidadania liberal — correspondiam, na Europa, à igualdade formal necessária à mercantilização da vida social, ainda que encobrindo a exploração do trabalho. No Brasil, o ideário liberal incorporado na Constituição de 1824 chega de braços dados com a escravidão e com a prática geral do favor que, embora contrapostos, se unem na história política brasileira.

O favor atravessou o conjunto da existência nacional nas relações entre os homens livres: "o favor torna-se a nossa mediação quase universal"

---

72. "É particularmente essencial compreender que a forma assumida pela propriedade territorial 'amarra as relações sociais, organiza as relações de classe, sustenta relações econômicas e políticas, edifica uma determinada estrutura de poder, alimenta relações de dominação, define limites *para a participação democrática das diferentes classes sociais, especialmente das classes trabalhadoras. A propriedade territorial constitui mediação essencial da organização política brasileira e da história da exclusão política dos trabalhadores rurais*". (Martins, 1986: 67).

73. Schwarz (1981: 23-25). Ver também: Vianna (1978); Viotti da Costa (1977, cap. 3) e Mercadante (1965).

(Schwarz, 1981). As elites dominantes brasileiras, envolvidas nas atividades comerciais agro-exportadoras, identificam-se no mercado internacional com a lógica do lucro e com as idéias de liberdade e igualdade que supõem. Inclusive a independência do País foi feita em nome das idéias francesa e inglesa. Porém, tal conjunto ideológico defronta-se com a força e a violência nas relações básicas de produção e com "homens-livres" — mas, na verdade, dependentes —, cujo acesso à vida social dependia do favor de um grande, sendo a figura do "agregado" a caricatura.

A ideologia "do mando e do favor" traz embutidas as relações de subordinação, o arbítrio, os serviços pessoais, a cumplicidade contra a postulação, pela civilização burguesa, da autonomia da pessoa, da remuneração objetiva, da ética do trabalho. Os "incompatíveis saem de mãos dadas" e o liberalismo passa a legitimar o arbítrio. O favorecido engrandece a si e a seu benfeitor, havendo uma compensação simbólica: só é favorecido porque não é escravo. Inclui uma cumplicidade sempre renovada que assegura serem ambas as partes "livres". "Aí a novidade: adotadas as idéias e razões européias, elas podem servir e muitas vezes serviram de justificação, nominalmente 'objetiva' para o momento do arbítrio que é da natureza do favor" (Schwarz, 1981: 17). A burguesia incorpora no discurso as elaborações européias contra o arbítrio e a escravidão, mas na prática afirma o favor e o clientelismo em instituições que proclamavam formas e teorias do Estado burguês moderno.

Viotti da Costa (1977) também acentua a especificidade do liberalismo no Brasil com relação ao padrão europeu. Aqui os princípios liberais não se forjaram na luta da burguesia contra a aristocracia e a realeza e não evoluíram em função da revolução industrial. A industrialização no Brasil só se consolida tardiamente no século XX. Diferentemente da Europa, os *limites* do liberalismo no Brasil, nas suas origens, foram definidos pela escravidão, pela sobrevivência das estruturas arcaicas de produção e pela dependência colonial nos quadros do sistema capitalista internacional. Trata-se de um liberalismo que nasceu tendo como base social as classes de extração rural e sua clientela. Antes da Independência, foi um "liberalismo heróico", que tinha como ponto de convergência a denúncia do pacto colonial, em que as aspirações dos grupos de elite confundiam-se com os demais grupos sociais. A escravatura era o ponto de controvérsia. Após a Independência evoluiu para o "liberalismo regressista", com feição antidemocrática e anti-revolucionária, presidido pela conciliação da liberdade com a ordem. Um liberalismo que teme os "excessos" das pressões democráticas, tidas como radicais, indicando uma clara dissociação entre liberalismo e democracia. Portanto, o liberalismo no Brasil não se constrói sobre a universalidade da figura de cidadão.

As raízes oligárquicas e estamentais de base municipalista redundaram no "coronelismo", fenômeno que indica a rarefação do poder público frente ao poder privado ou a privatização de funções e de recursos públicos em função de interesses privados. Os "coronéis", cuja sustentação do poder radicava na propriedade da terra e na riqueza, passavam a exercer funções públicas através de um sistema de reciprocidades e de troca de favores em relação aos seus dependentes, mediante recursos do Estado.

No desenvolvimento da contra-revolução burguesa, as elites ajustam suas formas de dominação à defesa da "civilização ocidental". A burguesia, no seu horizonte cultural e no seu circuito político, adapta-se à industrialização intensiva na consolidação da economia brasileira como uma economia de regulação monopolista, agravando o desenvolvimento desigual interno e intensificando a dominação externa. Esse quadro adere-se à sua tradição cultural e política conservadora, de defesa do progresso dentro da ordem, prevenindo e antecipando-se às ameaças revolucionárias na história brasileira. Para fazer frente à "crise do poder burguês", a burguesia realiza uma recomposição de suas frações internas, preservando a aliança com a grande propriedade territorial e uma sólida união com o grande capital internacional, tendo no Estado o eixo da recomposição ao poder burguês, apartado do conjunto de nação. (Fernandes, 1975: 289-366).

A constante dessa trajetória tem sido a permanente exclusão dos trabalhadores urbanos e rurais das decisões do Estado e do bloco do poder, sujeitos à repressão centralizadora do Estado e ao arbítrio do poder privado dos chefes políticos locais e regionais. A contrapartida da força, do arbítrio, da anulação da cidadania dos trabalhadores tem sido o caráter explosivo das lutas sociais, assim como a presença da violência no cotidiano das classes subalternas, manifesta nas mais triviais situações (Mello Franco, 1976). O amadurecimento político dos trabalhadores rurais é resultante de um longo e intermitente processo de lutas, expressas nos quilombos, nas greves do colonato, no cangaço, nos movimentos messiânicos, nas ligas camponesas, no sindicalismo rural, nas greves dos assalariados permanentes e temporários e na luta pela terra dos posseiros, parceiros e arrendatários.[74] Essas lutas se unem à história do movimento operário urbano e do sindicalismo brasileiro, que remontam aos primórdios da industrialização.

Com a "modernização conservadora", verifica-se uma aliança do grande capital financeiro, nacional e internacional, com o Estado nacional, que passa a conviver com os interesses oligárquicos e patrimoniais, que também se expressam nas políticas e diretrizes governamentais, imprimindo um ritmo lento à modernização capitalista da sociedade. As desigualdades agravam-se e diversificam-se, expressas nas lutas operárias, nas reivindicações do movimento negro, nas lutas pela terra, pela liberdade sindical e pelo direito de greve, nas reivindicações em torno dos direitos à saúde, à habitação, à educação, entre outros, assim como contra a degradação ambiental. Moderniza-se a economia e o aparelho de Estado, mas as conquistas sociais e políticas — ainda que registradas no último texto constitucional — permanecem defasadas, expressando o desencontro entre economia e sociedade, que se encontra na raiz da "prosperidade dos negócios". Ianni (1992), ao efetuar essas reflexões, reafirma a relação indissolúvel entre *trabalho e questão social*. *O trabalho encontra-se no centro da questão social*: tanto as formas de trabalho, quanto a apologia do trabalho, ou seja, sua louvação ou beatificação expressa na "ética do trabalho". Todavia, no pensamento social brasileiro (de Nina Barreto a Tobias Barreto), a *questão social* recebe diferentes explicações e denominações: "coletividades anormais", "sociedade civil incapaz", "povo amorfo", sendo o tom predominante a suspeita que de a vítima é culpada, e a pobreza, um "estado da natureza". Essa tendência de naturalizar a *questão social* combina-se, no pensamento social brasileiro, com o assistencialismo e a repressão, em uma criminalização "científica" da *questão social*. (Ianni, 1992).[75]

---

74. Ver, entre outros: Ianni (1984a: 116-131); Martins (1983; 1980a); Queiroz (1977); Paiva (1985); Grzybowski (1987); Bastos (1984).

75. "Em uma perspectiva ampla, a sociedade em movimento apresenta-se como uma vasta fábrica de antagonismos e desigualdades que constituem a questão social. A prosperidade da economia e o fortalecimento do poder estatal aparecem em descompasso com o desenvolvimento social. Isto é, a situação social de amplos contingentes de trabalhadores fabrica-se precisamente com os negócios, a reprodução do capital". (Ianni, 1992).

Com a crise dos anos 70, as idéias neoliberais preconizam a desarticulação do poder dos sindicatos, como condição de viabilizar o rebaixamento salarial, aumentar a competitividade dos trabalhadores e impor a política de ajuste monetário. Essas medidas têm por fim atingir o poder dos sindicatos, possibilitar a ampliação da taxa "natural" de desemprego, implantar uma política de estabilidade monetária e uma reforma fiscal que reduza os impostos sobre as altas rendas e favoreça a elevação das taxas de juros, preservando os rendimentos do capital financeiro. Como sugere Anderson (1999), se o projeto neoliberal surgiu como uma terapia para animar o crescimento da economia capitalista, para deter a inflação, obter deflação como condição de recuperação dos lucros, fez crescer o desemprego e a desigualdade social. Não consegue atingir os fins econômicos para os quais surgiu, ou seja, alavancar a produção e ampliar as taxas de crescimento econômico, ainda que seja vitorioso no plano político-ideológico. Ora, o capital, ao invés de voltar-se para o setor produtivo, é canalizado para o setor financeiro, favorecendo um crescimento especulativo da economia.

O aprofundamento das desigualdades sociais e a ampliação do desemprego atestam ser a proposta neoliberal vitoriosa, visto serem estas suas metas, ao apostar no mercado como a grande esfera reguladora das relações econômicas, cabendo aos indivíduos a responsabilidade de "se virarem no mercado". Todo esse ideário, que envolve uma canalização do fundo público para interesses privados, cai como uma luva na sociedade brasileira, que, como reafirma Chaui (1995a), é uma sociedade marcada pelos coronelismos, populismos, por formas políticas de apropriação da esfera pública em função de interesses particularistas dos grupos no poder. Esta sociedade é presidida por uma tradição autoritária e excludente, que se condensa no "autoritarismo social", isto é, uma sociedade hierarquizada em que as relações sociais ora são regidas pela "cumplicidade" — quando as pessoas se identificam como iguais — ora pelo "mando e pela obediência" — quando as pessoas se reconhecem como desiguais —, mas não pelo reconhecimento da igualdade jurídica dos cidadãos.

Distinta da cidadania tal como construída nos países europeus, aqui prevaleceram as relações de favor e de dependência. Essa formação política, aliada aos "efeitos modernos" do grande capital, tem resultado em um encolhimento dos espaços públicos e um alargamento dos espaços privados, em que a classe dominante faz do Estado o *seu* instrumento econômico privado por excelência. Ou seja, o discurso neoliberal tem a espantosa façanha de atribuir título de modernidade ao que há de mais conservador e atrasado na sociedade brasileira: fazer do interesse privado a medida de todas as coisas, obstruindo a esfera pública e a dimensão ética da vida social pela recusa das responsabilidades e obrigações sociais do Estado (Chaui, 1995a), o que tem amplas repercussões na luta por direitos e no trabalho cotidiano dos assistentes sociais.

2.2. Questão social *no Brasil contemporâneo*

Na contratendência da crise capitalista de longa duração de tonalidade recessiva, cujo desencadeamento remonta à década de 70 do século XX, verificam-se profundas alterações nas formas de produção e de gestão do trabalho perante as exigências do mercado mundial sob o comando do capital financeiro, que alteram profundamente as relações entre o Estado e sociedade. Novas mediações históricas reconfiguram a *questão social* na cena brasileira contemporânea no contexto da mundialização do capital.

Como sustenta Salama (1999), a lógica financeira do regime de acumulação tende a provocar crises que se projetam no mundo gerando recessão. É tributário dessa lógica o caráter volátil do crescimento que redunda em maior concentração de renda e aumento da pobreza, gerando um verdadeiro "apartheid social". Ampliam-se as desigualdades distribuídas territorialmente, as distâncias entre as rendas de trabalho e do capital e entre os rendimentos dos trabalhadores qualificados e não qualificados. A abertura abrupta da economia nos países da periferia dos centros mundiais, conforme orientação dos organismos multilaterais, tem redundado na ampliação do *défic*it da balança comercial, no fechamento de empresas nacionais, na elevação das taxas de juros e no ingresso maciço de capitais especulativos. As importações substituem parte da produção nacional, em um verdadeiro processo de "substituição das importações". A economia passa a mover-se entre a reestruturação de sua indústria e a destruição de parte do aparato industrial que não resiste à competitividade dos grandes oligopólios e à grande expansão das exportações e importações. Cresce a necessidade de financiamento externo e, com ele, a dívida interna e externa, os serviços da dívida — o pagamento de juros —, ampliando o *déficit* comercial. As exigências do pagamento dos serviços da dívida, aliada às elevadas taxas de juros, geram escassez de recursos para investimento e custeio. Os investimentos especulativos são favorecidos em detrimento da produção, o que se encontra na raiz da redução dos níveis de emprego, do agravamento da *questão social* e da regressão das políticas sociais públicas.

Na esfera da organização da produção, o padrão fordista-taylorista convive com formas de organização da produção dotadas de elevado padrão tecnológico, mediante a incorporação dos avanços científicos de última geração apropriados pelas empresas multinacionais, mas que têm como contrapartida relações de trabalho regressivas do ponto de vista dos interesses dos trabalhadores. A desregulamentação do capital — ao nível do capital produtivo das empresas transnacionais e do capital-dinheiro das instituições financeiras — nutre o aumento das taxas de mais-valia absoluta e relativa, presentes e futuras, que o discurso do capital resume na "flexibilidade". Esta se estende às formas de organização dos processos de produção, da gestão e remuneração da força de trabalho, do mercado de trabalho, dos direitos sociais e trabalhistas e dos padrões de consumo. Essa investida a favor do crescimento econômico dos oligopólios e *contra* o desenvolvimento social atinge visceralmente a luta sindical em um quadro de recessão e desemprego. Estabelece-se uma ampla competitividade no mercado mundial, e a qualidade dos produtos é erigida como requisito para enfrentar a concorrência intercapitalista e salvaguardar os superlucros das empresas multinacionais e as elevadas taxas de juros a favor dos agentes institucionais financeiros. A exigência ao nível da produção é reduzir custos e ampliar as taxas de lucratividade.

Nessa lógica, o rebaixamento dos custos do chamado "fator trabalho" tem peso decisivo, envolvendo o embate contra a organização e as lutas sindicais, os cortes de salário e direitos conquistados. A necessidade de redução de custos para o capital revela-se na figura do trabalhador polivalente, em um amplo enxugamento das empresas, na captação da mais-valia das empresas terceirizadas para as quais são transferidos os riscos das oscilações de mercado. A concorrência entre os capitais no mercado mundial estimula um acelerado desenvolvimento científico e tecnológico, que revoluciona a produção de bens e serviços. A reestruturação produtiva afeta radicalmente a organização dos processos de trabalho: o consumo e gestão da força de trabalho, as condições e relações de trabalho, assim como o conteúdo do próprio trabalho. Envolve a intensificação do trabalho e a ampliação da jornada, a redução dos postos de trabalho e a precarização das condições e dos direitos do trabalho. Reduz-se a demanda de trabalho vivo ante o trabalho passado incorporado nos meios de produção, com elevação da composição técnica e de valor do capital, ampliando o desemprego estrutural.

Nesse quadro, radicais mudanças nas relações Estado/sociedade civil, orientadas pela terapêutica neoliberal, têm sido traduzidas nas políticas de ajuste recomendadas pelo "Consenso de Washington". (Baptista, 1994). Por meio de vigorosa intervenção estatal a serviço dos interesses privados articulados no bloco do poder, sob inspiração liberal, conclama-se a necessidade de reduzir a ação do Estado para o atendimento das necessidades das grandes maiorias mediante a restrição de gastos sociais, em nome da chamada crise fiscal do Estado. A resultante é um amplo processo de privatização da coisa pública: um Estado cada vez mais submetido aos interesses econômicos e políticos dominantes no cenário internacional e nacional, renunciando a dimensões importantes da soberania da nação, a favor do grande capital financeiro em nome de honrar os compromissos morais do Estado com as dívidas interna e externa.

Tais processos atingem não só a economia e a política, mas afetam as formas de sociabilidade. Esse cenário, de nítido teor conservador, atinge as formas culturais, a subjetividade, as identidades coletivas, erodindo projetos e utopias. Estimula um clima de incertezas e desesperanças. A debilidade das redes de sociabilidade em sua subordinação às leis mercantis estimula atitudes e condutas centradas no indivíduo isolado, em que cada um "é livre" para assumir riscos, opções e responsabilidades por seus atos em uma sociedade de desiguais.

Nesse cenário, a "velha questão social" *metamorfoseia-se,* assumindo *novas roupagens*. Ela evidencia hoje a imensa fratura entre o desenvolvimento das forças produtivas do trabalho social e as relações sociais que o impulsionam. Fratura esta que vem se traduzindo na banalização da vida humana, na violência escondida no fetiche do dinheiro e da mistificação do capital ao impregnar todos os espaços e esferas da vida social. Violência que tem no aparato repressivo do Estado, capturado pelas finanças e colo-

SERVIÇO SOCIAL EM TEMPO DE CAPITAL FETICHE

cado a serviço da propriedade e poder dos que dominam, o seu escudo de proteção e de disseminação. O alvo principal são aqueles que dispõem apenas de sua força de trabalho para sobreviver: além do segmento masculino adulto de trabalhadores urbanos e rurais, penalizam-se os velhos trabalhadores, as mulheres e as novas gerações de filhos da classe trabalhadora, jovens e crianças, em especial negros e mestiços.

Crescem os níveis de exploração e as desigualdades, assim como, no seu reverso, as insatisfações e resistências presentes nas lutas do dia-a-dia, ainda carentes de maior organicidade e densidade política. Na sua maioria, silenciadas pelos meios de comunicação, essas lutas condensam a recusa do instituído e expressam iniciativas tensas e ambíguas, que adensam um processo de acumulação de forças que procura avançar historicamente no horizonte da igualdade. Lutas tímidas, mas vivas nos âmbitos do direito ao trabalho e do trabalho; da luta pela reforma agrária; pelo acesso aos serviços públicos no atendimento às necessidades básicas dos cidadãos; contra as discriminações étnico-raciais e de gênero; pela defesa do meio ambiente, das expressões culturais etc. A mundialização do capital também (re)produz, de forma ampliada, a *questão social* no *espaço mundial* e não apenas nos países pobres que lideram o *ranking* mundial das desigualdades e disparidades econômicas, políticas, religiosas, étnico-raciais, de gênero, entre suas outras múltiplas dimensões (Ianni, 2004). Espraia as desigualdades de toda ordem e os conflitos delas decorrentes aos recantos mais sagrados do capitalismo mundial, sob formas particulares e distintas, segundo as características nacionais.[76]

---

76. Ao discutir o novo ciclo de globalização do capitalismo Ianni (2004b) sustenta que a *questão social* torna-se um dilema mundial e não só nacional. Parte fundamental das suas manifestações está referida à condição operária, modificando-se as condições de organização e desenvolvimento da consciência social do trabalhador no âmbito da sociedade global. "Visto em escala global, o capitalismo desenvolve as classes e os grupos sociais, em âmbitos não só local, nacional e regional, mas também e principalmente mundial. Acentuam-se as diversidades e desigualdades, em termos de formas de sociabilidade e jogo das forças sociais. As dimensões transnacionais do capital, tecnologia, força de trabalho, divisão do trabalho social, mercado, planejamento e violência, entre outras forças produtivas, intensificam e generalizam os processos de integração e fragmentação, em escala mundial. Esse é o cenário em que se forma a *globalização da questão social*: uma globalização na qual estão presentes as contradições do trabalho e do capital, etnias, gêneros, religiões línguas e outras; sem esquecer as diferentes manifestações da contradição sociedade e natureza". (Ianni, 2004b: 31; grifos nossos).

Para Wanderley (2000; 2003), discernir a *questão social* na América Latina exige atentar às particularidades histórico-culturais das relações sociais na região, em suas dimensões econômicas, políticas, culturais e religiosas, com acento na concentração de renda e poder e na pobreza das grandes maiorias. Exige também atribuir visibilidade aos sujeitos que, por meio de seus esforços, conflitos e lutas atribuem densidade política à *questão social* na cena pública: indígenas, negros, trabalhadores urbanos e rurais, mulheres, entre outros segmentos, que se constroem e se diferenciam nas histórias nacionais. No cenário latino-americano, a *questão social*:

> [...] se põe, nos espaço e no tempo, diferentemente da realidade européia, na instituição da nacionalidade, da esfera estatal, da cidadania, da implantação do capitalismo. Em conseqüência, deverá ser entendida e datada de modo distinto. (Wanderley, 2000: 61).

Na atualidade, identificam-se semelhanças e diferenças na implementação das chamadas "políticas de ajuste estrutural" na América Latina: elas assumiram diferentes formas e graus de intensidade nos vários países latino-americanos, como indica Soares (2001).[77] Dentre os traços *comuns* dessas políticas pode-se registrar: maior abertura da economia para o exterior em nome da maior competitividade nas atividades produtivas; racionalização da presença do Estado na economia, liberando o mercado, os preços e as atividades produtivas; estabilização monetária, como meio de controle dos processos inflacionários; e exigência de redução da dívida pública, com elevados ônus para as políticas sociais. Todavia, os países apresentam distintos ritmos e intensidades na consecução de tais propósitos, diferenças nas projeções de desenvolvimento no largo prazo, em especial no tocante à industrialização. Somam-se distintos matizes na compreensão das funções do Estado e do mercado na distribuição dos recursos produtivos e na operação dos instrumentos de política econômica e social e da dívida pública.

A adoção das políticas neoliberais, como programas de governo, não ocorreu simultaneamente, e nem seguiu a mesma trajetória nos vários países do continente, com diferenças nas formas de aplicação e nos seus resul-

---

77. Recupera-se, a seguir, a importante contribuição de Soares (2001) sobre o tema.

tados. (Laurel, 1995; Soares, 2001). O tipo de trajetória histórica percorrida pelos países latino-americanos — em especial as lutas pela hegemonia presentes no seu interior — e o interesse dos países mais poderosos pela abertura comercial redundaram em condições e temporalidades distintas para a implantação das "políticas de ajuste": a experiência pioneira do Chile na década de 70, a do México na segunda metade dos anos 80, e a do Brasil nos anos 90 do século XX.

Esses tempos e processos particulares afetaram a participação do Estado na prestação direta de serviços sociais e no seu financiamento por meio de impostos diretos e indiretos, com distintos graus de progressividade. A política social, submetida aos ditames da política econômica, é redimensionada ante as tendências de privatização, de cortes nos gastos públicos para programas sociais, focalizados no atendimento à pobreza e descentralizados na sua aplicação. Os impactos da redução dos gastos sociais e a conseqüente deterioração dos serviços sociais públicos dependeram das relações entre o Estado e a sociedade, das desigualdades e das políticas sociais anteriormente existentes ao programa de "contra-reformas".

Segundo a avaliação da CEPAL (apud Soares, 2001), os "programas de ajuste" não resultaram em distribuição de renda e serviços públicos, não reduzindo as desigualdades anteriormente existentes no pós-guerra. As mais importantes expressões da *questão social* são: o retrocesso no emprego, a distribuição regressiva de renda e a ampliação da pobreza, acentuando as desigualdades nos estratos socioeconômicos, de gênero e localização geográfica urbana e rural, além de queda nos níveis educacionais dos jovens. A regressão social na América Latina na década de 80-90 expressou-se na transferência de mão-de-obra dos setores de maior produtividade para os de rendas mais baixas e acentuou a heterogeneidade produtiva e a desigualdade na distribuição de renda. Cresceu a disparidade entre o rendimento de 40% das famílias mais pobres e o rendimento das 10% das famílias mais ricas. Verificou-se a redução relativa do trabalho assalariado com relação ao emprego total, com perda importante da gravitação do trabalho industrial, da redução do emprego público (exceto no Brasil), do aumento dos assalariados no terciário e o incremento de trabalhadores autoempregados. Cresceu a ocupação na pequena e microempresa e o número de desempregados aumentou exponencialmente. Constatou-se uma redução significativa dos salários reais em todos os países e aumento do percentual dos assalariados em situação de pobreza. (Soares, 2001).[78]

Esse quadro de radicalização da *questão social* atravessa o cotidiano do assistente social que se defronta com segmentos de trabalhadores *duplamente penalizados*. De um lado, ampliam-se as necessidades não atendidas da maioria da população, pressionando as instituições públicas por uma demanda crescente de serviços sociais. De outro lado, esse quadro choca-se com a restrição de recursos para as políticas sociais governamentais, coerente com os postulados neoliberais para a área social, que provocam o desmonte das políticas públicas de caráter universal, ampliando a seletividade típica dos "programas especiais de combate à pobreza" e a mercantilização dos serviços sociais, favorecendo a capitalização do setor privado.

A lógica que passa a presidir a política social é a *da privatização seletiva dos serviços sociais*, verificando-se um trânsito da noção de *seguridade social*,[79] uma estratégia keynesiana implementada após a II Guerra Mundial, para a lógica do *seguro social*. Verifica-se uma "americanização" da seguridade social (Vianna, 1998) com o propósito de abrir o campo dos serviços

---

78. Uma análise abrangente e provocativa da desigualdade, pobreza e Serviço Social na América Latina, apoiada em um rico acervo de dados atualizados, pode ser encontrada em Netto (2007: 135-170).

79. A seguridade social designa um conjunto de ações governamentais no campo da chamada proteção social, envolvendo um leque de políticas que fazem frente aos direitos sociais. Segundo a Convenção n. 102, de 1952, da Organização Internacional do Trabalho — OIT — as medidas referem-se à proteção que a sociedade proporciona aos seus membros mediante uma série de medidas públicas contra as privações sociais e econômicas que, de outra forma, afetariam a subsistência, como conseqüência de enfermidades, maternidade, acidentes de trabalho ou enfermidade profissional, desemprego, invalidez, velhice, morte. Abrange também a assistência médica e ajuda a família com filho. Foi o reconhecimento das desigualdades e das lutas voltadas à preservação das condições de vida dos cidadãos que fez com que as medidas de proteção desbordassem o âmbito privado para a esfera pública. Medidas essas que se expressam em ações compensatórias para aqueles que estão impossibilitados de trabalhar, em cobertura de situações de risco de trabalho (doenças, acidentes, invalidez, desemprego temporário) e manutenção de rendas e benefícios, aposentadorias e pensões que passam a formar políticas sociais. Como sustenta Mota (1995; 1996), os sistemas de seguridade são determinados por um conjunto de necessidades sociais que nascem no mundo da produção *stricto sensu*, mas não encerram aí o seu sentido, extrapolando-o em direção à esfera pública governamental. Enquanto mecanismo de gestão social, tem a sua sustentação amparada na legislação e nos direitos sociais, elementos constitutivos da relação entre o Estado e a sociedade.

sociais para os investimentos privados, ampliando o âmbito da acumulação. Adota-se a forma de *compra de serviços privados com recursos do fundo público, via credenciamento de serviços, e do incremento da indústria de seguro, cuja maior expressão é os fundos de pensão*. Em outros termos, a diretriz é cobrar os serviços sociais, transformando-os em mercadorias, cuja precondição foi a desqualificação e desfinanciamento das instituições públicas em nome da "crise fiscal do Estado".

Vale reiterar que o projeto neoliberal subordina os direitos sociais à lógica orçamentária, a política social à política econômica, em especial às dotações orçamentárias. Observa-se uma inversão e uma subversão: ao invés do direito constitucional impor e orientar a distribuição das verbas orçamentárias, o dever legal passa a ser submetido à disponibilidade de recursos. São as definições orçamentárias — vistas como um dado não passível de questionamento — que se tornam parâmetros para a implementação dos direitos sociais implicados na seguridade, justificando as prioridades governamentais. A leitura do orçamento de governo, apreendido como uma peça técnica, silencia os critérios políticos que norteiam a eleição das prioridades nos gastos, estabelecidas pelo bloco do poder. A viabilização dos direitos sociais — e em especial aqueles atinentes à seguridade social — pauta-se segundo as regras de um livro-caixa, do balanço entre crédito e déficit no "cofre governamental" (Menezes, 1993). A leitura da seguridade passa a ser efetuada segundo os parâmetros empresariais de custo/benefício, da eficácia/inoperância, da produtividade/rentabilidade. O resultado é a subordinação de necessidades sociais e sua satisfação à mecânica instrumental do orçamento público.

A crítica neoliberal sustenta que os serviços públicos, organizados à base de princípios de universalidade e gratuidade, superdimensionam o gasto estatal (Grassi et al., 1994), assim como a folha salarial dos servidores públicos. Como o gasto social é tido como uma das principais causas da crise fiscal do Estado, a proposta é reduzir despesas, diminuir atendimentos, restringir meios financeiros, materiais e humanos para implementação dos projetos. E o assistente social, que é chamado a implementar e viabilizar direitos sociais e os meios de exercê-los, vê-se tolhido em suas ações, que dependem de recursos, condições e meios de trabalho cada vez mais escassos para operar as políticas sociais.

No Brasil, como afirma Oliveira,[80] o Governo Cardoso e seus "cavaleiros do apocalipse", ao realizarem a escolha histórica por tais caminhos, nos levaram ao "coração das trevas do neoliberalismo".[81] E seu legado foi uma perversa herança. A política econômica implementada pelo governo Cardoso conseguiu reduzir as taxas da inflação, mas não resultou em políticas distributivas. Assim, transitou "da pobreza da inflação" à "inflação da pobreza", do "fim da inflação da moeda" à retomada da "inflação da dívida".[82] A dívida e o custo de sua rolagem geram escassez de recursos para investimento e custeio que, aliados às elevadas taxas de juros, desviam as aplicações do setor produtivo para o mercado financeiro.

A supervalorização das políticas macroeconômicas, voltadas à estabilização da moeda a qualquer preço, resultou em uma abertura econômica e comercial desordenada. A remuneração privilegiada ao capital financeiro gerou o desestímulo à inovação tecnológica e o enfraquecimento das exportações. As baixas taxas médias de crescimento, na ordem de 2,5% ao ano, resultaram do abandono do mercado interno e da ausência de políticas ousadas de exportação. As políticas de liberalização do capital fragilizaram as contas externas e desequilibraram as contas públicas. Estimularam, sim, investimentos estrangeiros na aquisição do patrimônio público e fluxos voláteis e reversíveis oriundos da aplicação especulativa.

Segundo informações publicadas no Jornal *O Globo*, seção Economia, de 20/10/2002, o perfil do endividamento brasileiro era o seguinte: o Brasil gastava cerca de 7% do Produto Interno Bruto — soma dos bens e serviços que o país produz — só com juros e encargos da dívida pública; um custo de quase R$ 100 bilhões a cada 12 meses. Mesmo assim, a dívida líquida do setor público cresceu, passando de 53% do PIB, em 2001, para 62%, no início do Governo Lula.

Como um quarto da dívida estava em títulos corrigidos pelo câmbio — 56% dos títulos públicos —, o endividamento cresceu de R$ 661 bilhões, em 2001, para cerca de R$ 830 bilhões em 2002. Cada ponto percentual de

---

80. Pronunciamento efetuado no *II Encontro Nacional de Serviço Social e Seguridade Social*. Brasil, Porto Alegre, 1999.

81. Um balanço das respostas do Governo Cardoso à *questão social* encontra-se em Serra (2000: 79-116). Ver, especialmente, o cap. II: O governo FHC e as respostas à questão social.

82. Conforme pronunciamento de Paulo Rocha, no II Encontro Nacional de Seguridade Social, realizado em Porto Alegre, em 1999.

alta do dólar representava um acréscimo de US$ 2 bilhões na dívida interna do governo. O governo cortava gastos em políticas públicas e, ainda assim, a dívida subia.

Para se ter uma idéia do que significam tais valores, Benjamim (2002), na bela cartilha *O Brasil é um sonho* (que realizaremos), informa: quando Fernando Henrique Cardoso assumiu o seu primeiro mandato, a dívida interna do governo brasileiro era de R$ 59 bilhões e, em 2001, já era 12 vezes maior (R$ 685 bilhões). No orçamento da União do mesmo ano, o dinheiro previsto para a saúde equivalia a 75 dias dos gastos com a dívida (R$ 28,5 bilhões). O da educação, a 47 dias (18,6 bilhões). O da erradicação da miséria, a 8 dias (R$ 3,2 bilhões). O da ciência e tecnologia, a 6 dias (R$ 2,5 bilhões). Ao Ministério da Cultura coube, em 2001, o equivalente a 21 horas da rolagem da dívida (R$ 0,34 bilhão)!

A análise da execução orçamentária de 2002, no Governo Cardoso, revela que 64,44% dos recursos liquidados foram gastos sob a rubrica de "Encargos especiais" — cabendo ao pagamento de juros e encargos da dívida pública (8,19%) e sua amortização (45,26%) — ao passo que despesas com investimentos representaram somente 2% das despesas liquidadas. E 18,26% dos recursos liquidados destinaram-se à previdência, 3,77% à saúde, 1,96% à educação, e 0,97% para assistência social. (Rocha, 2003). Esses resultados são indissociáveis da queda da taxa média de crescimento da economia. De outro lado, tem-se a paralisação do Estado pela dívida e os serviços da dívida — e a exigência de um "superávit primário"[83] — que reduz o gasto público. Em 2002, o superávit primário foi de 50 bilhões de reais, e, nos cinco primeiros meses de 2003, já somava 37 bilhões de reais, penalizando a maioria da população.

Além do crescimento da dívida, o Governo Cardoso dilapidou o patrimônio nacional. Biondi (2000), em *O Brasil privatizado*, apresenta um levantamento da venda das empresas públicas brasileiras e chegou ao seguinte resultado financeiro das privatizações: arrecadação de R$ 85,2 bilhões e gastos de R$ 87,6 bilhões. O governo brasileiro ficou sem as empre-

---

83. A exigência de uma artimanha contábil para perfazer um *superávit primário — saldo sobre receitas e despesas do governo antes do pagamento de juros e correção monetária*, descartado o próprio valor da dívida — captura parcelas significativas do fundo público que poderiam ser canalizadas para as políticas públicas e para a distribuição de renda.

sas, e sofreu um prejuízo líquido de, pelo menos, R$ 2,4 bilhões com a entrega do patrimônio público para as grandes empresas privadas.

Na contraface desses processos segundo dados oficiais do Instituto de Pesquisa Econômica Aplicada — IPEA (2005),[84] tem-se: o crescimento da taxa de desemprego, que saltou de 6,2% para 10% entre 1995 e 2003, considerando os índices do Instituto Brasileiro de Geografia e Estatística (IBGE); um aumento da informalidade de 44,7% para 45,5% no mesmo período; e a brutal queda da renda média real dos trabalhadores de 15% em oito anos, entre 1996 e 2002. O País apresenta *uma das piores distribuições de renda do mundo* — um índice de Gini de 0,60[85] —, só superada por Serra Leoa, na África Ocidental (com índice de Gini de 0,62, em 2003).

O País dispõe, em 2003, com uma população de 170 milhões de brasileiros, dos quais 81,2% residentes em áreas consideradas urbanas e 18, 8% no campo. A proporção de pessoas entre 16 e 59 anos que participa do mercado trabalho, ocupada ou à procura de ocupação, é de 74,9%. A distribuição da população economicamente ativa é de cerca de 71,6 milhões ocupados e 8 milhões desempregados. O desemprego concentra-se nas regiões metropolitanas, que registram as taxas mais elevadas de seu crescimento, com destaque, por ordem crescente, para Salvador, Recife, Rio de Janeiro e São Paulo, além do Distrito Federal. Nestas regiões, a taxa de desemprego elevou-se de 7% para 13,9%, entre 1995 e 2003.

Segundo a Organização Mundial do Trabalho (OIT), o crescimento do desemprego no País supera a taxa mundial de 6,2%, e a da América Latina e Caribe, que é dos 8%. A única região que registra um aumento do desemprego superior ao Brasil é o Sudeste Asiático. Como registra o IPEA, o crescimento do desemprego é indissociável do fraco desempenho da economia brasileira nos últimos 20 anos, devido:

> Ao fracasso dos diversos planos de estabilização econômica durante os anos 1980 e início dos anos 1990, além da restrição de crédito associada à alta taxa

---

84. Os dados que se seguem são da mesma fonte (IPEA, 2005).

85. O *Índice de Gini* é um indicador utilizado para medir a concentração da renda e da propriedade. Em uma distribuição igualitária seria igual a zero, enquanto que, se houvesse total concentração de renda em uma só pessoa, seria igual a 1. Em outros termos, trata-se de um indicador que varia de zero a um e, quanto mais elevado, maior a concentração de renda identificada.

SERVIÇO SOCIAL EM TEMPO DE CAPITAL FETICHE

de juros, que inibiram investimentos, uma vez que as aplicações financeiras rendiam mais que o investimento na atividade produtiva. Outro fator importante por trás do desemprego foi a destruição de postos de trabalho ocasionada pela reestruturação produtiva das empresas instaladas no país (especialmente na indústria). Desencadeada em grande parte como reação à desregulamentação e à abertura econômica, bem como à privatização e desnacionalização das empresas na década de 1990, essa reestruturação envolveu várias transformações tecnológicas e organizacionais, poupadoras de mão-de-obra. (IPEA, 2005: 32-33).

Desde 1993 aumenta a proporção dos empregados sem carteira assinada, destituída dos direitos trabalhistas: 13º salário, férias, seguro-desemprego, Fundo de Garantia por Tempo de Serviço (FGTS) e benefícios previdenciários: auxílio-doença, auxílio acidente de trabalho, salário-maternidade, pensão por morte, aposentadoria. O índice dos empregados sem carteira assinada passa de 21,1% em 1995 para 24,2% do total de ocupados em 2003. Somados os empregados sem carteira assinada e os trabalhadores por conta própria, a participação desses segmentos no total da ocupação eleva-se para 45,5% no mesmo ano, perfazendo o contingente da população economicamente ativa que se encontra na informalidade. O grupo de trabalhadores por conta própria, na sua absoluta maioria, encontra-se envolvido em atividades precárias, o que é atestado pelo não acesso aos benefícios da previdência: 81,9% não contribuem para a previdência social na média nacional.

Os jovens que querem trabalhar sofrem crescentes dificuldades para conseguir uma ocupação. Como informa o IPEA (2005: 40), no grupo de jovens de 15 a 19 anos, o desemprego passou de 13% para 23% no período de 1995 a 2003. Já para os jovens de 20 a 24 anos, este índice saltou de 10% para 16%. As mulheres registram uma taxa de desemprego substancialmente superior à dos homens — isto é, de 12,7% contra 8% — assim como os negros em relação aos brancos — 12,2% contra 9,1%. (IPEA, 2005: 42).

No que se refere à *remuneração*, pelos dados de 2003, os homens auferem remuneração, em média, 60% maior que as mulheres e a dos brancos é 100% superior à dos negros. (Idem).

A persistência do *trabalho infantil* é elevada. O *Radar Social* atesta, em 2003, 1,7 milhão de crianças entre 10 e 14 anos trabalhando e outras 184 mil à procura de ocupações, ainda que o trabalho infantil tenha diminuído em termos absolutos e relativos. A proporção de crianças trabalhando ou procurando trabalho caiu, na média nacional, de 20% para 11,5% entre 1995 e 2003. (IPEA, 2005: 42).

Ao se considerar a *renda associada aos indicadores de pobreza*[86] (insuficiência de renda) e *desigualdade* (diferença na distribuição da renda), o quadro é impressionante. Em 2003, do total de habitantes que informam a sua renda, cerca de um terço (31,7%) é considerada *pobre,* o equivalente a 53,9 milhões de pessoas, vivendo com renda *per capita* de até meio salário mínimo. Já os *indigentes,* aqueles que têm renda *per capita* inferior a um quarto do salário mínimo, a proporção é de 12,9%, ou seja, 21,9 milhões de pessoas.

A elevada desigualdade *de renda* pode ser aferida pelos seguintes dados referentes a 2003: 1% da população mais rica, isto é 1,7 milhões de pessoas, apropria-se de 13% do total da renda domiciliar, próximo dos 13,3% que é apropriado por 50% dos mais pobres, isto é, 86,9 milhões de pessoas. A renda *per capita* média domiciliar de R$ 360,50, equivalente a um salário mínimo e meio, encobre disparidades regionais, de etnia, gênero, geração além do recorte rural-urbano. São negros 66% dos pobres. A proporção dos mais pobres no meio rural é mais que o dobro do contin-

---

86. Reconhecendo controvérsias quanto aos critérios para o cálculo do número de pobres, inclusive de parte de organismos internacionais da ONU que adotam critérios diferenciados (como o Banco Mundial e a Comissão Econômica para a América Latina e o Caribe — CEPAL), o Governo Federal assume como parâmetro o salário mínimo nominal. Os *indigentes* formam o grupo populacional com renda de até um quarto do salário mínimo domiciliar *per capita* e, os *pobres,* o grupo com renda de até meio salário mínimo domiciliar *per capita.* Nas categorizações de pobre e indigente, o cálculo é feito a partir de um parâmetro de renda abaixo do qual se supõe que um indivíduo não consegue atender suas necessidades básicas. A *linha da pobreza* considera a renda suficiente para o suprimento das necessidades essenciais, incluindo, além da alimentação, a moradia, o transporte, a saúde, a educação etc. A linha da indigência leva em conta somente as necessidades de alimentação (IPEA, 2005: 60). O suposto otimista de tais critérios é o de que o salário mínimo é capaz, de fato, de cobrir as necessidades básicas, o que tem sido publicamente contestado pelo Departamento Intersindical de Estatísticas e Estudos Sócio-Econômicos (DIEESE). Segundo seus os cálculos, em junho de 2007, sendo o salário mínimo nominal de R$ 350,00 (aproximadamente US$ 184), o valor do *salário mínimo necessário* era de R$ 1.628,96 (aproximadamente US$ 857), de acordo com os preceitos constitucionais, para uma família de dois adultos e duas crianças (que consomem o equivalente a um adulto) ponderando-se o gasto familiar. (www.dieese.org.br. Acesso em 19 de julho de 2007).

gente que reside no meio urbano, ou seja, 57,1% contra 27%; ainda que, em termos absolutos, o maior contingente de pobres encontra-se nas áreas urbanas: 38,7 milhões de brasileiros. No meio rural são 15,3 milhões de pobres, o que se explica pelo acelerado processo de urbanização. Mas em termos relativos, a área rural é mais pobre: sendo menos populosa é composta majoritariamente por pobres, que são 57,1%. Esta elevada incidência da pobreza no meio rural ocorre em quase todos os estados da federação (IPEA, 2005: 59).

Somam-se a esse quadro o analfabetismo, a baixa escolaridade média da população, a precariedade da qualidade do ensino básico, as elevadas taxas de mortalidade infantil, mortalidade materna e a mortalidade por causas externas, especialmente a violência e as questões de segurança (homicídios, crime organizado, precariedade do sistema de segurança e justiça criminal, entre outras).

Esse breve resgate, de caráter ilustrativo, dos indicadores sociais produzidos pelos órgãos oficiais ratifica o direcionamento da análise anteriormente efetuada. Atesta que a *questão social* assume proporções de um *desastre social* (Soares, 2003), potenciando as contradições sociais que alimentam as lutas sociais. Por outro lado, as múltiplas manifestações da *questão social*, sob a órbita do capital, tornam-se objeto de ações filantrópicas e de benemerência e de "programas focalizados de combate à pobreza", que acompanham a mais ampla privatização da política social pública, cuja implementação passa a ser delegada a organismos privados da sociedade civil, o chamado "terceiro setor". Ao mesmo tempo, expande-se a compra e venda de bens e serviços, alvo de investimentos empresariais que avançam no campo das políticas públicas.

3. Sociabilidade capitalista, *questão social* e Serviço Social

3.1. Preliminares

Na interpretação aqui assumida, a *questão social* é indissociável da sociabilidade capitalista e, particularmente, das configurações assumidas pelo trabalho e pelo Estado na expansão monopolista do capital.[87] A *gênese* da *questão social* na sociedade burguesa deriva do caráter coletivo da produção contraposto à apropriação privada da própria atividade humana — o trabalho —, das condições necessárias à sua realização, assim como de seus frutos. É inseparável da emergência do "trabalhador livre", que depende da venda de sua força de trabalho como meio de satisfação de suas necessidades vitais. Assim, a *questão social* condensa o conjunto das desigualdades e lutas sociais, produzidas e reproduzidas no movimento contraditório das relações sociais, alcançando plenitude de suas expressões e matizes em tempo de capital fetiche. As configurações assumidas pela *questão social* integram tanto determinantes históricos objetivos que condicionam a vida dos indivíduos sociais, quanto dimensões subjetivas, fruto da ação dos sujeitos na construção da história. Ela expressa, portanto, uma *arena de lutas políticas e culturais na disputa entre projetos societários*, informados por distintos interesses de classe na condução das políticas econômicas e sociais, que trazem o selo das particularidades históricas nacionais.

A feição em que se apresenta a *questão social* na cena contemporânea expressa, sob inéditas condições históricas, uma potenciação dos determinantes de sua origem já identificados por Marx e expressos na lei geral da acumulação capitalista e na tendência do crescimento populacional no seu âmbito.[88]

Com o progresso da acumulação, o aumento da produtividade torna-se um de seus produtos e sua alavanca mais poderosa, operando-se uma mudança na *composição técnica e de valor do capital*. Reduz-se proporcionalmente o emprego da força viva de trabalho ante o emprego de meios de produção mais eficientes, impulsionando o aumento da produtividade do trabalho social. A incorporação, por parte dos empresários capitalistas, dos avanços técnicos e científicos no processo de produção (no sentido *lato*, englobando produção, distribuição, troca e consumo) possibilita aos trabalhadores, sob a órbita do capital, produzirem mais em menos tempo. Reduz-se o tempo de trabalho socialmente necessário à produção das merca-

---

87. Cf. Ianni (1992); Netto (1992; 2001); Iamamoto (In: Iamamoto e Carvalho, 1982); Iamamoto (1998a; 2001a; 2004); Boschetti (2003); Behring (2003); Yazbek (2001).

88. Para um aprofundamento sobre o tema, conferir as dissertações de mestrado realizadas sob minha orientação: Escurra (1996) e Reis (2002).

dorias, ou seja, o seu valor, ampliando simultaneamente o tempo de trabalho excedente ou mais-valia. Em termos da composição de valor, reduz-se relativamente o capital variável empregado na compra da força de trabalho, e aumenta-se o capital constante, empregado nos meios materiais de produção.

A incorporação das conquistas da ciência no processo de produção na sua globalidade — ela mesma uma força produtiva por excelência (Marx, 1980b, v. II) —, contribui para acelerar a produtividade do trabalho e a rotação do capital, permitindo uma ampliação das taxas de lucratividade. A concentração e centralização de capitais, impulsionadas pelo crédito e pela concorrência, ampliam a escala de produção. Com isso, o decréscimo relativo de capital variável aparece inversamente como crescimento absoluto da população trabalhadora, mais rápido que os meios de sua ocupação. Assim, o processo de acumulação produz uma população relativamente supérflua e subsidiária às necessidades médias de seu aproveitamento pelo capital. É a lei particular de população deste regime de produção: com a acumulação, obra da própria população trabalhadora, esta produz, em volume crescente, os meios de seu excesso relativo. Acresce-se a isso o interesse dos empresários capitalistas em extrair uma maior quantidade de trabalho de uma parcela menor de trabalhadores já empregados —, via ampliação da jornada de trabalho e intensificação do trabalho —, articulando os meios de extração da mais-valia absoluta e relativa. Isso faz com que o trabalho excedente dos segmentos ocupados condene, à ociosidade socialmente forçada, amplos contingentes de trabalhadores aptos ao trabalho e impedidos de trabalhar, maiores que aqueles de trabalhadores incapacitados para a atividade produtiva.

Cresce, pois, uma superpopulação relativa para esse padrão de desenvolvimento: não os "inúteis para o mundo", a que se refere Castel (1998), mas os supérfluos para o capital, acirrando a concorrência entre os trabalhadores — a oferta e procura —, com evidente interferência na regulação dos salários (ainda que estes dependam da grandeza da acumulação). Dentre essa superpopulação relativa — que à época da revolução industrial inglesa era qualificada de exército industrial de reserva — encontram-se os segmentos intermitentes, sujeitos às oscilações cíclicas e eventuais de absorção e repulsa do trabalho nos centros industriais: a superpopulação latente na agricultura, fruto da redução de demanda de força de trabalho decorrente do seu processo de industrialização, não acompanhada de igual capacidade de absorção dos trabalhadores nos pólos urbano-industriais. Nessa categoria inclui-se, também, aquela parcela *estagnada* de trabalhadores ativos com ocupações irregulares e eventuais: os precarizados, temporários, com máximo de tempo de serviço e mínimo de salário, sobrevivendo abaixo do nível médio da classe trabalhadora. Esse quadro é complementado com o crescimento do pauperismo,[89] segmento formado por contingentes populacionais miseráveis aptos ao trabalho, mas desempregados, crianças e adolescentes e segmentos indigentes incapacitados para o trabalho (idosos, vítimas de acidentes, doentes etc.) cuja sobrevivência depende da renda de todas as classes, e, em maior medida, do conjunto dos trabalhadores.

Em síntese, o crescimento da força de trabalho disponível é impulsionado pelas mesmas causas da força expansiva do capital, expressando a lei geral da acumulação capitalista.[90] Esta é modificada em sua realização pelas mais variadas circunstâncias, fruto do aperfeiçoamento dos meios de produção e do desenvolvimento da produtividade do trabalho social mais rápido do que a população trabalhadora produtiva. A lei da acumulação se expressa, na órbita capitalista, às avessas: no fato de que parcela da população trabalhadora sempre cresce mais rapidamente do que a necessidade de seu emprego para os fins de valorização do capital. (Marx, 1985b: 209, t.

---

89. "O pauperismo constitui o asilo dos inválidos do exército ativo de trabalhadores e o peso morto do exército industrial de reserva. Sua produção está incluída na produção da superpopulação relativa, sua necessidade na necessidade dela, e ambos constituem uma *condição da existência da produção capitalista e do desenvolvimento da riqueza*. Ele pertence aos *faux frais* da produção capitalista que, no entanto, o capital sabe transferir para os ombros da classe trabalhadora e da pequena classe média" (Marx, 1985b: 209, t. 1, v. II).

90. "Quanto maiores a riqueza social, o capital em funcionamento, o volume e energia de seu crescimento, portanto também a grandeza absoluta do proletariado e a força produtiva de seu trabalho, tanto maior o exército industrial de reserva. A força de trabalho disponível é desenvolvida pelas mesmas causas que a força expansiva do capital. A grandeza proporcional do exército de reserva cresce, portanto, com as potências da riqueza. Mas quanto maior esse exército de reserva em relação ao exército ativo de trabalhadores, tanto mais maciça a superpopulação consolidada, cuja miséria está em razão inversa do suplício de seu trabalho. Quanto maior, finalmente, a camada lazarenta da classe trabalhadora e o exército industrial de reserva, tanto maior o pauperismo oficial. Essa é a lei absoluta geral da acumulação capitalista" (Marx, 1985b: 209, t. 1, v. II).

I, v. II). Gera, assim, uma acumulação da miséria relativa à acumulação do capital, encontrando-se aí a raiz da produção/reprodução da questão social na sociedade capitalista.

A existência do "trabalhador livre" — a separação do indivíduo das condições de seu trabalho, monopolizadas sob a forma capitalista de propriedade —, enquanto condição histórica dessa forma de organização social da produção, torna o indivíduo que trabalha um "pobre virtual".[91] Pobre, enquanto inteiramente necessitado, excluído de toda a riqueza objetiva, dotado de mera capacidade de trabalho e alijado das condições necessárias à sua realização objetiva na criação de seus meios de sobrevivência. Como a capacidade de trabalho, é mera potência; o indivíduo só pode realizá-la se encontra lugar no mercado de trabalho, quando demandado pelos empresários capitalistas. Assim, a obtenção dos meios de vida depende de um conjunto de mediações que são sociais, passando pelo intercâmbio de mercadorias, cujo controle é inteiramente alheio aos indivíduos produtores. O pauperismo como resultado do trabalho — do desenvolvimento das forças produtivas do trabalho social —, é uma especificidade da produção fundada no capital (Marx, 1980b: 110, v. II). Importa salientar

---

91. O conceito de trabalhador livre contém já implícito que o mesmo é um *pauper: pobre virtual*. Com respeito às condições econômicas, é mera capacidade de trabalho e, por isto, dotado de necessidades vitais. É um necessitado em todos os sentidos, visto não dispor das condições objetivas para a realização de sua capacidade de trabalho. Quando o capitalista não necessita do sobretrabalho do indivíduo, ele não pode realizar o trabalho necessário, produzir seus meios de subsistência. Quando não pode obtê-los por meio do intercâmbio mercantil, os obterá por meio de esmolas que sobrem para ele da renda de todas as classes (Marx, 1980b: 110, v. 2). É interessante observar a atualidade dessa interpretação, quando os chamamentos à filantropia do capital e ao trabalho voluntário são uma das tônicas das respostas à questão social na atualidade. Lembra o debate de Marx com Proudhon, na *Miséria da Filosofia* (Marx, 1970: 11), acerca das diferentes escolas de interpretação das relações sociais capitalistas por parte dos intelectuais da burguesia. Dentre elas, Marx destaca a *Escola humanitária*, e salienta "o lado mau das relações de produção atuais. Para tranqüilidade de consciência esforça-se por coonestar o mais possível os contrastes reais; deplora sinceramente as penalidades do proletariado e a desenfreada concorrência entre os burgueses; aconselha aos operários que sejam sóbrios, trabalhem bem e tenham poucos filhos; recomenda aos burgueses que moderem seu ardor na esfera da produção [...] *Escola filantrópica* é a escola humanitária aperfeiçoada. Nega a necessidade do antagonismo; quer converter a todos os homens em burgueses; quer realizar a teoria desde que se distinga da prática e não contenha antagonismos. [...] Por conseguinte, os filantropos querem conservar as categorias que expressam as relações burguesas, porém sem o antagonismo que constitui a essência dessas categorias e é inseparável delas. Os filantropos acreditam que combatem a sério a prática burguesa, mas são mais burgueses que ninguém".

que, nessa concepção, a pobreza não é apenas compreendida como resultado da distribuição de renda, mas refere-se à própria produção. Ou, em outros termos, refere-se à distribuição dos meios de produção e, portanto, às relações entre as classes, atingindo a totalidade da vida dos indivíduos sociais, que se afirmam como inteiramente necessitados tanto na órbita material quanto espiritual (intelectual, cultural e moralmente).

Esse processo é radicalizado com o desmonte das políticas sociais públicas e dos serviços a elas atinentes, destituindo a responsabilidade do Estado na preservação do direito à vida de amplos segmentos sociais, que é transferida à eventual solidariedade dos cidadãos, isto é, às sobras de seu tempo e de sua renda.

A *questão social* expressa, portanto, desigualdades econômicas, políticas e culturais das classes sociais, mediatizadas por disparidades nas relações de gênero, características étnico-raciais e formações regionais, colocando em causa amplos segmentos da sociedade civil no acesso aos bens da civilização. Dispondo de uma dimensão estrutural, ela atinge visceralmente a vida dos sujeitos numa "luta aberta e surda pela cidadania" (Ianni, 1992), no embate pelo respeito aos direitos civis, sociais e políticos e aos direitos humanos. Esse processo é denso de *conformismos e rebeldias*, expressando a consciência e a luta pelo reconhecimento dos direitos de cada um e de todos os indivíduos sociais. É nesse terreno de disputas que trabalham os assistentes sociais.

É importante lembrar que foram as lutas sociais que romperam o domínio privado nas relações entre capital e trabalho, extrapolando a *questão social* para a esfera pública. Os conflitos sociais passam a exigir a interferência do Estado no reconhecimento e na legalização de direitos e deveres dos sujeitos sociais envolvidos, consubstanciados nas políticas e serviços sociais.

É na tensão entre re-produção da desigualdade e produção da rebeldia e da resistência que atuam os assistentes sociais, situados em um terreno movido por interesses sociais distintos e antagônicos, os quais não são possíveis de eliminar, ou deles fugir, porque tecem a vida em sociedade. Os assistentes sociais trabalham com as múltiplas dimensões da *questão social* tal como se expressam na vida dos indivíduos sociais, a partir das políticas sociais e das formas de organização da sociedade civil na luta por direitos.

SERVIÇO SOCIAL EM TEMPO DE CAPITAL FETICHE

Exatamente por isso, decifrar as novas mediações por meio das quais se expressa a *questão social* hoje é de fundamental importância para o Serviço Social[92] em uma dupla perspectiva: para que se possa tanto apreender as várias expressões que assumem, na atualidade, as desigualdades sociais — sua produção e reprodução ampliada —, quanto projetar e forjar formas de resistência e de defesa da vida. Formas de resistência já presentes, por vezes de forma parcialmente ocultas, no cotidiano dos segmentos majoritários da população que dependem do trabalho para a sua sobrevivência. Assim, apreender a *questão social* é também captar as múltiplas formas de pressão social, de re-invenção da vida construídas no cotidiano, por meio das quais são recriadas formas novas de viver, que apontam para um futuro que está sendo germinado no presente.

Considerada como expressão das desigualdades inerentes ao processo de acumulação e dos efeitos que produz sobre o conjunto das classes trabalhadoras e sua organização — o que se encontra na base da exigência de políticas sociais públicas —, a *questão social* não é um fenômeno recente, típico do esgotamento dos chamados trinta anos gloriosos da expansão capitalista. Trata-se, ao contrário, de uma "velha questão social" inscrita na própria natureza das relações sociais capitalistas, mas que, na contemporaneidade, se re-produz sob novas mediações históricas e, ao mesmo tempo, assume inéditas expressões espraiadas em todas as dimensões da vida em sociedade. Alteram-se as bases históricas em que ocorre a produção e reprodução das desigualdades na periferia dos centros mundiais, em um contexto de internacionalização da produção, dos mercados, da política e da cultura, sob o comando do capital financeiro, as quais são acompanhadas por lutas veladas e abertas nitidamente desiguais.

Sob um ângulo, *a questão social produzida e reproduzida de forma ampliada* tem sido lida, na perspectiva sociológica, enquanto "disfunção" ou "ameaça" à ordem e à *coesão social*, na tradição de E. Durkheim, típica da escola francesa. (Castel, 1998). É, ainda, apresentada como uma *nova questão social*, resultante da "inadaptação dos antigos métodos de gestão do social", produto da crise do "Estado Providência" (Rosanvallon, 1995; Fitoussi e Rosanvallon, 1997) e da crise da "relação salarial".

---

92. Em outros momentos já tratei do tema: Iamamoto e Carvalho (1982); Iamamoto (1998a); Iamamoto (2000: 45-70); Iamamoto (2001a: 09-33) e Iamamoto (2004: 17-50).

Freqüentemente, a programática para fazer frente à mesma *tende a ser reduzida a uma gestão mais humanizada e eficaz dos problemas sociais* na órbita do capital, sob a égide do grande capital financeiro e das políticas neoliberais. Dessa maneira, as respostas à *questão social* passam a ser canalizadas para os mecanismos reguladores do mercado e para as organizações privadas, as quais partilham com o Estado a implementação de programas focalizados e descentralizados de "combate à pobreza e à exclusão social".

Em uma perspectiva de análise distinta assumida neste texto, *a questão social*, específica da ordem burguesa e das relações sociais que a sustentam, é apreendida como expressão ampliada da exploração do trabalho e das desigualdades e lutas sociais dela decorrentes: o anverso do desenvolvimento das forças produtivas do trabalho social. Sua produção/reprodução assume perfis e expressões historicamente particulares na cena contemporânea latino-americana. Requer, no seu enfrentamento, a prevalência das necessidades da coletividade dos trabalhadores, o chamamento à responsabilidade do Estado e a afirmação de políticas sociais de caráter universal, voltadas aos interesses das grandes maiorias, condensando um processo histórico de lutas pela democratização da economia, da política, da cultura na construção da esfera pública.

A expressão *questão social* é estranha ao universo de Marx, tendo sido cunhada por volta de 1830 (Castel, 1998), no marco do reformismo conservador.[93] (Netto, 1992; 2002; Iamamoto, 1992a) Historicamente, ela foi tratada sob o ângulo do poder, vista como ameaça que a luta de classes — em especial, a presença política da classe operária — representava à ordem instituída. Entretanto, os processos sociais que ela traduz encontram-se no

---

93. É conhecida a programática reformista conservadora da Igreja Católica expressa, pela primeira vez, por Leão XIII, na abertura de caminhos para esta instituição na modernidade. Ao naturalizar o ordenamento capitalista, propõe um amplo programa para a sua moralização, mobilizando o laicato nessa missão, contra os anarquistas e socialistas. Além dessa versão do *conservadorismo confessional*, que influenciou largamente o ideário do Serviço Social nas suas origens, tem-se o *conservadorismo laico* do nascedouro da Sociologia, cuja expressão mais importante foi Durkheim. (Nisbet, 1969; 1980; Bottomore e Nisbet, 1980). Netto (2002) salienta, ainda, o *conservadorismo protestante prussiano*, cujo maior representante foi Bismark. Ele promoveu pioneiramente as políticas sociais como antecipação às demandas de um proletariado combativo, representado pelo primeiro partido de massas, o Partido Social Democrata Alemão, quando a burguesia ainda era débil nesse país, nas décadas de 70-90 do século XIX.

centro da análise de Marx sobre as classes sociais e suas lutas na sociedade capitalista. Nessa tradição intelectual, como já exposto, o regime capitalista de produção é tanto um processo de produção das condições materiais da vida humana, quanto um processo que se desenvolve sob relações sociais de produção — histórico-econômicas — específicas. Em sua dinâmica, produz e reproduz seus expoentes: suas condições materiais de existência, as relações sociais contraditórias e formas sociais através das quais se expressam. Existe, pois, uma indissociável relação entre a produção dos bens materiais e a forma econômico-social em que é realizada, isto é, a totalidade das relações entre os homens em uma sociedade historicamente particular, regulada pelo desenvolvimento das forças produtivas do trabalho social.

O Serviço Social tem na *questão social* a base de sua fundação enquanto especialização do trabalho. Os assistentes sociais, por meio da prestação de serviços sócio-assistenciais — indissociáveis de uma dimensão educativa (ou político-ideológica) — realizados nas instituições públicas e organizações privadas, interferem nas relações sociais cotidianas, no atendimento às variadas expressões da *questão social*, tais como experimentadas pelos indivíduos sociais no trabalho, na família, na luta pela moradia e pela terra, na saúde, na assistência social pública, entre outras dimensões.

Atualmente, a *questão social* passa a ser objeto de um violento "processo de criminalização" que atinge as classes subalternas. (Ianni, 1992; 2004 e Guimarães, 1979). Recicla-se a noção de "classes perigosas" — não mais laboriosas —, sujeitas à repressão e extinção. A tendência de naturalizar a *questão social* é acompanhada da transformação de suas manifestações em objeto de programas assistenciais focalizados de "combate à pobreza" ou em expressões da violência dos pobres, cuja resposta é a segurança e a repressão oficiais. Evoca o passado, quando era concebida como caso de polícia, ao invés de ser objeto de uma ação sistemática do Estado no atendimento às necessidades básicas da classe operária e outros segmentos trabalhadores. Na atualidade, as propostas imediatas para enfrentar a *questão social*, no Brasil, atualizam a articulação assistência focalizada/repressão, com o reforço do braço coercitivo do Estado, em detrimento da construção do consenso necessário ao regime democrático, o que é motivo de inquietação.

Uma dupla armadilha pode envolver a análise da *questão social* quando suas múltiplas e diferenciadas expressões são desvinculadas de sua gênese comum, desconsiderando os processos sociais contraditórios — na sua dimensão de totalidade — que as criam e as transformam.

Corre-se o risco de cair na pulverização e fragmentação das inúmeras "questões sociais", atribuindo unilateralmente aos indivíduos e suas famílias a responsabilidade pelas dificuldades vividas. Isso deriva na análise dos "problemas sociais" como problemas do indivíduo isolado e da família (principal alvo dos programas focalizados de combate à fome e à miséria), perdendo-se a dimensão coletiva e o recorte de classe da *questão social*, isentando a sociedade de classes da responsabilidade na produção das desigualdades sociais. Por uma artimanha ideológica, elimina-se, no nível da análise, a dimensão coletiva da *questão social* — a exploração da classe trabalhadora — reduzindo-a a uma dificuldade do indivíduo. A pulverização da *questão social*, típica da ótica liberal, resulta na autonomização de suas múltiplas expressões — as várias "questões sociais" — em detrimento da perspectiva de unidade. Impede-se, assim, o resgate do complexo de causalidades que determina as origens da questão social, imanente à organização social capitalista, o que não elide a necessidade de apreender as múltiplas expressões e formas concretas que assume.

Outra armadilha é aprisionar a análise em um discurso genérico, que redunda em uma visão unívoca e indiferenciada da *questão social*, prisioneira das análises estruturais, segmentadas da dinâmica conjuntural e da vida dos sujeitos sociais. A *questão social* passa a ser esvaziada de suas particularidades históricas, perdendo o movimento e a riqueza da vida, ao se desconsiderar em suas expressões específicas que desafiam a "pesquisa concreta de situações concretas" (como a violência, o trabalho infantil, a violação dos direitos humanos, os massacres indígenas etc.).

Concluindo, constata-se hoje uma renovação da "velha questão social", inscrita na própria natureza das relações sociais capitalistas, sob outras roupagens e novas condições sócio-históricas na sociedade contemporânea, aprofundando suas contradições e assumindo novas expressões na atualidade. Ela evidencia hoje a imensa fratura entre o desenvolvimento das forças produtivas do trabalho social e as relações sociais que o sustentam. Crescem as desigualdades e afirmam-se as lutas no dia-a-dia contra as mesmas — lutas na sua maioria são silenciadas pelos meios de comunicação — no âmbito do trabalho, do acesso aos direitos e serviços no atendi-

SERVIÇO SOCIAL EM TEMPO DE CAPITAL FETICHE

mento às necessidades básicas dos cidadãos, das diferenças étnico-raciais, religiosas, de gênero, entre outras dimensões.

Na perspectiva aqui assumida, a *questão social* não se identifica com a noção de *exclusão social*, hoje generalizada, dotada de grande consenso nos meios acadêmicos e políticos. Uma multiplicidade de denominações é proposta pelos estudiosos do tema "exclusão social", como lembra Amann (2003), entre as quais: desqualificação (Paugan, 2003), desfiliação (Castel, 1998), apartação (Buarque, 1993) e inclusão perversa (Martins, 2002). A inclusão social torna-se uma palavra mágica, que tudo e nada explica, ocorrendo uma "fetichização conceitual" da noção. (Martins, 1977).

Castel (2000a) refere-se às "armadilhas da exclusão", denunciando a sua inconsistência teórica: uma "palavra valise" utilizada para definir todas as misérias do mundo. É uma noção que se afirma pela qualificação negativa — a falta de —, empregada com uma heterogeneidade de usos, sem dizer, com rigor, no que consiste e de onde vem. A noção autonomiza "situações-limite", que só têm sentido dentro do circuito vivo das forças sociais, dos processos que as criam. Focaliza *efeitos* de processos que atravessam o conjunto da sociedade, correspondendo "a um tipo clássico de focalização da ação social: delimitar zonas de intervenção que podem dar lugar às atividades de reparação" (Castel, 2000a: 27).

A tendência de reduzir a *questão social* a *situações de exclusão* é, para o autor, parte de um processo de "desestabilização da condição salarial" e da desagregação de proteções que foram progressivamente ligadas ao trabalho protegido e com *status* na "sociedade salarial".[94] Sua crise conduz à "desestabilização dos estáveis", à precariedade, ao crescimento dos sobrantes, à cultura do aleatório, o que, nas discriminações oficiais, aparece como "exclusão". Como as fissuras por ela responsáveis estão localizadas no "coração da condição salarial", a luta contra a "exclusão" incide sobre a regulação do trabalho e do sistema de proteções a ele vinculadas. O caminho anunciado para responder à *questão social* encontra-se na trilha da luta pelo direito ao trabalho.

Martins (1977; 2002) também questiona o rigor analítico e a novidade da noção de "exclusão" e denuncia a sua fetichização conceitual, que tudo

---

94. A ótica de análise do autor será detalhada a seguir no corpo deste texto.

e nada explica. A novidade é "sua velhice renovada", resultado de uma metamorfose de conceitos — passando pelas teorias da marginalidade social e da pobreza — que procuravam explicar, no ordenamento social capitalista, o descompasso crônico entre o desenvolvimento econômico e o desenvolvimento social que o caracteriza, em sua lógica de tudo desenraizar, submetendo tudo e a todos às leis do mercado. Defende não existir sociologicamente "exclusão", pois os "dilemas são os da inclusão precária e instável, marginal": "inclusão dos que são alcançados pela nova desigualdade social provocada pelas grandes transformações econômicas e para as quais só há, na sociedade, lugares residuais" (Martins, 1977).

É próprio da sociedade capitalista desenraizar os trabalhadores, excluir para incluir de outro modo, segundo sua lógica. Para Martins, o problema encontra-se exatamente nessa inclusão: na sua temporalidade e nos modos de inclusão. O período de passagem do momento da "exclusão" — como o da expropriação e expulsão dos trabalhadores do campo — para o momento da "inclusão" em outro modo de trabalhar, de viver e de pensar a vida está se transformando num *modo de vida,* e não mais em um período transitório. É esse modo de vida o objeto de preocupação. O chamado processo de exclusão cria uma *"sociedade paralela":* excludente do ponto de vista econômico e includente do ponto de vista moral e político. Separa materialmente, mas unifica ideologicamente no imaginário da sociedade de consumo e nas fantasias pasteurizadas e inócuas do mercado.

Em outros termos, o apelo à exclusão indica a necessidade de compreensão de uma antiga questão: a das desigualdades sociais fruto da exploração do trabalho, um dos aspectos da crise da sociedade de classes. Ele supõe a insuficiência da teoria das classes, diluindo a figura da classe trabalhadora na do excluído, que não é um sujeito de destino, destituído da possibilidade de fazer história. O protesto social e político em nome dos excluídos resolve-se no horizonte da integração na sociedade que os exclui, na reprodução ampliada dessa mesma sociedade. Os "excluídos não protagonizam nem realizam uma contradição no interior do processo produtivo", mas são tidos como o "resíduo" crescente de um desenvolvimento econômico considerado "anômalo", o que redunda em uma luta conformista e fala de um projeto de afirmação do capitalismo, dos que a ele aderiram. Segundo o autor, o discurso da exclusão é expressão ideológica de uma *práxis* limitada da classe média e não de um projeto anticapitalista e crítico, cujo desafio é tornar a sociedade beneficiária da acumulação. Considera a exclusão social "um sintoma grave de uma transformação social, que vem, rapidamente, fazendo, de todos, seres humanos descartáveis, reduzidos à condição de coisa, 'forma extrema da vivência da alienação e da coisificação da pessoa', como já apontava Marx em seus estudos sobre o capitalismo" (Martins, 2002: 20).

A crítica às noções de inclusão/exclusão no debate sobre a seguridade social no Brasil é apontada por Paiva (2006). Considera que a proliferação dessa noção importada, estranha ao universo político cultural da população brasileira, estimula propostas que falam de "uma solidariedade sem sujeitos e sem projetos" e encobre mecanismos de dominação e subalternização, não isenta de repercussões políticas: seu contexto histórico foi a desconstrução da idéia-força do direito social, conquistada na luta dos trabalhadores pelo acesso ao excedente" (Paiva, 2006: 21). Dissimulando a complexidade do conceito de necessidades humanas (Heller, 1986), a noção de exclusão permite "recobrir as situações concretas da população, sem tornar inteligível o seu pertencimento a uma classe social, portanto a um tempo e espaço históricos portadores de um projeto coletivo libertário" (Paiva, 2006: 21).

3.2. Questão social e Serviço Social

A análise seminal sobre a profissão de Serviço Social no processo de produção e reprodução das relações sociais (Iamamoto, in: Iamamoto e Carvalho, 1982: 77-78) apresentou a tese de que a profissão afirma-se como uma especialização do trabalho coletivo no quadro do desenvolvimento capitalista industrial e da expansão urbana. Processos esses apreendidos sob o ângulo das classes sociais — a constituição e expansão do proletariado e da burguesia industrial — e das modificações verificadas na composição dos grupos e frações de classes que compartilham o poder do Estado em conjunturas históricas determinadas. É quando, no Brasil, afirma-se a hegemonia do capital industrial que emerge, sob novas formas, a *questão social*, a qual se torna a base de justificação desse tipo de profissional especializado. Já não se trata da mera distinção entre ricos e pobres, presente nas formas anteriores de organização da produção e da sociedade regidas pela divisão do trabalho, prévias ao capitalismo industrial. A *questão social* passa a ser dotada de um "caráter de classe específico", que constitui as relações sociais sob o domínio do capital:

> A questão social não é senão as expressões do processo de formação e desenvolvimento da classe operária e seu ingresso no cenário político da sociedade, exigindo o seu reconhecimento como classe por parte do empresariado e do Estado. É a manifestação, no cotidiano da vida social, da contradição entre o proletariado e a burguesia, a qual passa a exigir outros tipos de intervenção, mais além da caridade e da repressão. O Estado passa a intervir diretamente nas relações entre o empresariado e a classe trabalhadora, estabelecendo não só uma regulamentação jurídica do mercado de trabalho, através da legislação social e trabalhista específicas, mas gerindo a organização e prestação de serviços sociais, como um novo tipo de enfrentamento da questão social. (Idem: 77).

As condições de vida e de trabalho dos segmentos trabalhadores e correspondentes mobilização e organização políticas — tanto da parcela diretamente inserida no mercado de trabalho, quanto daquela excedente para as necessidades médias do capital — já não podiam ser desconsideradas pelo Estado na formulação de políticas sociais como requisito mesmo da sustentação do poder de classe.

Naquele estudo (Iamamoto, in: Iamamoto e Carvalho, 1982) também foram apresentadas algumas chaves heurísticas para o tratamento do tema. A primeira afirmava que as respostas à *questão social* sofrem alterações mais significativas nas conjunturas de crise econômica e de crise de hegemonia no bloco do poder.[95] A segunda salientava duas dimensões necessárias à análise do tema, quais sejam: por um lado, a situação objetiva e subjetiva da classe trabalhadora, face às mudanças no modo de produzir e se apropriar do trabalho excedente e de sua capacidade de organização e luta; e, por outro, as diferentes maneiras de as frações dominantes, apoiadas no e

---

95. "Assim, à medida que avança o desenvolvimento das forças produtivas, da divisão do trabalho e sua conseqüente potenciação, modificam-se as formas e o grau de exploração da força de trabalho. Modifica-se, concomitantemente, o posicionamento das diversas frações das classes dominantes e suas formas de agir frente à questão social, no que entram em cena os interesses específicos desses grupos e a luta pelo poder existente no seu interior" (Iamamoto, In: Iamamoto e Carvalho, 1982: 78).

SERVIÇO SOCIAL EM TEMPO DE CAPITAL FETICHE

pelo poder de Estado, interpretarem e agirem sobre a situação da classe trabalhadora. Para além das especificidades dessas formas de enfrentamento, o que as unifica é a contradição entre o trabalho social e a apropriação privada do trabalho, de suas condições e seus resultantes, traduzida na valorização crescente do capital e no crescimento da miséria relativa do trabalhador.

Esse núcleo analítico, sendo preservado, desdobrou-se na análise da *questão social* nas particularidades da expansão monopolista no Brasil, nos quadros do que Fernandes (1975) qualifica de *autocracia burguesa*[96] (Iamamoto, 1992), e na crise do ciclo expansionista após a Segunda Guerra Mundial (Iamamoto, 1998a).

A tese supra-apresentada foi retomada e aprofundada por Netto (1992), ao elaborar uma análise teórico-sistemática da expansão monopolista, da *questão social* e do Serviço Social no seu âmbito. O autor sustenta que as conexões genéticas do Serviço Social se dão com as peculiaridades da *questão social* na sociedade burguesa madura, fundada na ordem monopólica,[97] o que, no Brasil, atinge sua maturidade após 1964. Um Estado capturado pela lógica monopolista realiza uma intervenção de dentro, contínua e sistemática, na vida econômica, numa nítida fusão entre as funções econômicas e políticas do Estado. Este é "o comitê executivo da burguesia monopolista", o *seu* Estado e a conservação e controle da força de trabalho é uma de suas funções de primeira ordem, tanto para socializar os custos de sua reprodução — dos trabalhadores ocupados e excedentes — quanto para se legitimar politicamente, alargando suas bases de sustentação. Todavia, a captura do Estado pela burguesia monopolista não é incompatível com a democratização da vida sociopolítica, mas imprime uma dinâmica contraditória no interior do sistema estatal. Ele é tensionado tanto pelas exigências da ordem monopólica, quanto pelos conflitos sociais. Nessa dinâmica,

---

96. Lembramos que este texto foi originalmente escrito em 1982, ainda que só publicado uma década mais tarde.

97. Certamente o autor está se referindo às origens da profissão na Europa, pois a economia brasileira dos anos 30 do século XX, ainda que inscrita na ordem mundial monopólica, não se organiza internamente sob a regulação monopolista, o que só ocorrerá mais tarde, nas décadas de 50 e 60 (cf. Fernandes, 1975). Atentar a estas distinções é importante para evitar leituras do autor que transferem mecanicamente, para o país, dinâmicas e ritmos dos processos históricos europeus.

as respostas positivas às demandas dos trabalhadores são refuncionalizadas de modo a estimular a maximização dos lucros.

Conforme ao autor citado, a *questão social* internaliza-se na ordem econômica, tornando-se alvo das políticas sociais, suportes da ordem sociopolítica e da imagem social do Estado como mediador dos conflitos. Por meio dessas políticas, o Estado passa a administrar as expressões da *questão social*, que é fragmentada e parcializada a partir de suas seqüelas, metamorfoseadas em "problemas sociais". Para Netto (1992: 32), a ordem monopólica incorpora e, simultaneamente, nega o ideário liberal, ressituando-o. Corta o ideário liberal intervindo nas políticas sociais; recupera-o, ao debitar a continuidade das seqüelas ao indivíduo mônada, responsabilizado por seus êxitos e fracassos. Assim, ao mesmo tempo, o Estado afirma o caráter público da *questão social*, administrando as suas refrações — que assumem um caráter massivo —, e reforça a aparência da *natureza privada* de suas manifestações individuais, tidas como problema do indivíduo isolado. Dessa forma, captura os espaços privados, subordinando-os ao movimento do capital que extrapola o território da produção, fazendo com que todo o cotidiano passe a ser administrado, impregnando-o da lógica da mercantilização universal das relações sociais. Invade áreas que outrora o indivíduo podia reservar-se como espaços de autonomia, como a família, a fruição estética, o ócio e o erotismo. A metamorfose do *ethos* individualista aparece ressituada como privilégio das instâncias psicológicas da existência social, na inflação da privaticidade e na tendência à "psicologização" das relações sociais. Esse processo encontra no anticapitalismo romântico o seu arsenal teórico-cultural: afirma a aquiescência ao "dado", naturalizando a ordem social e a especificação do ser social é debitada à esfera da moral, numa apologia indireta à ordem imperialista.

Deriva dessas contribuições uma conclusão importante para a profissionalização do Serviço Social: ela não pode ser creditada nem à "cientifização ou aperfeiçoamento técnico da filantropia" levada a efeito por segmentos do bloco do poder, nem à mera incorporação das tradicionais formas de ajuda pelo Estado, como meio de controle dos pobres. Nessas perspectivas, o Serviço Social surgiria de uma evolução interna da filantropia e de suas metamorfoses, o que impregna interpretações dos mais variados matizes ideológicos na literatura profissional.

A profissionalização do Serviço Social pressupõe a expansão da produção e de relações sociais capitalistas, impulsionadas pela industrialização e urbanização, que trazem, no seu verso, a *questão social*. O Estado amplia-se, nos termos de Gramsci (1979), e passa a administrar e gerir o conflito de classe não apenas via coerção, mas buscando construir um consenso favorável ao funcionamento da sociedade no enfrentamento da *questão social*. O Estado, ao centralizar a política sócio-assistencial efetivada através da prestação de serviços sociais, cria as bases sociais que sustentam um mercado de trabalho para o assistente social, que se constitui como um trabalhador assalariado. O Estado e os estratos burgueses tornam-se uma das molas propulsoras dessa qualificação profissional legitimada pelo poder. O Serviço Social deixa de ser um mecanismo da distribuição da caridade privada das classes dominantes — rompendo com a tradicional filantropia — para se transformar em uma das engrenagens da execução das políticas públicas e de setores empresariais, que se tornam seus maiores empregadores.

O Serviço Social desenvolve-se no pós-Segunda Guerra Mundial, no período de expansão da economia capitalista sob a hegemonia dos grupos transnacionais e capital financeiro a eles associados. O crescimento industrial em bases tayloristas e fordistas dinamiza a acumulação de capital gerando excedentes, parcela dos quais é canalizada para o Estado, no financiamento de políticas públicas, contribuindo para a socialização dos custos de reprodução da força de trabalho. A política keynesiana, direcionada ao "pleno emprego" e à manutenção de um padrão salarial capaz de assegurar um relativo poder de compra dos trabalhadores, implicou o reconhecimento do movimento sindical em suas reivindicações econômicas e políticas. A prestação de serviços sociais públicos foi expandida, permitindo às famílias de trabalhadores dotados de emprego formal protegido usufruírem a cidadania regulada (Santos, 1979), com acesso aos direitos, podendo aplicar sua renda monetária para consumir e dinamizar a economia. A estes se somavam amplos segmentos destituídos de trabalho e de cidadania.

É nesse solo histórico que se institucionaliza e se desenvolve a profissão de Serviço Social no Brasil. A reversão da onda longa expansionista nos anos 70, somada ao *débâcle* do Leste Europeu, na década de 80, resultam em uma redistribuição do poder no cenário internacional sob o comando do império norte-americano. Alteram-se os processos históricos que (re)produzem a *questão social* no quadro das novas relações entre o Estado e a sociedade, segundo princípios neoliberais e sob a hegemonia da financeirização da vida social, aprofundando as desigualdades conforme o já apresentado.

Nesse quadro recessivo da economia internacional, a *questão social* passa a ser redescoberta pelos cientistas sociais, em especial pela "Escola Francesa", com amplas refrações na América Latina, e, particularmente, na literatura do Serviço Social. No entanto, é interessante observar que a retomada dos estudos sobre o tema no Serviço Social brasileiro não foi fruto de uma importação das preocupações européias de influência social-democrata e nem da concepção liberal norte-americana da seguridade social, ainda que a primeira tenha marcado forte presença na literatura especializada. A linha de continuidade no debate profissional brasileiro em torno da *questão social* é estabelecida no interior mesmo da interlocução entre a tradição marxista e o pensamento conservador europeu clássico e contemporâneo. O debate é nitidamente impulsionado pelo processo de construção do projeto de formação profissional ao nível nacional, na década de 90, que incorpora e avalia a produção brasileira especializada sobre *questão social* e política social nas últimas três décadas à luz dos particulares processos históricos experimentados no País (ABESS/CEDEPSS, 1996; 1997a e 1997b; ABEPSS, 2004).

Reconhecendo a importância da "Escola Francesa", tributária do pensamento do seu fundador, E. Durkheim, e sua influência atual no debate profissional do Serviço Social, seguem-se algumas considerações. Dentre as interpretações mais difundidas da *questão social*, merecem saliência as formulações de Castel (1995; 1998; 1998a e 2000a) e Rosanvallon (1998), Fitoussi e Rosanvallon (1997), além do registro de Paugam (2003). Segue-se o debate no marco da literatura recente afeta ao Serviço Social.

3.2.1. O debate francês sobre a *questão social*

Robert Castel é o mais importante expoente da literatura francesa sobre o tema, com a pesquisa de maior fôlego sobre as "metamorfoses da

SERVIÇO SOCIAL EM TEMPO DE CAPITAL FETICHE

questão social na Europa ocidental",[98] nesses tempos de incerteza. A noção de metamorfose, enquanto dialética do mesmo e do diferente, do novo e do permanente, sugere que a "perenidade da substância permanece sob a mudança de seus atributos". Sua preocupação central é reconstruir a memória para entender o contemporâneo, identificando similitudes e diferenças entre as antigas situações de vulnerabilidade das massas e a instabilidade do presente. Ou, mais precisamente, "as relações existentes entre a precariedade econômica e a instabilidade social" (Castel, 1998: 25), buscando detectar os processos que as engendram. Nos inícios de sua pesquisa, seu interesse era compreender a fragilidade do vínculo social no quadro da "integração" "anomia", o que dá sentido às noções de invalidação social, desfiliação, vulnerabilidade das massas, entre outras.

Contudo, como reconhece o próprio autor, o curso da investigação provocou um giro nas suas reflexões sobre as condições da coesão social a partir das análises das situações de dissociação, levando-o a afirmar a centralidade do trabalho para apreender as metamorfoses da *questão social*. Essa é uma marca que singulariza a sua produção. Embora a partida seja o universo teórico de Durkheim, deixou-se surpreender pela realidade, o que se revela na sua *principal hipótese*: "existe forte correlação entre o lugar ocupado na divisão social do trabalho e a participação nas redes de sociabilidade e nos sistemas de proteção que cobrem o indivíduo diante dos acasos de sua existência". (Idem: 24). O autor contesta os modismos apocalípticos quanto ao fim do trabalho assalariado e sustenta que ele ainda ocupa um lugar central na estrutura social francesa e dispõe de importância decisiva na vida das pessoas. Para ele, falar da perda da centralidade do trabalho é "confundir o fato do emprego ter perdido muito de sua consistência, com o fato de que ele teria perdido, por isso, sua importância". É, ainda, pelo trabalho e por sua falta, seja ele precário ou não, "que continua a desenrolar-se hoje em dia o destino da grande maioria dos atores sociais". (Castel, 1998a: 157).

A concepção de *questão social* evidencia as raízes teóricas de origem: "uma aporia fundamental sobre a qual a sociedade experimenta o enigma

---

98. Castel (2000a: 237) esclarece que o modelo de sociedade salarial por ele analisado refere-se ao contexto europeu, especialmente o francês. Alerta para o risco de generalizações para outras realidades onde a sociedade salarial não existiu verdadeiramente, como o caso do Brasil.

de sua coesão e tenta conjurar os riscos de sua fratura". (Castel, 1998: 30). Sociedade apreendida como um conjunto de relações de interdependência nos termos de Durkheim, reiterando a ótica da integração social, em detrimento das contradições e conflitos da sociedade capitalista que movem sua mudança, apreendidos como anômicos. O lugar do *social*, na sua elaboração, não é o das classes sociais, mas das relações não-mercantis, situadas no centro da idéia de sociedade salarial, na qual a "maioria dos sujeitos sociais tem sua inserção social relacionada ao lugar que ocupa no *salariado*, não somente sua renda, mas também seu "*status*", sua proteção e sua identidade". (Castel, 1998: 243) A sociedade salarial, ao garantir uma propriedade social, rompe a secular dissociação entre trabalho e patrimônio. Trata-se de uma propriedade cuja posse passa por um sistema de regulação e direitos garantidos por lei, distinta da concepção privada de patrimônio. Ultrapassa o liberalismo, sem cair no socialismo, sendo uma espécie de via intermediária que se impôs por meio de muito conflito. Ela cria um tipo de seguridade ligada ao trabalho, na qual a generalização da condição assalariada — que se encontra na base da sociedade salarial — faz com que a posição nela ocupada defina a identidade social.

Na sociedade salarial, o trabalho foi parcialmente desmercadorizado, e parte do mesmo escapa às leis da competitividade e da concorrência, com forte presença do "salário indireto", um salário para a segurança social. Ele destina-se a financiar os trabalhadores e suas famílias, tanto nos períodos de suspensão provisória da atividade (acidentes, doenças), quanto por ocasião da cessação definitiva do trabalho (aposentadoria), o que subjaz no núcleo do Estado Social — um Estado social-democrata —, dando corpo ao compromisso social implicado no trabalho protegido e com *status*.

Entretanto, como sublinha o autor, a sociedade salarial não é uma sociedade da igualdade, e sim conflituosa, na qual, no entanto, cada um dispõe de um mínimo de garantia e direitos. A desagregação desse sistema questiona a função integradora do trabalho, sendo a *nova questão social* fruto do enfraquecimento da sociedade salarial. Com a "retirada" do Estado, é o próprio vínculo social que ameaça se decompor, e o corporativismo ameaça substituir o interesse geral. O atributo mais importante da *questão social* é a precarização do trabalho com a perda da hegemonia do contrato por tempo determinado e o estabelecimento da interinidade, do trabalho parcial. A

SERVIÇO SOCIAL EM TEMPO DE CAPITAL FETICHE

precariedade alimenta o desemprego e os desfiliados, a cultura do aleató-rio — o viver o dia-a-dia —, tornando o indivíduo isolado de seus antigos pertencimentos, o que fragiliza o vínculo e a coesão social.

Mas a característica mais perturbadora da *nova questão social* é o reapa-recimento de trabalhadores sem trabalho: os inúteis para o mundo ou su-pranumerários, isto é, pessoas que não têm lugar na sociedade porque não são integradas e talvez nem sejam integráveis, no sentido de Durkheim, de estar inseridos em relações de utilidade social, de interdependência com o conjunto da sociedade.[99]

Nessa trilha de análise, tem-se a pesquisa de campo de Serge Paugam (2003) sobre a *desqualificação social*, ou seja, o descrédito a que são submeti-dos aqueles que, à primeira vista, não participam plenamente da vida eco-nômica e social. Ele foca a relação que os indivíduos assistidos mantêm com os serviços sociais — tipificados em fragilizados, assistidos e margina-lizados —, estudando a diversidade de status que os definem, as identida-des pessoais e suas relações sociais. (Paugan, 2003: 47).

Sem negar a riqueza da pesquisa histórica de Castel, retomada nas suas idéias-mestras, é necessário estabelecer um diálogo com os supostos condutores de sua análise, distinguindo-os daqueles assumidos no presen-te texto. Esta tarefa da crítica é fundamental, dada a vasta incorporação do autor em elaborações do Serviço Social. Aliás, a tônica tem sido reproduzir resumos dos autores franceses sem assumir o desafio da crítica. Este supõe desentranhar os supostos subjacentes ao texto, fazendo-os emergir, de modo a atribuir transparência aos argumentos em suas implicações teóricas e so-ciais e às ações a eles conectadas, demonstrando o que é ocultado no ângu-lo da análise adotado.

O primeiro aspecto a reiterar é aquele, já apontado pelo autor, concer-nente à base histórica de sua pesquisa, referida ao contexto europeu, o que torna, no mínimo, temerosa a transferência pura e simples de suas conclu-sões para a realidade histórica brasileira. Aqui foram trilhadas outras rotas na constituição e expansão do trabalho assalariado protegido, não genera-

---

99. Como se pode notar, esta noção de "inúteis para o mundo" ou "supranumerários" é intei-ramente distinta da noção de superpopulação relativa em Marx.

lizado ao conjunto da força de trabalho, que conviveu historicamente com formas clandestinas de trabalho e com relações sociais não especificamente capitalistas. Por outro lado, o peculiar desenvolvimento político do Estado em suas relações com a sociedade, como o já referido, redundou um sistema de seguridade social seletivo e com tardia generalização de sua abrangência para a totalidade dos assalariados, fato do qual os trabalhadores rurais são exemplares, só contemplados na revisão constitucional de 1988.

Mas o foco da crítica incide sobre os *supostos teóricos da análise*, apoiada tanto em Durkheim quanto nos fundamentos da escola regulacionista,[100] como uma de suas expressões acadêmicas. Braga (2003) fornece uma importante contribuição para tais propósitos, ao realizar um exaustivo balanço crítico do programa teórico regulacionista com ênfase na sua dimensão política.[101] Os regulacionistas propõem *outro modo de regulação do capitalismo e de suas crises no âmbito dos aparatos institucionais*, identificando os meios pelos quais os regimes de acumulação são estabilizados no largo prazo. Em outros termos, buscam identificar o conjunto de *regularidades* que assegure uma progressão relativamente coerente da acumulação capitalista, isto é, que permite absorver e repartir no tempo as distorções e desequilíbrios, assegurando a sua reprodução, como indica Boyer (apud Braga, 2003: 34). A *reprodução social é transformada em técnica de regulação institucional, situada na esfera dos aparatos institucionais, como ideologia estatal*.

---

100. A teoria da regulação tem sua expressão teórica original mais importante no trabalho de Michel Aglietta (1991), *Regulación y crisis del capitalismo. La experiencia de los Estados Unidos*, publicado em francês, em 1976. Conforme Braga (2003), os regulacionistas, a partir da crítica à teoria do valor trabalho, à luta de classes e de certa influência althusseriana, elaboram uma teoria sistêmica centrada na ideologia progressista da *sociedade salarial, produto do fordismo*. Buscam as *regularidades sociais e econômicas que permitam analisar as formas "como os regimes de acumulação, ao longo prazo, são estabilizados"*. Seu grupo fundador é formado de tecnocratas reformistas, impregnados do marxismo ocidental, cuja preocupação central é focalizar *como a relação entre o capital e trabalho é historicamente realizada e regulada*. A partir de 1991, com a Frente Popular no poder, tornam-se "Conselheiros do Príncipe", desenvolvendo suas elaborações no centro da alta administração do Estado francês e, lateralmente, na Universidade. Suas fontes teóricas são ecléticas, incluindo o marxismo, a sociologia estruturalista genética (Bourdieu), a macro-economia kaleckiana, a escola histórica dos *Annales* e a ciência política pública.

101. As sintéticas observações que se seguem encontram-se apoiadas na obra de Braga citada, na qual pode ser encontrado um rico desenvolvimento das idéias aqui apresentadas.

O *fordismo*, idealizado como idade de ouro do capitalismo,[102] permitiu, no pós-guerra, a universalização das relações sociais capitalistas para o conjunto das atividades produtivas com a generalização dos métodos de produção de mais-valia relativa, exigindo a ampliação do espectro das intervenções econômicas e políticas do Estado. Para Castel, o fordismo dissolve a natureza proletária ao generalizar a forma salário para a toda a força de trabalho, ainda que mantenha subordinada a figura do proletário expressa na sua incapacidade de reproduzir-se de maneira autônoma. Decorre, daí, a função do Estado salarial de estimular o progresso e conter a pauperização, de modo a garantir a reprodução autônoma do proletariado, como, por exemplo, por meio da renda mínima de integração (RMI). O Estado salarial produz um sistema de proteção social baseado na solidariedade, não regulado por regras mercantis, e sim por regras sociais, sustentadas no ideário da solidariedade, da fraternidade, da responsabilidade.

A transformação nas condições de existência dos assalariados no fordismo é apreendida *no terreno do consumo de massas*, parte do qual foi desmercadorizado na sociedade salarial. Essa *socialização do consumo é* erigida como o *terreno decisivo da luta de classes*. A relação salarial passa a moldar a plasticidade das lutas, e não a organização do capital. Como sustenta Braga (2003: 48), "o velho problema da polarização da sociedade em classes aparece estilizado pela relação salarial, e o capital passa a ser definido como uma relação de apropriação" (e não de produção), situado no terreno da *distribuição, já que a produção é naturalizada*.

Nessa óptica, as relações tornam-se fundamentalmente *institucionais*, e não políticas. É o *salário* — e não a luta de classes —, *que faz história* (Braga, 2003; Lojkine, 2000;[103] Moraes Neto, 2003). *A relação salarial assume o espaço*

---

102. Como salienta Moraes Neto, é preciso evitar a armadilha de criticar a desordem do pós-fordismo, tendo como referência a ordem fordista perfeita. A visão triunfal do fordismo expressa uma visão empobrecida sobre o vínculo entre trabalho e cidadania. "Esta estaria resguardada na medida em que todos tivessem concretizado o 'direito' ao emprego de sua força de trabalho pelo capital (nos moldes Taylor-Ford) e recebessem o salário 'justo, permitindo um padrão de consumo decente'". (Moraes Neto, 2003: 115).

103. "A teoria da regulação salarial apaga o caráter conflitual da luta de classes mesmo quando ela se exprime através das relações de força pacificadas pelas negociações coletivas e pela criação de instituições sociais" (Lojkine, 2000: 14-15)

da luta de classe, que é formalizada e deslocada para os mecanismos reguladores de um Estado soberano, supraclassista, apresentado como o Estado do conjunto dos trabalhadores, e não do capital: o Estado Social. Ele totaliza os conflitos, institucionalizando-os e transformando-os em normas sociais, como saída para a crise. Libera, assim, os grupos sociais de uma pressão mais intensa e massiva, traduzida na imediaticidade dos conflitos. A disjuntiva é "organização ou barbárie", no lugar do "socialismo ou barbárie". Diz Braga (Idem: 68): "De outrora instrumento de reprodução das contradições de classes, o Estado é promovido a mediador do progresso social". Busca-se *um modo de regulação dentro do capitalismo*, alternativo ao socialismo e às proposituras neoliberais. Modo de regulação consubstanciado na *terceira via*, cimentada no imperativo da *coesão social*. A proposta é restaurar o *telos do progresso* por meio do *primado da norma*. Para tanto, é necessário um *compromisso social* capaz de legitimar a melhoria das condições de vida da classe trabalhadora com manutenção da taxa de lucro: viver bem dentro do capitalismo, livre das cadeias das determinações classistas, fazendo com que a eficácia da economia esvazie o potencial emancipador da política.

> *A sociedade salarial realiza o programa de reformas imaginado por Durkheim (1995): dilui o perigo do proletariado.* [...] A sociedade salarial teria superado a sociedade burguesa: o século XX assistiu os condicionantes do salariado extrapolarem as fábricas conquistando todos os recantos da vida social. "A sociedade burguesa estava fundada sobre a lei; a sociedade salarial repousa na normalização (Castel, 1998). Ela seria homogeneizante; pronunciaria equivalências. A normalização ao contrário, separaria, definindo espaços e distribuindo indivíduos por funções, estratificando grupos e assinalando papéis". (Braga, 2003: 78-89;. grifos nossos).

Daí, o problema central passa a ser *as formas de inclusão social*: as "falhas" do mercado que devem ser minimizadas a partir da intervenção de interesse público.

A *crise do capital* é interpretada como *crise da relação salarial*, a ela reduzida e localizada no âmbito das contradições produzidas pela organização do processo de trabalho (Braga, 2003: 37) e é vista com uma crise do desenvolvimento, e não do esgotamento, da sociedade capitalista.

Os elementos indicados são suficientes, nos limites deste texto, para atribuir visibilidade aos fundamentos teóricos e direcionamento político, constantes da proposta de análise de Robert Castel sobre as *metamorfoses da questão social*.

No debate francês sobre a *nova questão social*, Pierre Rosanvallon encontra-se em uma tênue fronteira da concepção conservadora, embora sua obra seja referida como expressão do "pensamento social democrata".[104] Para o autor, o desenvolvimento do *Estado-providência* "quase conseguiu vencer a antiga insegurança social e vencer o medo do futuro". Mas, na década de 70, entra em colapso a utopia de uma "sociedade livre de necessidades", do indivíduo protegido contra os principais riscos de existência, ante o crescimento do desemprego — e as inseguranças sociais dele decorrentes —, das novas formas de pobreza e de desigualdades. Além das desigualdades persistentes, surgem novas desigualdades, como as condutas incivis, fruto da implosão do modelo familiar, e novas formas de violência, manifestações da crise da civilização e do indivíduo. (Fitoussi e Rosanvallon, 1997). Como os "fenômenos da exclusão não se enquadram nas antigas categorias de exploração do homem", tem-se uma *nova* questão social, que se traduz pela "inadaptação dos antigos métodos de gestão do social" atestada pela *crise do Estado-providência*.

Diagnosticada na década de 70, essa crise sofre uma inflexão nos anos 90 em função dos problemas de financiamento, dos gastos onerosos do aparelho estatal e da desagregação dos princípios da organização da solidariedade fundada na noção de risco social e do fracasso da concepção "tradicional" dos direitos sociais. O "Estado-providência" é insubstituível na manutenção da coesão social, mas deve ser reinstituído *na perspectiva da solidariedade e não mais do direito social*. Esse Estado apoiou-se no seguro como instrumento de justiça, capaz de adequar o princípio da solidariedade ao da responsabilidade na forma de um contrato social, no qual a sociedade e

---

104. A tradução e publicação, como parte da Coleção Pensamento Social-Democrata, do livro clássico de Pierre Rosanvallon, *A nova questão social*, foi feita pelo Instituto Teotônio Villela. Este tem por finalidade propiciar às lideranças do PSDB "todas as informações necessárias à compreensão do processo de constituição e desenvolvimento da social-democracia", o que justificaria repensar *a nova questão social ante a Crise do Estado-providência* europeu. Esta expressão é consagrada pelo autor em livro do mesmo título da década de 1980 (Rosanvallon, 1997).

o Estado encontravam-se implicados. Quando o risco se torna estável, ampliando a sua escala, perde sua pertinência como base da gestão do social, pois é substituído pela *precariedade e vulnerabilidade, o que requer um novo contrato social.*

Segundo o autor, hoje a noção de risco só é aplicável às situações catastróficas, isto é, aos perigos naturais, acidentes tecnológicos e agressões ao meio ambiente que afetam populações inteiras e nações. Alia-se a isso um sentido mais marcante da *responsabilidade individual,* em que cada indivíduo é chamado a administrar a sua vida, o que é distinto da sociedade securitária, onde vigia a socialização das responsabilidades. Para o autor, embora a insegurança econômica associada ao desemprego ainda seja importante por seus "efeitos", surgiram outras modalidades de insegurança: a ruptura das famílias e as ameaças internacionais etc., modalidades que apontam mais para o Estado clássico do que para o "Estado-providência". O autor propõe um "Estado-providência ativo", voltado ao novo direito de inserção social, capaz "de personalizar seus meios de atuação", pois "em matéria de exclusão e desemprego de longa duração só existem situações particulares" (Rosanvallon, 1998: 26). O novo direito social situa-se numa linha intermediária entre o direito e o contrato, ao integrar direito à subsistência e direito à utilidade social, articulando a assistência econômica e a participação social. A renda mínima de inserção é exemplar do direito baseado em um "contrato de inserção". Trata-se de um *direito individualizado,* que supõe o empenho pessoal do beneficiário em participar em atividades de inserção e o compromisso da coletividade, que propõe as atividades de inserção de acordo com as necessidades. Substitui-se "a universalidade abstrata dos meios, pela busca prática dos resultados" (Rosanvallon, 1998: 131). A justiça é entendida como uma "arbitragem social", uma "deliberação democrática": a busca de um caminho comum no emaranhado de preferências individuais, escalas de valores e conceitos. A sociedade é vista como um "entrelaçamento instável de posições individuais e de múltiplas classificações econômicas, sociais e profissionais" (Rosanvallon, 1998: 62), sendo recusada a *vitimização do social, segundo o modelo norte-americano.* Neste, a figura central não é a do cidadão, mas da vítima de outrem, sendo que a justiça é apreendida em termos de compensação e/ou reparação individual. Todavia, segundo o autor, para analisar o social, é necessário recorrer cada vez mais à *história individual,* uma vez que características objetivas não podem ser separadas das características biográficas. O social médio tornou-se difícil de ser alcançado, sendo necessária a *"individualização do social"*.

É interessante observar que Rosanvallon (1998: 154-156) também faz a crítica à noção de exclusão antes assinalada.[105] Alerta para a improcedência de tratar os excluídos como categoria, visto não terem um interesse comum, uma vez que não formam uma classe, com posição definida no processo produtivo. No seu entender, os excluídos formam uma "não classe", sendo, por isso, irrepresentáveis: "são a sombra das disfunções da sociedade, resultam de um trabalho de decomposição, de dessocialização, no sentido forte do termo", visto que considera o social composto pela agregação das atividades dos indivíduos, "a fusão de suas características individuais, formando características médias".

> O conceito de exclusão representa, portanto, um modo particular de reconhecer e definir os problemas sociais, assim como as categorias de população correspondentes. Nesse sentido, a exclusão não é um novo problema social, mas uma outra maneira de descrever as dificuldades na criação de solidariedades dentro do conjunto social, seja dos indivíduos entre si, seja dos grupos. (Idem: 155).

Como se pode atestar, o que fundamenta a existência de uma *nova questão social* é a *negação da existência das classes sociais*, a *naturalização da desigualdade social*, cujas manifestações são deslocadas para a *esfera da gestão social*. A sociedade é isentada de responsabilidades na produção da *questão social*, cujas raízes devem ser identificadas nas diferenças das *biografias individuais*.

3.2.2. O debate na literatura profissional brasileira recente[106]

O atual debate brasileiro acerca da *questão social* relacionada ao Serviço Social foi impulsionado no processo coletivo de construção das diretri-

---

105. Observa-se a coincidência dos aspectos tratados com aqueles apontados por Martins (2002), ainda que elaborados, por este último autor, em uma perspectiva teórica inteiramente distinta.

106. A revisão da literatura é *seletiva*, incidindo sobre autores de ponta no debate profissional das duas últimas décadas, presente no interior da vertente crítica do Serviço Social brasileiro, que

zes curriculares para o ensino superior na área, que teve lugar nas duas últimas décadas. Ele buscava conjugar rigor teórico-metodológico e acompanhamento da dinâmica societária, que permitissem atribuir um estatuto teórico e ético-político ao *exercício profissional* capaz de responder aos desafios da história presente. Reafirma a importância de *tematizar a relação entre profissão e realidade, sob a ótica da produção e reprodução das relações sociais*, no cenário das transformações decorrentes da ofensiva do grande capital na produção, na fragilização da organização dos trabalhadores e de seu patrimônio sociopolítico. Essa ofensiva é adensada pela "reforma" do Estado e ação do bloco do poder nos anos 90.

O projeto de formação profissional no Brasil reconhece a dimensão contraditória das demandas que se apresentam à profissão, expressão das forças sociais que nelas incidem: tanto o movimento do capital, quanto os direitos, valores e princípios que fazem parte das conquistas e do ideário dos trabalhadores. São essas forças contraditórias, inscritas na própria dinâmica dos processos sociais, que criam as bases reais para a renovação do estatuto da profissão conjugadas à intencionalidade dos seus agentes. Esse projeto beneficia-se tanto da socialização da política conquistada pelas classes trabalhadoras, quanto dos avanços de natureza teórico-metodológica e ético-política acumulados pelos assistentes sociais ao longo dos anos 80. O Serviço Social é reconhecido como uma especialização do trabalho, parte das relações sociais que fundam a sociedade do capital. Estas são, também, geradoras da *questão social* em suas dimensões objetivas e subjetivas, isto é, em seus determinantes estruturais e no nível da ação do sujeitos,[107] na produção social, na distribuição desigual dos meios de vida e de trabalho, nas suas objetivações políticas e culturais.

A proposta de formação profissional vigente no país assume a tese de que o significado sócio-histórico e ideopolítico do Serviço Social inscreve-

---

se constrói no embate com o conservadorismo profissional (Iamamoto, 1992a; Netto, 1992). Outro critério que norteia a seleção dos textos é a interferência de seus autores no debate recente sobre a formação profissional, contribuindo para adensar e polemizar o projeto do ensino superior no campo do Serviço Social. Registro, no acervo do tratamento da *questão social,* o livro de Pastorini (2004), ainda que não contemplado na análise subseqüente, em função dos critérios adotados.

107. A diretriz que articula, na análise histórica, a estrutura e a ação do sujeito, é objeto de análise no capítulo IV.

se no conjunto das práticas sociais que é acionado pelas classes e mediadas pelo Estado em face das "seqüelas" da *questão social*. A proposta reconhece que a particularidade do Serviço Social no âmbito da divisão social e técnica do trabalho coletivo encontra-se "organicamente vinculada *às configurações estruturais e conjunturais da 'questão social' e às formas históricas de seu enfrentamento — que são permeadas pela ação dos trabalhadores, do capital e do Estado*". (ABESS/CEDEPSS, 1996: 154).

A formação profissional tem na *questão social* sua base de fundação sócio-histórica, o que lhe confere um estatuto de elemento central e constitutivo da relação entre profissão e realidade social:

> O assistente social convive diariamente com as mais amplas expressões da questão social, matéria-prima de seu trabalho. Confronta-se com as manifestações mais dramáticas dos processos sociais *ao nível dos indivíduos sociais, seja em sua vida individual, seja em sua vida coletiva.* (ABESS/CEDEPSS, 1996: 154-155).

Reafirma-se, pois, a *questão social como base de fundação sócio-histórica da profissão, em seu enfrentamento pelo Estado, pelo empresariado e pelas ações das classes trabalhadoras no processo de constituição e afirmação dos direitos sociais*, o que requer decifrar suas multifacetadas refrações no cotidiano da vida social, que são "matéria" do trabalho do assistente social. Acentua-se o postulado da *totalidade concreta na abordagem do processo social* e, em conseqüência, da *questão social*, abrangendo manifestações universais, particulares e singulares, a objetividade e a subjetividade, os momentos econômicos, sociais, éticos, políticos e ideoculturais. Recusa-se, em decorrência, *todos os tipos de reducionismos, sejam de natureza econômica, política ou cultural.* (ABESS/CEDEPSS, 1997b).

Assim, o tratamento analítico atribuído à *questão social* não se identifica com a "situação social problema" ou com os "problemas sociais", em que o complexo de suas causalidades sociais é deslocado para o indivíduo isolado, responsabilizado e culpabilizado pelas carências humanas. Não se identifica, ainda, com a ótica da *solidariedade* associada à divisão social do trabalho, cuja função é a *integração social — e a ausência de normas sociais* adequadas à promoção da integração um *estado de anomia* — típica da institucionalização da sociologia na sua versão clássica (Durkheim, 1995), atualizada no debate francês sobre o tema antes referido. Na concepção durkheimiana, o progresso da divisão do trabalho — imposto pelo crescimento do volume e densidade moral das sociedades, pela intensificação dos contatos e relações sociais — é regulado pela ordem, e a transformação social é subjugada à solidariedade. A *solidariedade mecânica*, historicamente precedente à orgânica, é derivada das semelhanças, ligando diretamente o indivíduo à sociedade sem qualquer intermediário. Atinge seu máximo na *consciência coletiva*: um conjunto de crenças e sentimentos comuns à média da sociedade, formando um sistema determinado, que tem vida própria. A causa da coesão social encontra-se na conformidade de todas as consciências particulares a um tipo psíquico da sociedade, comum aos seus membros. Já a *solidariedade orgânica*, oriunda das diferenças resultantes da divisão social do trabalho, depende da sociedade, porque depende das partes que a compõem. E quanto maior a diferenciação produzida pela divisão do trabalho, maior a necessidade de integração. A sociedade é vista como um sistema de funções diferentes e especiais que une relações definidas, dela resultando uma coesão mais forte, pois cada um depende da sociedade na qual o trabalho é dividido (Durkheim, 1995; Martins, In: Martins e Forachi, 1977).

Distinta dos parâmetros acima assinalados, o privilégio da *questão social* na formação profissional do assistente social tem sua sustentação teórica calçada na teoria social crítica, numa nítida ruptura com a apologia direta ou indireta ao capitalismo.

A identificação da *questão social* como elemento transversal à formação e ao exercício profissionais não é fruto de uma decisão arbitrária ou aleatória. Decorre, em primeiro lugar, da necessidade de impregnar a profissão de história da sociedade presente e, em particular, da realidade brasileira, como caminho necessário para superar os dilemas da reiterada defasagem entre teoria e exercício profissional cotidiano, qualificando as respostas profissionais no enfrentamento das expressões cotidianas da *questão social*. Ela é indissociável da investigação permanente, condição para se imprimir agilidade e competência crítica ao desvendamento dos processos sociais, assim como para elucidar as situações concretas vivenciadas pelos indivíduos sociais, na sua objetividade e subjetividade, que se apresentam como desafios aos profissionais de Serviço Social.

Em segundo lugar, o privilégio atribuído à *questão social* requer aprofundar a apropriação teórico-sistemática do universo plural da tradição marxista, em sua interlocução com as correntes mais representativas do pensamento social contemporâneo, estimulando o debate. As razões que levam a atribuir prioridade à *questão social* sobre a *política social* como eixo fulcral da formação acadêmico-profissional — ainda que a política social seja uma mediação incontornável na constituição do trabalho profissional —, decorrem, fundamentalmente, da leitura das relações entre o Estado e a sociedade nesse campo teórico. Trata-se da prioridade ontológica da sociedade de classes em relação ao Estado, embora, na expansão monopolista, o Estado também seja determinante na constituição da sociedade, como já indicado. Em outros termos, na perspectiva assumida neste texto, pode-se afirmar que a *questão social* explica a política social, mas a política social não explica a *questão social tout court*. Para avaliar as políticas públicas é necessário o conhecimento do espectro das necessidades sociais que elas se propõem a responder, cuja origem extrapola as ações do Príncipe, ainda que estas interfiram de maneira decisiva na amplitude da produção dessas necessidades. E o Serviço Social, nos anos 80 do século XX, deu um enorme salto ao se aproximar da análise da política social, não ocorrendo o mesmo em relação ao conhecimento da sociedade civil, nos termos de Marx, o fundamento de toda a história (Marx, 1977c), enquanto terreno da produção social: da produção de mercadorias, das classes sociais e das formas culturais. É a sociedade civil que explica o Estado: "a verdade do político (e, conseqüentemente, do estatal) está no social, sendo as relações sociais que permitem compreender as formas políticas", religiosas, artísticas etc. (Lefebvre, 1979). Concentrar unilateralmente a problemática do Serviço Social nos "círculos do Estado" é também concentrar a análise das políticas e serviços sociais na esfera da distribuição da riqueza social, podendo recair no velho dilema da economia política vulgar: *o primado da distribuição sobre a produção*, sendo a distribuição o nódulo das controvérsias porque a produção é vista como:

> [...] regida por leis naturais eternas, independentes da história; e, nessa oportunidade, insinuam-se dissimuladamente as relações burguesas como leis naturais, inevitáveis de uma sociedade *in abstrato*. Esta é a finalidade de todo o procedimento. Na distribuição, ao contrário, os homens permitir-se-iam, de fato, toda classe de arbitrariedades. (Marx, 1974a: 112).

Assim, por exemplo, na literatura profissional, a tônica de análise do processo de pauperização estava desfocada de sua produção e das formas que assume, pelo interesse em apreender criticamente as ações governamentais ante o fenômeno da pobreza e o modo de organização das iniciativas governamentais. Desloca-se a prioridade da produção — do trabalho e das relações sociais que o presidem — para a esfera da distribuição, por meio das ações governamentais. O tratamento do pauperismo tornava-se necessário como meio para compreensão das políticas sociais e não ao contrário: o estudo da gênese e das formas particulares de desenvolvimento e vivência das relações sociais de exploração — "o outro lado" da maturação capitalista — como condição para a explicação e avaliação das respostas governamentais diante desse fenômeno. (Iamamoto, 1998a: 241-249; Menezes, 1973). O desenvolvimento posterior da pesquisa no Serviço Social vem revertendo essa tendência, ao atribuir maior visibilidade ao complexo de causalidades envolvido na produção e reprodução da *questão social*, incluindo os sujeitos de direitos que a vivenciam e suas formas de organização e mobilização.

Os esforços de atribuir densidade teórica ao debate sobre a *questão social* no Serviço Social, no âmbito do universo da teoria crítica, a partir da década de 90, seguem uma rica trajetória, registrando contribuições que tratam o tema sob *ângulos diversos: a gênese e as determinações históricas e teóricas* (ABESS/CEDEPSS, 1996, 1997a, 1997b; Iamamoto, 1998a, 2000, 2001a; Netto, 2001, 2002); seus *resultantes e desafios no cotidiano do exercício profissional* (Yazbek, 2001), *as particulares expressões históricas no Brasil, no continente latino-americano, e estratégias de enfrentamento* (Costa, 2000; Stein, 2000; Serra, 2000a) *polêmicas quanto a sua qualificação teórica* e a *matéria da profissão* (Faleiros, 1999a; Pereira, 2000, 2001; Serra, 2000). O acervo dessas produções mostra não existir unicidade na compreensão da *questão social* no amplo arco da tradição crítica do Serviço Social brasileiro, ainda que haja um consenso majoritário quanto à sua centralidade para o Serviço Social.

Netto (2001) reafirma que o termo *questão social*, datado da terceira década do século XIX, surge para dar conta do fenômeno da pauperização massiva da população trabalhadora. Este era, então, um fenômeno *novo*, pois pela primeira vez o pauperismo crescia numa relação direta com a capacidade social de produzir riquezas e, portanto, em um quadro tenden-

SERVIÇO SOCIAL EM TEMPO DE CAPITAL FETICHE

te a reduzir a escassez: "aparecia como nova [*questão social*], porque era produzida pelas mesmas razões, que propiciavam os supostos de sua redução e, no limite, de sua supressão". (Netto, 2001).

O ambiente político que alimenta a nova *questão social* é o das lutas de classes que sofrem uma inflexão em 1848. Ela indica a passagem do proletariado *de classe em si* à *classe para si:* a possibilidade de autopercepção do proletariado como classe, embora sua conversão em *efetividade* dependa da atividade organizada dos homens. A tempestade revolucionária de 1848 representa a "ruptura do bloco histórico que derruiu a ordem feudal — a frente social emancipadora que envolvia o conjunto do Terceiro Estado sob o signo do Povo" (Netto, 1998: XIX) — e trouxe à consciência social o inelimínável antagonismo entre capital e trabalho, burguesia e proletariado, passando o confronto de classe a gravitar a dinâmica social. A burguesia perde o interesse de avançar a sociabilidade para além da lógica da acumulação capitalista, e seu projeto de emancipação humana não ultrapassa o projeto de emancipação política, ainda assim com limites. A dimensão essencial da emancipação humana torna-se um legado do proletariado, herdeiro das tradições libertárias e humanistas da cultura ocidental (Netto, 1998), cujo projeto teórico está contido no *Manifesto Comunista* (Marx e Engels, 1998), publicado, também, em 1848. Perante as pressões das lutas operárias e da afirmação da burguesia como classe dominante, a *questão social* naturalizada desliza-se para o universo conservador, objeto de um programa reformista moralizador. (Netto, 1992; 2002; Iamamoto, 1982a; 1998a).

Marcada sua origem no coração da acumulação capitalista e das lutas que desencadeia, pensar hoje uma *nova questão social* — "uma anemia teórico-analítica", nos termos de Netto (2001) — supõe uma *perspectiva regressiva*, que retroage ao conservadorismo de sua origem. Como o já anotado, o autor destaca como desafio a necessidade de se explicar a relação entre as expressões emergentes da *questão social* e modalidades prevalecentes de exploração, o que requer considerar tanto a universalidade da lei geral da acumulação quanto as particularidades culturais, geopolíticas e nacionais (Idem: 48).

Yazbek (2001: 33) também assinala que, na atualidade, a "questão social se redefine, mas permanece substantivamente a mesma por se tratar de uma dimensão estrutural". Assume, hoje, *"novas configurações e expressões* com a transformação nas relações de trabalho e a perda da proteção social dos trabalhadores e setores mais pauperizados". Em uma sociedade de classe, a *questão social* é um *elemento central da relação entre profissão e realidade*. O foco da autora incide nas suas *resultantes*, consubstanciadas na pobreza, exclusão e subalternidade, "indicadores de uma forma de inserção na vida social, de uma condição de classe e de outras condições de reiteração da desigualdade (gênero, etnia, procedência etc.), expressando as relações vigentes na sociedade" (Yazbek, 2001: 33). Tais relações produzem e reproduzem a desigualdade no plano social, político, econômico e cultural, ao criar uma população sobrante. Elas redefinem o lugar dos pobres nessa sociedade: a ausência do poder de mando e de decisão, a privação de bens materiais, a desqualificação de suas crenças e modos de expressar-se, que ocorrem simultaneamente às suas práticas de resistência e lutas.

Apoiada em Martins (1991), Yazbek trata a *pobreza* como um fenômeno multidimensional, que ultrapassa os indicadores relativos à renda e ao usufruto de bens, de serviços e da riqueza produzida, ou seja, a pobreza material. Ela é "também uma *categoria política*, que implica carecimentos nos campos dos direitos, das possibilidades e esperanças". A *exclusão*, produto do desenvolvimento capitalista, é apreendida como uma forma de pertencimento ou uma modalidade de inserção da população sobrante na vida social, conformando uma *exclusão integrativa*.[108] A categoria gramsciana de *subalternidade* é interpretada pela autora com o suporte de Sartriani (1986) e Martins (1989a). Nessa leitura, a subalternidade é tida como uma categoria mais intensa que a de trabalhador, pois inclui os trabalhadores, desempregados e grupos sem condições de obtenção dos meios de subsistir, que são alvo prioritário da assistência social.[109] O intuito não é esvaziar a noção de classe social, mas atribuir-lhe concretude histórica, permitindo incorporar a *diferenciação interna das classes subalternas*, seus limites e sua força. A

---

108. Para Martins (1989a: 99), a noção de exclusão integrativa está apoiada no significado da superpopulação relativa em Marx, cujo elemento-chave é criação de excedentes populacionais *úteis*, isto é, excluídos do processo de trabalho, mas incluídos no processo de valorização por meio de formas indiretas de subordinação do trabalho ao capital e por meio de subordinação real, mas por vias clandestinas.

109. A noção de classe trabalhadora em Marx inclui os trabalhadores ativos e excedentes, cuja franja é formada pelo pauperismo, como o já destacado.

subalternidade inclui tanto a exploração, a dominação e a resistência, incluindo os dilemas da produção da subjetividade (Yazbek, 1993: 68 e 70).

A autora insiste na necessidade de articular as três noções supra-referidas — pobreza, exclusão e subalternidade — para dar conta das dimensões econômicas, políticas e culturais, integrando a produção material e espiritual. Todavia, o que está em causa é a abordagem dos processos geradores da *questão social* na dimensão de *totalidade*, que se refrata na multidimensionalidade de suas expressões objetivas e subjetivas na vida dos indivíduos sociais, articulando a estrutura e a ação, condensando dimensões de universalidade, particularidade e singularidade.

Yazbek denuncia que o pensamento liberal não reconhece os direitos sociais, mas o dever moral de prestar assistência aos necessitados. O discurso da cidadania é substituído pelo discurso humanitário da solidariedade e da filantropia. Procede a uma *despolitização da questão social*, expulsando a pobreza e a exclusão do mundo público e dos fóruns de representação e negociação. A visão liberal desqualifica a *questão social* como *questão pública, questão política e questão nacional* (Yazbek, 2001: 36; Telles, 1999) e instaura a *refilantropização* ancorada em "iniciativas morais, de ajuda aos necessitados, que não produzem direitos, não são judicialmente reclamáveis" (Raichellis, 1998; 1998a). A contrapartida é enfrentar o desafio de re-fundar a política como espaço de criação e generalização de direitos. Yazbek (2001) indaga: "como construir este projeto no tempo miúdo da ação profissional?". Reconhecendo que esta se dá num terreno de disputas, o caminho vislumbrado é construir mediações capazes de articular a vida social das classes subalternas com o mundo público dos direitos e da cidadania.

No acervo das produções especializadas da área sobre a *questão social* é possível encontrar a louvável preocupação metodológica de ressalvar as particularidades históricas brasileiras no processo de constituição do trabalho assalariado no Brasil, seus efeitos na proteção social (Costa, S. G., 2000), assim como os traços conjunturais da *questão social*, a exemplo de Faleiros (1999) e Serra (2000). Entretanto, no quadro do conjunto dessa produção, existem ângulos diferenciados na compreensão da *questão social* e suas relações com o Serviço Social.

Pereira (2001) questiona a precisão analítica da referida noção e alerta para o risco epistemológico de tomar a *questão social* como "problema inespecífico", fenômeno desfalcado do protagonismo político, exigindo maior esforço cognitivo para sua elucidação. Seu ponto de partida é a relação dialética entre estrutura e ação, na qual "sujeitos estrategicamente situados assumem papéis diferenciados na transformação de necessidades sociais em questões incorporadas na agenda pública e nas arenas decisórias". Reconhece existir uma velha dominação capitalista, sendo os "problemas atuais" produto das mesmas contradições geradoras da *questão social* no século XIX, não reconhecendo uma *nova questão social*. Sua tese é a de que:

> [...] apesar de existirem *problemas* cujos impactos negativos sobre a humanidade são evidentes, eles não foram ainda problematizados e transformados em *questões explícitas*, isto é, não foram alvo da correlação de forças estratégicas, *a ponto de abalarem a hegemonia da ordem dominante, e permitirem a imposição de um projeto contra-hegemônico*. (Pereira, 2001: 53).

A autora não identifica a *questão social* como sinônimo da contradição entre capital e trabalho, entre forças produtivas e relações sociais, mas como questão derivada do *embate político* determinado por essas contradições.[110]

A autora, no intuito de afirmar a articulação entre estrutura e ação, resvala, por rotas não previstas, para a superestimação unilateral da subjetividade: a explicitação dos "problemas sociais" pelos sujeitos como condição de transformá-los em *questão social*. Ao afirmar que esta não é fruto da contradição entre as classes, mas do embate político, segmenta estrutura e ação em nome de sua integração. Essa análise pode escorregar para a *concepção idealista*: a realidade objetiva só existe quando existe para o sujeito, sendo criada pela sua consciência. No caso específico, a *questão social* "só se torna realidade, quando atinge um estágio da correlação de forças estratégicas a ponto de abalarem a hegemonia da ordem dominante e permitirem a imposição de um projeto contra hegemônico" (Idem: 53). Recorrendo à linguagem de Merton, sustenta que "ela permanece como uma *questão la-*

---

110. Referindo-se ao desemprego estrutural, pobreza absoluta, violência urbana, afirma radicalmente: "são crônicos *problemas sociais* que, apesar de produzirem e reproduzirem efeitos deletérios, *nunca* se transformaram em uma questão social que obrigasse os poderes públicos a tomar medidas decisivas para o seu mais eficaz equacionamento. Constituem, portanto, *questões não explicitadas,* que se perpetuam como tais, inclusive graças ao tratamento paliativo que recebem". (Pereira, 2001: 59).

tente (p. 51), enquanto houver uma "posição desigual dos setores progressistas na correlação de forças sociais" (Idem), e cuja explicitação acaba por tornar-se o seu principal desafio. Em outros termos, só existiria *questão social* em uma situação pré-revolucionária iminente. A contrapartida dessa leitura é a subestimação das lutas e conflitos sociais existentes e da presença da *questão social* na cena pública, uma vez que "os problemas *nunca* se transformaram em uma questão social que obrigasse os poderes públicos a tomarem medidas efetivas para sua reversão" (p. 59). Entretanto, a *questão social* está posta pelos governos, pelos organismos multilaterais com suas políticas neoliberais, pelas denúncias dos segmentos e movimentos organizados da sociedade civil e suas lutas nos níveis nacional e internacional.[111] Torna-se difícil estabelecer o nível exato do momento da luta política em que ocorre a metamorfose de "problema" em "questão social". A dimensão de processualidade histórica perde-se, ao ser focalizado um determinado estágio da luta social: o da reversão da correlação de forças, que passa a ser visto como um "estado" determinado e não um processo de conquistas e recuos. A saudável preocupação com o rigor e precisão analítica, tão cara à autora, redundou em um preciosismo epistemológico, que pode obscurecer a dinâmica da história. O dilema central parece estar no obscurecimento da *totalidade* em sua processualidade contraditória e na subversão da relação dialética entre estrutura e ação a favor de sua dicotomização.[112]

Faleiros (1999) reage à proposta da ABESS/CEDEPSS concernente às diretrizes curriculares, no tocante às relações entre Serviço Social e *questão social*. Considera improcedente tomar o este "conceito abstrato e genérico" para definir uma particularidade profissional e reclama uma definição rigorosa da noção. Assevera uma dupla contestação: se a *questão social* for entendida como as contradições do processo de acumulação capitalista, seria improcedente colocá-la como objeto particular de uma profissão determinada, pois diz respeito a relações não passíveis de serem tratadas profissionalmente através de estratégias institucionais e relacionais típicas do Serviço Social; caso se refira às *manifestações* dessas contradições é preciso,

---

111. Veja-se o exemplo das várias edições do Fórum Social Mundial. Cf. Leher (2007).

112. No ano de 2003, tive a oportunidade de fazer um respeitoso debate público com a autora, na UNB, sobre os pontos aqui destacados.

também, qualificá-las para evitar identificar uma heterogeneidade de situações indiscriminadas como objeto da atividade profissional.

O autor defende, em contrapartida, que a particularidade da profissão define-se no contexto de uma *relação de forças*[113] — como se a *questão social* não fosse por ela atravessada —, inscrita nas *relações de poder*: uma relação complexa que passa pelos processos de hegemonia e contra-hegemonia, de dominação de raça, etnia, gênero, culturas e regiões que constituem *capitais*, na expressão de Bourdieu (Idem: 41). Ao discutir acerca do objeto do Serviço Social, afirma a necessidade de construção/desconstrução do objeto em fidelidade mesmo à dinâmica histórica e teórica. O autor afirma ser preciso re-processar o objeto profissional ante o novo modo de acumulação, "fundado no capital financeiro e nos ganhos de produtividade, articulado à política neoliberal de privatização e terceirização, com repercussões nas relações de trabalho e na gestão social" (Faleiros, 1999). Conclui ser o *"empowerment"*[114] — o fortalecimento dos sujeitos da intervenção profissional — o objeto "construído" da intervenção. Postula também a necessidade de se trabalhar com *redes multipolares*, que "articulem atores em torno de uma questão disputada" para fortalecer os oprimidos. Considera falsa a dicotomia entre intervenção individual e coletiva na noção de "empoderamento", voltado para "aliviar as tensões para as vítimas da opressão e, a longo prazo, lutar para eliminar as fontes reais da opressão" (Idem: 51). Apesar dessa observação, o foco central recai sobre a ação em defesa do usuário (cliente), na busca de romper a concepção individualista de "seu problema" mediante o "contrato" com um profissional e no contato com outros usuários, que permita acionar o *seu* poder.

A ampla diversidade de fontes teóricas em que se apóia o autor, nem sempre compatíveis nos seus fundamentos teóricos, pode conduzir a aná-

---

113. "Definimos como *paradigma da correlação de forças* a concepção da intervenção profissional como confrontação de interesses, recursos, energias, conhecimentos, inscrita no processo de hegemonia e contra-hegemonia, de dominação/resistência e conflito/consenso que os grupos sociais desenvolvem a partir de seus projetos societários básicos, fundados nas relações de exploração e poder". (Faleiros, 1999: 44).

114. Faleiros destaca como dimensões do *empowerment*: o fortalecimento do eu, a criticidade e o uso de recursos. Inclui também o combate aos estigmas, à alienação, à não-consecução de objetivos pessoais, além de permitir o sujeito situar-se diante das iniquidades da sociedade capitalista. A noção engloba a defesa do cliente, a coletivização, a materialização dos problemas sociais e o fortalecimento do cliente. (Faleiros, 1999: 51).

lise a um universo teórico diversificado e compósito, com todos os riscos daí derivados, ainda que o ecletismo seja explicitamente combatido pelo autor.[115] A marca da proeminência da política na reflexão de Faleiros é, certamente, um diferencial que sela a sua obra, fruto da saudável influência gramsciana. Em contrapartida, sua leitura de Marx parece ser, por vezes, impregnada do estruturalismo francês — de Althusser — e dos vieses economicistas. A rejeição ao economicismo alavanca, por sua vez, o reforço da política, instância privilegiada das mediações, o que pode atribuir inteligibilidade às polêmicas metodológicas que impulsiona. Vale ressaltar em Faleiros o cultivo da controvérsia e da crítica teórica, essencial para elevar o debate acadêmico, marca rara no universo profissional. Apesar de reafirmar explicitamente princípios filosóficos relativos à relação dialética entre sujeito e estrutura, a importância das mediações, assim como a necessidade de superar o formalismo, o empirismo e o ecletismo, o autor comentado insurge-se contra a *"tribo dos filósofos"*. Acusa-a de ver o método como "equipamento para processar qualquer realidade", presa fácil da sedução "de encaixar o Serviço Social nos moldes do marxismo e deduzir suas funções a partir do lugar que deveria ocupar no processo capitalista de produção". (Faleiros, 1999: 98).[116]

Serra (2000) também manifesta suas inquietações teóricas quanto à *questão social* como processo fundante do Serviço Social, sua "matéria-prima", ainda que a reconheça como elemento desencadeador das respostas

---

115. "Precisamos combater o ecletismo que busca compor um painel multicolorido de idéias e situações diversificadas, introduzindo combinações de teorias e propostas para um arranjo que se assemelha mais a um buquê de flores de plástico que a uma planta viva [...] é o ecletismo que posiciona lado a lado, sem crítica, funcionalismo, fenomenologia e dialética". (Faleiros, 1999: 98-99).

116. Faleiros, neste ponto, é claro. A autora do presente ensaio é *um dos* alvos da sua crítica. Ao discutir os confrontos teóricos da reconceituação identifica a "lógica da estrutura" — e não da história — naqueles que "partem do pensamento dedutivo para identificar as funções do Serviço Social". Essa lógica dedutiva completa-se com o "economicismo", que "reduz o indivíduo à força de trabalho e tudo explica pela valorização do capital". E afirma: "Esta é também a análise de Marilda Villela Iamamoto e Raul de Carvalho (1982) que, no entanto, aprofundam as funções de legitimação e controle do Serviço Social na reprodução da força de trabalho. É pelos processos de controle e legitimação que se processa a sua contribuição à acumulação ou valorização do capital. Iamamoto e Carvalho, no entanto, *deduzem* o controle a legitimação da necessidade mesma da lógica do capital para manter a força de trabalho disciplinada, aceitando a própria exploração. Para isso usam certas técnicas de convencimento ou linguagem, entre as quais o Serviço Social, que é uma tecnologia cujo instrumento é a linguagem". (Faleiros, 1999: 159).

estatais.[117] Defende ser a matéria da profissão constituída pelas *políticas sociais na era do capitalismo monopolista*, motivo pelo qual centra-se na *materialidade do Serviço Social e sua crise*. Essa materialidade é concebida como base concreta da institucionalidade da ação profissional no Estado, efetivada na mediação da prestação dos serviços sociais previstos pelas políticas sociais e, em especial, da assistência social, por meio de uma ação sociopolítica. Como no contexto neoliberal, a base da prestação de serviços entra em crise com a "redução" das políticas sociais, ela redimensiona a profissão "com indicações de redução de sua institucionalização estatal — sobretudo nas esferas federal e estadual —, acompanhada de fragmentação na absorção dos assistentes sociais e maior precarização das condições do mercado de trabalho" (Idem: 50). A autora privilegia em sua análise o Governo Cardoso, no contexto da crise capitalista desencadeada na década de 70. Incorpora as abordagens de Castel (1998) sobre a *questão social* e de Ianni (1992), lidas como complementares, apesar de tributárias de matrizes teóricas distintas, conforme o já salientado.

O ponto de vista defendido por Serra (2000) sobre a prevalência das políticas sociais do Estado em relação à *questão social* como matéria do trabalho do assistente social, é, certamente, construído no embate com os fundamentos das diretrizes curriculares, antes apresentados. Nessa proposta não consta qualquer dicotomia nas relações entre *questão social e política social* na análise da particularidade do Serviço Social na divisão social e técnica do trabalho. Vale reafirmar: esta particularidade encontra-se "organicamente vinculada *às configurações estruturais e conjunturais da 'questão social' e às formas históricas de seu enfrentamento — que são permeadas pela ação dos trabalhadores, do capital e do Estado"*. (ABESS/CEDEPSS, 1996: 154). A matéria que o trabalho profissional se propõe transformar não é exclusivamente a política social do Estado, o que significaria aprisionar a ação profissional aos limites dos círculos da política entre governados e governantes. Isso reduziria o âmbito do trabalho profissional ao estrito *aperfeiçoa-*

---

117. "Vale afirmar, portanto, que não é a 'questão social' que funda o Serviço Social, mas um trato dela pelo Estado capitalista em determinada fase do desenvolvimento capitalista. Quer dizer, não se constitui por si só matéria-prima do Serviço Social, mas é o elemento desencadeador das respostas dadas pelo Estado capitalista, por meio das políticas sociais que se constituíram a base institucional da ação da profissão no âmbito do Estado" [...]. (Serra, 2000: 22).

mento das políticas sociais — ao aperfeiçoamento da gestão do aparato burocrático e político do Estado, no sentido estrito da política[118] (Coutinho, 1989), que se suporia suficiente para o enfrentamento das desigualdades. Esse é *um* dos alvos do trabalho profissional, porque a política social é uma *mediação necessária* para o atendimento das *necessidades sociais* dos segmentos das classes trabalhadoras — neles incluídos a população excedente —, que condensam em suas vidas as múltiplas expressões das desigualdades sociais e da luta contra as mesmas. Essas desigualdades, transitadas para a esfera pública por meio das ações políticas dos sujeitos sociais — da socialização da política enquanto momento ético-político — exigem que o Estado se amplie, incorporando respostas às necessidades sociais das grandes maiorias. Tais necessidades se expressam, no âmbito dos organismos empregadores, como demandas profissionais na construção, afirmação e consolidação dos direitos de cidadania no contexto da luta pela hegemonia, em especial, no atendimento aos direitos sociais dos cidadãos.[119]

3.3. Serviço Social e as respostas político-institucionais à questão social

As estratégias para responder à *questão social* têm sido tensionadas por projetos político-institucionais distintos, que presidem a estruturação legal e a implementação das políticas sociais públicas desde o final dos anos 80,

---

118. Coutinho (1989), ao discutir o *sentido da política* em Gramsci, elucida-os. Em uma *acepção ampla*, o político identifica-se praticamente com liberdade, com universalidade e com toda a forma de práxis que supera a mera recepção passiva ou a manipulação de dados imediatos (passividade e manipulação que caracterizam boa parte da práxis técnico-econômica e da práxis cotidiana em geral) e se orienta conscientemente para a totalidade das relações subjetivas e objetivas" (p. 52-53). Para Gramsci, é sinônimo de *catarse*. Diz ele: "a passagem do momento meramente econômico (ou egoístico-passional) para o momento ético-político", ou seja, "a elaboração superior da estrutura em superestrutura na consciência dos homens. Isso significa a passagem do objetivo ao subjetivo, da necessidade à liberdade". Em uma *acepção restrita*, a política é o "conjunto de práticas e objetivações que se referem diretamente ao Estado, às relações entre governantes e governados" (Coutinho, 1989: 54)

119. A Constituição da República Federativa Federal do Brasil, de outubro de 1988, estabelece, no seu Art. 6º: "São direitos sociais a educação, a saúde, o trabalho, o lazer, a segurança, a previdência social, a proteção à maternidade e à infância, a assistência aos desamparados na forma desta Constituição". (Brasil, 1997).

e que convivem em luta no seu interior. Vive-se uma tensão entre a defesa dos direitos sociais universais e a mercantilização e re-filantropização do atendimento às necessidades sociais, com claras implicações nas condições e relações de trabalho do assistente social (Oliveira e Salles, 1998; Bravo, 1996; Pereira, 1998).

O primeiro projeto, que norteia os princípios da seguridade social na Carta Constitucional de 1988, aposta no avanço da democracia, fundada na participação e do controle popular; na universalização dos direitos e, em conseqüência, da cobertura e do atendimento das políticas sociais; na garantia da gratuidade no acesso aos serviços; na integralidade das ações voltadas à defesa da cidadania de todos na perspectiva da igualdade. Pensar a defesa dos direitos requer afirmar a primazia do Estado — enquanto instância fundamental à sua universalização — na condução das políticas públicas, o respeito ao pacto federativo, estimulando a descentralização do poder e o impulso ao processo de democratização das políticas sociais no atendimento às necessidades das maiorias. Ela implica partilha e deslocamento de poder (e dos recursos orçamentários), combinando instrumentos de democracia representativa e democracia direta, o que ressalta a importância dos espaços públicos de representação e negociação. Supõe, portanto, politizar a participação, considerando a gestão como arena de interesses que devem ser reconhecidos e negociados.[120]

Esse primeiro projeto é tensionado por outra proposta político-institucional de resposta à *questão social*, de inspiração neoliberal, parte das políticas de ajuste recomendadas pelos organismos internacionais, comprometidas com a lógica financeira do grande capital internacional, que capturam o Estado nacional num contexto de crise e de fragilização do processo de organização dos trabalhadores. Ela se materializa, a partir de meados dos anos 90, na profunda reestruturação do aparelho de Estado, conforme diretrizes estabelecidas pelo *Plano Diretor do Estado*, do Ministério da Administração e da Reforma do Estado (MARE)[121] atropelando,

---

120. Conforme pronunciamento de Marco Aurélio Nogueira no *II Encontro Nacional de Serviço Social e Seguridade Social*. Porto Alegre (RS), nov. de 2000.

121. Cf. MINISTÉRIO DA ADMINISTRAÇÃO E REFORMA DO ESTADO — MARE. *Plano Diretor da Reforma do Estado*. Brasília (DF) dezembro de 1995. Os Decretos Presidenciais n. 2.847 e n. 2.848, de 02/02/98, regulamentam, respectivamente, medidas de sua organização, processos de

no processo de sua regulamentação legal, as normas constitucionais relativas aos direitos sociais, o que atinge profundamente a seguridade social. Essa regulamentação ratifica a subordinação dos direitos sociais à lógica orçamentária, a política social à política econômica e *subverte o preceito constitucional.*

As condições de trabalho e relações sociais em que estão inscritos os assistentes sociais são indissociáveis da contra-reforma do Estado (Behring, 2003). Segundo a ótica oficial, verifica-se um esgotamento da "estratégia estatizante", afirmando-se a necessidade de ultrapassar a administração pública tradicional, centralizada e burocrática. Considera-se que o Estado deva deslocar-se da linha de frente do desenvolvimento econômico e social e permanecer na retaguarda, na condição de promotor e regulador desse desenvolvimento.

Observa-se uma clara tendência de deslocamento das ações governamentais públicas — de abrangência universal — no trato das necessidades sociais em favor de sua privatização, instituindo critérios de seletividade no atendimento aos direitos sociais. Esse *deslocamento da satisfação de necessidades da esfera pública para esfera privada ocorre em detrimento das lutas e de conquistas sociais e políticas extensivas a todos. É exatamente o legado de direitos conquistados nos últimos séculos que está sendo desmontado nos governos de orientação neoliberal, em uma nítida regressão da cidadania que tende a ser reduzida às suas dimensões civil e política, erodindo a cidadania social.* Transfere-se, para distintos segmentos da sociedade civil, significativa parcela da prestação de serviços sociais, afetando diretamente o espaço ocupacional de várias categorias profissionais, dentre as quais os assistentes sociais.

Esse processo se expressa em uma dupla via: de um lado, na transferência de responsabilidades governamentais para "organizações sociais" e

---

qualificação e desqualificação de instituições como *agências executivas* e definem medidas de sua organização administrativa ampliando a autonomia de gestão das instituições assim qualificadas. Opera-se a transformação das fundações públicas em *organizações sociais*, ou seja, entidades de direito privado sem fins lucrativos, que tenham autorização específica do Poder Legislativo para celebrar contratos de gestão com o Poder Executivo e assim ter direito à dotação orçamentária. Ver MARE/Secretaria de Reforma do Estado. *Projeto de Organizações Sociais.* Brasília, abril de 1996; Nunes, M. A. Agências Autônomas. Projeto de Reforma Administrativa das Autarquias e Fundações Federais do Setor de Atividades Exclusivas do Estado. MARE/Fundação Nacional de Administração Pública, jun. 1996.

"organizações da sociedade civil de interesse público" e, de outro lado, em uma crescente mercadorização do atendimento às necessidades sociais.

O Serviço Social, ao lidar com as múltiplas e diversificadas expressões da *questão social* e políticas públicas correspondentes, tem tido uma inserção privilegiada nesse âmbito. No Brasil, é da maior importância o trabalho que vem sendo realizado por assistentes sociais especialmente na esfera da *seguridade social:* nos processos de sua elaboração, gestão, monitoramento e avaliação, nos diferentes níveis da federação. Destaca-se, ainda, a atuação dos assistentes sociais junto aos Conselhos de Políticas — com saliência para os Conselhos de Saúde e de Assistência Social nos níveis nacional, estadual e municipal. Somam-se os Conselhos Tutelares e Conselhos de Direitos, responsáveis pela formulação de políticas públicas para a criança e o adolescente, para a terceira idade e pessoas portadoras de necessidades especiais.

Behring e Boschetti (2006: 179) informam existir, em 2006, 17 *Conselhos Nacionais de política social* que se desdobram nos níveis estaduais e municipais, nas áreas de educação, saúde, trabalho, previdência social, assistência social,[122] segurança alimentar, cidades, desenvolvimento rural; por *representação de segmentos sociais,* como mulheres, crianças e adolescentes, idosos, negros; e *Conselhos organizados por interesses temáticos*, a exemplo de execuções penais, comunidades e questões penitenciárias. Numa Federação constituída de 26 estados e 5.563 municípios, o Governo Federal registra a existência de mais de 20 mil conselhos no País, segundo a mesma fonte.

Os Conselhos, perfilando uma nova institucionalidade nas ações públicas, são instâncias em que se refratam interesses contraditórios e, portanto, *espaços de lutas e disputas políticas.* Por um lado, eles dispõem de potencial para fazer avançar o processo de democratização das políticas sociais públicas. Permitem atribuir maior visibilidade às ações e saturar as políticas públicas das necessidades de diferentes segmentos organizados

---

122. Segundo dados do então Ministério da Previdência e Assistência Social/Secretaria de Estado da Assistência Social — MPAS/SEAS, "dos 5.560 municípios brasileiros existentes em dezembro de 2002, já se encontravam em gestão municipal 4.668. Isto significar dizer que 84% já tinham conselhos criados e em funcionamento, já possuíam o fundo e o plano de assistência social aprovado pelo CNAS" (Boschetti, 2003: 168).

da sociedade civil, em especial os movimentos das classes trabalhadoras. Por outro lado, são espaços que podem ser capturados por aqueles que apostam na reiteração do conservantismo político, fazendo vicejar as tradicionais práticas clientelistas, o cultivo do favor e da apropriação privada da coisa pública segundo interesses particularistas, que tradicionalmente impregnaram a cultura política brasileira e, em especial, as instâncias de poder na esfera municipal. Esvazia-se, assim, o potencial de representação que dispõem os Conselhos, reduzidos a mecanismos formais de uma democracia procedimental (Coutinho, 2006; Behring e Boschetti, 2006).

É necessário ter a clareza que a qualidade da participação nesses espaços públicos não está definida a *priori*. Mas eles podem, como sugere Raichellis (2006: 73), abrigar experiências coletivas que estimulem o partilhamento de poder e a intervenção de diversos sujeitos (representantes do governo, da sociedade civil, dos trabalhadores e dos usuários das políticas), em processos políticos decisórios, estimulando a interlocução pública nas relações políticas entre governos e cidadãos. E impulsionar a "construção de esferas públicas autônomas e democráticas no campo das decisões políticas", que propiciem o controle socializado das ações e deliberações de governo.

Ocupar esses espaços coletivos adquire maior importância quando o bloco do poder passa a difundir e empreender *o trabalho comunitário sob a sua direção*, tendo no *voluntariado* um especial protagonista. Isso representa uma vigorosa ofensiva ideológica na construção e/ou consolidação da hegemonia das classes dominantes em um contexto econômico adverso, que passa a requisitar ampla investida ideológica e política para assegurar a direção intelectual e moral de seu projeto de classe em nome de toda a sociedade, ampliando suas bases de sustentação e legitimidade.

O propósito tem sido o de promover uma permanente articulação política no âmbito da sociedade civil organizada, para contribuir na definição de propostas e estratégias comuns ao campo democrático (Bravo, 2006; Raichellis, 1998a; 2006.) Assim é fundamental *estimular inserções sociais que contenham potencialidades de democratizar a vida em sociedade, conclamando e viabilizando a ingerência de segmentos organizados da sociedade civil na coisa pública.* Essa proposta requer ações voltadas ao fortalecimento dos sujeitos coletivos, dos direitos sociais e a necessidade de organização para a sua defesa, construindo alianças com os usuários dos serviços na sua efetivação. O maior desafio, com o atestam os analistas especializados, tem sido a representação dos usuários nos Conselhos, o que supõe o fortalecimento das representações ante suas respectivas bases.

Nesse sentido, é necessário reassumir o trabalho de base, de educação, mobilização e organização popular, organicamente integrado aos movimentos sociais e instâncias de organização política de segmentos e grupos sociais subalternos, o que parece ter sido submerso do debate profissional ante o refluxo dos movimentos sociais e dos processos massivos de organização sindical e social, a partir da década de 90.[123]

Nos diferentes espaços ocupacionais do assistente social é de suma importância impulsionar pesquisas e projetos que favoreçam o conhecimento do modo de vida e de trabalho — e correspondentes expressões culturais — dos segmentos populacionais atendidos, criando um acervo de dados sobre os sujeitos e as expressões da *questão social* que as vivenciam. O conhecimento criterioso dos processos sociais e de sua vivência pelos indivíduos sociais poderá alimentar ações inovadoras, capazes de propiciar o atendimento às efetivas necessidades sociais dos segmentos subalternizados, alvos das ações institucionais. Esse conhecimento é pré-requisito para impulsionar a consciência crítica e uma cultura pública democrática para além das mistificações difundidas pela prática social em geral e particularmente pela mídia. Isso requer, também, estratégias técnicas e políticas no campo da comunicação social — no emprego da linguagem escrita, oral e midiática —, para o desencadeamento de ações coletivas que viabilizem propostas profissionais para além das demandas instituídas.

Conforme o discutido no *II Encontro de Serviço Social e Seguridade Social*, realizado na cidade de Porto Alegre, em 1999, o orçamento público é a *caixa preta* da seguridade social, indissociável de sua relação com as políticas econômicas e financeiras.[124] A elaboração e interpretação dos orçamen-

---

123. Cardoso (1995), Abreu (2002) e Silva, M. O. S. (1995) são partes de um grupo de intelectuais que vem mantendo vivo este debate no interior do projeto profissional de ruptura como o conservadorismo.

124. Um balanço do financiamento da seguridade social no Brasil, na última década, pode ser encontrada em: IPEA. *Políticas sociais: acompanhamento e análise.* (1995-2005) edição especial 13. Brasília: IPEA, 2007.

tos passam a ser efetuadas segundo os parâmetros empresariais de custo/ benefício, eficácia/inoperância, produtividade/rentabilidade, subordinando as respostas às necessidades sociais à racionalidade/irracionalidade do capital camuflada na mecânica técnica do orçamento público, fundamentalmente orientado para responder às políticas macroeconômicas.

As análises oficiais reconhecem, hoje, que a universalização restrita das políticas sociais e sua focalização na pobreza contribuem para a redução das necessidades de financiamento do gasto social público, o que se mostra coerente "com a estratégia mais geral de contenção fiscal do governo diante das transformações auto-impostas pela primazia da estabilização monetária sobre qualquer outra política econômica" (IPEA, 2007: 10).

Contra qualquer tendência redistributiva mais justa e progressiva, a vigente estrutura tributária e o padrão fiscal do gasto público federal oneram proporcionalmente mais os setores econômicos de base industrial e comercial, em favorecimento relativo dos setores de base financeira e de serviços (setores de entretenimento e de serviços tecnológicos e de comunicação). Ele impulsiona a "perversidade da imensa transferência de renda que está se processando no Brasil, dos setores produtivos para os financeiros e das classes trabalhadoras para as classes rentistas" (IPEA, 2007: 11). E a carga tributária cresce mais do que as contribuições fiscais para os gastos sociais e para investimentos diretos — ou seja, pagam-se mais impostos e são reduzidos os gastos sociais e os estímulos a investimentos produtivos —, o que se explica pelo *peso enorme da dívida pública.*

> Com isso, tem-se uma situação de explícita transferência de renda do lado real da economia para o lado financeiro que, além de não oferecer contrapartidas suficientes em termos de ampliação de créditos ou valorização do mercado de capitais, *tende a ser mais grave quanto maior o superávit primário, supostamente destinado a demonstrar capacidade de pagamento do país frente aos seus credores, nacionais e estrangeiros* (IPEA, 2007: 11; grifos nossos).

Após 1999, os gastos com as políticas socais passam a ser tratados como um dos elementos para a geração dos superávits primários elevados e crescentes que garantiriam o refinanciamento da dívida pública e a "sensação de credibilidade e de governabilidade" em prol da estabilização monetária. Essa tem sido a tônica das propostas acerca da desvinculação do salário mínimo como indexador dos benefícios da Previdência Social e da Assistência Social e da desvinculação das contribuições sociais e demais impostos que compõem a política social (IPEA, 2007: 23). As fontes do orçamento da seguridade social incluem, além das contribuições de empregadores e trabalhadores ao INSS e da contribuição do serviço público, os tributos vinculados à seguridade — Contribuição para o Financiamento da Seguridade Social (Confins); Contribuição Provisória sobre Movimentação Financeira (CPMF); Contribuição sobre o Lucro de Pessoas Jurídicas (CSLLP); parcela das contribuições do programa PIS/PASEP e Fundos de pobreza.

Como registra o IPEA (2007: 13), a estrutura de financiamento das políticas de previdência social, assistência social, saúde pública e seguro-desemprego —, tornou-se ao longo do período de 1995-2005, quase que exclusivamente dependente das contribuições de empregadores e de empregados ao *Instituto Nacional de Seguridade Social*. A participação de outros tributos não vinculados explicitamente ao financiamento desse sistema caiu de 34,7% para 7,4% entre 1995 e 2005. Entretanto, que pese esta queda, as fontes financeiras remanescentes conseguiram responder, com certa folga, às necessidades globais de financiamento dessas políticas, considerando-se o escopo jurídico da seguridade social. Em outros termos, a seguridade social não tem sido deficitária, considerando-se o seu orçamento, tal como constitucionalmente definido. O que se apresenta como "explosivo déficit da previdência" — política esta que é o núcleo central do sistema brasileiro de proteção social, tanto em termos de cobertura como de recursos financeiros envolvidos — decorre da desvinculação de recursos desse orçamento[125] realizada pela União para compor sua estratégia de *superávit fiscal primário* a partir de 1999 por força dos acordos com o Fundo Monetário Internacional (FMI), em decorrência da dívida pública. Essa estratégia está voltada a dar "segurança" de seus credores, sendo os recursos canalizados para a amortização da dívida pública, dos seus juros e encargos. Também constata-se, nos estudos técnicos oficiais, a denúncia quanto à mistificação

---

125. A desvinculação de recursos é realizada via Fundo Social de Emergência (FSE), Fundo de Estabilização Fiscal (FEF) e Desvinculação das Receitas da União (DRU). Esta última, criada em 1994/1995 e prorrogada no Governo Lula até 2007, garante desvinculação de 20% da arrecadação de impostos e contribuições.

SERVIÇO SOCIAL EM TEMPO DE CAPITAL FETICHE

operada pelo discurso que afirma o "déficit da Previdência", explicitando tratar-se de uma estratégia de favorecimento do capital financeiro em detrimento da garantia dos direitos sociais, consagrados pela Constituição de 1988, apesar das resistências dos movimentos sociais e de parcela de representantes políticos comprometidos com a afirmação dos direitos de cidadania e com os avanços na cobertura e nos benefícios, nas diversas áreas da política social brasileira.

A carga tributária no País, além de elevada, é *regressiva*. Boschetti e Salvador (2006: 31) informam que "a carga tributária saltou de 29% do PIB para 36% do PIB de 1994 a 2003, sendo muito mais alta que a de muitos países centrais". O seu caráter regressivo se expressa no fato de que a arrecadação tem incidência proporcionalmente maior sobre as menores rendas, penalizando os contribuintes de menor poder aquisitivo. Prevalecem os *tributos indiretos*, isto é, incidentes sobre a produção e consumo de bens e serviços em favor da menor tributação sobre a renda e a propriedade (tributos diretos), favorecendo a sua concentração. As empresas praticam o repasse integral dos custos das contribuições sociais aos preços das mercadorias, transferindo seus custos sociais para os assalariados e consumidores em geral. Como indicam Boschetti e Salvador (2006: 32), 49,8% da carga tributária provém de tributos que incidem sobre bens e serviços, e apenas 21% sobre a renda. E a arrecadação sobre o patrimônio é insignificante, não chegando a 3% do Produto Interno Bruto (PIB), em 2006, apesar da enorme concentração de terra no País. Já os tributos sobre bens e serviços (consumo) equivalem, em 2005, a 20,8% do PIB.

No escopo da pesquisa na área de Serviço Social, desde 1999, registram-se importantes estudos sobre o financiamento da seguridade social (a exemplo de Paiva e Rocha, 2001; Boschetti, 2003; Behring, 2003; Behring e Boschetti, 2006).

Outro elemento que merece destaque, no ordenamento político-institucional vigente da política social, é o aumento da participação não-governamental na sua implementação, com a presença do *"terceiro setor"*.[126] Na interpretação governamental, ele é tido como distinto do Estado (pri-

---

126. Para um aprofundamento sobre o tema, conferir: Montaño, C. *Terceiro setor e a questão social. Crítica ao padrão emergente de intervenção social*. São Paulo: Cortez, 2002.

meiro setor) e do mercado (segundo setor), considerado como um setor "não-governamental", "não-lucrativo" e voltado ao desenvolvimento social, que daria origem a uma "esfera pública não estatal", constituída por "organizações da sociedade civil de interesse público". No marco legal do terceiro setor no Brasil são incluídas *entidades de natureza as mais variadas*, que estabelecem um termo de *parceria* entre entidades de fins públicos de origem diversa (estatal e social) e de natureza distinta (pública ou privada). Engloba, sob o mesmo título, as tradicionais *instituições filantrópicas, o voluntariado e organizações não governamentais* — desde aquelas combativas que emergiram no campo dos movimentos sociais, àquelas com filiações político-ideológicas as mais distintas, além da denominada *"filantropia empresarial"*. Chama atenção *a tendência de estabelecer uma identidade entre terceiro setor e sociedade civil*, cuja polissemia é patente. Esta passa a ser reduzida a um conjunto de organizações — as chamadas *entidades civis sem fins lucrativos* —, sendo dela excluídos os órgãos de representação política, como sindicatos e partidos, dentro de um amplo processo de despolitização. A sociedade civil tende a ser interpretada como um conjunto de organizações distintas e "complementares", destituída dos conflitos e tensões de classe, onde prevalecem os *laços de solidariedade*. Salienta-se a *coesão social e um forte apelo moral ao "bem comum"*, discurso esse que corre paralelo à reprodução ampliada das desigualdades, da pobreza e violência. Estas tendem a ser naturalizadas, e o horizonte é a redução de seus índices mais alarmantes.

Acanda (2006), em seu competente e provocativo estudo sobre a sociedade civil, destaca a alta dose de controvérsia no uso teórico desta noção, que tende hoje a ser empregada mais como metáfora do que como um conceito, segundo os mais diversos matizes e interesses políticos de direita e de esquerda. Nos países comunistas do Leste Europeu, ela foi utilizada por aqueles que rejeitavam o Estado ultracentralizador e totalitário. Essa noção foi empregada pela nova direita dos países capitalistas desenvolvidos (especialmente Estados Unidos e Inglaterra), como parte de uma ofensiva neoconservadora pelo controle e defesa do "Estado mínimo", despojado de funções redistributivas, o que redundou no chamado ao "fortalecimento da sociedade civil". Ela passa a ser apresentada como a "Terra Prometida", uma invocação mágica capaz de exorcizar todo o mal. Para a esquerda latino-americana, nas décadas de 70 e 80, assume outro significado.

A expansão das ditaduras militares no continente desarticula e elimina todas as formas de associativismo que expressavam lutas sociais de setores sociais explorados, tais como sindicatos, movimentos indígenas e camponeses. Nesse contexto, a sociedade civil é defendida em sua condição de protagonista na luta contra a dominação: uma nova força capaz de exigir do Estado redução da repressão e maiores responsabilidades sociais.

No clima cultural dominante sob a inspiração ultraliberal, a sociedade civil tem sido definida por exclusão e em antítese ao Estado e à política, como um "espaço não-político", livre de coerções, aparecendo idealizada como um reino autônomo da associação e espontaneidade, materializado nas Organizações Não-Governamentais (ONGs). É também tida com a guardiã do Estado, controlando-o para evitar intervenções espúrias nas relações interpessoais.

Como sugere Acanda (2006), o *boom* dessa noção é indissociável da crise de identidade política democrática e de esquerda revolucionária. Para o autor, o emprego da noção de sociedade civil vem redundando no fortalecimento da ideologia dominante: tudo o que não depende do Estado é tido como a um passo da emancipação social. Ao mesmo tempo, aquela noção tende a encobrir as diferenças reais na vida social, desaparecendo, com ela, a percepção de fenômenos como classes sociais, grupos de poder econômico, monopólios do capital, dentre outros. A sociedade civil tem sido usada *como instrumento de canalizar o projeto político de enfraquecimento do Estado social e para disfarçar o caráter de classe de muitos conflitos sociais.*

A universalidade do acesso aos programas e projetos sociais, abertos a todos os cidadãos, só é possível no âmbito do Estado, ainda que não dependam apenas do Estado. Sendo um Estado de classe, expressa a sociedade politicamente organizada e condensa um campo de lutas e compromissos em que a sociedade civil joga com um papel decisivo para democratizá-lo e controlá-lo. Ao mesmo tempo, é necessário que o Estado se amplia para a sociedade de modo a fazer prevalecer interesses mais coletivos e compartilhados, o que depende da luta entre as forças sociais.

Os projetos levados a efeito por organizações privadas apresentam uma característica básica, que os diferencia: não se movem pelo interesse público e sim pelo interesse privado de certos grupos e segmentos sociais, reforçando a seletividade no atendimento, segundo critérios estabelecidos pelos mantenedores. Portanto, ainda que o trabalho concreto[127] do assistente social seja idêntico — no seu conteúdo útil e formas de processamento — o sentido e resultados sociais desses trabalhos são inteiramente distintos, visto que presididos por lógicas diferentes: a do direito privado e do direito público, alterando-se, pois, o significado social do trabalho técnico-profissional e seu nível de abrangência.

Constata-se uma *progressiva mercantilização do atendimento às necessidades sociais*, decorrente da privatização das políticas sociais. Nesse quadro, os serviços sociais deixam de expressar direitos, metamorfoseando-se em atividade de *outra natureza*, inscrita no circuito de compra e venda de mercadorias. Estas substituem os direitos de cidadania, que, em sua necessária dimensão de universalidade, requerem a ingerência do Estado. O que passa a vigorar são os *direitos atinentes à condição de consumidor*. (Mota, 1995). Quem julga a pertinência e qualidade dos serviços prestados são aqueles que, através do consumo, renovam sua necessidade social. O dinheiro aparece em cena como meio de circulação, intermediando a compra e venda de serviços, em cujo âmbito se inscreve o assistente social. O grande capital, ao investir nos serviços sociais, passa a demonstrar uma "preocupação humanitária", coadjuvante da ampliação dos níveis de rentabilidade das empresas, moralizando sua imagem social. Trata-se de um reforço à necessidade de transformar propósitos de classes e grupos sociais específicos em propósitos de toda a sociedade: velha artimanha, historicamente assumida pelo Estado e que hoje tem a mídia como importante aliada nesse empreendimento.

Os assistentes sociais trabalham com as mais diversas expressões da *questão social*, esclarecendo à população seus direitos sociais e os meios de ter acesso aos mesmos. O significado desse trabalho muda radicalmente ao voltar-se aos direitos e deveres referentes às operações de compra e de venda. Se os direitos sociais são fruto de lutas sociais, e de negociações com o bloco do poder para o seu reconhecimento legal, a compra e venda de serviços no atendimento a necessidades sociais de educação, saúde, renda, habitação, assistência social, entre outras, pertencem a outro domínio — o

---

127. Trabalho concreto é aqui utilizado no sentido de Marx, como trabalho de uma qualidade determinada que produz valores de uso voltados à satisfação de necessidades sociais de uma dada espécie.

do mercado —, mediação necessária à realização do valor e, eventualmente, da mais-valia decorrentes da industrialização dos serviços.

Historicamente, os assistentes sociais dedicaram-se à implementação de políticas públicas, localizando-se na linha de frente das relações entre população e instituição ou, nos termos de Netto (1992), sendo "executores terminais de políticas sociais". Embora esse seja ainda o perfil predominante, não é mais o exclusivo, sendo abertas outras possibilidades. O processo de descentralização das políticas sociais públicas, com ênfase na sua municipalização, requer dos assistentes sociais — como de outros profissionais — novas *funções e competências*. Os assistentes sociais estão sendo chamados a *atuar na esfera da formulação e avaliação de políticas e do planejamento, gestão e monitoramento, inscritos em equipes multiprofissionais*. Ampliam seu espaço ocupacional para atividades relacionadas ao controle social, à implantação e orientação de conselhos de políticas públicas, à capacitação de conselheiros, à elaboração de planos e projetos sociais, ao acompanhamento e avaliação de políticas, programas e projetos.

Tais inserções são acompanhadas de novas exigências de qualificação, tais como: o domínio de conhecimentos para realizar diagnósticos socioeconômicos de municípios, para a leitura e análise dos orçamentos públicos, identificando seus alvos e compromissos, assim como os recursos disponíveis para projetar ações; o domínio do processo de planejamento; a competência no gerenciamento e avaliação de programas e projetos sociais; a capacidade de negociação, o conhecimento e o *know-how* na área de recursos humanos e relações no trabalho, entre outros. Somam-se possibilidades de trabalho nos níveis de assessoria e consultoria para profissionais mais experientes e altamente qualificados em determinadas áreas de especialização. Registram-se, ainda, requisições no campo da pesquisa, de estudos e planejamento, dentre inúmeras outras funções.

A categoria dos assistentes sociais, articulada às forças sociais progressistas, vem envidando esforços coletivos no reforço da esfera pública, de modo a inscrever os interesses das maiorias nas esferas de decisão política. O horizonte é a construção de uma "democracia de base" que amplie a democracia representativa, cultive e respeite a universalidade dos direitos do cidadão, sustentada na socialização da política, da economia e da cultura. Tais elementos adquirem especial importância em nossas sociedades latino-americanas, que se constroem no reverso do imaginário igualitário da modernidade, sociedades que repõem cotidianamente e de forma ampliada privilégios, violência, discriminações de renda, poder, gênero, etnias e gerações, alargando o fosso das desigualdades no panorama diversificado das manifestações da *questão social.*

É na dinâmica tensa da vida social que se ancoram a esperança e a possibilidade de defender, efetivar e aprofundar os preceitos democráticos e os direitos de cidadania — afirmando inclusive a cidadania social, cada vez mais desqualificada. E, para impulsionar a construção de um outro padrão de sociabilidade, regido por valores democráticos, requer-se a redefinição das relações entre o Estado e a sociedade, a economia e a sociedade, o que depende uma crescente participação ativa da sociedade civil organizada.

Orientar o trabalho nos rumos aludidos requisita um perfil profissional culto, crítico e capaz de formular, recriar e avaliar propostas que apontem para a progressiva democratização das relações sociais. Exige-se, para tanto, compromisso ético-político com os valores democráticos e competência teórico-metodológica na teoria crítica em sua lógica de explicação da vida social. Esses elementos, aliados à pesquisa da realidade, possibilitam decifrar as situações particulares com que se defronta o assistente social no seu trabalho, de modo a conectá-las aos processos sociais macroscópicos que as geram e as modificam. Mas, requisita, também, um profissional versado no instrumental técnico-operativo, capaz de potencializar as ações nos níveis de assessoria, planejamento, negociação, pesquisa e ação direta, estimuladora da participação dos sujeitos sociais nas decisões que lhes dizem respeito, na defesa de seus direitos e no acesso aos meios de exercê-los.

Para finalizar, a sugestão do poeta Carlos Drummond de Andrade: *"Eu tropeço no possível, mas não desisto de fazer a descoberta que tem dentro da casca do impossível".* Tropeçar no possível, mas sem desistir de fazer a descoberta que tem dentro da casca do impossível. O projeto profissional do Serviço Social é certamente um desafio, mas não uma impossibilidade: o que se apresenta como obstáculo é apenas a casca do impossível, que encobre as possibilidades dos homens construírem sua própria história.

Capítulo III

A produção teórica brasileira sobre os fundamentos do trabalho do assistente social

Digo: o real não está na saída e nem na chegada: ele se dispõe para a gente é no meio da travessia.

Guimarães Rosa*

1. Rumos da análise

O propósito deste capítulo é estabelecer uma interlocução crítica com a literatura profissional brasileira no que se refere aos fundamentos do trabalho do assistente social, elaborada nas décadas de 80 e 90 e aos anos 2000, que alimentou a renovação do Serviço Social no Brasil e se reclama no amplo campo da *teoria social crítica.*

O recorte a ser privilegiado refere-se às particularidades atribuídas à profissão na divisão social e técnica do trabalho e suas implicações para a interpretação e condução do trabalho do assistente social na atualidade. Pretende-se atribuir visibilidade aos diferentes ângulos a partir dos quais os autores analisam a natureza dessa profissão e o significado social de seu exercício no processo de produção e reprodução das relações sociais: as teses apresentadas, as fontes teóricas que condicionam o percurso e os resultados de suas elaborações. Busca-se, assim, identificar os avanços já obtidos, no marco da renovação crítica do Serviço Social brasileiro, referentes ao *trabalho do(a) assistente social* e, simultaneamente, apontar silêncios e

---

* ROSA, G. Grande sertão: veredas. In: *João Guimarães Rosa*. Ficção completa em dois volumes, v. II. Rio de Janeiro: Nova Aguilar, 1994, p. 46.

omissões no legado acumulado, que possam instigar e enriquecer a agenda da pesquisa nessa área no que concerne ao trabalho profissional.

A análise é circunscrita à literatura brasileira, visto que a polêmica teórica e político-profissional instaurada no Serviço Social, na década de 80, é tributária complexificação histórica do Estado e da sociedade no País com a expansão monopolista capitaneada pelo grande capital impulsionada pelas condições criadas com a ditadura militar[128] e sua crise: *a ditadura do grande capital* (Ianni, 1981). Por outro lado, a posição de proeminência que o País dispõe, hoje, no universo profissional latino-americano é incontestável. Ela se revela na produção editorial, na formação acadêmica — nos níveis de graduação e pós-graduação —, no processo de organização da categoria profissional e na construção de um projeto profissional do Serviço Social brasileiro, no lastro do processo de redimensionamento crítico da profissão na América Latina, tal como se apresenta nos países de língua espanhola. As origens desse processo remontam ao movimento de reconceituação,[129] que foi superado no processo coletivo de reflexão profissional operado no Brasil no trânsito para a década de 80, o que justifica a delimitação do universo da crítica teórica à literatura brasileira.

---

128. O crescimento econômico é impulsionado pelo grande capital monopolista com o forte apoio das políticas governamentais e do aparato coercitivo do Estado. O impulso da política de crédito, a eliminação das restrições à remessa das taxas de lucro, a política salarial adotada a partir de 1965 são alguns dos pilares que nutrem uma estranha *paz social*, que se abate sobre a economia brasileira. O forte arrocho salarial sobre o conjunto dos trabalhadores; a abolição prática do direito de greve; a substituição do regime de estabilidade no trabalho pelo Fundo de Garantia por Tempo de Serviço (FGTS); o cerceamento dos sindicatos dos trabalhadores; o banimento de partidos políticos, acompanhado de restrições aos direitos civis e políticos impulsionam o aumento da produtividade e a extensão da jornada de trabalho que se encontram na base da superexploração do trabalho e do crescimento do fosso das desigualdades sociais. Esse clima, sob o lema *segurança e desenvolvimento*, favorece a atração de novos investimentos internacionais, consolidando a inserção dependente da economia brasileira no circuito monopolista. (Singer, 1974).

129. O movimento de reconceituação do Serviço Social na América Latina teve lugar no período de 1965 a 1975, impulsionado pela intensificação das lutas sociais que se refratavam na Universidade, nas Ciências Sociais, na Igreja, nos movimentos estudantis, dentre outras expressões. Ele expressa um amplo questionamento da profissão (suas finalidades, fundamentos, compromissos éticos e políticos, procedimentos operativos e formação profissional), dotado de várias vertentes e com nítidas particularidades nacionais. Mas sua unidade assentava-se na busca de construção de um *Serviço Social latino-americano*: na recusa da importação de teorias e métodos alheios à nossa história, na afirmação do compromisso com as lutas dos "oprimidos" pela "transformação social" e no propósito de atribuir um caráter científico às atividades profissionais. Denunciava-se a pretensa

É, também, reconhecida a hegemonia que as interpretações de caráter histórico-crítico foram assumindo progressivamente na liderança do debate acadêmico-profissional brasileiro, a partir da década de 80. Nesse rumo intelectual e político, é construída uma nova face para o Serviço Social, distinta da herança de suas origens, nos campos da produção teórica e do exercício profissional, ampliando suas bases de legitimidade para além das esferas patronais, no sentido de incorporar os interesses e as necessidades dos segmentos populacionais subalternizados alvo dos serviços prestados pelo assistente social. Tal percurso é socialmente tributário das lutas acumuladas pela conquista do Estado de Direito e do aprofundamento do processo de democratização da vida social — da sociedade e do Estado —, capitaneada pelo movimento das classes trabalhadoras sob a liderança do operariado industrial, que abarca a economia, a política e a cultura. Encontra-se aí o alicerce sociopolítico que tornou socialmente possível e viável o deslocamento das interpretações de cunho estrutural-funcionalista da cena principal do debate profissional, alargando espaços para vertentes histórico-críticas no universo do Serviço Social.

---

neutralidade político-ideológica, a restrição dos efeitos de suas atividades aprisionadas em microespaços sociais e a debilidade teórica no universo profissional. Os assistentes sociais assumem o desafio de contribuir na organização, capacitação e conscientização dos diversos segmentos trabalhadores e "marginalizados" na região. De base teórica e metodológica eclética, o movimento de reconceituação foi inicialmente polarizado pelas teorias desenvolvimentistas. Em seus desdobramentos, especialmente a partir de 1971, este movimento representou as primeiras aproximações do Serviço Social à tradição marxista, haurida em manuais de divulgação do marxismo-leninismo, na vulgata soviética, em textos maoístas, no estruturalismo francês de Althusser, além de outras influências de menor porte. Registra-se, entretanto, a ausência de uma aproximação rigorosa aos textos de Marx. Esse período coincide com a ditadura militar no Brasil, fazendo com que o debate aqui assumisse outras tonalidades e recebesse distintas influências, especialmente do vetor modernizador e tecnocrático, combinado com extratos da filosofia aristotélico-tomista no âmbito dos valores e princípios éticos. Verifica-se, no Brasil, nesse período, um pólo de resistência a esta vertente modernizadora liderada pela Escola de Serviço Social da Universidade Católica de Minas Gerais (ESS/UCMG), integrado aos rumos do movimento de reconceituação latino-americano, tal como se expressou nos países de língua espanhola. Em 1992, tive a oportunidade de revisitar mais amplamente o tema do *movimento de reconceituação* por ocasião de minha conferência para o concurso de professor titular da UFRJ. Ver: Iamamoto, Marilda Villela. O debate contemporâneo da reconceituação do Serviço Social: ampliação e aprofundamento do marxismo. In: *O Serviço Social na Contemporaneidade*: trabalho e formação profissional. São Paulo: Cortez, 1998, p. 201-250. Resgato, neste livro, alguns elementos contidos naquela análise de 1992. Cf. ainda: Quiroga (1989) e Alayon (2006).

SERVIÇO SOCIAL EM TEMPO DE CAPITAL FETICHE

O ponto de partida do debate é, certamente, a concepção de profissão elaborada pela autora na década de 80, aqui submetida a um balanço crítico ante as novas condições sócio-históricas no trânsito do século XX para o XXI. A hipótese é que essa análise da profissão na divisão social e técnica do trabalho foi largamente incorporada pela categoria profissional, tornando-se de *domínio público, o mesmo não ocorrendo com os seus fundamentos referentes ao processo de produção e reprodução das relações sociais,* o que justifica a necessidade de sua retomada e aprofundamento, com foco privilegiado no trabalho e sociabilidade na ordem do capital, como subsídio para se pensar o exercício profissional na atualidade.

A novidade da incursão, que se propõe aqui efetuar, é abrir um diálogo fraterno, no interior de um mesmo campo político-profissional, com companheiros de longo curso e de muitas batalhas acadêmicas e políticas, com o claro intuito de fortalecimento e aprimoramento de um mesmo projeto profissional coletivamente partilhado. Assim, a novidade está no fato de que os interlocutores são parceiros — e não opositores — inscritos em um universo teórico soldado pela teoria social crítica — ou em áreas fronteiriças que se aproximam no campo político —, ainda que abordados sob diversas inspirações teóricas que vão desde o anúncio do hegelianismo, ao amplo campo da tradição marxista: Marx, Lukács e Gramsci.

No lapso das duas últimas décadas, a restrita mas fecunda literatura profissional no âmbito da renovação crítica do Serviço Social voltada aos fundamentos do Serviço Social — em suas dimensões históricas, teórico-metodológicas e éticas — tratou, sob diferentes ângulos, da natureza particular da profissão na divisão social e técnica do trabalho e sua dimensão ética.[130]

A *hipótese* que conduz a presente análise é a de que essa literatura centrou-se predominantemente nas particularidades do Serviço Social, enquanto *trabalho concreto,* segundo focos distintos: as origens da profissão na expansão monopolista e o sincretismo (Netto, 1991b, 1992, 1996); a identidade e alienação (Martinelli, 1989); as políticas sociais, as relações de força, poder e exploração (Faleiros, 1987a, 1987b, 1999a); a proteção e a assistência social (Costa, S. G. 2000; Yazbek, 1993, 1998); a hegemonia e a organização da cultura (Simionatto, 1995; Abreu, 2002). Entretanto, a análise do processamento do trabalho do assistente social não adquiriu centralidade e

---

130. São representativos do debate ético os textos de Bonetti (1996) e Barroco (2001).

nem foi totalizado nas suas múltiplas determinações, estabelecendo-se uma frágil associação entre os fundamentos do Serviço Social e o trabalho profissional cotidiano, uma vez que este abrange um conjunto de mediações que não foram alvo privilegiado da referida produção. Os restritos investimentos no acervo nas determinações atinentes à mercantilização dessa força de trabalho especializada, inscrita na organização do trabalho coletivo nas organizações empregadoras, dificultam a elucidação de seu significado social — *enquanto trabalho concreto e abstrato* — no processo de produção e reprodução das relações sociais, no cenário da sociedade brasileira contemporânea. Em outros termos, parte-se do suposto de que a identificação da *particularidade dessa atividade profissional na divisão social e técnica do trabalho social não se esgota na indicação do valor de uso dos serviços prestados, da qualidade do trabalho realizado.* Isto porque ela é também portadora de trabalho humano indiferenciado, *trabalho humano abstrato, analisado na óptica de sua quantidade, parte do trabalho social médio,* que participa na produção e/ou distribuição da mais-valia socialmente produzida e na luta pela hegemonia entre forças sociais.

Transitar da análise da *profissão* para o seu efetivo *exercício* agrega um complexo de novas determinações e mediações essenciais para *elucidar o significado social do trabalho do assistente social* — considerado na sua unidade contraditória de trabalho concreto e trabalho abstrato — *enquanto exercício profissional especializado que se realiza por meio do trabalho assalariado alienado.* Esta condição sintetiza tensões entre o *direcionamento* que o assistente social pretende imprimir ao seu trabalho concreto — afirmando sua dimensão teleológica e criadora —, condizente com um projeto profissional coletivo e historicamente fundado; e os *constrangimentos inerentes ao trabalho alienado que se repõem na forma assalariada do exercício profissional.* Em síntese, na direção analítica aqui proposta, a análise do trabalho profissional supõe considerar as tensões entre *projeto profissional e alienação do trabalho social no marco da luta da coletividade dos trabalhadores enquanto classe.*

1.1. A condição de trabalhador assalariado

Sendo o Serviço Social regulamentado como uma profissão liberal e dispondo o assistente social de relativa autonomia na condução do exercício profissional, tornam-se necessários estatutos legais e éticos que regulamentem socialmente essa atividade. Entretanto, essa autonomia é tensionada pela compra e venda dessa força de trabalho especializada a diferentes empregadores: o Estado (e suas distintas esferas de poder), o empresariado, as organizações de trabalhadores e de outros segmentos organizados da sociedade civil. O *significado social do trabalho profissional do assistente social* depende das relações que estabelece com os *sujeitos sociais que o contratam*, os quais personificam funções diferenciadas na sociedade. Ainda que a natureza qualitativa dessa especialização do trabalho se preserve nas várias inserções ocupacionais, o *significado social de seu processamento não é idêntico nas diferenciadas condições em que se realiza esse trabalho porquanto envolvido em relações sociais distintas.* Os empregadores determinam as necessidades sociais que o trabalho do assistente social deve responder; delimitam a matéria sobre a qual incide esse trabalho; interferem nas condições em que se operam os atendimentos assim como os seus efeitos na reprodução das relações sociais. Eles impõem, ainda, exigências trabalhistas e ocupacionais aos seus empregados especializados e mediam as relações com o trabalho coletivo por eles articulado. É nesta condição de trabalhador assalariado que o assistente social se integra na organização do conjunto de trabalhadores afins, por meio de suas entidades representativas, e com a coletividade da classe trabalhadora.

Portanto, essas relações interferem decisivamente no exercício profissional, que supõe a mediação do *mercado de trabalho* por tratar-se de uma *atividade assalariada de caráter profissional.* Ela implica compra e venda da força de trabalho e a presença do equivalente geral — o dinheiro —, que expressa o valor de troca dessa força de trabalho, corporificado no salário, atestando estar essa atividade profissional inserida no reino do valor na sociedade capitalista. Assim, a condição de trabalhador assalariado, regulada por um contrato de trabalho impregna *o trabalho profissional de dilemas da alienação e de determinações sociais que afetam a coletividade dos trabalhadores,* ainda que se expressem de modo particular no âmbito desse trabalho qualificado e complexo.

A força de trabalho do assistente social contém as contradições típicas de toda mercadoria entre *trabalho concreto e trabalho abstrato, que preside a sociabilidade capitalista.* Mas ela *só se apresenta como questão essencial a ser elucidada na órbita da crítica marxista da economia política.* Esta observação é fundamental para elucidar a polêmica hoje instaurada no campo da pesquisa sobre a profissão: quando não se parte da economia política do trabalho, que tem na mercadoria a célula básica da sociabilidade burguesa, aquela tensão se desvanece e o trabalho profissional passa a ser tratado unilateralmente na *sua particularidade enquanto valor de uso*. Aí o dilema *aparentemente* se resolve ao *se decifrar a sua qualidade: o Serviço Social é ideologia, práxis ou trabalho?* Ainda que esse desafio seja procedente e permaneça como uma *dimensão a ser elucidada porque referente ao conteúdo qualitativo do trabalho,* ela é *insuficiente* para caracterizar a *natureza do exercício profissional na sociedade capitalista*, nas relações sociais em que se inscreva essa atividade de qualidade determinada no âmbito da divisão social e técnica do trabalho. Certamente as respostas àquela questão dependem da indagação feita, conforme o *universo categorial e metodológico que preside a análise* (considerando-se a fecunda riqueza de matizes que conformam a tradição marxista), que condiciona o rumo teórico-metodológico da explicação.

Ora, a divisão do trabalho não é apenas a divisão de trabalhos úteis de determinadas qualidades; mas uma divisão que supõe relações capitalistas de propriedade — a posse ou não de meios de produção — e, portanto, a existência de classes sociais. Os produtores mercantis capitalistas independentes se relacionam por meio do mercado (da compra e venda de mercadorias). É através dele que processa o intercâmbio entre as atividades e produtos de seus trabalhos necessários à satisfação de suas necessidades sociais, materiais e espirituais, ante a crescente divisão do trabalho no cenário nacional e mundial.

Ao se negligenciar as relações sociais por meio das quais se dá a realização da atividade profissional, considerando apenas a qualidade do trabalho, corre-se o risco de resvalar a explicação para uma análise a-histórica, ainda que em nome da tradição marxista.[131]

O curso da análise se altera ao se atribuir centralidade da mercadoria como unidade contraditória de valor de uso e valor, trabalho concreto e

---

131. O perigo é estimular uma regressão no debate profissional, reincidindo, sob novas formas, nos dilemas do denominado "Serviço Social Alternativo", que teve vigência no debate latino-americano do Serviço Social, na década de 80, que confundia exercício profissional com militância política, já submetido à crítica rigorosa. Cf. Iamamoto, M. V. e Netto, J. P. Serviço Social Alternativo: elementos para a sua problematização. In: Iamamoto, M. V. *Renovação e conservadorismo no Serviço Social.* Ensaios críticos. São Paulo: Cortez, 1992a, p. 131-158.

trabalho abstrato, trabalho privado e trabalho social. Esta é, certamente, *uma* das rotas teóricas possíveis: aquela trilhada pela análise do Serviço Social na divisão social e técnica do trabalho, considerando a (re)produção das relações de classes que selam a sociedade capitalista. E, *neste* caminho teórico-metodológico, as relações históricas supra-referidas são incontornáveis, porque na sociedade mercantil o valor de uso é subsumido pelo valor de troca e o processo de trabalho pelo processo de valorização: de produção de valor e/ou de mais-valia. Em outros termos, o trabalho social só se expressa como tal pela mediação do valor de troca dos produtos do trabalho que atendem a necessidades sociais — já que a organização da produção supõe a distribuição e troca dos produtos como mediação fundamental do consumo (Marx, 1980b). E os produtos criados pelo trabalho coletivo só podem atender necessidades de outros se forem capazes de ser trocados por qualquer outro trabalho, o que supõe a homogeneidade do trabalho social. Cada trabalho particular é considerado uma fração do trabalho social médio, medido por meio do *tempo de trabalho socialmente necessário* à sua produção, uma medida histórica. Esta *característica social de ser produto de trabalho humano geral* (trabalho humano indiferenciado), abstraído de sua qualidade — ainda que ela se preserve na materialidade do processo de produção e do produto — só se revela quando comparável a qualquer outra mercadoria de qualidades distinta, requerendo, para tanto, a mediação do valor de troca: um *equivalente geral* (o dinheiro) que permite equiparar valores relativos, evidenciando a equivalência de valor de trabalhos qualitativamente distintos, corporificados nos produtos.

O exercício profissional não foge a essas determinações sociais. O assistente social, ao ingressar no mercado de trabalho — condição para que possa exercer a sua profissão como trabalhador assalariado — vende a sua força de trabalho: uma mercadoria que tem um valor de uso, porque responde a uma necessidade social e um valor de troca expresso no salário. O dinheiro que ele recebe expressa a equivalência do valor de sua força de trabalho com todas as outras mercadorias necessárias à sua sobrevivência material e espiritual, que podem ser adquiridas no mercado até o limite quantitativo de seu equivalente — o salário ou proventos —, que corresponde a um trabalho complexo que requer formação universitária. É por meio dessa relação mercantil que se dá a objetivação do valor de uso dessa força de trabalho, expresso no trabalho concreto exercido pelo assistente social, dotado de uma qualidade determinada, fruto de sua especialização no concerto da divisão do trabalho.

Nesse processo de compra e venda de sua força de trabalho especializada, o assistente social entrega ao seu empregador o valor de uso específico de sua força de trabalho qualificada. Por um lado, essa atividade — como qualquer outro trabalho — implica transformação de uma matéria sobre a qual incide e à qual tem acesso pela mediação de seu empregador, além de concretizar-se em um resultado que tem objetividade material ou social. Decorre daí a necessidade de se reconhecer a qualidade dessa atividade, sua particularidade na divisão técnica e social do trabalho coletivo, ou seja, sua natureza peculiar, os meios necessários à sua efetivação, a matéria que transforma e os resultados que produz, nas várias inserções profissionais. Sobre a caracterização particular da *natureza qualitativa* da *profissão* vem se debruçando a literatura profissional.

Por outro lado, essa mesma atividade se realiza por meio de distintas relações sociais, que condicionam a forma como se dá também a inserção desse trabalho no mundo do valor: como trabalho produtivo ou improdutivo de mais-valia, inscrito na esfera da produção da riqueza social ou da distribuição da mais-valia.

A condição assalariada — seja como funcionário público ou assalariado de empregadores privados, empresariais ou não — envolve, necessariamente, a incorporação de parâmetros institucionais e trabalhistas que regulam as relações de trabalho, consubstanciadas no contrato de trabalho, que estabelecem as condições em que esse trabalho se realiza: intensidade, jornada, salário, controle do trabalho, índices de produtividade e metas a serem cumpridas. Os empregadores definem ainda a particularização de funções e atribuições consoante as normas que regulam o trabalho coletivo. Oferecem, ainda, o *background* de recursos materiais, financeiros, humanos e técnicos indispensáveis à objetivação do trabalho e recortam as expressões da *questão social* que podem se tornar matéria da atividade profissional. Assim, as exigências impostas pelos distintos empregadores, no quadro da organização social e técnica do trabalho, também materializam requisições, estabelecem funções e atribuições, impõem regulamentações específicas ao trabalho a ser empreendido no âmbito do trabalho coletivo, além de normas contratuais (salário, jornada, entre outras), que condicionam o conteúdo do trabalho realizado e estabelecem limites e possibilidades à realização dos propósitos profissionais.

Todavia, as atividades desenvolvidas sofrem outro decisivo vetor de demandas: as necessidades sociais dos sujeitos, que condicionadas pelas lutas sociais e pelas relações de poder, se transformam em demandas profissionais, re-elaboradas na óptica dos empregadores no embate com os interesses dos cidadãos e cidadãs que recebem os serviços profissionais.

É nesse terreno denso de tensões e contradições sociais que se situa o protagonismo profissional. Ainda que os profissionais disponham, no mercado de trabalho, de uma relativa autonomia na condução de suas atividades, os empregadores articulam um conjunto de condições que informam o processamento da ação e condicionam a possibilidade de realização dos resultados projetados, estabelecendo as condições sociais em que ocorre a materialização do projeto profissional em espaços ocupacionais específicos.

Passar da análise profissão ao seu *processamento* no âmbito dos processos e relações de trabalho particulares representa um salto importante. Incorpora os avanços teóricos, metodológicos, éticos, políticos e técnico-operativos acumulados nas últimas décadas e, simultaneamente, abre um leque de possibilidades, ainda não integralmente exploradas, no sentido de afinar, com maior rigor, as propostas analíticas sobre o Serviço Social com as provocações e desafios enfrentados no trabalho cotidiano.

Mas a consideração unilateral das imposições do mercado de trabalho conduz a uma mera adequação do trabalho profissional às exigências alheias, subordinando a profissão ao mercado e sujeitando o assistente social ao trabalho alienado. Resguardar a relativa autonomia na condução do exercício profissional supõe potenciá-la mediante um projeto profissional coletivo impregnado de história e embasado em princípios e valores radicalmente humanistas, com sustentação em forças sociais reais que partilham de um projeto comum para a sociedade. É necessário lembrar que "[...] *os homens fazem sua própria história, mas não a fazem como querem; não a fazem sob circunstâncias de sua escolha, e sim sob aquelas com que se defrontam diretamente, legadas e transmitidas pelo passado"*. (Marx, 1978: 17).

Sintetizando: a possibilidade de imprimir uma *direção social ao exercício* profissional do assistente social — moldando o seu conteúdo e o modo de operá-lo — decorre da *relativa autonomia* de que ele dispõe, resguardada pela legislação profissional e passível de reclamação judicial. A efetivação dessa autonomia *é dependente da correlação de forças econômica, política e cultural em nível societário e se expressa, de forma particular, nos distintos espaços ocupacionais, que envolvem relações com sujeitos sociais determinados*: a instituição estatal (Poder Executivo e Ministério Público, Judiciário e Legislativo); *as empresas capitalistas; as organizações político-sindicais; as organizações privadas não lucrativas e as instâncias públicas de controle democrático* (Conselhos de Políticas e de Direitos, conferências, fóruns e ouvidorias), que sofrem profundas metamorfoses sociais em tempo de capital fetiche.

Essas distintas inserções profissionais condicionam o *trabalho concreto* a ser realizado, as condições em que se materializa a autonomia profissional assim como seus efeitos no processo de reprodução das relações sociais (e conseqüentemente do valor e/ou da mais-valia), porque são *espaços ocupacionais de natureza, racionalidade e finalidades exclusivas. Forjam, assim, específicas condições e relações sociais por meio das quais se realiza o exercício profissional no mercado de trabalho, que necessitam ser elucidadas.*

Nesses espaços ocupacionais, os(as) assistentes exercem suas competências e atribuições profissionais, resguardadas por lei, que merecem maior atenção por parte da pesquisa acadêmica: formulação, gestão, monitoramento, implementação e avaliação de políticas, programas e projetos sociais; estudos socioeconômicos; orientação social a indivíduos, grupos e famílias; assessorias, consultorias e supervisão técnica; mobilização social e práticas educativas; instruções sociais de processos, sentenças e decisões; formulação do projeto de trabalho profissional e pesquisa; magistério, direção e supervisão acadêmica. Essas atribuições e competências vêm sofrendo um processo de alterações na sociedade contemporânea e conclamam maior investimento por parte da pesquisa na área de Serviço Social, visto não disporem da necessária visibilidade na literatura profissional recente.

O assistente social lida, no seu trabalho cotidiano, com situações singulares vividas por indivíduos e suas famílias, grupos e segmentos populacionais, que são atravessadas por determinações de classes. O profissional é desafiado a desentranhar da vida dos sujeitos singulares que atendem as dimensões universais e particulares que aí se concretizam, como condição de transitar suas necessidades sociais da esfera privada para a luta por direitos na cena pública, potenciando-a em fóruns e espaços coletivos. Isso requer tanto competência teórico-metodológica para ler a realidade e atribuir visibilidade aos fios que integram o singular no coletivo quanto o conhecimento do modo de vida, de trabalho e expressões culturais desses sujeitos sociais, como requisitos essenciais do desempenho profissional, além da sensibilidade e vontade políticas que movem a ação.

É na dinâmica das relações entre as classes sociais e destas com o Estado e a sociedade inclusiva — na práxis social — que se encontram a fonte das problemáticas a serem enfrentadas e a chave de suas soluções. Assim, é lançando o olhar para um horizonte mais amplo, que apreenda o movimento da sociedade e as necessidades sociais aí produzidas, alvos potenciais da atuação do assistente social, que se torna possível iluminar as particularidades dessa especialização do trabalho na trama das relações de classes. E desentranhar dos processos sociais uma nova agenda profissional e inéditos desafios que impulsionem a consolidação do projeto do Serviço Social brasileiro.

Entretanto, os processos sociais não têm uma refração imediata e automática, no mesmo ritmo temporal, na produção acadêmico-profissional. Se os processos que ocorrem na vida em sociedade impõem limites e descortinam potenciais alternativos para o exercício profissional, eles têm que ser apropriados e elaborados pelos agentes profissionais, configurando-se como desafios na esfera da ação e da produção de conhecimentos, de modo a se transformarem em propostas de trabalho e de pesquisa. Em outros termos, aquelas possibilidades emergentes na trama das relações sociais têm uma refração na órbita profissional permeada por inúmeras mediações até se moldarem como respostas de cunho teórico e técnico-político no campo profissional, seja ao nível da produção científica seja ao nível das estratégias da ação profissional. Assim, se a profissão dispõe de condicionantes sociais, que ultrapassam a vontade e a consciência de seus agentes individuais, ela é também fruto dos sujeitos que a constroem coletivamente, forjando respostas profissionais.

1.2. O projeto profissional[132]

Ao longo dos dois últimos decênios, o debate no Serviço Social *viveu um duplo e contraditório movimento:* o mais representativo foi o processo de ruptura teórica e política com o lastro conservador de suas origens; em sinal contrário, verificou-se o revigoramento de uma reação (neo)conservadora aberta e/ou disfarçada em aparências que a dissimulam, como já indicou Netto (1996). Seu solo comum é a negação do processo histórico enquanto *totalidade* — apreendida em suas múltiplas determinações e relações — em favor dos fragmentos e particularismos na vida em sociedade, que é destituída das clivagens de classe, fazendo florescer influxos voluntaristas ou deterministas, condensados nos dilemas do *fatalismo* e do *messianismo*, ambos cativos de uma prática social esvaziada de historicidade.[133]

Pensar o projeto profissional supõe articular uma *dupla dimensão:* de um lado, as condições macrossocietárias, que estabelecem o terreno sócio-histórico em que se exerce a profissão, seus limites e possibilidades; e, de outro, as respostas sócio-históricas, ético-políticas e técnicas de agentes profissionais a esse contexto, as quais traduzem como esses limites e possibilidades são analisados, apropriados e projetados pelos assistentes sociais.

Nos termos de Netto, *os projetos profissionais,* construídos pela respectiva categoria:

> [...] apresentam a auto-imagem da profissão, elegem valores que a legitimam socialmente, delimitam e priorizam seus objetivos e funções, formulam requisitos (técnicos, institucionais e práticos) para o seu exercício, prescrevem normas para o comportamento dos profissionais e estabelecem balizas de sua relação com os usuários dos seus serviços, com outras profissões e com as organizações e instituições, públicas e privadas. (Netto, 1999: 95).

---

132. Ainda que seja esta uma noção amplamente difundida entre os assistentes sociais brasileiros, a literatura que trata diretamente do tema é ainda escassa. Ver: Netto (1996, 1999), Barroco (2000; 2001; 2004); Brites e Sales (2000); Vasconcelos (2002); Braz (2004; 2007); Behring e Boschetti (2006); Bravo e Matos (2006); Vinagre e Pereira (2007); Iamamoto (1998a).

133. Em outro momento, dediquei-me a essa análise. Cf. Iamamoto (1998a: 201-250)

SERVIÇO SOCIAL EM TEMPO DE CAPITAL FETICHE

Projetos profissionais esses que são indissociáveis dos *projetos societários* que lhes oferecem matrizes e valores. Projetos esses que necessitam ser historicamente identificados e explicitados as forças e sujeitos políticos que presidem a sua construção nas sociedades nacionais, como parte de um processo de lutas pela hegemonia na sociedade e na profissão. São, portanto, como afirma Netto (1999), estruturas dinâmicas, que respondem tanto às alterações das necessidades sociais decorrentes de transformações históricas, quanto expressam o desenvolvimento teórico e prático da respectiva profissão e as transformações operadas no perfil dos seus agentes. (Idem: 95).

O projeto do Serviço Social brasileiro é historicamente datado, fruto e expressão de um amplo movimento de lutas pela democratização da sociedade e do Estado no País, com forte presença das lutas operárias que impulsionaram a crise da ditadura do grande capital. Foi no contexto de ascensão dos movimentos das classes sociais, das lutas em torno da elaboração e aprovação da Carta Constitucional de 1988 e pela defesa do Estado de Direito, que a categoria dos assistentes sociais foi sendo socialmente questionada pela prática política de diferentes segmentos da sociedade civil e não ficou a reboque desses acontecimentos. É no quadro dessas profundas modificações por que passou a sociedade brasileira, que se explica o florescimento de um processo de lutas democráticas, cuja visibilidade no cenário político só se dá no último quartel da década de 70. Tal processo condiciona, fundamentalmente, o horizonte de preocupações emergentes no âmbito do Serviço Social brasileiro, exigindo novas respostas profissionais.

Foi esse o solo histórico que tornou possível e impôs como necessário um amplo *movimento de renovação crítica do Serviço Social*, que derivou em significativas alterações nos campos do ensino, da pesquisa e da organização político—corporativa dos assistentes sociais. Por meio dessa renovação, buscava-se assegurar a contemporaneidade do Serviço Social, isto é, sua conciliação com a história presente, afirmando-o como capaz de decifrar a sociedade brasileira e, nela, a profissão, de modo a construir respostas que possibilitassem ao Serviço Social confirmar-se como necessário no espaço e tempo dessa sociedade.

Um olhar retrospectivo para as duas últimas décadas permite atestar que os assistentes sociais deram um salto em sua qualificação e produção acadêmica e na presença política na sociedade. A categoria, hoje, também é pesquisadora, reconhecida pelas agências oficiais de fomento. Por outro lado, amadureceram suas formas de representação, contando com órgãos de representação acadêmica e profissional, legitimados e integrados entre si. Parcelas significativas dos assistentes sociais afirmaram-se como sujeitos profissionais e cidadãos(ãs), dotados de uma presença viva e ativa na sociedade e determinados a ampliar a autoconsciência crítica das implicações sociais de seu trabalho. Portanto, esse projeto profissional é fruto da organização social da categoria e de sua qualificação teórica e política, construído no embate entre distintos projetos de sociedade que se refratam no seu interior. Eles redundam em diferenciadas perspectivas de leitura do significado social do Serviço Social, que reverberam na condução e operacionalização do trabalho profissional. Segmentos importantes da categoria passam a orientar sua atuação, na contracorrente do trajeto conservador que hegemoniza as origens e o desenvolvimento do Serviço Social brasileiro até a década de 80,[134] o que lhe imprime um perfil singular no contexto latino-americano.

A regulamentação legal do projeto de profissão se materializa no Código de Ética Profissional do Assistente Social (1993), na Lei da Regulamentação da Profissão de Serviço Social (Lei n. 8.662/93) e na proposta das Diretrizes Curriculares para a Formação Profissional em Serviço Social (ABEPSS, 1996; MEC-SESu/CONESS, 1999). A legislação profissional representa uma defesa da autonomia profissional, porque codifica princípios e valores éticos, competências e atribuições, além de conhecimentos essenciais, que têm força de lei, sendo judicialmente reclamáveis.

Esse projeto realiza-se em diferentes dimensões do universo da profissão: a) nos seus *instrumentos legais*, que asseguram direitos e deveres dos assistentes sociais e representam uma defesa da autonomia profissional na condução do seu trabalho na luta por direitos. Sendo historicamente condicionados, a legislação esta sujeita a aperfeiçoamentos no curso das mudanças sociais; b) *nas expressões e manifestações coletivas da categoria*, por meio de suas entidades representativas, que afiançam publicamente posições políticas frente ao Estado e à sociedade, às políticas públicas e às profis-

---

134. Para uma análise do conservadorismo no Serviço Social, conferir: Iamamoto (1992a; 1998a) e Netto (1992; 1996).

SERVIÇO SOCIAL EM TEMPO DE CAPITAL FETICHE

sões; c) *nas articulações com outras entidades de Serviço Social* — ao nível latino-americano e internacional — *e com outras categorias profissionais e movimentos sociais organizados,* integrando esforços e lutas comuns; d) *no trabalho profissional desenvolvido nos diferentes espaços ocupacionais,* de forma a preservar a qualidade dos serviços prestados e fortalecer junto aos usuários a noção de direito social e a possibilidade da ação coletiva na sua defesa na esfera pública, o que requer o aprofundamento teórico-metodológico e o cultivo da pesquisa como uma dimensão constitutiva do trabalho do assistente social; e) *no ensino universitário,* responsável pela qualificação teórica de pesquisadores e de profissionais, nos níveis de graduação e de pós-graduação *lato* e *stricto sensu,* o que supõe o zelo pelas funções básicas da Universidade, comprometida com a produção de conhecimentos e socialmente referenciada. Exige-se uma posição crítica e vigilante à *contra-reforma universitária* em curso que mercantiliza a educação, desqualifica a instituição universitária e a formação de quadros acadêmicos e profissionais. O projeto profissional afirma a defesa das diretrizes curriculares para o curso de Serviço Social, propostas pelo conjunto das unidades de ensino articuladas pela ABEPSS e a qualificação necessária à sua implementação, de modo a assegurar a consonância do ensino universitário com o projeto profissional construído ao longo das últimas décadas. Implica reafirmar, ainda, o respeito à autonomia e a presença política do movimento estudantil no Serviço Social, um dos espaços em que esse projeto é vitalizado.

O Serviço Social brasileiro, nas últimas décadas, redimensionou-se num forte embate contra o tradicionalismo profissional e seu lastro conservador, adequando criticamente a profissão às exigências do seu tempo, qualificando-a teoricamente, como o atesta a produção acumulada nas últimas duas décadas e o crescimento da pós-graduação.[135] Também, nesse processo, a profissão fez um radical giro na sua dimensão ética e no debate nesse plano. Constituiu democraticamente a sua normatização, expressa no Código de Ética de 1993, que dispõe de um caráter de obrigatoriedade ao estabelecer os direitos e deveres do assistente social, segundo princípios e valores radicalmente humanistas, na contracorrente do clima cultural prevalecente, que são guias para o exercício cotidiano. Dentre eles se destacam:

---

135. Ver capítulo IV deste livro.

— o reconhecimento da liberdade como valor ético central, que requer o reconhecimento da autonomia, emancipação e plena expansão dos indivíduos sociais e de seus direitos;

— a defesa intransigente dos direitos humanos contra todo tipo de arbítrio e autoritarismo;

— a defesa, aprofundamento e consolidação da cidadania e da democracia, entendida como socialização da participação política, da cultura e da riqueza produzida;

— o posicionamento a favor da eqüidade e da justiça social, que implica a universalidade no acesso a bens e serviços e a gestão democrática;

— o empenho na eliminação de todas as formas de preconceito e a garantia do pluralismo;

— o compromisso com a qualidade dos serviços prestados na articulação com outros profissionais e trabalhadores. (CRESS — 7ª Região, 2000).

A efetivação desses princípios remete à luta no campo democrático-popular por direitos que acumule forças políticas, base organizativa e conquistas materiais e sociais capazes de dinamizar a luta contra-hegemônica no horizonte de uma nova ordem societária, em que o homem seja a medida de todas as coisas. E os princípios éticos, ao impregnarem o exercício cotidiano, indicam um *novo modo de operar o trabalho profissional*, estabelecendo balizas para a sua condução nas condições e relações de trabalho em que é exercido e nas expressões coletivas da categoria profissional na sociedade. Aquela efetivação condensa e materializa a firme recusa à ingenuidade ilusória do tecnicismo.

É nos limites desses princípios que se move o *pluralismo*, que supõe o reconhecimento da presença de orientações distintas na arena profissional assim como o embate respeitoso com as tendências regressivas do Serviço Social, cujos fundamentos liberais e conservadores legitimam o ordenamento social instituído. Essas tendências regressivas apontam para um retorno ao passado profissional, já submetido ao crivo da crítica de caráter teórico-metodológico e ético-político, fruto do trabalho coletivo de vastos e representativos segmentos que protagonizaram a construção do processo de renovação do Serviço Social no País. Esse processo, como foi ressalvado, se apóia em forças socais e políticas reais que extrapolam o universo profissional ainda que nele também marquem sua presença.

Assim, o pluralismo propugnado não se identifica com a sua versão liberal, na qual todas as tendências profissionais são tidas como supostamente paritárias, mascarando os desiguais arcos de influência que exercem na profissão e os vínculos que estabelecem com projetos societários distintos e antagônicos, polarizados seja pelos interesses do grande capital, seja pela construção da unidade política dos trabalhadores enquanto classe.

O que merece destaque é que o projeto profissional não foi construído numa perspectiva meramente corporativa, voltada à autodefesa dos interesses específicos e imediatos desse grupo profissional centrado em si mesmo. Não está exclusivamente voltado para a obtenção da legitimidade e status da categoria na sociedade inclusiva — e no mercado de trabalho em particular — de modo a obter vantagens instrumentais (salários, prestígio reconhecimento de poder no conceito das profissões). Ainda que abarque a defesa das prerrogativas profissionais e dos trabalhadores especializados, o projeto profissional os ultrapassa, porque é *histórico e dotado de caráter ético-político*, que eleva esse projeto a uma dimensão de universalidade, a qual subordina, ainda que não embace a dimensão técnico-profissional. Isto porque ele estabelece um norte, quanto à forma de operar o trabalho cotidiano, impregnando-o de interesses da coletividade ou da "grande política", como momento de afirmação da teleologia e da liberdade na práxis social.

A política no sentido amplo não se restringe ao Estado e nem à relação entre governado e governante. É tratada por Gramsci (apud Coutinho, 1989: 183) como o *momento catártico*, isto é, o que permite aos homens ultrapassarem os determinismos econômicos que os constitui, incorporando-os e transformando-os em meio de sua liberdade, em investimentos voltados para criar uma *nova forma ético-política da vida em sociedade*. Eles dão origem a novas iniciativas, permitindo a constituição de um sujeito histórico, graças à elaboração de uma vontade coletiva. Isto requer a articulação dessas iniciativas em um bloco histórico majoritário, vinculado a uma classe nacional, que aspira à hegemonia na sociedade e, portanto, dispõe de um *projeto para a sociedade.* Por tudo isso, os projetos profissionais são indissociáveis de projetos societários, o que supõe impregnar o exercício profissional da *grande política*. Assim, o trabalho profissional cotidiano passa a ser conduzido, segundo os dilemas universais, relativos à re-fundação do Estado e sua progressiva absorção pela sociedade civil — o que se encontra na raiz da construção da esfera pública — da produção e distribuição mais eqüitativa da riqueza, da luta pela ultrapassagem das desigualdades pela afirmação e concretização dos direitos e da democracia.

Essa afirmativa não é sem conseqüências. Ela desafia uma *interpretação do Brasil contemporâneo*, que abarque o (re)conhecimento das classes e segmentos sociais que, hoje, saturam a sociedade civil e o Estado, no lastro de uma história de democracia restrita circunscrita aos membros das classes dominantes. Interpretação essa que impõe elucidar as novas feições e características desses sujeitos sociais, suas aspirações e formas de organização, em um cenário que atualiza a inserção subordinada do País à ordem do grande capital como um de seus pólos dinâmicos na periferia e potencia suas desigualdades internas. Nesse movimento, aprofundam os persistentes laços de dependência ao exterior e atualizam-se, metamorfoseadas, heranças históricas da formação da sociedade nacional, não erradicadas, expressas nos componentes não-capitalistas nas relações de produção e nas formas de propriedade, que se refratam na cultura política, tradicionalmente marcada pelo favor e pela apropriação privada da coisa pública. Tais heranças vêm imprimindo características e ritmos particulares ao desenvolvimento da revolução burguesa no Brasil (Fernandes, 1975; Ianni, 1984a; Coutinho, 1984, 1989), que se forjou como uma espécie de *contra-revolução burguesa permanente*. Decifrá-la é também pressuposto para se pensar o avesso desse processo, na ótica dos trabalhadores, visto que estabelecem limites e possibilidades da luta dos mais variados segmentos de trabalhadores urbanos e agrícolas e demais sujeitos sociais.

Para atribuir *densidade histórica ao projeto profissional*, é necessário identificar as forças sociais reais que polarizam os projetos societários no País. Nessa direção pode ser frutífera a retomada de estudos clássicos e contemporâneos voltados à interpretação do Brasil, legados pelo pensamento social brasileiro mais fértil do século XX, nas trilhas de Caio Prado Junior, Nelson Werneck Sodré, Florestan Fernandes, Octávio Ianni, Edgard Carone, dentre outros. E, a partir das sugestões legadas por essa tradição intelec-

SERVIÇO SOCIAL EM TEMPO DE CAPITAL FETICHE

tual, contribuir com estudos e pesquisas que possam identificar as alterações que se verificam, atualmente, nas relações entre o Estado e a sociedade no país, as metamorfoses que incidiram no perfil das classes sociais, suas formas de expressão políticas e culturais.[136] Ademais aprofundar a leitura da organização dos processos de trabalho em que inscreve o assistente social na atualidade para estabelecer uma base realista — sem perder o encanto do sonho e da utopia — às nossas projeções profissionais e à sua viabilização. Sem considerar essa dinâmica histórica, ao se falar em projetos societário e profissional pode-se cair na armadilha de um discurso que proclama valores radicalmente humanistas, mas não é capaz de elucidar as bases concretas de sua objetivação histórica. Essa artimanha pode subverter a projetada intencionalidade progressista, correndo-se o risco de reforçar e atualizar uma dupla armadilha persistente na história do Serviço Social: de um lado, atualizar a clássica disjunção entre valores e conhecimentos, que afirma a apreciação moral das injustiças, mas, no campo do conhecimento, não é capaz de desvendar os processos históricos e deles extrair suas contradições e potencialidades transformadoras. De outro lado, o risco de repor objetivos finalistas dissociados da dinâmica conjuntural e dos sujeitos que lhe dão sustentação histórica: a "missão" nos primórdios do Serviço Social, a consigna da *transformação social*, tal como empregada no movimento de reconceituação e reciclada como *serviço social alternativo* no contexto latino-americano da profissão.

Sabe-se que *a dimensão política da profissão não se confunde com o partido político* — trata-se de uma categoria cravejada por diferenças sociais e ideológicas — *e, muito menos, com as relações de poder entre governados e governantes*, ainda que o assistente social também possa exercer funções de governo. É nesse sentido que se reclama a *autonomia do projeto profissional perante os partidos e o governo*. Mas não se trata, também, de reduzi-lo à *pequena política* ou à *contrapolítica* dos técnicos, que se pretende asséptica e neutra, mas afirma o instituído. Outrossim, sua efetivação implica a decisão de ultrapassar a *pequena política do dia-a- dia*, tal como se expressa na compe-

---

136. Esse é uma das linhas de trabalho que está sendo desenvolvida coletivamente, a partir de 2006, no Centro de Estudos Octávio Ianni, do Programa de Estudos e Pesquisas *Pensamento Social e realidade brasileira na América Latina*, da Faculdade de Serviço Social da Universidade do Estado do Rio de Janeiro (UERJ).

tência permitida e autorizada pelas organizações, restrita à prática manipulatória imediata e à recepção passiva das informações, que se traduz no empirismo, nas rotinas, no burocratismo, que freqüentemente se repõem no trabalho profissional.

Dessa forma, as dimensões sócio-históricas e ético-políticas do projeto profissional têm conseqüências: supõem uma visão de mundo, articulada a uma ética correspondente e se liga à ação no sentido de interferir no comportamento dos homens, no enfrentamento dos conflitos sociais. Por meio da luta hegemônica, os assistentes sociais, enquanto cidadãos e trabalhadores, passam a ser parte de um "sujeito coletivo", que partilha concepções e realiza, em comum, atos teleológicos articulados e dirigidos a uma mesma finalidade, como parte da comunidade política. (Coutinho, 1989). O projeto profissional, construído ao longo das últimas décadas, aglutina segmentos significativos de assistentes sociais às forças sociais progressistas, comprometidas com a efetivação da cidadania, extensiva a todos e com a irradiação dos preceitos e práticas democráticos a todos os poros da vida em sociedade.

Trilhar da análise da profissão ao seu efetivo exercício supõe articular *projeto de profissão e trabalho assalariado*; ou *o exercício da profissão nas condições sociais concretas de sua realização mediada pelo estatuto assalariado e por projeções coletivas profissionais* integradas ao horizonte coletivo das classes trabalhadoras na luta pela conquista e ampliação de direitos como estratégia contra-hegemônica.

Em outros termos, a operacionalização do projeto profissional supõe o reconhecimento da arena sócio-histórica que circunscreve o trabalho do assistente social na atualidade, estabelecendo limites e possibilidades à plena realização daquele projeto. Como já afirmado, as forças políticas incidentes nas condições e relações de trabalho que circunscrevem o assistente social articulam um conjunto de mediações que interferem no processamento da ação e nos resultados individual e coletivamente projetados, pois a história é o resultado de inúmeras vontades lançadas em diferentes direções que têm múltiplas influências sobre a vida social.

Os objetivos e projetos propostos, que direcionam a ação, têm uma importância fundamental na afirmação da condição dos indivíduos sociais como sujeitos da história. Como assinala Engels (1977: 108), a vontade move-se pelo impulso da reflexão ou da paixão; mas estas têm também uma determinação social, porque são estimuladas por forças propulsoras que agem por detrás dos objetivos. Se os objetivos visados são produtos da vontade, não o são os resultados obtidos, visto que passam por múltiplos vínculos sociais, no âmbito dos quais se realiza a ação.

Logo, não há uma identidade imediata entre a intencionalidade do projeto profissional e os resultados derivados de sua efetivação. Para decifrar esse processo, é necessário entender as mediações sociais que atravessam o campo de trabalho do assistente social.

Como o já salientado no capítulo anterior, as mudanças no padrão de acumulação e regulação social nos marcos da chamada globalização da produção dos mercados e dos bens culturais vêm provocando profundas alterações na produção de bens e serviços, no perfil dos trabalhadores, nas formas de organização e gestão do trabalho no interior das instituições e empresas. Esse quadro é agravado com a *contra-reforma do Estado,* que atinge o conjunto da federação, e sua relação com a sociedade. Ela é presidida pela privatização, redução da responsabilidade pública no trato das necessidades sociais das grandes maiorias em favor da sua mercantilização, acompanhada de desmonte e regressão de direitos sociais, rompendo os padrões de universalidade e provocando uma profunda radicalização da *questão social.* O crescimento das desigualdades de renda, da concentração da propriedade territorial e do poder é potenciado pela intolerância e disparidades étnica, racial, religiosa e de gênero, além da degradação do meio ambiente. A violência econômica e bélica ameaça a paz mundial, a soberania de nações e a sobrevivência de povos. O reverso da acumulação e da centralização de capitais tem sido o alijamento de segmentos sociais majoritários do usufruto dos ganhos da civilização e dependência cada vez maior dos cidadãos aos ditames dos mercados (isto é, do capital), invertendo e subvertendo valores quando a referência é a emancipação humana.

No alvorecer de um novo século, os espaços ocupacionais e as fronteiras profissionais, enquanto resultantes históricos — e, portanto, móveis e transitórias — sofrem significativas alterações. Elas são indissociáveis dos processos da reestruturação produtiva e gerencial das empresas e do aparelho de Estado, da intensificação e desregulamentação do trabalho, da investida contra a organização dos trabalhadores. Tais mudanças vêm ocasionando a perda de direitos e conquistas sociais históricas, impulsionadas pela reorganização do Estado segundo os preceitos liberais.

Ao mesmo tempo em que se erige o mercado como pólo regulador da vida social e se afirmam políticas concentradoras de renda, de poder e da propriedade territorial capitalista, um vasto empreendimento ideológico, de cunho moralizador, envolve a sociedade civil. Ela é agora travestida de uma forma comunitária, dotada de cidadãos solidários dedicados a um empreendimento voltado ao bem comum, dentro de uma ampla estratégia de mistificação. O velho conservadorismo mostra sua face maquiada, apresentando-se como novidade tanto na sociedade como na profissão. E desafia aqueles que o recusam a dispor de clareza teórica e estratégia política, apoiadas em um criterioso trabalho de pesquisa sobre as novas expressões da *questão social*, as condições e relações de trabalho do assistente social, de modo a avançar na qualificação do seu exercício e no enraizamento do projeto profissional no cotidiano da vida social.

A tênue associação, antes referida, entre fundamentos do Serviço Social e as mediações necessárias para explicar o trabalho cotidiano pode facilitar a difusão de influxos conservadores (e pós-modernos) focalizados na família, nos indivíduos isolados e grupos particulares. Eles se espraiam na profissão pelo conduto das políticas públicas submetidas aos ditames neoliberais, obscurecendo o pertencimento de classe e as lutas coletivas dos sujeitos sociais. Esses sujeitos são fragmentados em seus segmentos — crianças, adolescentes, idosos, portadores de necessidades especiais etc. — dissociados de sua produção social e histórica na teia das relações de classe, no elogio à uma visão da família haurida em teorias conservadoras. Aqueles segmentos passam a ser lidos como "excluídos", "vulneráveis", "sujeitos ao risco social" e as causalidades dessa condição deslocadas da sociedade de classes para os indivíduos pobres e de suas famílias, estigmatizados como portadores de dificuldades pessoais no acesso a recursos e oportunidades sociais, naturalizando-se o ordenamento social instituído. Essa linha de abordagem dos sujeitos sociais, prevalecente no marco das políticas sociais, alimenta respostas profissionais imediatistas e erráticas, desvinculadas dos movimentos coletivos dos segmentos e classes sociais que atribuem visibilidade na cena pública ao caráter social das necessidades sociais dos indivíduos e grupos, impulsionando a luta por direitos.

Ora, é esse contexto que altera a demanda de trabalho do assistente social, modifica o mercado de trabalho, altera os processos de trabalho e as condições em que se realizam, nos quais os assistentes sociais ingressam enquanto profissionais assalariados. As relações de trabalho tendem a ser desegulamentadas e flexibilizadas. Verifica-se uma ampla retração dos recursos institucionais para acionar a defesa dos direitos e dos meios de acessá-los. Enfim, tem-se um redimensionamento das condições do nosso exercício profissional efetivado em condições de assalariamento.

São muitos os desafios atuais. O maior deles é tornar esse projeto um *guia efetivo para o exercício profissional e consolidá-lo por meio de sua implementação efetiva, ainda que na contramão da maré neoliberal, a partir de suas próprias contradições e das forças políticas que possam somar na direção por ele apontada.* Para tanto, é necessário articular as dimensões organizativas, acadêmicas e legais que lhe atribuem sustentação com a realidade do trabalho cotidiano. Exige-se uma análise acurada das reais condições e relações sociais em que se efetiva a profissão, num radical esforço de integrar o *dever ser* com a objetivação desse projeto, sob o risco de se deslizar para uma proposta idealizada, porque abstraída da realidade histórica, elidindo as particulares determinações e mediações que incidem no processamento dessa especialização do trabalho coletivo.

É preciso demonstrar, *no tempo miúdo do trabalho cotidiano* (Yazbek, 2001), nas situações singulares com que o assistente social se defronta no exercício profissional — situações essas carregadas tanto de dimensões universais quanto particulares — a viabilidade da direção social impressa ao projeto do Serviço Social brasileiro: seu potencial renovador da profissão na afirmação dos direitos sociais dos cidadãos e cidadãs, na atenção e no respeito às suas necessidades e interesses que, por inúmeras mediações, se transmutam em demandas sociais e profissionais. E com isto, avançar na legitimação da profissão na sociedade, na apropriação e ampliação dos espaços ocupacionais, reforçando a identidade do assistente social.

É na direção apontada que se justifica um balanço — ainda que parcial — da produção acadêmica recente sobre os fundamentos do Serviço Social no Brasil.

2. Conquistas e desafios da herança recente

Um balanço da literatura brasileira sobre os fundamentos do trabalho profissional, com ênfase na teoria crítica, objetiva refazer o percurso da produção nos três últimos decênios, tendo em vista compatibilizar a análise da profissão com as mudanças macrossocietárias ocorridas no País e com as alterações verificadas no perfil da categoria, como já assinalado.

Um lastro conservador presidiu historicamente a cultura profissional na consideração da sociedade burguesa, demarcado pela antinomia entre estrutura e sujeito, entre determinismo e liberdade, tratada como dimensões paralelas e unilaterais, ainda que articuladas entre si. A cultura conservadora foi se metamorfoseando, adquirindo novas roupagens, mas preservando-se, no essencial, na leitura da sociedade capitalista, plena de derivações prático-políticas.

Nesse lastro cultural, no *campo do conhecimento*, a sociedade burguesa é tida como regida por leis invariáveis, assemelhadas àquelas que regem os fenômenos da natureza, não passíveis de alteração, segundo os cânones típicos da *resignação positivista* (Marcuse, 1978), que obscurece a ação transformadora dos homens na produção e ultrapassagem do ordenamento social instituído. Já o *campo dos valores* é presidido por uma indignação moralizante. Embora denunciando suas desigualdades extremas, acentua o *lado mau das relações sociais* e as necessidades materiais tendem a ser espiritualizadas e transformadas em dificuldades subjetivas do indivíduo. Passa-se então a reclamar um programa para a ação de cunho reformista-conservador, centrado da reforma moral dos indivíduos, grupos e famílias contra os "perigos" que ameaçam a "coesão e a ordem social".[137]

Assim, essa *disjunção entre elementos cognitivos e valores* se expressa, no campo do conhecimento, por uma perspectiva determinista e a-histórica que conduz à naturalização da sociedade; e, no campo dos valores, afirma a liberdade abstrata dos sujeitos na apreciação moral das injustiças, que

---

137. "O que Marx reprovava nos românticos não eram suas 'lágrimas sentimentais' [...] mas, sim, que os românticos eram incapazes de compreender o 'andar da história moderna', isto é, a necessidade e o caráter histórico progressivo da ordem social que criticavam, limitando-se, em lugar disso, a uma condenação do tipo moral." (Rosdolsky, 1983: 446)

fornece os alicerces para um programa para a ação de reformas dentro dessa ordem naturalizada. Esse fio analítico fez história na profissão, percorrendo, com diferentes roupagens, todo o percurso de seu desenvolvimento, impregnando, inclusive, os dilemas do movimento de reconceituação nas décadas de 60 e 70. Parafraseando Lukács (1963a), aqueles dilemas podem ser sintetizados na disjunção entre uma *ética de esquerda e numa epistemologia de direita.*

O Serviço Social brasileiro, a partir dos anos 80, registra um processo de ruptura de caráter teórico e prático-política com essa herança, confirmada na revisão da literatura e nas iniciativas coletivas de construção de um projeto para o Serviço Social no País, conforme já aludido.

Nesse período, a categoria conseguiu dar importantes passos no sentido de ultrapassar uma visão doméstica, familiar e consensual das relações profissionais. Destarte, as polêmicas teóricas e políticas foram estimuladas, contribuindo para o desenvolvimento de uma visão essencialmente crítica nesta órbita profissional: crítica na explicação da sociedade e do exercício profissional nela inscrito; e crítica quanto ao ideário profissional, isto é, quanto ao modo de pensar construído em sua trajetória histórica. Esse esforço de re-leitura teórica e metodológica se desdobrou em uma crítica marxista dos próprios "marxismos" presentes no Serviço Social, a partir de suas incorporações pelo movimento de reconceituação. Contestam-se os dogmatismos e a apologética no trato das teorias através do aprofundamento de suas fontes originais. A crítica transforma-se em autocrítica das formulações teóricas oriundas das primeiras aproximações à ampla tradição marxista. Nesse veio, a produção acadêmica acumulada vem contribuindo para adensar o debate, em relação conjunta com outras áreas especializadas mais consolidadas.

Desencadeia-se um esforço intencional, por parte de segmentos de pesquisadores e docentes, de apropriação de referenciais teórico-metodológicos de distintas matrizes intelectuais e sociais. Essa aproximação do Serviço Social às fontes clássicas e contemporâneas do pensamento social na modernidade é ainda incompleta, necessitando ser cultivada, além do das controvérsias sobre a pós-modernidade.

No campo da tradição marxista, verifica-se uma preocupação em incorporar as contribuições de Marx não "evangelicamente", mas como um "manancial inesgotável de sugestões" (Luxemburgo, 1960: 393), que necessitam ser atualizadas por meio da pesquisa histórica criadora a partir das condições particulares da sociedade brasileira. Esse é um pré-requisito indispensável para que possam iluminar novas perspectivas para o exercício profissional cotidiano.

Poder-se-ia situar o debate quanto aos fundamentos do Serviço Social, nas duas últimas décadas, em três grandes eixos temáticos, estritamente imbricados: a) *o resgate da historicidade da profissão*, seja na reconstituição de sua trajetória na formação histórica da sociedade brasileira, seja na explicitação das particularidades históricas de sua inserção da divisão social e técnica do trabalho; b) *a crítica teórico-metodológica tanto do conservadorismo quanto da vulgarização marxista*, introduzindo a polêmica em torno das relações entre história, teoria e método no Serviço Social; c) *a ênfase na política social pública*, no campo das relações entre o Estado e a sociedade civil, com especial atenção para a seguridade social e, nela, para a política de assistência social.

Verifica-se um reencontro do Serviço Social consigo próprio, sob novas bases, mediado pelas relações societárias, isto é, pelas relações de classe. Reencontra-se com seu passado histórico, que passa a ser reconstruído, adquirindo visibilidade, através das análises de cunho regional e estudos de casos. Mas encontra-se também com as particularidades do exercício profissional na sociedade brasileira atual, em suas relações com o Estado, com as forças e movimentos das classes sociais, permitindo elucidar a sua posição na divisão social e técnica do trabalho.

É interessante observar que, nesse trajeto de auto-reconhecimento, as interpretações são múltiplas. *Instaura-se um debate, expresso na literatura, entre distintas visões do Serviço Social, inclusive no interior do campo progressista.* No universo dos pesquisadores, que reivindicam um vínculo com a tradição marxista, afloram maneiras de pensar e explicar a profissão sob diferentes matizes. Explicitar essa diversidade no interior de uma unidade teórica e política ocupa um estatuto central no desenvolvimento do presente texto.

É digno de nota que o Serviço Social ao se colocar como objeto de sua própria pesquisa, encontrou-se, concomitantemente, com uma ampla gama de preocupações que o envolvem, mas também o extrapolam, concernentes às relações entre o Estado e a sociedade civil nos quadros da expansão monopolista sob a hegemonia das finanças.

Dado por suposto o acúmulo crítico já obtido na análise da profissão, no âmbito das relações sociais fundamentais da sociedade capitalista, os pesquisadores avançaram no sentido de articulá-la às políticas sociais públicas, desentranhando os fios que articulam o Serviço Social com a assistência, enquanto direito social, para além das versões assistencialistas. O foco, que privilegia as políticas sociais, tem contribuído para uma politização da ação profissional, não mais nos marcos do *militantismo*, mas no sentido de compreender suas imbricações com o poder das classes e, destacadamente, com o poder do Estado.

Esse campo de preocupações vem fazendo com que o assistente social, ao repensar as determinações sociopolíticas de seu trabalho, passe a enfrentar, em conjunto com a sociedade, os dilemas da *construção da esfera pública, da democracia, da cidadania dos direitos a ela inerentes*, considerando as particularidades do exercício profissional e sua condição de cidadão. No lastro desses dilemas é que se edifica um novo projeto profissional para o Serviço Social no País.

Numa primeira aproximação a um balanço da produção acadêmica sobre os fundamentos do Serviço Social, nas duas últimas décadas, identifica-se um significativo avanço no que concerne à crítica teórico-metodológica tanto do conservadorismo quanto do marxismo vulgar, articulado em torno do debate sobre história, teoria e método. Esse avanço se expressa na ultrapassagem da mera denúncia do tradicionalismo profissional ao efetivo enfrentamento de seus dilemas tanto na construção da crítica teórica quanto na elucidação de seus limites socioculturais e políticos na condução do trabalho profissional; no empenho em superar os "metodologismos" a favor de uma maior proximidade do Serviço Social com as grandes matrizes do pensamento social na modernidade, delas extraindo os fundamentos teórico-metodológicos para a explicação da profissão e para iluminar as possibilidades de sua atuação. Registra-se, ainda, um fértil percurso do ecletismo no trato das teorias para a busca de uma convivência plural de idéias no universo profissional, o que não elimina a luta pela hegemonia.

O debate sobre teoria, história e método vem recebendo influxos da chamada *crise dos paradigmas e do pensamento pós-moderno* (Netto, 1996).

Considerando a aproximação de segmentos significativos da produção acadêmica com a tradição marxista, ela se torna alvo de polêmicas. No trato da *crise paradigmática*, há que evitar a armadilha que coloca na mira dos embates caricaturas do pensamento marxiano como se fossem o próprio Marx, confundindo os personagens e fazendo a crítica de viés que, se não vulnerabiliza o núcleo fundante de suas elaborações, porque não o atinge, certamente difunde malversações teóricas, imputando às caricaturas os ingredientes da propalada "crise do marxismo". Nesse veio, são motivo de preocupação as declarações que afirmam a impossibilidade de por meio de inspirações teórico-metodológicas de raiz marxiana, encaminhar problemas tais como: a relação indivíduo e sociedade; a conjugação entre as dimensões macro e microssocietárias; a articulação entre os planos da objetividade e da subjetividade na vida social e entre universalidade, particularidade e singularidade, que são questões indissociáveis do exercício profissional.

O diálogo, nesse caso, é claramente travado coma vulgata do marxismo, talvez demonstrando desconhecimento da matéria, que é posta como objeto da crítica. Se a tradição marxista fosse viável apenas para analisar o que se denominam "grandes determinações da sociedade", não sendo capaz de elucidar a vida social cotidiana na sua historicidade, ela, de fato, não teria sentido, enquanto uma perspectiva teórico-metodológica para a explicação do processo histórico da sociedade capitalista e suas transformações. Conseqüentemente, a crítica seria inócua, transformando-se em mero diletantismo. Importa reconhecer, também, ser pouco difundida uma leitura da obra de Marx direcionada àquelas preocupações supra-assinaladas no âmbito do Serviço Social. Esse é um tema que desafia a agenda de produção de conhecimentos nessa área.

Urge uma aproximação mais rigorosa às fontes clássicas de modo a evitar interpretações dos autores que esvaziem a riqueza e complexidade de suas contribuições, destituindo a dimensão de universalidade que preside suas elaborações. É essa dimensão de universalidade que, acoplada à pesquisa das particularidades históricas do tempo presente, permite incorporar sugestões contidas naquelas fontes para iluminar a análise dos processos sociais em curso e vislumbrar as possibilidades de ação nela inscritas, transformando-as em projetos sociais e/ou profissionais.

SERVIÇO SOCIAL EM TEMPO DE CAPITAL FETICHE

Essa observação adquire especial relevo no campo dos fundamentos do Serviço Social, uma vez que este não se institucionaliza como uma ciência especial no quadro da divisão do trabalho. Essa especialização do trabalho não surge com a função precípua de produzir conhecimentos que articulem um campo "peculiar do saber" consoante a divisão do trabalho, que foi forjada historicamente entre as ciências, ainda que se inscreva oficialmente no campo das "ciências sociais aplicadas". O fato de o Serviço Social constituir-se uma *profissão*, traz inerente uma exigência de ação na sociedade, o que não exclui a possibilidade e a necessidade de dedicar-se a investigações e pesquisas no amplo campo das ciências sociais e da teoria social, adensando o acervo da produção intelectual sobre intercorrências da *questão social* e das políticas sociais, contribuindo para o crescimento do patrimônio científico das Ciências Humanas e Sociais.

O Serviço Social construiu, ao longo de sua existência, uma história de sua prática e uma história do ideário que incorporou para se explicar na sociedade e para nela projetar o seu fazer. Impôs-se, pois, como compulsório, o diálogo com o pensamento social clássico e contemporâneo, que hoje vem sendo aprofundado no debate teórico-metodológico presente no meio acadêmico.

Essas indicações apontam uma tripla exigência: *a primeira*, a de *dar prosseguimento, com o maior rigor e profundidade, à apropriação das vertentes teóricas que vêm marcando presença no debate profissional*. Ultrapassando a mera erudição no estudo dessa literatura, essa apropriação deve permitir que o tratamento atribuído às categorias e princípios metodológicos se converta, de fato, num instrumento de explicação dos processos sociais que circunscrevem o exercício profissional e das virtualidades que dispõe capazes de orientar o direcionamento da ação e a descoberta de novas possibilidades para a ação profissional.

A *segunda exigência* que se impõe, é *atribuir uma atenção específica ao processamento do trabalho profissional cotidiano*, na efetivação das competências e atribuições profissionais, e às estratégias para sua implementação — como há largo tempo vem sendo requisitado pela categoria — uma vez que o assistente social não é exclusivamente um analista social.

A *terceira exigência é aprofundar os estudos históricos sobre o Brasil contemporâneo*, que permitam um acompanhamento das mudanças macrossocietárias e suas expressões conjunturais, subsidiando a leitura das forças e sujeitos sociais que incidem no exercício profissional, condição para elucidar o seu significado social na sociedade nacional.

As múltiplas competências e atribuições para as quais é chamado a exercer no mercado de trabalho exigem do assistente social uma interferência prática nas variadas manifestações da *questão social*, tal como experimentadas pelos indivíduos sociais. Essa exigência, no âmbito da formação profissional, tendeu a ser unilateralmente restringida ora aos procedimentos operativos, ora à qualificação teórica como se dela automaticamente derivasse uma competência para a ação.

A ruptura com o empirismo e o utilitarismo — que tão fortemente grassaram o passado dessa área profissional — e a sólida formação teórico-metodológica de profissionais para se afirmarem como aguçados analistas sociais são, certamente, requisitos incontornáveis para preservar as conquistas já acumuladas. Mas essa formação teórica não pode silenciar a capacitação voltada às competências e habilidades requeridas para o desempenho do trabalho prático-profissional, que, resguardando um domínio teórico-metodológico e um direcionamento ético-político, se traduzam na construção de respostas às demandas postas ao assistente social — o que não se identifica com a sua imersão no terreno dos imediatismos. Trata-se, ao contrário, de conjugar as ações imediatas com as projeções de médio e longo curso, apoiadas nas análises de conjuntura e no deslindamento das relações de poder no espaço ocupacional em articulação com forças sociais nele intervenientes.

Em outros termos, o Serviço Social rompeu com a endogenia na análise da profissão, defrontou-se com os processos sociais macroscópicos que circunscrevem seu desempenho, sendo necessário agora realizar a "viagem de retorno à profissão" para reconstruí-la nas suas múltiplas relações e determinações como "concreto pensado".

Há ainda muito a elucidar quanto aos dilemas clássicos da prática política que, por meio de mediações particulares se atualizam no trabalho profissional, dotado de uma incontornável dimensão política: o *burocratismo, o basismo, o espontaneísmo, o reformismo*, entre outros, que já dispõem de um lastro analítico no campo da teoria política e, freqüentemente, se repõem no exercício profissional.

Outro desafio é a integração entre os fundamentos teórico-metodológicos com a *pesquisa concreta de situações concretas*, que figuram como objeto do trabalho desse profissional. É do desvendamento de específicas expressões da *questão social*, em suas múltiplas relações com o movimento da sociedade, enquanto totalidade histórica, e, em particular, no campo das políticas públicas, que podem emergir possibilidades de atuação, reconhecendo a trama de interesses nela condensados, impulsionando mudanças, segundo o direcionamento social impresso ao trabalho. Nesse sentido, é motivo de preocupação o lugar secundário a que foi, por largo tempo, relegado, na literatura especializada, o conhecimento dos sujeitos, que são alvo do exercício profissional, como o revela a carência de publicações sobre o modo de vida, de trabalho e respectivas expressões culturais dos segmentos de classes que constituem a população usuária dos serviços profissionais.

A categoria, no seu conjunto, dispõe de uma possibilidade privilegiada de aproximação à vida cotidiana das classes subalternas. Mas essa possibilidade pouco tem se revertido em provocação para a pesquisa que resulte na elucidação das metamorfoses e diferenças entre os vários segmentos das classes trabalhadoras e de suas formas particulares de subalternidade, de organização e de lutas. Em outros termos, como vivenciam e enfrentam relações de exploração e dominação por meio de conformismos e rebeldias, no interior das quais vão se forjando como sujeitos individuais e coletivos, construindo sua consciência não só como alienação, mas como mediação crítica da história. Esse é um pré-requisito para sintonizar o projeto profissional com as efetivas necessidades e interesses dos cidadãos e cidadãs que são usuários dos serviços prestados, sintonizadas com as organizações e movimentos sociais por meio dos quais que se expressam coletivamente.

Nas duas últimas décadas, uma das tônicas da produção acadêmica tem sido a relação do Serviço Social com o Estado, mediada pelas políticas públicas, enquanto estratégias do bloco do poder no enfrentamento da *questão social* e, simultaneamente, expressão da luta por direitos. Essa é, sem sombra de dúvidas, uma batalha cívica da maior importância histórica na construção da sociedade nacional, o que supõe a universalização das políticas públicas sob a condução do Estado, em contraposição às tendências focalizadas de combate à pobreza. Adquire especial relevância na formação social e política brasileira, presidida pela ideologia do favor — pelo mando e não pelo mandato — onde a relação entre as esferas pública e privada forjou-se mediada pela hipertrofia do poder privado, como o atestam os *coronelismos* e os *populismos* de distintas tonalidades, que marcaram a histórica política brasileira nos interregnos de longos períodos ditatoriais.

Todavia, o vínculo do Serviço Social com as políticas públicas, como tônica da análise, redundou em dilema de duas faces: inicialmente operou *um relativo obscurecimento das transformações operadas na sociedade civil* (nos termos adotados neste estudo) que, na literatura profissional, passou a ser filtrada através das estratégias do Estado e ações dos governos; por outro lado, redundou numa relação *mimética entre Serviço Social e política social*, submergindo a visibilidade das respostas profissionais no âmbito dessas políticas, o que repõe, em certos nichos profissionais, a regressiva identificação entre Serviço Social e assistência social.

Assim, por exemplo, os estudos sobre as classes subalternas foram subestimados, durante largo tempo, em favor da análise dos recursos e iniciativas governamentais no campo da assistência pública. Em outros termos, a ênfase recaiu nas iniciativas governamentais para fazer frente ao pauperismo, sem a prévia e correlata identificação das formas específicas que vem assumindo o crescimento ampliado das desigualdades e do pauperismo na sociedade brasileira — o que só a partir de meados dos anos 90 passa a ser revertido. O acompanhamento da situação de vida e de trabalho das classes subalternas, suas formas autônomas de representação em relações ao bloco do poder fornecem, certamente, bases para avaliação do alcance e eficácia (ou não) das medidas oficiais nesse campo.

A observação supra-referida não implica desconhecer o substancial avanço das análises sobre as políticas sociais e, em especial, a seguridade social (com ênfase na saúde e na assistência) presididas pela afirmação do substancial papel do Estado na garantia dos direitos de cidadania. Essa face do debate é decisiva e indica a posição de proeminência que os assistentes sociais têm tido na defesa da seguridade social pública e, particularmente, da assistência social enquanto direito constitucional, condição esta ainda difícil de ser assumida pela esquerda e por destacados cientistas sociais.

SERVIÇO SOCIAL EM TEMPO DE CAPITAL FETICHE

Não restam dúvidas de que o Serviço Social vem conquistando uma posição de proeminência no debate sobre as políticas sociais e da formação de quadros de pesquisadores na área, a partir do ensino de graduação e pós-graduação, além de ser um campo de trabalho fundamental do exercício profissional. Entretanto, Serviço Social não é o mesmo que políticas sociais. Se estas conformam um campo de ação do Estado e dos governos, a profissão deles é independente, ainda que atue nesse campo, acionando respostas ao nível da análise e da formulação de políticas e de sua implementação prática consoante competências e atribuições que lhe são institucionalmente pertinentes.

Entretanto, a concentração unilateral da análise no campo das respostas governamentais revela-se como parcial, podendo resvalar-se para os dilemas circunscritos à gestão social mais eficaz da pobreza, se não for acompanhada, com igual vigor, de uma intensa aproximação dos dilemas dos sujeitos sociais que sobrevivem na pobreza e a desafiam se reproduzindo.

Nos termos da análise marxiana, é a sociedade civil que explica o Estado. Como sustenta Lefebvre (1979: 8), "a verdade do político (e, conseqüentemente, do estatal) está no social, sendo as relações sociais que permitem compreender as formas políticas, jurídicas, religiosas, artísticas". Aqui a sociedade civil é compreendida como o terreno da produção social no sentido abrangente (não se confundindo com qualquer viés economicista): como produção material das classes, enquanto protagonistas políticos; como produção das formas de pensar e representações culturais, por meio das quais os indivíduos sociais expressam seus modos de vida, necessidades e aspirações.

Concentrar unilateralmente a problemática do Serviço Social nos "círculos do Estado" poderá conduzir à reedição, no presente, do velho dilema da economia política clássica: o aprisionamento da análise no campo da distribuição mais eqüitativa dos recursos sociais, circunscrita aos limites estabelecidos pelo ordenamento da produção capitalista, que é investida de infernais poderes eternos. O horizonte histórico máximo passa a ser a *social-democracia*, isto é:

> [...] exigir instituições democrático-republicanas como meio de não acabar com os dois extremos, capital e trabalho assalariado, mas de enfraquecer o

antagonismo e transformá-lo em harmonia [...] Esse conteúdo é a transformação da sociedade por meio de um processo democrático, porém uma transformação dentro dos limites da burguesia. (Marx, 1978: 48).

Importa insistir que isso não significa desconhecer a importância de políticas sociais distributivas fruto de lutas acionadas pelo trabalho contra a economia política do capital, cuja eficácia depende de uma correlata política econômica, que impulsione a democratização das relações de propriedade, da renda, do poder político e da cultura. Sendo esta uma mediação fundamental do trabalho profissional, ela não o esgota, requerendo atribuir maior centralidade às respostas profissionais no âmbito dessas políticas e estimular o intercâmbio de experiências exitosas, que contribuam para a qualificação do trabalho profissional.

Levanta-se a hipótese de que o esforço de qualificação teórica no marco das múltiplas relações societárias em que se inscreve a profissão, em busca de preservar a sua historicidade — condição essencial para consolidar a ruptura com a endogenia no debate profissional —, tem redundado num relativo obscurecimento e numa posição secundária que a análise da profissão vem ocupando na literatura especializada. Apreender as múltiplas determinações societárias incidentes no trabalho profissional é de fundamental relevo, mas faz também necessária a viagem de volta que permita uma rica releitura desse trabalho saturado daquelas determinações. São parcas as produções recentes que têm o Serviço Social como objeto central de suas pesquisas, podendo sugerir uma armadilha: a incorporação, pelos próprios pesquisadores, de uma imagem social subalternizada da profissão, redundando numa relação envergonhada com o Serviço Social, não assumida enquanto tal, e encoberta na busca de temas considerados de maior relevo acadêmico e social como objeto das investigações. Essa tendência se radicaliza na análise do trabalho ou da "prática profissional", que vem ocupando um lugar secundário na agenda recente da produção acadêmica especializada.

É urgente ao Serviço Social "nutrir-se" da história brasileira do presente, realizando um criterioso acompanhamento da dinâmica das relações entre o Estado e a sociedade; e, nessa rede de relações, elucidar as situações específicas que são o objeto do trabalho do assistente social e as respectivas respostas profissionais consoante os rumos ético-políticos assumidos, de modo a elucidar as transformações operadas no significado social da profissão no cenário da sociedade contemporânea.

3. O debate sobre as particularidades do trabalho do assistente social

O propósito das considerações que se seguem é estabelecer um debate com a literatura especializada brasileira recente sobre o estatuto da profissão, no intuito de identificar os ângulos privilegiados pelos autores no tratamento das particularidades do Serviço Social: as principais teses que defendem e os fundamentos históricos e teórico-metodológicos de suas elaborações. Pretende-se efetuar um esforço preliminar de crítica teórica dessa produção, ressaltando contribuições inéditas e impasses analíticos quanto ao trabalho do assistente social, foco central de interesse.

Para tais fins, foram selecionados textos significativos diretamente afetos ao tema, no conjunto da obra de autores com ampla difusão na categoria e que exerceram influência no processo de renovação crítica do Serviço Social brasileiro. Como o já ressalvado, trata-se de efetuar um diálogo fraterno com colegas de profissão, situados na mesma tradição intelectual ou em arenas fronteiriças, sem abrir mão do rigor da análise, expressão do respeito acadêmico e do reconhecimento da importância de suas contribuições. A maturidade intelectual e política atingida pelos pesquisadores permitem esse empreendimento, de parca tradição no universo acadêmico da área, com o claro intuito de fortalecer a unidade no interior da diversidade, contribuindo para esclarecer os dilemas do trabalho do assistente social no Brasil contemporâneo.

Certamente, o ponto de referência desse debate é a perspectiva, desenvolvida por esta autora, que considera o caráter contraditório do Serviço Social no processo de reprodução das relações sociais. Assim, faz-se necessário incluir também um balanço de minha produção seminal dos anos 80, visto ser essa angulação que preside o esforço de leitura crítica da literatura especializada.

3.1. Um balanço crítico de Relações Sociais e Serviço Social no Brasil[138]

Esta releitura parcial da primeira parte do livro *Relações Sociais e Serviço Social*, de minha autoria, elaborado em conjunto com Raul de Carvalho, foi realizada tendo em vista atribuir visibilidade aos elos que ela mantém com o debate contemporâneo do Serviço Social no País e, em especial, com a minha intervenção no mesmo.[139] E me descobri em um feliz reencontro com a produção do passado, com os olhos voltados para o presente. Reafirmo, integralmente, a análise efetuada sobre o Serviço Social no âmbito do processo de produção e reprodução das relações sociais, no marco da pesquisa histórica realizada, que abrange as décadas de 30 e 60.

1. Atesto o rigor analítico da exposição da teoria de Marx e a atualidade do "eixo metodológico que trata a tensão necessária entre a realidade e as formas sociais de que se revestem os fenômenos na empiria da vida social". Ela condensa os dilemas da exploração do trabalho e dos mecanismos mistificadores de sua legitimação, "enfeixada no trato essencial da alienação do trabalho", tema esquecido e relegado aos porões do debate contemporâneo. O tema da alienação permite atestar o radical humanismo histórico do pensamento de Marx. Ele é, certamente, o mais importante fio de continuidade com a minha produção atual, centrada na análise da forma típica da sociabilidade da sociedade burguesa — ou de uma forma histórica de constituição da individualidade social —, fundada nas formas sociais assumidas pelo trabalho, que são centrais na configuração da *questão social* na cena contemporânea.

2. Outro ângulo que me chamou atenção — no esforço de leitura na posição de uma "avaliadora externa" — diz respeito à precisa abordagem

---

138. Recupero aqui extratos do balanço retrospectivo sobre o tema, que realizei por ocasião das homenagens recebidas, de parte da ABEPSS, em comemoração às duas décadas de publicação do livro: *Relações Sociais e Serviço Social*, em co-autoria com Raul de Carvalho. O referido balanço foi publicado integralmente no Suplemento da revista *Temporalis*: ABEPSS Niterói, ano III: 89-128, nov. 2002. Esclareço que esta parte do trabalho, diferentemente das demais, está escrita na primeira pessoa do singular, por tratar-se de um balanço de minha produção.

139. Os comentários que se seguem referem-se centralmente à primeira parte do livro, de minha autoria, relativa aos capítulos: *Uma concepção teórica da reprodução das relações sociais* e *O Serviço Social no processo de reprodução das relações sociais*.

da mercadoria em suas tensões internas entre valor de uso e valor. O texto articula a óptica da qualidade e da quantidade, da particularidade e da universalidade, do trabalho útil e abstrato. Expõe, também, as tensões da forma do valor — a forma relativa e a forma equivalente —, situando aí os dilemas do fetiche da mercadoria, que oculta as relações entre produtores por meio de seus trabalhos, em favor de relações sociais entre coisas, entre os produtos do trabalho. Produz-se assim uma clara inversão: a submersão da atividade humana, em favor da visibilidade unilateral aos seus produtos e da reificação da forma do valor de troca, a que tem no dinheiro a figura de equivalente geral das relações de valor das mercadorias.

3. Um foco central, a noção mesma de produção e reprodução das relações sociais é submetida a um tratamento rigoroso na acepção de Marx. O texto afirma:

A reprodução é a continuidade do processo social de produção; porém uma continuidade que não se reduz à mera repetição. É uma continuidade no decorrer da qual o processo se renova, se cria e recria de modo peculiar. As condições de produção são, pois, as de reprodução. (Iamamoto, in: Iamamoto e Carvalho, 1982: 46).

Esse parece ser um tema que expressa um "dos nós cegos" presentes no debate atual. É freqüente a tendência de se estabelecer, no nível da análise, uma muralha entre "esfera da produção" — aprisionada nos muros fabris — e "a da reprodução", reduzida à reprodução de um dos elementos da produção, o seu componente subjetivo, a força de trabalho, pela via do consumo de bens e serviços. Daí a reiterada afirmativa de que o "Serviço Social se situa na esfera da reprodução", como conseqüência dessa interpretação empobrecida daquelas categorias analíticas. É interessante verificar que a afirmativa de que o Serviço Social se situa na esfera da reprodução social é tida como um pressuposto, que dispensaria explicações. Entretanto, a elucidação dos fundamentos teóricos dessa afirmativa é um dos ângulos da polêmica ainda não enfrentada no universo acadêmico do Serviço Social.

A análise da transformação da mercadoria em capital segue, na exposição, a lógica constante do texto de Marx (1971), o Capítulo VI, Inédito de *O Capital*, referente à reprodução das relações sociais de produção, articulando produção e circulação,[140] que mantém, ainda hoje, o seu caráter iné-dito para muitos. A reprodução ampliada do capital, apreendida no seu movimento, envolve tanto produção de valor novo e de mais-valia quanto reprodução do valor anteriormente existente. Ela é tratada como reprodução ampliada das relações de classes e dos seus antagonismos — e respectivas relações de poder —, que faz com que essa sociedade se encontre "em processo de recriação e negação" (Marx, 1971: 66). O fundamento desta afirmativa está no caráter cada vez mais social da produção contraposto à apropriação privada do trabalho, dos meios e dos produtos, que se criam e se reproduzem como riqueza alheia, isto é, como poder que domina os produtores, enfim como capital:

> A produção capitalista não é só reprodução da relação; é sua reprodução numa escala sempre crescente, na mesma medida em que, com o modo de produção capitalista se desenvolve a força produtiva social do trabalho, cresce também frente ao trabalhador a riqueza acumulada, como riqueza que o domina, como capital [...] e na mesma proporção em que se desenvolve, por oposição, sua pobreza, indigência e sujeição subjetiva. (Idem: 103).

4. Ao se discutir hoje a relação entre trabalho e Serviço Social, é possível identificar na obra em questão "os fundamentos do debate sobre o processo capitalista de trabalho", em seus elementos materiais e subjetivos (objetos, meios e a força viva de trabalho) que são universais, e nas características particulares que assume sob a órbita do capital.

No processo capitalista de produção, as mercadorias compradas e consumidas pelo capitalista são de sua propriedade, uma forma de existência de seu capital. Ora, se o trabalho é uma função pessoal do trabalhador, enquanto gasto de sua força vital e realização de suas capacidades produtivas, enquanto processo de criação de valor, o consumo da força de trabalho

---

140. Esta exposição foi possível em razão dos estudos realizados no curso de mestrado em Sociologia Rural, na Escola Superior de Agricultura "Luiz de Queiroz" — ESALQ/USP — e dos oito anos de formação sobre a obra de Marx, de 1975 a 1982, sob a orientação do Prof. Dr. José de Souza Martins — a quem sou especialmente grata —, na Faculdade de Filosofia e Ciências Humanas da Universidade de São Paulo (FFCH/USP). Foram objeto de estudo as seguintes obras de K. Marx: os três livros de *O Capital*, o capítulo VI, Inédito; os dois volumes dos *Gründrisse (1857-1958)* e os três volumes das *Teorias sobre a Mais Valia* (tomo IV de *O Capital*).

pertence ao capitalista, tendo em vista a valorização de seu capital. Também lhe cabe a função de controle ou de gestão da força de trabalho em ação, ou seja, definir as formas de direção e vigilância daquele consumo.

O processo de trabalho organizado pelo capital é presidido por uma *inversão*: o trabalho vivo é simples meio de valorização dos valores existentes expressos nos meios de produção. Tem-se o domínio do trabalho objetivado nos meios de produção, nas coisas, sobre o trabalho vivo, ou seja, sobre o trabalhador. A objetivação do trabalho (dessa substância criadora de riqueza) no produto, se torna, para o produtor, escravização de si mesmo aos produtos do trabalho. Mas a alienação se expressa também no próprio ato da produção, em que o trabalho aparece como algo externo ao trabalhador, em que não se afirma, mas se nega a si mesmo e o mortifica, só se sentindo livre quando deixa de trabalhar. Os *Manuscritos Econômico-Filosóficos de 1844* (Marx, 1975b) fundamentam a abordagem sobre a alienação, a que se acresce a obra principal de Marx. Nos manuscritos de *O Capital, Capítulo VI — Inédito* tem-se uma síntese da análise:

> A dominação do capitalista sobre o trabalhador é, conseqüentemente a da coisa sobre o homem, do trabalho morto sobre o trabalho vivo, do produto sobre o produtor. Na realidade, as mercadorias que se convertem em meios de dominação sobre os trabalhadores, (porém só como meios do capital mesmo) não são meros resultados do processo de produção, mas os produtos do mesmo. Na produção material — o verdadeiro processo da vida social — pois este é o processo de produção — dá-se exatamente a *mesma* relação que se apresenta no terreno da religião: a conversão do sujeito em objeto e vice-versa. Considerada, *historicamente*, essa conversão aparece como momento de transição necessário para impor, pela violência e às custas da maioria, a criação de riqueza, enquanto tal, isto é, o desenvolvimento inexorável das forças produtivas do trabalho social, que é o único que pode constituir a base material de uma sociedade humana livre. (Marx, 1971: 19, grifo do autor).

Entretanto, no livro, essa análise voltada à compreensão da lógica que organiza o trabalho sob o domínio do capital e das relações que lhe dão vida, não se dirige diretamente aos processos de trabalho de que participa o assistente social e, portanto, não explicita as mediações necessárias para uma reflexão dentro de tais parâmetros.

O texto alerta sobre o "perigo de redução do processo de produção ao processo de trabalho nos seus elementos simples" — meios de trabalho, objeto e a atividade humana —, desvinculado de suas implicações na órbita da produção do valor e, eventualmente, da mais-valia, o que se encontra na raiz da *mistificação do capital*. Este é um risco presente no debate atual no Serviço Social, que pode resvalar para uma abordagem que reifique as relações sociais, comprometendo a historicidade das análises, ao considerar, unilateralmente, o substrato material do valor do capital: as coisas em que se expressa, isoladas das relações sociais por meio das quais ocorre a produção (Iamamoto. In: Iamamoto & Carvalho, 1982: 41).

O risco é restringir a abordagem do processo de trabalho à óptica do valor de uso (ao trabalho útil, concreto) desvinculando-o de suas implicações na órbita do valor (do trabalho humano abstrato), ou seja, das relações sociais por meio das quais se efetiva, indissociável das formas de propriedade em se que se inserem. As formas de propriedade, aliadas aos avanços na produtividade social do trabalho, permitem evidenciar o caráter historicamente datado e transitório do processo capitalista de produção.

Livrando-se desses descaminhos, o texto sustenta que o caráter de capital, impresso às mercadorias e ao dinheiro desde a circulação, decorre do fato de que as condições de produção e os meios de subsistência encontram-se "alienados do trabalhador e o enfrentam com coisas capazes de comprar pessoas" (Idem: 52), o que caracteriza essencialmente o capital como relação social.

5. A exposição sobre a reprodução das relações sociais apresenta os fundamentos da *questão social* no modo de produção especificamente capitalista, ao abordar a população sobrante no interior mesmo da lei da acumulação. Oferece elementos, da maior atualidade, para compreensão da lei particular de população na sociedade capitalista e do crescimento da população sobrante, que se recriam, hoje, nas novas condições históricas.

A análise parte do processo de acumulação, em sua tendência ao desenvolvimento das forças produtivas sociais do trabalho. Ela resulta em que um mesmo capital põe em movimento menos trabalho necessário e mais sobretrabalho para a produção de um mesmo valor de troca ou quantidades maiores de valor de uso, incrementando a mais-valia. A lei do capital é criar sobretrabalho (ou trabalho não pago), o que supõe a mediação do trabalho necessário. Ou, em outros termos, sua tendência é criar a maior quantidade possível de trabalho materializado, isto é, valor e, ao mesmo tempo, reduzir o trabalho necessário a um mínimo, ampliando o tempo de trabalho excedente. Assim, à proporção em que progride a acumulação, a tendência é reduzir o capital investido na compra e venda da força de trabalho (capital variável) em relação ao capital total empregado na produção.

> Portanto, ao produzir a acumulação do capital, a população trabalhadora produz, também, em proporções cada vez maiores, os meios de seu excesso relativo. Esta é a *lei da população peculiar ao regime de produção capitalista*, pois todo regime de produção tem suas leis de população próprias, leis que regem de um modo historicamente concreto. (Marx, 1975a: 34, t. I).

O texto identifica a particularidade do regime capitalista de produção, no qual a existência de uma superpopulação trabalhadora disponível, independente dos limites reais de crescimento da população, é fruto do desenvolvimento das forças produtivas do trabalho social. A população trabalhadora excedente é, portanto, produto da acumulação e uma das condições para seu desenvolvimento, uma vez que a oferta e demanda de trabalho, em condições absolutamente favoráveis ao capital, contribui na regulação do movimento geral dos salários.

> O desenvolvimento das forças produtivas sociais do trabalho permite ao capitalista, com o mesmo desembolso de capital variável, colocar em ação maior quantidade de trabalho, mediante maior exploração intensiva e extensiva de forças de trabalho individuais. Esse excesso de trabalho de trabalhadores ativos tem como contrapartida o engrossamento das filas dos trabalhadores de reserva, ao mesmo tempo em que a pressão destes sobre aqueles, obriga-os a trabalharem mais e a se submeterem às pressões do capital (Iamamoto, in: Iamamoto e Carvalho, 1982: 60).

É essa a explicação proposta sobre a gênese da *questão social*, cuja configuração depende da situação objetiva das classes trabalhadoras historicamente situadas ante as mudanças verificadas no modo de produzir e apropriar o trabalho excedente. Ela depende, ainda, da capacidade de luta e organização dessas classes na defesa de seus interesses de classe e de sua sobrevivência, assim com as diversas maneiras de interpretar e agir sobre ela propostas pelo bloco do poder, com o apoio do Estado (Idem: 79).

Ao concluir essa breve apreciação sobre a exposição referente à reprodução das relações sociais de produção, gostaria de supor que esta análise apoiada em Marx fosse de domínio público incorporada pela categoria profissional com a mesma intensidade como é interpretado o Serviço Social, o que não me parece ser uma realidade.

6. A análise teórica sobre o significado social da profissão constante no livro não surge, como supõem alguns, de uma dedução da lei do valor. É preciso reafirmar que o conhecimento, além de um produto coletivo, é historicamente datado. Aquela análise é parte do acúmulo crítico construído pelo Serviço Social latino-americano, a partir de meados da década de 60, no lastro do movimento de reconceituação, adensada na pesquisa histórica sobre e gênese e evolução do Serviço Social no Brasil — mais precisamente no eixo pioneiro de São Paulo e Rio de Janeiro. Os registros identificados, no período abordado pela pesquisa, mostram um exercício profissional essencialmente sob a óptica do poder institucional dominante, sendo raros os depoimentos de manifestações explícitas ou veladas de caráter contestatório. Ou seja, a rica documentação analisada não permitiu captar a existência de possíveis tendências críticas e nem a versão dos usuários sobre as ações dos assistentes sociais. Isso explica a ênfase no controle social e na difusão da ideologia dominante presente na análise do significado social da profissão.

Lembre-se de que a renovação crítica do Serviço Social latino-americano é posterior ao período considerado na pesquisa empírica, que abrange as décadas de 30-60 do século XX. O debate continental sobre o movimento de reconceituação certamente foi uma inspiração para a análise do material pesquisado no lastro da tradição marxista.

Todavia, é também fato que este texto inaugura, na arena do Serviço Social brasileiro, uma abordagem histórico-sistemática sobre a produção e reprodução das relações sociais com base em um tratamento da teoria marxiana, apoiada no conjunto de sua obra principal — *O Capital* — até então ausente da produção acadêmica da área no País. É essa incorporação que oferece o percurso metodológico e o arsenal de categorias teóricas na análise do significado social da profissão, apresentando o Serviço Social como uma especialização da divisão social e técnica do trabalho. Aquela abordagem traz a centralidade do trabalho para o campo de interpretação, foco tão diluído nas feições do marxismo herdadas do movimento de reconceituação, — um marxismo sem Marx (Quiroga, 1989) —, carregado com fortes marcas do estruturalismo francês de Althusser e do marxismo soviético e/ou de inspiração maoísta.

Foi aquela incorporação teórico-metodológica haurida nas fontes originais de Marx que permitiu desentranhar da realidade, afirmar e fundamentar o caráter contraditório do exercício profissional, indissociável das relações e interesses de classes e de suas relações com o Estado que fundam a sociedade brasileira. O reconhecimento da dimensão contraditória da atividade profissional não desconsidera a margem de autonomia dos assistentes sociais — nas condições sócio-históricas encontradas — de interferir no direcionamento social e ético-político do exercício profissional. Cabe aos sujeitos profissionais elegerem suas finalidades, formas de conduzi-lo e processá-lo em consonância com o reforço de determinados interesses sociais presentes nas condições e relações de trabalho que configuram o espaço sócio-ocupacional do assistente social.

7. Na minha avaliação, além da pesquisa histórica propriamente dita, que não foi superada e abriu inéditos caminhos para outras investigações sobre o tema, a afirmação do caráter contraditório do exercício profissional foi uma das principais contribuições desta obra no debate sobre o Serviço Social brasileiro. Expressa uma ruptura com as análises unilaterais que situavam o Serviço Social exclusivamente na órbita ora dos interesses do capital, ora dos trabalhadores. Reconhece que o movimento de reprodução do capital recria a apropriação do trabalho excedente sob a forma de mais-valia, recria também em escala ampliada os antagonismos das relações sociais por meio das quais se efetiva a produção. No mesmo processo, reproduz-se a contradição entre a igualdade jurídica de livres proprietários, e a desigualdade econômica que envolve a produção social, contraposta à apropriação privada do trabalho alheio, ou seja, recriam-se os antagonismos dessas relações e o véu ideológico que as envolve, encobrindo sua verdadeira natureza. Essas considerações fundamentam a hipótese central da análise, assim formulada:

Como as classes sociais só existem em relação, pela mútua mediação entre elas, a atuação do assistente social é necessariamente polarizada pelos interesses de tais classes, tendendo a ser cooptada por aqueles que têm uma posição dominante. *Reproduz, também, pela mesma atividade, interesses contrapostos que convivem em tensão. Responde tanto a demandas do capital como as do trabalho e só pode fortalecer um ou outro pólo, pela mediação de seu oposto. Participa tanto dos mecanismos de dominação e exploração como, ao mesmo tempo e pela mesma atividade de respostas a necessidades de sobrevivência da classe trabalhadora e de reprodução dos antagonismos desses interesses sociais, reforçando as contradições que constituem o móvel básico da história.* A partir dessa compreensão é que se pode estabelecer *uma estratégia profissional e política para fortalecer as metas do capital ou do trabalho,* mas se pode excluí-los do contexto da prática profissional, visto que as classes só existem inter-relacionadas. É isso inclusive que viabiliza a possibilidade do profissional colocar-se no horizonte dos interesses das classes trabalhadoras. (Iamamoto. In: Iamamoto e & Carvalho, 1982: 75; grifos do autor).

O foco no significado social da profissão na sociedade capitalista rompe com o padrão endógeno, então predominante nas interpretações da profissão. Indaga sobre a sua necessidade social, seus efeitos na sociedade e as mediações sociais por meio das quais se realiza. Em outros termos, procura identificar as particularidades dessa especialização do trabalho, abordando-a nas suas dimensões de trabalho concreto e trabalho abstrato. Este é, certamente, um dos traços que a distingue das demais interpretações sobre a profissão e faz uma ponte com o debate atual sobre trabalho e Serviço Social, desdobrando aquela primeira aproximação.

A minha preocupação atual sobre o Serviço Social volta-se ao processo de realização desse trabalho especializado, aprofundando suas implicações no âmbito da organização social e técnica do trabalho. Busco, hoje, articular a profissão — dotada de uma regulamentação legal e de normas éticas específicas — ao seu processo de realização, em que o assalariamento de seus agentes é um determinante essencial. Esse desdobramento do debate sobre a instituição Serviço Social para o exercício profissional sintetiza as tensões entre o direcionamento que o assistente social atribui a esse exercício e as exigências dos empregadores aos seus trabalhadores assalariados especializados. A possibilidade de imprimir uma direção social ao exercício — como refrações no seu conteúdo e no modo de operá-lo — decorre da relativa autonomia que dispõe o assistente social, respaldada juridicamente na regulamentação da profissão, na formação universitária especializada e no código de ética.

Essa autonomia é tensionada pelas exigências dos empregadores — quanto aos propósitos, demandas, regulamentações específicas incidentes sobre o exercício assim como referentes à organização do trabalho, funções e atribuições, políticas de gestão da força de trabalho e determinações contratuais: salário, jornada, entre outras. Portanto, o debate atual volta-se à consideração das específicas condições e relações sociais por meio das quais se realiza o exercício profissional no mercado, no marco de uma organização coletiva do trabalho — e suas implicações, enquanto trabalho concreto e abstrato — no novo cenário nacional e internacional.

A reestruturação produtiva, a radicalização do projeto (neo)liberal e a reestruturação do Estado no contexto do capital transnacionalizado, instauradas na contratendência de sua crise, impulsionam a generalização das relações mercantis às mais recônditas esferas e dimensões da vida social. Afetam transversalmente a organização societária, a divisão do trabalho social, os direitos sociais e a constituição dos sujeitos; redimensionam funções e atribuições profissionais, como as relações sociais e os específicos processos de trabalho por meio dos quais se realizam a produção e distribuição de bens e serviços.

Minha pesquisa, hoje, volta-se ao processo de realização do projeto profissional, em suas dimensões técnicas, políticas e éticas, nas condições sociais em que opera o trabalho do assistente social e as formas por ele assumidas no âmbito das específicas relações sociais em que se inscreve no Estado, nas organizações empresariais, em entidades da sociedade civil e congêneres. Essa síntese de minhas preocupações atuais é suficiente para atribuir transparência aos elos de continuidade com o debate de 1982 e seus desdobramentos históricos e analíticos.

8. Em 1982, já afirmava ser o Serviço Social impensável sem a base organizacional em que se inscreve. Regulamentado como uma profissão liberal, ela dispõe de certos traços típicos, como a reivindicação de uma deontologia, o caráter não rotineiro da intervenção, uma relação singular no contato direto com os usuários dos serviços prestados, com possibilida-

de de definir a condução da ação profissional. Todavia o assistente social afirma-se como um trabalhador assalariado, na sociedade brasileira, tendo o Estado como principal empregador, além do empresariado:

> O assistente social se insere numa relação de compra e venda de mercadorias em que sua força de trabalho é mercantilizada. Aí se estabelece uma das *linhas divisórias entre a atividade assistencial voluntária*, desencadeada por motivações puramente pessoais e idealistas, *e a atividade profissional*, que se estabelece mediante uma relação contratual, que regulamentam as condições de obtenção dos meios de vida, necessários à reprodução desse trabalhador especializado. Passa esse agente a receber um salário, preço de sua mercadoria força de trabalho em troca de serviços prestados, determinado pelo preço de qualquer outra mercadoria, *ingressando sua atividade no reino do valor.* (Iamamoto. In: Iamamoto e Carvalho, 1982: 85; grifos do autor).

O texto afirma, em caráter preliminar, que o Serviço Social não é uma profissão que se inscreva, predominantemente, entre as atividades diretamente vinculadas aos processos de criação de produtos e valor, o que não significa o seu alijamento da produção em sentido amplo (produção, distribuição, troca e consumo). Sendo o alvo do exercício profissional o trabalhador e sua família, o Serviço Social, ao inscrever-se no contexto referente às condições e situação de vida da classe trabalhadora, encontra-se integrado ao processo de criação das condições indispensáveis ao funcionamento da força de trabalho, à extração da mais-valia (Idem: 86).

Em 1982, é aberto o debate sobre o Serviço Social como trabalho produtivo e/ou improdutivo (de mais-valia), afirmando que a profissão não se dedica preferencialmente ao desempenho de funções produtivas, visto ser o Estado seu maior empregador na órbita da prestação de serviços sociais. Ora, o processo de produção e reprodução capitalista requer uma gama de atividades que, não sendo diretamente produtivas, é necessária ao movimento do capital, seja porque reduz o limite negativo à valorização do capital (como, por exemplo, as atividades do comércio), seja porque se dedica à criação de bases para o exercício do poder de classe — que tem no Estado sua maior expressão: "[...] enquanto atividades diretamente vinculadas ao poder político-ideológico e/ou repressivo e à modernização do aparato burocrático do Estado necessário à garantia do domínio de classe.

SERVIÇO SOCIAL EM TEMPO DE CAPITAL FETICHE

Desse ponto de vista, são atividades cujo significado econômico está subordinado ao seu caráter político determinante". (Idem: 87).

Tais reflexões mantêm sua atualidade incontestável. Entretanto, busca-se desdobrar a análise nas particulares inserções profissionais, que se diversificam no contexto de ampla privatização da coisa pública e mercantilização dos serviços sociais na lógica da acumulação. A abordagem amplia-se, considerando o assistente social parte do trabalhador coletivo e os processos de cooperação por meio dos quais realiza o seu trabalho, organizados por seus empregadores, nos quais se realiza o consumo e a gestão da força de trabalho. Isto requer trazer o sujeito e seu trabalho especializado para o palco central dos debates, e, conseqüentemente, as condições e relações de trabalho como dimensões constitutivas e determinantes (juntamente com as projeções dos profissionais) da configuração daquele trabalho em todas as suas dimensões.

O desafio é incorporar e ir além da abordagem do trabalho do assistente social, enquanto trabalho concreto, isto é, de uma qualidade determinada, que satisfaz necessidades sociais, o que foi o foco central do debate profissional sobre as particularidades do Serviço Social nas décadas de 80-2000.[141] Isto porque o trabalho concreto só pode satisfazer necessidades sociais na medida em que possa ser trocado por qualquer outro tipo de trabalho privado útil, o que requer abstrair de sua particularidade e identificar nele algo comum: o fato de ser dispêndio de força humana de trabalho, isto é, trabalho humano social indistinto, portanto, valor.

Impõe incorporar na análise a outra dimensão desse trabalho especializado e dele indissociável: o fato de ser *trabalho social médio*, isto é, trabalho abstrato, considerando, portanto, sua inserção no universo do valor. É nesse universo que se estabelece o valor de troca dessa força de trabalho especializada — o salário do assistente social — parte do trabalho social médio, pensado na sua *quantidade*, medido pelo tempo de trabalho socialmente necessário. Lembre-se que a força só tem valor de uso para seu possuidor quando é valor de troca, isto é, quando é passível de ser trocada por dinheiro para satisfação de suas necessidades.

---

141. Cf., dentre outros, Netto (1991b e 1992); Martinelli (1989); Faleiros (1987b, 1999a); Yazbek (1993); Abreu (2002), Vasconcelos (2002).

A exigência desse patamar de análise é, portanto, dada pela condição assalariada, que se encontra na base da profissionalização dessa especialização do trabalho na sociedade, conforme já afirmado. Ora, essa força de trabalho, ao se mercantilizar, incorpora todas as tensões internas presentes na mercadoria — entre valor de uso social e valor, particularidade e generalidade, trabalho concreto e abstrato, forma relativa e forma equivalencial — assim como os mistérios do fetichismo da forma do valor mercantil e da alienação que o envolve. Tais tensões internas inerentes à mercadoria se atualizam na força de trabalho, com a particularidade de que é portadora, uma vez que, quando inscrita sob a órbita do capital, seu consumo é fonte de valor: de produção de valor novo, de conservação do valor contido nos meios de produção e de criação de valor excedente ou mais-valia.

O desafio é traduzir essa análise no trabalho do assistente social em suas particulares inserções nas esferas da produção de bens e serviços. Em outras palavras, enriquecer o tratamento teórico do exercício profissional, considerado em suas múltiplas determinações e mediações, no âmbito da práxis social.

Para tanto, é necessário extrapolar o foco corrente centrado na prática profissional, visto que esta se restringe a um dos elementos do exercício profissional historicamente situado: o próprio trabalho, como atividade do sujeito que age, componente subjetivo do processo de trabalho. E caminhar para uma abordagem na óptica de totalidade da mesma, ampliando o foco da análise para o trabalho em seu processo de realização no mercado de trabalho, em condições e relações sociais determinadas.

10. Outro aspecto, que permanece nesses vinte anos, é a centralidade atribuída à *questão social* na profissionalização do Serviço Social na sociedade brasileira, nos marcos da expansão urbana e da progressiva hegemonia do capital industrial e do capital que rende juros. Tais processos são apreendidos sob o ângulo da emergência de novos sujeitos sociais: o proletariado urbano e a burguesia industrial e frações de classes que compartilham o poder de Estado, em conjunturas históricas determinadas. A *questão social* considerada como:

> [...] as expressões do processo de formação e desenvolvimento da classe operária e de seu ingresso no cenário político da sociedade exigindo o seu reco-

nhecimento como classes por parte do empresariado e do Estado. É a manifestação, no cotidiano da vida social, da contradição entre o proletariado e a burguesia, a qual passa a exigir outros tipos de intervenção, mais além da caridade e da repressão. (Iamamoto. In: Iamamoto e Carvalho, 1982: 77).

Ingressa em cena o Estado, estabelecendo uma regulamentação jurídica do mercado de trabalho por meio da legislação social e trabalhista, e intervindo na gestão dos serviços sociais, como uma nova forma de enfrentar a *questão social*. Esta, enquanto uma determinação essencial da constituição da profissão, apresenta-se, hoje, sob novas mediações históricas, que atualizam as características determinantes da lógica do capital nas particularidades da formação econômica, social e político-cultural da sociedade brasileira em um momento decisivo da internacionalização da produção e dos mercados, da radicalização liberal com incidências nas relações entre o Estado e a sociedade, além de refrações na esfera cultural. Esse quadro desafia os pesquisadores à apropriação dos determinantes históricos da *questão social* e de suas expressões no contexto brasileiro do presente.

11. O Estado, tradicionalmente o maior empregador dos assistentes sociais, é alvo de um tratamento teórico e histórico no texto em foco, que reconhece sua importância decisiva na reprodução das relações sociais. O Estado é abordado na sua condição de legislador e de controlador das forças repressivas, voltado à manutenção do poder e da ordem consoante os interesses dominantes, apresentados à sociedade como ilusório interesse geral. Mas o Estado inclui, também, o conjunto dos meios de direção intelectual e moral acionado na luta pela hegemonia, segundo uma abordagem gramsciana do Estado ampliado. Condensa, pois, interesses conflitantes de frações da burguesia e dos proprietários fundiários que expressam alianças do bloco do poder. Embora excluindo as classes subalternas, o poder político não pode desconsiderar integralmente o seu poder de pressão, incorporando, ainda que de forma subordinada, alguns de seus interesses.

As particularidades do Estado na era monopolista não são objeto de uma análise teórico-sistemática,[142] mas também não se encontram ausentes

---

142. Uma abordagem teórico-sistemática do Estado monopolista na literatura do Serviço Social comparece, posteriormente, no texto de Netto (1992).

do conjunto da produção daquele período. Elas orientam a análise do significado da assistência social no capitalismo monopolista na sociedade brasileira, que, embora publicizada posteriormente, é parte integrante da interpretação da profissão. (Iamamoto, 1992a).

Contradizendo as acusações que apontam o caráter economicista de minha produção, é preciso registrar a centralidade da dimensão político-ideológica na análise sobre o significado do Serviço Social na reprodução das relações sociais, com ênfase na reprodução do controle e da ideologia dominante. A hipótese anunciada é a seguinte:

> [...] como atividade auxiliar e subsidiária no exercício do controle social e da difusão da ideologia dominante junto à classe trabalhadora, além de interferir na criação de condições favorecedoras da reprodução da força de trabalho, através da mediação dos serviços sociais. [...] A instituição Serviço Social, sendo ela própria polarizada por interesses de classes contrapostas, participa, também, do processo social reproduzindo as contradições básicas que conformam a sociedade do capital, ao mesmo tempo e pelas mesmas atividades em que é mobilizada a reforçar as condições de dominação, como dois pólos inseparáveis da mesma unidade. Embora constituída para servir aos interesses do capital, a profissão não reproduz, monoliticamente, necessidades que lhes são exclusivas; participa, também, ao lado de outras instituições sociais, das respostas às necessidades legítimas de sobrevivência da classe trabalhadora, face às suas condições de vida, dadas historicamente (Iamamoto. In: Iamamoto e Carvalho, 1982: 94-95).

Importa lembrar, também, que, ancorada nos dados coligidos na pesquisa histórica (1930-1960), o assistente social é visto como "profissional da coerção e do consenso", com base na teoria de Gramsci sobre o papel do intelectual (Iamamoto, 1982a). Aliás, na época de sua elaboração, este é um dos poucos trabalhos que trata o sujeito profissional em suas dimensões socioculturais. Um dos fios permanentes da análise é atribuir visibilidade à tensão entre a realidade e suas representações na consciência dos profissionais, entre o ser e representar, o que comparece, por exemplo, na análise da demanda dos serviços e do terreno cultural que fornece as fontes de sua legitimidade. O caráter "oficial" do mandato recebido pelo Estado tende a ser representado ao reverso, acentuando, na relação com o "cliente", motivações altruístas e desinteressadas, típicas de uma "vocação de servir".

12. A abordagem das relações sociais e do Estado, nos termos assinalados, desdobra-se na interpretação dos serviços sociais, numa época em que a debate brasileiro sobre a política social não havia ainda se difundido no universo das Ciências Sociais e do Serviço Social. Incorporando criticamente as elaborações de Marshall (1967) sobre classe e cidadania, desnuda a contradição inerente à sociedade capitalista entre o discurso da igualdade, indissociável das relações de troca de mercadorias equivalentes, e a realização da desigualdade, assentada em relações de poder e exploração, que moldam a sociedade de classes.

> [...] de um lado, a afirmação da liberdade individual e da igualdade de deveres e direitos de todos os cidadãos, como condição de funcionamento pleno da economia de mercado. É a igualdade necessária a toda troca de mercadorias equivalentes, através da relação entre livres proprietários das mesmas. É a relação igualitária que aparece na esfera da circulação consubstanciada também, nos textos legais. Em pólo oposto, tem-se a desigualdade inerente à organização da sociedade como unidade de classes sociais distintas e antagônicas, assentadas em uma relação de poder e de exploração. É a desigualdade inerente à relação do capital, ao livre direito de propriedade, que só é desvendado ao analisar o que ocorre com os agentes sociais na produção social da riqueza, contraposta a sua apropriação privada. (Iamamoto In: Iamamoto & Carvalho, 1982: 91).

Essa tensão entre igualdade e desigualdade, entre classes e cidadania — pólos de uma mesma unidade — conduz a uma interpretação dos serviços sociais para além da igualdade subjacente nos direitos sociais. Inscreve a explicação desses serviços na órbita do valor ou, em termos atuais, ao que é denominado de "fundo público", uma metamorfose da mais-valia (Oliveira, 1988).

A explicação parte do fato de que toda riqueza existente é fruto do trabalho humano. Ela é redistribuída na forma de rendimentos distintos para o capital (lucro industrial, comercial e juros); os proprietários fundiários (renda da terra) e os trabalhadores (salário). E parte da riqueza social é transferida ao Estado, especialmente sob a forma de impostos e taxas pagos por toda a população. Assim, parte do valor criado pela classe trabalhadora é apropriado pelo Estado e pelos segmentos dominantes e redistribuído sob a forma de serviços sociais. Estes, constituídos pelos organismos assistenciais e outorgados mediante as estruturas burocráticas do Estado, têm um propósito político de interferir e controlar os movimentos sociais, deslocando as contradições do campo explícito das relações de classe, absorvendo-as dentro das vias institucionais. Os segmentos sociais que oferecem os serviços encampam, como suas, reivindicações dos trabalhadores em suas lutas de resistência ante o capital na afirmação do seu protagonismo político. Nesse quadro, os serviços sociais assumem a aparência de "doação" de parte do poder político ou do capital, dotados de uma máscara humanitária.

> Tais serviços nada mais são, na sua realidade substancial, do que uma forma transfigurada de parcela do valor criado pelos trabalhadores e apropriados pelos capitalistas e pelo Estado, que é devolvido a toda a sociedade (em especial aos trabalhadores, que dele mais fazem uso) sob forma transmutada de serviços sociais. (Idem: 92).

Ao desmistificar o discurso filantrópico, tão em voga nos tempos atuais em que ocorre uma verdadeira "refilantropização do social" (Yazbek, 1998), o texto resgata a necessidade dos serviços previstos nas políticas sociais para a reprodução dos trabalhadores, complementares ao rendimento salarial, determinante na satisfação das necessidades básicas do produtor direto e de sua família. Aponta, também, o significado desses mesmos serviços para o capital, seja na socialização de parcela dos custos de reprodução da força de trabalho, na ampliação de seu campo de investimentos no âmbito dos serviços, na elevação da produtividade do trabalho, além da manutenção de condições subsidiárias à sobrevivência da população sobrante.

13. As sintéticas indicações críticas relativas ao exercício profissional, na óptica da demanda, situam o assistente social como o agente profissional de "linha de frente" nas relações entre os organismos institucionais e a população que demanda os serviços, o que, posteriormente, Netto (1992) vai qualificar de "executor terminal das políticas sociais". Salienta o poder que é delegado ao assistente social de interferir no acesso aos serviços, e a requisição de agilizar os atendimentos. Trata-se de um profissional que centraliza e difunde informações sobre os usuários no âmbito institucional e facilita a adesão dos mesmos às exigências normativas e definições programáticas das entidades empregadoras. O caráter pessoal, impresso à relação

profissional, identifica o assistente social como um "técnico em relações humanas por excelência".

Merecem destaque a dimensão *educativa* desse exercício, que incide sobre valores, comportamentos e atitudes da população, e a *linguagem* como instrumento privilegiado de ação do assistente social. Trabalha a partir das expressões concretas das relações sociais no cotidiano da vida dos sujeitos e dispõe de relativa autonomia na condução do exercício de suas funções institucionais. Pode limitar-se a responder às demandas do empregador, confirmando-lhe sua adesão ou:

> [...] a partir do jogo de forças presentes nas circunstâncias de seu trabalho, reorientar a prática profissional a serviços dos interesses e necessidades dos segmentos majoritários da população, consolidando junto a eles novas fontes de legitimidade para a atuação do assistente social. (Iamamoto. In: Iamamoto e Carvalho, 1982: 122).

14. A introdução da análise do *pensamento conservador* no Serviço Social é também fruto do conjunto da produção do início dos anos 80, calcada na literatura da Sociologia e da Psicologia social. A preocupação era decifrar, criticamente, o universo cultural do qual o Serviço Social é caudatário, indicando elementos que permitam elucidar o modo de pensar que informou decisivamente a profissão ao longo de sua trajetória. Certamente, é uma abordagem preliminar, que permitiu a incorporação e o aprofundamento do tema por outros autores, a exemplo de Netto (1991b, 1992).

Umas poucas palavras a mais, ao finalizar essa difícil e longa empreitada de reler, repetir, refutar e projetar os escritos de vinte anos. Certamente, "hesito no entra-e-sai de um minuto", como diz Drummond, decidida a cultivar a dúvida permanentemente. Muitas águas rolaram dos anos 60 — até quando vigorou a análise dos dados que apoiaram essa análise — aos dias atuais. Transformações históricas de monta alteraram a face do capitalismo e a sociedade brasileira. Uma onda longa de crise se estabeleceu e o capitalismo avançou em sua vocação de internacionalizar a produção e os mercados, requerendo "ajustes estruturais" por parte do capital, sob o comando dos organismos multilaterais, a serviço do capital financeiro.

Certamente, esse cenário histórico impõe outros desafios às múltiplas especializações do trabalho e à elucidação do significado social do Serviço

Social no tempo presente, na fidelidade mesma ao movimento do real. Por um lado, as determinações fundamentais da análise no que se referem à dinâmica contraditória da sociedade capitalista se mantêm. Todavia, elas se realizam mediante inéditos processos sociais, que requerem ser apreendidos e elucidados, atribuindo visibilidade às suas refrações no trabalho do assistente social, e essa é uma tarefa coletiva, de todos aqueles que têm na história o desafio de suas elaborações. Portanto, as elaborações, apresentadas a seguir, objetivam adensar um esforço coletivo.

3.2. A tese do sincretismo e da prática indiferenciada

Uma das mais expressivas contribuições para a renovação crítica do Serviço Social brasileiro é de autoria de Netto (1991b, 1992, 1996), que tem sido objeto de especial referência ao longo do presente ensaio. Elaborada com fina sustentação teórico-metodológica e profundamente enraizada na história do País, na dinâmica da expansão monopolista mundial, ela é responsável por uma culta interlocução da profissão com o pensamento social na modernidade e, especialmente, com representantes clássicos e contemporâneos da tradição crítico-dialética. Poder-se-ia afirmar que, animada por uma vocação histórica exemplar, a tônica que singulariza essa análise é o privilégio da esfera da cultura ou, mais especificamente, da crítica ideocultural, como dimensão constitutiva da luta política pela ruptura da ordem burguesa.

A interlocução crítica com essa produção é um instigante e delicado desafio. Ele decorre da existência de uma fina sintonia entre os interlocutores quanto à angulação teórico-metodológica e histórica que preside a leitura da profissão no âmbito das relações sociais; ou entre a referência para a crítica e o material a que se dirige — o que não significa uniformidade de interpretação e ausência de discrepâncias. As dissonâncias já foram submetidas ao rigor da crítica intelectual, animada por fraternos e vigorosos debates, que transformaram diferenças em meios de soldar laços de unidade.

Nessa ocasião, dando por pressuposto as determinações históricas da profissionalização do Serviço Social na expansão monopolista, o objeto da análise recai sobre um tema que condensa a maior polêmica entre os interlocutores — *o sincretismo da prática* — privilegiado em decorrência do recorte do tema que se pretende adensar: o trabalho do assistente social. (Netto, 1992). A crítica, sem concessões em torno dessa formulação historicamente datada, é acompanhada do reconhecimento da ultrapassagem, na produção subseqüente do autor, da maior parte dos impasses identificados.

Netto (1992) propõe-se a elucidar o estatuto teórico da profissão e identificar a especificidade da prática profissional até os anos 60 do século XX, considerando uma dupla determinação: as demandas sociais e a reserva de forças teóricas e prático-sociais acumuladas pelos assistentes sociais, capazes ou não de responder às requisições externas. Esse percurso tem como centro o *sincretismo*, traço transversal da natureza do Serviço Social, desbordando-se na caracterização da prática profissional e dos seus parâmetros científicos e ideológicos.

O autor considera a natureza socioprofissional "medularmente sincrética", "posta a carência do referencial crítico-dialético" (Netto, 1992: 88). Esse pressuposto merece atenção, pois condiciona toda a análise da profissão enfeixada na problemática da "reificação", terreno em que os processos sociais se mostram na sua fenomenalidade, o que justifica o sincretismo, enquanto princípio constitutivo da natureza da profissão:

> O sincretismo nos parece ser o fio condutor da afirmação e desenvolvimento do Serviço Social como profissão, seu núcleo organizativo e sua norma de atuação [...] Sincretismo foi um princípio constitutivo do Serviço Social (Netto, 1992: 88).

Pressupondo a ausência de uma abordagem histórico-crítica, a estrutura sincrética do Serviço Social tem seus fundamentos na: a) *questão social*, núcleo das demandas histórico-sociais que se apresentam à profissão; b) no *cotidiano*, como horizonte do exercício profissional; e c) na *manipulação de variáveis empíricas*, enquanto modalidade específica da intervenção.

Como as refrações da *questão social* extrapolam o universo fabril e se espraiam em toda a convivência societária na sociedade burguesa monopolista, qualquer segmento da vida social é possível de ser recortado como legítimo para a intervenção profissional, só passível de desvinculação mediante procedimentos burocrático-administrativos. Persiste, assim, a heterogeneidade de situações que demandam a intervenção profissional, que aparecem, em sua fenomenalidade, na "natureza difusa" do "objeto polifacético e polimórfico" das várias intervenções profissionais, obscurecendo os nexos com a totalidade:

> Verifica-se que a problemática que demanda a intervenção operativa do assistente social se apresenta, em si mesma, como um conjunto sincrético: a sua fenomenalidade é o sincretismo, deixando na sombra a estrutura profunda daquela que é a categoria ontológica central da própria realidade social que é a totalidade. (Netto, 1992: 91).

Segundo o autor, o material institucional do assistente social é constituído pelas objetivações sócio-humanas relativas à vida cotidiana, e o horizonte da intervenção profissional não ultrapassa esse âmbito, não favorecendo suspensão do cotidiano, propiciada pelas objetivações humanas no trabalho criador, na arte e na ciência (Lukács, 1963b; Netto, 1987). Sendo a heterogeneidade ontológica da vida cotidiana a matéria institucional e o horizonte da atuação, a funcionalidade histórico-social da profissão é sintonizar, reproduzir e sancionar a composição heterogênea da vida cotidiana com as refrações da *questão social* para situá-las novamente no mesmo terreno, mediante uma modalidade específica de intervenção: "a manipulação de variáveis empíricas", propiciando o reordenamento dessas mesmas variáveis, que não são alteradas, resultando numa "prática inconclusa".

Essa modalidade de intervenção, "interferir para re-arranjar", no próprio patamar da vida cotidiana, adere a um conhecimento do social que, menos que propiciar uma reprodução ideal verdadeira do ser social, deve mostrar-se instrumentalizável. Favorece, assim, os influxos empiricistas e pragmáticos na profissão, de raiz positivista, oriundos das Ciências Sociais e hauridos no pensamento conservador, estimulando a reposição, no campo intelectual e ideológico, do sincretismo para o exercício manipulador, o que completa o círculo sincrético.

A redonda construção dessa proposta tem implicações de ordem teórico-metodológica que merecem atenção. Apesar da ressalva de que se trata da caracterização da profissão até os anos 60 — no reino da prevalência do tradicionalismo profissional — a análise extrapola aquele lapso temporal. Ela incide sobre a própria natureza do Serviço Social na sociedade burguesa, visto que a problemática, que subjaz ao sincretismo, é a da *reificação,* que se irradia em todos os elementos privilegiados para análise da estrutura sincrética, atribuindo uma dimensão de universalidade à análise.

Como o sincretismo figura como a *face aparente* da totalidade do ser social, a *natureza* da profissão na sociedade burguesa madura é estabelecida a partir da sua fenomenalidade — aprisionada em sua indissociável reificação —, pressupondo a "ausência do referencial crítico dialético".

A primeira questão fundamental é de ordem teórico-metodológica. Refere-se ao procedimento utilizado pelo autor para indicar a natureza de uma especialização do trabalho a partir da aparência em que se manifesta sem antes decifrar o que se oculta por traz da forma reificada em que se mostra e que determina e efetiva sua *natureza sócio-histórica*.

Na teoria social de Marx, a sociedade burguesa é indissociável do fetichismo mercantil, mas sua determinação implicou desvendar previamente a forma mercadoria: tanto a *substância do valor* — o trabalho social abstrato que tem por suporte o trabalho concreto — quanto a *forma social em que se manifesta*, isto é, o valor de troca dos produtos do trabalho e fetichismo nela implicado. Este se expressa na prevalência das coisas em detrimento das relações sociais entre os produtores que operam por meio dos produtos do seu trabalho. Atributos sociais da atividade humana (o trabalho) são obscurecidos e reificados nas coisas, na equivalência social entre os produtos do trabalho, em detrimento das relações sociais por meio da qual se expressam, numa tensão entre forma e essência.

Do ponto de vista metodológico, para elucidar o fetiche Marx explica sua gênese e que permite vislumbrar o que subjaz à aparência coisificadora das relações sociais. Não desconhece as formas por meio das quais se expressam os processos sociais: elas são decifradas e explicadas para fazer emergir o que nelas é velado, demarcando a peculiaridade histórica das relações sociais na sociedade capitalista, fundada na divisão do trabalho, na propriedade privada e na produção social. Em outros termos, Marx não constrói sua teoria apoiado exclusivamente na aparência mistificadora em que se apresentam os processos sociais.

Assim, restringir o universo da análise do Serviço Social às formas reificadas de manifestação dos processos sociais, ainda que esse procedimento possa prevalecer no universo profissional, denuncia a mistificação, mas não elucida a natureza sócio-histórica dessa especialização do trabalho para além do universo alienado, em que se realiza e se mostra encoberta no sincretismo. Em outros termos, o esforço de desvendamento, ainda que essencial, torna-se parcial e inconcluso.

Em segundo lugar, elucidar a abrangência da angulação proposta pelo autor requer dar transparência às determinações da vida cotidiana, tal como analisada por Netto,[143] sob a inspiração de Lukács. A vida cotidiana é um dos níveis constitutivos da história, a ela sujeita, "onde a reprodução social se realiza como reprodução dos indivíduos enquanto tais" (Netto, 1987: 65). As determinações básicas da vida cotidiana são a heterogeneidade, a imediaticidade e a superficialidade extensiva, sendo marcada pelo materialismo espontâneo e pelo pragmatismo. Os constrangimentos da dinâmica cotidiana — não confundida com a vida privada — requisitam dos indivíduos:

> [...] respostas funcionais às situações, que não demandam o seu conhecimento interno, mas tão-somente a manipulação de variáveis para a consecução de resultados eficazes — o que conta não é a reprodução veraz do processo que leva a um desfecho pretendido, porém o desfecho em si; no plano da cotidianidade, o critério da utilidade confunde-se com o da verdade. (Netto, 1987: 67).

Na vida cotidiana, a pertinência ao ser humano genérico aparece subsumida à dimensão da singularidade. O indivíduo, no cotidiano, atua como "homem inteiro" (Lukács, 1963b; Heller, 1972, 1977; Netto, 1987), mobilizando todas as suas forças e atenção, mas sempre no campo de sua singularidade. Já o acesso à consciência genérica exige que o indivíduo mobilize toda a sua força — e não todas as suas forças — numa objetivação duradoura, que realiza a suspensão da heterogeneidade própria da vida cotidiana, permitindo que o indivíduo se instaure como particularidade — espaço de mediação entre o universal e o singular, passando a comportar-se

---

143. Cf. Lukács, G. *Estética 1*. La peculiaridad de lo estético. Questiones preliminares y de princípio. Barcelona: Grijalbo, 1963, v. 1, especialmente cap. 1: "Caracterización general del reflexo en la vida cotidiana", p. 33-146. Cf., também, Heller, A. *O quotidiano e a história*. Rio de Janeiro: Paz e Terra, 1972; Heller, A. *Sociología de la vida cotidiana*. Barcelona: Península, 1977; Netto, J. P. Para a crítica da vida cotidiana. In: Netto, J. P. e Falcão, M. C. *Cotidiano*: conhecimento e crítica. São Paulo: Cortez, 1987, p. 63-90; Netto, J. P. *Capitalismo e reificação*. São Paulo: Ciências Humanas, 1981.

como "inteiramente homem" (Lukács, 1963b; Heller, 1972, 1977; Netto, 1987), o que supõe procedimentos homogeneizadores que superem a cotidianidade, como o trabalho criador, a arte e a ciência. Essas dimensões propiciam a suspensão criativa que permite, no retorno ao cotidiano, concebê-lo como espaço de enriquecimento e ampliação do ser social, isto é, espaço de humanização, porque se alçou à consciência genérica.

Lowy (1987), ao apresentar a elaboração de Netto (1987) sobre a vida cotidiana, destaca, além das três formas de objetivação que permitem a suspensão do cotidiano, privilegiadas por Lukács (1963b) e recolhidas por Netto — o trabalho criador, a arte e a ciência: a *moral,* como indica Heller (1977) e a *ação coletiva ou práxis libertadora,* que propicia a transformação dos explorados em sujeitos históricos conscientes e ocupa lugar central na obra *História e consciência de classe* (Lukács, 1974). Essa ação coletiva, ainda que não redunde na negação da cotidianidade — categoria insuprimível da vida social —, "conduz a sua suspensão durante o momento *revolucionário,* e, sobretudo, ao mais largo prazo, à superação da natureza *reificada* das relações sociais no cotidiano" (Löwy, 1987: 12; grifos do autor). Ele salienta a *política,* identificada como momento de suspensão da imediaticidade do cotidiano. Política, no sentido amplo, como "momento catártico" (nos termos de Gramsci), via de passagem da necessidade à liberdade, por meio da qual forças exteriores, que tornam o homem passivo, transformam-se em meio de sua liberdade, em instrumentos para criar uma nova forma ético-política, dando origem a novas iniciativas.[144]

Esse estranho silêncio sobre a política, como instância de mediação da relação do homem com sua genericidade na análise de Netto (a qual sempre teve centralidade em sua vida pública), torna opaca, neste texto, a luta de classes na resistência à sociedade do capital. Isso deriva em uma visão cerrada da reificação — forma assumida pela alienação na "idade do monopólio" — e a alienação tende a ser apreendida *como um estado e menos como um processo que comporta contratendências,* porque as contradições das relações sociais são obscurecidas na lógica de sua exposição. Essa característica também se encontra presente no texto de sua autoria, de maior fôlego sobre o tema, *Capitalismo e reificação* (Netto, 1981).

---

144. Cf. capítulo IV do presente texto.

Segundo a tese ali desenvolvida, com a inteira mercantilização da vida no capitalismo maduro, a aparente supressão das mediações sociais é organizada de maneira a atribuir qualidades humanas — reais ou virtuais — a formas exteriores que assumem uma substancialidade objetiva ("coisal"), sob a aparência de "naturalidade", debitada não à natureza, mas à coisificação de alteridades sociais. Na imediaticidade da vida social, universalizam-se os processos alienantes e alienados — que se encontram na base da forma *mercadoria* — que passam a dominar toda a organização social: a totalidade das relações de produção social e as relações que viabilizam a reprodução.[145] A visibilidade do poder opressivo se desvanece, tornando-se menos identificável, mais funcional e eficiente. A maioria dos homens percebe sua existência direcionada por uma instância alheia, incógnita e impessoal: o Estado, a fábrica, a universidade, o mercado, a mídia.

A hipótese apresentada por Netto (1981) é a seguinte:

> A sociedade burguesa constituída repõe a factualidade alienada e alienante com que a forma mercadoria mistifica as relações sociais em todas as instâncias e níveis sociais, envolvendo-os na especificidade da reificação. *Todas* as relações sociais, inclusive aquelas que afetam mais intimamente a interioridade mesma do sujeito — as suas mais singulares expressões anímicas — aparecem então como objetivações atomizadas e objetuais. Todavia, *a unidade efetiva destas objetivações deve aparecer de algum modo, minimamente, para garantir a transição do social particular de uma instância à outra, de um nível a outro, de uma "esfera" à outra;* sem uma unidade de tipo qualquer, o desempenho social do agente seria problematizado, de uma maneira ou de outra por desequilíbrios psicossociais insuperáveis [...] A homogeneização se obtém pela positividade, que é a aparência global factual imediata que, precisamente, assumem as objetivações do ser social — e que suprime suas mediações, obs-

---

145. Na idade avançada do monopólio, a organização capitalista da vida social preenche todos os espaços e penetra todos os interstícios da existência individual: a manipulação desborda a esfera da produção, domina a circulação e o consumo e articula uma indução do comportamento que permeia a totalidade da existência dos agentes particulares — é o inteiro cotidiano dos indivíduos que se torna *administrado*, um difuso terrorismo psicossocial se destila de todos os poros da vida e se instila em todas as manifestações anímicas e em todas as instâncias, que outrora o indivíduo podia reservar-se como área de autonomia (a constelação familiar, a organização doméstica, a fruição estética, o erotismo, a criação de imaginários, a gratuidade do ócio etc.), converte-se em limbos programáveis. (Netto, 1987: 85-86).

curece sua negatividade, fá-las esgotáveis no seu exclusivo caráter de *algo dado*. A positividade integra o conjunto das caóticas e autonomizadas relações sociais reificadas numa aparência unitária. (Netto, 1981: 86; grifos do autor).

Para o autor, a ruptura da positividade, "como o padrão geral de emergência do ser social na sociedade burguesa constituída" implicaria a "introdução, na sociedade burguesa constituída, de uma outra racionalidade comportamental, que ela não pode tolerar" (Netto, 1987: 87). Com isto, o círculo da análise se fecha, alimentando o fatalismo, pois não permite vislumbrar nem a presença dos movimentos revolucionários na história e nem horizontes de ruptura da positividade, em uma análise aprisionada num "pessimismo da razão", que não dá lugar ao "otimismo da vontade política", parafraseando Gramsci.

Outra concepção, que tem por centro o debate da alienação, aqui resgatada como contraponto à visão de reificação antes comentada, foi elaborada por Henri Lefebvre[146] (1972, 1958) em sua pioneira crítica da vida cotidiana, que reconhece os processos sociais densos de contradições. A cotidianidade é considerada como o terreno de contrastes, onde a teoria do devir se encontra com o enigma das repetições. Nela se mesclam alienações e realizações, confrontos entre possíveis e impossíveis, renovação e repetição, extraordinário e trivialidade, resíduo e totalidade a um só tempo. Se o conceito de cotidianidade procede da filosofia, que reflete, sob sua óptica, o "não-filosófico", a apreensão da cotidianidade exige, *ao mesmo tempo, a crítica da filosofia e o cotidiano como objeto filosófico*, superando a separação entre a "pureza filosófica" e a "impureza cotidiana": "à alienação filosófica, verdade sem realidade, sempre corresponderá à alienação cotidiana, realidade sem verdade". (Lefebvre, 1972: 24).

---

146. O primeiro livro da tríade: *Critique de la vie quotidienne*, de H. Lefebvre, foi escrito em 1945 e publicado pela primeira vez, em 1947, tornando-se um clássico que, infelizmente, até hoje, continua sem tradução para o português. Cf. Lefebvre, H. *Critique de la vie quotidienne*. 2. ed. Introduction Paris: L'Larche, 1958, v. I; _____. *Critique de la vie quotidienne II*. Fondements d'une sociologie de la quotidienneté. Paris: L'Larche Ed., 1961; _____. *Critique de la vie quotidienne III*: de la modernité au modernisme (Pour une métaphilosophie du quotidien). Paris: L' Larche, 1981. Uma síntese dos dois primeiros volumes encontra-se em: Lefebvre, H. *La vida cotidiana en el mundo moderno*. Madrid: Alianz, 1972, já com versão em português.

Segundo o autor, o estudo da vida cotidiana coloca o desafio de particularizar, historicizar e relativizar a noção de alienação, pois alienação absoluta e desalienação absoluta são inconcebíveis (Lefebvre, 1958). Alienação e desalienação são por ele apreendidas não como "estados" mas no interior de um movimento dialético, no qual se movem e se mesclam, caracterizando situações concretas na vida cotidiana.

A cotidianidade é mais que trivialidade repetitiva, porquanto também constituída de possibilidades abertas, mal determinadas, em que realização e alienação se integram. A miséria e a grandeza fazem parte do cotidiano, campo que pode ser definido pela "apropriação pelos seres humanos da vida em geral e da sua própria vida em particular", em que "a socialização e humanização das necessidades vão par a par com a individualização do desejo, não sem conflitos".

Para Lefebvre (1972: 44), na vida cotidiana encontra-se "o núcleo racional", "o centro real da práxis". Ela determina, assim, o "lugar onde se formulam os problemas da produção[147] no sentido amplo: a forma em que é produzida a existência social dos seres humanos" (Idem: 43) no curso do desenvolvimento histórico, o que implica a produção de relações sociais, abarcando a reprodução biológica, material e das próprias relações sociais que se repõem, recomeçam ou se transformam. Em decorrência, a crítica da vida cotidiana implica concepções e apreciações sobre o conjunto da vida social, de modo a situar o cotidiano na totalidade da sociedade capitalista, que o cria com um selo histórico determinado, envolvendo, pois, uma estratégia de conhecimento e de ação. Quando os sujeitos já não podem continuar vivendo sua cotidianidade, abre-se uma época de revolução social.

Na "sociedade burocrática de consumo dirigido" (Lefebvre, 1972) busca-se estruturar, organizar e funcionalizar a cotidianidade, num vasto

---

147. Salientando que, em Marx, o termo *produção* adquire um sentido forte e amplo, o autor afirma: "A produção não se reduz à fabricação de produtos. O termo designa, por um lado, a criação de obras (incluindo o tempo e o espaço sociais), isto é, a produção 'espiritual'; e, por outra parte, a produção material, a fabricação de coisas. Designa também a produção do 'ser humano' por si mesmo, no curso de seu desenvolvimento histórico, o que implica a produção de *relações sociais*. Enfim, tomado em toda sua amplitude, o termo abrange a *reprodução*. Não só há reprodução biológica (que compete à demografia), mas também reprodução material das ferramentas necessárias à produção, instrumentos e técnicas e, além disso, reprodução das relações sociais". (Lefebvre, 1972: 43-44).

empreendimento de "programação do cotidiano", submetendo-o à racionalidade econômica prevalecente, porque ele se transforma segundo ritmos e em campos que não coincidem com o tempo e os espaços da acumulação. Assim, não se pode compreender o cotidiano, segundo suas próprias representações, vivendo-o passivamente; essa compreensão exige, em contrapartida, uma distância crítica da cotidianidade e uma teoria social que resgate sua historicidade.

Após caracterizar o sincretismo no Serviço Social nos termos antes assinalados, Netto (1992) desdobra-o nos níveis da "prática indiferenciada", do "sincretismo científico" e do "sincretismo ideológico". O acervo da produção especializada, que tem na profissão o objeto central de reflexão, as análises de Netto (1992) acerca do "sincretismo ideológico" — focando a trajetória da influência conservadora européia e norte-americana na cultura profissional — e acerca do "sincretismo científico" — abordando o embate teórico-metodológico entre as ciências sociais e a teoria social — são, sem sombra de dúvidas, as mais ricas e consistente, que nos foram legada nas últimas décadas.

Entretanto, a propositura referente ao "sincretismo da prática indiferenciada" requer observações mais cuidadosas, aqui privilegiadas, em decorrência do foco que privilegia o trabalho profissional. Mantida a ausência de uma concepção teórica crítico-dialética, a estrutura sincrética tem sido debitada à "peculiaridade operacional do Serviço Social enquanto prática", cuja profissionalização alterou a *inserção sócio-ocupacional* do assistente social (e o próprio *significado social* do seu trabalho), mas pouco feriu a estrutura da *prática profissional interventiva*, em comparação com a prática filantrópica" (Netto, 1992: 95-96; grifos do autor). Ainda que tenha surgido um *ator novo* cuja prática passa a ser referenciada a um sistema de saber e enquadrada numa rede institucional, de fato, a intervenção não se alterou: mantém-se "pouco discriminada", com "referencial nebuloso" e "inserção institucional aleatória".

O que o autor vai acentuar e colocar como centro de sua análise é a "aparência indiferenciada que se reveste a prática profissional", isto é, a manutenção de uma mesma estrutura da prática interventiva no tocante à sua operacionalidade, similar às suas protoformas. Ainda que reconheça que há um *novo significado social para o trabalho profissional*, uma vez que opera um corte com a filantropia, à medida que o Estado, na expansão monopolista, passa a centralizar e administrar as respostas às refrações da *questão social*, via políticas públicas. Como todo o esforço analítico do autor comentado está concentrado na desmontagem dessa aparência de prática indiferenciada, que também é parte do trabalho do assistente social, as determinações sócio-históricas das respostas profissionais e suas distintas possibilidades de configuração ficam obscurecidas nessa construção teórica.

A explicação da tese apresentada passa por dois vetores: (a) "as condições para a intervenção na sociedade burguesa marcada pela positividade" ou pseudo-objetividade; (b) "a funcionalidade do Estado no confronto das refrações da 'questão social'". Essas condições, que extrapolam a prática profissional, aparecem como se fossem limites endógenos ao Serviço Social, como salienta Netto na obra comentada.

O primeiro aspecto, que justifica a tese da manutenção da prática indiferenciada, diz respeito ao fato de que sua eficácia permaneceu circunscrita "a manipulação de variáveis empíricas no rearranjo da organização do cotidiano", não rompendo com a imediaticidade e a positividade que o impregna. No plano intelectual, o recurso tanto aos irracionalismos — "a destruição da razão" — nos termos de Lukács (1968), quanto à razão formal-burocratizada — a "miséria da razão", nas palavras de Coutinho (1972) — não supera a transcrição imediata nas regularidades sociais no plano do pensamento formal-abstrato, não permitindo ir além da positividade. A esse arsenal analítico, se somam a subalternidade técnica e o traço executivo das ações profissionais, subordinadas às instâncias políticas deliberativas institucionais, que assumem a responsabilidade dos programas e capturam os resultados da ação, contribuindo para o caráter indiscriminado da prática profissional.

Outro vetor que contribui para o sincretismo da prática refere-se às políticas sociais estatais, incapazes de resolver a *questão social*, visto que só podem repor, em bases ampliadas, suas manifestações, cronificando-as. Sendo o desempenho profissional indissociável das políticas sociais, o máximo que consegue é a "racionalização de recursos e esforços para o enfrentamento das refrações da *questão social*". Esse é o "anel de ferro" que aprisiona a profissão, não lhe permitindo ir além de suas protoformas.

Entretanto, deve-se notar que se as políticas sociais não têm o poder de fazer a eversão da *questão social* erradicando-a, também é certo que elas também viabilizam direitos sociais, frutos de longo processo de lutas históricas dos trabalhadores pelo seu reconhecimento político. E elas também se aliam iniciativas do bloco dominante na concessão de direitos, antecipando-se às reivindicações oriundas de diferentes segmentos sociais, segundo estratégias de desmobilização das lutas sociais. O campo das políticas públicas e dos direitos sociais é, também, uma arena de acumulação de forças políticas de lutas em torno de projetos para a sociedade no enfrentamento das desigualdades condensadas na *questão social*.

Os limites apontados, ainda que não sejam próprios do Serviço Social, aparecem como tais, o que torna a especificidade profissional uma incógnita para seus agentes, segundo o autor, pois:

> [...] a profissionalização permanece num circuito *ideal*, que não se traduz *operacionalmente*. As peculiaridades *operacionais* de sua prática não revelam a profissionalização: tudo se passa como se a especificação profissional não rebatesse na prática — o específico prático-profissional do Serviço Social mostrar-se-ia na fenomenalidade como inespecificidade operatória. (Netto, 1992: 100).

Em síntese, a profissionalização distinguir-se-ia das práticas filantrópicas apenas por meio da "sansão social e institucional", sem redundar em qualquer diferenciação na forma de operar, ainda que produzindo efeitos sociais diversos: *sua especificidade mostrar-se-ia como inespecificidade operatória*, o que é atestado pela aparente "polivalência" ou aparente "intervenção indiferenciada do assistente social".

Qual a especificidade da profissionalização, que se mostra, na fenomenalidade, como inespecificidade operatória? O leitor fica sem resposta. Trata-se, de fato, de uma aparência ou essa é a tese efetivamente sustentada quanto à particularidade profissional — sua não-especificidade operatória que se traduz no caráter sincrético da prática indiferenciada — já que não consta, no texto, qualquer outra tese para confrontá-la? A especificidade da prática do assistente social é sua inespecificidade operatória? Essa possível inferência é reforçada pela conclusão do autor:

[...] a ultrapassagem do sincretismo teórico — que se expressa no viés do ecletismo — no Serviço Social, conectada à superação de seu lastro conservador, é projeto que não erradica o sincretismo da fenomenalidade do seu exercício profissional. (Netto, 1992: 147).

Caso a resposta seja positiva, resta um longo caminho a percorrer no sentido de decifrar as particularidades históricas do trabalho do assistente social — em suas indissociáveis dimensões de trabalho concreto e abstrato — na divisão social e técnica do trabalho.

Em texto mais recente, Netto (1996), sem retornar à tese sobre o sincretismo da prática indiferenciada, apresenta uma análise primorosa sobre as incidências das transformações societárias no capitalismo tardio, sob a hipertrofia do capital financeiro, no contexto das particularidades prático-sociais da profissão. Propõe-se a salientar as mediações que conectam o Serviço Social às mudanças macroscópicas, uma vez que as profissões não são apenas resultados dos processos sociais, mas *"corpus* teóricos e práticos que, condensando projetos sociais (donde suas inelimináveis dimensões ideopolíticas) articulam respostas (teleológicas) aos mesmos processos sociais". (Netto, 1996: 89).

A partir de uma lúcida análise das transformações ocorrentes no plano econômico, sociopolítico e cultural, acentuando as particularidades nacionais, apresenta um condensado e denso quadro do Serviço Social nos anos 90, como fim precípuo de indicar prospecções sobre as tendências capazes de perfilar o seu desenvolvimento no Brasil.

Reconhece a profissão, já nos anos 80, consolidada nos planos da formação, da produção científica e da organização corporativa, embora viva uma "crise de legitimidade" junto às classes subalternas — ainda que caucionada pelas classes dominantes. Por outro lado, o Serviço Social sofre impactos da disputa de outras especializações correlatas, o que requer, para além de regulamentações formais, o cultivo de "novas competências sociopolíticas e instrumentais" necessárias ao alargamento dos espaços ocupacionais e das bases sociais de legitimação da profissão.

Na formação universitária, sujeita aos constrangimentos da política educacional, que redunda no sucateamento da universidade pública, identificam-se mudanças no perfil do alunado, com nítido empobrecimento cultural em tensão com exigências de maior qualificação intelectual em decorrência da inserção acadêmica. Todavia, concebe como insuficientes as conexões atualmente existentes entre os centros de formação e os campos de intervenção.

A consolidação de um mercado nacional de trabalho para o assistente social (constituído por organizações governamentais, privadas e organizações não-governamentais), com registro de fecundas experiências inovadoras, — ainda que dotadas de parca visibilidade — convive com novas demandas em condições desfavoráveis, decorrente do lastro conservador presente no desempenho de papéis e atribuições profissionais, de fragilidades de formação, de pouca ousadia na construção de respostas profissionais, além da baixa remuneração percebida pelos assistentes sociais.

A *hipótese central*, que preside o referido ensaio, é que a ruptura com o conservadorismo no Serviço Social foi superdimensionada na sua magnitude, visto que a "dinâmica das vanguardas altamente politizadas ofuscou a efetividade da persistência conservadora" (Netto, 1996: 112), que dispõe de profundas raízes na categoria. Em outros termos, a credibilidade da vertente crítica abafou a expressão de resistências à tradição marxista, presente e arraigada em expressivos segmentos da categoria.

Para o autor, o processo de renovação teórica e cultural do Serviço Social, ao esgarçar o lastro conservador antimoderno que cravou o passado profissional, resultou na constituição de uma intelectualidade dotada de maioridade no campo da elaboração teórica, que animou o mercado editorial com dominante influência da tradição marxista. Assim, a literatura profissional passou a veicular um conjunto de polêmicas relevantes atinentes ao Estado e movimentos sociais, à democracia e cidadania, às políticas sociais — e, em particular, à assistência — além dos embates entre teoria e metodologia na formação profissional, permitindo estabelecer uma interlocução com outras áreas do conhecimento.

Em um ambiente político marcado pelo colapso do socialismo real e da redução do arco de influência das esquerdas, animado pela ofensiva neoliberal — que redundou em cooptação de intelectuais pelo poder — as bases daquela hegemonia teórico-cultural começam a ser deslocadas e ameaçadas.

Enquanto, nos meios universitários, tradição marxista é submetida a uma ampla desqualificação, no circuito profissional, as objeções apresentam-se de viés, como crítica à ortodoxia e às "lacunas" (não a equívocos) dessa tradição intelectual para tratar temas, como gênero, cultura, minorias etc. — e não como contestação frontal.

A prospecção, apresentada pelo autor, aponta para a centralidade na arena profissional de uma luta cultural: ou afirmar e aprofundar aquela direção estratégica hegemônica conectada ao ideal de socialidade do programa da modernidade e suas conquistas civilizatórias; ou apostar na direção de sua reversão, a favor do anticapitalismo romântico receptivo à retórica pós-moderna, a qual toma a imediaticidade do real como realidade inclusiva. Essa polêmica responde a possibilidades abertas pela dinâmica dos processos sociais, seja no sentido de compatibilizar a profissão com a hegemonia política vigente — deixando de atuar no contrafluxo — ou de afirmar-se na luta contra-hegemônica. A dimensão ideopolítica da profissão reside na articulação do seu significado social objetivo com os projetos sociais nela incidentes, postos pela vontade política dos sujeitos coletivos.

O autor lança pioneiramente, nesse texto, o importante debate sobre projetos profissionais e projetos societários, salientando o papel da cultura profissional no sentido de compatibilizar exercício profissional e dada hegemonia política.

A arena privilegiada desse debate para o autor é o campo das demandas profissionais imediatas detectadas no mercado de trabalho, sujeito às profundas alterações: crescentemente segmentado — do que decorre a exigência de especialização profissional — e com nítida diferenciação das condições de trabalho, no Estado e na iniciativa privada. Portanto, no curto e médio prazo, as "questões da prática" — veio preferencial de legitimação da profissão em decorrência de seu "caráter interventivo" — devem polarizar o debate profissional. Enfrentá-las, requer coragem cívica e intelectual dos agentes profissionais para elaborar respostas "mais qualificadas (do ponto de vista técnico-operativo) e mais legitimadas (do ponto de vista sociopolítico) para as questões que caem no seu âmbito de intervenção profissional" (Netto, 1996: 124). Essa qualificação supõe compreensão teórico-crítica das sinalizações do mercado de trabalho, indo além da forma como as requisições imediatas se apresentam, de modo a conectá-las às tendências sociais que as extrapolam e aos objetivos e valores do projeto social privilegiado. E, por essa via, identificar a significação e os limites das demandas e as possibilidades e prioridades de ação:

Se for correta a projeção de que as exigências do mercado de trabalho balizarão no curto prazo o debate do Serviço Social, então o que se pode afirmar é que os segmentos da categoria profissional que melhor responderem a elas tenderão a polarizar a cultura profissional e a aprofundar ou reverter à direção social estratégica já formulada. (Netto, 1996: 124).

Nessa análise, a preservação dos espaços ocupacionais subordina-se à capacidade demonstrada pelos assistentes sociais de responder às novas competências: a clareza em *como* respondê-las. Isso remete às responsabilidades da formação acadêmica, dotada de um perfil generalista, complementada pelo fomento de especializações e da formação continuada no campo da pós-graduação (alternativa à graduação já especializada), que resulte num intelectual com qualificação operativa para além do adestramento técnico.

Quanto às vertentes teóricas, que convivem no universo da profissão, abrem-se várias alternativas, cujos desfechos dependem do protagonismo da categoria: a) manter e aprofundar a "intenção de ruptura", sob influência da tradição marxista; b) persistir a vertente da "reatualização do conservadorismo"; c) revigorar a "tendência tecnocrática" dos anos 70, renovada pela ofensiva neoliberal e reciclada por outras teorias sistêmico-organizacionais; d) florescer uma "vertente neoconservadora" inspirada na epistemologia pós-moderna; e) eclodir "vertentes aparentemente radicais", que desqualificam tanto a teorização sistemática quanto a pesquisa rigorosa, fundadas seja num anticapitalismo romântico de inspiração católica, seja na repulsa do universalismo da modernidade, seja no irracionalismo aberto ou no relativismo, que equaliza todas as formas de socialidade.

Ao se estabelecer um contraponto entre o debate sobre o sincretismo e o último texto referido, pode-se perceber uma clara inflexão no tratamento da "prática profissional". Ela se apresenta, no ensaio mais recente, inteiramente polarizada pela política e tensionada por projetos de classes para a sociedade. É tratada como instância decisiva para assegurar a hegemonia da ruptura com o conservadorismo e alargar as bases sociais de legitimidade do Serviço Social junto às classes subalternas. A profissão passa a ser tratada como um campo de lutas, "em que os diferentes segmentos da categoria, expressando a diferenciação ideopolítica existente na sociedade, procuram elaborar uma direção estratégica para a sua profissão". (Netto, 1996: 116).

O segundo ensaio reclama novas competências sociopolíticas e teórico-instrumentais que incidam nas formas de operar as ações profissionais e assegurem a apropriação dos espaços ocupacionais, que objetivamente não apresentam tendências para contração.

A centralidade assumida pelas respostas profissionais, de caráter teórico-prático, às demandas emergentes — expressão das transformações vividas pela sociedade nas últimas décadas — mostra um estatuto profissional aberto a novas possibilidades, o que contrasta com o circuito fechado que informava a análise da fenomenalidade da prática no debate sobre o sincretismo.

Entretanto, os "fundamentos do sincretismo", tais como antes apresentados pelo autor, se mantêm enquanto determinantes indissociáveis do ordenamento social sob a égide do capital: a *questão social* e suas refrações que impregnam a totalidade das expressões da vida cotidiana; as ações direcionadas a reproduzir e sancionar a heterogeneidade ontológica do cotidiano, por meio da manipulação de variáveis empíricas — interferir para re-arranjar no âmbito da vida cotidiana —, visto que as políticas sociais não têm poder de reverter às desigualdades e não são capazes, pela sua própria natureza, de propiciar a suspensão da cotidianidade nos níveis da vida destacados pelo autor: a arte, a ciência, o trabalho criativo. Ora, o trabalho do assistente social, ainda que dotado de relativa autonomia na sua condução, realiza-se profissionalmente pela mediação do mercado de trabalho, ou seja, da relação com empregadores de distinta natureza, que compram essa força de trabalho por um determinado tempo. O trabalho realizado por meio dessa relação está sujeito aos constrangimentos da alienação, não podendo se conformar inteiramente como um "trabalho criativo", porque vulnerável às ingerências do poder institucional na sua efetivação. Assim, as ações profissionais, enquanto respostas às manifestações da *questão social*, reinscrevem-se no universo alienado da cotidianidade. Sob esse ângulo analítico, não haveria possibilidade de um projeto profissional contra-hegemônico.

Logo, existem inflexões entre as abordagens sobre a "prática profissional", nos dois tempos da produção do autor. O *diferencial* está na *saliência da dimensão contraditória das relações sociais* e, conseqüentemente, *das respostas profissionais no seu âmbito* — não apenas enquanto um braço da repro-

SERVIÇO SOCIAL EM TEMPO DE CAPITAL FETICHE

dução da lógica reificada do capital —, mas permeáveis a uma direção estratégica contra-hegemônica. A profissão é atravessada pela luta de classes, o que comparece diluído na elaboração anterior. Essa inflexão não pode ser debitada apenas à presença de bases sociais da categoria voltadas a uma direção social estratégica contra-hegemônica informada pela tradição marxista, responsável pela renovação da cultura profissional. Ora, os determinantes societários do sincretismo, tal como propostos no primeiro texto, transcendem essas injunções, porquanto inscritos na própria concepção de reprodução social expressa pelo autor na primeira elaboração comentada.

A hipótese é de que há, de fato, nesse segundo momento, uma revisão do "sincretismo da prática indiferenciada", ainda que não explicitada pelo autor. Ela é tributária da análise do processo de reprodução social saturado de contratendências, tal como expresso na lógica da construção do texto, inteiramente permeado pelos dilemas contraditórios da história do tempo presente.

As respostas prático-profissionais são alçadas a um papel de destaque, enquanto terreno privilegiado do embate ideopolítico, traduzido em "respostas profissionais de caráter interventivo" às exigências do mercado de trabalho, mas capazes de se distanciarem dele criticamente. A condição para tanto é que essas respostas sejam conectadas às tendências dos processos sociais e a um projeto contra-hegemônico para a sociedade, desafio necessário para o aprofundamento dos rumos impressos à renovação do Serviço Social no País, norteados pela teoria social crítica.

A ênfase na cultura profissional — que demarca a produção do autor — mantém-se viva, perpassando, centralmente, a chamada "dimensão interventiva" da profissão, consubstanciada em princípios, valores, objetivos, concepções teóricas, instrumentos operativos. Essa cultura profissional exerce um importante papel na compatibilidade entre exercício profissional e determinada hegemonia política. O conteúdo e o direcionamento social e teórico que informam essa cultura alimentam as respostas profissionais, contribuindo decisivamente para perfilar o *projeto profissional* dotado de uma direção social contra-hegemônica, que reclama respostas técnico-operativas.

Assim, aponta para a "natureza ideopolítica da profissão", não apenas na lógica do poder, mas passível de reforçar projetos societários contra-hegemônicos, que também oferecem matrizes aos projetos profissionais.

Caso essa inferência seja correta, a referência ao sincretismo teórico e ideológico se mantém procedente e informa a consideração sobre as vertentes teórico-profissionais que convivem, hoje, no universo do Serviço Social. Essa atualização foi possível porque sua formulação original norteou-se pelo contraponto entre concepções teóricas e ideológicas de diferentes extrações de classe e com matizes distintos: o liberalismo, o conservadorismo europeu e norte-americano, o movimento socialista e comunista. Essa riqueza de projetos históricos em luta se esfumou no sincretismo da prática, não comparecendo na sua formulação seminal, o que, provavelmente, não permitiu mantê-lo na construção analítica subseqüente.

É tributária dessa delimitação da natureza da profissão, a condensação dos rumos profissionais atribuídos hegemonicamente ao Serviço Social brasileiro, em um *projeto profissional* com direção social que o vincula a um determinado projeto societário, cuja construção abstrata recebe uma contribuição ímpar de Netto (1996; 2001). Contudo, o autor não desdobra sua análise para as múltiplas determinações que forjam a efetivação do exercício profissional no mercado de trabalho, mediado pelo trabalho assalariado, o que não adquire proeminência nos seus ensaios; ainda que atribua a ele um lugar decisivo na fundação da profissionalização do Serviço Social, distinguindo-o das protoformas materializadas nas atividades filantrópicas e voluntárias.

É por meio do estatuto assalariado que se abre às organizações patronais o poder de ingerência nos objetivos, conteúdos, princípios e instrumentos técnico-operativos do trabalho profissional, subsumindo dimensões importantes em relação ao conteúdo da atividade e da cultura profissional aos seus propósitos e funções, em tensão com a autonomia profissional, legalmente resguardada. Por outro lado, como os empregadores detêm recursos financeiros, materiais e humanos que respaldam a realização das ações profissionais, estabelecem critérios de prioridade e recortam as expressões da *questão social* e os sujeitos que as portam como público alvo da prestação de serviços profissionais. Os empregadores interferem, ainda, na definição de cargos e salários, jornada, critérios de produtividade a serem observados, que esbatem na dinâmica técnico-operativa do trabalho, estabelecendo limites e possibilidades à efetivação de um projeto profissional coletivo e agregando um conjunto de particularidades na forma de sua implementação. Esse complexo de mediações não ingressa na consideração da prática profissional, quando reduzida à atividade teleológica do sujeito desvinculada das condições e relações sociais por meio das quais se realiza (seja no Estado, na relação com o empresariado, com organismos de representação de classe, entidades não presididas pela lógica mercantil). Contudo, elas são responsáveis pela atribuição do significado social do "modo de operar" a profissão.

O efeito da atividade profissional no processo de reprodução das relações sociais não decorre apenas do seu "modo de operar", que, segundo o autor, historicamente pouco se diferenciou das atividades similares que antecederam essa profissionalização; mas sim de sua funcionalidade social, indecifrável se pensada como atividade do indivíduo isolado, porque depende dos organismos aos quais se vincula e das relações sociais que lhe dão vida.

Em decorrência do plexo de determinações, antes mencionado, que incide sobre o trabalho do assistente social, tem-se ainda a considerar a mercadoria força de trabalho do assistente social, como unidade de valor de uso e valor, o que não cabe no universo da produção em tela. Ela considera a profissão de "natureza ideopolítica" (Netto, 1991a, 1991b, 1992, 1996), não incorporando de forma transversal na análise a categoria *trabalho* tal como se expressa na sociedade capitalista (o que supõe atribuir historicidade à dimensão ontológica), ainda que o "trabalho do assistente social" seja citado em inúmeras ocasiões ao longo dos textos referidos.

3.3. A tese da identidade alienada

Martinelli (1989) traz pioneiramente ao debate o tema da "identidade e alienação no Serviço Social", com o propósito último de descobrir os nexos de articulação entre o capitalismo e a profissão, ou seja, "compreender o real significado da profissão na sociedade do capital e sua participação no processo de reprodução das relações sociais" (Martinelli, 1989: 5).

Tendo por base a reconstrução da história da formação do movimento operário no contexto europeu — também uma contribuição inédita à literatura do Serviço Social brasileiro — o texto apresenta a trajetória da racionalização da assistência social e das origens e desenvolvimento do Serviço Social no seu âmbito — na Europa, Estados Unidos e Brasil — sob o signo da "ilusão do servir", parte das iniciativas da burguesia, da Igreja, do Estado para o controle social da classe operária e enfrentamento da acumulação da pobreza. O propósito desse recorrido é identificar os óbices e as possibilidades para o desenvolvimento da identidade profissional e da consciência social dos assistentes sociais.

Sob nítida influência de Hegel, a autora formula seu objeto de estudo: "o Serviço Social 'existente em si' e 'em suas relações com a sociedade capitalista', em que teve sua origem e desenvolvimento como prática institucionalizada" (Martinelli, 1989: 5). A busca da essência da profissão existente em si mesma — "a idéia em si" do Serviço Social — pretende captar sua "forma de ser" não estabelecida definitivamente, mas submetida a um processo dialético interno.

Para Hegel, a dialética, mais que um simples método de pensar, é "a forma em que se manifesta a própria realidade: é a própria realidade que alcança sua verdade em seu completo autodesenvolvimento". (Ferrater Mora, 1986: 1454). Na perspectiva hegeliana, "o conhecimento não é a mera representação por um sujeito de algo externo; a representação por um sujeito de um objeto é, por sua vez, parte do próprio objeto A consciência não é só consciência do objeto" (Idem: 1454), mas consciência também de si, o que supõe a dialética entre sujeito e objeto.

Essas observações são necessárias para entender a proposta analítica da autora. Seu pressuposto é que existiria uma "identidade da profissão em si mesma", considerada como elemento definidor de sua participação da divisão social do trabalho e na totalidade do processo social. A tese supõe uma "identidade em si", estabelecida idealmente como "identidade verdadeira", que se perdeu nas origens e desenvolvimento do Serviço Social, tendo sido maculada na história, visto que a burguesia assume progressivamente o controle dessa prática profissional, "transformando-a em uma estratégia de domínio de classes". A "identidade dos agentes é consumida pela burguesia", plasmada artificialmente como uma "identidade atribuída pelo capitalismo". Esta, como um fetiche, é fixada como identidade da profissão e incorporada pelos seus agentes. A indagação essencial proposta pela autora é explicitada nos seguintes termos:

SERVIÇO SOCIAL EM TEMPO DE CAPITAL FETICHE

Estava claro para os agentes que, ao sucumbirem à lógica do capital, era sua identidade profissional que sucumbia, para dar lugar a um "não ser", um ser sem efetividade, a uma categoria sem identidade e reprodutora de uma prática reificada, produzida pela cultura dominante e sem nenhum (*sic*) potencial de transformação da realidade? (Martinelli, 1989: 6).

Sua hipótese é que a "ausência de identidade profissional fragiliza a consciência social da categoria profissional, determinando um percurso alienado, alienante e alienador da prática profissional" (Martinelli, 1989: 7),[148] impedindo a categoria de "ingressar no universo da consciência em si e para si do movimento operário", ou seja, "assumir coletivamente o sentido histórico da profissão" (Idem: 8).

Assim, o suposto é claro: haveria um "sentido histórico da profissão", que afirmaria a identidade da profissão "em si e para si mesma": assumir a consciência "em si e para si" do movimento operário, procedendo, assim, a ruptura com o que Hegel denomina de "consciência infeliz", ou seja, a alma alienada, que é a consciência de si como natureza dividida. Para esse filósofo, a consciência pode experimentar-se como separada da realidade à qual pertence. Sendo essa realidade consciência da realidade, a separação antes referida é separação de si mesma. Surge, então, um sentimento de desunião, de alheamento, alienação, despossessão ("fora de si", em contraposição ao "em si"). Mas a consciência não pode persistir indefinidamente no estado de desunião e separação, tendo que proceder a reconciliação — uma reunião com apropriação ou uma "re-apropriação".[149]

A abordagem histórica resulta na confirmação da hipótese de que o Serviço Social já surge no cenário histórico como uma:

[...] identidade atribuída, que expressava uma síntese das práticas pré-capitalistas — repressoras e controlistas — e dos mecanismos e estratégias produzidos pela classe dominante para garantir a marcha expansionista e a

---

148. "Sem identidade de classe não há consciência de classe, pois ela pressupõe, como elemento fundante, a firme coesão em torno de interesses comuns, construídos coletivamente no calor do movimento de classes, além da percepção da diferença, oposição, contradição e antagonismos em relação a outras classes da sociedade". (Martinelli, 1989: 62).

149. Cf. Ferrater Mora, 1986, p. 97, v. I.

definitiva consolidação do sistema capitalista (Martinelli, 1989: 58; grifos do autor).

Ainda, segundo a autora, a alienação presente na sociedade "penetra a consciência dos agentes" erigindo-se como "sério obstáculo" para que pudessem estruturar sua consciência social e política (Martinelli, 1989: 115). Conduz ao fortalecimento da identidade atribuída pelo capitalismo, afirmando "sua função econômica de fundo ideológico, mais que sua função social" (sic). Traduz-se em uma "identidade reificada" que reproduz a "consciência metafísica da burguesia", incorporando-a num típico jogo de espelhos, como se fosse parte da própria superestrutura (Idem: 115). "Como a autoconsciência alcança sua satisfação somente em outra autoconsciência (nos termos de Hegel), agentes profissionais e classe dominante apoiavamse em suas ações". (Martinelli, 1989: 115).

Os resultados foram práticas burocráticas, alienadas e reducionistas, destituídas de referencial histórico-crítico, acompanhadas de ausência de laços solidariedade entre pares e com outras categorias profissionais. E como o assistente social não tomava consciência das contradições que o envolviam, não tinha como superá-las. Para a autora comentada, a negação da identidade atribuída e a superação da alienação seriam possíveis, pela via de ruptura do Serviço Social com suas origens burguesas, passo necessário para:

> [...] a construção de uma dinâmica identidade profissional produzida por uma categoria politicamente assumida, participante da "classe para si" e portanto capaz de criar alternativas de prática sintonizadas como desenvolvimento das contradições sociais e voltadas para a busca de novas totalizações (Idem: 9).

Trata-se da construção de uma identidade da profissão em conexão com a prática e consciência social de seus agentes, que contribua para construção de novas alternativas de prática que legitimem o Serviço Social como prática de caráter popular, capaz de somar-se "às forças revolucionárias que lutam pela superação da sociedade capitalista" (Idem: 9).

Na tese comentada, a ruptura da alienação supõe o abandono da "autoconsciência metafísica", essa "relação infinita do espírito consigo mesmo", "essa idealidade abstrata e formal" (Hegel, apud Martinelli, 1989: 124).

A autora reconhece que, em nível societário, aquela ruptura: "é fruto de um movimento de homens livres e associados na produção de sua existência social, na busca de compreensão da realidade e na produção de uma práxis humana crítica e revolucionária", (Martinelli: 124) o que, para Marx envolve a ultrapassagem da sociedade burguesa.[150]

Porém, ao transitar para a análise do Serviço Social, os fatores propulsores da estruturação da consciência coletiva são debitados a outro nível de mudanças: à ampliação do contingente profissional e à diversificação da composição da categoria, passando nela a refratarem diferentes visões de mundo; à institucionalização do Serviço Social, que ao atuar também no contexto empresarial passa "a conviver com a classe trabalhadora, assistindo às suas lutas e enfrentamentos desde o final da década de 1950", no marco das alterações introduzidas no quadro estrutural e conjuntural brasileiro no primeiro pós-guerra. Essas transformações tornam "insustentável a reificada visão de mundo da burguesia e sua representação do real como um todo homogêneo, idêntico e uno" (Idem: 124), desmontando "o mundo da pseudoconcreticidade no qual se lastreavam as práticas burguesas" (sic).

A ruptura da alienação por parte dos profissionais aparece, no texto, como uma função do "pensamento crítico reflexivo", "através do qual criações fetichizadas do mundo reificado se dissolvem e perdem sua enganosa fixidez, permitindo que se revele o mundo real, ocultado pela representação aparente". (Martinelli, 1989: 125).[151] Nos momentos de crise, se expande a "base crítica da consciência social dos agentes, através da ruptura com a alienação", e eles tomam consciência do caráter conservador de suas práticas.

---

150. Cf.: Marx, K. "O fetiche da mercadoria e seu segredo". In: MARX, K. *O Capital. Crítica da Economia Política*. São Paulo: Nova Cultural, 1985b, t. I, cap. I; Idem. *Elementos fundamentales para la Crítica de la Economia Política. Grundrisse (1857-1858)*. México: Siglo XXI, 1980b.

151. A história ensina "que o momento de crise é crucial, o momento da negação, a partir do qual se produz o devir, o novo. Elevando-se a um nível paroxístico, no contexto da crise, as contradições se chocam se destroem, ao mesmo tempo em que nessa luta o movimento, que as une e do qual são impregnadas, leva-as a se interpenetrarem, buscando uma nova determinação, uma nova realidade pela superação dialética. *A consciência em meio a esse turbilhão transforma-se em um verdadeiro campo de batalha, acelera sua trajetória crítica. Tornando-se conscientes, as contradições são elevadas a princípios de conhecimento, e, em conseqüência, de ação, produzindo, nos agentes críticos, a necessidade de lutar por uma nova realidade*" (Martinelli, 1989: 130; grifos nossos).

No contexto latino-americano, isso ocorre nos anos 60, no bojo do "movimento de reconceituação do Serviço Social", uma resposta a uma crise interna da profissão, momento em que os agentes assumem, como uma "causa revolucionária", a análise do exercício profissional e de seus fundamentos teóricos. Apesar de esse movimento aglutinar expressivos segmentos profissionais, não consegue as (supostamente desejadas) respostas unívocas, "pois a cisão do único, sobre o qual o capitalismo se constrói, havia penetrado na categoria profissional, transformando-a em uma categoria fragmentada fragilizada e desunida" (Idem: 130). Daí uma divisão no interior da categoria entre "reconceituados" e "não reconceituados", "tradicionais e revolucionários".

No Brasil,[152] nos anos 70 e 80, ocorreu efetivamente a ruptura com a alienação, segundo a autora, quando (os assistentes sociais):

> [...] conseguiram se identificar como um grupo portador de um projeto profissional comum, construído com base em uma consciência política coletiva do papel que desempenhavam, e deveriam desempenhar, na totalidade do processo social, os agentes colocavam-se em condições de ingressar no universo da "classe para si" do movimento operário, superando sua própria consciência burguesa, e participando da prática política da classe operária. A contradição básica entre alienação e crítica, entre prática conservadora e prática política, revolucionária, se não totalmente resolvida, ao longo do tempo tornara-se uma contradição consciente e assumida. (Martinelli, 1989: 133).

Essa síntese, que pretendeu abarcar os aspectos centrais da tese da autora, é suficiente para dar sustentação à análise da proposta em questão, o que certamente é uma delicada tarefa.

Em primeiro lugar, há que considerar a época dessa publicação — final dos anos 80 — o que condiciona a ambientação da análise, certamente influenciada pelos dilemas presentes no Código de Ética de 1986, que superestima a dimensão política da profissão. Sendo esse um possível fator

---

152. É digno de nota o fato de a autora identificar, indiscriminadamente, como expoentes do movimento de reconceituação, a produção impulsionada pelo CELATS, contribuições de autores individuais de diferentes filiações teóricas e as elaborações resultantes dos Seminários promovidos pelo CBCISS, expressões de perspectivas teóricas, profissionais e políticas distintas. Cf. Martinelli, 1989: 10-13.

interveniente, o texto teve ampla difusão posterior na sua forma original,[153] o que impõe sua análise interna.

Nessa obra, a autora constrói sua tese inspirada nas complexas noções de "consciência de classe" e "alienação do trabalho", cuja apropriação pode ser discutida, transitando-as, sem as devidas mediações, para outro universo: o da profissão. Observa-se uma transposição imediata das noções de classe "em si" e "para si" para uma categoria profissional, que é tratada teoricamente com o mesmo estatuto histórico de uma classe social. A autora transfere para o Serviço Social, sem as devidas mediações, os dilemas do papel histórico da classe operária, o que se encontra na raiz de impasses centrais observados no texto. Nele, os agentes profissionais são tratados com parâmetros idênticos àqueles extraídos da história do movimento operário para pensar o papel político da classe trabalhadora na luta pela superação da sociedade capitalista e da alienação do trabalho a ela inerente. Daí o suposto idealista, de que caberia necessariamente à profissão, em sua inserção na divisão do trabalho, assumir a "consciência em si e para si do movimento operário" — o que, no texto, parece se aproximar de uma exigência de ordem moral — tida como a forma de ser da "identidade verdadeira" do assistente social, que lhe permitiria estabelecer os nexos de sua prática com a totalidade do processo social. Esse pressuposto está na base da imputação aos agentes profissionais de uma "identidade atribuída pela burguesia, alienada, alienante e alienadora", que se mostra como uma "não-identidade", dando lugar a um "não-ser", "um ser sem efetividade", que reproduz uma "prática reificada", uma vez que profissão nasce articulada com um projeto de hegemonia do poder burguês, enquanto uma importante estratégia de controle social, como "uma ilusão de servir":

> [...] é uma profissão que já surge no cenário histórico com uma identidade atribuída pelo capitalismo. Ao invés de ser produzida historicamente, decorreu do projeto hegemônico da classe dominante, que *roubou dos agentes a possibilidade de construir formas peculiares de prática* (Martinelli, 1989: 141; grifos do autor).

---

153. Em 2007, o livro conta com onze edições em português, além da tradução para o espanhol, editado como parte da *Biblioteca Latinoamericana de Servicio Social*. Cf. Martinelli (1992).

Ou seja, a profissão teria "uma missão", que lhe foi "roubada" pelo poder dominante, visto que "o capitalismo" lhe impôs uma "identidade atribuída de fora". A historicidade da profissão é metamorfoseada em "perversidade do capital", que produz uma deformação de origem: a incorporação da prática profissional ao projeto hegemônico da burguesia.

É nítida, no texto, uma longínqua ressonância das polêmicas noções de "falsa consciência" e "consciência adjudicada ou atribuída" à classe operária, de Lukács (1974). A "possibilidade objetiva" de conhecimento da totalidade da sociedade capitalista e de autoconhecimento por parte da classe operária corresponde à consciência de classe como "categoria adjudicada", ou seja, atribuída ao movimento operário em função de seu projeto de extinção da sociedade de classe (Frederico, 1979: 26). A consciência atribuída representa o sentido, que se torna consciente, da situação histórica da classe se os trabalhadores tivessem sido capazes de captar perfeitamente sua situação e os interesses que dela decorreriam tanto em relação à ação imediata quanto à estrutura de toda a sociedade.[154]

A noção de consciência atribuída foi objeto de autocrítica por parte do próprio autor de *História e consciência de classe* (1974), no seu Posfácio de 1967. Por um lado, faz autocrítica à sua noção estreita e deformada do conceito de práxis, pois sem "um fundamento na práxis real, no trabalho, que é sua forma original e seu modelo, o exagero do conceito de práxis iria necessariamente invertê-lo em um conceito de contemplação idealista" (Lukács, 1974: 358).

Por outro lado, em relação à noção de consciência atribuída, explicita sua inspiração na obra de Lênin: *O que fazer?* (1974), em que este autor afirma que, diferentemente da consciência sindicalista, de nascimento espontâneo, a consciência socialista tem que ser levada aos trabalhadores "de fora", salientando o papel do partido. Lukács reconhece que, diferentemente de Lênin, a análise da consciência atribuída se converteu, em sua exposição a: "[...] um resultado puramente intelectual, donde algo de essencialmente contemplativo. A inversão da consciência 'adjudicada' em práxis revolucionária aparece aqui como um puro milagre". (Lukács, 1974: 359).

---

154. Cf. Lukács (1974).

Entretanto, no texto de Martinelli (1989), a tênue ressonância da análise lukácsiana é tratada no marco do projeto burguês, fazendo um trânsito, sem mediações nos dilemas da consciência da classe operária para a identidade de uma categoria profissional, como "identidade atribuída" pelo poder dominante. Nesse processo, a autora desconsidera a criteriosa autocrítica elaborada por Lukács em 1967 (Lukács, 1974: 349-378).

Na obra de Martinelli em debate, apesar de se evocar a história de lutas do movimento operário (europeu e brasileiro), o trabalho, como dimensão ontológica central da constituição do ser social — um ser prático-social — não adquire centralidade na construção e demonstração da hipótese norteadora da análise. Nela, a centralidade é deslocada para a esfera da consciência.

Outro aspecto a destacar na análise da tese da identidade alienada refere-se ao monolitismo com que é tratada a categoria profissional, seja no período em que tem vigência a identidade alienada, seja no "assalto ao céu" com a (suposta) incorporação, pela categoria, da "identidade em si e para si do movimento operário". O caráter contraditório das relações sociais, ainda que reiterativamente declarado, não impregna a análise da identidade. A elaboração descarta a dimensão socialmente contraditória do Serviço Social (ainda que declarada no texto), em favor da dualidade: a identidade aparece, num primeiro momento, produzida pela cultura dominante e sem nenhum potencial de transformação da realidade; e, num segundo momento, tendo por suposto a ocorrência da ruptura com a alienação e com suas próprias marcas burguesas de origem, a identidade profissional surge inteiramente comprometida com a luta social pela transformação da realidade. Ela passa a assumir, como seu fim último, a superação da sociedade capitalista e, em conseqüência, da própria profissão. Assim comparecem traços ora fatalistas, ora messiânicos que obscurecem as tensões e contradições do objeto em questão.

É interessante lembrar que, no texto comentado, a ruptura com a identidade alienada, alienante e alienadora de parte dos agentes profissionais é, fundamentalmente, uma atividade da consciência crítica e não da prática política. Inexiste qualquer referência ao partido, enquanto intelectual coletivo, nos termos de Gramsci, pois, segundo a autora: "Objetivando-se para os agentes, a realidade revelava-se como o cenário da luta de classes, como o cenário contraditório e complexo onde os homens produziam sua existência de acordo com sua consciência". (Martinelli, 1989: 132).

A afirmação da consciência como motor de transformação consagra uma inversão da crítica de Marx e Engels à filosofia neo-hegeliana alemã: "Não é a consciência que determina a vida, mas a vida que determina a consciência" (Marx e Engels, 1977a: 37). Já os críticos alemães afirmavam "que os homens reais têm sido, até aqui, dominados por idéias, representações e conceitos, de que o mundo real é produto do mundo ideal" (Idem, 1977a: 18).

A ilusão de Hegel era a de que as idéias produziam, determinavam e dominavam o mundo real, sendo os verdadeiros grilhões dos homens. Portanto, a luta se restringia à transformação da consciência: "interpretar diferentemente o existente, isto é, reconhecê-lo mediante outra interpretação" (Idem: 26), embora as fraseologias deste mundo não combatam de forma alguma o mundo real existente, como já alertavam Marx e Engels.

A autora declara adotar uma noção de identidade profissional como uma "categoria política e sócio-histórica" — mais que uma categoria filosófica —, inspirada na tradição marxista. Identidade que se constitui na trama das relações sociais, sujeita ao tempo e ao movimento, recriada no terreno das diferenças, alteridades e diversidades. Contudo, ao se analisar a construção e a demonstração da tese que preside a argumentação, o leitor atento defronta-se com uma nítida influência hegeliana — também assumida pela autora — que se sobrepõe à teoria crítica, ou seja, aos pilares fundamentais da tradição fundada por Marx.[155] Apesar da ampla referên-

---

155. Contestamos aqui, em coerência com a análise supra-efetuada, a leitura de Guerra (1992), que pode confundir os leitores, ao considerar a lógica hegeliana que preside a análise de Martinelli como expressão da lógica histórico-dialética, tal como tratada por Marx. Guerra, ao apresentar a versão em espanhol do livro de Martinelli, situa-o no âmbito da tradição marxista, representativo de propostas profissionais que consubstanciam a ruptura com o conservadorismo. Citando a comentarista: "porta también las contribuciones más significativas que la obra marxiana y la tradición marxista nos lego: el desarrollo de la lógica de constitución de los procesos sociales, el enfoque histórico-crítico, la perspectiva revolucionaria, ésta retratada por la autora con la participación de la profesión de la producción de nuevas relaciones sociales y de creación de alternativas peculiares de enfrentamiento de la relación capital-trabajo" (Guerra, 1992: 11). [...] "es esta obra, de clara inspiración dialéctica, a partir de la cual, tanto considerada como movimiento de la realidad como adaptada como método, Maria Lúcia busca rescatar su potencial transformador de la única manera que le es posible: por la vía de la crítica marxiana de la sociedad capitalista. Eso le permite rescatar

SERVIÇO SOCIAL EM TEMPO DE CAPITAL FETICHE

cia à história do movimento operário europeu e suas lutas, do rico acervo bibliográfico recolhido em fontes da tradição marxista e da ambigüidade teórica no discurso, não se trata de uma análise que se estruture teórica e metodologicamente nas bases essenciais dessa tradição intelectual, como o já demonstrado.

3.4. A tese da correlação de forças

Um dos expoentes de maior peso do movimento de reconceituação do Serviço Social latino-americano — no embate crítico com a concepção funcionalista no Serviço Social — foi, sem sombra de dúvidas, Vicente de Paula Faleiros, com seu livro *Trabajo social, ideologia y método* (Faleiros, 1972).[156] Este autor, desde então, vem contribuindo para a agenda de debates da profissão no Brasil, enriquecendo-a com novos temas e inéditas abordagens. O perfil desbravador de novas sendas teóricas é tributário de sua inserção na docência e no trabalho de campo, enquanto assistente social. Com fina sensibilidade política, resultante de compromissos ao longo da vida com as lutas e movimentos sociais, suas preocupações profissionais não se dissociam de seu engajamento político. Mas a literatura profissional de sua autoria apreende as mediações que conformam o estatuto profissional, cuja interpretação conta com o concurso da literatura especializada internacional, como o revela a sua produção.

Pretende-se salientar, aqui, a produção do autor referente ao Serviço Social (Faleiros, 1980a, 1981, 1995, 1987b, 1997b, 1999a e 1999b), em especial sua tese referente à natureza da profissão e ao exercício profissional, um dos fulcros centrais de sua elaboração. Seu traço distintivo é a preocupação com as *relações de poder*, que se desborda em uma importante e pioneira contribuição na temática da *política social* (Faleiros, 1980b, 1986 e 1992), considerado o campo em que se situa a profissão.[157] É por meio da questão do

---

una categoría tan maltratada por los vulgarizadores de la obra de Marx: la conciencia social como producto histórico de lo desarrollo del ser social en el curso del proceso de trabajo". (Idem: 14).

156. Este livro foi publicado em português, em versão revista e ampliada, quase uma década depois, em 1980. Ele já foi objeto de análise por Lopes (1979), Carvalho (1993) e Simionatto (1995).

157. Ainda que se reconheça a centralidade que o tema da política social tem na produção do autor, o recorte proposto neste capítulo, centrado nas particulares interpretações sobre o Serviço

poder que se pode encaminhar a análise da prática do Serviço Social (Faleiros, 1996: 11). Em outros termos, o eixo central de sua abordagem é a relação do Serviço Social com a política, introduzindo noções gramscianas de "hegemonia" e "intelectual" no Serviço Social brasileiro.[158]

A revisão do conjunto de sua obra, voltada centralmente ao Serviço Social, mostra que os textos mais antigos apresentam uma linha teórica mais nitidamente fundada na tradição marxista que as produções mais recentes. Nestas pode-se observar tanto um elo de continuidade com aquela tradição quanto o recurso mais intenso e freqüente a um conjunto de autores com filiações teóricas de diferentes matizes.[159]

A sua concepção sobre a profissão foi sistematizada no "paradigma das relações de força, poder e exploração" (Faleiros, 1980a), também denominado "paradigma da articulação" (Faleiros, 1987b), que absorve elementos de seu livro de maior difusão (Faleiros, 1972). O autor estabelece um nítido divisor de águas com o "paradigma das relações interpessoais", que prevaleceu das origens do Serviço Social até a reconceituação. Neste, o exercício profissional consiste numa interinfluência para modificação de comportamentos segundo valores sociais dominantes por meio de uma relação profissional — uma relação de dois "egos" — cujo ponto de partida é a "situação-problema", tal como identificada pelo indivíduo.

Em contrapartida, Faleiros preconiza uma "visão política da intervenção", que articule o geral e o particular, parte da luta por novas relações sociais em todas as dimensões da vida em sociedade. As relações entre a clientela dos serviços sociais, a instituição e o profissional são abordadas como parte das relações de classe. A "clientela" é constituída por camadas do proletariado, cujas carências são parte de uma relação social do capital

---

Social presentes na literatura, exclui um comentário detalhado de parte importante da obra desse autor.

158. Esse mérito é também reconhecido por Simionatto (1995: 188) nos seguintes termos: "Vicente de Paula Faleiros é o primeiro profissional no Brasil, e provavelmente na América Latina, a utilizar o pensamento gramsciano nas reflexões sobre o Serviço Social".

159. Exemplo desta afirmativa o texto, a mim enviado pelo autor, ainda sob a forma de manuscrito não publicado. Cf. Faleiros, V. P. *La crítica a una política del sujeto*. Trata-se de um texto baseado em exposição realizada no II ENCUENTRO LATINOAMERICANO ZONA SUR, realizado em Osorno, em fevereiro de 2002.

SERVIÇO SOCIAL EM TEMPO DE CAPITAL FETICHE

com o trabalho — da exploração da mais-valia — "parte de uma relação de produção de excedentes de riqueza (acumulação) e de excedente de miséria" (Faleiros, 1980a: 17), combinando relações de exploração e de poder.

A noção de poder é tratada a partir de sugestões de Gramsci, recusando a concepção leninista do poder de Estado e a concepção de hegemonia separada de dominação, tal como apresentada por Poulantzas.[160] A essas sugestões são acopladas elaborações de M. Foulcault sobre os micropoderes dos aparatos institucionais. A incorporação do pensamento gramsciano é seletiva, com ênfase nas categorias de intelectual orgânico e hegemonia, não abrangendo o conjunto do pensamento do autor: sua teoria do Estado, a concepção de Partido — o moderno *Príncipe* — as distinções entre as noções sócio-históricas de "Oriente e Ocidente" que impõem uma cuidadosa análise do Estado nacional, a concepção de cultura, entre outras dimensões, que não foram objeto de uma atenção sistemática nos textos de Faleiros.

O assistente social é concebido como "um intelectual orgânico",[161] podendo contribuir para uma nova correlação de forças, uma "nova hegemonia": como "conquista do consenso das classes dominadas e capacidade que a classe operária tem de conquistar a consciência de seus aliados na formação de um novo bloco histórico" (Faleiros, 1981: 103). Essa linha de análise "abriu caminho a novas ações, a partir do lugar de trabalho dos profissionais, situando a ação profissional concreta em uma perspectiva política" (Faleiros, 1980a: 17).

Com base nessa compreensão de hegemonia — que não abarca inteira complexidade da noção em Gramsci — defende a construção de estratégias profissionais vinculadas aos interesses dos trabalhadores, levando em conta a política social global e as conjunturas específicas de cada instituição de política social.

Segundo essa acepção, o objeto do trabalho do assistente social é uma questão disputada, um objeto de luta formado pelas relações de força, de poder e de saber para a conquista pelas classes subalternas de lugares, recursos, normas e espaços ocupados pelas classes dominantes. (Idem: 18).

---

160. Cf. comentários de Simionatto (1995: 188). Constam ainda influências de Marx e Engels, Mao Tsé-Tung e Althusser.

161. Outros autores o tomam como "intelectual tradicional" (Simionatto, 1995; Abreu, 2002).

Assim, a relação profissional inscreve-se na luta cotidiana dos grupos dominados pela subsistência, pela conquista da autonomia de suas organizações e pela solidariedade de classe.

Os resultantes dessa prática conduzem a uma alteração de um vínculo ou relação estabelecida e da correlação de forças, o que depende do poder, recursos e estratégias capazes de debilitar o oponente. Os efeitos da prática profissional, indissociáveis dos aparatos institucionais a que se vinculam — situados como lugares de luta —, são simultaneamente de natureza econômica (acumulação/distribuição), política (traduzida na elevação do nível de participação e organização) e ideológico (transformações no nível da consciência).

Nessa primeira aproximação ao pensamento de Gramsci voltado à análise do Serviço Social, verifica-se um uso reincidente da idéia de correlação de forças e espaços de luta, em um universo teórico matizado com influências teóricas distintas.[162]

Para o autor o desafio do profissional consiste:

> [...] na reorientação de seu cotidiano de acordo com a correlação de forças existentes, para facilitar o acesso da população ao *saber* sobre elas mesmas, aos *recursos* disponíveis e ao *poder* de decisão. A relação de saber produz um efeito ideológico de desocultação (oposto à camuflagem), enquanto o acesso aos recursos facilita a reapropriação dos excedentes retirados da população e o acesso ao poder produz efeitos políticos de auto-organização. (Faleiros, 1987b: 55; grifo do autor).

No debate teórico sobre a metodologia no Serviço Social,[163] Faleiros participa com seu texto: *Questionando a metodologia do Serviço Social:* repro-

---

162. Uma exposição rigorosa no marco da tradição marxista pode ser encontrada em: *O que é política social*. (Faleiros, 1986).

163. O debate sobre a metodologia no Serviço Social foi impulsionado pela ABESS e Programa de Estudos Pós-Graduados em Serviço Social da PUC-SP, sob a forma de pesquisa e debates, cujos resultados foram publicados nos *Cadernos ABESS 3*. (1989), onde se registram as contribuições de Kameyama, Neto, Faleiros e Maciel e Cardoso. Minha intervenção nessa polêmica foi sistematizada sob o título: *A questão da metodologia no Serviço Social*: indicações para o debate. (Iamamoto, 1992: 172-181).

SERVIÇO SOCIAL EM TEMPO DE CAPITAL FETICHE

duzir-se e representar-se,[164] no qual propõe uma reflexão dialética sobre a produção de uma atividade profissionalizada no contexto político da relação capital e trabalho, elucidando suas particularidades, que se mostram nas relações globais da sociedade em sua dinâmica conflituosa de manutenção e transformação da ordem instituída.

Reconhecendo ser o tratamento teórico-metodológico do funcionalismo e da dialética um avanço no debate profissional, Faleiros considera-o insuficiente para desenvolver a teoria e prática da profissão.[165] Aquele debate é apreendido como mera manifestação de um "formalismo elementar", o que expõe sua apreciação acerca do debate sobre os fundamentos e o estatuto da metodologia na profissão. Afirma que seu texto não se dirige à "tribo dos filósofos, que considera a metodologia como *hardware*, como equipamento para processar qualquer realidade" (*sic*) (Faleiros, 1999a: 97). Para o autor a abordagem da metodologia abrange a análise da conjuntura, das forças, do objeto do Serviço Social, da instituição — tanto teórica quanto prática — permitindo o confronto estratégico de propostas no cotidiano. Para tanto, é necessária uma análise profunda da relação entre estrutura e superestrutura, considerada ausente de outras elaborações.[166] Parece que um dos nós da crítica do autor ao debate teórico-metodológico no Serviço Social encontra-se na sua própria leitura de Marx, de inflexão althusseriana, ainda que esta seja objeto de sua crítica.

---

164. Este texto, datado de 1989, expressa a posição do autor na referida polêmica. As posições presentes nesse debate já foram objeto de análise por parte de Simionatto (1995: 233-246).

165. Partilho dessa opinião do autor, embora considere fundamental — e não mero formalismo — uma rigorosa apropriação teórico-sistemática das matrizes do pensamento social na modernidade para se pensar a metodologia no âmbito das particularidades profissionais. Cf. Iamamoto (1992b: 172-181).

166. Segundo Faleiros (1999a: 117): "Marilda Iamamoto (1982) pouco elabora a categoria da superestrutura, considerando o Serviço Social nas relações estruturais e na ótica das exigências contraditórias do capital" reduzindo o Serviço Social a "instrumento" ou "ferramenta" a serviço do capital. Faleiros minimiza, no texto comentado, a análise do capital como relação social, tratado na sua processualidade contraditória, enquanto totalidade. Desconsidera, ainda, a diretriz central que preside aquela elaboração: "o empenho em explicitar a articulação básica e contraditória entre a essência das relações sociais e sua manifestação através das formas mistificadoras necessárias à expressão dos processos sociais: ambas criadas e recriadas no processo da vida social" (Iamamoto e Carvalho, 1982: 18). Ao contrário do que afirma Faleiros, os autores privilegiam o papel do Serviço Social na reprodução do controle social e da ideologia, sem desconsiderar seus efeitos, via serviços sociais, na reprodução da força de trabalho e na reprodução das contradições sociais.

Nesse texto, Faleiros (1999a: 100) defende a tese que o Serviço Social, como produto da sociedade, consiste na "mediação entre a produção material e a reprodução do sujeito para essa produção e na mediação entre a representação do sujeito nessa relação". Explicando: a mediação entre a produção material e a reprodução do sujeito implica o trabalho, condição da sobrevivência da força de trabalho no cotidiano. Produção e reprodução — esta última reduzida à reprodução da força de trabalho — aparecem separadas em decorrência da forma capitalista de apropriação de bens, ou seja, a propriedade privada, que transforma o trabalhador em vendedor da força de trabalho e consumidor no universo mercantil. Por isso, a atribuição de recursos, para aqueles alijados do processo produtivo, aparece dirigida ao "não-trabalho", ainda que o desemprego seja um produto do capital. A sobrevivência do "não trabalhador" passa a ser mediada por um "mercado político" em que os "benefícios" (previstos pelas políticas sociais) aparecem separados da produção, como reprodução. Segundo o autor, a mediação dos benefícios é um processo de relações de forças, podendo assumir a forma autoritária de "outorga" ou de "conquista". (Idem: 101). Nesse contexto, o assistente social organiza e articula o "não-trabalho" com o Estado. Se na lógica do capital *reproduzir-se* é mero meio de produzir, na lógica do sujeito que trabalha produzir é meio *de reproduzir-se.* (Idem: 102). Entretanto, a reprodução supõe representação, que se traduz pela "consciência de si frente ao outro, como pela mobilização de energias postas em movimento nas lutas e demandas individuais e coletivas". (Idem: 102).

O resgate da identidade implica considerar manifestações da cultura e da ideologia, a mediação com o poder, processos sócio-afetivos, mitos, valores e sentimentos. Supõe, portanto, a relação entre *o sentir e o compreender numa determinada situação histórica,* nas palavras de Gramsci, o que envolve o intelectual e o povo. O "intelectual que trabalha a mediação entre a representação articulada à re-produção é o assistente social" (Idem: 105), sendo uma de suas tarefas "desafiar e re-traduzir a representação do dominado na visibilidade do dominante" (Idem).

Essa análise parece inspirada em sugestões de Oliveira (1987) contidas em seu livro *O elo perdido. Classe e identidade de classe.* Ao discutir classe e identidade de classe, Oliveira alerta para os riscos da *vulgata* na utilização do método marxista nos vastos domínios das ciências sociais. Ao tratar

SERVIÇO SOCIAL EM TEMPO DE CAPITAL FETICHE

da polêmica sobre a consciência de classe afirma ser preciso ater-se, em primeiro lugar, à produção de mercadorias, bens e serviços, incluindo a mercadoria específica do capitalismo, a força de trabalho. Em seguida, afirma:

> [...] Mas a reprodução não é simplesmente o eterno retorno da produção, que no caso transformaria os resultados em re-posição dos pressupostos. A reprodução é o movimento no qual e pelo qual a objetividade se representa. Representar-se é o reconhecimento da necessidade do outro se reproduzir *pelo e no seu oposto*. Noutros termos, o operário para re-produzir-se deve vender a sua força de trabalho e comprar meios de subsistência; esse é o momento objetivo de sua inserção na divisão social do trabalho. Mas não é senão, quando ele reconhece o capitalista como sendo aquele que, ilusoriamente, — a "ilusão necessária" — lhe fornece o dinheiro de que ele necessita para comprar os elementos de sua subsistência, que se fundam simultaneamente, o operariado e a burguesia. Este é o momento da subjetividade ou da subjetivação da objetividade. A constituição das classes repousa sobre esse movimento complexo da produção e da re-produção e as representações das classes umas *vis-à-vis* das outras formam a trama insubstituível das mediações. (Oliveira, 1987: 12).

A ênfase no reproduzir-se e representar-se é certamente tributária da noção de "bloco histórico", que envolve o nexo filosófico entre estrutura e superestrutura.

Nessa análise, a categoria profissional é tratada, no seu conjunto, como "intelectual orgânico" vinculado aos interesses do trabalho, aquele que opera a mediação entre a representação e a reprodução, elidindo a clivagem de classe que também se expressa no interior da categoria. O assistente social é visto como o intelectual que opera a mediação entre a representação e a reprodução, embora nesse processo intervenham inúmeras outras forças sociais, as quais não têm a devida visibilidade, como os partidos, as igrejas, os sindicatos, as escolas, além dos aparatos de coerção estatal.

Para o autor, a relação do assistente social com a população se processa no "campo da política do cotidiano", isto é, nas relações entre mudanças societárias e aquelas que têm lugar na vida cotidiana. Elas implicam relações de saber e de poder voltadas à superação de um problema, o que requer estratégias e táticas voltadas à articulação de novas relações dos sujeitos entre si e com a estrutura para operar mudanças na situação apresentada.

A preocupação do autor com as relações entre sujeito e estrutura desdobra-se, atualmente, para situar, no marco do paradigma da correlação de forças, o *empowerment* como objeto do Serviço Social:

[...] o fortalecimento dos sujeitos da intervenção profissional num processo de articulação de recursos, imaginário, redes que são capitais ou patrimônios disponíveis nas relações sociais de classes, gênero, raça, cultura, envolvidas em todo trabalho social. (Faleiros, 1999a: 43).

O fortalecimento do oprimido em seu "processo de fragilização/patrimonialização"[167] supõe uma práxis voltada aos interesses das classes e camadas populares. O autor comentado incorpora as propostas de Maurice Moureau, para quem a noção de *empowerment* conclama um posicionamento ante as iniqüidades da sociedade capitalista, que servem para perpetuar exclusões baseadas na classe, no gênero, na raça, na orientação sexual ou na saúde física e mental. Essa perspectiva compreende ações estratégicas voltadas para a defesa e fortalecimento do cliente, para o estímulo a práticas de coletivização e para a materialização dos recursos.

Sabe-se que a ambígua e polissêmica noção de *empowerment* — que abrange a ênfase psicológica, a comunitária, o discurso a favor do oprimido, entre outros — carrega forte conotação liberal, centrada no interesse do indivíduo presente nas lutas pelos interesses civis. Ela foi também incorporada pelo movimento feminista dos anos 70, nas propostas da ação social e movimentos de auto-ajuda disseminados nos países desenvolvidos. Constata-se, no autor, um esforço de sua ressignificação, "com ênfase nas relações sociais no contexto de forças em presença", noção esta contraposta ao "novo contrato social" impulsionado pelas políticas neoliberais, porquanto voltada ao fortalecimento da cidadania, da autonomia e da identidade (Faleiros, 1999b: 169).

---

167. A trajetória dos dominados tem a marca da exclusão social, enquanto processo de marginalização dos bens culturais, econômicos, políticos, de lazer, que constituem patrimônios de certos grupos, embora haja um processo de integração em patrimônios familiares, afetivos, de amizade, de certos bens que configuram o patrimônio dos dominados inseridos numa relação de desigualdade. *Bourdieu fala de diferentes capitais. Prefiro utilizar a expressão patrimônios*, pois os patrimônios se adquirem nas relações de família, de exploração, de dominação e também através do imaginário social. (Faleiros, 1999a: 74; grifos nossos).

SERVIÇO SOCIAL EM TEMPO DE CAPITAL FETICHE

A noção do *empowerment* tem sido incorporada pela Psicologia Comunitária e também assumida na perspectiva sócio-ambiental de promoção da saúde, disseminada pelo Escritório Europeu de Promoção da Saúde e em suas conferências internacionais.[168] No caleidoscópio de significações atribuídas ao termo, algo é certo: trata-se de uma noção teórica estranha à teoria social crítica e ao método que lhe é inerente, ainda que, para Faleiros, o esforço de sua ressignificação se coadune com a inspiração gramsciana, que ele registra como marca de sua obra.

Uma preocupação central, que marca a análise da profissão elaborada pelo autor, tem sido a de superar as dicotomias entre estrutura e sujeito. A proximidade com os dilemas vivenciados pelos profissionais no seu cotidiano, contemplando indagações presentes na categoria, é fonte de legitimidade de sua produção. Uma linguagem marcadamente coloquial é presente em seus artigos mais recentes, dotados de uma redação mais livre, menos aprisionada aos cânones acadêmicos. Se essa estratégia, por um lado, facilita a difusão de suas elaborações no universo profissional, por outro lado traz claros óbices a um comentário crítico mais rigoroso visto que o leitor se defronta simultaneamente com inúmeras noções oriundas de tradições intelectuais distintas.

Finalizando esse esforço de síntese da tese da correlação de forças, resta pontuar que Faleiros é um dos estudiosos que privilegia as mediações envolvidas no exercício profissional: seus determinantes institucionais, as estratégias e táticas na ação profissional, a relação entre profissional e usuários dos serviços, efeitos dessa intervenção especializada, entre outros aspectos.

3.5. A tese da assistência social

A política pública de assistência no marco da seguridade social[169] tem sido um dos âmbitos privilegiados de atuação profissional e um dos temas

---

168. Cf. Carvalho, S. R. Os múltiplos sentidos da categoria "empowerment" no projeto de promoção à saúde. *Cadernos de Saúde Pública*, Rio de Janeiro, v. 20, n. 4, jul./ago. 2004.

169. Sobre a seguridade social ver, por exemplo, Fleury (1994); Vianna (1998); Mota (1995); Soares (2001); Behring (2003) Silva (2004); Behring e Boschetti (2006); Boschetti (2003; 2006).

de destaque no Serviço Social brasileiro recente. Nos seus diferentes matizes, o debate sobre o tema vem oferecendo uma sólida sustentação teórica à qualificação da assistência no âmbito das relações entre o Estado e a sociedade alçada, na esfera constitucional,[170] a direito dos cidadãos que dela necessitam devendo ser provida pelo Estado.

A assistência foi um tema "maldito" no movimento de reconceituação do Serviço Social latino-americano em sua busca de ruptura com as ações de cunho paternalista e assistencialista que proliferaram no passado e denegriam a imagem social e acadêmica da profissão. Preconizavam-se, à época, em nome da educação e politização do povo, princípios e saídas políticas globais, freqüentemente relegando a um segundo plano a atenção às reivindicações imediatas da "população" e refutando as tarefas assistenciais, identificadas unilateralmente com ações a serviço dos interesses dominantes. Elas eram vistas como um "mal necessário" ou "atividade-meio" — sem nenhuma validade em si mesma — dotada de caráter provisório para outra efetivamente relevante: a educação política. Essa era uma contraposição à versão ingênua do passado em que as ações assistenciais eram lidas — também unilateralmente, mas com sinal trocado — como um "benefício" ou "bem" para os segmentos subalternos que figuravam como a "clientela" do Serviço Social. (Santos, 1982).

O debate sobre a assistência foi submetido a uma dupla armadilha: a primeira desconsidera o caráter contraditório da assistência social, polarizada por forças sociais distintas, acentuando unilateralmente, ora seu vínculo com o poder dominante, ora seu exclusivo favorecimento aos segmentos sociais a quem se dirigia; a segunda armadilha consistia em atribuir o caráter assistencialista da profissão exclusivamente às atividades que realizava, e às finalidades a ela impressas individualmente pelo profissional, desconsiderando que a natureza das ações e suas finalidades só são desvendadas nas condições econômicas, políticas e culturais que as determinam e nas condições conjunturais em que se desenvolvem (Santos, 1982).

Quem apresentou pioneiramente essa reflexão, redimensionado o debate sobre a assistência no Serviço Social latino-americano, foi Leila Lima

---

170. São representativos da diversidade dessa produção, ainda que não a esgotem, as obras de Sposati (1985); Yazbek (1993); Raichelis (1998); Pereira (1996); Boschetti (2005); Couto (2004).

SERVIÇO SOCIAL EM TEMPO DE CAPITAL FETICHE

Santos,[171] no artigo "El Desarrollo del Trabajo Social en América Latina" (1980), publicado na revista *Acción Crítica* n. 8, o qual, posteriormente traduzido, foi incorporado no livro *Textos de Serviço Social* (Santos, 1982). Essa notação, em nome da fidelidade à história, é indispensável no sentido de atribuir à autora o mérito do pioneirismo. Diz Santos:

> O trabalho assistencial não carrega consigo nenhuma conotação necessariamente pejorativa; isto está mais relacionado ao projeto de desenvolvimento que se implanta em cada país, com o tipo de sociedade que se procura construir, numa palavra com os interesses que são prioritariamente atendidos e desenvolvidos. (Santos, 1982: 193).

A autora entende que o trabalho assistencial não é nem "um mal necessário" e nem "libertador *per si*". Chama atenção para o potencial que dispõe as tarefas assistenciais de "acumular aquelas condições necessárias para a construção de alternativas mais cabíveis para a sociedade" (Idem: 196) — o que direciona a preocupação em deslindar o significado da assistência.

Por um lado, os benefícios a que se tem acesso por meio dos serviços prestados pelos assistentes sociais devem ser reconhecidos, ainda que limitados e parciais; e, por outro, é necessário "fazer um esforço criativo para converter a oferta desses serviços em um elemento catalizador de uma consciência popular mais real, em termos de sua própria situação e de sua posição na sociedade" (Santos, 1982: 194).

Santos (1982) ressalta que a atenção aos "problemas concretos" possui um potencial educativo — mostrando a indissociabilidade entre a prestação de serviços e a dimensão educativa que preside as ações profissionais — o que supõe clareza quanto aos limites das ações assistenciais: se estas "não oferecem uma resposta global", também "não interiorizam necessariamente a defesa de interesses monolíticos" (Idem: 195).

Essa linha de análise da assistência, na sua nascente formulação, mostra-se ainda desvinculada das políticas públicas e focada diretamente na profissão, prescindindo de um conjunto de determinações que adensam a

---

171. A autora era, à época, diretora do *Centro Latinoamericano de Trabajo Social* (CELATS), organismo acadêmico da *Associación Latinoamericana de Escuelas de Trabajo Social* (ALAETS).

produção brasileira na atualidade. Entretanto, sob outra angulação, merece ser salientada a atualidade dessa elaboração pioneira ante muitas abordagens atuais, ditas progressistas da profissão, que tendem a subestimar o caráter contraditório das forças que polarizam as ações profissionais, resvalando, ora nas marras do fatalismo, ora no messianismo utópico.

Do fecundo espectro de produções recentes sobre a assistência e proteção social foram priorizadas aquelas que estabelecem um explícito vínculo com o Serviço Social, trazem inéditas contribuições e/ou tiveram explícita incidência na polêmica sobre a profissão.

No livro *Classes subalternas e assistência social*, Yazbek (1993) faz uma interlocução com estudos sobre a "pobreza brasileira" e seu enfrentamento pela via das políticas sociais públicas, com ênfase na ação do Estado, privilegiando "os impactos dessas políticas sobre a população-alvo dos serviços assistenciais" (Yazbek, 1993: 17).

A novidade que essa obra anuncia é a abordagem da assistência na óptica dos "de baixo", salientando os impactos dessa política na sua materialidade e subjetividade do "homem simples", nos termos de Ianni (1975), alvo das ações profissionais envolvidas nessa política pública, que têm tido pouca visibilidade na literatura especializada. Nesta, a abordagem do tema tendeu a privilegiar a óptica da ação do Estado e do capital.

A autora traz uma contribuição original para pensar a particularidade do Serviço Social[172] tendo como fulcro "a assistência social na conformação da identidade das classes subalternas". A profissão é vista como uma intervenção mediadora na "relação do Estado com os setores excluídos e subalternizados da sociedade", situada no campo das políticas sociais e assistenciais na concretização da função reguladora do Estado na vida social. (Idem: 24).

Outro fator distintivo da citada elaboração, fundada sob o prisma das relações de classe e seus conflitos, é a apreensão do caráter contraditório

---

172. O interesse das observações que se seguem recai sobre os vínculos entre assistência e Serviço Social. Menos que uma análise crítica interna da obra da autora, o que se pretende é recolher os fios que indicam a particularidade de sua abordagem do Serviço Social. Ainda que este não seja o objeto central de seus estudos nessa obra, ali existem preciosas indicações que se refratam em outros textos de sua autoria, de menor fôlego teórico, voltados diretamente à profissão.

das políticas sociais — em particular, da assistência — e do Serviço Social no seu âmbito — no enfrentamento à *questão social*, fio transversal que atravessa toda a análise. Essas políticas "reproduzem a luta mais geral da sociedade e as contradições e ambigüidades que permeiam os diversos interesses em contraposição" (Yazbek, 1993: 40).

Sendo a assistência uma das dimensões em que se imbricam as relações entre as classes e destas com o Estado, ela abrange o "conjunto de práticas que o Estado desenvolve de forma direta ou indireta junto às classes subalternizadas, com sentido aparentemente compensatório de sua exclusão", conformando-se como um campo de acesso a bens e serviços. Enquanto estratégia contraditória da gestão estatal da pobreza das classes subalternas, o assistencial é, na óptica do Estado, um "mecanismo de estabilização social" e, para os segmentos subalternos, uma forma de "acesso a recursos e serviços", parte da gestão estatal da força de trabalho.[173] Entretanto, a assistência também abre um espaço do resgate do seu protagonismo na luta pelo reconhecimento dos direitos de cidadania social, atribuindo às demandas dos subalternos uma legitimidade pública. (Yazbek, 1993: 53-55).

A autora assume a hipótese de que, no Brasil, há uma "modalidade assistencial de fazer política no campo do social" (Idem: 36) presente nas relações entre o Estado e os segmentos mais pobres ante a *questão social*. Ela se refere a "uma espécie de cultura política que nega a identidade social dos subalternos e seu pertencimento a uma classe", parte da estratégia de ocultar o conflito e a resistência e de legitimar a dominação. (Yazbek, 1993: 41). Opera-se a metamorfose de demandas das classes subalternas em "clientelas", em detrimento da universalização do acesso dos cidadãos às políticas sociais. Além de gestão estatal da força de trabalho, as políticas sociais são, ao mesmo tempo, "expressão da intensidade das lutas políticas dos subalternos pela ampliação de programas políticos de corte social" e, através dessas lutas cotidianas, constroem espaços de politização da sociedade civil na defesa dos direitos e de sua expansão (Yazbek, 1993: 42).

---

173. A título de exemplo cita: creches, programas de profissionalização, de geração de renda, de moradia, de atendimento aos direitos da criança e do adolescente, da maternidade, do idoso, do portador de deficiência, do homem de rua e de muitos outros que vivem uma situação de espoliação e pobreza.

No Brasil, na dinâmica da expansão monopolista, as políticas assistenciais são partes da "regulação truncada" ou regulação *ad hoc* — em que cada caso é um caso — exercida por um "Estado de Mal-Estar Social", nos termos de Oliveira (1990), presidida pela ausência de regras estáveis e de direitos, particularmente dos trabalhadores.

> São políticas casuísticas, inoperantes, fragmentadas, superpostas, sem regras estáveis ou reconhecimento dos direitos. Nesse sentido, servem à acomodação de interesses de classe e são compatíveis com o caráter obsoleto dos aparelhos de Estado em face da questão. Constituem-se ações que, no limite, reproduzem a desigualdade social na sociedade brasileira (Yazbek, 1993: 37).

A população-alvo das políticas de assistência social (e, conseqüentemente do Serviço Social) é lida a partir da categoria de "subalterno". A subalternidade é parte do "universo dos dominados, dos submetidos à exploração e à exclusão social, econômica e política" e tem na contraface, o "exercício do domínio ou direção através de relações político-sociais em que predominam os interesses dos que detêm poder econômico e a decisão política" (Idem: 18).

A autora propõe um tratamento teórico das classes subalternas que reconheça a sua heterogeneidade e diversidade interna, tal como sugerido por diversos autores, entre os quais Paoli e Sader (1988). Salienta a importância da "experiência" na formação da classe, na articulação da identidade de seus próprios interesses e frente aos seus oponentes, no lastro das elaborações de Thompson (1979a; 1987). Incorpora, ainda, a perspectiva gramsciana de classes subalternas, tal como tratada por Sartriani (1986) e Martins (1989), tida como mais rica que a de trabalhador, uma vez que expressa "não apenas a exploração, mas a dominação e a exclusão econômica e política". Assume a idéia da "exclusão integrativa" proposta por Martins, a partir de sua sugestiva leitura da superpopulação relativa de Marx, cujo elemento central é:

> [...] a criação de excedentes populacionais *úteis*, cuja utilidade está na exclusão do processo capitalista de trabalho e sua inclusão no processo de valorização por meio de formas indiretas de subordinação do trabalho ao capital. E ainda por meio da subordinação real, mas por via de relações clandestinas. (Martins, 1989: 99; grifo do autor).

Entretanto, na obra comentada, a noção de "exclusão integrativa" não envolveu o enfrentamento teórico da lei geral da acumulação e sua correspondente lei da reprodução da população[174] que lhe atribuem inteligibilidade.

Com base em tais parâmetros, Yazbek propõe integrar à óptica de classe as noções de exclusão e subalternidade, tidas como dela indissociáveis para pensar o segmento alvo da assistência social:

> Partimos do pressuposto de que exclusão e subalternidade configuram-se como indicadores sociais que ocultam/revelam o lugar que o segmento das classes subalternas que recorre à assistência social ocupa no processo produtivo e sua condição no jogo do poder. Submerso numa ordem social que o desqualifica, num cotidiano marcado pela resistência, vai aí constituindo padrões mais gerais de sua identidade, sua consciência e representações. (Yazbek, 1993: 66).

Denunciando a naturalização da pobreza como meio de sua despolitização, a autora mostra que a experiência da pobreza é também a experiência da "desqualificação dos pobres por suas crenças, seu modo de expressar-se e seu comportamento social", sinais indesejáveis conferidos por sua procedência de classe (Idem: 62).

O propósito da autora de atribuir visibilidade à experiência e auto-representações dos "assistidos", quanto à política de assistência social, leva-a a enfrentar o difícil e polêmico debate sobre as "representações sociais" no campo da tradição marxista. Incorporando sugestões de autores diferenciados dessa tradição intelectual, concebe as representações como "or-

---

174. Para Yazbek, a utilização rigorosa da noção de exército industrial de reserva e do segmento do pauperismo, "revela-se desafiante no modo de produção capitalista no Brasil, onde a expansão do terciário, os trabalhadores por conta própria e os biscateiros fazem parte da população economicamente ativa, e os trabalhadores fabris têm, muitas vezes, condições de vida pouco diferentes das de subempregados, em face da rotatividade e irregularidade do trabalho industrial. Nesse sentido, optamos por encaminhar a análise teórica tanto do exército ativo quanto da superpopulação relativa em cima do que têm em comum: a condição de dominação, de exploração e de exclusão do usufruto da riqueza socialmente produzida (contidas na noção de subalternidade). Incorporamos, também em nossa referência teórica, o elemento que Martins (1989) considera central na teoria da superpopulação relativa: seu caráter de utilidade nas relações capitalistas, enquanto subordina o trabalho ao capital". (Yazbek, 1989: 69, nota 5).

ganização significante do real" para os que a vivenciam abordadas como "constitutivas do próprio ser social, seu modo de pensar e interpretar a realidade cotidiana" (Idem: 74-76), parte da subjetivação da realidade objetiva e também da ideologia que justifica essa realidade e oculta relações de poder. Mas como as relações sociais são atravessadas pelo conflito e permeadas por antagonismos, se, de um lado:

> [...] as representações reproduzem a lógica e o discurso dominante, de outro reproduzem contraditoriamente o seu contrário, a sua transgressão, que se expressa como resistência, criatividade e superação de um determinismo reducionista, apontando caminhos de ruptura e libertação. (Yazbek, 1993: 78-79).

Sendo o foco de interesse voltado centralmente para a leitura de Serviço Social, interessa, a partir da pesquisa realizada, que resgata histórias de vida de usuários dos serviços assistenciais, atribuir destaque às representações da "condição de assistido e sua relação com o assistente social". O novo dessa investigação é mostrar que "os pobres, os desorganizados, os miseráveis falam, pensam, negam e aceitam sua condição". E seus depoimentos atribuem transparência a uma dimensão geralmente oculta na reprodução da subalternidade: "a *resistência*, expressa na luta de cada dia contra a pobreza e a privação que perpassa suas trajetórias" (Idem: 167, grifo do autor).

Yazbek reconhece a posição secundária que a assistência social vem tradicionalmente ocupando nas políticas públicas, com ações tangenciais às demais políticas e terreno fértil ao clientelismo e à ação das "primeiras-damas". Contudo, reafirma que, sendo a assistência uma das estratégias reguladoras das condições de reprodução social dos subalternos, é campo de acesso a bens e serviços, podendo ser um espaço de "reiteração da subalternidade" ou meio de "avançar na construção da cidadania social". Entretanto, esta afirmativa é tensionada pelos depoimentos coligidos pela autora: os narradores afirmam querer o "direito ao trabalho" e não apenas o "direito à assistência" (Idem: 167), apesar de também reivindicarem serviços públicos e equipamentos comunitários. Em suas auto-representações, revelam humilhação e ressentimento ante a incapacidade de proverem sua própria subsistência e, simultaneamente, reconhecem a precariedade e insuficiência das respostas do Estado às suas necessidades. Assim, os narradores sugerem ser a relação entre "trabalho e assistência" um parâmetro fundamental à elucidação do tema, não priorizado neste estudo que privilegiou a relação entre "pobreza e assistência".

A dúvida, que persiste, é se o potencial de cidadania atribuído a essa política pode ser decisivamente preenchido no seu âmbito. Haja vista as conclusões da pesquisa da autora — que a via assistencial tem sido um reforço da subalternidade — e as dificuldades de representação dos usuários nos Conselhos de Assistência, tal como se constata após mais de uma década de implantação da *Lei Orgânica de Assistência Social* (LOAS). Ou a defesa da cidadania dos "assistidos" requer a ruptura dessa condição, o que depende de uma política macroeconômica com vocação distributiva?

A assistência tem sido "uma mediação fundamental" para o exercício profissional, segundo a autora. No material recolhido na sua pesquisa, o assistente social dispõe de uma dupla função: é o intermediador direto das necessidades dos usuários mediante a prestação de serviços assistenciais e responde pelo componente sócio-educativo que os informa. Ele é demandado para "dar conta do mecanismo assistencial que permeia as políticas de corte social, fazendo frente a uma diversificada demanda de ações assistenciais, em geral na condição de técnico subalterno" (Idem: 150). Encontrando-se dependente de interesses das instâncias mandatárias que o contratam, o tom predominante que preside a atuação desse agente profissional é o do controle social, a partir das bases políticas determinadas, visto ter uma autoridade delegada, um mandato não inteiramente definido, um mercado de trabalho pouco estruturado e a violência simbólica como marcas de sua intervenção. (Idem: 151).

A aparência de efetuar uma concessão de benefícios — e não de viabilização de direitos — aliada às estratégias discriminatórias, seletivas e meritocráticas no atendimento às necessidades dos segmentos subalternos tem resultado predominantemente em "reiteração da subalternidade". A relação entre instituições que implementam as políticas de assistência e o público-alvo tem conduzido à pulverização das demandas, obscurecendo sua força e sua dimensão coletivas. Essas demandas despolitizadas abrem caminho ao clientelismo no trato da *questão social*.

O assistente social, reconhecido como o "profissional da assistência", insere-se no interior dos equipamentos sócio-assistenciais como mediador entre Estado, instituição e classes subalternas no atendimento aos segmentos empobrecidos e subalternizados da sociedade. Participa, junto com outros agentes, na criação de condições para a "reprodução social das classes subalternas"[175] por meio da viabilização de serviços sociais e de uma "atuação sócio-educativa" junto a essas classes, implementando políticas sócio-assistenciais. Essa ação envolve a administração de recursos institucionais, a distribuição de recursos materiais, a realização de triagens, a orientação e esclarecimento quanto aos direitos, serviços e benefícios disponíveis — atestando carências e conferindo méritos. Assim, o campo próprio de trabalho do assistente social tem na administração e na execução de ações assistenciais um espaço fundamental. Como alerta a autora: "assumir essa vinculação histórica com a assistência é condição para que os assistentes sociais superem a ideologia do assistencialismo e avancem nas lutas pelos direitos e pela cidadania" (Yazbek, 1999a: 96) — o que expressa o caráter essencialmente político desse trabalho.

Existe uma fina sintonia entre a concepção de profissão no processo de reprodução das relações sociais — e o conseqüente caráter contraditório da profissão nesse processo — (Iamamoto. In: Iamamoto e Carvalho, 1982.) e a análise de Serviço Social assumida por Yazbek.[176] Mas a ênfase na "tese da assistência" é uma marca distintiva e original das suas elaborações (Yazbek, 1993; 1998; 1999; 2001; 2004).

A autora atesta que a inserção institucional do assistente social realiza-se por meio de "relações contratuais" — visto que não se afirma como um "profissional liberal", ainda que disponha de relativa autonomia no seu exercício. É no âmbito dessas relações que são estabelecidas as condi-

---

175. Na trilha das elaborações de Iamamoto e Carvalho (1982), entende-se a reprodução das relações sociais como a reprodução da totalidade da vida social, o que engloba não apenas a reprodução da vida material e do modo de produção, mas também a reprodução espiritual da sociedade e das formas de consciência social através da qual o homem se posiciona na vida social. Dessa forma, reprodução das relações sociais é reprodução de um determinando modo de vida, do cotidiano, dos valores, de práticas culturais e políticas e do modo como se produzem as idéias nessa sociedade. Idéias que se expressam em práticas sociais, políticas, culturais, padrões de comportamento e que acabam por permear toda a trama de relações da sociedade. (Yazbek, 2000: 89).

176. Essa sintonia é fruto de profícuos debates e do trabalho docente em equipe durante muitos anos, e pode ser atestada no texto: "O Serviço Social como especialização do trabalho coletivo" (Yazbek, 1999a).

SERVIÇO SOCIAL EM TEMPO DE CAPITAL FETICHE

ções em que ocorre o exercício profissional, demarcando as possibilidades e limites do projeto profissional no processo de reprodução das relações sociais (Yazbek, 1999a). Ainda que considere tal determinação, o centro de sua reflexão sobre a profissão recai na *esfera da política social*, isto é, nas imbricações entre Serviço Social e política pública de assistência social.[177]

3.6. A tese da proteção social

No contraponto à tese da política pública da assistência social como distintiva da particularidade da profissão, a *tese da proteção social* (Costa, 1995a)[178] marcou presença no debate nacional sobre a formação profissional (ABESS/CEDEPSS, 1997) com incidências na pós-graduação.

A *proteção social*, enquanto "campo teórico de interesse profissional", é apresentada por Costa (1995a; 1995b) como fio analítico para o exame do Serviço Social e das transformações operadas na cultura profissional e um norte alternativo àquele impresso às diretrizes curriculares da área em meados dos anos 90.

Para a autora, o Serviço Social, desde os seus primórdios, é "parte de processos civilizadores que incluem experiências e estados de consciência voltados para a proteção social". Sendo esta uma "regularidade histórica de longa duração", em seu processo de continuidade e rupturas, revela muitos significados na vida humana. E foi da proteção social que os assistentes sociais sempre se ocuparam, o que demarca seu campo profissional.

Segundo Costa (1985), a proteção social envolve múltiplas dimensões dos processos históricos, pois a vida humana não se move apenas por tensões interclassistas, sendo, a luta de classes, um dentre muitos processos que a impulsionam. Essa concepção exige mudanças dos "paradigmas envelhecidos", de que "parecem tudo explicar" — como, por exemplo, o da

---

177. Outras contribuições da autora sobre a assistência social, no cenário das tendências atuais da política pública, encontram-se na introdução e capítulo II deste livro, destacando-se sua análise sobre a "refilantropização do social".

178. A presente análise centra-se em Costa (1985) que condensa idéias centrais posteriormente publicadas sob a forma de livro, resultantes de sua tese para concurso de professor titular da Universidade Federal Fluminense (Costa, 1995b).

polarização entre classes sociais — nos quais não se sustenta a abordagem proposta. A autora investe, duramente, contra a "onipotência das explicações genéricas"; as "posições que vêem a profissão circunscrita às formas de controle social", inspiradas num dado legado marxista de raízes economicistas;[179] o falso problema da "crise paradigmática" — tida como "bode expiatório do conjunto das Ciências Sociais" — a que se atribui os impasses do ensino no Serviço Social. Com base nessa avaliação, propõe ser indispensável "demarcar novos problemas nos modos de ver, com olhos novos, os velhos problemas" (Costa, 1995a: 59), evitando-se que se "incorpore o novo sem se discutir o velho".

A concepção de proteção social na perspectiva de longa duração é o campo teórico de interesse profissional. Ele abrange padrões de proteção de formações pré-industriais, industriais e pós-industriais — para além do Estado de Bem-Estar Social — envolvendo "processo de auto-ajuda, de diferentes redes de solidariedade e sobrevivência no interior de vários modos de vida". Extrapolando os movimentos sociais, essa proposta afirma a necessidade de estudo de práticas e processos sociais, silenciosos e invisíveis, mas dotados de forte significado na vida coletiva, que se encontram nas práticas familiares e relações de compadrio, nas relações de gênero, etnia e de idade, na vizinhança, no trabalho e nas religiões. Apresenta, também, novas veredas para apreender processos como o paternalismo, o mandonismo e o clientelismo presentes nas relações sociais na história política brasileira:

> Quando se admite que uma experiência histórica de proteção social é um conjunto de acontecimentos datados e localizados, identificados em suas

---

179. Cita a autora: "O movimento que eu, pessoalmente, tenho feito é contra a corrente que, entre fins da década de 70 e ainda nos dias de hoje, confinou a profissão aos estudos de controle social e formas de ruptura com relação a esse controle. Trata-se de um modelo intelectual — de inspiração num dado legado marxista — que ainda persiste nas revisões curriculares atuais. Esse modelo arma a organização dos conteúdos do conhecimento em torno de duas áreas bem delineadas: de um lado, considerado o controle social como um *dado de realidade*, investe na decodificação dessa realidade, pretendendo desvendar as relações sociais de que uma certa racionalidade capitalista (e imperialista) se compõe. Encontra sempre as mesmas supostas regularidades históricas que apontam como mobilizadoras das tensões no interior da luta de classes. De outro, presume ser possível reconhecer movimentos que se *opõem* a essa dinâmica, com vistas à libertação dessa racionalidade etc.". (Costa, 1995a: 60-61; grifos da autora).

SERVIÇO SOCIAL EM TEMPO DE CAPITAL FETICHE

particularidades, sempre circunscrito às regularidades voltadas para a defesa de grupos e indivíduos em situação de não-autonomia quanto a sua sobrevivência, faz-se uma aproximação com uma velha tradição profissional. Reafirma-se, aqui, um velho conceito, meio esquecido, meio obscurecido, mas aquele que impulsionou as lutas por direitos, o Serviço Social na sua história. A proteção social assume, nessa concepção, sua feição contemporânea. (Costa, 1995a: 63).

Essa concepção preconiza o re-encontro do Serviço Social com suas "velhas tradições", que devem ser atualizadas e "reinventadas". Ela se apóia em sugestões hauridas na historiografia inglesa, em particular nas indicações de Hobsbawm (1984) acerca da "invenção das tradições" e de E. P. Thompson (1979a e 1987) relativas à dialética entre "experiência e consciência social". Tais sugestões são incorporadas pela autora em sua leitura do Serviço Social.

As "tradições inventadas," na elaboração de Hobsbawm (1984), incluem tanto as tradições construídas e formalizadas, quanto as que surgem num período de tempo delimitado e se instauram com relativa rapidez. Como esclarece o historiador, elas não se confundem com a conservação de velhos usos, pois nesse caso não haveria o que recuperar ou inventar; não se identificam, também, com a "rotina", que não tem qualquer função simbólica importante; e nem com o "costume", que tende a resistir às inovações. As tradições inventadas estabelecem uma relação com o passado, mas são reações a situações novas. Ocorrem quando céleres transformações da sociedade debilitam ou destroem os padrões sociais para os quais foram feitas "velhas" tradições, produzindo outros padrões com os quais elas são incompatíveis:

> Por tradição inventada, entende-se o conjunto das práticas, normalmente reguladas por regras tácitas ou abertamente aceitas; tais práticas, de natureza ritual ou simbólica, visam inculcar certos valores e normas de comportamento através da repetição, o que implica automaticamente uma continuidade em relação ao passado histórico apropriado (Hobsbawm, 1984: 19).

Costa (1995a) considera rica a sugestão da abordagem marxista que inclui a proteção social "no âmbito das continuidades dos modos de organização social e coletiva agrupados no conjunto teórico denominado 'reprodução social'". (Idem: 62). Para a autora existem cautelas teóricas a serem observadas, uma vez que a noção de reprodução vincula-se à teoria da produção em Marx, derivando daí um pesado legado economicista que, desde os anos 60, está sob crítica veemente. Um dos paradigmas em crise é a "idéia do econômico como determinação em última instância", sendo necessário "entrar em sintonia com os debates mais atuais sobre a produção do conhecimento". (Idem: 62).

Costa afirma "seu alinhamento à corrente do pensamento marxista", mas repele a onipotência das explicações genéricas. Ela afirma abordar as regularidades históricas de outra forma, mais próxima ao pensamento antropológico, no veio das indicações de historiografia marxista inglesa.

O suposto que informa a crítica feita pela autora é o que deve ser colocado no centro do debate: *o viés economicista da abordagem de Marx sobre a produção e, conseqüentemente, a reprodução*.[180] Ao denunciar, com razão, o lastro economicista que presidiu a leitura de Marx — seja por parte da apologética soviética, seja pelo estruturalismo francês — é necessário distinguir entre essas interpretações e o rico manancial teórico legado por Marx. *Sua noção de produção não trata apenas da produção de coisas* — o que a aprisionaria no campo estrito da "economia" tal como considerada no senso comum —, *mas da totalidade das relações sociais entre os homens*, por meios das quais as "coisas" são produzidas, como, lucidamente, já alertara Engels. Assim, esse calço da propalada *crise paradigmática*, que alastrou uma reação neoconservadora voltada à desqualificação da tradição marxista, reclama, ao contrário, um rigoroso retorno a Marx para redescobrir, na densidade de sua obra, a sua dimensão de totalidade e a profunda historicidade de que é portadora.

Atribuir identidade entre Marx e o economicismo — entre a densidade histórica que impregna a formação das classes sociais e as determinações da economia em última instância que desbordam em dualidades simplistas e genéricas — é adensar a fogueira do antimarxismo, ainda que em nome do resgate das particularidades culturais e da "experiência" dos sujeitos no âmbito do pensamento marxista. Portanto, é preciso clarificar os

---

180. O debate sobre a noção de reprodução encontra-se no primeiro capítulo deste livro.

interlocutores que se encontram na cena do debate para não confundir caricaturas com os protagonistas desse embate teórico e político.

Essas observações — que se impõem como indispensáveis no terreno do debate acadêmico — não redundam em qualquer desqualificação dos avanços acumulados na agenda da pesquisa histórica, mas estão voltadas a alertar para as implicações propriamente teóricas e políticas que podem decorrer dos termos em que foi situado o embate.

A concepção de proteção social, apresentada por Costa, não a considera como política pública, pois não é disso que efetivamente se trata, E, sim, de "experiências autogestionárias ou não de proteção social", que restaurem o aparato assistencial no interior das redes de solidariedade, integrando esfera pública e privada. A autora propõe como estratégia de um novo sistema de proteção social "recompor o aparato assistencial com as redes de solidariedade e os grupos de auto-ajuda admitidos como capazes de conduzir as ações de defesa dos interesses coletivos". (Costa, 1995b: 130).

Em tempos orquestrados pelas políticas neoliberais, pensar as práticas de proteção social exclusivamente nas chamadas "relações intra-sociais", adstritas às convivências de "indivíduos e grupos em situação de não-autonomia quanto a sua sobrevivência", pode servir aos interesses no poder: um alento ao discurso que faz ode à restrição da responsabilidade do Estado no campo das políticas públicas em resposta à *questão social*, em nome das *iniciativas solidárias da sociedade civil*, para as quais têm sido transferidas funções típicas de Estado.

Por outro lado, Costa chama atenção para um campo caro ao Serviço Social: a sociabilidade cotidiana das classes subalternas, as iniciativas solidárias vigentes do interior das classes trabalhadoras, como estratégias culturais e políticas para a garantia de sua sobrevivência em uma sociedade profundamente desigual. Esse é certamente um terreno de pesquisa fértil e necessário à criação de bases sólidas ao fortalecimento de um projeto profissional com vocação cidadã e emancipatória.

3.7. A tese da função pedagógica do assistente social

A influência do pensador italiano Antônio Gramsci no Serviço Social brasileiro já foi objeto de importantes pesquisas que resgatam dimensões de sua teoria, sua difusão no País e na literatura profissional, submetendo a um balanço crítico a produção do Serviço Social de inspiração gramsciana dos anos 80 e meados de 90. (Carvalho, 1983; Simionato, 1995).

Em decorrência da delimitação do objeto de estudo desta tese — direcionado à natureza da profissão e seus desdobramentos no trabalho do assistente social — foi eleito o recente trabalho de Marina Abreu (2002) voltado à leitura dos perfis pedagógicos da prática profissional no País.

O Serviço Social e a organização da cultura é uma obra que se destaca pela densidade e rigor teórico na interpretação das tendências dos processos históricos macroscópicos e do Serviço Social no seu âmbito, abordando, com originalidade, a constituição e tendências presentes no desenvolvimento do Serviço Social no Brasil. Além da qualidade da análise sobre o Serviço Social, eleito como objeto central de seu estudo — fenômeno raro nas produções especializadas mais recentes — o livro consubstancia a defesa de uma das linhas de interpretação sobre a profissão no marco das lutas de classes, que marcam presença no debate brasileiro.

O objetivo da obra é discutir a *função pedagógica* do assistente social mediada pelas políticas públicas — em especial a assistência social — e pelos processos organizativos e lutas das classes subalternas, inscrita nos *processos de organização da cultura* por parte das classes sociais. O Serviço Social, ao inscrever-se entre as "necessidades sociais" (Mezáros, 1987) e os "sistemas de controle social", constitui-se integrado "à afirmação da cultura dominante no campo das estratégias político-culturais de subalternização das classes detentoras da força de trabalho" (Abreu, 2002: 34). Ele apresenta perfis pedagógicos diferenciados ao longo da trajetória profissional: a "pedagogia da ajuda", "a pedagogia da participação" e a "pedagogia emancipatória das classes subalternas", que coexistem, refuncionalizadas, em disputa no cenário profissional contemporâneo.

O pressuposto é que a função pedagógica do assistente social:

> [...] é determinada pelo vínculo que a profissão estabelece com as classes sociais e se materializa, fundamentalmente, por meio dos efeitos da ação profissional na maneira de pensar e de agir dos sujeitos envolvidos no processo da prática. Tal função é mediatizada pelas relações entre o Estado e sociedade civil no enfrentamento da questão social, integrada às estratégias de ra-

SERVIÇO SOCIAL EM TEMPO DE CAPITAL FETICHE

cionalização da produção e reprodução das relações sociais e no controle social. (Abreu, 2002: 17).

A profissão vincula-se às citadas estratégias por meio das políticas públicas, das políticas de formação e gestão dos recursos humanos — nas instâncias da produção material, na circulação de mercadorias e distribuição da riqueza — e dos processos de luta e resistência das classes subalternas. As ações pedagógicas concretizam a ação material e ideológica no modo de vida, de sentir, pensar e agir das classes subalternas envolvidas nos espaços ocupacionais, interferindo na reprodução física e subjetiva dessas classes, ao mesmo tempo que rebatem na constituição do Serviço Social como profissão. Por meio dessas funções, o Serviço Social inscreve-se no campo da cultura como *civiltá*, pensada a partir do "fordismo" e de sua correlata ideologia, o "americanismo": padrão produtivo e de trabalho e a organização de uma ordem intelectual e moral pelas classes subalternas. "O princípio educativo na formulação gramsciana consubstancia-se na relação entre racionalização da produção e do trabalho e na formação de uma ordem intelectual e moral, sob a hegemonia de uma classe". (Abreu, 2002: 18).

Para Gramsci, as relações pedagógicas não se reduzem às relações escolares, pois "cada relação de hegemonia é necessariamente uma relação pedagógica". (Gramsci, 1978a: 46), estando essas relações inscritas na luta de classes pela hegemonia na sociedade.

A política de assistência social em seu caráter ressocializador é constitutiva dos processos de organização da cultura. Ela é vista como uma "modalidade de acesso do trabalhador a bens e serviços no atendimento de suas necessidades básicas, cujo componente material é referência determinante de determinada pedagogia". (Abreu, 2002: 21).

A assistência é "'um campo contraditório de afirmação e negação de direitos', indissociável do trabalho: é o anverso da negação do direito ao trabalho, que se metamorfoseia em direito à assistência pública incorporada às lutas por direitos das classes subalternas na sociedade capitalista" — como sustenta a autora apoiada em Marx. (Idem: 77).

Se os direitos impõem limites à exploração da força de trabalho, a assistência pública constitui-se na "contramão da perspectiva da emancipação das referidas classes". Na avaliação da autora, o debate profissional não tem conseguido desvendar o caráter mistificador da assistência, expresso tanto na esfera legal-institucional, quanto em experiências dela derivadas, cujos resultados reiteram o assistencialismo e a filantropia, com efeitos perversos nas classes subalternas.

A tese da autora é que, na expansão monopólica, a função pedagógica do assistente social é indissociável "da elaboração e difusão de ideologias na organização da cultura". Ela se realiza mediante estratégias que articulam "interesses econômicos, políticos e ideológicos de uma classe, constituindo formas de pensar e agir próprias de determinado modo de vida em que a formação de subjetividades e as normas de condutas são elementos moleculares" (Abreu, 2002: 30). A sustentação dessa proposta analítica enfrenta polêmicas sobre a interpretação de Gramsci quanto ao "Estado e sociedade civil" e "hegemonia" — referência necessária à explicitação da tese da autora e apreciação das tendências atuais da função pedagógica do assistente social.

Ao insurgir-se contra as interpretações de "viés politicista e voluntarista" de Gramsci — que tendem a aprisionar o pensamento do autor ao nível das superestruturas[181] e esvaziam a vinculação orgânica da "questão pedagógica" com os padrões de racionalização da produção e do trabalho —, a autora expressa uma leitura de Gramsci que não é consensual. Discorda das abordagens que, ao restringirem a sociedade civil à sua dimensão superestrutural, interpretam a hegemonia como "direção intelectual e moral", dela excluindo as funções de domínio.

Abreu referenda as interpretações de Carvalho (1993), que concebe a hegemonia como "direção e domínio" de classe, submetida à crítica por

---

181. Coutinho (2003) considera Gramsci o "crítico da política" assim como Marx foi um "crítico da economia política". Contesta, por outros caminhos, as leituras politicistas de Gramsci, que o acusam de colocar a política acima da economia, invertendo a prioridade ontológica da estrutura sobre a superestrutura. Explicita que Gramsci, na trilha aberta por Marx, "compreendeu muito bem a lição de Engels que, ao resenhar um livro de Marx disse: 'A economia não trata de *coisas*, mas de relações entre pessoas e, em última análise, entre classes, embora tais relações estejam sempre *ligadas a coisas e apareçam como coisas*" (Coutinho, 2003: 76, grifos do autor). Para ele Gramsci "identifica a estrutura econômica como conjunto das relações sociais, ou seja, com a totalidade", o que se expressa, por exemplo, em sua concepção de "bloco histórico", no texto referente à "Análise das situações: relação de forças", além de muitas outras análises concretas, como as reflexões sobre o *Risorgimento* e o "americanismo". Cf. Coutinho (2003: 76-77).

SERVIÇO SOCIAL EM TEMPO DE CAPITAL FETICHE

Simionatto (1995: 227), para quem a hegemonia é assim identificada com a "supremacia", isto é, como síntese de "coerção e consenso".[182]

Quanto a esse debate, vale explicitar a posição de Coutinho (1989: 73-88) ao salientar que a teoria ampliada do Estado, elaborada por Gramsci em 1929, conserva e supera a teoria marxista clássica, em que o Estado tende a ser identificado com os aparelhos repressivos de classe. A elaboração gramsciana corresponde historicamente a uma maior socialização da política com a formação dos grandes sindicatos, dos partidos de massa e a conquista do sufrágio universal. Esse adensamento da política desenvolve "aparelhos privados de hegemonia" aos quais se adere voluntariamente (e, por isso, "privados") e não se caracterizam pelo uso da repressão.

Para Gramsci (apud Coutinho, 1989: 77), o Estado no sentido amplo comporta duas esferas "no interior das superestruturas": a *sociedade política*, "formado pelo conjunto de mecanismos através dos quais a classe dominante detém o monopólio legal da repressão e da violência" ("Estado em sentido restrito" ou "Estado-coerção") exercida pela burocracia executiva e policial-militar; e a *sociedade civil* formada pelo "conjunto das organizações responsáveis pela elaboração das ideologias" (sistema escolar, Igrejas, partidos políticos, sindicatos, organizações profissionais, organização material da cultura — revistas, jornais, editoras, meios de comunicação de massa etc.). Segundo Coutinho (1989), essas duas instâncias se diferenciam pelas "funções" que exercem na sociedade e pela sua "materialidade sócio-institucional", embora Gramsci não perca de vista o momento unitário ou a dialética (unidade na diversidade) entre sociedade política e sociedade civil. Ele se expressa na "supremacia", como "momento sintético que unifica (sem homogeneizar) a *hegemonia e dominação, o consenso e a coerção, a direção e a ditadura*" (Idem: 78; grifos do autor). A "sociedade regulada" significa o desaparecimento progressivo dos mecanismos de coerção, ou seja, a "reabsorção da sociedade política pela sociedade civil", com a prevalência da hegemonia/consenso e das organizações da sociedade civil, portadores materiais do autogoverno dos produtores (Coutinho, 1989).

---

182. Simionatto refere-se à passagem de Gramsci, que afirma: "A supremacia de um grupo social fundamental ocorre a partir de dois modos: como 'domínio' e como 'direção intelectual e moral'" (cf. Simionatto, 1995: 227). A mesma linha analítica é reafirmada por Coutinho (1989).

Esses elementos ajudam a configurar o terreno em que se situa a polêmica sobre as noções de hegemonia e as relações entre o Estado e a sociedade civil, embora nenhuma das posições desvincule o "nexo orgânico entre a infra-estrutura material e a superestrutura político-ideológica, enquanto totalidade concreta traduzida na noção de 'bloco histórico'". Esta noção também é tratada como uma aliança de classes sob a hegemonia de uma das classes fundamentais, cujo objetivo é conservar ou revolucionar uma formação econômico-social, tal como é exemplarmente apresentado na análise do *americanismo e fordismo* (Gramsci, 1974).

O foco nos processos de organização da cultura desdobra-se na afirmação de que o assistente social emerge na sociedade capitalista como um "intelectual profissional do tipo tradicional", a partir do argumento de que a profissão se enraíza em práticas de assistência social, que antecedem a sociedade capitalista. Essas práticas são redefinidas pelo capital no decurso da expansão monopolista no enfrentamento e neutralização das manifestações da classe trabalhadora, voltadas à defesa de seus interesses, o que requisita a profissionalização do Serviço Social.

Ainda que as práticas de assistência social tenham suas origens em tempos pretéritos, que antecedem o capitalismo, não parece ser esse o fulcro da justificativa do assistente social, nas suas origens, como um intelectual tradicional.[183] Ela requer uma análise histórica da formação social e econômica do país e dos interesses que movem o seu desenvolvimento, das relações entre Estado e sociedade e, em particular, das conexões entre Igreja e Estado, o que ultrapassa os limites do presente texto.[184]

Na óptica aqui defendida, a profissionalização do Serviço Social ocorre, exatamente, quando ele rompe com tradicional filantropia e dela se distingue — passando com ela a coexistir — ao ser absorvido pelo aparato de Estado e segmentos patronais industriais na implementação de políticas voltadas à reprodução da força de trabalho e ao controle social das classes subalternas, o que viabiliza a constituição de um mercado de trabalho crescente para o assistente social (Netto, 1992; Iamamoto, in: Iamamoto e Carvalho, 1982).

---

183. Esta é a justificativa central tanto de Abreu (2002) quanto de Simionatto (1995).

184. Uma maior aproximação ao tema, sob o recorte da agroindústria canavieira, encontra-se em Iamamoto, M. V. (2001b).

SERVIÇO SOCIAL EM TEMPO DE CAPITAL FETICHE

Talvez a justificativa mais plausível do estatuto de "intelectual tradicional", nos termos de Gramsci, para o assistente social esteja, por um lado, nos vínculos de origem com os representantes da burguesia agroexportadora[185] que, progressivamente, vão sendo deslocados do centro do poder pelos segmentos industriais em sua trajetória ascendente pelo controle do poder, afirmada sem ambigüidades após 1945. E, por outro lado, nos elos que unem a formação desse profissional com o bloco católico — seu ideário e o movimento do "laicato" — em especial a Ação Católica — na difusão da doutrina social da Igreja junto às classes subalternas parte da luta contra o liberalismo e o ideário socialista e comunista.

Em suas origens no Brasil, como já vastamente documentado, o Serviço Social conta com a decisiva influência da Igreja Católica e do Serviço Social europeu, em especial franco-belga, também de raiz católica. A Igreja Católica dominou majoritariamente a formação especializada no País até a década de 70, época em que se ampliou a incorporação dos cursos isolados de Serviço Social pela Universidade Pública, ocorrendo um amplo processo de secularização da profissão. Aquele ideário se mantém no campo dos valores, mesclado com a influência da sociologia empiricista e pragmática norte-americana na leitura da sociedade e na tecnificação dos procedimentos profissionais (Iamamoto, 1992a; 1998a).

Entretanto, desde a década de 40, observa-se a absorção da prática desses profissionais, que passa a ser canalizada prioritariamente para o atendimento dos segmentos urbanos das classes trabalhadoras por interesses consubstanciados no projeto de industrialização do País, capitaneado pela burguesia industrial sob o impulso do Estado — alinhado com os interesses imperialistas — e em aliança com os proprietários fundiários, derivando no fio da "modernização conservadora" que atravessa a história brasileira (Fernandes, 1975; Coutinho, 1989; Netto, 1991a; Behring, 2003).

Se a condição de "intelectual tradicional" vinca as origens da profissionalização do assistente social, a institucionalização e desenvolvimento da profissão apontam a vinculação progressiva e orgânica desse intelectual aos interesses burgueses em seus distintos matizes,[186] ainda que tensionada,

---

185. Cf. Carvalho, R. In: Iamamoto e Carvalho, 1982.

186. Cf. Iamamoto, M. V. *Assistente social*: profissional da coerção e do consenso? In: Iamamoto (1992a: 40-53).

a partir da década de 60, pelas refrações das lutas e interesses das classes subalternas nesse circuito profissional.

Abreu (2002: 66) reconhece que a partir dos anos 50 a 70, a função pedagógica do assistente social é polarizada por dois processos distintos, que nutrem a "crise profissional":[187] de um lado, o "de formação do trabalhador 'fordiano' no processo de organização do americanismo" a que se acopla, posteriormente, "o padrão cultural instaurado pelo *Welfare State*, tendo por base o 'conformismo mecanicista' como princípio educativo", que se traduz no âmbito do Serviço Social na "pedagogia da participação".[188]

De outro lado, "o movimento da classe trabalhadora na perspectiva de sua emancipação, que envolve a construção de uma nova cultura" e supõe um "um novo conformismo social" que se traduz, na órbita profissional, na "construção de uma pedagogia emancipatória": um projeto profissional identificado com os interesses das classes subalternas, alternativo ao tradicional conservadorismo predominante na formação histórica da profissão. (Abreu, 2002: 128).

Esse "novo conformismo" traduz o nexo entre uma "modalidade de racionalização da produção e do trabalho e a formação de uma nova ordem intelectual e moral, supondo um novo equilíbrio psicofísico como segunda natureza". (Idem: 135), que educa o trabalhador para dominar o ambiente, meio de afirmação de sua liberdade e personalidade. Esse novo conformis-

---

187. Nas palavras da autora: "A crise profissional define-se, portanto, pelas contradições presentes no processo de desenvolvimento do Serviço Social na dinâmica da sociedade, configurando, por um lado, a negação das bases conservadoras da profissão frente às demandas e necessidades das classes subalternas e a necessidade de superação das referidas bases, mediante construção de um projeto profissional vinculado às forças progressistas no movimento de formação de uma nova ordem social; e, por outro lado, a resistência à mudança, que exige a reatualização e reafirmação do projeto profissional tradicional conservador. Tal crise perdura até hoje, embora na década de 80 tenha se consolidado o projeto profissional identificado com a perspectiva histórica das referidas classes" (Abreu, 2002: 129).

188. A "pedagogia da participação", sob a influência da ideologia desenvolvimentista, constitui uma programática da intervenção profissional nas relações sociais para além do processo de "ajuda", traduzindo um re-arranjo da função educativa do assistente social a partir dos seguintes vetores: "psicologização das relações sociais; manipulação material e ideológica das necessidades sociais e recursos institucionais via estratégias de assistência social; e combinação entre processos persuasivos e coercitivos para obtenção da adesão e do consentimento ao 'novo' ordenamento econômico e social sob o domínio do capital" (Abreu, 2002: 107).

mo "consubstancia-se na crítica que sustenta o movimento de superação da sociedade capitalista e construção do socialismo". (Idem: 135), integrando a perspectiva de organização de uma nova cultura das classes subalternas como tarefa de um "projeto societário verdadeiramente revolucionário". O princípio educativo na "pedagogia emancipatória" é assim apresentado:

> Deste modo, a solidariedade e a colaboração intraclasses subalternas, bem como a mobilização, a capacitação e a organização das mesmas classes apresentam-se como elementos constitutivos de um novo princípio educativo — base de uma pedagogia emancipatória — na medida em que condições históricas determinadas contribuem para subverter a maneira de pensar e de agir, isto é, a ordem intelectual e moral estabelecida pelo capital, e plasmam novas subjetividades e novas condutas coletivas indicativas de uma nova cultura. (Abreu, 2002: 135).

A derivação necessária dessa argumentação é a defesa do assistente social como um "intelectual orgânico" vinculado a um projeto de classe revolucionário de vocação socialista.[189] Essa perspectiva re-atualiza o debate oriundo dos anos 80, que torna fluidos os limites entre profissão e militância política revolucionária na defesa da sociedade socialista, porque eqüaliza inserções e dimensões diferenciadas vividas pelo assistente social, enquanto profissional assalariado e enquanto cidadão político,[190] visto não ser a categoria politicamente homogênea, por tratar-se de uma especialização do trabalho na sociedade e não de uma atividade que se inscreva na arena da política *stricto sensu*. Esta última observação é, certamente, um dos fulcros da diferença de interpretação da profissão com a autora, que tem o Serviço Social como uma forma de práxis.

---

189. A autora afirma que o debate sobre a função pedagógica do assistente social a partir da categoria gramsciana de intelectual foi alvo, nos anos oitenta, de uma "dura e reducionista crítica, na medida em que tal crítica vinculou essa proposta e com ela a referida categoria, reduzida ao trabalho político diretivo exercício nos espaços do partido político e assim rechaçou essa indicação como um superdimensionamento do cunho político da ação profissional", tal como expressa nos *Cadernos ABESS* n. 3 (1989). (Abreu, 2002, nota 9: 49).

190. O dilema de fundo que aí se anuncia tem intersecção, no campo da profissão —, em novas condições históricas e sob outro patamar de rigor na elaboração —, com o debate sobre o "Serviço Social Alternativo". Cf. Iamamoto, M. V. e Netto, J. P. *Serviço Social alternativo*: elementos para sua problematização. In: Iamamoto (1992: 131-158).

Há que elucidar com clareza o centro do debate para evitar distorções analíticas. Uma inquietação partilhada transversal a essa proposta parece ser a busca de resposta a uma questão de fundo:

Como avançar hoje, no contexto das particularidades nacionais de nossos países e no âmbito do mercado de trabalho, na formulação de alternativas profissionais inseridas no horizonte da democratização da vida social. Essas alternativas representam a inscrição e apoios possíveis, por parte de amplos setores da categoria profissional, à luta pela constituição de um novo bloco histórico, que conduza à criação de uma nova hegemonia no conjunto da sociedade, em que aqueles que trabalham sejam reconhecidos e fortalecidos como sujeitos políticos coletivos que dispõem de perspectivas para construir uma nova sociedade (Iamamoto e Netto, 1992: 144).

A autora apresenta as tendências atuais da função pedagógica do assistente social na sociedade brasileira no contexto do esgotamento do "padrão taylorista/fordista/keynesiano" da produção e regulação, no marco da crise estrutural do capital (nos termos de Mandel). No contexto de "restauração das condições materiais e políticas do capital financeiro e industrial internacionalizado e do controle sobre o trabalho" verifica-se, no País, um processo de intensificação do trabalho e redução dos direitos conquistados, que acompanham o novo padrão produtivo, tecnológico e organizacional. O toyotismo concretiza uma proposta "educativa" pelo capital inerente ao processo produtivo, tendo como um de seus objetivos a captura da subjetividade operária à racionalização capitalista, tida como horizonte máximo da humanidade. Acoplado à "reforma do Estado" esses processos incidem no conjunto de mediações sócio-institucionais de controle social: aparatos estatais, políticas assistenciais, movimentos e organizações da sociedade civil (como Igreja, o trabalho e a família). Eles afetam o mercado trabalho, as demandas profissionais, operando também uma recomposição dos perfis pedagógicos do assistente social.

Sob o ponto de vista dos interesses do capital, as inflexões nos perfis pedagógicos apresentados pela autora — "ajuda psicossocial individualizada" e "participação para o ajustamento e integração sociais" — alinham-se à necessidade de despolitização da *questão social*, no sentido de mascarar os interesses de classes nela presentes. Elas metamorfoseiam aquelas peda-

SERVIÇO SOCIAL EM TEMPO DE CAPITAL FETICHE

gogias em uma possível "pedagogia da solidariedade" de caráter transclassista — com forte presença do trabalho voluntário —, e não como fortalecimento da unidade política das classes subalternas. Tem-se uma "retórica que incorpora lutas, métodos e discurso das classes subalternas, enfatizando saídas corporativas com base na solidariedade indiferenciada entre as classes sociais" (Abreu, 2002: 187), fundada na necessidade de formação de um "novo perfil de trabalhador." São reforçadas as tendências de individualização, transferindo a essas classes a responsabilidade da busca de respostas para as suas necessidades básicas — condizentes com o "envolvimento produtivo" — dificultando a "formação de uma consciência de classe autônoma". Os "programas participativos" se espraiam no conjunto da sociedade civil, com destaque para a prestação direta de serviços e benefícios sociais, programas de qualidade total, estratégias conselhistas para a gestão de políticas públicas, permeáveis aos interesses de classes sociais em luta pela hegemonia. A autora ressalta que:

> [...] a participação com intervenção crítica das classes subalternas no movimento histórico, efetivada na contracorrente dos processos ideológicos subalternizantes, nos *mesmos espaços ocupacionais* (tradicionais e emergentes), coloca-se, também, como instrumento estratégico do processo de politização das relações sociais e da elaboração e afirmação por essas classes, de uma vontade coletiva nacional-popular (Abreu, 2002: 202; grifos do autor).

Abreu identifica duas tendências no campo progressista da profissão, que se mostra cindido em nível das propostas estratégicas para a sociedade: uma tendência afirma o compromisso profissional com as lutas das classes subalternas pela "defesa dos direitos civis, sociais e políticos, da democracia e da justiça social"[...] "nos limites da tendência que consubstanciou a experiência do chamado Estado de Bem-Estar, muitas vezes apresentadas como fim último da intervenção profissional" (Abreu, 2002: 206), o que, nos termos de Antunes, traduz uma *acomodação de interesses dentro da ordem*. (Idem).

Outra tendência, esta defendida pela autora, "estabelece o *compromisso profissional* com as lutas das classes subalternas no sentido da superação da ordem burguesa e construção de uma nova sociedade — *a socialista* — a qual supõe a ultrapassagem das lutas no campo dos direitos, nos limites da chamada democracia burguesa" (Abreu, 2002: 204; grifos do autor).

Nessa perspectiva, o desafio do assistente social é avançar na luta emancipatória voltada à construção de uma nova sociabilidade — a socialista — já que a prática profissional é um "desdobramento da práxis social", que exige relação orgânica entre Serviço Social e os movimentos sociais. Em outros termos, essa tendência profissional parece propor um possível *Serviço Social socialista* em uma profissão exercida predominantemente na esfera do Estado burguês, nas corporações empresariais e nas chamadas "organizações da sociedade civil".

Abreu sustenta que "o princípio da universalização dos direitos foi sempre uma falácia sob a ordem do capital" (Abreu, 2002: 193) nos países avançados e em suas relações aos países periféricos. Nestes detecta-se um maior fosso entre as políticas de seguridade social e as necessidades sociais das classes subalternas, o que é reforçado pelo caráter residual, focalista e restrito de tais políticas na atualidade. Em tensão com esse pressuposto, o redimensionamento das práticas pedagógicas do assistente social num sentido emancipatório é proposto a partir da construção de estratégias de efetivação dos direitos, incorporando as necessidades dos usuários "como parte da dinâmica dos serviços institucionais" (Idem: 197), mediante a "participação dos mesmos na gestão desses serviços e na politização de problemáticas e relações usuários/instituições".

Ao exemplificar "práticas democratizantes" cita, no campo das políticas públicas, as experiências de "ouvidoria", certas experiências de "orçamento participativo", a "renda mínima articulada à educação"; e, no campo privado, os "balanços sociais" e os controvertidos "programas de qualidade de vida e de trabalho"; no terceiro setor, as ações de "fortalecimentos dos grupos subalternos direcionados à ampliação de direitos", as "denúncias da precariedade das condições de vida" e a busca de "formas alternativas de produção e gestão das relações sociais".

Verifica-se uma distância entre a radicalidade da proposta de uma "pedagogia emancipatória" voltada à construção de uma sociedade socialista e a seleção das práticas profissionais acima citadas, como expressão daquela pedagogia.

Apesar de a autora declarar reiteradamente que os interesses contraditórios de classes, presentes nos espaços ocupacionais, abrem possibilidade de politização das problemáticas e das relações usuários/instituições, entretanto, o balanço das experiências profissionais não revela com a mesma força essa diretriz. São selecionados *alguns ocupacionais espaços* dotados de potencial para "práticas pedagógicas emancipatórias", o que significa que nem todos seriam passíveis de orientação nessa direção, o que parece colidir com o fato de que esses são espaços de disputas políticas e de recursos.

Nesse sentido, a *Carta de Maceió*, expressando o posicionamento do conjunto CFESS/CRESS na defesa da política de seguridade social — e das práticas profissionais inscritas no seu âmbito — sob o lema: *Seguridade Social pública: é possível*, afirma:

> A seguridade social é um espaço de disputa de recursos — uma disputa política que expressa projetos societários, em que se movem os interesses das maiorias, mas estão presentes as marcas históricas da cultura política autoritária no Brasil, que se expressa pela pouca distinção entre o público e o privado, pelo clientelismo e pelo patrimonialismo. O resultado desse embate tem forte impacto sobre uma parcela enorme da população que conta com as políticas de Seguridade para a sua sobrevivência [...] Portanto, a seguridade é, sobretudo, um campo de luta e de formação de consciências críticas em relação à desigualdade social no Brasil, de organização dos trabalhadores. Um terreno de embate que requer competência teórica, política e técnica (CFESS/CRESS, 2000).

A cisão entre práticas progressistas e tradicionais constante na elaboração de Abreu se expressa ainda na leitura das competências e atribuições profissionais privativas, legalmente regulamentadas — Arts. 4º e 5º da Lei n. 8.662/93. Muitas dessas competências e atribuições privativas — cujo significado encontra-se sujeito à direção social do trabalho profissional — são lidas como "reiteração de procedimentos tradicionais" voltados ao "enquadramento sócio-institucional dos usuários" e adequação de suas necessidades aos "limites materiais dos programas estatais e privados": visita domiciliar, estudo socioeconômico, triagem, atendimentos individual e grupal, aconselhamento, plantões, encaminhamentos, emergências sociais, levantamentos socioeconômicos, uso de informações, orientação sobre normas, direitos e deveres (Abreu, 2002: 195 e 200).

Segundo a autora, o diagnóstico da prática profissional atual indica que o assistente social tende, predominantemente, a responder aos interesses do capital, contribuindo para forjar comportamentos compatíveis com a nova racionalidade do trabalho, capazes de mobilizar o envolvimento, cooperação do trabalhador tanto na esfera empresarial quanto estatal.

Na gestão das políticas públicas, a função pedagógica do assistente social pode estar voltada ou à participação popular na luta pela democratização dessas políticas e universalização dos atendimentos para fazer frente às necessidades imediatas e mediatas das classes subalternas, ou a estratégias de participação vinculadas às políticas privatistas neoliberais. Na avaliação da autora, muitas das propostas profissionais críticas ao neoliberalismo não ultrapassam o instituído, esgotando-se nos limites históricos da "cidadania burguesa", não apresentando vínculos com a luta de classe pela alteração das relações de poder.

Na atualidade, as bases sociais de um "projeto emancipatório" têm sido politicamente erodidas. A autora identifica, no movimento sindical brasileiro, uma onda regressiva consubstanciada, por exemplo, no trânsito do sindicalismo de resistência ao "sindicalismo de resultados" levado a efeito pela Força Sindical. Ele se espraia na *Central Única dos Trabalhadores (CUT)* consoante mudanças operadas nos rumos e práticas dessa entidade, alinhadas ao "projeto social-democrata". A CUT passa a expressar o colaboracionismo entre capital e trabalho por meio de estratégias como: parcerias, negociações entre patrões e empregados e câmaras setoriais. Essa avaliação é corroborada por uma curiosa afirmativa de Antunes (1999): "quanto mais os trabalhadores participam dentro da ordem, menos conseguem preservar seus interesses históricos" (a contrapartida seria uma participação fora da ordem?). Soma-se a isso, o refluxo dos movimentos sociais populares — indicativo da crise e desmobilização das classes subalternas — que vão perdendo o caráter contestatório e reivindicativo frente ao Estado, a favor de um formato mais próximo a organizações voltadas à proposição e execução de programas sociais, assemelhadas às ONGs, as quais também deixaram de ser canais de denúncia, organização e politização.

Nesse panorama, a autora aponta experiências que podem mobilizar a construção de uma nova cultura das classes subalternas: o *Movimento dos Sem-Terra (MST)* — o mais importante movimento social do Brasil contemporâneo — assim como certas experiências de orçamento participativo, implementadas em governos municipais do Partido dos Trabalhadores

SERVIÇO SOCIAL EM TEMPO DE CAPITAL FETICHE

(como exemplo, o caso de Porto Alegre) estimuladoras da criação de uma esfera pública não estatal ou de um novo tipo de institucionalidade estatal, que Gramsci qualifica de "Estado ampliado". A função pedagógica do assistente social nesses casos:

> [...] vincula-se à capacitação, mobilização e participação populares mediante, fundamentalmente, processos de reflexão, identificação de necessidades, formulação de demandas e controle das ações do Estado de forma qualificada, organizada e crítica (Abreu, 2002: 216).

Portanto, a função pedagógica do assistente social voltada à emancipação das classes subalternas, na análise efetuada, tem sua sustentação sócio-histórica apoiada em um estreito arco de forças sociais organizadas.

Essas indicações sugerem dois feixes de questões: a) a formulação do perfil "pedagógico emancipatório do assistente social", enquanto norte defendido para a profissão, no contexto brasileiro, está restrito a um segmento minoritário das classes subalternas, altamente politizado e solidário a um projeto socialista da sociedade. Um projeto profissional fundado exclusivamente nessas bases sociais — que não dispõem de ampla representatividade nas condições efetivas em que opera o exercício da profissão — apresenta-se como um "dever ser" distante da diversidade sociopolítica que conforma a categoria; b) faltam mediações efetivas na análise da profissão e de seu exercício, em decorrência da perspectiva teórica adotada.

Na perspectiva adotada neste livro, é necessário re-situar na análise o caráter contraditório da profissão, extraindo dele efetivas conseqüências para a análise das *funções tradicionais e emergentes do assistente social* nas experiências vigentes no mercado de trabalho. Considerando as possibilidades diferenciadas de autonomia que dispõe o assistente social nos vários espaços ocupacionais e a força dos interesses sociais distintos que neles se refratam, a efetivação de um projeto profissional não pode depender de uma seleção de *tipos seletivos de práticas;* mas da direção social e política impressa ao trabalho nos diferentes espaços ocupacionais, consoante os limites e possibilidades de um fazer profissional que, embora denso de conteúdo político, distingue-se da arena da militância política. Esta não se encontra necessariamente permeada pelos mesmos constrangimentos institucionais de um trabalho profissional, realizado mediante uma relação contratual com entidades estatais, empresariais, organizações filantrópicas e organismos privados não-lucrativos.

À medida que o texto em debate pauta-se pela leitura do exercício profissional como uma dimensão da *práxis*, as determinações que atribuem uma particularidade ao trabalho do assistente social — exercido por meio do estatuto assalariado — que forja as condições em que essa especialização do trabalho se inscreve na reprodução das relações sociais — são obscurecidas e secundarizadas. Elas estabelecem limites, socialmente objetivos, à efetivação dos rumos projetados mais além da vontade tanto dos profissionais individuais quanto da categoria, enquanto coletividade.

Em termos sintéticos, a *hipótese* é que o núcleo do impasse da elaboração comentada está na leitura da profissão na história da sociedade — tratada na sua necessária dimensão político-ideológica — que desconsidera as implicações envolvidas na mercantilização dessa força de trabalho especializada.

Como já afirmado, a análise da autora tem seu centro na organização da cultura caucionada nas formas de organização da produção — dada a centralidade ao trabalho na vida em sociedade — insurgindo-se contra as análises que aprisionam a leitura da cultura na dimensão superestrutural. Porém, este pressuposto não impregna, com igual força, a análise do exercício profissional mediado por uma relação assalariada. Esta relação impõe limites e possibilidades objetivas à realização dos fins projetados, o que não deriva da "qualidade de determinados espaços ocupacionais" — como se alguns pudessem ser valorizados e outros descartados —, mas da intensidade de forças sociais distintas em luta pela efetivação de seus projetos na sociedade que neles incidem.

Enquanto parte da realidade das classes trabalhadoras no cenário presidido pela reorganização do "padrão fordista" da produção e crise do "Estado de Bem-Estar Social" (que no Brasil não teve idêntico correlato), a situação do(a) assistente social enquanto trabalhador assalariado não tem uma projeção nessa análise das funções pedagógicas do assistente social. Ou seja, não são privilegiadas nem as implicações oriundas da inscrição dessa força de trabalho especializada na esfera do valor de troca — pois o salário faz sua equivalência com o mundo das mercadorias — e nem as implicações do trabalho realizado pelo assistente social na órbita da produ-

SERVIÇO SOCIAL EM TEMPO DE CAPITAL FETICHE

ção e distribuição do valor e da mais-valia, porque essa não é a linha analítica adotada.

4. Fundamentos do Serviço Social: percurso de duas décadas

O percurso efetuado foi voltado à leitura crítica da literatura das duas últimas décadas referida aos fundamentos do Serviço Social e de seu exercício, abarcando parte da literatura especializada de ponta e com interferência no debate recente sobre a profissão. Ele atesta a riqueza e a fecundidade do acervo da produção dessa área acadêmica galvanizada pela ampla e diversificada tradição marxista, confirmando sua vitalidade no Serviço Social brasileiro.

O debruçar sobre essas elaborações teóricas, enlaçadas no seu conjunto, permitiu apreendê-las como unidade de diversidades e atribuir visibilidade às sutilezas mais finas, que matizam o debate teórico entre pares de um mesmo projeto profissional. Esse esforço preliminar de crítica teórica é pouco usual no universo do Serviço Social, ainda que corrente em outras áreas com maior tradição acadêmica. Ele mostrou que grande parte das diferenças (mais que antagonismos) entre os autores decorre tanto da angulação particular pela qual a profissão é abordada quanto da variedade das fontes teóricas — as quais se inspiram, centralmente, em Marx, Hegel, Lukács, Gramsci, Hobsbawm e Thompson — que iluminam a formulação das indagações que norteiam as pesquisas dos autores. As assimetrias também se ancoram nas específicas leituras da dinâmica da sociedade brasileira e das forças que impulsionam as lutas sociais e seus respectivos objetivos estratégicos, que têm eco no terreno político das forças democráticas no País.

E é exatamente nessa diversidade de ênfases teóricas e político-profissionais que se encontra a fertilidade dessa herança acadêmica recente, porque ela permite alertar para questões que se complementam na totalização da leitura da profissão e de seu exercício: suas particularidades na divisão social e técnica do trabalho e incidências na reprodução contraditória das relações sociais; a crítica da cultura e o sincretismo; os dilemas da construção da identidade; a correlação de forças que molda o poder e o saber profissionais nas relações entre o ser e o representar-se; as políticas públicas e a assistência em seu potencial de confirmação da subalternidade e de luta por direitos; o resgate das práticas de proteção social; os perfis pedagógicos do assistente social na organização da cultura.

O fio teórico transversal a esta tese, cujos esteios se fundam no trabalho e na forma social que assume na sociedade burguesa, alimentou a hipótese norteadora da leitura da literatura considerada, aqui retomada, porque obteve sua confirmação: as elaborações consideradas centram-se nas particularidades do Serviço Social enquanto *trabalho concreto*, ou seja, priorizaram, sob diversas ópticas, a qualidade determinada que distingüe esse trabalho profissional no concerto das demais especializações do trabalho na sociedade brasileira, com ênfase nos seus componentes político-organizativos e ideológicos. Essa ênfase é necessária e inteiramente pertinente no patamar da análise do trabalho concreto, ainda que insuficiente para apreender a dimensão social do trabalho *tout court*.

Ainda que a totalidade dos autores reconheça que o exercício profissional realiza-se pela mediação do trabalho assalariado, mediante um contrato de trabalho no circuito do Estado ou de empregadores privados, nenhum deles atribui centralidade à outra dimensão desse mesmo trabalho: sua condição de trabalho abstrato envolvida na compra e venda dessa força de trabalho especializada, porque suas elaborações não são presididas centralmente pela teoria do valor, tal como proposta por Marx. A omissão dessa linha de análise não é sinônimo do seu desconhecimento, mas de uma escolha por outras angulações teóricas tidas como mais pertinentes. Ela encontra-se estreitamente relacionada ao fato das referidas teses sobre o Serviço Social se centrarem predominantemente na profissão e menos no seu exercício. E quando o fazem, centralizam sua preocupação nas implicações políticas desse exercício do ângulo do sujeito profissional e das incidências dessa prática nas específicas correlações de forças políticas que a polarizam, o que se mostra como um foco da maior pertinência, ainda que não esgote a inteira concretude do trabalho do assistente social.

Por outro lado, ao acervo analítico sobre a profissão de Serviço Social já acumulado, o trânsito da análise para o exercício profissional requer, ainda que seja agregado um conjunto de elementos, que molda o trabalho do assistente social, totalizado nas suas múltiplas determinações: econômicas, políticas e ídeoculturais. Este conjunto de elementos pode ser condensado nas ingerências que tem o trabalho assalariado na efetivação da relativa autonomia do assistente social; e no alcance efetivo das projeções de caráter ético-político profissional nas condições concretas em que se dá o processamento de seu exercício no âmbito da organização coletiva do trabalho das instituições empregadoras, o que certamente é tributário da situação da luta de classes na sociedade inclusiva. Passa necessariamente por essa via o dimensionamento do significado do trabalho do assistente social no processo de reprodução das relações sociais.

No tempo do capital fetiche, é impensável tratar o processamento de qualquer trabalho especializado passando por fora dos dilemas decorrentes da produção e distribuição do valor e da mais-valia — móvel essencial da sociedade do capital — e das lutas político-ideológicas delas indissociáveis.

Capítulo IV

O Serviço Social em tempo de capital fetiche

> *O sertão é confusão em grande*
> *demasiado sossego...*
>
> Guimarães Rosa*

Este capítulo objetiva oferecer subsídios teórico-metodológicos concernentes ao trabalho e sociabilidade na sociedade burguesa que permitam adensar e subsidiar a análise do trabalho do assistente social e de sua formação universitária na sociedade brasileira contemporânea. Pretende, ainda, considerar as particularidades do exercício profissional enfeixada na tensa relação entre projeto profissional e estatuto assalariado, enquanto trabalho concreto e abstrato, num esforço de síntese das chaves teóricas que nortearam a exposição ao longo deste livro. Tais elementos se complementam com o quadro atual da formação universitária na área de Serviço Social no País, nos níveis de graduação e pós-graduação, tendo por base as alterações que incidem na política universitária brasileira sob a lógica mercantil e empresarial, condizente com as recomendações dos organismos multilaterais que presidem as políticas governamentais no tempo do capital fetiche.

A necessidade de revisitar os fundamentos do trabalho e sociabilidade sob a órbita do capital é atestada pela polêmica instaurada no universo da profissão, que questiona ser ou não a atividade profissional desenvolvi-

---

* Rosa, G. Grande sertão: veredas. In: *João Guimarães Rosa*. Ficção Completa em dois volumes. v. II. Rio de Janeiro: Nova Aguilar, 1994: 289.

SERVIÇO SOCIAL EM TEMPO DE CAPITAL FETICHE

da pelo assistente social uma expressão do trabalho social. Ou, em outros termos, indaga-se se a *categoria trabalho* é ou não pertinente para a leitura da profissão e de seu exercício por agentes especializados. Exatamente por isso, se ponderou ser necessário incluir na abertura deste capítulo o texto trabalho e sociabilidade, anteriormente publicado[191] em obra de menor difusão no meio profissional, já que não diretamente voltada ao Serviço Social.

Num primeiro nível de tratamento, de caráter teórico-sistemático, sobre o trabalho e sociabilidade, aborda-se o significado do trabalho no processo de constituição dos indivíduos sociais. O texto parte de uma breve retrospectiva do debate contemporâneo sobre o trabalho e das temáticas que o polarizam. Realiza um percurso teórico informado pelo legado de Marx, a partir de fontes hoje pouco tratadas na literatura sociológica tendo por diretriz as relações entre estrutura e ação dos indivíduos sociais, trazendo o sujeito que trabalha para a cena da análise. Particulariza a forma de individualidade social na sociedade burguesa e seus fetichismos. Atribui destaque às idéias oriundas da esfera da circulação que regem as relações entre iguais proprietários de mercadorias e que se encontram na raiz da concepção liberal, tão em voga na sociedade contemporânea. No processo capitalista de trabalho é privilegiado o trabalho vivo em processo de realização, como atividade do indivíduo, vivida como castigo e rebeldia. Para finalizar essa primeira parte, a exposição retoma o reencontro com o debate contemporâneo sobre o trabalho, trazendo à luz suas relações com o debate sobre classe e cultura, com ênfase na consciência das classes subalternas.

O percurso da análise transita para particularizar determinações atinentes ao trabalho do assistente social e à sua formação universitária. O núcleo irradiador da análise é a conjunção entre projeto profissional e trabalho assalariado, que permite atribuir visibilidade, no universo da profissão, ao clássico dilema entre causalidade e teleologia, estrutura e ação do sujeito. O projeto profissional reconhece o assistente social como um ser prático-social dotado de liberdade, capaz de projetar seu trabalho e buscar

---

191. Trata-se de uma versão, com poucas alterações, do texto publicado sob o título: "Trabalho e indivíduo social no processo capitalista de produção", primeiro capítulo do livro: *Trabalho e Indivíduo Social* (Iamamoto, 2001b: 31-100).

sua implementação por meio de sua atividade. Esta condição é tensionada pelo trabalho assalariado que submete esse trabalho aos dilemas da alienação, visto que ele se realiza submetido ao poder dos seus empregadores, o que restringe a relativa autonomia do assistente social. As diferenciadas condições e relações sociais que envolvem esse trabalho redimensionam socialmente o significado das projeções profissionais, cuja viabilização é determinada por condicionantes que ultrapassam os indivíduos singulares, ao materializarem interesses dos sujeitos sociais contratantes. É, nesse campo de tensões, que se realiza o trabalho profissional carregando, em si, as contradições sociais atinentes a qualquer trabalho na sociedade capitalista; mas que, simultaneamente, se expressam de maneira particular nessa especialização do trabalho social, porquanto dependente de sua específica funcionalidade social e das respostas profissionais, que materializam o legado profissional coletivamente acumulado.

Essa óptica de análise requer articular a qualidade desse trabalho, sua *diferencialidade* expressa em seu caráter de atividade útil ou trabalho concreto, e sua *identidade* com o trabalho social, enquanto trabalho abstrato, uma fração do trabalho social total, pensado na sua quantidade. Essas determinações são indissociáveis da mercantilização dessa força de trabalho. Atribuir visibilidade a essas dimensões do trabalho do assistente social é um dos núcleos de irradiação da análise que se segue.

Outra ênfase deste capítulo recai sobre a formação dessa força de trabalho especializada, que lhe permite realizar um trabalho complexo, condicionando o valor de troca dessa mercadoria especial, expresso no salário. Assim, um outro momento do texto, está dedicado à *formação universitária na área de Serviço Social*. Ele parte de uma análise das concepções de universidade em embate na atualidade, esboçando um perfil das reorientações que vêm sendo impressas à universidade brasileira nas últimas décadas, consoante às diretrizes neoliberais que informam as políticas de governo. Apresenta um perfil do quadro da recente expansão da graduação em Serviço Social, ao tempo em que são indicadas suas implicações para as condições e relações de trabalho do assistente social.

Completando esse perfil da formação profissional registra-se um breve quadro da pós-graduação *stricto sensu* na área, com base em dados primários da CAPES/MEC, da avaliação trienal, realizada em 2004. Entretanto a atenção incide na agenda temática da pesquisa que polariza os programas de pós-graduação.

Assim, este capítulo de caráter (in) conclusivo, abre novas sendas ao debate ao capturar implicações e tendências da conformação da categoria profissional e de seu trabalho em tempos em que viceja o capital financeiro.

1. Trabalho e sociabilidade

1.1. O debate sobre o processo de trabalho: o sujeito em cena

Ao se privilegiar o tema trabalho, urge explicitar a óptica de análise que preside sua abordagem: o significado do trabalho no processo de constituição do indivíduo social e na produção da vida material, nos marcos da sociedade capitalista, como base que fundamenta a leitura do trabalho do assistente social em tempo de capital fetiche.

O tema é especialmente oportuno quando se proclama a "crise da sociedade do trabalho" (Offe, 1989) e se discute o "adeus ao trabalho" (Antunes, 1995; 1999; Gorz, 1982) Contraditoriamente, a preocupação com o trabalho e suas metamorfoses assume destaque na literatura especializada contemporânea. Adensa o mercado editorial com publicações as mais variadas, ante os desafios postos pelo ciclo recessivo de larga duração que assola o cenário mundial desde meados da década de 70.

Tratar o tema na óptica assinalada adquire sentido ainda frente às restrições, que atualmente assolam a academia, de ordem *teórico-metodológica* e política, ao pensamento marxiano e à tradição marxista. Assinala-se sua suposta incapacidade de fornecer sugestões férteis para a compreensão das radicais mudanças observadas na atualidade, visto que, enclausurada nas amarras de seu tempo, destituiu-se da historicidade que preside a sua formulação. Freqüentemente, a crítica à teoria de Marx é filtrada por versões de raiz estruturalista e/ou economicista, tomadas como "únicas". Em decorrência, contesta-se a submersão do sujeito da vida social, típica dessas versões. Observam-se também restrições ao primado da totalidade, próprio da tradição marxista. Esta é tida como incapaz de dar conta das particularidades/singularidades, dos fragmentos, das esferas subjetivas da vida, entre outros inúmeros aspectos, hoje autonomizados pela perspectiva pós-moderna ao contestar as longas narrativas em resposta à "crise dos paradigmas tributários da modernidade".[192] Tais restrições atingem vários campos do conhecimento concernentes à vida social, desbordando-se nas análises referentes ao processo de trabalho.

No campo da sociologia do trabalho, as preocupações voltam-se à produção do consentimento por parte dos trabalhadores aos mais sutis mecanismos de controle adotados no toyotismo ou pós-fordismo. As estratégias de resistência e negociação na esfera da produção são salientadas, em seus condicionantes no campo fabril e extrafabril, abrangendo a família, relações de gênero, étnico-raciais e tradições culturais.[193] E se ampliam as preocupações para além da fábrica, voltada à heterogeneidade da "reestruturação industrial", às transformações do universo dos trabalhadores e suas ações coletivas, à "crise" do sindicalismo e à "nova questão social" (Santana e Ramalho, 2003).

Acentua-se a heterogeneidade das classes trabalhadoras em suas experiências de vida e de trabalho, considerando-se a diversidade de trajetória das categorias que a compõem, além de correspondentes repercussões na subjetividade, como as determinações de gênero, étnico-raciais, as distintas formas de inserção no mercado de trabalho. Na busca de apreender a diversidade das formas capitalistas de produzir, salientam-se as particularidades locais e regionais, além de diferenciações internas dos grupos de trabalhadores (Pessanha e Morel, 1991). Recusa-se o chamado "paradigma unitário na análise das classes" em favor da diversidade de experiências no interior das relações sociais, identificando variadas maneiras de viver situações de dominação, exploração e "exclusão".[194] Observa-se forte acen-

---

192. Conferir, por exemplo, Pessis Pasternak (1993); Balandier (1988); Connor (1996); Eagleton (1996); Wood e Foster (1999); Jameson (1999; 2000); Guiddens (1991); Harvey (1993); Ianni (1990: 90-100); Santos (1995); Schaff (1990); Anderson (1999); Menegat (2003).

193. A título de ilustração, a abordagem do tema pode ser encontrada em: Silva (1966: 41-58); Castro e Leite (1994: 39-60); Neves (1995); Hirata (1986: 5-12); Martins e Ramalho (1994); Stolcke (1986); Seylferth (1987: 103-120).

194. Os estudos sobre os processos de trabalho deram a tônica, na década de 80, à produção da sociologia do trabalho no Brasil, documentando e descrevendo o particular e o específico no recôndito âmbito da produção na busca de reencontrar os sujeitos, homens e mulheres, suas trajetórias

to nas experiências dos trabalhadores, trazendo para o centro das análises o sujeito que trabalha, dotado de liberdade de escolhas e de subjetividade, na contramão de uma enunciada eclipse do sujeito. Verifica-se, ainda, uma preocupação em articular a dimensão propriamente econômica do processo de trabalho com suas implicações políticas e ideológicas, relacionando-o com a regulação estatal dos conflitos na órbita produtiva, por meio das políticas sociais, salariais e sindicais. Nesse contexto, a produção de Burowoy é uma destacada referência, objeto de apreciações e críticas.[195] O autor contesta a "tese da subpolitização da produção", ou seja, as teorias que ignoram as dimensões políticas da produção, bem como sua determinação pelo Estado. Contesta também aquelas teses que redundam em uma "sobrepolitização do Estado", em que sua autonomia é superestimada, desconectando-o de seus fundamentos econômicos. Segundo as suas palavras:

> A política estatal não está suspensa nas nuvens; ela nasce no chão da fábrica e, quando este treme, ela é abalada. Em resumo, se a política de produção não pode ter uma presença diretamente observável no Estado, ela, no entanto, estabelece limites e precipita suas intervenções. Da mesma maneira, assim como o Estado fixa limites para os aparelhos fabris, estes estabelecem limites sobre as formas de intervenção estatal (Burowoy, 1990: 41).

Sustenta, ainda, que as diferentes formas de intervenção do Estado são condicionadas pelos interesses e capacidades de classe, que se definem, primordialmente, no plano da produção. Sua dinâmica autônoma decorre de relações de produção e das forças produtivas que estabelecem a natureza do regime fabril e suas relações com o Estado.

---

de vida e suas escolhas, em um claro embate com a tradição marxista. Castro e Leite (1994: 49) apresentam a seguinte observação, ilustrativa da relação dessa produção com o marxismo: "Ora, se o marxismo clássico teve a virtude de destacar a importância dessa esfera, os marxistas contemporâneos ficaram devedores de uma verdadeira sociologia das relações sociais *no* trabalho. Isto porque, uma vez iluminada pelo foco analítico, a produção era apresentada como uma instância que (a) ou carecia de sujeitos, subsumidos que estavam na lógica econômica intrínseca ao processo de valorização do capital ou (b) os transmutava em personificações das classes, cuja ação carecia de sentido fora da definição apriorística dos interesses da 'classe para si'".

195. Burowoy (1980; 1990: 29-50); Ramalho (1991: 31-48); Castro e Leite (1994: 49).

A polêmica teórica que permeia o campo do trabalho passa necessariamente pelo debate com as teses de Braverman (1977), no seu clássico *Trabalho e capital monopolista*. Este representou um *marco decisivo* na retomada da análise do processo de trabalho na expansão monopolista, no âmbito da tradição marxista, após longo período em que essa temática central do pensamento de Marx foi colocada em segundo plano.[196] Seu estudo versa sobre os processos de trabalho no capitalismo e o modo específico pelo qual eles são construídos por relações de propriedade capitalista. Em outros termos, a maneira pela qual o processo de trabalho é dominado e modelado pela acumulação do capital e a forma que atribui à estrutura da classe trabalhadora. O foco privilegiado é a gerência[197] em sua função de controle e de indução do trabalhador a cooperar no processo de trabalho tal como organizado pela engenharia industrial, função essa essencial devido ao antagonismo das relações sociais.

A controvérsia incide sobre quatro aspectos centrais da análise de Braverman.

Contesta-se a tese por ele defendida de que, sendo o trabalho realizado com fins precípuos de acumulação capitalista, exige sua máxima racionalização e, conseqüentemente, o *controle* sobre o trabalho por parte do capital por meio da gerência. Para o autor, intensifica-se a *separação entre trabalho manual e intelectual*, assim como se verifica a tendência à *desqualificação do trabalho*, o que ao longo prazo redundaria no aumento do descontentamento, da rotinização mecânica do trabalho, enfim, em uma verdadeira "degradação do trabalho". Tais tendências à desqualificação trazem embutida *uma crescente homogeneização das classes trabalhadoras*. A crítica considera que tais tendências são revertidas pelas novas tecnologias de base microeletrônica nos quadros da acumulação flexível (Harvey, 1993), que vêm operando um movimento de qualificação/desqualificação do trabalho, contribuindo para ampliar a *heterogeneidade do universo dos trabalhadores*, ao contrário do que sustenta Braverman.

---

196. Não se pode desconsiderar a importante contribuição de Gramsci (1974b), *Americanismo e fordismo*, assim como os trabalhos de Pierre Naville, na França.

197. Considera problemas da gerência a insatisfação expressa pelos elevados níveis de abandono do emprego, o absenteísmo, a relutância ao ritmo do trabalho, a indiferença e a negligência, as restrições à produção e a hostilidade extensiva à administração.

SERVIÇO SOCIAL EM TEMPO DE CAPITAL FETICHE

Contesta-se também a posição do autor que restringe *deliberadamente* a consideração da classe trabalhadora a *classe em si*,[198] menosprezando seus níveis de consciência, organização e suas atividades. Uma das principais objeções a essa tese refere-se a uma suposta visão da classe trabalhadora como passiva, vivendo de acordo com forças que agem sobre ela, negligenciando os caminhos que cria para sua própria organização e a resistência operária às iniciativas empresariais, que desenvolvem estratégias próprias de controle sobre o trabalho (Wood, 1995: 11-12).

O autor é, ainda, acusado de assumir acriticamente o *taylorismo*, identificado com *a cristalização da lógica da administração capitalista*, como forma necessária do controle exercido pela gerência. Dessa maneira, "atribui à classe capitalista uma verdadeira onisciência e à classe trabalhadora uma infinita maleabilidade" (Wood, 1995: 16). Negligenciaria, assim, a possibilidade de emergência de outras formas de gestão do trabalho, que hoje vêm sendo estimuladas pelas gerências empresariais e que apontam para *estratégias que provêm aos trabalhadores certa autonomia na condução das tarefas*.

Critica-se, por fim, sua "teleologia objetivista", que circunscreve restritivamente a importância da luta de classes à organização nos locais de trabalho (Castro e Guimarães, 1991), o que vem sendo revertido por pesquisas recentes, que acentuam a importância de condicionantes oriundos do mundo extrafabril que se refratam no campo das relações de trabalho.

Não podem ser desconhecidas a riqueza, a diversidade e a fecundidade do debate em curso sobre a teoria do processo de trabalho. Ele é necessário à apreensão das múltiplas mediações, que atribuem concretude histórica às experiências vividas por homens e mulheres trabalhadores, âmbito de preocupações no qual também se inscreve o presente ensaio.

As restrições a Braverman, muitas das quais condicionadas pelo atual estágio de desenvolvimento do processo de trabalho capitalista e sua pesquisa, desdobram-se em um alvo mais central: *a teoria do valor trabalho de*

---

198. "Não cuidarei do estudo da moderna classe trabalhadora no nível de sua consciência, organização ou atividades. Este livro trata da classe trabalhadora como classe *em si mesma*, não como *classe para si* mesma. Entendo que para muitos dos leitores poderá parecer que omiti a parte mais importante do tema, [mas] o necessário, antes de tudo, é um quadro da classe trabalhadora tal qual existe, com a forma dada à população trabalhadora pelo processo de acumulação do capital". (Braverman, 1977: 33-34).

Marx. A hipótese é de que, do ponto de vista teórico-metodológico, os limites identificados na análise do autor tendem a ser, explícita ou implicitamente, estendidos à fonte da qual Braverman extrai os fundamentos mais significativos de sua obra: à teoria social de Marx, tida como uma visão objetivista e determinista do processo social, que privilegiaria a estrutura sobre a ação do sujeito. Tomando o primado da economia como determinação básica em detrimento dos momentos políticos e ideológicos, tal interpretação de Marx considera que sua teoria levaria ao privilégio unilateral do trabalho ante outras esferas que tecem o universo cotidiano dos sujeitos sociais.

Por vezes, a mesma crítica refrata-se em Burowoy,[199] criticado por assumir uma "teoria essencialista da natureza humana", tributária de Marx, a partir de uma noção ontológica de trabalho. Essa concepção no autor é, entretanto, articulado à concepção gramsciana de hegemonia, que conduz à consideração da dimensão política do processo de trabalho e à preocupação com a subjetividade do trabalhador[200] (Ramalho, 1991).

A literatura sobre o tema, ao concentrar a atenção sobre as formas de controle, consentimento, resistência e negociação no processo de trabalho, em seus determinantes oriundos da esfera fabril e extrafabril, parece ter como um *dado* a noção do trabalho mesmo. Aliás, Litter, citado em Ramalho (1991), observa, dentre os problemas da teoria do processo de trabalho, o de não haver uma clara conceituação do trabalho em si, nem de seus elementos fundamentais. Este alerta merece ser considerado, a fim de se evitar a artimanha — semelhante àquela em que se enredou a economia política, denunciada por Marx — de *supor* o que deveria ser *explicado*: não apenas *como se produz* dentro das relações capitalistas, isto é, o seu *funcionamento*, mas *como se produz a própria relação capitalista e reproduzida historicamente*.

---

199. O autor sustenta ser a tradição marxista a mais bem fundamentada tentativa de compreender o desenvolvimento da produção por meio de uma análise sistemática da dinâmica e tendências do capitalismo. Entende que "o ato de produzir é simultaneamente ato de reprodução: produzem-se, ao mesmo tempo, coisas úteis e os operários produzem a base de sua subsistência e do capital" (Burowoy, 1990).

200. Castro e Guimarães destacam as influências recebidas pelo autor não só de Gramsci, mas de Althusser — o que ecoa claramente na noção de "aparelho político de produção" —, de Poulantzas e Przeworski na formulação dos conceitos de hegemonia e consentimento (Castro e Guimarães, 1991).

Relação esta considerada, pois, não como um *dado, mas como um problema*.[201] Traduzindo para o tema ora em questão: não só como *funciona* o trabalho, mas *o que é o próprio trabalho, eixo* da presente reflexão.

Em termos mais explícitos: a hipótese é de que as restrições supra-anunciadas à teoria social de Marx advêm de leituras que descartam a dimensão ontológica nela presente. Esta acentua o papel do *trabalho*, enquanto componente *distintivo* do homem como um ser *prático-social* e, portanto, *histórico, produto* e *criador* da vida em sociedade. Nessa mesma trilha, têm sido secundarizadas as análises sobre o *indivíduo social e as formas históricas de sociabilidade e alienação*, constantes nos *Manuscritos econômico-filosóficos de 1844* e retomadas nos escritos de maturidade de 1857-58 — os *Gründrisse* —, aqui privilegiados (Marx, 1980b). Repor o *humanismo marxista* no centro da análise é condição necessária para fazer emergir o *indivíduo social, como sujeito criativo vivo, presente no pensamento de* Marx. A existência de fortes críticas ao arsenal teórico-metodológico de raiz marxiana e, de modo especial, suas expressões no acervo de pesquisas sobre mundo do trabalho reforçam a importância de explicitar a abordagem do trabalho e do indivíduo social,[202] como requisito para a análise do processo de produção na ótica daqueles que nele se inserem como trabalhadores. O propósito não é efetuar uma "exegese" dos textos de Marx sobre os temas aludidos ou mesmo uma ampla exposição teórica de cunho histórico-sistemático sobre o assunto. A pretensão é *tão-somente demarcar uma linha de interpretação da vivência do trabalho*, que enuncia a fertilidade das sugestões contidas nessa teoria social, as quais tecem os rumos da análise dos fenômenos identificados na

---

201. O desenvolvimento dessa problematização no campo da crítica da economia política encontra-se em Napoleoni (1981).

202. No decorrer do processo de investigação foi feita uma ampla revisão de algumas das mais importantes obras de Marx, revisão esta norteada por certas *problemáticas* básicas: *a do indivíduo, do trabalho, do tempo e alienação*. Foram pesquisadas, com tais preocupações, as seguintes obras do autor: *Manuscritos de 1844* (1974b), *Miséria da filosofia* (1982), *A questão judaica* (s/d), *O Capital*, 3 vols. (1985b), *Elementos fundamentales para la crítica de la economia política* (Grundrisse, 1857-1858, 2 vols., 1980a) e as *Teorias sobre la plus valia*, 3 vols. (1980a). E, também a obra de Marx e Engels, *A ideologia alemã*. (Feuerbach, 1977a). O objetivo não é o de fazer uma sistematização teórica sobre os temas supra-referidos, o que já seria outro trabalho, mas utilizar aquela revisão como recurso teórico-metodológico, que possa contribuir para iluminar as situações históricas específicas constitutivas do objeto de estudo. O desenvolvimento que se segue está baseado nessas obras e em autores representativos do campo da tradição marxista que vêm se ocupando das problemáticas consideradas.

pesquisa empírica. E, assim, reencontrar as preocupações temáticas presentes no debate atual sobre o processo de trabalho, porém orientadas pelo horizonte teórico-metodológico marxiano em suas dimensões de *totalidade, ontologia e historicidade*. É esse o caminho tortuoso que se propõe a recorrer.

Esse percurso teórico-metodológico é duplamente importante para a análise do trabalho no âmbito do Serviço Social tanto na ótica do exercício profissional do assistente social, quanto na ótica dos sujeitos a quem se dirige a ação profissional. Esse primeiro nível de análise, de caráter teórico-sistemático e, portanto, dotado de maior nível de abstração, foca a constituição da individualidade social na sociedade burguesa, o processo capitalista de trabalho com destaque para a vivência da alienação como castigo e rebeldia, e as relações entre classe e cultura. Tais elementos constituem fundamentos necessários a serem particularizados na abordagem do trabalho do assistente social constante na segunda parte deste capítulo.

1.2. Trabalho e indivíduo social

A abordagem do tema é presidida pela diretriz que articula, na análise histórica, *estrutura e ação do sujeito*. Como sintetiza Coutinho (1990: 27):

> O que importa é que o conjunto da reflexão marxiana é dominado pela idéia de que, no social, se dá uma articulação entre o mundo da causalidade e da teleologia, ou seja, entre o fato de que as *ações humanas são determinadas por condições externas aos indivíduos singulares e o fato de que, ao mesmo tempo, o social é constituído por projetos que os homens tentam implementar na vida social. A ontologia marxista dirá que o ser social é formado por determinismo e liberdade.* Ou, em termos mais modernos utilizados pelas ciências sociais contemporâneas, que a sociedade é formada simultaneamente por *momentos de estrutura e momentos de ação* (Grifos nossos).

O ponto de partida é a *produção material*, produção de um grau determinado de *desenvolvimento social*, em uma dada época histórica: produção *de indivíduos sociais*. Assim, "toda produção é apropriação da natureza pelo *indivíduo* no interior e por meio de uma *forma determinada de sociedade*" (Marx,

SERVIÇO SOCIAL EM TEMPO DE CAPITAL FETICHE

1974a: 112). Cada forma de produção cria, organicamente, suas próprias relações jurídicas e políticas e as idéias que lhes correspondem.

Marx arranca sua noção de produção da autocriação de indivíduos vivos e reais socialmente determinada, ou seja, de uma *forma histórica específica de sociabilidade*. O indivíduo social é um *produto histórico* (Heller, 1982), fruto de condições e relações sociais particulares e, ao mesmo *tempo*, *criador da sociedade*, e não um dado da natureza, tal como pensado por Locke, Smith e Ricardo. Esses autores, em suas elaborações, partem da existência de sujeitos independentes e isolados por natureza, antecipando a *aparência* através da qual se manifesta o indivíduo na sociedade burguesa — na sociedade da livre concorrência, gestada nos séculos XVII e XVIIII: o indivíduo desprendido dos laços de dependência da família, da tribo e da comunidade. A época que *produz o ponto de vista do indivíduo isolado* — que se encontra na base do liberalismo — é precisamente aquela, diz Marx, na qual as relações sociais alcançaram o seu mais alto grau de desenvolvimento. A idéia do indivíduo isolado expressa uma tensão entre representação e realidade, mas tem uma *base real* para a sua construção: o terreno histórico em que o indivíduo produtor deixa de ser mero dependente, agregado de grupos humanos delimitados, tal como expresso no passado histórico. Pois só na sociedade burguesa "as diversas *formas do conjunto social* passaram a apresentar-se aos indivíduos como simples *meios* para realizar seus *fins privados*, como *necessidade exterior*" (Marx, 1974a: 110).

Dialogando com Aristóteles, Marx sustenta ser o homem mais que um "animal social", um "ser social político", isto é, que *só pode isolar-se, individualizar-se em sociedade*, dela dependendo para viver e produzir. A *"sociedade* não consiste em indivíduos, mas expressa a súmula das relações e condições nas quais esses indivíduos encontram-se reciprocamente situados" (Marx, 1980b: 204, v. I). Explicita-se aí o que ele denominou de *essência humana*, inseparável da noção de indivíduo social da socialização fundamental dos indivíduos. O indivíduo é compreendido com um ser social: sua manifestação vital é expressão e confirmação da vida social, porque a vida individual e a vida genérica do homem não são diferentes, embora a vida individual seja um modo especial ou mais geral de vida genérica (Marx, 1974a).

Essa constituição social da essência humana, indissociável da noção de indivíduo social, é claramente expressa nas *Teses sobre Feuerbach*, nas quais consta que "a essência humana não é algo abstrato, interior a cada indivíduo isolado. É, em sua realidade, o conjunto das relações sociais" (Marx, 1977a: 119). Ela é, portanto, concebida como *excentrada* em relação aos indivíduos isolados, mas não em relação ao homem social, centro das objetivações materiais e espirituais resultantes do trabalho. Compreende no seu conjunto desde as forças produtivas materiais até a arte e a filosofia, ou a totalidade da práxis humana (Coutinho, 1994: 12).

Portanto, desenvolver o tema trabalho e indivíduo social supõe explicitar a noção mesma de *trabalho*, elucidando a especificidade do ser social nele enraizada, no lastro do que Lukács (1978: 11) denominou de *ontologia do ser social* — "enunciados diretos sobre um tipo de ser, ou seja, afirmações ontológicas", que presidem a reflexão marxiana.[203] Markus,[204] incorporando as contribuições de Lukács, elaborou a noção ampla de "essência humana" plena de historicidade, destituída de quaisquer viéses metafísicos. Atribuir visibilidade à noção do trabalho nessa dimensão é importante, para distingui-la das versões de inspiração neopositivista que recusam, em princípio, qualquer dimensão ontológica, identificada como "não científica". E, também, para diferenciá-la de outras interpretações presentes no interior da vasta tradição marxista, em que raramente o marxismo foi entendido como uma ontologia, como lembra Lukács (1972).

Parafraseando Marx e Engels (1977: 26-27), poder-se-ia dizer que:

> [...] os pressupostos de que partimos não são arbitrários, nem dogmas. São pressupostos reais, de que não se pode fazer abstração a não ser na imagina-

---

203. Nos *Manuscritos de 1844*, Marx sustenta que "o homem não é apenas um ser natural, mas um ser *humano*, isto é, um ser para si próprio, e, por isso, ser *genérico, que enquanto tal deve atuar e confirmar-se tanto em seu ser como em seu saber*". (Marx, 1974b).

204. Markus reconstrói, na perspectiva das determinações ontológicas do ser social postas pelo trabalho e extensivas a todas as manifestações da práxis social, uma noção totalizante de essência humana e de sua história nas obras juvenis de Marx. Salienta seus componentes: *o trabalho, a sociabilidade, a universalidade, a autoconsciência e a liberdade*, mais tarde incorporados nas análises de Heller (1972; 1977). [Conforme, especialmente, Markus (1974b: 94-112) e, também, do mesmo autor, *Marxismo y "antropologia"* (1974a).] Recuperamos, a seguir, alguns elementos de sua exposição juntamente com as importantes contribuições de Lukács (1978; 1972) sobre a ontologia social, de Schaff (1967), Sève (1979), Marcuse (1978), autores estes que desenvolvem suas análises norteadas pela necessidade de reavaliação dos temas referentes ao humanismo marxista, em especial os dilemas da objetivação/subjetivação, alienação e indivíduo.

ção. São os *indivíduos reais, sua ação e suas condições materiais de vida, tanto aquelas por eles já encontradas, como as produzidas por sua própria ação.* Estes pressupostos são pois verificáveis pela via puramente empírica (Grifos nossos).

O pressuposto é o homem, *criatura natural*, dotado de uma base orgânica, em que se encontram inscritas infinitas capacidades e possibilidades. Para prover suas necessidades, interage com objetos de natureza orgânica e inorgânica. Ainda que parte da natureza, suas atividades vitais diferenciam-se, pelo *trabalho*, dos demais seres naturais, que se limitam a consumir *diretamente* os objetos dados no meio natural. *Sendo o trabalho a atividade vital específica do homem*, ele mediatiza a satisfação de suas necessidades pela transformação prévia da realidade material, modificando a sua forma natural, produzindo valores de uso. O homem é um *agente ativo, capaz de dar respostas prático-conscientes aos seus carecimentos, através da atividade laborativa* (Lukács, 1972; 1978). Como agente *ativo* amplia incessantemente o círculo de objetos que podem servir à atividade vital humana, seja para seu consumo direto, seja como meio de trabalho. Vive em um universo humanizado, ele mesmo produto da atividade humana de gerações precedentes: de objetivações de suas experiências, faculdades e necessidades.

O trabalho é *atividade racional orientada para um fim*, à produção de valores de uso, a assimilação de matérias naturais para a satisfação de necessidades humanas. É, originalmente, metabolismo entre o homem e a natureza, da qual se apropria para satisfação das necessidades humanas. A natureza é o terreno dos valores de usos sociais ou a produção de valores de uso em forma de "natureza produzida", isto é, construída e modificada pela ação humana (Harvey, 1990). O trabalho concreto, formador de valores de uso, é *condição da vida humana*, independente de todas as formas de sociedade. É atividade existencial do homem, sua atividade livre e consciente.

Algumas características são distintivas do trabalho humano, como assinala Marx, ao tratar do processo de trabalho: sua dimensão teleológica, o uso e criação de instrumentos e de novas necessidades.

A *dimensão teleológica* é a capacidade do homem de projetar antecipadamente na sua imaginação o resultado a ser alcançado pelo trabalho, de modo que, ao realizá-lo, não apenas provoca uma mudança de forma da matéria natural, mas nela realiza seus próprios fins:

Uma aranha executa operações semelhantes às do tecelão, e a abelha envergonha mais de um arquiteto humano com a construção dos favos de suas colméias. Mas o que distingue, de antemão, o pior arquiteto da abelha é que ele construiu o favo em sua cabeça, antes de construí-lo em cera (Marx, 1985b: 149, t. I, v. I).

Uma segunda característica do trabalho humano é o *uso e a criação de meios de trabalho*, que se interpõem entre o homem e o objeto, e servem de *veículo da ação* conforme *objetivos antecipados*. Nos meios de trabalho encontram-se objetivadas formas de atividades e necessidades humanas. Esses meios são indicadores das condições sociais sob as quais se efetua o trabalho especificamente humano e do grau de desenvolvimento da força de trabalho humana. Os meios de trabalho são distintivos das "épocas econômicas", pois "não o que se faz, mas como, com que meios de trabalho se faz, é o que distingue as épocas econômicas" (Idem: 151).

O trabalho humano, portanto, libera e domina forças e qualidades existentes objetivamente na natureza — que independem da consciência humana —, apropriando-se dessas forças naturais e irradiando-as por meio do trabalho. Forças essas que, ao mesmo tempo, desenvolvem, em níveis mais elevados, as próprias capacidades dos homens que trabalham.

Merece ser salientado que o trabalho é *também criação de novas necessidades e, neste sentido, um ato histórico* (Marx e Engels, 1977). A ação de satisfazê-las e os instrumentos criados para a sua consecução desdobram-se em novas necessidades sociais e na produção de impulsos para o consumo.

Com o trabalho, o homem afirma-se como ser criador: não só como indivíduo pensante, mas como indivíduo que age consciente e racionalmente, visto que o trabalho é atividade prático-concreta e não só espiritual. Como afirmava Fausto, de Goethe: "no começo era a ação!" (Marx, 1985b: 80, t. I, v. I). Ao transformar a realidade, o homem transforma a si próprio: o processo de criação, do ponto de vista do sujeito, é processo de autocriação humana.

O trabalho implica, pois, mudanças também no sujeito — homem — e não só no objeto-natureza (Markus, 1974b). Sob o ângulo material, é produção de objetos aptos a serem utilizados pelo homem, produção de meios de vida, através dos quais os homens produzem indiretamente a sua vida material (Marx e Engels, 1977: 29). Sob o ângulo subjetivo, é processo de

SERVIÇO SOCIAL EM TEMPO DE CAPITAL FETICHE

criação e acumulação de novas capacidades e qualidades humanas, desenvolvendo aquelas inscritas na natureza orgânica do homem, humanizando-as e criando novas necessidades. Enfim, é produção objetiva e subjetiva, de coisas materiais e de subjetividade humana.

Destarte, através do trabalho o homem vai além da competição biológica dos seres vivos com o meio ambiente. E, para Lukács, o

> [...] momento essencialmente separatório é constituído não pela fabricação dos produtos, mas pelo *papel da consciência*, a qual precisamente aqui deixa de ser epifenômeno da reprodução biológica: o produto é um produto que já existia na "representação do trabalhador", isto é, de modo ideal (Lukács, 1978: 4).

A consciência, a que se atribui um papel *ativo* no ato de trabalho, delimita o ser de natureza orgânica e o ser social, tornando o homem um "ser que dá respostas" aos seus carecimentos. Mas o homem também transforma os carecimentos e as possibilidades de satisfazê-los em perguntas, cujas respostas prático-sociais enriquecem sua própria atividade. Perguntas e respostas são *produtos da consciência, que guiam sua atividade* (Lukács, 1978: 5). Ao desenvolvimento do trabalho corresponde, paralelamente, o *nascimento da consciência e do conhecimento humano*: as necessidades espirituais mais elevadas do homem são elaboradas e precisadas durante a evolução do trabalho, no percurso da qual a realidade vai se apresentando aos indivíduos em face de seu universo afetivo e espiritual, dos seus desejos e projetos. Sendo o trabalho uma atividade *programática e de realização*, seu produto é objetivação, simultaneamente, das mãos e do cérebro, das aptidões corporais e intelectuais do homem (Markus, 1974b). A criação de novas necessidades, por meio do trabalho, traduz-se na criação do homem com ricas e múltiplas faculdades, com sentimentos profundos, dotados de curiosidade científica, aspirações religiosas, estéticas, do conhecimento prático cotidiano. O trabalho (e a linguagem, enquanto *exterioriza* os resultados da produção intelectual), objetivação de forças essenciais humanas (faculdades e necessidades), cria, pois, a possibilidade permanente de evolução humana: *a própria história*.

Uma vez que o trabalho é um ato de acionar *consciente*, põe e supõe o *conhecimento concreto de finalidades e meios*. Todo trabalho implica certo saber sobre os homens em suas relações sociais e pessoais, como condição de induzir o sujeito a efetuar os propósitos desejados. Saber este que assume as formas de costumes, hábitos, tradições desdobrando-se em procedimentos racionalizados (Lukács, 1978). O trabalho é, portanto, inseparável do conhecimento, de idéias e concepções de mundo, isto é, *de formas de pensar a vida real*. O ser que trabalha *constrói para si, através de sua atividade, modos de agir e de pensar*, ou seja, uma maneira especificamente humana de se relacionar com as circunstâncias objetivamente existentes, delas se apropriando, tendo em vista a consecução de fins propostos pelo sujeito na criação de objetos capazes de desempenhar funções sociais, fazendo nascer valores de uso.

Assim, o trabalho objetiva tanto *valores e o dever ser*, o comportamento do homem orientado para finalidades sociais. Contém uma *dimensão de conhecimento* e uma *dimensão ético-moral* implicadas na natureza teleológica do trabalho: "o essencial ao trabalho é que nele não apenas todos os movimentos, mas também os homens que o realizam devem ser dirigidos por finalidades determinadas previamente. Portanto, todo movimento é submetido ao dever ser" (Idem, 1978: 7), afetando *o campo da ação puramente espiritual*.

Com o desenvolvimento social tem lugar a divisão do trabalho, fazendo com que a atividade ideal-consciente deixe de ser inteiramente subordinada à atividade prático-material e a atividade intelectual dela se diferencie (Marx e Engels, 1977; Markus, 1974b). Com a progressiva divisão do trabalho, este se torna cada vez mais social, aprofundando-se a dimensão de *universalidade* do homem como *ente genérico*, isto é, *social e histórico*. De outra parte, a divisão do trabalho e, com ela, a emergência da propriedade privada[205] geram a repartição desigual do trabalho e de seus produtos. O indivíduo, separado de seu produto, não é capaz de apropriar-se das

---

205. "[...] com a divisão do trabalho fica dada a possibilidade, ainda mais, a realidade, de que a atividade espiritual do homem e a material — a fruição e o trabalho, a produção e o consumo — caibam a indivíduos diferentes. Com a divisão do trabalho dá-se, ao mesmo tempo, a *distribuição*, e com efeito a distribuição *desigual*, tanto quantitativa, como qualitativamente do trabalho e dos seus produtos: ou seja, a propriedade, que aliás aqui já corresponde à definição dos economistas modernos, segundo a *qual a propriedade é o poder de dispor da força de trabalho de outros*. Além disso, a divisão do trabalho e a propriedade são idênticas: a primeira enuncia em relação à atividade aquilo que se enuncia, na segunda, em relação ao produto da atividade" (Marx e Engels, 1977: 46).

objetivações (atividades, produtos, meios de trabalho) por ele produzidas como parte do trabalhador coletivo: da ação conjugada de vários indivíduos, reciprocamente dependentes, entre os quais é partilhado o trabalho social.

Constitui-se a humanidade socializada ao tempo em que se estabelece a discrepância — historicamente criada e por isto transitória — entre a riqueza genérico-social do homem e a existência do indivíduo singular, expressa no fenômeno da alienação. A divisão do trabalho traz em seu seio a contradição entre o interesse do indivíduo singular e o interesse coletivo de todos os indivíduos, fazendo com que este último adquira formas independentes, fixadas num poder objetivo superior aos indivíduos e separadas dos seus interesses reais, particulares e gerais. Nesse sentido, o interesse coletivo aparece como "comunidade ilusória" expressa no Estado, no dinheiro, na religião, ainda que sobre a base concreta dos laços existentes entre os homens, encobrindo as lutas efetivas entre as diferentes classes (Marx e Engels, 1977: 28-29).

A dimensão genérica do ser social é dada pelo trabalho, *só possível como atividade coletiva*: o próprio ato individual do trabalho é essencialmente histórico-social. Ora, o trabalho vivo só se realiza mediante o consumo de instrumentos, matérias e conhecimentos legados por gerações anteriores, resultados esses que trazem em si condensação de trabalho corporificado já realizado ou trabalho passado, atestando o *caráter social do trabalho*. Este se expressa essencialmente no fato de que o homem *só pode realizá-lo através da relação com outros homens*. E só pode tornar-se homem *ao incorporar, à sua vida, à sua própria atividade, formas de comportamento e idéias criadas por gerações precedentes*. É nesse sentido que o indivíduo concreto é, em si mesmo, um produto histórico-social. Afirma-se a *historicidade do homem*: um traço determinante *do gênero humano, da existência humana na sua genericidade*. Existência essa que não se limita à esfera da produção material, mas engloba sua *atividade vital completa*: a ciência, a filosofia, a arte, a religião. Por isso, a essência humana na análise marxiana não se resolve em traços imutáveis e eternos, independentes do processo histórico em curso, mas como um vir a ser no movimento das relações entre os indivíduos sociais por eles criadas ao longo do curso da história. Ou, nos termos de Markus (1974b), a noção de essência humana "não é um afastamento abstrato da história, mas a abstração da história": uma categoria teórica, uma relação pensada. Categoria na qual o *sujeito* — a sociedade moderna —

"está dado, tanto na realidade efetiva como no pensamento, [uma vez que] que as categorias teóricas exprimem portanto *formas de modos de ser, determinações de existência"* (Marx, 1974a: 127).

A história é aí captada no seu *resultado essencial:* como um *processo necessário da formação da personalidade humana e de sua liberdade,* calcadas na história real, retirando-se o véu de toda a ilusão ideológica (Rosdolsky, 1983: 459). A história é o processo pelo qual o homem se forma e se transforma a si mesmo, graças à sua própria atividade, ao seu trabalho; e a característica maior do homem é precisamente sua atividade espontânea que modela a sua subjetividade, em conseqüência da qual ele se encontra em um "eterno movimento do vir a ser" (Markus, 1974b: 91). Nessa perspectiva, o homem é compreendido como um *ser universal e livre.* Liberdade como força criada por ele mesmo, ao desenvolver o controle e o poder humanos sobre as forças naturais, exteriores ou íntimas, o que faz com que o homem se supere constantemente no movimento de construção de sua humanidade na história.

Esclarecer essa questão conduz ao processo social global, à *práxis social.* Esta, como qualquer ato social, é uma decisão entre alternativas efetuada pelo indivíduo singular, que faz suas escolhas acerca de propósitos futuros visados. Porém, não faz escolhas independentes das pressões que as necessidades sociais exercem sobre os indivíduos singulares, interferindo nos rumos e orientações de suas decisões. Ao contrário, é por meio deles que aquelas necessidades são afirmadas. Ao lançar o olhar para o processo social global da sociedade, verifica-se que este tem, em seu movimento, suas *próprias legalidades tendenciais,* normatividades, que ultrapassam o indivíduo singular. O processo social global (a sociedade) é portador de causalidades, mas não é objetivamente dirigido para a realização de finalidades. Estabelece-se freqüentemente uma defasagem entre intenções dos indivíduos e resultados produzidos, entre posições teleológicas e efeitos causais, o que se amplia com a complexificação da vida em sociedade. São leis tendências que, em seu movimento, realizam-se contraditoriamente, contendo contratendências,[206] sofrendo a interferência da ação humana

---

206. Sobre a noção de lei tendencial e suas contra-tendências, conferir no Livro III, de *O Capital,* a primeira seção: "A transformação da mais-valia em lucro e da taxa de mais-valia em taxa de lucro". (Marx, 1985b, t. 3, v. IV).

SERVIÇO SOCIAL EM TEMPO DE CAPITAL FETICHE

— fator *subjetivo* —, como um *componente modificador das mesmas, por vezes decisivo*.

A tensa relação entre a ação dos sujeitos singulares e a mediação propriamente *social* que informa os seus resultados presidem os dilemas inicialmente anunciados entre estrutura e ação do sujeito. Até o momento, a relação entre trabalho e indivíduo social foi desenvolvida em seus elementos mais simples e abstratos: o trabalho como condição da produção da vida humana, de produção de indivíduos sociais. Cabe elucidar, a seguir, as determinações históricas particulares que adquirem na sociedade burguesa.

1.2.1. A forma histórica de individualidade social na sociedade burguesa

O propósito dessa seção é atribuir visibilidade às mediações particulares através das quais as relações entre trabalho e indivíduo social se expressam na sociedade mercantil. Em outros termos, apreender a forma específica de individualidade ou de sociabilidade humana que aí é construída, como algo indissociável do caráter histórico-social que demarca as relações sociais e o trabalho dos produtores mercantis. As condições sociais em que a riqueza social é produzida e a forma social que assume — a forma do valor de troca — imprimem particularidades às relações sociais, que, sem ferir a lei de troca entre livres proprietários privados, desdobram-se — se, no capital, na propriedade territorial capitalista e no trabalho assalariado — inseparável de um contingente de população excedentária. Como em Marx, tais categorias econômicas expressam relações entre os homens, expressam os fundamentos históricos do processo de constituição das classes sociais fundamentais na ordem burguesa. A noção de indivíduo social é transversal aos Gründrisse,[207] em que as forças produtivas e as relações

---

207. Existe uma polêmica no interior dos intérpretes de Marx preocupados em resgatar o humanismo marxista, quanto às relações de continuidade e ruptura entre as análises da juventude e da maturidade em Marx. Assumo a posição, sustentada por diversos autores — Markus (1974b), Coutinho (1974), Bermudo (1975), Schaff (1967), Netto (1983a), Sève (1979) —, de que existe uma "ruptura de continuidade" no pensamento de Marx em relação às suas obras de 1843 a 1845, articulando, em uma unidade processual, pontos de vista que foram sendo enriquecidos, precisados, modificados nos seus detalhes. No interior desta posição, os autores datam a inflexão mais signifi-

sociais são tratadas como formas de produtividade humana ou faces diversas do desenvolvimento de um tipo histórico de individualidade social.[208] Encontram-se nessa obra, como já registrou Sève (1979: 142),[209] ricas sugestões para uma teoria das formas sociais da individualidade humana. Sugestões que presidem a construção das hipóteses de análise sobre o tema em foco, expostas a seguir.

A hipótese diretriz é a de que a forma de produtividade humana, que se afirma na sociedade burguesa, expressa uma forma histórica particular tanto de desenvolvimento humano universal, quanto de alienação dos indivíduos sociais: uma forma específica de produção da vida humana, de sociabilidade, forjada na temporalidade do capital. Enfim, uma forma histórica particular de individualidade social. O seu selo distintivo é tributário do caráter social assumido pelo trabalho como valor e da forma por ele assumida: [210] a forma mercantil (e seus desdobramentos na forma dinheiro,

---

cativa em momentos diferenciados: para alguns, em 1843 (Markus e Netto) e, para outros, em 1845-46 (Sève). Tal posição, ao afirmar o humanismo marxista, confronta-se com "o neopositivismo envergonhado de Althusser e sua escola" (Coutinho In: Markus, 1974b: 14) ao sustentarem que, em 1845, Marx teria feito uma ruptura com a problemática do homem e da essência humana. Nesta perspectiva, o humanismo é identificado com ideologia, alicerçando o anti-humanismo teórico de Marx. É interessante demarcar que Althusser — que ainda dispõe de ampla influência no pensamento francês mais recente — desconhecia os *Grundrisse*.

208. É interessante destacar o capítulo sobre o dinheiro nos *Grundrisse* como o mais rico na análise da sociabilidade peculiar à sociedade capitalista. O dinheiro como a expressão do nexo propriamente social entre os indivíduos, como equivalente geral, forma geral do valor, isto é, do trabalho social abstrato, representante universal da riqueza, e, portanto, da *comunidade universal*.

209. De acordo com Sève (1979: 142), os *Manuscritos* de Marx, de 1857-1858, fornecem um conjunto de indicações concretas e *"materiais para uma teoria das formas históricas da individualidade humana"*. Para o autor, o princípio consiste em que o indivíduo é um produto da história e as categorias através das quais se analisa a existência pessoal devem ser pensadas a partir das relações sociais, que constituem sua base real. Acredita ser impossível fundar uma "ciência do indivíduo" em outra base que não a "ciência da história". Esta, por sua vez, implica uma teoria da produção histórica dos indivíduos, como momento essencial e não subproduto contingente da história. Ressalta, porém, que uma *teoria das formas sociais de individualidade não pode ser confundida com a história do indivíduo concreto, com uma teoria da personalidade, embora esta não possa ser concebida sem uma articulação com a precedente*.

210. "A forma valor do produto do trabalho é a forma mais abstrata, contudo também a forma mais geral do modo burguês de produção, que, por meio dela, se caracteriza como uma espécie particular de produção social e, com isso, ao mesmo tempo, histórica. Se, no entanto, for vista de maneira errônea como a forma natural eterna da produção social, deixa-se também de ver o específico da forma valor, portanto, da forma mercadoria, de modo mais desenvolvido na forma dinheiro, na forma capital etc." (Marx, 1985b: 46, nota 32, t. I, v. I).

na forma capital e na forma da propriedade territorial), que inaugura uma qualidade de conexão social entre os indivíduos, sem precedentes anteriores. Esse nexo social é mediatizado pelo valor de troca (forma do valor), que se autonomiza frente aos indivíduos e dissimula suas relações sociais reais. Faz com que estas apareçam de maneira fetichizada em coisas sociais, forjando um amplo processo de reificação. A contrapartida é a submersão do sujeito criativo vivo, gerando uma relação de estranhamento do indivíduo produtor frente às suas próprias objetivações: capacidades, atividades, idéias, produtos. Tais nexos sociais, cujos mistérios residem na forma mercadoria assumida pelos produtos do trabalho, têm sua representação traduzida pelas idéias de *igualdade, liberdade, reciprocidade e interesse privado, que encontram no mercado o seu fundamento, mas cujo desvendamento implica dar um mergulho no processo imediato de produção*. Isto é, no processo capitalista de trabalho, elucidando aí o papel do trabalho vivo na criação da riqueza social e o significado da vivência do trabalho para os indivíduos concretos:[211] a maneira como experimentam, contraditoriamente, a alienação do trabalho e a universalização de suas atividades no cotidiano da vida social.

A *forma histórica de produtividade humana peculiar à ordem capitalista* implica um tipo especial *de nexo social entre os indivíduos*, e, portanto, de *individualidade social*. Para elucidá-la, Marx utiliza-se do recurso comparado,[212] que permite dar relevo ao caráter *particular dessa forma de individualidade*: a independência pessoal fundada na dependência entre as coisas, que per-

---

211. Trata-se de garantir o ponto de vista da *totalidade social*, isto é, o predomínio multifacético e determinante do todo sobre as partes (Lukács, 1974).

212. Aliás, o método comparativo ocupa um *lugar-chave* na exposição marxiana, em função de sua preocupação com as leis históricas. É amplamente utilizado em *O capital*. Seu sentido é claramente explicitado na *Introdução de 1857-58*, ao discutir a noção de produção no embate com a economia clássica, que tendia a diluir as particularidades históricas a favor das leis gerais e, portanto, eternas, aplicáveis a qualquer estágio da vida social. Os economistas insinuavam, assim, dissimuladamente, serem as relações burguesas naturais, imutáveis, típicas de uma sociedade *in abstrato*. Marx afirma ser a produção "em geral" uma abstração, ainda que essa noção possa ser útil para sublinhar os traços comuns a todas as sociedades. Entretanto, o seu caráter geral só pode ser destacado através da comparação, visto ser ele próprio um conjunto complexo de determinações divergentes e diferentes. Assim, "se as linguagens menos desenvolvidas têm leis e determinações comuns às menos desenvolvidas, o que constitui o seu desenvolvimento é o que *as diferencia* desses elementos gerais e comuns" (Marx, 1980b: 111, v. 1). Dessa forma, não se pode relegar a diferença essencial por causa da unidade. Esse é o caminho para o resgate das *particularidades históricas e de suas legalidades*.

mite tanto a universalização de relações, necessidades e capacidades humanas, quanto bloqueia sua apropriação como patrimônio comum. Recorre ao confronto com outras formas históricas de individualidade, tanto aquelas que tiveram vigência no passado, moldadas por laços de dependência natural e pessoal, como as que se prefiguram no movimento de vir a ser do presente: o processo de constituição da livre individualidade social.[213] O objetivo é, pois, salientar a *qualidade histórica específica da conexão social que se estabelece, no ordenamento capitalista, entre os indivíduos sociais, tecendo as condições e relações sociais nas quais se conformam os indivíduos concretos.*

O mote da análise é a seguinte afirmativa:

> As relações de dependência pessoal (no início sobre um todo natural) são as primeiras formas sociais nas quais a produtividade humana desenvolveu-se somente em âmbito restrito e em lugares isolados. A *independência pessoal fundada na dependência com as coisas é a segunda forma importante na qual chega a constituir-se um sistema de metabolismo geral, um sistema de relações universais, de necessidades universais e de capacidades universais.* A livre individualidade, fundada no desenvolvimento universal dos indivíduos e na subordinação de sua produtividade coletiva, social, como patrimônio social, constitui o terceiro estágio. O segundo cria as condições para o terceiro (Marx, 1980b: 85, v. I).[214]

A forma histórica particular de individualidade social, distintiva da sociedade burguesa, encontra-se diretamente relacionada ao desenvolvi-

---

213. Elucida o autor: "Nosso método põe em manifesto os pontos nos quais tem que ser introduzida a análise histórica e nos quais a economia burguesa, como mera forma histórica do processo de produção, aponta, para além de si mesma, aos precedentes modos de produção históricos. *Para analisar as leis da economia burguesa não é necessário pois escrever a história real das relações de produção.* Porém, a correta concepção e dedução das mesmas, enquanto relações originadas historicamente, conduz sempre às primeiras equações — como os números empíricos, por exemplo, nas ciências naturais, que apontam para um passado que subjaz por detrás deste sistema. Tais indícios, conjuntamente com a concepção certeira do presente, oferecem a chave para a compreensão do passado. Esta análise correta leva assim mesmo a pontos nos quais, *foreshadowing* [prefigurando] o movimento nascente do futuro, insinua-se a abolição da forma presente das relações de produção. Se, por um lado, as fases pré-burguesas apresentam-se como supostos puramente históricos, ou seja, abolidos, por outro lado, as condições atuais de produção apresentam-se como abolindo-se a si mesmas e, portanto, criando os supostos históricos para um novo ordenamento da sociedade" (Marx, 1980b: 442, v. 1; grifos do autor).

214. Conferir também o fetiche da mercadoria, em *O Capital* (Marx, 1985b: 70-78, t. I, v. I.).

mento da divisão do trabalho e à universalização dos laços de *dependência* que se estabelecem entre os indivíduos produtores na sociedade mercantil: "não só a *produção de cada indivíduo* depende da produção de todos, mas [também] *a transformação de seu produto em meios de vida passa a depender de todos*" (Idem: 83).

A divisão do trabalho torna o trabalho do indivíduo produtor tão unilateral quanto multilaterais as suas necessidades, fazendo com que seu produto sirva-lhe apenas como meio de troca — e, portanto, valor de troca. Como o trabalho não é diretamente social, a coesão social passa a ser estabelecida através do mercado, visto que o indivíduo produz valores de uso para outros, valores de uso que respondem a necessidades sociais. Exige, por sua vez, que seu produto seja trocável por qualquer outro: um produto universal. E *"só nesta sociedade o trabalho dos indivíduos deve apresentar-se como contrário do que é: como um trabalho carente de individualidade, abstratamente geral, na sua forma geral"* (Idem: 71).

Portanto, o *trabalho privado dos produtores mercantis assume um caráter social, sob duplo ângulo.* De um lado, são trabalhos concretos, qualitativamente determinados, voltados à produção de objetos de uso, que têm que satisfazer uma *necessidade social,* como partícipes da divisão social do trabalho. De outro lado, *só podem satisfazer as múltiplas necessidades sociais* à *medida que possam ser trocados por qualquer outro tipo de trabalho privado útil.* Nesse sentido, torna-se necessário abstrair as desigualdades reais dos vários tipos de trabalho — de seu caráter concreto — e identificar neles a igualdade comum: o fato de serem dispêndio de força humana de trabalho, isto é, trabalho humano social indistinto, portanto, valor. Mas não é qualquer trabalho que imprime valor às mercadorias, pois o trabalho humano abstrato não pode ser reduzido a um conceito *fisiológico* do trabalho — mero dispêndio de energia humana independente da forma mercantil de produção, que teria existido em todas as épocas. Como acentua Rubin (1987: 153-154):

> Somente sobre a base da economia mercantil, caracterizada por um amplo desenvolvimento da troca, uma transferência em massa de indivíduos de uma atividade a outra e a indiferença do indivíduo para com a forma concreta de trabalho, é possível desenvolver-se o caráter homogêneo de todas as atividades de trabalho enquanto trabalho humano em geral.

As mercadorias contêm valor por serem materialização de trabalho humano abstrato, que é a substância mesma do valor. Enquanto o trabalho abstrato é pensado em sua quantidade e, nesse sentido, abstraído do caráter concreto do trabalho contido nas mercadorias, a medida da grandeza do valor é dada pelo *tempo*: tempo de trabalho socialmente necessário investido em sua produção, condicionado pelo desenvolvimento da capacidade produtiva, o que torna cada mercadoria um exemplar médio de sua espécie.[215] Decorre daí o caráter essencialmente social e histórico da noção de trabalho abstrato, indissociável da produção mercantil. As mercadorias só se materializam como valores por serem expressão de uma mesma *unidade social*: trabalho humano. Assim, *sua objetividade como valores é puramente social*, só podendo revelar-se *na relação* de uma mercadoria com as demais, abstraindo-se da forma natural concreta, tangível, que assumem, uma vez que no valor objetivado na mercadoria "não se encerra um átomo de matéria natural" (Marx, 1985b: 54, t. I, v. I).

A característica de valor contido nas mercadorias não aparece imediatamente na superfície da vida social, na representação dos produtores individuais. Nelas, o *duplo caráter social de seus trabalhos* é visto a partir do duplo caráter social dos *produtos do trabalho*: a sua condição de serem úteis aos demais e o caráter de valor que tais produtos contêm. O que é velado, para os indivíduos, é o fato de serem as coisas meros invólucros materiais de trabalho humano da mesma espécie. Mas na prática da vida social cotidiana, ao equipararem seus produtos como valores, estão equiparando os seus diversos trabalhos, embora não o saibam, o que torna o valor um "hieróglifo social" (Marx, 1985b, t. I, v. I).

Ora, sendo toda mercadoria objetivação de um determinado tempo de trabalho socialmente determinado, seu valor só se expressa na relação de troca entre mercadorias, sendo igual ao tempo de trabalho nelas realizado. O valor da mercadoria é sua relação social: sua qualidade econômica. Como valor, a mercadoria é universal; como mercadoria real, é uma particularidade. A expressão do valor exige que a mercadoria seja *convertida em*

---

215. "Todo trabalho é, por um lado, dispêndio da força de trabalho do homem no sentido fisiológico e nessa qualidade de *trabalho humano igual ou trabalho abstrato gera o valor da mercadoria*. Todo trabalho é, por outro lado, *dispêndio da força de trabalho do homem sob forma especificamente adequada a um fim e nessa qualidade de trabalho concreto útil produz valores de uso*" (Marx, 1985b: 53, t. I, v. I).

tempo de trabalho, em algo distinto dela, porque ela não é tempo de trabalho em processo, em movimento, mas tempo de trabalho materializado, em repouso, um resultado já obtido. Exige uma *forma do valor,* diferente do próprio valor, objetivada no valor de troca. Este é expresso em uma *mercadoria que representa partes alíquotas de tempo de trabalho,* o *dinheiro,* forma autonomizada de *equivalente geral.* Para que o trabalho do indivíduo possa resultar num valor de troca requer-se um equivalente geral, que permita a representação do tempo de trabalho do indivíduo em tempo de trabalho geral e do trabalho privado como seu contrário: como trabalho social, universal. A função do equivalente é a de *manifestar* o caráter geral humano do trabalho contido em mercadorias qualitativamente distintas e sua quantidade relativa, viabilizando a troca.

É a *dependência recíproca de todos os produtores* que gera a necessidade de um mediador generalizado: a necessidade permanente da troca e do valor de troca, fazendo com que os produtos do trabalho assumam a forma de mercadoria.

Os objetos úteis, frutos de trabalhos concretos, qualitativamente determinados, de produtores privados independentes, assumem a forma mercadoria porque *necessitam* ser trocados. *Podem* ser trocados, porque contêm uma substância comum, mais além de sua qualidade determinada: trabalho humano coagulado, medido pelo tempo — tempo de trabalho socialmente necessário —, o que permite estabelecer a relação de equivalência entre mercadorias qualitativamente distintas, relacionando-as entre si. Esse *caráter social do trabalho,* entretanto, só *se mostra* dentro do intercâmbio de mercadorias. Ou seja, os trabalhos privados dos produtores mercantis só atuam como membros de um trabalho coletivo da sociedade por meio das relações que a troca estabelece entre os produtos, e, através deles, entre os seus produtores. "Por isto, as relações que se estabelecem entre os produtores parecem como são, isto é, não como relações diretamente sociais das pessoas travadas nos seus trabalhos, mas como relações materiais entre pessoas e relações sociais entre coisas" (Marx, 1985b: 71, t. I, v. I).

O processo de troca atribui à mercadoria não o seu valor, mas sua *forma valor específica: o valor de troca,* que, representado por uma mercadoria particular — o dinheiro —, permite estabelecer as relações de equivalência de valor com todas as demais mercadorias, por espelhar o valor nelas contido.

A mercadoria eleita socialmente para representar a forma de equivalente geral das demais mercadorias — exercer a função de dinheiro — apresenta peculiaridades. O seu valor de uso converte-se em forma de expressão de sua antítese, o valor. A *forma natural* da mercadoria converte-se, pois, na *forma geral do valor*. O trabalho concreto nela despendido torna-se uma forma de manifestação de seu contrário, ou seja, o trabalho humano abstrato. E o trabalho privado dos indivíduos produtores reveste a forma antitética de trabalho na sua expressão diretamente social. Como todas as mercadorias manifestam seu valor no mesmo equivalente, é fortalecida a falsa aparência de que o objeto, no qual se representa a magnitude do valor dos demais, assume a função de equivalente além dessa relação, como se fosse uma propriedade natural de caráter social. A fonte de tal inversão encontra-se no próprio caráter das relações sociais: os indivíduos não podem comportar-se ante seu próprio trabalho como diante de um trabalho diretamente social, porque perderam o controle de suas próprias relações de produção. Seus produtos convertem-se em mercadorias porque são produtos de trabalhos privados exercidos independentemente uns dos outros. Como os produtores não entram em contato social até que troquem os produtos de seus trabalhos, os atributos sociais de seus trabalhos só se manifestam nos marcos de tal intercâmbio. E se manifestam como são: não como relações sociais entre pessoas, travadas por elas em seu trabalho, mas como relações próprias de coisas e relações sociais entre coisas.

Encontra-se, portanto, na forma do valor, a fonte dos *mistérios* que preside a mercadoria, "tornando-a um objeto endemoniado, rico em sutilezas metafísicas e manhas teológicas", uma "coisa, fisicamente metafísica", que parece adquirir vida própria, como se dançasse por sua própria iniciativa (Marx, 1985b, t. I, v. I). Esse caráter misterioso da mercadoria não provém de seu valor de uso — de sua utilidade social — e nem de suas determinações como valor, enquanto representa gasto essencial do cérebro, nervos, músculos e sentidos humanos. É, nesse aspecto, igual a todas as demais mercadorias congêneres por conter trabalho humano corporificado. Esse caráter misterioso também não é oriundo das determinações de sua grandeza de valor, medida pela duração do trabalho no tempo — não qualquer tempo, mas o tempo de trabalho socialmente necessário à sua produção, o que varia ao longo do processo de desenvolvimento. A fonte do mistério encontra-se na *forma social do trabalho, pois, tão logo os homens trabalham para outros, o seu trabalho assume uma forma social: a forma mercantil.*

O seu mistério, como o já indicado, está em encobrir, para os indivíduos produtores, as características próprias de trabalho humano, *de sua atividade,* como se fossem características objetivas das próprias coisas, isto é, dos produtos do trabalho, porque ao permitir que o caráter social do trabalho se evidencie no mundo de relações entre as mercadorias, vela-o para os sujeitos, reificando-o, como se fosse característica própria das coisas e, portanto, *externo* ao sujeito que a produz.

Na mercadoria,

> [...] a igualdade dos trabalhos humanos assume a forma material de igual objetividade de valor dos produtos do trabalho; a medida do dispêndio do trabalho humano, por sua duração no tempo, assume a forma de grandeza de valor dos produtos do trabalho. Finalmente, as relações que se estabelecem entre os produtores, em que aquelas características sociais de seus trabalhos são ativadas, assumem a forma de grandeza de valor dos produtos de trabalho (Marx, 1985b: 71, t. I, v. I).

Dessa maneira, reflete a relação entre os indivíduos produtores como uma relação existente fora e independente deles: entre objetos materiais, escondendo a relação que é estabelecida, através dos objetos produzidos, entre os seus próprios produtores. Essa forma reificada em que se expressa o trabalho humano, o fetiche da mercadoria, é inseparável desse modo de produzir. Encontra-se enraizada no próprio caráter social peculiar do trabalho que produz mercadorias. Como expressa Marx:

> O intercâmbio geral das atividades e dos produtos, que se tornaram condição de vida para cada indivíduo particular e é sua conexão recíproca (com os outros), apresenta-se frente a eles como algo alheio, independente, como coisa. No valor de troca o vínculo social entre as pessoas se transforma em relação entre coisas (Marx, 1980b: 85, v. I; grifos nossos).

Implica uma reificação do nexo social entre os indivíduos, embora o valor de troca não seja mais que a relação recíproca da atividade produtiva das pessoas.

No ato da troca, os produtos do trabalho adquirem uma *objetividade de valor, socialmente igual e independente de sua materialidade física de objetos úteis.* Tal desdobramento dos produtos do trabalho em objetos úteis e objetividade de valor implica historicamente o desenvolvimento das relações de intercâmbio, de maneira que o caráter de valor dos objetos já seja considerado na sua própria produção: sejam produzidos como mercadorias, o que atinge a própria força de trabalho, que se converte em mercadoria muito especial, como será salientado a seguir.

A mercadoria como categoria simples — simplicidade essa que só se expressa plenamente na maturidade histórica da própria sociedade capitalista (Marx, 1985b, t. I, v. I) — *encerra, pois, um feixe de contradições internas apoiado nas características de particularidade e generalidade do trabalho do indivíduo produtor: as contradições entre valor de uso e valor, entre trabalho concreto e abstrato, entre trabalho privado e social, entre objetividade natural e objetividade social, entre forma natural e forma social, entre personificação de coisas e reitificação de pessoas.*[216] Feixe de contradições que, em seu movimento, desdobram-se, adquirindo formas através das quais o valor pode se mover e se realizar[217] e que se exteriorizam de maneira transversal na vida social, espraiando-se em suas várias esferas e dimensões.

A produção dos indivíduos sociais com base no valor de troca cria, pela primeira vez e ao mesmo tempo, tanto a universalidade da alienação do indivíduo frente a si mesmo e frente aos demais, quanto a universalidade e multilateralidade de suas relações e habilidades (Marx, 1980b: 90, v. I).

---

216. Tais aspectos são decisivos na análise da mercadoria: "Que os processos que se conformam autonomamente formem uma unidade interna, significa por outro lado que a sua *unidade interna se move por antíteses externas.* Se a autonomização externa dos internamente não autônomos por serem mutuamente complementares se prolonga até certo ponto, a unidade se faz valer de forma violenta, por meio de uma crise. A antítese, imanente à mercadoria, *entre valor de uso e valor de trabalho privado, que ao mesmo tempo tem que se apresentar como trabalho diretamente social, de trabalho concreto particular, que ao mesmo tempo funciona apenas como trabalho social abstrato, de personificação de coisas e reificação de pessoas* — essa *contradição imanente assume nas antíteses da metamorfose das mercadorias suas formas desenvolvidas de movimento.* Essas formas encerram, por isso, a possibilidade, e somente a possibilidade, das crises" (Marx, 1985b: 100, t. 1, v. I).

217. "O processo de troca das mercadorias encerra relações contraditórias e mutuamente exclusivas. O desenvolvimento da mercadoria não suprime tais contradições, mas gera a forma dentro da qual elas podem mover-se. Esse é, em geral, o método com o qual as contradições reais se resolvem" (Marx, 1985b: 93, t. I, v. I).

Como acentua Marx, a beleza e a grandeza dessa sociedade consiste nesse metabolismo material e espiritual, criado independentemente do saber e da vontade dos indivíduos isolados e que pressupõe sua *indiferença e dependência recíproca, nexo esse expresso no valor de troca* e que é

> [...] inseparável da natureza da individualidade. Este nexo é produto dos indivíduos. É um produto histórico. Pertence a uma fase determinada da individualidade. O alheamento e a autonomia com que este nexo existe frente aos indivíduos, demonstra somente que estes estão em condições de criar suas condições de vida social, em lugar de tê-las iniciado a partir destas condições (Marx, 1980b: 89, v. I).

Nessa forma histórica de individualidade, *os indivíduos parecem independentes*. Independência essa que é mais uma ilusão, ou pode ser mais precisamente qualificada de indiferença, já que emerge apenas quando se abstrai das condições de existência nas quais os indivíduos entram em contato. Eles *parecem livres* para se enfrentar mutuamente uns aos outros e para trocar seus produtos, mediante *um ato de vontade comum* (Marx, 1980b: 91, v. I), porquanto livres proprietários privados de si mesmos e de seus produtos. Essas relações de troca são também relações jurídicas que *assumem a forma de contrato entre possuidores de mercadorias*, mas cujo conteúdo é a relação econômica mesma, conformando o seu intercâmbio (Marx, 1985b: 79, t. I, v. I). Intercâmbio mediatizado pelo dinheiro, cujo desenvolvimento conduz à separação entre as esferas de produção e circulação de mercadorias,[218]

---

218. "A circulação é o movimento em que a alienação geral, que se apresenta como apropriação geral e a apropriação geral como alienação geral. Ainda que, agora, o conjunto desse movimento se apresente como processo social e ainda que os distintos momentos desse movimento *provenham da vontade consciente e dos fins particulares dos indivíduos, sem dúvida a totalidade do processo se apresenta como um nexo objetivo, que nasce naturalmente e que é certamente o resultado da interação recíproca dos indivíduos conscientes, porém não está presente em sua consciência, nem como totalidade é subsumido a ela. Sua própria colisão social recíproca produz um poder social alheio, situado além deles;* sua ação é recíproca, como um processo e uma força independente deles. A circulação, por ser uma totalidade do processo social, é também a primeira forma na qual a relação social — como ocorre, por exemplo, na peça da moeda ou no valor de troca — apresenta-se como algo independente dos indivíduos, mas como o conjunto do movimento social. *A relação social dos indivíduos entre si, como poder sobre os indivíduos, que se tornou independente* — seja representado como força natural, como azar ou qualquer outra forma — *é resultado necessário do fato de que o ponto de partida não é o indivíduo livre*" (Marx, 1980b: 130-131, v. I).

desenvolvendo a antítese interna à mercadoria entre valor de uso e valor, que se desdobra externamente em mercadoria e dinheiro. Efetua-se a cisão da própria troca em atos independentes de compra e venda, separados espacial e temporalmente, adquirindo o caráter de um *processo social*.

Originalmente o dinheiro é um meio de promover o intercâmbio entre os produtos, como forma de manifestação necessária da medida do valor imanente às mercadorias — o tempo de trabalho —, tornando as mercadorias comensuráveis. Todavia, à medida que se desenvolve a circulação, cresce o poder do dinheiro. Este vai se transformando em uma *relação estranha aos produtores, autonomizando-se frente aos sujeitos*. O dinheiro torna-se o *"indivíduo da riqueza universal"* (Marx, 1980b: 156, v. I), resultado puramente social, que supõe apenas um vínculo fortuito, acidental com seu possuidor, não implicando o desenvolvimento de dimensões essenciais de sua individualidade. No dinheiro, o *poder social* transforma-se em *poder privado*. O poder que cada indivíduo dispõe sobre as atividades dos outros e sobre as riquezas sociais deriva de sua condição de proprietário privado de valores de troca, de dinheiro: "seu poder social, e seu nexo com a sociedade, carrega-o no bolso" (Marx, 1980b: 84, v. I). Porque, se

> [...] o dinheiro é originalmente o representante de todos os valores, na prática as coisas se invertem e todos os trabalhos, os produtos reais, tornam-se representantes do dinheiro: de sua função de servo, como simples meio de circulação, torna-se soberano e deus das mercadorias. Representa a existência celestial das mercadorias enquanto estas representam sua existência terrena[219] (Marx, 1980b: 156, v. I).

O dinheiro expressa, pois, *a universalização das relações de dependência entre os produtores*. Isso porque a redução de todos os produtos e de todas as atividades a valores de troca pressupõe a dissolução das relações de *depen-*

---

219. Os fetiches da mercadoria e do dinheiro são dois aspectos da *mesma realidade*, qual seja, na sociedade produtora de mercadorias a possibilidade da troca implica algo dela distinto, isto é, a forma do valor de troca, que deve se tornar independente frente à mercadoria, assumindo uma forma autônoma de dinheiro ou capital dinheiro. "O processo de troca de mercadorias encerra relações contraditórias e mutuamente exclusivas. *O desenvolvimento da mercadoria não suprime tais contradições, mas gera a forma dentro da qual podem mover-se. Este é, em geral, o método com o qual as contradições se resolvem*" (Marx, 1985b: 93, t. I, v. I).

dência pessoal vigentes no passado (alicerçadas em laços de sangue, educação etc.), que faziam com que a produtividade humana só pudesse desenvolver-se em âmbitos restritos e lugares isolados. Esses sistemas precedentes de produção, mais simples e transparentes perante a sociedade burguesa, baseavam-se "na imaturidade do homem individual" (Marx, 1985b: 75, t. I, v. I), porque não desprendido ainda do cordão umbilical que o ligava aos demais, através de laços naturais ou de relações diretas de domínio e servidão. A imaturidade do homem individual era condicionada pelo precário desenvolvimento das forças sociais produtivas do trabalho e das relações entre os homens dentro do processo material de produção de sua vida, correspondentes àquele desenvolvimento.

Em tais estágios precedentes, *o indivíduo aparece com maior plenitude*, porque ainda não tinha desenvolvido a plenitude de suas relações sociais, as quais não se colocavam frente aos indivíduos como autônomas. Na sociedade burguesa, a universalização das relações de dependência requer a *superação daquelas formas de dependência do passado*. Isso tal ocorre *generalizando-se a dependência*, ao destituí-la de seu caráter pessoal, atribuindo-lhe uma *forma geral*, como *dependência material* recíproca entre os produtores: "a dependência mútua e generalizada dos indivíduos reciprocamente indiferentes constitui o seu nexo social", expresso no valor de troca (Marx, 1980b: 75, v. I).

Essa forma de individualidade é historicamente particular, visto que

> [...] nos estágios de desenvolvimento precedentes, o indivíduo se apresenta com maior plenitude precisamente porque não elaborou ainda a plenitude de suas relações e não as colocou frente a si como potências e relações autônomas. É tão ridículo sentir nostalgia daquela plenitude primitiva como crer que é preciso deter-se neste esvaziamento completo. A visão burguesa jamais se elevou acima da oposição a dita visão romântica e é por isso que esta a acompanhará até a sua morte piedosa (Idem: 80).

A crítica romântica[220] envolve uma condenação *moral* do mundo burguês, incapaz tanto de compreender o caráter histórico progressivo da or-

---

220. Sobre a crítica romântica conferir Marx, K. e Engels, F. "O Manifesto do Partido Comunista". In: Marx, K. e Engels, F. *Textos III*. São Paulo, Sociais, 1977e, p. 21-51. Sobre o romantismo

dem social burguesa,[221] quanto de criticá-la em suas bases históricas, porque estas são soterradas das análises. Não apreende o seu caráter universal, seu impulso constante ao revolucionamento das forças produtivas materiais, o que distingue fundamentalmente a produção capitalista de outros modos anteriores de produzir. A produção capitalista permite a criação do trabalho excedente que vai mais além do trabalho socialmente necessário. Ou, em outros termos, cria trabalho supérfluo do ponto de vista da mera subsistência. O *trabalho excedente*, do ponto de vista do valor de uso, torna-se uma *necessidade geral*, que surge das próprias necessidades individuais, como autocriação do indivíduo. Por outro lado, essa produção instaura a *laboriosidade universal* como posse das novas gerações. Faz com que a apropriação e a conservação da riqueza reduzam a um mínimo o tempo de trabalho necessário da sociedade, viabilizado pelo desenvolvimento científico, ao qual corresponde a formação artística, científica, cultural dos indivíduos, graças ao tempo que se tornou livre e aos meios criados para todos (Rosdolsky, 1983: 471; Marx, 1980b).

A crítica romântica não vislumbra que nessa forma histórica de individualidade são criadas as possibilidades materiais da riqueza humanizada, da riqueza como tempo disponível para o desenvolvimento pleno dos indivíduos, pois "a riqueza é tempo disponível e não outra coisa".[222] Tempo disponível social para reduzir a um mínimo o tempo de trabalho de toda a sociedade e, assim, tornar livre o tempo de todos para o seu próprio desenvolvimento: a riqueza como força produtiva para o desenvolvimento de todos os indivíduos. Entretanto, na sociedade burguesa, a tendência é, por

---

alemão, ver o texto clássico de Mannheim, K. *Ensayos de Sociología y Psicologia Aplicada*. México, Fondo de Cultura Econômica, 1963, especialmente o cap. II: "El pensamiento conservador". Uma provocativa análise do romantismo, na contramão da modernidade, encontra-se em Lowy M. e Sayre, R. *Revolta e melancolia*. Petrópolis, Vozes, 1995. Conforme também Lowy, M. *Para uma sociologia dos intelectuais revolucionários*. São Paulo, Livraria Ciências Humanas, 1979.

221. O que Marx reprovava nos românticos não eram só "suas lágrimas sentimentais mas sim que os românticos eram incapazes de compreender o andar da história moderna, isto é, a necessidade e o caráter histórico progressivo da ordem social que criticavam, limitando-se em lugar disso a uma condenação de tipo moral" (Rosdolsky, 1983: 466).

222. Esta citação, constante nos *Grundrisse*, é extraída por Marx de um escrito anônimo londrino de 1821: "*The Scorse and Remedy of the National Difficulties, Deduced from Principles of Political Economy etc*. Reafirma o autor que "[..] *todo o desenvolvimento da riqueza se funda na produção de tempo disponível*" (Marx, 1980b: 348, v. I).

SERVIÇO SOCIAL EM TEMPO DE CAPITAL FETICHE

um lado, criar tempo disponível e, por outro, convertê-lo em mais trabalho (Marx, 1985b; Rosdolsky, 1983: 472). Aumenta-se o sobretrabalho de massa mediante os recursos da arte e da ciência, pois nessa sociedade o dinheiro passa a ser não só o representante material da riqueza, mas seu próprio objetivo: torna-se a fonte da "sede do enriquecimento", distinta do desejo particular de pessoas e objetos individualizados. Ou, como sustenta Shakespeare, *auri sacra fames* (depreciável sede de ouro), a qual só é possível quando a riqueza é individualizada em um objeto particular, produto de determinado desenvolvimento social e, portanto, histórico (Marx, 1980b: 156-157, v. I). O dinheiro torna-se a própria "comunidade universal", como substância universal da existência de todos, sendo que, para o indivíduo, a comunidade torna-se pura abstração, mera coisa externa e, simultaneamente, simples meio para satisfazer o indivíduo isolado.

Como toda a produção é objetivação do indivíduo, no dinheiro ocorre o esvaziamento das particularidades naturais dos indivíduos, de seus desejos e prazeres, porque o dinheiro é a equiparação do heterogêneo, como magnificamente o caracteriza Shakespeare. A *indiferença entre os sujeitos* é a condição da troca (Marx, 1985b: 80, t. I, v. I).

No valor de troca, as objetivações do indivíduo só se expressam em uma relação social que é, ao mesmo tempo, *externa* ao indivíduo e dele independente, ainda que nele se apóie (Marx, 1980b: 161, v. I). Essa relação social apresenta-se como a globalidade do próprio movimento social, tornando o indivíduo subordinado à sociedade: "os indivíduos estão subordinados à produção social que pesa sobre eles como uma fatalidade, porém a produção social não está subordinada aos indivíduos e controlada por eles como patrimônio comum"[223] (Idem: 86). Ora, o que move as relações sociais é *a antítese dos interesses privados, ou seja, dos interesses de classe*: cada um busca seu próprio interesse privado. Nesse contexto, o interesse geral não é mais que o interesse privado de todos, ou seja, a totalidade dos interesses privados. A idéia de que cada um, perseguindo seu próprio interesse

---

223. "Uma análise mais precisa dessas relações externas mostra a impossibilidade por parte dos indivíduos de uma classe etc., de superar em massa tais relações sem suprimi-las. Um indivíduo pode acidentalmente acabar com elas, porém isso não ocorre com a massa daqueles que são dominados por elas, já que sua mera persistência expressa a subordinação necessária dos indivíduos às suas próprias relações" (Marx, 1980b: 91, v. I).

privado, contribui para a efetivação do interesse geral, como unilateralidade dos interesses egoístas, transforma-se em dogma do liberalismo, da economia de mercado. Porém, o interesse privado já é um interesse socialmente determinado, no sentido de que só pode ser alcançado no âmbito das relações fixadas pela sociedade, dos meios e formas de realização por ela oferecidos, que ultrapassam cada indivíduo.

Assim, a autonomização do valor de troca no dinheiro e seus desdobramentos no capital fazem com que o indivíduo particular seja separado da representação do ser genérico, reificado no dinheiro e no capital dinheiro, fonte das alienações. Mas, também, o dinheiro é uma "roda motriz" para o desenvolvimento de todas as forças produtivas materiais e espirituais. O desenvolvimento das relações monetárias — e com elas o capital — tende a um desenvolvimento universal das forças produtivas humanas, e, portanto, "ao mais alto grau de desenvolvimento dos indivíduos", ainda que os realize de forma limitada. Limitada porque esse desenvolvimento efetua-se de maneira antagônica: a elaboração das forças produtivas, da riqueza universal e do saber aparecem de tal modo que o indivíduo produtor se aliena. Comporta-se frente às condições produzidas a partir dele, tomando-as não como condições de sua própria riqueza, mas da riqueza alheia e de sua própria pobreza (Marx, 1980b: 33, v. II). A elaboração plena do humano aparece como esvaziamento pleno do indivíduo; a laboriosidade universal, como a venalidade e corrupção gerais, na sociedade em que tem lugar a mercantilização universal. Tal "prostituição geral" apresenta-se como uma fase necessária ao caráter geral das disposições, capacidades, habilidades e atividades pessoais. Nela são criados os elementos materiais para o desenvolvimento de uma rica individualidade, multilateral tanto em sua produção como em seu consumo, tão logo a riqueza seja despojada de sua forma burguesa. A universalização mercantil abre campo: à emergência da livre individualidade, isto é, da universalidade do indivíduo, não apenas imaginada, mas como universalidade de suas relações reais e ideais (Idem: 33, t. II); à elaboração da atividade criadora do homem, com o desenvolvimento do pleno domínio humano sobre as forças da natureza; à livre troca entre indivíduos associados à base da apropriação e do controle comum dos meios de produção (Idem: 80 e 87).

Do ponto de vista da circulação de mercadorias e dinheiro, o trabalho aparece como o modo original de apropriação, visto só ser possível apropriar mercadorias alheias — e o trabalho alheio nelas contido — mediante alienação do próprio trabalho. A lei de apropriação baseada no trabalho próprio tem, pois, bases reais na economia mercantil simples. No universo do capital, fundado na apropriação do trabalho alheio, aquela lei torna-se o reino idealizado da igualdade, da liberdade, da reciprocidade e do primado do interesse privado, que funda o ideário liberal da sociedade burguesa e a ideologia do trabalho que lhe é característica. Esse reino imaginário funda-se na relação entre iguais e livres proprietários de mercadorias e de dinheiro, o que tem lugar na esfera da circulação. Mas ele obscurece o que sucede nos subterrâneos do processo imediato de produção, onde é possível desvelar aquele "édem dos direitos humanos inatos",[224] que tem lugar na superfície da vida social, regida pela troca de mercadorias equivalentes.

Nessa visão paradisíaca da sociedade burguesa, as relações entre os indivíduos aparecem como regidas pela *liberdade*: a apropriação das mercadorias prescinde de qualquer violência, uma vez que os indivíduos se reconhecerem como livres proprietários, os quais, mediante um ato de vontade, trocam suas mercadorias, cuja expressão jurídica é o contrato. Não se vêem submetidos a qualquer coação externa, apenas movidos pelas suas diferentes necessidades e impulsos, aos quais são indiferentes os demais. Portanto, cada um aliena livremente sua propriedade.

Outro valor que preside o reino mercantil é o da igualdade. Os indivíduos que trocam são iguais nessa determinação econômica — enquanto livres proprietários —, desaparecendo as diferenças existentes entre eles. A disparidade dos valores de uso das mercadorias que são portadores, a diversi-

---

224. "A esfera da circulação ou do intercâmbio entre as mercadorias, dentro de cujos limites se movimentam a compra e venda da força de trabalho, era de fato um verdadeiro édem dos direitos naturais do homem. O que reina aqui é unicamente Liberdade, Igualdade, Propriedade e Bentham. Liberdade! Pois comprador e vendedor de uma mercadoria, por exemplo, a força de trabalho, são determinados apenas por sua livre vontade. Contratam como pessoas livres, juridicamente iguais. O contrato é o resultado final, no qual as vontades se dão uma expressão jurídica em comum. Igualdade! Pois eles se relacionam um com o outro apenas como possuidores de mercadorias e trocam equivalente por equivalente. Propriedade! Pois cada um dispõe apenas sobre o seu. Bentham! Pois cada um dos dois só cuida de si mesmo. O único poder que os junta e leva um relacionamento é o proveito próprio, a vantagem particular, os seus interesses privados. E justamente porque cada um só cuida de si e nenhum de outro, realizam todos, em decorrência de uma harmonia pré-estabelecida das coisas ou sob os auspícios de uma previdência toda esperta, tão-somente a obra de sua vantagem mútua, do bem comum, do interesse geral" (Marx, 1985b: 145, t. I, v. I).

dade das necessidades e da sua produção é o que dá margem ao intercâmbio de mercadorias. Ou, em outros termos, a desigualdade na esfera das necessidades, dos valores de uso, impulsiona o intercâmbio. É, entretanto, a igualdade na esfera do valor que torna idênticas as mercadorias e seus possuidores, como iguais possuidores de produtos de idêntico valor, porquanto equivalentes. Destarte, o conteúdo da troca é dado pelas particularidades das mercadorias trocadas, pela disparidade das necessidades específicas daqueles que a efetuam, mas esta não ameaça a igualdade formal dos indivíduos; ao contrário, *as diferenças de suas necessidades convertem-se na razão de sua igualdade social.*

As relações sociais na sociedade mercantil são, ainda, presididas pela *reciprocidade*: cada qual se serve do outro reciprocamente como meio e fim. Reconhecem um interesse comum, mas cujo móvel são *interesses particulares.* O interesse comum é, nesse sentido, a "generalidade dos interesses egoístas" (Marx, 1980b: 183, v. II).

A liberdade que se instaura a partir das relações mercantis tende a ser vista como a absolutização da evolução da individualidade de uma época, erigida como liberdade plena, como encarnação da liberdade "em geral", elidindo as limitações da sociedade que a gerou. Porém, *a livre concorrência não libera os indivíduos, mas sim o capital* (Rosdolsky, 1983: 463). Os indivíduos são submetidos às condições sociais, que adotam a forma de poderes objetivos, de coisas poderosíssimas, expressando *um desenvolvimento livre sobre uma base limitada: a base da dominação do capital.* Daí a *ilusão da liberdade,* quando pensada na sua dimensão humano-genérica: alguns indivíduos podem dela se livrar, mas não o conjunto dos indivíduos sociais sem abolir as relações sociais que conformam essa forma particular de sociabilidade.

A universalização da forma mercantil dos produtos do trabalho tem lugar à medida que atinge a própria capacidade de trabalho humana. Trata-se de uma mercadoria muito especial, que existe na corporalidade física e mental do trabalhador e que, ao ser consumida, ativada como trabalho, tem a particular função de ser fonte de valor, o que lhe atribui uma singularidade no mundo das mercadorias, remetendo, assim, o debate ao processo capitalista de trabalho, porquanto o que

> [...] caracteriza a época capitalista é que a *força de trabalho assume,* para o próprio trabalhador, *a forma de mercadoria que pertence a ele* que, por conseguinte,

seu trabalho assume a *forma de trabalho assalariado*. Por outro lado, só a partir desse instante se *universaliza a forma mercadoria dos produtos do trabalho* (Marx, 1985b: 141, nota 41, t. I, v. I).

A tensão entre *existência individual e o indivíduo como membro de uma classe, pensado como coletividade,* é fruto do decurso do desenvolvimento histórico, próprio da sociedade burguesa. É nessa sociedade, produto da divisão de trabalho desenvolvida, que passa a existir a diferença entre a vida de cada indivíduo, como particular e pessoal, e sua vida como trabalhador, subordinada a um ramo de atividade e às condições a ele inerentes. Sua personalidade passa a ser condicionada por determinadas relações de classes. Essa distinção entre indivíduo pessoal e indivíduo social, na sociedade mercantil desenvolvida, *encontra-se enraizada no próprio caráter social, assumido pelo trabalho particular do indivíduo produtor, expresso na forma mercantil.* Em outros termos, a tensão entre indivíduo pessoal e social, como membro de uma classe, *só pode* aparecer na sociedade que generaliza a forma mercadoria assumida pelos produtos do trabalho, como condição de atender às necessidades sociais, sejam estas do "estômago ou da fantasia" (Idem: 45). É possível aí aparecer porque só a mercadoria é capaz de fazer o malabarismo, antes inimaginável, de converter o trabalho pessoal do indivíduo produtor em trabalho social.

Como o já salientado, nessa sociedade, o trabalho pessoal não é diretamente social e só adquire este caráter por intermédio de uma forma social, ainda que dele distinta — a forma valor —, mediante a qual possa expressar-se enquanto trabalho social. Exclusivamente nessa sociedade, o produto da objetivação humana é, ao mesmo tempo, afirmação da particularidade do indivíduo e de sua genericidade, o que ocorre por meio do processo social, que foge ao controle dos indivíduos isolados, autonomizando-se frente aos mesmos. É essa condição histórica — condensada na mercadoria como célula básica da sociedade —, produto da ação histórica dos indivíduos, que permite tornar distintas sua vida pessoal e social.

A divisão entre *indivíduo pessoal e indivíduo de classe,* a contingência das condições de vida para o indivíduo, *aparecem apenas com a emergência da classe, que é ela mesma produto da burguesia.* Esta contingência é apenas engendrada e desenvolvida pela concorrência e pela luta dos indivíduos entre si. Assim, na imaginação, os indivíduos parecem ser mais livres sob a dominação da burguesia do que antes, porque suas condições de vida parecem acidentais; mas na realidade não são livres, pois estão submetidos ao poder das coisas [...] Para os proletários, ao contrário, a condição de sua existência, o trabalho, e com ela todas as condições de existência que governam a sociedade moderna tornaram-se algo acidental, que eles não controlam e sobre o qual nenhuma organização social pode dar-lhes o controle. A contradição entre [...] a *personalidade de cada proletário isolado e as condições de vida a ele imposta, o trabalho, torna-se evidente para ele mesmo, pois ele é* sacrificado desde a juventude e porque, no interior de sua própria classe, não tem chance de alcançar as condições que o coloquem na outra classe (Marx e Engels, 1977: 119-121).

O que está em jogo nessa distinção entre vida pessoal e vida social, amalgamadas na existência do mesmo indivíduo, é a *alienação do trabalho*. Alienação enraizada no desenvolvimento da divisão do trabalho, que determina relações distintas entre os indivíduos no que se refere a matérias, instrumentos e produtos do trabalho. A divisão social do trabalho gera formas históricas de repartição do trabalho e de seus produtos. Ou seja, *a distribuição desigual da propriedade*, isto é, da livre disposição sobre o trabalho de outrem. Implica a *contradição entre o interesse do indivíduo e da família* e o interesse *coletivo de todos os indivíduos* que se relacionam mutuamente. Como o já explicitado, esse interesse coletivo existe como *dependência recíproca* dos indivíduos entre os quais é partilhado o trabalho. Entretanto, nessa rede de relações, os indivíduos buscam apenas o interesse privado, particular, fazendo com que o interesse geral se afirme como estranho aos indivíduos, deles independente, como ilusório interesse geral.

Esses conflitos de interesses de classes são enfrentados *na prática cotidiana*, por meio da qual enfrentam a alienação, elucidada na citação a seguir:

À medida que a burguesia se desenvolve, desenvolve-se no seu interior um proletariado moderno: desenvolve-se uma *luta* entre a classe operária e a classe burguesa, luta que, *antes de ser sentida por ambos os lados, percebida, avaliada, compreendida, confessada e proclamada abertamente, manifesta-se previamente apenas por conflitos parciais e momentâneos, por episódios subversivos.* Por outro lado, se todos os membros da burguesia moderna têm o mesmo interesse, enquanto formam uma classe frente a outra classe, eles têm interesses opostos, antagônicos, quando defrontam-se entre si [...] As condições econômicas, inicialmente, transformaram a massa do país em trabalhadores. *A situação do capital cria, para essa massa, uma situação comum, de interesses comuns. Essa massa, pois, é já frente ao capital uma classe, mas não o é para si mesma. Na luta [...]* essa massa se reúne, se *constitui numa classe para si mesma.* Os interesses que defende *se tornam* interesses de classe. Mas *a luta entre classes é uma luta política* (Marx, 1982: 117-119, grifos nossos).

As tensas relações entre indivíduo concreto e individualidade social explicitam-se na trama da constituição da qualidade específica do nexo social considerado como um produto histórico. Portanto, tratar o indivíduo social na sociedade capitalista implica analisá-lo na totalidade das relações e condições sociais em que são esculturados os indivíduos concretos, condensando em si um modo histórico de expressão da sua generecidade e particularidade. Afirmam-se como sujeitos na luta social, na qual se expressa a sua rebeldia à alienação do trabalho, na busca de resgate de sua própria humanidade, como patrimônio comum de cada um e de todos. A clarificação dessa questão, dentro dos limites de propósitos da presente análise, supõe considerar o processo de trabalho e sua vivência por parte dos sujeitos que o realizam tanto em suas implicações econômicas quanto político-culturais.

1.2.2. Processo capitalista de trabalho e indivíduo social

O foco deste segmento é a análise do processo capitalista de produção, com destaque para o próprio trabalho em seu processo de realização. A preocupação incide sobre a atividade social dos indivíduos produtores e sua vivência da alienação do trabalho, como castigo e rebeldia. Objetivamos, pois, apreender o processo de produção capitalista de mercadorias como movimento que se realiza sob o comando do capital, congregando e reproduzindo forças produtivas, relações sociais de produção e concepções espirituais de mundo.[225] Movimento esse que abrange as esferas da produção e da distribuição de produtos, a criação de valores e mais-valia e sua realização no mercado.

---

225. Em 1982, já trabalhei teoricamente esta idéia (Iamamoto e Carvalho, 1982: 29-70).

Na sociedade do capital, a forma mercantil torna-se a forma necessária e geral dos produtos do trabalho, das condições de trabalho e dos meios de vida. Espraia-se no conjunto da vida social, atingindo a força de trabalho do trabalhador "livre", tornando o trabalho assalariado. Este, entretanto, só é criado em sua plenitude, quando a ação do capital alcança também a propriedade da terra, expressa através da renda fundiária capitalista, ou seja, quando a terra, enquanto natureza, deixa de ser fonte direta de subsistência, arrancando os "filhos da terra do seio que os criou", para torná-se fonte mediada de subsistência, completamente dependente das relações sociais. A propriedade capitalista da terra transforma a agricultura, possibilitando a difusão do trabalho assalariado e a aplicação dos resultados acumulados pela ciência no desenvolvimento das forças produtivas (Marx, 1980b: 217, v. I).[226]

Assim como a mercadoria é unidade imediata de valor de uso e valor, o processo de produção capitalista de mercadorias é *unidade imediata de processo de trabalho e de criação de valor e de mais-valia*. É esta unidade porque é *criação de trabalho concreto* por parte dos indivíduos produtores, na sua qualidade específica requerida pela particularidade do processo produtivo de determinados produtos. E, de outro ângulo, esse *mesmo trabalho*, pensado em sua quantidade, é *criação de trabalho humano social médio* — independentemente de suas especificações qualitativas. Esse trabalho abstrato é fonte de valor e de mais-valia contidos nas mercadorias, produto do capital, tornando o processo produtivo uma unidade de processo de trabalho e de valorização. Em síntese: *"o processo imediato de produção é, aqui, indissoluvelmente ligado ao processo de trabalho e ao processo de valorização, assim como o*

---

226. A idéia completa é a seguinte: "Vale dizer que o trabalho assalariado não é criado em sua plenitude senão pela ação do capital sobre a propriedade da terra. Este, como diz Steuart, *clears* a terra de suas bocas supérfluas, arranca os filhos da terra do seio que os criou. Transforma deste modo a própria agricultura, que, com sua natureza, apresenta-se como fonte direta de subsistência, em fonte mediada de subsistência, totalmente dependente das relações sociais. Por isso, só então é possível a aplicação da ciência e se desenvolvem plenamente as forças produtivas. Não há dúvida, pois, que o *trabalho assalariado em sua forma clássica*, — como aquele que impregna a sociedade em toda a sua plenitude e se converte na base da mesma em lugar da terra —, *não é criado senão pela propriedade da terra, isto é, pela propriedade da terra enquanto valor criado pelo capital*. Daí que a propriedade da terra nos torna a levar ao trabalho assalariado. Trata-se, de um ponto de vista, simplesmente *da transferência do trabalho assalariado das cidades para o campo, ou seja, do trabalho assalariado estendido à superfície inteira da sociedade*" (Marx, 1980b: 218, t. I).

produto é unidade imediata de valor de uso e de valor de troca, isto é, mercadoria" (Idem: 113).

Salientar esta dupla determinação do processo capitalista de trabalho é fundamental. É preciso dar conta das especificidades concretas da produção, enquanto processo técnico-material, pois envolve um tipo de trabalho concreto, determinados meios de produção, matérias-primas e auxiliares, conforme o resultado pretendido. Mas é preciso também dar conta da forma social do processo de trabalho, isto é, das relações sociais através das quais se realiza aquele trabalho concreto, pois, nesta sociedade, o objetivo não é apenas produzir produtos ou serviços que satisfaçam necessidades sociais. O objetivo é também a produção da riqueza e a reprodução ampliada do capital inicialmente investido. No desvendamento dessas relações sociais está a chave para decifrar o processo de criação de produtos e de valor.

Freqüentemente pesquisadores que se autoproclamam críticos tendem a pensar o processo de produção exclusivamente como processo de trabalho criador de *produtos* — estes reduzidos a *coisas materiais* —, abstraindo as qualidades especificamente sociais desse mesmo processo como processo de valorização: criador de valor e de mais-valia. Muitas vezes não atribuem visibilidade às específicas relações sociais por meio das quais se realiza a produção, nem às concepções de mundo que as informam, ambas também *reproduzidas* como *resultados* do processo de produção, juntamente com os produtos materiais,[227] como é destacado a seguir.

O ponto de partida do processo imediato de produção é o capital na forma dinheiro, de grandeza definida, empregado tendo em vista o seu crescimento, o que, para o capitalista como *persona* do capital, aparece como intenção ou finalidade do uso de algo que lhe pertence. Assim, o fim e resultado do processo de produção são a conservação do valor inicialmente adiantado e a produção de um valor excedente, mediante apropriação de trabalho não pago: a produção da mais-valia. Por meio do processo imediato de produção uma *grandeza dada* de dinheiro deve transformar-se em uma *grandeza variável* e, para tanto, o valor empregado como capital deve

---

227. A análise do processo de trabalho e de valorização, constante no manuscrito Capítulo VI, Inédito, de *O Capital*, é exemplar na direção supra-aventada, ocupando um lugar privilegiado na construção da lógica de exposição deste texto (Marx, 1971).

assumir a forma de mercadoria. Deve ser trocado no mercado não por quaisquer mercadorias, mas por aquelas portadoras de valores de uso determinados, necessários à sua operação no processo de trabalho: *objeto e meios de trabalho*, condições objetivas da produção que se pretenda efetuar. Mas não só: deve ser trocado, ainda, pela *capacidade viva de trabalho*, com uma especificidade determinada, correspondente ao particular valor de uso dos meios de produzir, que possibilite transformá-los no produto almejado. Isto é, uma capacidade de trabalho dotada de habilidades requeridas à transformação dos meios e objetos de trabalho no produto pretendido. Como produtor de valores de uso, o processo de produção, considerado no seu substrato material, é *processo real de trabalho* (Marx, 1971: 9). Mas, visto unilateralmente sob o ângulo da forma útil assumida pelos meios de produção, o processo de produção capitalista adquire um caráter trans-histórico e, portanto, natural. Eliminam-se as diferenças que o caracterizam como *processo de produção do capital*. Ao ser apreendido exclusivamente na forma material e útil requerida pelo processo de trabalho, são desconsideradas as relações sociais historicamente particulares, expressas nos componentes objetivos e subjetivos do processo real de trabalho. Passa-se a considerar o capital como um conjunto de coisas que ingressam na produção, o que está na raiz do fenômeno da *mistificação do capital: identificar, como coisa, uma relação social de produção*. Essa mistificação tem um *fundamento real* para o seu surgimento. Para produzir, o capital tem que assumir a forma de objetos úteis necessários à transformação das matérias-primas e auxiliares em produtos, acionados pelo trabalho humano vivo. Entretanto, essas coisas não são em si e por si capital, independentemente das relações sociais que lhes dão vida.

O pressuposto da existência do capital é o *trabalhador livre*: "o capital tem origem nas condições do trabalhador livre. A separação do *indivíduo* com relação às condições de seu trabalho: o agrupamento de muitos em torno de um capital" (Marx, 1980b: 91, v. II).

O processo capitalista de produção supõe a existência do trabalhador inteiramente despossuído dos meios de vida necessários à sua reprodução e de sua família, liberto, ainda, de outros laços de dependência pessoal, que não a mera dependência econômica. O trabalhador, livre proprietário de si mesmo e, portanto, de sua força de trabalho, vê-se constrangido, para sobreviver, a vender por um determinado período de tempo, aos proprietários dos meios e condições de trabalho, *a sua própria energia vital*, sua capacidade de trabalho inscrita em sua corporalidade física e mental. A venda dessa mercadoria é a contrapartida necessária para a obtenção do equivalente em dinheiro à sua subsistência e educação, além da reprodução da família, fonte de oferta permanente de força de trabalho necessária à continuidade do movimento de reprodução capitalista.

Essa condição histórica torna o indivíduo que trabalha condenado, pela divisão social do trabalho, à pobreza virtual, porque destituído de qualquer propriedade que não sua força de trabalho, que em si é mera potência ou capacidade e só pode realizar-se ao encontrar lugar no mercado de trabalho, quando demandado pelos proprietários de capital. *Assim, a obtenção dos meios de vida depende de um conjunto de mediações que são sociais, passando pelo intercâmbio de mercadorias, cujo controle é inteiramente alheio aos indivíduos produtores.* Essa condição de pobre tende a se ampliar para parcelas cada vez maiores da população, dada a tendência do capital de reduzir o trabalho necessário como condição de ampliar o trabalho excedente, fazendo crescer conseqüentemente a população sobrante para as necessidades médias da produção capitalista.

O desencadeamento do processo imediato de produção ocorre na *esfera da circulação*,[228] no mercado de mercadorias e de trabalho, onde se efetua a metamorfose do valor capital na forma dinheiro para a forma mercadoria requerida pelo movimento da produção. Depende, ainda, da esfera da circulação para a realização dos valores contidos nos produtos criados no processo de produção, como etapas necessárias para o seu ingresso no âmbito do consumo propriamente dito. No processo de produção, considerado em sua globalidade — como unidade de produção, distribuição, troca e consumo[229] —, interessa, entretanto, focar o elemento *subjetivo*: o *significado da*

---

228. "A transformação do dinheiro em capital tem que ser desenvolvida com base nas leis imanentes ao intercâmbio de mercadorias, de modo que a troca de equivalentes sirva de ponto de partida. Nosso possuidor de dinheiro, por enquanto ainda presente apenas como capitalista larvar, tem que comprar as mercadorias por seu valor, vendê-las por seu valor e, mesmo assim, extrair no final do processo mais valor do que lançou nele. Sua metamorfose em borboleta tem que ocorrer no processo de circulação e não tem que ocorrer no processo de circulação. São essas as condições do problema. *Hic Rhodus, hic salta!*" (Marx, 1985b: 138, t. I, v. I).

229. Para a análise do processo de produção na sua globalidade, conferir a Introdução à Crítica da Economia Política (Marx, 1974a). Nos *Grundrisse*, Marx afirma: "O processo total de produção do capital inclui, tanto o processo de circulação propriamente dito, como o processo de produ-

compra e venda da força de trabalho, sua particularidade no mundo das mercadorias e o seu uso no processo produtivo. Ou seja, trazer para a cena da análise o *sujeito que trabalha: o significado, para o indivíduo produtor, do trabalho e a vivência das relações sociais, através das quais o trabalho se realiza.*

A compra e a venda da força de trabalho não fogem às características da troca de mercadorias: uma relação entre *livres* e *iguais* proprietários de mercadorias equivalentes, *reciprocamente necessários,* movidos por seus *interesses privados.* Essa aparência formal apresenta-se como *relação jurídico-contratual.* Mas o que necessita ser desvendado é o *conteúdo* dessa troca e o seu *significado para os sujeitos que dela participam.*

O que o trabalhador vende é sempre "[...] uma medida determinada e particular da manifestação de sua própria energia a um capitalista particular, ao qual o trabalhador se contrapõe independentemente como indivíduo" (Marx, 1980b: 425, v. I). Como esta mercadoria não existe fora de seu proprietário, mas em sua corporalidade viva, ele cede a sua disposição de trabalho por um tempo determinado. Caso contrário, venderia a si próprio, a sua pessoa, perdendo o seu estatuto de proprietário, como ocorria com o escravo. Vende, pois, um determinado tempo de vida, visto que o valor de uso que oferece no mercado existe unicamente como capacidade de sua constituição corporal. Sendo a força criadora de trabalho "condição vital do trabalhador", alienada como meio de assegurar sua própria vida, não existe como coisa objetiva, mas como subjetividade, como capacidade de um ser vivo, cuja manifestação não se faz real até que o capital a solicite, porque a atividade sem objeto não é nada. Tão logo a força de trabalho é colocada em movimento pelo capital converte-se em atividade produtiva — o trabalho —, manifestação de existência vital do trabalhador, orientada para um determinado fim, o que só ocorre no processo produtivo. Essa é uma das características distintivas da mercadoria força de trabalho do ponto

---

ção propriamente dito. Constituem os dois grandes capítulos do seu movimento, que se apresenta como totalidade desses dois processos. Por um lado, está o tempo de trabalho e por outro o tempo de circulação. E o conjunto do movimento aparece como unidade do tempo de trabalho e do tempo de circulação, como unidade de produção e de circulação. Essa unidade mesma é movimento, é processo. O capital se apresenta como essa unidade, em processo, de produção e circulação, uma unidade que se pode considerar o conjunto do processo de produção do capital e, também, como processo determinado ou uma rotação daquele, como um movimento que retorna a si mesmo" (Marx, 1980b: 130, t. II).

SERVIÇO SOCIAL EM TEMPO DE CAPITAL FETICHE

de vista de seu valor de uso (Idem: 207 e 264). No que diz respeito à pessoa individual do trabalhador, essa venda permite-lhe um amplo campo para suas escolhas, preservando a sua liberdade formal.

O que move a venda da força de trabalho é que ela só tem valor de uso para o seu possuidor quando é valor de troca, quando é passível de ser trocada por dinheiro para a satisfação de suas necessidades. Assim, para o trabalhador, a venda de sua força de trabalho é um ato de circulação mercantil simples: vender para comprar, o que impregna sua visão do trabalho e a sua subjetividade. Ele busca, por meio desta venda, o valor de troca como simples meio de transformá-lo em mercadorias para as suas necessidades — e não o valor de troca como tal. O que produz para si é o salário: o tempo de trabalho socialmente necessário à sua sobrevivência e reprodução. Logo, o objeto de sua troca é objeto direto de suas necessidades (Idem: 225). Essa determinação histórica da constituição do indivíduo que trabalha expressa-se para o sujeito como motivação para a venda de sua força de trabalho. Faz com que seja indiferente o que qualitativamente produz, porque simples meio para a obtenção do salário.

"Como o trabalhador troca o seu valor de uso pela forma universal da riqueza, converte-se em co-partícipe da riqueza universal até o limite de seu equivalente" (Idem: 255), qual seja, o preço de sua força de trabalho. Para o trabalhador, o dinheiro tem a função de meio de troca, "mediação evanescente" para a obtenção de meios de subsistência necessários à manutenção de sua condição vital. A mediação do dinheiro faz com que a esfera dos seus desfrutes não seja limitada qualitativamente, porque sujeita ao livre-arbítrio do indivíduo na esfera do consumo, permitindo-lhe a participação em fruições superiores, como a ciência, a arte, a criação cultural até o seu limite quantitativo de seu valor de troca. A limitação de seus desfrutes não está dada qualitativamente, mas sim quantitativamente. O trabalhador livre não está ligado a objetos particulares, nem a um modo particular de satisfação de suas necessidades. Daí o caráter progressista do trabalho assalariado frente a formas anteriores de trabalho forjadas por elos de dependência pessoal que restringiam a liberdade individual, imprimindo um limite qualitativo à satisfação das necessidades do indivíduo.

Para o capitalista, possuidor do capital-dinheiro, o objetivo é distinto ao ingressar na relação com força de trabalho. Seu interesse prioritário é o *peculiar valor de uso da mercadoria almejada: o de "ser fonte de valor, de mais valor do que ela própria tem"* (Marx, 1985b: 160, t. I, v. I), *isto é, ser fonte de produção de mais-valia. Busca uma mercadoria especial que, ao ser colocada em ação aliada aos meios de produzir, tem a peculiaridade de criar, além do tempo de trabalho socialmente necessário para a reprodução do trabalhador — equivalente ao valor de troca pago pela força de trabalho —, um tempo de trabalho excedente apropriado gratuitamente pelo capitalista, que se traduz em um incremento de todo o seu capital.* É esse *serviço específico* que o capitalista espera da força de trabalho ao adquiri-la, consoante as leis do intercâmbio mercantil. Encontrar uma mercadoria com essa *qualidade específica* é uma sorte para o comprador, porém não é uma injustiça ou um prejuízo para seu vendedor, visto que as leis de troca de mercadorias não são infringidas.

A força de trabalho é uma mercadoria que, ao ser colocada em atividade, aliada aos meios e instrumentos de produção, transforma-se em trabalho. Logo, ao ser consumida, sob o controle do capitalista, como parte de suas mercadorias adquiridas no mercado, exerce o específico papel de *repor e fazer crescer o capital adiantado. Atualiza* o valor dos elementos materiais empregados no processo de produção — também de propriedade do capitalista empreendedor —, transferindo-o para as mercadorias produzidas e, assim, conservando-o. Todavia, essas mercadorias não contêm apenas a reposição do capital adiantado, pois, se assim ocorresse, não teria sentido o investimento do capital efetuado, cujo objetivo é *produzir mais capital.* As mercadorias produtos do capital contêm também tempo de trabalho não pago que se expressa no acréscimo do capital investido como lucro. Conseqüentemente, a *ótica do capitalista perante a relação de troca é o inverso/reverso do trabalhador:* não a satisfação de necessidades, mas o dinheiro acrescido, o que faz com que a forma material dos elementos constitutivos do processo de produção e das mercadorias produzidas sejam *simples meios para seus fins de acumulação.* "Produz-se aqui valores de uso porque e na medida em que sejam substrato material, portadores de valores de troca" (Idem: 155).

Essa *tensão* entre *motivações sociais* que impulsionam a relação de troca expressa interesses de classes distintos, que se corporificam nas ações dos indivíduos no âmbito da esfera produtiva e afetam suas subjetividades. Cria visões sociais de mundo, específicas concepções espirituais através das quais representam os significados distintos que atribuem à sua participação na mesma relação social. Mobiliza sentimentos também distintos, que impregnam a vivência de suas ações no interior do processo de produção e fora dele.

Interessa acentuar o *papel exercido pelo trabalho no processo imediato de produção e o significado do trabalho para o trabalhador*, a partir de sua vivência no processo capitalista de produção. A força de trabalho em ação é *trabalho vivo* "Enquanto deve existir como *algo temporal*, como algo vivo, *só pode existir no sujeito vivo*, no qual existe como faculdade, como possibilidade e, por fim, como trabalhador" (Marx, 1980b: 213, v. I). O trabalho vivo existe como processo de realização de capacidades, faculdades e possibilidades do indivíduo trabalhador. Como força de trabalho em ação, existe em fluxo, como *movimento do sujeito*, que impregna e mobiliza todas as suas funções vitais, a totalidade do indivíduo: suas capacidades, emoções, ritmos do corpo, faculdades da mente, sua atenção, sua personalidade, seus sentimentos. Como o já referido, a força de trabalho transformada em mercadoria não tem existência independente da pessoa do trabalhador, não se autonomizando do indivíduo que a vende. Realizar trabalho é consumir produtivamente a força de trabalho, operando um desgaste das atividades vitais do indivíduo durante um determinado tempo, no qual está implicada a totalidade da pessoa individual. *O trabalho em fluxo é um componente subjetivo do processo de produção, porquanto componente da humanidade do indivíduo em processo de realização.* As condições sociais do trabalho são também condições de exteriorização do indivíduo que trabalha e através dela também se modifica, cria-se e recria. O trabalho, como *atividade* do sujeito que age, é objetivação de capacidades do sujeito e subjetivação por ele da realidade sócio-histórica: sua apropriação, através do que se constitui como indivíduo social. Em síntese, tem-se a objetivação do sujeito e a subjetivação da realidade pelo sujeito.

O *trabalho como subjetividade* é diferente do *trabalho passado*, objetivado em produtos, trabalho em repouso, já autonomizado do indivíduo. Ao trabalho passado, *existente no espaço* contrapõe-se o *trabalho existente no tempo*.

A substância comum a todas as mercadorias é o fato de serem trabalho objetivado, mais além de sua qualidades físicas e/ou materiais. O único diferente do trabalho objetivado é o não objetivado, *que ainda está se realizando, o trabalho como subjetividade. O trabalho* como *algo temporal, com algo vivo, só* pode existir no *sujeito vivo* como faculdade, possibilidade. *O único valor de uso que pode constituir um termo oposto ao capital é o trabalho* (e precisamente o trabalho que cria valor, o trabalho produtivo (Marx, 1980b: 183, v. I).

Portanto, *o trabalho vivo é não-capital*, uma vez que este *é tempo de trabalho objetivado* em mercadorias constantes do processo produtivo. Contrapõe-se ao capital porque não é matéria-prima, não é instrumento de trabalho, não é produto do trabalho. É dissociado de todos os meios e objetos de trabalho (Marx, 1980b), como *tempo de trabalho vivo*, a existência *puramente subjetiva do trabalho*. Nesse sentido é fonte de produção de valor, de dispêndio de tempo de trabalho abstrato coagulado nas mercadorias, visto que *"como cristalizações dessa substância comum a todas elas, são valores — valores mercantis"* (Marx, 1985b: 47, t. I, v. I).[230]

Mediante a troca com o operário, o capitalista apropria-se do próprio *trabalho*, que se converte em um de *seus* elementos e opera agora "como *vitalidade frutífera* sobre a objetividade do capital existente" (Marx, 1980b: 237, t. II). Mas o tempo de trabalho vivo é *simples recurso para valorizar o trabalho já objetivado, passado, materializado nos elementos objetivos do processo de produção, os meios e instrumentos de trabalho*. Simples recurso "para impregná-lo de um sopro vivificante e nele perder sua alma" (Idem: 442, t. II). Ao incorporar a força de trabalho viva à objetividade morta dos fatores do processo de trabalho, o capital "transforma valor trabalho passado, morto, em capital, em valor que se valoriza a si mesmo, em um monstro animado que começa a 'trabalhar', como se tivesse dentro do seu corpo o amor" (Marx, 1985b: 161, t. I, v. I). Durante o processo de trabalho, o trabalho se

---

230. *"Um valor de uso ou bem possui valor, apenas porque nele está objetivado ou materializado trabalho humano abstrato. Como medir então a grandeza do valor? Por meio do* quantum *nele contido dessa substância constituinte do valor, o trabalho. A própria quantidade de trabalho é medida pelo seu tempo de duração, e o tempo de trabalho possui, por sua vez, sua unidade de medida nas determinadas frações do tempo, como dia hora etc. [...] A força conjunta de trabalho da sociedade, que se apresenta nos valores no mundo das mercadorias, vale aqui como uma única e mesma força de trabalho do homem, não obstante ela ser composta de forças de trabalho individuais. Cada uma dessas forças de trabalho individuais é a mesma força de trabalho do homem como a outra, à medida que possui o caráter de uma força média de trabalho social e opera como força de trabalho social média, contando que, na produção de uma mercadoria, não se consuma mais que o tempo de trabalho socialmente necessário. Tempo de trabalho socialmente necessário é aquele requerido para produzir um valor de uso qualquer, nas condições dadas de produção socialmente normais, e com grau médio de habilidade e intensidade do trabalho"* (Marx, 1985v: 47-48, t. I, v. I).

transpõe de movimento para objetividade. "O que *do lado do trabalhador* aparecia na *forma de mobilidade*, aparece agora como *propriedade imóvel na forma do ser, do lado do produto*" (Idem: 151).

Se o trabalho para os capitalistas é fonte de valor, ele é também a *possibilidade universal da riqueza como atividade*, capturada pelo capital para seus próprios fins.

Em síntese, o trabalho, ao realizar-se, é uma atividade do trabalhador como gasto de força vital, mas como criador de valor, é um modo de existência do valor do capital, a este incorporado (Marx, 1971: 17). Essa tensão interna presente no processo produtivo é inseparável das relações sociais através das quais se realiza.

> O que do ponto de vista do capital se apresenta como mais-valia, do ponto de vista do trabalhador se apresenta exatamente como mais-trabalho para além das necessidades do trabalhador, ou seja, além da necessidade imediata para a manutenção de sua condição vital. *O grande sentido histórico do capital é o de criar este tempo de trabalho excedente, trabalho supérfluo do ponto de vista do valor de uso, da mera subsistência* (Marx, 1980b: 266, v. I).

A contrapartida é o permanente revolucionamento das forças produtivas, que provoca o impulso ao desenvolvimento da ciência e da tecnologia incorporada ao processo produtivo no afã de criar mais trabalho. Todo o desenvolvimento da riqueza funda-se em tempo disponível (Idem: 349), modificando-se com o desenvolvimento das forças produtivas a proporção entre tempo de trabalho necessário e tempo a ele supérfluo. Nos estágios primitivos do intercâmbio os homens só trocam o tempo de trabalho supérfluo, que é a medida de sua troca, presente nos produtos supérfluos do ponto de vista da mera subsistência. Na produção fundada sobre o capital esse processo se inverte. Nela, o trabalho necessário à subsistência do trabalhador tem sua produção condicionada à criação do tempo de trabalho supérfluo. É lei do capital criar tempo disponível ou mais-trabalho, e só pode fazê-lo ao colocar em movimento trabalho necessário ao entrar em relação com o trabalhador. Assim, o capital tem, contraditoriamente, a tendência de criar a maior quantidade possível de trabalho, bem como de reduzir o trabalho necessário a um mínimo. Isso se traduz na tendência de aumentar a população trabalhadora e colocar uma parte da mesma como superpopulação: população que é inútil no momento, até que o capital possa valorizá-la (Idem: 349-350).

É característica essencial desse modo de produzir *a constante transformação das condições sociais e técnicas do processo de trabalho*, desprendendo-o cada vez mais dos limites naturais originários do tempo de trabalho necessário, estendendo ampliadamente os domínios do tempo de trabalho excedente (Rosdolsky, 1983: 262). Assim, o trabalhador assalariado, ao ser incorporado no processo produtivo, vê-se constrangido a trabalhar além do tempo de trabalho socialmente necessário para produzir o seu sustento. Na realidade "[...] *só pode viver se, ao mesmo tempo, sacrifica uma parte de seu tempo de vida ao capital. Só desta maneira pode-se valorizar o capital, criar valor*" (Idem: 456). Em outros termos, o trabalhador só pode criar tempo de trabalho necessário à sua subsistência à medida que produz tempo de trabalho excedente para o capital. Encontra-se aí o segredo da produção de excedentes, uma vez que o tempo de trabalho (ou a quantidade de trabalho medida pelo tempo) objetivado no produto é maior que o existente nos componentes originais do capital: matérias-primas, instrumentos de trabalho e no preço do trabalho. O trabalho vivo, devido a sua qualidade de trabalho social — pensado na sua quantidade, medida pelo tempo de trabalho —, não só *reproduz* o tempo de trabalho objetivado nas matérias-primas e instrumentos de trabalho (capital constante), mas *produz nova criação de valores*: o valor equivalente ao custo da força de trabalho (capital variável) e o valor excedente ou mais-valia.

Esse incessante crescimento da riqueza dá-se via ampliação da jornada coletiva de trabalho (mais-valia absoluta) e/ou via elevação da produtividade do trabalho social, reduzindo o tempo de trabalho necessário e ampliando o tempo de trabalho excedente (mais-valia relativa). Requer, por sua vez, uma expansão quantitativa do consumo existente, a produção e difusão de novas necessidades em um círculo mais amplo do mercado e a descoberta de novos valores de uso, concomitantemente à ampliação do circuito produtivo. O desenvolvimento do capital é acompanhado da expansão e conquista de novos mercados, onde se dá a *circulação espacial* das mercadorias. Se o tempo de trabalho é tempo em que se cria valor, o *tempo de circulação é tempo de desvalorização* (Marx, 1980b), uma barreira à valorização, a qual depende da velocidade em que se opera a circulação, onde se opera a realização dos valores criados. É na circulação que se verifica a metamorfose do valor capital, da forma mercadoria — expressa nos produtos resultantes da produção — para a forma de dinheiro, necessária ao reinício do ciclo produtivo.

Assim, a tendência é acelerar ao máximo possível o tempo de circulação, uma *anulação do espaço através do tempo*. Ou seja, "quanto mais desenvolvido o capital, quanto mais extenso é o mercado em que circula — mercado que constitui a trajetória espacial de sua circulação —, tanto mais tende a estender o mercado e a uma maior anulação do espaço através do tempo" (Idem: 31, t. II). A mundialização da produção e dos mercados é a expressão desse processo na sua maturidade. Entretanto, todos os avanços da civilização, o aumento das forças produtivas sociais — "forças produtivas do trabalho social — derivadas da ciência, dos inventos, da combinação do trabalho, dos meios de comunicação aperfeiçoados, da criação do mercado mundial, da maquinaria etc. — *não enriquece o trabalhador, mas o capital, uma vez que só acrescenta o poder que domina o trabalho; aumenta só a força produtiva do capital. Como o capital é a antítese do operário, aumenta unicamente o poder objetivo sobre o trabalhador*" (Idem: 248, grifos nossos).[231]

O desenvolvimento das forças produtivas sociais do trabalho realiza-se *contraditoriamente*: por um lado, o capital tende a criar a maior quantidade possível de trabalho excedente, mas só pode fazê-lo colocando em movimento o tempo de trabalho necessário; por outro lado, tende a reduzir a um mínimo este tempo, para criar sobretrabalho, tornando relativamente supérfluo o trabalho humano, sem o qual não é possível reproduzir e valo-

---

231. Em um outro momento dos *Grundrisse*, o autor retoma a mesma idéia, carregada de atualidade, explicitando-a de forma lapidar: "Assim como a produção fundada sobre o capital cria por um lado a *indústria universal* — isto é, mais-trabalho, trabalho criador de valor — por outro cria um *sistema de exploração geral das propriedades naturais e humanas*, um sistema de utilidade geral; como suporte desse sistema encontra-se a ciência com todas as propriedades físicas e espirituais, enquanto que fora dessa esfera da produção e da troca sociais nada se apresenta como superior em-si como justificada para-si mesmo. O capital cria assim *a sociedade burguesa e a apropriação universal tanto da natureza como da relação social mesma dos membros da sociedade. Hence the great civilising influence of capital.* [Daí a grande influência civilizadora do capital]; sua produção de um nível de sociedade, frente ao qual todas as anteriores aparecem como desenvolvimento puramente locais da humanidade e como idolatria da natureza. [...] *Opera destrutivamente contra tudo isto, é permanentemente revolucionário, derruba todas as barreiras que obstaculizam o desenvolvimento das forças produtivas, a ampliação das necessidades, a diversidade da produção e da exploração e intercâmbio das forças naturais e espirituais*" (Marx, 1980b: 361-362, v. I; grifos nossos).

rizar o capital. *A ampliação da produtividade do trabalho não libera o trabalhador do trabalho, mas amplia o trabalho excedente para o capital, mantendo o trabalho sob o seu domínio. O desenvolvimento das forças produtivas enriquece o capital e não os indivíduos que trabalham, ampliando, assim, o poder do capital sobre o trabalho.*

A citação que se segue, ainda que longa, sintetiza, de maneira lapidar, o processo contraditório do desenvolvimento do capital, o que a justifica:

> O capital mesmo é a contradição em processo [pelo fato de] que tende a reduzir a um mínimo o tempo de trabalho, enquanto, por outro lado, coloca o tempo de trabalho como única medida da riqueza. Diminui, pois, o tempo de trabalho na forma de tempo de trabalho necessário, para aumentá-lo na forma de tempo de trabalho excedente; põe, portanto, o trabalho excedente como condição — *question de vie et de mort* — do necessário. De uma parte, desperta todos os poderes da ciência e da natureza, assim como da cooperação e do intercâmbio sociais, para fazer com que a criação da riqueza seja (relativamente) independente do trabalho empregado nela. De outra parte, propõe-se a medir com o tempo de trabalho essas gigantescas forças sociais criadas dessa maneira e reduzi-las aos limites requeridos para que o valor já criado conserve-se como valor. *As forças produtivas e as relações sociais — umas e outras aspectos diversos do desenvolvimento do indivíduo social* — aparecem ao capital unicamente como meios, e não são para ele mais do que meios para produzir, fundando-se em sua mesquinha base. De fato, constituem as condições materiais para fazer explodir esta base pelos ares (Idem: 598, v. II).

A redução do trabalho relativamente necessário aparece como aumento da capacidade de trabalho relativamente supérflua, isto é, cria *uma população excedente*: excedente de capacidade de trabalho para as necessidades médias do capital.[232] Como o trabalhador só pode criar o tempo de trabalho necessário à sua reprodução quando seu sobretrabalho tem valor para o capital, o capital opera em direções contrapostas. Transforma a maior parte da população em população trabalhadora e simultaneamente cria uma parte da mesma como superpopulação. População que é inútil até que o capital

---

232. Importa salientar que, nos *Grundrisse*, as leis de população particulares do regime capitalista de produção são tratadas teoricamente em decorrência direta da mais-valia relativa. Já em *O Capital*, surgem no contexto de análise da lei geral da acumulação capitalista.

possa valorizá-la, mantida com a renda de todas as classes, "por compaixão, enquanto ser vivente". Em outras palavras, o capital tem a tendência de *criar e abolir o pauperismo*" (Idem: 117, t. II). Assim a explicação das leis que regem o aumento da população — e sua parcela excedente — referem-se às diferentes maneiras como os indivíduos se relacionam com as condições de produção ou, em relação ao indivíduo vivente, a reprodução de si mesmo e como membro da sociedade (Idem: 110-111, t. II).

Na análise do processo de produção como processo de formação do valor, importa *colocar em relevo* a específica *alienação do trabalho* que aí tem lugar[233] e como ela afeta os indivíduos que a vivenciam e contra ela se rebelam.

Como o já destacado, as condições objetivas do trabalho vivo — matérias, instrumentos e meios de subsistência — existem monopolizadas pelo capital, alheias aos trabalhadores e a eles contrapostas, autonomizadas frente à capacidade viva de trabalho. Uma vez pressuposta tal dissociação, *o processo de produção a produz de maneira nova e a reproduz em uma escala cada vez maior*.

> O que se reproduz e produz de maneira nova não é só a existência dessas condições objetivas de trabalho vivo, mas sua existência *como valores autônomos, isto é, pertencentes a um sujeito estranho e alheio, contrapostas à capacidade de trabalho*. As condições objetivas de trabalho adquirem uma existência subjetiva frente à capacidade de trabalho: *do capital nasce o capitalista* (Idem: 424, t. I; grifos nossos).

Para o trabalhador, o processo produtivo ocorre por meio de uma *relação de estranhamento*, em que *tudo lhe é alheio*: os materiais que elabora, os instrumentos com que trabalha e o próprio trabalho vivo, sua manifestação vital específica que foi cedida ao capital para seu uso durante a jornada de trabalho. O trabalhador, portanto, relaciona-se com sua atividade como algo alheio, submetido à supervisão e aos planos de outrem, mero meio de valo-

---

233. O tema da alienação do trabalho desenvolvido nos primeiros escritos econômicos de 1844, são retomados amplamente nos rascunhos de *O Capital*. Aparecem de forma privilegiada nos *Grundrisse* e *no Capítulo VI, Inédito*, em uma etapa de maturidade do desenvolvimento do pensamento de Marx, base das referências que se seguem.

rização de valores existentes materializados em condições de trabalho, que dominam o trabalho vivo. O trabalho só pertence ao indivíduo produtor como *esforço*, mas como *substância criadora de valor* é propriedade do capital (Marx, 1971: 18). Em conseqüência,

> [...] o produto apresenta-se como uma combinação de material alheio, instrumento alheio e trabalho alheio: como propriedade alheia. Finalizada a produção, a capacidade de trabalho empobreceu-se, pela força vital gasta. Porém deve recomeçar a tarefa penosa e fazê-lo como capacidade de trabalho existente de maneira puramente subjetiva, separada de suas condições de vida (Marx, 1980b: 424, v. II).

A dominação do capitalista sobre o trabalhador é, portanto, o domínio da coisa sobre o homem, do trabalho morto sobre o trabalho vivo. E o processo de produção e reprodução do capital é o processo de produção e reprodução dessa *alienação*. Esta é experimentada de *maneira diferente* pelos capitalistas e por aqueles que trabalham. Nesse processo, *o capitalista realiza seus próprios fins — a valorização do capital empregado — e nele encontra a sua satisfação, por estar a serviço das coisas que possui*. É, nesse sentido, *servo do capital, submetendo sua pessoa ao movimento de autovalorização do capital*, personificando-o. Já o trabalhador, na condição de criador e vítima desse processo, experimenta o trabalho como *castigo*, ao mesmo tempo em que tem, também nele, a fonte de sua *rebeldia* e, portanto, *das possibilidades de desalienação*.

Essa tensa dinâmica da experiência do trabalho como *castigo e rebeldia* merece destaque. A idéia do trabalho criador de valor como *sacrifício*, como *maldição*, foi posta por Adam Smith, na contraposição ao *repouso*, tido por ele como o estado adequado de liberdade e felicidade. O autor desconsiderava que o indivíduo com condições de saúde, vigor, habilidade e destreza tem necessidade da supressão do repouso e de uma porção de trabalho. O trabalho concebido meramente como sacrifício fica destituído de sua função criadora, produtiva, enquanto substância dos produtos na qualidade de valores, cuja medida é o tempo.[234] Entretanto, a concepção de Adam

---

234. "Dizer que o tempo de trabalho ou a quantidade de trabalho é a medida dos valores equivale a dizer que a medida do trabalho é a medida dos valores. Duas coisas são mensuráveis

Smith sobre o trabalho como sacrifício, *"expressa acertadamente a relação subjetiva do assalariado com sua própria atividade"* (Marx, 1980b: 122, v. II). Tanto o trabalho escravo quanto o trabalho assalariado apresentam-se como trabalho forçado, imposto do exterior, e não como "liberdade e felicidade". Mas, para que o trabalho seja *atrativo, auto-realização para o indivíduo*, não pode ser reduzido a mera diversão ou jogo, tal como concebia Fourier, visto que precisamente os trabalhos livres (por exemplo, a composição musical, a descoberta científica) exigem o mais intenso dos esforços (Idem: 122).

É essa mesma experiência objetiva e subjetiva do trabalho, tal como vivenciada pelo indivíduo que trabalha, que move sua rebeldia ao castigo do trabalho: à *fadiga*, fruto do máximo gasto de energias e ao constrangimento de ter que *dedicar a maior parte de seu tempo de vida ao trabalho para o capital*, isto é, de *"relacionar-se com a maior parte de seu tempo, como um tempo que não lhe pertence"* (Marx, 1980b). E a tendência do capital é a de unir a máxima extensão da jornada de trabalho de inúmeros trabalhadores com a redução ao mínimo de trabalho necessário através da elevação da produtividade do trabalho para ampliar a produção de tempo de trabalho excedente. Noutros termos, *articular a mais-valia absoluta à relativa* (Idem: 307-308).

O enfrentamento da alienação do trabalho pelos trabalhadores vem implicando historicamente a luta por seus interesses coletivos e por seus direitos como livres proprietários contra a dilapidação de sua força de trabalho, de sua condição vital, passando pelo reconhecimento jurídico dos direitos relativos ao trabalho por parte do Estado, através de árdua batalha por uma legislação que os proteja:

> Como "proteção" contra a serpente de martírios, os trabalhadores têm que *reunir suas cabeças e como classes conquistar uma lei estatal*, uma barreira intransponível, que os impeça de venderem a si e a sua descendência, por meio de um contrato voluntário com o capital, à noite e à escravidão. No lugar do pomposo catálogo dos "direitos inalienáveis do homem" entra a modesta Magna Carta de uma jornada de trabalho legalmente limitada que "final-

---

com a mesma medida só se são de *natureza igual*. Os produtos só podem ser medidos com a medida do trabalho — o tempo de trabalho — porque conforme a sua natureza são *trabalho objetivado"* (Marx, 1980b: 121, v. II).

mente *esclarece quando termina o tempo que o trabalhador vende e quando começa o tempo que a ele mesmo pertence"* (Marx, 1985b: 238, t. I, v. II; grifos nossos).

A *rebeldia do trabalho* manifesta-se desde conflitos parciais e momentâneos, até serem explicitamente assumidos através das *coligações dos trabalhadores*, expressas em comissões, sindicatos, movimentos sociais organizados e partidos. Reunidos como força coletiva pelo capital e divididos pela concorrência por seus interesses, *descobrem, na luta, sua situação comum. "Nesta luta — uma verdadeira guerra civil — se reúnem e se desenvolvem todos os elementos necessários a uma batalha futura. Uma vez chegado a este ponto, a associação assume um caráter político"* (Marx, 1982: 159). Criam-se elos que unificam sua força coletiva como classe, na defesa de seus interesses econômicos e políticos comuns.

À medida que cresce a força produtiva do trabalho social, cresce a riqueza que domina o trabalhador como capital e cresce sua *pobreza, indigência e sujeição subjetivas,* o que resulta na reprodução das *contradições de classes* — e dos conflitos a ela inerentes — e da *consciência alienada* que viabiliza essa reprodução.

O crescimento do capital e o aumento do proletariado são resultados contraditórios do mesmo processo (Marx, 1971: 103). Logo, a produção capitalista é reprodução ampliada de relações sociais contraditórias, através das quais se realiza. Enfim, o resultado imediato da produção social, ao se considerar a sociedade burguesa no seu conjunto, é *"a sociedade mesma, vale dizer o próprio homem em suas relações sociais"*, em seu movimento de renovação. "Como sujeitos desse processo aparecem os *indivíduos*, porém os *indivíduos em suas relações recíprocas"*, que *se produzem e reproduzem*, junto com a riqueza por eles criada (Marx, 1980b: 236-237, v. II).

A análise aqui efetuada destitui de fundamento as críticas que atribuem à perspectiva marxiana a submersão do sujeito. Essas críticas tendem a dialogar com a caricatura de Marx, como se fosse o próprio autor. A máscara vestida no personagem passa a ser com ele confundida. E o resultado é simplificar e diluir os fundamentos da teoria do valor-trabalho, reposta em suas versões vulgares como recurso para a sua desqualificação. Desqualificação esta movida não só por dificuldades de ordem teórica, mas por motivações de caráter político, enrustidas no discurso pretensamente

SERVIÇO SOCIAL EM TEMPO DE CAPITAL FETICHE

científico, tido como superior, porque aparentemente situado no limbo da ciência. A tônica predominante da avaliação sobre a teoria social de Marx, presente na academia, é o descrédito de seu potencial explicativo para compreender a sociedade de nosso tempo. Elide o rico manancial de sugestões ali contidas que necessariamente devem ser acompanhadas da pesquisa sobre os processos sociais contemporâneos, de modo a atribuir densidade histórica às complexas formas de expressão das legalidades por ela apreendidas.

Concluindo, poder-se-ia afirmar que a teoria do valor trabalho apreendida em suas dimensões histórico-ontológicas permite e impõe o reconhecimento de implicações de *ordem ética*: a defesa do trabalho, como defesa da humanidade dos indivíduos sociais, contra a sua dilapidação.

O *foco* da exposição efetuada — *a tensão presente no pensamento de* Marx *sobre o trabalhador como "objeto do capital" e como "sujeito criativo vivo"* —, presidida pela diretriz que articula estrutura e ação, sujeito e objeto, merece ser novamente considerado como *resultado da análise*, que buscou trazer o indivíduo que trabalha para o centro do cenário da exposição feita. Agora, no reencontro com o polêmico debate contemporâneo que, também, busca restaurar a centralidade do sujeito no mundo do trabalho.

1.2.3. Classe e cultura

O ponto de partida da exposição foi que a compreensão do social em Marx é presidida pela articulação entre causalidade e teleologia, entre momentos de estrutura e momentos de ação, sendo a ação dos indivíduos singulares condicionada por fatores a eles externos, ao mesmo tempo que os projetos que indivíduos sociais buscam realizar criam a vida social. Essa tensão entre *sujeito e objeto*, presente na construção teórica de Marx, não é uma criação aleatória do processo de pensar, mas a re-tradução, no campo da análise, do movimento histórico-concreto na constituição dos indivíduos sociais, ou seja, de como se conforma a sociabilidade humana na sociedade burguesa *moderna*, tal como o explicitado.

O processo de produção como reprodução ampliada de relações sociais recria, simultaneamente, a consciência como alienação e a possibilidade de rebeldia por parte daqueles que vivem do trabalho ou dele são excluídos. O seu fundamento concreto está na tensão entre o trabalhador coletivo como objeto do capital, porquanto expressão do capital variável — nesse sentido, sua propriedade —, e o trabalhador como sujeito criativo vivo e "livre", capaz de reagir ao castigo do trabalho, de lutar contra a sua alienação no processo de sua afirmação como sujeito político-coletivo. A particularidade histórica está em que o processo de criação de valor e mais-valia gera formas sociais necessárias à sua expressão que encobrem, para os sujeitos, o caráter social de seu trabalho, reedificando suas relações sob a forma do fetiche da mercadoria (e do dinheiro) ou da mistificação do capital. Todavia, o processo de criação de valor e mais-valia recria potencialmente as desigualdades sociais, fundadas na reprodução ampliada do capital e da pauperização. Conduz ao alijamento da riqueza material e espiritual parte de parcelas cada vez mais amplas dos indivíduos sociais, o que move a luta pelo resgate de sua humanidade alienada. Reproduz o conflito entre ser e consciência — entre a história e a consciência que dela têm seus participantes — não como fatalidade, mas como resultado recíproco do processo histórico no movimento do seu devir: *"[...] a consciência não só como alienação, mas como mediação crítica da história, produto e interpretação da experiência, isto é das contradições e lutas sociais"* (Martins, 1989b: 103).

A tensão referida tem sido freqüentemente lida e apreendida pela literatura contemporânea como *dualidade* ou *ambigüidade* do legado teórico-metodológico de Marx. A contradição das relações entre classes e as formas de consciência que constroem historicamente passam a ser tratadas como *unilateralidades*, ora enfatizando a estrutura, ora a ação. O raciocínio dual conduz a apreciações que reforçam o viés economista no trato das classes deduzidas mecanicamente das leis gerais do movimento do capital. O resultado é a redução do trabalhador a mero objeto do capital, a submersão do sujeito e, ainda, a impossibilidade de se contemplar os indivíduos singulares a partir dessa teoria social. Provoca também uma reação contrária, voltada ao privilégio da intencionalidade da ação dos sujeitos, solapando os determinantes histórico-sociais que conformam essas ações. Determinantes esses que se transformam, nos indivíduos, em componentes de suas motivações, traduzidos em projetos a serem realizados, os quais são deslocados do terreno histórico que os torna possíveis e viáveis. Os resultados da referida segmentação no nível da análise desbordam-se para o economi-

SERVIÇO SOCIAL EM TEMPO DE CAPITAL FETICHE

cismo, politicismo ou o culturalismo, em detrimento da totalidade concreta em sua processualidade, densa de contradições e mediações.

Nesse lastro analítico, a distinção analítica de "classe em si" e "classe para si" tende a ser tomada como uma *dupla e distinta consideração da noção de classe* e não como momentos ou *dimensões inseparáveis de sua formação histórica*. O *processo histórico de formação das classes* encontra-se presente em conhecida passagem sobre os camponeses:

> Na medida em que milhões de famílias camponesas vivem em condições econômicas que as separam umas das outras, e opõem o seu modo de vida, os seus interesses, a sua cultura aos das demais classes da sociedade, esses milhões constituem uma classe. Mas na medida em que existe entre os pequenos camponeses apenas uma ligação local e em que a similitude de seus interesses não crie entre eles comunidade, ligação nacional alguma, nem organização política, nessa exata medida não constituem uma classe. São, pois incapazes de fazer valer seu interesse de classe em seu próprio nome, quer através de um parlamento, quer através de uma convenção (Marx, 1978: 116).[235]

A expressão política das classes supõe sua existência social objetiva, isto é, *condições históricas* que tornem *possíveis interesses sociais comuns* e sua *apropriação* coletiva pelos indivíduos sociais. Interesses que ultrapassam a mera dimensão econômico-corporativa, elevando-se a uma dimensão universal. Esse *movimento* dos sujeitos sociais, de *apropriação coletiva e organização de seus interesses*, revela-se como processo de *luta* e de formação da *consciência de classe*. Adquire visibilidade pública através da ação voltada à defesa de seus interesses comuns perante aos das demais classes, dotando-os de universalidade. É nessa perspectiva que adquire sentido a noção de *catarse*, em Gramsci, para qualificar, em sentido amplo, a *política*:

> Pode-se empregar o termo catarse para indicar a passagem do momento meramente econômico (ou egoístico passional) para o momento ético-políti-

---

235. No *Dezoito Brumário de Luís Bonaparte* esses condicionantes históricos são claramente explicitados: "Enquanto o *domínio da burguesia não tivesse se organizado completamente*, enquanto não tivesse adquirido sua pura expressão política *o antagonismo das outras classes não podia, igualmente mostrar-se em sua forma pura*, e onde parecia não podia assumir o aspecto perigoso que converte toda luta contra o poder de estado em luta contra o capital" (Marx, 1978: 62).

co, ou seja, a elaboração superior da estrutura em superestrutura na consciência dos homens. Isso significa também a passagem do "objetivo ao subjetivo" da "necessidade à liberdade". A estrutura, de força exterior que esmaga o homem, que o assimila a si, que o torna passivo, transforma-se em meio de sua liberdade, em instrumento para criar uma nova forma ético-política, em origem de novas iniciativas (Gramsci, In: Coutinho, 1989: 183; grifos nossos).

Esse momento de "salto" entre o determinismo econômico e a liberdade política ocorre no processo em que a classe deixa de ser um fato puramente econômico para tornar-se um sujeito consciente da história, elaborando sua vontade coletiva, condição para se tornar uma classe nacional em luta pela hegemonia na sociedade. Em outros termos, o que está em jogo é a transição da classe em si — da esfera da manipulação imediata do mundo — para a classe para si — para a esfera da totalidade, da participação na genericidade humana (Coutinho, 1989: 53). Esse processo de ruptura da alienação é mediatizado pela ética e pela política.

Tal perspectiva recusa a suposta *dualidade* — como excludência exterior — da noção de classe em Marx, a favor da compreensão de seu *fazer-se histórico*, em seus condicionantes econômicos, ético-políticos, e culturais. Fazer-se este que se expressa em todas as formas de práxis.

É baseado nessa compreensão do processo de formação de classe que Thompson (1979a; 1987) desenvolve suas análises sobre a formação da classe trabalhadora inglesa, partindo da *premissa de que a noção de classe, como categoria histórica, é inseparável da luta de classes.*[236]

> Para expressá-lo claramente: as classes não existem como entidades separadas, que olham ao seu redor, encontram uma classe inimiga e começam a lutar. Pelo contrário, as pessoas se encontram em uma sociedade estruturada em moldes determinados (crucialmente, porém não exclusivamente em relações de produção), experimentam a exploração (ou a necessidade de manter o poder sobre os explorados), identificam pontos de interesse antagônico, começam a lutar e no processo de luta se descobrem como classe. A classe e a

---

236. A tensão, presente nas análises de Marx, expressa na consideração da *"classe em si" e da "classe para si"* é polemizada teoricamente por Hobsbawm (1987: 37-57).

consciência de classe são sempre as últimas e não as primeiras fases do processo histórico real (Thompson, 1979a: 37).

O autor sustenta a tese polêmica de que a luta de classe é um conceito prévio e muito mais universal, pois considera que a noção de classe pode ser empregada em dois sentidos diferentes. De uma parte, referindo-se a um *conteúdo histórico correspondente*, empiricamente observável, tal como surge na sociedade industrial capitalista do século XIX. De outra parte, pode ser empregada também como *categoria heurística ou analítica* para organizar a evidência histórica. Neste caso, apresenta uma correspondência menos direta entre categoria teórica e evidência histórica, como é utilizada pelo próprio autor na análise de sociedades prévias à sociedade industrial.[237]

A classe como categoria histórica é "derivada da observação do processo social ao longo do tempo" e "definida pelos homens ao viverem sua própria história". Isso não supõe que as classes possam existir independentemente dos determinantes objetivos — do conjunto das relações sociais — e nem que possam ser definidas simplesmente como formação cultural, ainda que experimentadas por homens e mulheres, ao viverem suas relações de produção, portadores de cultura e expectativas herdadas, permitindo-lhes modelar essas experiências em formas culturais (Thompson, 1979a: 38). Assim, a noção de *experiência do sujeito* ganha uma centralidade na interpretação do autor, *trazendo à tona o componente cultural no processo de formação das classes,* com forte irradiação na literatura histórica e sociológica contemporânea.[238]

Verifica-se uma reação às análises de cunho estruturalistas, colocando o sujeito no centro da cena histórica. Mas a tensão entre estrutura e sujeito pode derivar no culturalismo relativista, quando a experiência é desvinculada de seus determinantes históricos, estruturais e conjunturais, como acentua Viotti da Costa (1990). Aliás, a autora aponta uma questão da maior

---

237. O apoio em Hobsbawm é explícito. Sustenta esse autor que: "Em outras palavras, no capitalismo a classe é uma realidade histórica imediata e, em certo sentido, *vivenciada* diretamente, enquanto nas épocas pré-capitalistas ela pode ser meramente um conceito analítico que dá sentido a um complexo de fatos que de outro modo seriam inexplicáveis" (Hobsbawm, 1987: 39).

238. Conferir, por exemplo, o rico balanço da literatura de língua inglesa sobre os estudos das classes trabalhadoras na América Latina efetuado por Viotti da Costa (1990: 3-16); Durand (1990) e Wanderley (1992: 141-156).

relevância: a necessidade de se qualificar quais são os componentes que sobressaem da experiência, explicitando a hierarquização dos mesmos na formação da consciência de classe.[239] Indica a necessidade de ultrapassar uma visão meramente fenomênica da mesma, articulando experiência e estrutura.

O primado da experiência abriu um amplo leque temático para a pesquisa, que passa a abranger objetos que até então não haviam obtido prevalência nos tradicionais estudos sobre as classes trabalhadoras[240] (Paoli e Sader, 1986), mas é também suscetível aos riscos do empirismo e fragmentações, em detrimento de vôos de maior alcance analítico.

Nessa direção, o pensamento sociológico brasileiro na década de 80, em uma conjuntura de ascenso das lutas sociais, amplia os estudos sobre as classes "populares". Volta-se à compreensão do cotidiano — como espaço simbólico de vivência da dominação e formulação de projetos direcionados a sua ruptura —, à politização do espaço fabril e das esferas da reprodução social. Os trabalhadores passam a ser tratados não apenas no espaço da produção, mas em suas múltiplas dimensões e formas de expressão política (Idem). São acentuados os dilemas da heterogeneidade e identidade, estimulando os estudos sobre relações de gênero, etnias, ecologia e meio ambiente, espaço e tempo, dentre muitos outros.

Harvey (1990), em seu livro *Los limites del capitalismo y la teoría marxista*, traz o problema da tensão entre *estrutura e experiência* especificamente para o âmbito da teoria marxista sobre o processo de trabalho, considerando as mudanças que nela se processaram na etapa do monopólio, dialogando com as análises de Braverman.[241] Reconhece que um dos grandes

---

239. A autora salienta ter sido esta questão formulada por Florência Mallan em 1980, para quem a formação da consciência de classe depende da forma de investimento do capital, das relações de trabalho, da cultura que os trabalhadores trazem consigo e o do curso das lutas nos locais de trabalho. (Viotti da Costa, 1990).

240. Uma das obras que marcou essa inflexão nos estudos sobre as classes trabalhadoras foi a de Sader (1988). Ver, também, De Decca (1981) e Paoli (1987).

241. As principais críticas a Braverman são assim resumidas por Harvey, que as enfrenta apurando sua leitura de Marx: "Os críticos de Braverman acusam-no de diversos delitos. Apesar de sua compaixão e preocupação com os trabalhadores, tanto Braverman como Marx os tratam, dentro do processo de trabalho, como objetos dominados pelo capital, subordinados à sua vontade. Passam por alto pelo fato de que os trabalhadores são seres humanos, dotados de consciência e

méritos de Marx foi o de ter demonstrado que o mundo não pode ser compreendido unicamente através da experiência subjetiva que dele se tenha. *Do ponto de vista do capital*, o trabalhador torna-se objeto, mero "fator de produção" para a geração de mais-valia, expressão da forma variável do capital. E a teoria espelha, frente aos próprios sujeitos, as condições objetivas de sua alienação, a qual obscurece para o capitalista e para o trabalhador a origem da mais-valia. A teoria desnuda as forças que dominam sua existência social, embora a experiência cotidiana imediata do processo de trabalho não leve necessariamente às conclusões expressas por Marx — pelas razões por ele próprio salientadas — e, nem por isto, seja menos real (Harvey, 1990: 120). Não significa negar a validade das experiências subjetivas dos trabalhadores e nem que a variedade de suas respostas não mereça ser estudada.

> É vital entender *como os trabalhadores enfrentam sua situação, os "jogos" que inventam para tornar suportável o processo de trabalho*, as formas particulares de camaradagem e competição através das quais se relacionam, as táticas de cooperação, de confrontação e como se esquivam de maneira sutil na relação com a autoridade. E, sobretudo, as aspirações e o sentido de moralidade que colocam em suas próprias vidas. É preciso compreender como os trabalhadores constroem uma cultura distinta, como criam instituições e a elas integram outras instituições construindo sua própria defesa (Idem, ibid.).

É o tratamento do trabalhador como "sujeito criativo vivo" que torna possível salientar o *papel da luta de classes* na modificação e nos rumos imprimidos ao processo de trabalho, reconhecendo nos trabalhadores a con-

---

vontade, capazes de expressar suas preferências ideológicas, políticas e econômicas no lugar de trabalho, capazes (quando lhes convêm) de se adaptar e fazer concessões, mas também preparados, quando necessário, para desencadear uma guerra perpétua contra o capital a fim de proteger seus direitos dentro da produção. A luta de classes dentro do processo de trabalho se reduz, assim, a assunto transitório, de menor importância, e a resistência do trabalhador como força que gera mudanças no modo de produção capitalista ficou totalmente descuidada. Marx e Braverman mostram erroneamente a mudança tecnológica e organizacional como uma resposta inevitável ao funcionamento da lei do valor, às regras que governam a circulação e acumulação do capital, quando as lutas levadas pelos trabalhadores nos locais de trabalho têm afetado o curso da história do capitalismo". Frente à luta dos trabalhadores "os capitalistas tiveram que ceder e buscar a cooperação voluntária dos trabalhadores. O resultado foi transformar o discutido terreno do local de trabalho como um '*terreno de concessões*'" (Harvey, 1990: 119).

dição de autores de sua própria história, que resistem às dilapidações do capital.[242]

A cultura é uma dimensão essencial na conformação da sociabilidade, como campo de expressão da alienação e da rebeldia, dos refúgios encontrados pelas classes subalternas para se preservarem do castigo do trabalho, presentes no seu universo simbólico e na organização da vida cotidiana. A preocupação é explicar as formas de protesto e reiteração da alienação do trabalho expressas a partir da vivência do trabalho, procurando desvelar o conteúdo *crítico* das práticas culturais[243] — materiais e simbólicas — que nem sempre se traduzem na esfera da política *stricto sensu*.

A cultura, sendo parte e expressão das forças políticas em luta pela hegemonia no seio da sociedade nacional, em conjunturas históricas determinadas, contém elementos simultaneamente reprodutores e questionadores da ordem (Sartriani, 1986). Observa-se, também, na literatura especializada, uma tendência de tratar os fenômenos da cultura popular em termos de dualidade, em detrimento da tensão própria que os caracteriza.[244] Dentre as polarizações mais freqüentes que vêm informando a interpretação

---

242. Harvey considera que a *dualidade* do trabalhador como "objeto do capital" e como "sujeito criativo vivo" nunca ficou adequadamente resolvida na teoria marxista. Observa, em Marx, uma inclinação para negar a autenticidade da experiência e impor como grande força reveladora o poder da teoria. Reagindo contra os socialistas que teciam redes utópicas de subjetivismo e fantasia, tornou difícil criar um espaço em seu próprio pensamento no qual a experiência subjetiva da classe trabalhadora pudesse desempenhar o papel que lhe correspondia. Em conseqüência, não pode resolver o problema da consciência política. É interessante mencionar que Braverman também acreditou ser prudente evitar essa questão: "Aqueles que como E. P. Thompson, em sua epopéia *The Making of the English Working Class*, considera o trabalhador, sobretudo, como um sujeito criativo, encontram-se freqüentemente castigados e jogados no ostracismo como 'moralistas' e 'utópicos', por colegas de mentalidade mais teórica cuja preocupação principal parece ser a preservação da integridade e rigor da ciência materialista marxista" (Harvey, 1990: 121).

243. Privilegia-se a dimensão político-cultural do processo de constituição das classes, com especial destaque para a contribuição gramsciana e de autores que nela se apóiam. O ponto de partida é uma noção ampla de cultura, como "momento da práxis social, como fazer humano de classes sociais contraditórias na relação determinada pelas condições materiais e como história da luta de classes. No sentido amplo, cultura é o campo material e simbólico das atividades humanas" (Chaui, 1986: 14).

244. Ortiz trata essa questão em termos de ambivalência, contestando o foco dualista. "Tudo se passa como se os pólos da positividade e da negatividade fossem excludentes, heterogêneos, partes antagônicas de um fenômeno idêntico, mas jamais analisados em sua ambigüidade própria. Fragmenta-se a totalidade para ambivalência para apreendê-la enquanto dualidade" (Ortiz, 1980).

SERVIÇO SOCIAL EM TEMPO DE CAPITAL FETICHE

desse tema,[245] destaca-se *a perspectiva anticapitalista romântica ou conservadora*,[246] fundada na idealização do passado, erigido como ótica de leitura do presente e como programa de ação para a sociedade capitalista. Nessa acepção, a cultura "popular" é pensada como guardiã do passado, portadora de uma visão idílica do homem anônimo, marcada por traços primitivistas e/ou comunitários. Uma visão purista das classes subalternas, não-imaculada pela cultura oficial, é terreno fértil aos populismos. Essa perspectiva é polarizada por outra análise da cultura popular, fundada em parâmetros da Ilustração européia, que tende a derivar na desqualificação e infantilização dos "de baixo". Distingue o *povo* — instância jurídico-política legisladora, soberana e que atribui legitimidade aos governos por meio de sua participação política — da *plebe*, desprovida de cidadania, "massa perigosa" e ignorante a quem cabe, no máximo, a filantropia.

A ruptura com tais vieses analíticos aponta para a fertilidade da análise gramsciana (Gramsci, 1981, 1978b, 1974a; Coutinho, 1990: 21-40; Coutinho e Nogueira, 1988) que, considerando a cultura parte do processo social global, transporta as relações de poder e de classe para o centro do debate da questão cultural. Nesse veio analítico, Chaui (1986: 24) propõe uma aproximação à "cultura popular"[247] como "expressão dos dominados, buscando tanto as formas pelas quais a cultura dominante é aceita, interiorizada, re-

---

245. O texto parte de sugestões oferecidas por Chaui (1982; 1986) que faz a crítica da polarização entre a perspectiva romântica e a Ilustração européia.

246. Em outros dois momentos já trabalhei a questão do pensamento conservador (Iamamoto, 1992a e 1998a; Lukács apud Netto, 1983b).

247. Nos *Seminários* (1984: 17), a autora apresenta inúmeras situações que revelam o significado do popular em Gramsci, tais como: a capacidade de um artista ou intelectual de apresentar idéias, situações, paixões, anseios que, por serem universais, o povo reconhece, identifica e compreende (é o caso de Shakespeare); a capacidade de captar, no saber e na consciência populares, instantes de revelação, que alteram a visão de mundo do artista ou intelectual (é o caso de Victor Hugo e Tolstói); a capacidade de transformar situações em temas de crítica social identificável pelo povo (como Goldoni e Dostoiévski). Significa, por fim, a sensibilidade capaz de "ligar-se aos sentimentos populares", exprimi-los artisticamente, pouco importando o valor artístico da obra, como o caso do melodrama e dos folhetins. Segundo a autora, "na perspectiva gramsciana, o popular na cultura significa, portanto, a transfiguração expressiva de realidades vividas, conhecidas, reconhecidas e identificáveis, cuja interpretação pelo artista e pelo povo coincidem". Popular como "expressão da consciência e do sentimento populares, seja feita por aqueles que se identificam com o povo, seja por aqueles saídos organicamente do próprio povo".

produzida e transformada, quanto as formas pelas quais é recusada, negada e afastada, implícita ou explicitamente pelos dominados". Não se trata de uma totalidade antagônica à dominante, mas de "um conjunto disperso de práticas, representações, formas de consciência que possuem lógica própria (o jogo interno de conformismo, de inconformismo e de resistência), distinguindo-se da cultura dominante por essa lógica de práticas, representações e formas de consciência". Segundo a autora o fio que perpassa a cultura popular é a *ambigüidade*, porquanto tecida de ignorância e saber, de atraso e desejo de emancipação, capaz de conformismo ao resistir, capaz de resistência ao se conformar (Idem: 124). Ambigüidade que não pode ser confundida com "defeito" ou "incoerência", manifestando-se sob *forma da consciência trágica*: a que opera com paradoxos, tecida de saber e não-saber simultâneos, marca profunda da dominação. O sentido da consciência trágica não é o do embate com um destino inelutável, mas é dado pela tragédia grega: aquela *que descobre a diferença entre o que é e o que poderia ser, mas não chega a constituir uma outra existência social, aprisionada nas malhas do instituído*. Diz sim e não ao mesmo tempo, adere e resiste ao que pesa como a força da lei, do uso e do costume e que parece, por seu peso, ter a força de um destino" (Idem: 177).

Para Gramsci, a *ideologia* é um tipo de conhecimento próprio da práxis interativa, a qual não mobiliza apenas *conhecimentos*, mas um *conjunto de normas e valores para* dirigir a ação aos fins pretendidos. Envolve a capacidade de convencimento, de influir no comportamento dos demais, mesmo que seja necessária, como último recurso, a coerção, tendo em vista a constituição de um *sujeito coletivo*: atores que partilhem um conjunto de noções, valores e crenças subjetivas igualmente comuns ou que sejam movidos por uma *vontade coletiva* (Coutinho, 1989: 67). Portanto, a ideologia — *como concepção de mundo articulada a uma ética correspondente* — "transcende o conhecimento e se liga diretamente com a ação voltada para influir no comportamento dos homens" (Idem: 65). É assim *uma força real que altera e modifica a vida humana*, mesmo quando seu conteúdo cognitivo não seja "científico", no sentido de não corresponder adequadamente à reprodução objetiva da realidade, abrangendo o folclore, o senso comum e a filosofia da práxis.[248] É

---

248. Coutinho salienta a indissolúvel relação entre teoria e prática, sujeito e objeto, no pensamento de Gramsci, o que o leva a identificar conhecimento e ideologia. No seu pensamento não há

SERVIÇO SOCIAL EM TEMPO DE CAPITAL FETICHE
403

um componente fundamental na luta pela *hegemonia*, que requer *a constru-ção de um universo intersubjetivo de crença e valores*, pressuposto para uma ação voltada para resultados objetivos no plano social.

Em sua análise da cultura popular,[249] Gramsci (1981: 11) parte da idéia de que na "filosofia espontânea" do povo estão contidas "concepções de mundo" que se expressam nas crenças, nas superstições, nas opiniões, na linguagem, no senso comum, enfim, nos "modos de ver e de agir". Tais concepções de mundo são indicativas do pertencimento a determinadas classes, elos de união com todos aqueles que partilham de um mesmo modo de pensar e de agir.[250] O que atribui um *caráter distintivo ao popular é o modo de conceber a vida e o mundo, em contraste implícito ou explícito com a sociedade oficial*, concepção presente em suas análises sobre o folclore e o canto popu-lar. É nesse modo peculiar de conceber a vida que se encontra a *coletividade* do próprio povo,[251] que, por não expressar uma cultura homogênea, não pode ser reduzida a critérios de unidade e coerência. Contém estratificações culturais, concepções de mundo não-elaboradas, assistemáticas e múlti-plas, portadoras de elementos diversos e justapostos. O caráter fragmentá-rio e desagregado dessas concepções de mundo decorre do fato de que se conformam como "um aglomerado indigesto de todas as concepções que

---

uma incompatibilidade entre a possibilidade da ciência (do conhecimento objetivo) e a realidade da práxis (do agir). Todo conhecimento objetivo — que esclarece os nexos causais e, nesse sentido, científico — reflete aspirações e projetos dos sujeitos que atuam, nele operando uma teleologia e, portanto, a iniciativa do sujeito, contendo um componente ideológico.

249. Canclini constata uma ausência de Gramsci na maioria das investigações sobre cultura popular, trabalhos que discutam globalmente seu pensamento e *o vinculem com pesquisas de campo* (Coutinho e Nogueira, 1988: 62).

250. "Pela própria concepção de mundo pertencemos sempre a um determinado grupo, preci-samente o de todos os elementos sociais que partilham do mesmo modo de pensar e de agir" (Gramsci, 1981: 12, nota 11).

251. "O que distingue o canto popular, no quadro de uma nação e de uma cultura, não é o fato artístico, nem a origem histórica, mas seu modo de conceber o mundo e a vida, em contraste com a sociedade oficial. Nisto — e não somente nisto — deve ser buscada a "coletividade do canto popu-lar e do próprio povo". Essa mesma idéia é apresentada no seu estudo do folclore, o qual deveria ser apreendido como "concepção do mundo e da vida", em grande medida implícita, de determi-nados estratos (determinados no tempo e no espaço) da sociedade em contraposição (também, na maioria das vezes, implícita, mecânica e objetiva) com as concepções de mundo oficiais (ou, em sentido mais amplo, das partes cultas da sociedade historicamente determinadas) que se sucede-ram no desenvolvimento histórico" (Gramsci, 1978b: 190 e 184 respectivamente).

se sucederam na história". Incorporam do pensamento e da ciência moderna "certas noções científicas e opiniões desligadas de seu contexto e mais ou menos desfiguradas", que caem "no domínio popular, e são inseridas no mosaico da tradição" (Gramsci, 1978a: 184). Ao referir-se à *moral do povo*, isto é, às máximas de costumes e à conduta prática dela derivada ou por ela produzida — e que atuam como imperativos mais fortes que a moral oficial —, o autor distingue a existência de diversos estratos:

> [...] os fossilizados, que refletem as condições de vida passada e são conservadores e irracionais; e uma série de inovações, freqüentemente criadoras e progressistas, espontaneamente determinadas por formas e condições de vida em processo de desenvolvimento e que estão em contradição (ou são apenas diferentes) com a moral dos estratos dirigentes (Idem: 185).

Contudo, a cultura popular não incorpora apenas elementos tradicionais, mas fragmentos do pensamento e da cultura moderna, além de "intuições de uma futura filosofia, que será própria do gênero humano unificado".[252] O caráter fragmentado, incoerente dessas concepções de mundo se expressa numa *defasagem entre o pensar e o agir*.[253] Uma concepção embrio-

---

252. Quando a concepção de mundo não é coerente e crítica, mas ocasional e desagregada — pertencemos simultaneamente a uma multiplicidade de homens-massa. Nossa própria personalidade é composta de uma maneira bizarra: nela se encontram elementos do homem das cavernas e princípios da ciência moderna progressista, preconceitos de todas as fases históricas passadas grosseiramente localistas e intuições de uma futura filosofia que será própria do gênero humano unificado. *Criticar a própria concepção de mundo significa torná-la unitária e coerente*, elevá-la ao ponto atingido pelo pensamento mundial mais desenvolvido. Significa, portanto, *criticar toda a filosofia até hoje existente*, na medida em que ela deixou estratificações consolidadas na filosofia popular. "*O início da elaboração crítica é a consciência daquilo que realmente somos, isto é, um 'conhecer-te a ti mesmo', como produto do processo histórico até hoje desenvolvido*, que deixou em ti uma infinidade de traços recebidos sem benefício no inventário. Deve-se fazer, inicialmente, este inventário" (Gramsci, 1981: 12, nota 1).

253. "O homem ativo de massa atua praticamente, mas não tem clara consciência desta sua ação, que, não obstante, é um conhecimento do mundo na medida em que o transforma. É quase possível, que ele *tenha duas consciências (ou uma consciência contraditória): uma implícita na ação* e que realmente o une a todos os seus colaboradores na transformação prática da realidade; e, *outra, superficialmente explícita ou verbal, que ele herdou do passado e acolheu sem crítica*. Todavia, essa concepção 'verbal' não é inconseqüente: ela se liga a um grupo social determinado, influi sobre a conduta moral, sob a direção da vontade, de uma maneira mais ou menos intensa, que, pode, inclusive, atingir um ponto no qual a contrariedade da consciência não permita nenhuma ação, nenhuma

SERVIÇO SOCIAL EM TEMPO DE CAPITAL FETICHE

nária manifesta-se na ação, quando a classe se movimenta como um conjunto orgânico. Outra concepção é afirmada por palavras que a classe acredita seguir, mas que lhe é estranha, porque incorporada de outras classes por razões de submissão e subordinação intelectual (Gramsci, 1981: 15).

Assim, se as classes subalternas apresentam uma *consciência partida*, um contraste entre o pensar e o agir, esse não pode ser atribuído à má-fé, porque expressão de *contrastes mais profundos da natureza histórico-social*. Inscreve-se dentro da luta pela hegemonia em que a cultura das classes subalternas tende a ser polarizada e subordinada à cultura oficial e dominante. Porém, como na acepção do povo a filosofia é tida como um *"convite à reflexão"*, através dela busca fornecer à própria ação uma direção consciente: "é este o núcleo sadio do senso comum, o que poderia ser chamado de *bom senso*, merecendo ser desenvolvido e transformado em algo coerente" (Gramsci, 1981: 16). É na direção do desenvolvimento do bom senso que se dá a ultrapassagem daquele vínculo de subordinação, caminho que conduz à criação de uma *nova cultura*. Nova cultura que supere o pensar desagregado e ocasional e os componentes nele presentes que foram impostos mecanicamente do exterior. E permita às classes subalternas elaborarem sua própria concepção de mundo de maneira crítica e consciente, participando de sua própria história como *guias de si mesmas*.

Esse processo cultural, que constrói a independência e a autoconsciência das classes, requer sua *difusão:* que as descobertas sejam socializadas, *transformando-se em bases de ações vitais* (Idem: 13, nota 4). Requer, também, que se desdobrem em um *movimento cultural* que expresse uma prática e uma vontade, tendo como premissa teórica "a conservação da unidade ideológica de todo o bloco social, unificado e cimentado por aquela ideologia" (Idem: 20-21). Ideologia no sentido *de concepção do mundo*, que se mani-

---

escolha e produza um estado de passividade moral e política. A compreensão crítica de si mesmo é obtida, portanto, através de uma luta de 'hegemonias' políticas, de direções contrastantes, primeiro no campo da ética, depois no da política, atingindo finalmente uma elaboração superior da própria concepção do real. A consciência de fazer parte de uma determinada força hegemônica (isto é, a consciência política) é a primeira fase de uma ulterior e progressiva autoconsciência, na qual teoria e prática finalmente se unificam. Portanto, também, a *unidade teoria e prática* não é um fato mecânico, mas um *devenir histórico*, que tem a sua fase elementar e primitiva no senso de 'distinção', de 'separação', de independência apenas instintiva e progride até a possessão real e completa de uma concepção do mundo coerente e unitária" (Gramsci, 1981: 20-21).

festa implicitamente na arte, no direito, na atividade econômica, em todas as manifestações de vida individuais e coletivas. A criação de uma nova cultura implica, assim, a elaboração de um pensamento superior ao senso comum, coerente, com bases científicas sólidas, que, permanecendo em contato com os "simples", encontra aí a *fonte dos problemas a serem pesquisados e resolvidos*.[254] Esse vínculo permanente com a prática é o segredo da possibilidade de sua difusão nos rumos da criação de um senso comum renovado.

Essa nova cultura é a "filosofia da práxis". Apresenta-se como superação de um modo *de pensar precedente, como crítica do senso comum e da herança intelectual acumulada*. Essa é condição para inovar criticamente a atividade já existente, o que implica a necessidade histórica e política de criação de uma elite de intelectuais, isto é, de especialistas, dirigentes e organizadores, organicamente vinculada às massas. Na formação desses intelectuais o *partido* — como "intelectual coletivo" — tem um papel decisivo: o de elaborar e tornar coerentes os problemas colocados pelas massas na sua atividade prática, de modo que os intelectuais e a massa constituam um só bloco social e cultural, confrontando-se com as forças dominantes em luta pela hegemonia, pela direção política da sociedade.

Tendo em vista o exposto, a análise gramsciana não pode ser confundida com a perspectiva romântica ou com o jesuitismo, uma vez que a

> [...] filosofia da práxis" não busca manter os "simplórios" na sua filosofia primitiva do senso comum. Ao contrário, procura conduzi-los a uma concepção de vida superior. A exigência de contato entre os intelectuais e os "simplórios" não é para limitar a atividade científica e para manter a unidade no nível inferior das massas, mas justamente, para forjar um bloco intelectual moral, que torne politicamente possível um progresso intelectual de massa e não apenas de pequenos grupos intelectuais (Idem: 20).

A transformação do subalterno em dirigente é sua transfiguração em *pessoa histórica, em protagonista político*,[255] operando-se toda uma revisão no

---

254. "Só através desse contato que uma filosofia se torna 'histórica, depura-se dos elementos intelectuais de natureza individual e transforma-se em vida" (Gramsci, 1981).

255. "[...] quando o subalterno torna-se dirigente e responsável pela atividade econômica de massa [...] opera-se, então, *uma revisão de todo o seu modo de pensar, já que ocorreu uma modificação no*

seu modo de pensar decorrente das mudanças verificadas no seu ser social. Contudo, antes de tornar-se dirigente, o subalterno não poderia ser considerado como um mero "paciente", pois *o fatalismo não é senão a maneira pela qual os fracos se revestem de uma vontade ativa e real"* (Idem: 24).

Essa rápida e parcial retrospectiva do pensamento de Gramsci sobre a cultura popular acentua a *heterogeneidade da consciência das classes subalternas,* expressão das condições culturais da vida de um povo, tratada de modo inseparável da política.

A análise de Gramsci está fundada na situação italiana, em que o peso da questão camponesa — indissociável da questão meridional e da questão vaticana (Gramsci, 1977) — é decisivo, levando-o a considerar as *"ideologias não orgânicas",* uma vez que o proletariado só poderia tornar-se classe dirigente à proporção que conseguisse obter o consenso das amplas massas camponesas.

Rudé (1982), preocupado com a luta dos grupos tradicionais não consolidados em classes sociais — camponeses, pequenos comerciantes e artesãos da sociedade pré-industrial e industrial —, desenvolve a análise da "ideologia do protesto popular". Considera que Gramsci, ainda que reconhecendo a necessidade de estudar historicamente a "ideologia não orgânica" (idéias inerentes) das classes tradicionais, não mostra como ela se relaciona e se funde com as idéias mais estruturadas ou sofisticadas das classes fundamentais. Entretanto, é essencial saber como essa ideologia se compõe e como historicamente os seus componentes se reuniram, isto é a "ideologia inerente" e a "teoria vinda de fora", especialmente quando se busca decifrar a "ideologia do protesto".

Para Rudé, a ideologia popular diferencia-se da consciência de classe à medida que é algo "interno" e "exclusivo" de uma classe. Ela apresenta-se como um amálgama de suas concepções freqüentemente díspares, o que torna difícil distinguir os elementos inerentes e derivados. É o que Gramsci chama de uma mistura de lealdades, elemento contraditório presente na

---

seu ser social. Os limites e o domínio da 'força das coisas' são restringidos. Por quê? Porque, se o subalterno era ontem uma 'coisa' hoje não mais o é: tornou-se *uma pessoa histórica, um protagonista;* se antes era irresponsável, já que era 'paciente' de uma vontade estranha, hoje se sente responsável, já que não é mais paciente, mas sim agente e empreendedor" (Gramsci, 1978b: 23-24).

ideologia comum do povo italiano. Ao analisar a fusão dos elementos que constituem a ideologia popular. Rudé distingue dois componentes: o *inerente ou tradicional*, propriedades peculiares das "classes populares", baseadas na experiência direta, na tradição oral, na memória folclórica; e as *idéias e crenças derivadas*, impostas de cima, incorporadas de um sistema mais estruturado de idéias filosóficas, políticas ou religiosas absorvidas em diferentes graus de sofisticação pela cultura "especificamente popular" (como o nacionalismo, socialismo, a Doutrina dos direitos do homem etc.). O autor reconhece haver uma constante interação entre esses dois componentes, uma vez que as idéias derivadas tendem, com muita freqüência, a ser a destilação mais elaborada da experiência popular e das crenças inerentes ao povo. As crenças *inerentes*, comuns à maioria dos protestos camponeses, se traduzem em *reivindicações persistentes, tais como*: o direito à terra, ao salário "justo", o direito do consumidor de comprar o pão pelo preço justo etc. São parte das crenças inerentes ou da mentalidade e sensibilidade coletiva do povo comum que não se limitam a atitudes de protesto, abrangendo atitudes frente à religião e à morte, comportamentos em festivais populares, entre outras manifestações.

Segundo a interpretação de Rudé, os limites de *ideologia inerente* são claros: podem levar a greves, motins, rebeliões camponesas e até à necessidade da mudança radical, mas não à revolução, o que supõe, necessariamente, a incorporação da ideologia derivada. A feição militante ou contra-revolucionária de que tomou forma a ideologia derivada dependeu menos das crenças inerentes do que das derivadas. A incorporação de novas idéias pelas classes populares depende das circunstâncias e das experiências vividas, uma vez que as idéias inerentes não constituem um mero "recipiente passivo". No curso de sua transmissão e adoção, as idéias derivadas sofrem uma *transformação*, cuja natureza dependerá das necessidades sociais ou dos objetivos políticos das classes que estão prontas e absorvê-las (Rudé, 1982: 33).

Na linha de análise que reconhece a complexidade da cultura das classes subalternas, Thompson (1979; 1987; 2005), ao estudar a sociedade inglesa do século XVIII, trata as implicações dessa formação histórica para o estudo da "luta de classe" e sua correspondente dialética da cultura, atribuindo uma especial atenção ao que qualifica de *cultura plebéia*. O estudo tem referência no conceito de classe como *categoria histórica*, derivada da observação do processo social ao longo do tempo,[256] que unifica uma série de acontecimentos díspares e aparentemente desconectados, tanto na matéria-prima da experiência, como na consciência.

> A classe acontece quando alguns homens, como resultado de experiências comuns (herdadas ou partilhadas), sentem e articulam a identidade de seus interesses entre si, e contra outros homens cujos interesses diferem (e geralmente se opõem) dos seus. A experiência de classe é determinada, em grande medida, pelas relações de produção em que os homens nasceram ou ingressaram involuntariamente. A consciência de classe é a forma como essas experiências são tratadas em termos culturais: encarnadas em tradições, sistemas de valores, idéias e formas institucionais (Thompson, 1987: 10, v. I).

A discussão da cultura plebéia encontra-se emoldurada por uma situação histórica especial: a sociedade inglesa do século XVIII apresenta poucos traços autenticamente paternalistas ante a expansão da mão-de-obra livre; um Estado com força externa, mas débil internamente, marcado pelo desuso dos poderes paternais, burocráticos e protecionistas, delegando ao capitalismo agrário, mercantil e fabril a realização de sua auto-reprodução. A esses traços alia-se a fragilidade da autoridade espiritual da Igreja, permitindo emergir, no campo de forças entre *"gentry-plebe"*, uma cultura plebéia fora do alcance de controles externos. Nesse quadro particular, analisa a cultura plebéia, dentro dos limites estabelecidos pela hegemonia da *gentry*.

---

256. Na discussão da noção de classe, Thompson investe contra aqueles que, partindo de uma análise estrutural estática, chegam à noção de classe por meio de uma dedução lógica de uma teoria geral das classes sociais e não como conclusão de equações históricas. Assim, "de um modelo estático de relação de produção capitalista são derivadas as classes, que têm que corresponder ao mesmo, e a consciência que corresponde às classes e às suas posições relativas". Em decorrência, verifica-se a justificativa da "política de substituição": a "vanguarda" sabe melhor que a classe quais são seus verdadeiros interesses e sua consciência, sendo-lhe atribuída uma falsa consciência ou ideologia (Thompson, 1979b). O autor estuda a cultura polarizada pela relação "gentry-plebe", que, segundo ele, é difícil não analisar em termos de relações de classe. Porém, o termo *plebe* decorre do fato de que os artesãos urbanos revelavam uma consciência "vertical" do "ofício", distinta de uma consciência "horizontal" da classe industrial madura. "As polarizações da sociedade não se produziam entre patrões e assalariados, como nas classes 'horizontais', mas por questões que dão origem à maioria dos motins [...] Não era só a consciência da plebe distinta da classe trabalhadora industrial, mas também suas *formas características de revolta* [...]" (Idem: 31).

A *cultura plebéia* contém certas características atribuídas à "cultura tradicional", tais como: o forte peso das expectativas e definições consuetudinárias; a aprendizagem como iniciação às destrezas dos adultos; a introdução na experiência social e na sabedoria da comunidade; a pouca interferência da educação formal; as tradições, perpetuando-se especialmente através da transmissão oral, sendo a legitimação da prática buscada nos costumes. Trata-se de uma cultura que estabelece prioridade às sanções e motivações não-econômicas perante as diretamente monetárias.

Porém, a cultura plebéia não é só uma cultura "tradicional", uma vez que *as normas que transmite são definidas no interior dessa própria cultura*, não sendo idênticas àquelas proclamadas pela Igreja e pelas autoridades. Essa cultura é conservadora em suas formas, pois apela mais aos costumes que à razão, impondo sanções à base da força, do ridículo, da vergonha, da intimidação. Porém, o *conteúdo* dessa cultura não pode ser descrito como conservador com tanta facilidade. Daí "o *paradoxo de uma cultura tradicional que não está sujeita, em suas operações cotidianas, ao domínio ideológico dos poderosos*" (Thompson, 1979b: 44-45).

Essa conclusão é, pois, indissociável da Inglaterra no século XVIII, quando o trabalho se liberava progressivamente dos controles senhoriais, paroquiais e corporativos, distanciando-se das relações diretas de clientelismo com a *gentry*. Os instrumentos de controle e hegemonia já eram predominantemente a lei, em detrimento do poder monárquico e da Igreja. O resultado é uma *cultura tradicional e rebelde em defesa dos costumes do povo.* Para legitimar o protesto, recorre a regulações paternalistas de uma sociedade autoritária, aí selecionando alternativas para os interesses imediatos. Verifica-se um conflito entre a *lógica capitalista, a economia mercantil e o comportamento não-econômico da plebe ou a "economia moral da multidão"*. Este se traduz na resistência à disciplina do tempo, à inovação técnica e à racionalização do trabalho, quando ameaçam a organização familiar, a destruição das relações e das práticas tradicionais vivenciadas.

O que polariza essa análise é a luta pela *hegemonia cultural*, no confronto entre a "cultura refinada" e a "cultura plebéia". A hegemonia da *gentry* não envolvia integralmente a vida dos pobres, não se edificando como uma impossibilidade de defesa de seus modos de descanso e de trabalho, de formulação de sua visão da vida, do modo de satisfação das necessidades e do estabelecimento de seus próprios ritos. À medida que a hegemonia cultural implica a luta de classes, ela estabelece limites às expectativas alternativas alimentadas pela cultura plebéia, mas não impede o seu surgimento e a sua defesa. "Tal processo nada tem de determinado e de automático; a hegemonia não impõe uma visão de vida totalizadora. Obscurece a visão em certas direções, mas a deixa livre em outras" (Thompson, 1979b: 60). Assim, a hegemonia cultural *da gentry* pode coexistir *com uma cultura do povo vigorosa e auto-atuante*, derivada de suas próprias expectativas e recursos. Tal cultura, ao resistir ao domínio exterior, representa uma ameaça constante às definições oficiais da sociedade.[257] Para apreendê-la, no entanto, faz-se necessário decifrar o *simbolismo do protesto*, no contexto das relações sociais particulares nas quais se gesta e se desenvolve, visto que suas definições são, em certos aspectos, antagônicas às da "cultura educada".

Incorporar as provocativas contribuições do autor ao caso brasileiro supõe uma "filtragem histórica",[258] reconhecendo o contexto específico das relações sociais em que adquirem significado.

No caso brasileiro Martins (1973), em seu estudo sobre a imigração italiana, indica um fio analítico diferenciado na compreensão dos dilemas da constituição da consciência e suas ambigüidades, ao estudar a cons-

---

257. Reage o autor à visão dos círculos estruturalistas e marxistas da Europa Ocidental que sustentam ser a hegemonia capaz de imprimir um domínio total sobre os governados, impondo-lhes categorias de subordinação das quais são incapazes de liberar-se, sendo sua experiência impotente nesse sentido. O autor reconhece que, sendo tal ocorrência possível, não é o que se verifica na sociedade inglesa na época estudada.

258. Os rumos assumidos pela revolução burguesa no Brasil são substancialmente distintos no contexto em que Thompson elabora sua análise. Ao contrário do caso inglês do século XVIII, os momentos mais marcantes da história republicana brasileira contaram com uma decisiva ação do Estado na moldagem das feições da sociedade nacional, seja através do uso do aparelho repressivo ou do envolvimento nas atividades econômicas, antecipando-se politicamente às decisões da sociedade civil no estilo prussiano. A isso se aliaram mecanismos de controle cuja eficácia não se encontra basicamente na lei — como nas sociedades liberais clássicas — mas sim no mandonismo oligárquico e na hipertrofia do poder privado articulado à troca de proveitos com o poder público, sendo o coronelismo uma de suas expressões. Uma sociedade de passado escravista recente, em que o ideário liberal é incorporado pela burguesia na defesa de seus interesses econômicos, mas as relações sociopolíticas são marcadas pela "ideologia do favor" (Schwarz, 1981). A isso se alia a força da Igreja na conformação do mundo privado da população. Assim sendo, não se gesta uma cultura das classes subalternas inteiramente isenta de controles externos, das autoridades e da Igreja, ainda que a hegemonia cultural, ao estabelecer limites às alternativas críticas presentes no universo cultural dos trabalhadores, não impeça o seu surgimento e a sua defesa.

ciência camponesa. Interessa tão-somente recuperar a lógica de sua análise. Ela está calcada na noção de *processo social*, compreendido no sentido de que "a dinâmica da sociedade se expressa não só pelas relações entre os sujeitos, mas pelas relações dos sujeitos com a produção da história" (Martins, 1973: 27). Considera não *só as relações entre os sujeitos, mas como tais relações foram produzidas historicamente* nos quadros de expansão e crise do capitalismo no País. Exatamente porque a produção da imigração é *social*, mediatizada pelos quadros complexos da crise do Brasil agrário, *nem todos os aspectos da situação são apreendidos e desvendados pela consciência dos personagens*.[259] As transformações econômicas, sociais e institucionais promovidas pela expansão do capitalismo redefinem categorias sociais não caracteristicamente capitalistas — como o camponês — que passam a se determinar pelas mediações fundamentais dessa sociedade. A existência do camponês não mais se estabelece pela sua relação direta com a natureza, mas pela renda territorial capitalizada que envolve o conjunto das relações da sociedade capitalista.

Todavia, essa mediação entre o camponês e a terra não é por ele apreendida, continuando a trabalhar a terra sem dar-se conta das mudanças sociais ocorridas. As condições nas quais ocorreu a imigração no Brasil situava objetivamente o camponês como um proprietário potencial, destinado a viver a pauperização — expropriação e exploração — nos quadros da crise da sociedade agrária brasileira. Entretanto, no *nível da consciência*, o imigrante-camponês interpretava a sua situação de vida a partir do modo de vida camponês: a conservação de sua comunidade, marcada pelas relações diretas de pessoa a pessoa, sem apreender as mediações pelas quais o seu contexto de vida já foi historicamente redefinido.

O movimento social norteia-se pela *utopia comunitária*. "*Intersubjetivamente* a comunidade utópica constitui uma *forma de resistência*, passiva ou não, às rupturas estruturais da sociedade; *objetivamente*, porém, a utopia comunitária se insere dinamicamente nas relações sociais como resistência

---

259. A partir da crítica dos enfoques correntes explicativos da imigração, Martins trabalha a noção de migração, sob dupla dimensão: de um lado, como *mobilidade e remanejamento da força de trabalho* no mercado internacional; de outro, como *movimento social*, visto que subjetivamente tem sentido como preservação ou conservação de um modo de vida. Trata-se de um *movimento social expressivo* no sentido de que "o projeto de vida alternativa que ele contém ou o projeto de vida social que antecipa e busca realizar *não abrange os domínios concretos de sua gênese*" (Martins, 1973: 27).

aos *efeitos* estruturais dessas rupturas. Isto é, inverte o seu sentido. Alienadamente, o camponês formula e desencadeia a sua oposição à sociedade capitalista" (Martins, 1973: 27-28). A *forma de consciência* mantém-se fundada no modo de vida camponês que ele busca preservar, não apreendendo a redefinição que esse modo de vida sofre pela sua integração à sociedade capitalista. O que se percebe são os *efeitos* daquela redefinição que busca neutralizar e resistir numa oposição anticapitalista, porque anti-societária. A viabilidade histórica desse modo de vida é determinada pela superação do próprio capitalismo: pela supressão da mediação coisificadora de mercadoria na relação entre os homens.

O nascimento da utopia comunitária[260] — elemento central da realidade do camponês — encontra-se enraizado na contradição da realidade própria por ele vivida: a de trabalhador independente, embora não mais se encontre naquilo que produz, cujos resultados vão se acumular pela mediação da renda territorial, do capital e do mercado em outros setores dominantes da sociedade. O seu trabalho independente não é mais que a proletarização virtual, e a defesa, intersubjetivamente, de sua independência responde à forma peculiar como resiste a esse desafio histórico.

Poder-se-ia afirmar que a questão da consciência, tal como analisada pelo autor, está inscrita na *tensão entre a aparência das relações sociais e sua efetividade histórica*. Ela só pode ocorrer numa sociedade que apresenta tais características, ou seja, uma separação histórica entre ato e resultado, o que tem seu fundamento na própria organização capitalista de produção: o trabalho social e a apropriação privada. Portanto, os mecanismos da ilusão são *objetivos*, não podendo ser atribuídos a mero "erro" ou "incapacidade" das classes subalternas de apreensão desse processo. A raiz dessa questão é trabalhada por Marx na análise das relações entre valor e preço da força de trabalho: a troca aparentemente igual da força de trabalho por salário é, de fato, uma troca desigual. Essa desigualdade só se torna possível porque está encoberta pela igualdade necessária à troca de mercadorias equivalentes.

---

260. A utopia comunitária "[...] enquanto visão do mundo que norteia o relacionamento na formação social concreta ela explica integradamente a vida camponesa, estabelecendo nexos entre os elementos de situação como se não fossem referidos a outros componentes da formação capitalista. A comunidade constitui, portanto, o *elemento central da realidade do camponês*, pois ela exprime o modo possível de conceber sua existência" (Martins, 1973: 29).

Nessa sociedade, a consciência conforma-se, necessariamente, como uma *"consciência ambígua"*:[261] nem inteiramente falsa, nem inteiramente verdadeira. O que tem de "falso" é resultante de um determinante histórico, inscrito objetivamente na organização do modo de viver e de trabalhar nessa sociedade. A recusa da situação ou de aspectos da situação não conduz a uma elaboração científica ou filosófica que coloque tal recusa nos quadros da história. É uma consciência ambígua, porque dividida, orientando-se, ao mesmo tempo, como recusa e justificação da vida. A recusa é organizada a partir de critérios de reflexão tomados do senso comum, sendo proposta de forma tal que adquire sentido nos parâmetros da ordem. Assim, a rejeição subjetiva metamorfoseia-se em alternativas que confirmam a ordem estabelecida, pois esta não é desvendada nos seus fundamentos históricos. "A ambigüidade se resolve desencadeando formas individuais ou coletivas de negação da sociedade e, ao mesmo tempo, articulando essas formas dentro da ordem estabelecida". Segundo Martins, é nos limites da consciência ambígua que se organiza a consciência na vida cotidiana, podendo ser crítica no sentido de *constituição* da sociedade e não de sua *superação*. A ultrapassagem da ambigüidade dá-se a partir da apropriação de uma teoria crítica da sociedade e da prática política que permita avançar na apreensão dos fundamentos concretos da vida social.

2. O trabalho do assistente social em tempo de capital fetiche

2.1. O trabalho do assistente social

O propósito deste segmento é indicar elementos para uma análise do trabalho do assistente social em tempo do capital fetiche, que considere suas particularidades e focalize as tensas relações entre *projeto ético-político profissional e estatuto assalariado*. Pretende-se atribuir visibilidade às implicações teóricas contidas na tese sustentada, desde a década de 80, de que o

---

261. Tal noção foi desenvolvida no Curso de Sociologia da Vida Cotidiana — FFCHL/USP, Departamento de Ciências Sociais, em 1975. Anotações de aula.

Serviço Social é uma das especializações do trabalho, parte da divisão social e técnica do trabalho social.

A conjunção entre projeto profissional e trabalho assalariado, como núcleo irradiador da argumentação, não é uma eleição aleatória. Ela permite atribuir visibilidade, do universo do Serviço Social brasileiro, à dupla determinação do trabalho do assistente social como trabalho útil e abstrato, dimensões indissociáveis para se pensar o trabalho na sociedade burguesa, cujo pressuposto é o reino mercantil, no qual se assenta a forma social da propriedade privada capitalista e a divisão do trabalho, que lhe é correspondente.

A necessidade de se retomar essa argumentação, é uma decorrência da hipótese antes aventada, qual seja a ampla difusão dessa análise do Serviço Social como profissão situada na divisão do trabalho, com foco no seu significado social no processo de reprodução das relações sociais, tornou-se de domínio público na categoria, assumida na linguagem cotidiana de parcelas significativas de profissionais e amplamente difundida na formação universitária. Contudo, ela não foi acompanhada, em igual medida, da apropriação das bases teórico-metodológicas que a sustentam. Esta hipótese é atestada, inclusive, no circuito acadêmico pela polêmica aí instaurada, que questiona ser ou não a atividade profissional desenvolvida pelo assistente social uma expressão do trabalho social. Indaga-se: a categoria trabalho é ou não pertinente para a leitura da profissão e de seu exercício por parte dos agentes especializados?

O dilema condensado na inter-relação entre projeto profissional e estatuto assalariado significa, por um lado, a afirmação da relativa autonomia do assistente social na condução de suas ações profissionais, socialmente legitimada pela formação acadêmica de nível universitário e pelo aparato legal e organizativo que regulam o exercício de uma "profissão liberal" na sociedade (expresso na legislação pertinente e nos Conselhos Profissionais). Aquela autonomia é condicionada pelas lutas hegemônicas presentes na sociedade que alargam ou retraem as bases sociais que sustentam a direção social projetada pelo assistente social ao seu exercício, permeada por interesses de classes e grupos sociais, que incidem nas condições que circunscrevem o trabalho voltado ao atendimento de necessidades de segmentos majoritários das classes trabalhadoras.

Essas projeções coletivas da categoria, materializadas nas ações de seus pares, apóiam-se em conhecimentos teórico-metodológicos concernentes ao Serviço Social nas relações entre o Estado e a sociedade de classes, e em princípios éticos e políticos balizadores do comportamento dos profissionais, que moldam as ações empreendidas. Em outros termos, conhecimentos e princípios éticos alimentam projeções profissionais historicamente determinadas, materializando a dimensão teleológica do trabalho do assistente social: a busca, por parte da categoria, de imprimir nortes ao seu trabalho, afirmando-se como sujeito profissional.

Por outro lado, o exercício da profissão realiza-se pela mediação do trabalho assalariado, que tem no Estado e nos organismos privados —, empresariais ou não —, os pilares de maior sustentação dos espaços ocupacionais desse profissional, perfilando o seu mercado de trabalho, componente essencial da profissionalização do Serviço Social. A mercantilização da força de trabalho do assistente social, pressuposto do estatuto assalariado, subordina esse trabalho de qualidade particular aos ditames do trabalho abstrato e o impregna dos dilemas da alienação, impondo condicionantes socialmente objetivos à autonomia do assistente social na condução do trabalho e à integral implementação do projeto profissional.

Verifica-se uma tensão entre projeto profissional, que afirma o assistente social como um ser prático-social dotado de liberdade e teleologia, capaz de realizar projeções e buscar implementá-las na vida social; e a condição de trabalhador assalariado, cujas ações são submetidas ao poder dos empregadores e determinadas por condições externas aos indivíduos singulares, às quais são socialmente forjados a subordinar-se, ainda que coletivamente possam rebelar-se.

Em outros termos, repõe-se nas particulares condições do trabalho do assistente social profissional, o clássico dilema entre *causalidade e teleologia*, entre momentos de estrutura e momentos de ação, exigindo articular, na análise histórica, estrutura e ação do sujeito.

Esse dilema é subjetivamente apreendido pelos profissionais de campo, ao nível da percepção cotidiana, de forma dualista, expressa no reincidente reclamo do "distanciamento entre projeções e realidade, entre teoria e prática". Mas essa "denúncia" aponta duas questões da maior relevância: (a) a existência de um campo de mediações que necessita ser considerado para realizar o trânsito da análise da profissão ao seu exercício efetivo na diversidade dos espaços ocupacionais em que ele se inscreve; (b) a exigência de ruptura de análises unilaterais, que enfatizam um dos pólos daquela tensão transversal ao trabalho do assistente social, destituindo as relações sociais de suas contradições.

Assim, um desafio é romper as unilateralidades presentes nas leituras do trabalho do assistente social com vieses ora fatalistas, ora messiânicos, tal como se constata no cotidiano profissional (Iamamoto, 1992a). As primeiras superestimam a força e a lógica do comando do capital no processo de (re)produção, submergindo a possibilidade dos sujeitos de atribuírem direção às suas atividades. Com sinal trocado, no viés voluntarista, a tendência é silenciar ou subestimar os determinantes histórico-estruturais objetivos que atravessam o exercício de uma profissão, deslocando a ênfase para a vontade política do coletivo profissional, que passa a ser superestimada, correndo-se o risco de diluir a profissionalização na militância *stricto sensu*.

O outro desafio é participar de um empreendimento coletivo, que permita, de fato, trazer, para o centro do debate, o exercício e/ou trabalho cotidiano do assistente social, como uma questão central da agenda da pesquisa e da produção acadêmica dessa área. O esforço, aqui anunciado, está voltado para atribuir transparência aos processos e formas pelos quais o trabalho do assistente social é impregnado pela sociabilidade da sociedade do capital, elucidando sua funcionalidade e, simultaneamente, o potencial que dispõe para impulsionar a luta por direitos e a democracia em todos os poros da vida social; potencial esse derivado das contradições presentes nas relações sociais, do peso político dos interesses em jogo e do posicionamento teórico-prático dos sujeitos profissionais ante os projetos societários.

A revisão da literatura recente sobre os fundamentos do trabalho profissional permitiu concluir que ela se concentra em apreender, sob distintas ênfases, uma dimensão de fundamental importância para caracterizar o Serviço Social: a *natureza qualitativa dessa atividade profissional*, enquanto ação orientada a um fim como resposta às necessidades sociais, materiais ou espirituais, (condensadas nas múltiplas expressões da *questão social*) de segmentos sociais das classes subalternas na singularidade de suas vidas: indivíduos e suas famílias, grupos com recortes específicos. Parece haver consenso de que se trata de uma atividade inscrita predominantemente *no terreno político e ideológico, com refrações nas condições materiais da existência dos sujeitos* via serviços, programas e projetos implementados pelas políticas públicas —, com destaque para o campo da seguridade social e, nela, da assistência —, que interferem no padrão de consumo e na qualidade de vida das famílias trabalhadoras.

Em outros termos, o exercício profissional tem sido abordado em sua dimensão de trabalho concreto: em seu valor de uso social, como uma atividade programática e de realização que persegue finalidades e orienta-se por conhecimentos e princípios éticos, requisitando suportes materiais e conhecimentos para sua efetivação. A literatura considerada indica vários atalhos e veredas para a qualificação desse trabalho concreto, que enriquecem as possibilidades de sua análise sob angulações inéditas.

Portanto, a produção recente acumulada, que tem o Serviço Social como objeto de estudo, centra-se fundamentalmente na qualidade desse trabalho —, ou na sua *diferencialidade* —, e identifica seus portadores como dotados de uma força de trabalho dotada de capacitação específica: capazes de criar um tipo trabalho concreto distinto e particular. O que não dispõe de centralidade nessa mesma literatura é a *identidade* do trabalho do assistente social, enquanto trabalho abstrato, com o trabalho social médio: como parte alíquota do trabalho total socialmente produzido. As implicações do trabalho do assistente social no circuito do valor —, da produção e distribuição do valor e da mais valia —, não são tratadas, como se a "forma valor fosse mero cerimonial" na sociedade do capital fetiche. Ainda que a citada produção reconheça o fato do assistente social ser um trabalhador assalariado —, e, enquanto tal, vivendo uma situação comum a todos os demais assalariados — não erige essa característica como central.

Ora, a divisão social do trabalho[262] não se esgota na óptica do intercâmbio de trabalhos qualitativamente diferentes, que satisfazem variadas necessidades do ponto de vista do valor de uso dos produtos ou serviços trocados. No mundo dominado pelo valor de troca, o indivíduo produz

---

262. No conjunto de minha produção de 1982 existe um texto especificamente dedicado à divisão do trabalho —, só publicado uma década depois — do qual retomo algumas poucas indicações. Cf. Iamamoto (1992a: 54-75).

SERVIÇO SOCIAL EM TEMPO DE CAPITAL FETICHE

para si ao produzir para a sociedade, na qual cada membro trabalha para ele em outra esfera. Ao se produzir uma mercadoria, esta deve ter um valor de uso não para quem a produz, mas para outros: é valor de troca, que só se converte em meio de subsistência para seu produtor depois de ter revestido, no dinheiro, a forma de produto universal, através do qual pode realizar-se em qualquer trabalho de outro qualitativamente distinto. Implica uma *forma específica de divisão do trabalho*, cuja condição fundamental é que os sujeitos criem produtos determinados pelo elemento social do valor de troca. Trata-se da divisão de trabalho de estrutura histórica determinada, na qual o indivíduo encontra-se determinado pela sociedade.

À medida que a satisfação das necessidades sociais se torna mediada pelo mercado, isto é, pela produção, troca, e consumo das mercadorias tem-se uma crescente divisão do trabalho social. Esta pode ser considerada nas suas formas gerais (no mercado mundial, por grupos de países, no interior de um país, entre agricultura e indústria, cidade e campo), passando pelas formas singulares e particulares dentro de ramos de produção, até a divisão do trabalho no interior das empresas. Essa divisão determina a vinculação de indivíduos em órbitas profissionais específicas, tão logo o trabalho assume um caráter social, executado pela sociedade e através dela. Com o desenvolvimento das forças produtivas do trabalho sob a égide do capital, o processo de trabalho passa a ser realizado sob a forma de cooperação de muitos trabalhadores e meios de trabalho, verificando-se, ao mesmo tempo, um parcelamento das atividades necessárias à realização de um produto, sem precedentes em épocas anteriores.

O grau de desenvolvimento da divisão do trabalho expressa o grau de desenvolvimento das forças produtivas sociais do trabalho. Com a divisão dá-se, ao mesmo tempo, a distribuição quantitativa e qualitativa do trabalho e dos produtos, isto é da propriedade —, do poder de dispor do trabalho de outro. A divisão do trabalho e a propriedade são expressões idênticas: o que a primeira enuncia em relação à atividade do homem, a segunda enuncia em relação ao produto dessa atividade. Assim, a cada fase da divisão do trabalho corresponde uma forma de propriedade, ou a cada estágio do desenvolvimento das forças produtivas corresponde uma forma de apropriação do trabalho (Marx e Engels, 1977). Na sociedade capitalista e na forma de propriedade privada que lhe corresponde, o trabalho humano é expressão da atividade humana num contexto de alienação e a divisão do trabalho é a expressão econômica do caráter social do trabalho dentro da alienação.

A divisão do trabalho desenvolvida torna o trabalho do indivíduo tão unilateral quanto multilaterais são suas necessidades, fazendo com que seu produto sirva-lhe apenas enquanto meio de troca, visto que o trabalho não é diretamente social. Conforme o salientado, a satisfação das necessidades do indivíduo produtor passa a ser mediada pelo mercado, pelo valor de troca, uma vez que se produz valor de uso para outros, capazes de responder a necessidades sociais. Exige-se, portanto, que o produto do trabalho concreto seja, simultaneamente, um produto universal, carente de individualidade, trocável por qualquer outro. Vale reafirmar que somente na sociedade mercantil o trabalho dos indivíduos apresenta-se ao contrário do que é: como um trabalho carente de individualidade, abstratamente geral, ou seja, na sua forma geral (Marx, 1980b, v. I), ou seja, enquanto valor. O trabalho humano abstrato, substância do valor, é pensado na sua quantidade e medido pelo tempo: tempo de trabalho socialmente necessário investido na sua produção (elemento histórico-social) condicionado pelo desenvolvimento das forças produtivas sociais do trabalho. Logo, a objetividade dos produtos como valores é puramente social —, não importando sua forma corpórea — só passível de ser revelada na relação com outras mercadorias, o que supõe abstrair-se da forma concreta que assumem. Nesse circuito pouco interessa se existem ou não marcas deixadas pelo trabalho concreto, do qual a mercadoria é resultante (ainda que ela tenha que ter uma utilidade social para ser suporte do valor de troca): se o produto é mercadoria —, dotada de uma realidade corpórea —, ou serviço —, que não assume uma configuração objetiva e uma existência separada do seu prestador —, uma vez que tais determinações referem-se ao valor de uso.

Sendo o assistente social um trabalhador assalariado, vende sua força de trabalho especializada aos empregadores, em troca de um equivalente expresso na forma monetária. É preciso lembrar que, no circuito do valor, o produto que todo assalariado produz para si é o equivalente aos seus meios de vida: o valor de troca de sua força de trabalho expresso no dinheiro, forma de equivalente geral, no qual se manifesta o valor de todas as demais mercadorias de qualidades diferentes, permitindo o seu intercâmbio.

Em decorrência, o caráter social desse trabalho assume uma dupla dimensão: (a) enquanto trabalho útil atende a necessidades sociais (que justificam a reprodução da própria profissão) e efetiva-se através de relações com outros homens, incorporando o legado material e intelectual de gerações passadas, ao tempo em que se beneficia das conquistas atuais das ciências sociais e humanas; (b) mas só pode atender às necessidades sociais se seu trabalho puder ser igualado a qualquer outro enquanto trabalho abstrato —, mero coágulo de tempo de trabalho social médio —, possibilitando que esse trabalho privado adquira um caráter social.

O assistente social é proprietário de sua força de trabalho especializada. Ela é produto da formação universitária que o capacita a realizar um "trabalho complexo", nos termos de Marx (1985). Essa mercadoria força de trabalho é uma potência, que só se transforma em atividade —, em trabalho —, quando aliada aos meios necessários à sua realização, grande parte dos quais se encontra monopolizado pelos empregadores: recursos financeiros, materiais e humanos necessários à realização desse trabalho concreto, que supõe programas, projetos e atendimentos diretos previstos pelas políticas institucionais.

O assistente social ingressa nas instituições empregadoras como parte de um coletivo de trabalhadores que implementa as ações institucionais, cujo resultado final é fruto de um trabalho combinado ou cooperativo, que assume perfis diferenciados nos vários espaços ocupacionais. Também a relação que o profissional estabelece com o objeto de seu trabalho —, as múltiplas expressões da *questão social*, tal como se expressam na vida dos sujeitos com os quais trabalha —, dependem do prévio recorte das políticas definidas pelos organismos empregadores, que estabelecem demandas e prioridades a serem atendidas.

Como se pode observar existe uma ingerência direta, de parte dos empregadores, na definição do trabalho profissional, na contramão de sua integral autonomia. Entretanto, os componentes universais envolvidos na realização de todo trabalho, qualquer que seja a sua natureza —, meios, objeto e o próprio trabalho —, também se repõem no trabalho do assistente social, ainda que sob condições determinadas.

Na compra e venda da força de trabalho, o trabalhador recebe o valor de troca dessa mercadoria —, traduzido no equivalente monetário de seu tempo de trabalho socialmente necessário —, e entrega ao empregador o seu valor de uso: o direto de consumo dessa força de trabalho durante um período determinado de tempo, equivalente a uma dada jornada de trabalho, segundo parâmetros estabelecidos pelos contratantes, consoante normas institucionais e acordos formalizados no contrato de trabalho. Ou seja, durante o período em que trabalha, sua atividade é socialmente apropriada por outro: o sujeito que trabalha não tem o poder de livremente estabelecer suas prioridades, seu modo de operar, acessar todos os recursos necessários, direcionar o trabalho exclusivamente segundo suas intenções, o que é comumente denunciado como o "peso do poder institucional". Simultaneamente, o assistente social tem como base social de sustentação de sua relativa autonomia —, e com ela a possibilidade de redirecionar o seu trabalho para rumos sociais distintos daqueles esperados pelos seus empregadores —, o próprio caráter contraditório das relações sociais. Ou seja, nelas se encontram interesses sociais e antagônicos que se refratam no terreno institucional enquanto forças sociopolíticas em luta pela hegemonia e que podem ancorar politicamente o trabalho realizado. As necessidades sociais e aspirações dos segmentos subalternos, que são o público alvo do trabalho profissional, podem potenciar e legitimar os rumos impressos ao trabalho do assistente social, na contramão das definições "oficiais". Na defesa de sua relativa autonomia, no âmbito dos espaços ocupacionais, o assistente social conta com sua qualificação acadêmico-profissional especializada, com a regulamentação de funções privativas e competências e com a articulação com outros agentes institucionais que participam do mesmo trabalho cooperativo, além das forças políticas das organizações dos trabalhadores que aí incidem.

Na direção de expansão das margens de autonomia profissional no mercado de trabalho, é fundamental o respaldo coletivo da categoria para a definição de um perfil da profissão: valores que a orientam, competências teórico-metodológicas e operativas e prerrogativas legais necessárias a sua implementação, entre outras dimensões, que materializam um projeto profissional associado às forças sociais comprometidas com a democratização da vida em sociedade. Este respaldo político-profissional mostra-se, no cotidiano, como uma importante estratégia de alargamento da relativa autonomia do assistente social, contra a alienação do trabalho assalariado.

SERVIÇO SOCIAL EM TEMPO DE CAPITAL FETICHE

A relação contratual, que supõe a equivalência entre compra e venda de mercadorias do mesmo valor, exige um conjunto de códigos que formalizam e institucionalizam as relações de propriedade inerentes às relações de produção que dão vida a essa sociedade.[263] É a relação de equivalência envolvida nas trocas mercantis, que funda a idéia de equivalência jurídica. Ou em outros termos, a *forma jurídica* —, inerente à relação contratual entre livres proprietários privados de mercadorias equivalentes —, só se constitui quando as relações mercantis se generalizam:

> Para vincular essas coisas entre si como mercadorias, os guardiões das mesmas devem relacionar-se mutuamente como personas, cuja vontade reside em tais objetos, de tal modo que um só com a anuência da vontade do outro, ou seja, mediante um ato de vontade comum a ambos, apropria-se da mercadoria alheia e aliena a sua própria. Os dois devem reconhecer-se como proprietários privados. Essa relação jurídica, cuja forma é o contrato —, legalmente formulado ou não —, é uma relação entre vontades na qual se reflete a relação econômica. O conteúdo de tal relação jurídica ou entre vontades é dado pela relação econômica mesma. Aqui, as pessoas só existem umas para as outras como representantes das mercadorias e por fim como possuidores de mercadorias (Marx, 1985b: 104-105, t. I, v. I, grifos do autor).

Na sociedade burguesa, em decorrência da expansão da divisão do trabalho e da propriedade privada capitalista —, e conflitos de interesses a ela inerentes —, o Código tem uma importância fundamental no estabelecimento de uma coerência formal das desigualdades de interesses privados e conflitos entre os indivíduos atomizados. Entretanto, os esforços de formalização para atribuir coerência ao caos das iniciativas individuais não

---

263. [...] "Porque a troca de mercadorias à escala da sociedade no seu pleno desabrochar, favorecida notadamente pela concessão de empréstimos e de créditos, engendrava complexas relações contratuais. E exigia por isso, regras de validade geral, que não podiam ser editadas senão pela coletividade — normas jurídicas fixadas pelo Estado —. Imaginava-se que essas normas jurídicas não tinham por origem fatos econômicos, mas era a sua codificação formal pelo Estado que as fazia nascer. E porque a concorrência, que é a forma fundamental das relações entre livres produtores de mercadorias, é a maior niveladora que existe, a igualdade diante da lei tornou-se o grande grito de guerra da burguesia. A luta da classe ascendente contra os senhores feudais e a monarquia absoluta, que então os protegia, devia necessariamente, como toda luta de classes, ser uma luta política, uma luta pela posse do Estado. E era, necessariamente, uma luta para a satisfação de reivindicações jurídicas; fato que contribuiu para consolidar a concepção jurídica do mundo" (Engels, 1980: 1).

podem eliminar as contradições presentes nas relações sociais. Todavia, lhes impõem uma norma por meio da qual os conflitos são abafados e atenuados. Dessa forma, as relações jurídicas codificadas —, que dispõem de certa elasticidade e capacidade de adaptação —, só se justificam pelo caráter essencialmente desigual da sociedade de classes ou, nos termos de Lefebvre (1979: 83) "a justiça do direito é o corolário da injustiça".

Para além dos acordos previstos no contrato de trabalho —, e, considerada a bagagem acadêmico-profissional do assistente social — o que determina o cotidiano das ações profissionais são as condições e relações sociais que circunscrevem esse trabalho. Elas interferem no seu direcionamento, nas atribuições delegadas, nos recursos autorizados, entre outras dimensões, cuja força decorre das relações de poder econômico e político que repercutem no próprio conteúdo e a qualidade do trabalho realizado. Soma-se a isso a interferência dos requisitos de produtividade, eficiência, as pressões dos prazos e das rotinas a serem observadas, embora os agentes profissionais possam nelas interferir em razão de sua competência e da força política que disponham. Refratam ainda, de maneira ponderável, na possibilidade de ampliação da relativa autonomia do assistente social as pressões de parte dos cidadãos por direitos e serviços correspondentes e as lutas coletivas empreendidas pelo controle democrático das ações do Estado e, em particular, das políticas sociais públicas.

Verifica-se, pois, uma *tensão entre o trabalho controlado e submetido ao poder do empregador, as demandas dos sujeitos de direitos e a relativa autonomia do profissional para perfilar o seu trabalho*. Assim, o trabalho do assistente social encontra-se sujeito a um conjunto de determinantes históricos, que fogem ao seu controle e impõem limites, socialmente objetivos, à consecução de um projeto profissional coletivo no cotidiano do mercado de trabalho. Alargar as possibilidades de condução do trabalho no horizonte daquele projeto exige estratégias político-profissionais que ampliem bases de apoio no interior do espaço ocupacional e somem forças com segmentos organizados da sociedade civil, que se movem pelos mesmos princípios éticos e políticos.

Os dilemas da alienação, indissociáveis do trabalho assalariado, incidem no trabalho do assistente social, com matizes distintos nos vários espaços ocupacionais, dependendo das relações sociais que os configuram e ecoam na concretização da autonomia profissional. Ainda que as características do trabalho concreto exercido por esse profissional sejam as mesmas nos vários espaços de trabalho —, traduzidas nas competências e atribuições profissionais, sujeitas à fiscalização dos Conselhos Profissionais e legalmente resguardadas —, a organização dos processos de trabalho e/ou das funções públicas em que se inscrevem os assistentes sociais têm significados particulares: na esfera do Estado —, e nos seus respectivos Poderes (no nível federal, estadual e municipal) —, nas empresas capitalistas, nas entidades filantrópicas e/ou sem fins lucrativos e nos organismos de representação político-corporativos de segmentos específicos de trabalhadores que, eventualmente, figuram como empregadores de profissionais especializados. Quando a preocupação é elucidar o significado social desse trabalho no processo de reprodução das relações sociais, é decisivo considerar as particulares condições e relações sociais que emolduram o trabalho profissional para clarificar seus efeitos nos processos sociopolíticos e culturais e no circuito global de (re)produção do capital. Em outros termos, o exercício profissional sob a órbita do Estado, das empresas capitalistas e de entidades privadas não lucrativas tem efeitos e significados distintos no processo de reprodução das relações sociais, porque o trabalho se realiza na relação com sujeitos sociais específicos.

O Estado tem sido historicamente o maior empregador dos assistentes sociais, atribuindo uma característica de servidor público a esse profissional. Um dos elementos, que incide sobre o trabalho realizado no âmbito do aparelho de Estado, é a burocracia. Fortes marcas do *saber burocrático* espraiam-se na cultura das repartições públicas e de seus agentes e impregna os profissionais que aí atuam. Lefebvre (1979: 104-107) sustenta que o saber burocrático, ao erigir a burocracia em critério de verdade, esforça-se por se constituir como um "saber sistemático", manifesto no segredo e na competência das repartições públicas e, em geral, dos peritos que aí se encontram. Traduz, de fato, por uma hierarquia do saber, em que os inferiores acreditam ser a "cabeça superior" capaz de compreender o racional, o geral —, "o saber sagrado" —, em contraposição ao saber profano civil (saber empírico, prático, obtido no trabalho e na divisão do trabalho).

A divisão do trabalho e as relações sociais dela derivadas, assentadas na propriedade privada capitalista, atribuem à burocracia sua base, qual seja, a *separação entre os interesses particulares e o interesse geral*: cisão no interior do humano entre o privado e o público. Ao buscar organizar formalmente esse conteúdo, a burocracia torna-se *formalismo* e, como tal, se pretende "consciência superior" e "vontade" do Estado, isto é, poder do Estado. No tratamento burocrático dos homens e das coisas, que envolve atos, poderes e vontades, os seres reais são tratados de *modo invertido*, ou seja, não como são na realidade, mas de acordo com sua imagem no mundo da burocracia. Assim, a racionalidade burocrática adquire uma significação contrária à que se autoproclama —, portadora do interesse geral, de toda a sociedade —, e se revela como irrealidade de um mundo invertido.[264]

O espírito da burocracia é o segredo de sua competência, guardada pela hierarquia, pelo caráter fechado da corporação burocrática. Inserida entre o Estado e a opinião pública, a burocracia propõe-se a impedir a profanação do Estado, tido como espírito supremo, coroa da cabeça burocrática. O princípio efetivo da burocracia é o *culto à autoridade*, que constitui a mentalidade burocrática por excelência, em contradição com o sistema de saber. A representação idealizada das altas esferas se materializa no reclamo à sórdida obediência passiva aos mecanismos da atividade fixada em formas e rotinas (Lefebvre, 1979).[265] Esse *ethos* da burocracia impregna também a atuação dos profissionais de Serviço Social. A reiteração de procedimentos profissionais rotineiros e burocráticos na relação com os sujeitos

---

264. "Justamente porque os indivíduos procuram apenas o interesse particular, que para eles não coincide com o seu interesse coletivo (o geral é, de fato, a forma ilusória de coletividade) este interesse comum faz-se valer como um interesse 'estranho' aos indivíduos, 'independente' deles, como um interesse 'geral' especial e peculiar; ou têm que se enfrentar com este conflito, tal como na democracia. Por outro lado, a luta *prática* destes interesses particulares, que constantemente e de modo *real* chocam-se com os interesses coletivos e ilusoriamente tidos como coletivos, torna necessários o controle e a intervenção *prática* através do ilusório interesse geral como Estado" (Marx, K. e Engels, F. 1977: 47).

265. Vazquez (1968), na apresentação da obra de Marx, Crítica da Filosofia do Direito de Hegel, referenda esta análise. Para Marx, a burocracia, longe de assegurar o interesse geral, introduz o interesse particular na esfera mesma do Estado. A burocracia, ainda que se identifique formalmente como os fins do Estado, na realidade não faz mais que identificar os fins do Estado com os seus próprios, assumindo-o como sua propriedade privada. Assim, tem que excluir tudo o que implica controle e publicidade. Por isto, "o espírito geral da burocracia é o segredo, os mistérios do Estado guardados em seu seio pela hierarquia, e para fora, por seu caráter de corporação fechada. O espírito do Estado, ao ser conhecido por todos, como também a opinião pública, aparecem ante a burocracia como uma traição ao seu mistério. A autoridade é, em conseqüência, o princípio da sua sabedoria, e a idolatria da autoridade constitui seu sentimento" (Marx, Apud Vazquez, 1968: 8).

SERVIÇO SOCIAL EM TEMPO DE CAPITAL FETICHE

pode resultar na invasão de um estranho no seu ambiente privado, muitas vezes aliada a uma atitude de tolerância com a violência que tem lugar nos aparatos burocráticos do Estado. Assim faz-se necessário estimular a criação de mecanismos passíveis de desburocratizar as relações com os sujeitos que reivindicam direitos e serviços, melhorando a qualidade do atendimento.

Os assistentes sociais dispõem de um manancial de denúncias sobre violação dos direitos humanos e sociais e, desde que não firam as prescrições éticas do sigilo profissional, podem ser difundidas e repassadas aos órgãos de representação e meios de comunicação, atribuindo-lhes visibilidade pública na defesa dos direitos. Ao nível do trabalho concreto realizado na esfera do Estado, merece atenção a socialização das informações enquanto uma das atividades profissionais exercidas pelo assistente social. Ela não se reduz ao mero repasse de dados sobre as normas e recursos legais; é uma informação transmitida na ótica do direito social, em que os sujeitos individuais e coletivos são reconhecidos em suas necessidades coletivas e demandas legítimas, considerando a realidade macrossocial de que eles são parte e expressão. A socialização de informações, nos termos expostos, envolve uma relação democrática e aberta à reflexão e à crítica entre o assistente social e os sujeitos que demandam seus direitos (e serviços a eles correspondentes) sem ofuscar os distintos papéis que desempenham na relação.[266] Por meio da socialização de informações procura-se tornar transparente, ao sujeito que busca os serviços, as reais implicações de suas demandas —, para além das aparências e dos dados imediatos —, assim como os meios e condições de ter acesso aos direitos. Nesse sentido, essa atividade extrapola uma abordagem com um foco exclusivamente individual —, ainda que, por vezes, realizada junto ao um único indivíduo — à medida que considera a realidade dos sujeitos como parte de uma coletividade. Impulsiona, assim, também a integração de recursos sociais que forneça uma retaguarda aos encaminhamentos sociais e a articulação do trabalho com as forças organizadas da sociedade civil, abrindo canais

---

266. Cf. sobre o tema o importante trabalho realizado pelos assistentes sociais do INSS: *Matriz teórico-metodológica do Serviço Social na Previdência Social*. Brasília, Divisão de Serviço Social, 1994, 32 págs. Este documento foi publicado em 1994, pelo então Ministério da Previdência e Assistência Social —, MPAS. Ver, também, Silva (2000).

para a articulação do indivíduo com grupos e/ou entidades de representação, capazes de afirmar e negociar interesses comuns na esfera pública.

O assistente social ao atuar na intermediação entre as demandas da população usuária e o acesso aos serviços sociais, coloca-se na linha de intersecção das esferas pública e privada, como um dos agentes pelo qual o Estado intervém no espaço doméstico dos conflitos, presentes no cotidiano das relações sociais. Tem-se aí uma dupla possibilidade. De um lado, a atuação do(a) assistente social pode representar uma "invasão da privacidade" através de condutas autoritárias e burocráticas, como extensão do braço coercitivo do Estado (ou da empresa). De outro lado, ao desvelar a vida dos indivíduos, pode, em contrapartida abrir possibilidades para o acesso das famílias a recursos e serviços, além de acumular um conjunto de informações sobre as expressões contemporâneas da *questão soci*al pela via do estudo social. Considerando que o assistente social atua numa zona de fronteira entre o público e o privado, a contribuição de Raichelis (1998) sobre o significado da esfera pública merece menção. Para a autora, a esfera pública é um

> [...] espaço de publicização de interesses heterogêneos, de confrontos de práticas sociais contraditórias e de luta pela hegemonia político-cultural em torno de projetos societários. Assim concebida, a esfera pública envolve necessariamente a organização de segmentos da sociedade civil ante projetos políticos e, portanto, a representação de interesses coletivos de grupos e classes sociais contrapostos" (Raichelis, 1998: 82).

Nessa acepção, o processo de publicização é um movimento que impregna todo o tecido social, que depende da correlação de forças políticas e "permite tornar visíveis os conflitos e viabilizar consensos" (Raichelis, 1998: 27). Ele está voltado à criação de uma ordem democrática que envolve a representação dos interesses coletivos na cena pública, de modo que possam ser confrontados e negociados, reconhecendo e explicitando os conflitos presentes nas relações sociais capitalistas.

Nessa polêmica leitura da autora, o público não se reduz ao estatal e nem o privado ao mercado. A esfera pública envolve "visibilidade", ou seja, transparência nas ações e discursos dos sujeitos; controle social, à medida que supõe o acesso dos usuários aos processos que informam as decisões no âmbito da sociedade política, com capacidade de interferência nas regras que conduzem as negociações e arbitragem dos interesses em jogo; "representação de interesses coletivos" e ampliação dos fóruns de decisão, para além dos condutos vigentes de representação na perspectiva da democratização. Requer ainda o cultivo de uma "cultura pública", em contraposição ao autoritarismo, à "cultura privatista" (p. 40-41).

O desafio, para um próximo trabalho, é salientar a leitura do trabalho do assistente social em espaços ocupacionais de natureza diferentes particularizando, no seu processamento, as competências e atribuições profissionais enquanto expressões desse trabalho concreto, situado no campo de forças sociais que, imediatamente, incidem nesses espaços; e o seu significado social no processo de reprodução das relações sociais nesse tempo do capital fetiche, ante as profundas transformações que se operam na organização e consumo do trabalho e nas relações entre o Estado e a sociedade civil com a radicalização neoliberal.

O pressuposto, que orienta essa proposta, é o que de que não existe um processo de trabalho do Serviço Social, visto que o trabalho é atividade de um sujeito vivo, enquanto realização de capacidades, faculdades e possibilidades do sujeito trabalhador. Existe, sim, um trabalho do assistente social e processos de trabalho nos quais se envolve na condição de trabalhador especializado.

O trabalho, força de trabalho em ação, é algo temporal, que só pode existir no sujeito vivo. Enquanto gasto vital, é um movimento criador do sujeito —, que, no contexto de alienação, metamorfoseia-se no seu contrário, ao subjugar seu próprio criador à condição de criatura —, impregnando a totalidade de seu ser: capacidades, emoções, ritmos do corpo, pensamento e valores. Assim, o trabalho como elemento subjetivo do processo de trabalho é componente da humanidade dos sujeitos, em processo de realização: é objetivação do sujeito e, simultaneamente, subjetivação da realidade pelo sujeito.

Sob a órbita do capital, o trabalho é, para o trabalhador, gasto vital —, desgaste do tempo de vida e de energia, vividos como sofrimento e rebeldia —, embora, como criador de valor, seja um produto do capital. Ora, sob os seus domínios, todos os componentes envolvidos na realização de qualquer trabalho —, instrumentos de trabalho, matérias primas e auxiliares e a própria atividade —, são sua propriedade e formas de sua existência no processo produtivo. Os elementos desse processo são acionados sob sua direção e controle, tornando-se um modo do capital produtivo manifestar-se. Logo, o produto do trabalho coletivo também lhe pertence, verificando-se a inversão entre sujeito e objeto: o trabalho vivo dos sujeitos passa, alienadamente, a submeter-se ao trabalho passado, materializado na forma de mercadoria ou na forma de dinheiro, assumidas pelo capital. O fio transversal dessa análise é a alienação, porque ela é o que determina a existência do capital como relação social.

Contudo, o trabalho do assistente social inscreve-se em outras relações que extrapolam o universo do capital na sua forma produtiva de mais-valia. Na órbita do Estado, a alienação, enraizada na divisão do trabalho, manifesta-se sob formas particulares, como o já indicado, impregnando as atividades dos servidores públicos. Também nos ramos da divisão do trabalho em que o capital assume as formas de mercadoria e de dinheiro —, no comércio e nas atividades financeiras —, o trabalho, a ele submetido, interfere no tempo de circulação do capital, acelerando a sua rotação, mas não atua na criação da mais-valia, ainda que o trabalho aí realizado esteja inscrito no universo do valor. O mesmo vale para as formas rentistas e mais parasitárias do capital, como a renda fundiária e as atividades financeiras voláteis.

Essas observações remetem à conclusão que, para decifrar o trabalho do assistente social como trabalho concreto e abstrato, exige-se particularizar as análises nas específicas condições e relações sociais em que ele ocorre, pois, se a qualidade do trabalho se preserva nas várias inserções, o seu significado social é diferente: a dimensão social desse trabalho realiza-se por mediações distintas em função da forma assumida pelo valor-capital e pelos rendimentos. Estas formas condicionam, sob a ótica do valor, a contribuição desse trabalhador ao processo de produção e reprodução das relações sociais sob a égide das finanças.

Um segundo pressuposto, que deve ser demarcado, é que existem diferentes processos de trabalho nos quais se inscreve a atividade do assistente social, contra o mito de um único processo de trabalho do assistente social.

Quando se admite *o* processo de trabalho do assistente social, opera-se uma simples mudança terminológica de "prática" para "trabalho" mediante uma sofisticação epidérmica da nomenclatura, sem que se altere o universo de sua construção teórica abstrata. Em outros termos, reitera-se o viés liberal de pensar a prática como atividade do indivíduo isolado, forjando o "encaixe" dos elementos constitutivos desse trabalho concreto em um "modelo universal" para análise de todo e qualquer processo de trabalho —, como se ele fosse suspenso da história e das relações sociais que o constituem. A lógica classificatória na leitura dos elementos universais de todo processo de trabalho —, atividade, matérias e instrumentos —, reduz o processo de trabalho à forma como se operacionaliza a atividade do assistente social, pensada no seu circuito interno: o "seu" processo de trabalho, em que o projeto profissional é deslocado das bases sociais de sua realização, tratado ao nível da intencionalidade do profissional. A análise da prática nos termos assinalados, pode redundar numa incriminação moral da categoria por não aderir ou não ser capaz de implementar o projeto idealizado. A artimanha é clara: as insuficiências da interpretação teórico-metodológica da prática profissional são transferidas para a categoria e imputadas às deficiências de sua competência profissional ou às suas opções sociopolíticas.

Faz-se necessário pois elucidar o exercício profissional nas particulares condições e relações de trabalho em que se inscreve, reconhecendo tanto suas características enquanto trabalho útil ou concreto (e avançando na leitura das competências e atribuições privativas do assistente social, tais como se forjam na atualidade), quanto sua dimensão de trabalho humano abstrato, em seus vínculos com o processo de produção e/ou distribuição da riqueza social. Isso remete ao enfrentamento dos dilemas do trabalho produtivo e/ou improdutivo —, exaustivamente explicitados no capítulo primeiro deste livro —, cuja caracterização depende das relações estabelecidas com específicos sujeitos sociais, na órbita das quais se realiza o trabalho do assistente social.

O desdobramento necessário dessa proposta de análise do trabalho do assistente social é tratá-lo de forma indissociável dos dilemas vividos pelo conjunto dos trabalhadores —, e suas lutas —, que sofrem perdas decisivas em suas conquistas históricas nesse tempo do capital fetiche. Este é um dos desafios importantes da agenda profissional, o que requer dar um salto de profundidade na incorporação da teoria social crítica no universo da profissão, aliada à pesquisa das respostas profissionais acionadas para fazer frente à *questão social.*

Mas pensar o trabalho do assistente social em tempo de capital fetiche requer também tratar o processo de formação dessa força de trabalho qualificada no âmbito do ensino universitário, sujeito às injunções econômicas, políticas e ideológicas da prevalência dos interesses grande capital e de seus centros estratégicos mundiais. Ao incorporarem os Estados nacionais à suas estratégias de reprodução, atingem profundamente as políticas públicas —, entre elas a política educacional, com profundas incidências na vida universitária, reconfigurando sua natureza e seu papel na sociedade, o que atinge diretamente a capacitação dos profissionais e pesquisadores.

2.2. Ensino universitário e a formação acadêmico-profissional

Os docentes e pesquisadores brasileiros vêm acompanhando criticamente a política universitária —, e as medidas delas decorrentes no ensino superior de Serviço Social —, na perspectiva de defesa da universidade pública, gratuita e de qualidade, direcionada aos interesses da coletividade e enraizada na realidade regional e nacional. Os esforços se direcionam para preservar, no ambiente universitário, a integração entre o ensino, a pesquisa e a extensão e assegurar a liberdade didática, científica e administrativa para produzir e difundir conhecimentos —, e realizar a sua crítica —, voltados aos interesses das maiorias: uma universidade que seja um centro de produção de ciência, de tecnologia, do cultivo das artes e das humanidades; também uma instituição voltada à qualificação de profissionais com alta competência, para além das necessidades do capital e do mercado.

A universidade que se defende é aquela que cultiva razão crítica e o compromisso com valores universais, coerente com sua função pública, não limitada e submetida a interesses particulares de determinadas classes ou frações de classes; uma instituição a serviço da coletividade, que incorpore os dilemas regionais e nacionais como matéria da vida acadêmica, participando da construção de respostas aos mesmos no âmbito de suas atribuições específicas.

Enfim, uma universidade plural e democrática, que forme cidadãos participantes e conscientes de seus direitos civis, políticos e sociais; mas que zele por sua autoqualificação acadêmica e permanente aperfeiçoamento, de modo a contribuir na formação de cientistas, pesquisadores e profissionais voltados aos horizontes do amanhã. Para tanto, é necessário dotar a Universidade de recursos orçamentários estatais, que garantam o seu funcionamento.

Para o *Sindicato Nacional dos Docentes das Instituições de Ensino Superior* — ANDES-SN — (1996), a autonomia universitária envolve a indissociável integração entre ensino, pesquisa e extensão, a democratização interna (com liberdade no processo de escolha dos dirigentes, administração de patrimônio de pessoal e de recursos) assim como a garantia de funcionamento com dotação orçamentária global. É essa autonomia que se pretende eliminar, em nome de uma mistificada autonomia gerencial e orçamentária, sustentada na lógica contábil de custo/benefício.

Nos últimos governos, a política tem sido a de imprimir uma lógica mercantil e empresarial à universidade brasileira, estimulando a sua privatização, segundo o que Chaui (1995; 1999) denomina de "Universidade Operacional" ou "Universidade de Resultados e Serviços". Essa outra concepção de universidade é condizente com as recomendações dos organismos multilaterais, que tiveram abrigo nos Governos Cardoso com sua Reforma do Estado e se afirmam no atual governo.

O propósito foi o de compatibilizar o ensino superior com os ditames da financeirização da economia, fazendo com que as descobertas científicas e o seu emprego na produção se tornem meios de obtenção de lucros excedentes, o que justifica a orientação de submeter a universidade aos interesses empresariais.

A *mundialização do capital*, sob a hegemonia das finanças, tem ampla e profunda repercussão na órbita das políticas públicas, com suas conhecidas diretrizes de *focalização, descentralização, desfinanciamento e regressão do legado dos direitos do trabalho assalariado conquistados*. Ela redunda na concentração de renda, de propriedade territorial e de poder que radicaliza as desigualdades, restringe o trabalho assalariado formal, ao tempo em que crescem exponencialmente as formas indiretas e clandestinas de subordinação do trabalho ao capital. Revitalizam-se formas de extração da mais-valia absoluta e relativa, integrando *subsunção real e formal* do trabalho ao capital, expressas tanto na contenção do emprego formal e no crescimento de formas de trabalho temporárias, clandestinas. Aumentam as formas precárias da auto-subsistência e os projetos de geração de trabalho e renda para os segmentos sobrantes às necessidades médias do capital, mas inscritas no circuito da reprodução do valor. Verifica-se, em síntese, uma regressão das conquistas acumuladas na órbita da economia política do trabalho e dos direitos conquistados no seu âmbito, o que requer entender e atribuir visibilidade às derivações desses processos nos diferentes momentos e segmentos da vida social.

A fetichização das relações sociais alcança seu ápice na hegemonia do capital que rende juros, obscurecendo e subvertendo a leitura das desigualdades sociais. À medida que a coerção do capital é predominantemente "econômica", isto é, mediada pelo conjunto das relações sociais no movimento de reprodução do capital, ela tende a obscurecer-se naturalizar se. A contrapartida é a criminalização da *questão social* e a ideologia colaboracionista das relações entre as classes, acompanhada do apelo moral ao indivíduo isolado, adensando um clima cultural, dotado de forte teor conservador. *A possibilidade histórica do discurso da solidariedade está dada pela própria financeirização em que o capital que rende juros* aparece numa suposta relação ensimesmada consigo mesmo, obscurecendo o universo do trabalho, tratado como alheio e estranho, o que conduz à banalização do humano, característica determinante da *questão social* no cenário contemporâneo. As desigualdades sociais são naturalizadas e transformadas em oportunidades de fazer avançar *a equidade*.

O *Relatório sobre o Desenvolvimento Mundial* 2006, do Banco Mundial, é explícito: a meta é a *equidade*, entendida enquanto igualdade de oportunidades de forma que respeite as liberdades individuais, bem como o papel do mercado na alocação de recursos. O ex-presidente do Banco Mundial, Paul Wolfowitz, considera que a ação pública deva visar a ampliar o conjunto de oportunidades para aqueles que têm menos voz e menores recursos e capacidades. Mas isso deve ser feito de forma que *respeite e aumente as liberdades individuais, bem como o papel do mercado na alocação de recursos*.

O citado relatório afirma expressamente que o objetivo *não é a igualdade de rendas*, mas a expansão do acesso, por parte das pessoas de baixa renda, aos cuidados de saúde, educação emprego, capital e direitos de posse da terra. Como ponto crucial a igualdade requer o acesso às liberdades políticas e ao poder político. Já a *eqüidade*

> [...] é a busca de uma situação em que as oportunidades sejam iguais, ou seja, em que o esforço pessoal, as preferências e a iniciativa — e não as origens familiares, casta, raça ou gênero —, sejam responsáveis pelas diferenças entre realizações econômicas das pessoas" (Bird, 2006: 2).

É conhecido o diagnóstico altamente desfavorável da universidade latino-americana efetuado pelos organismos multilaterais, como o *Banco Mundial* (BIRD) e *Banco Interamericano de Desenvolvimento* (BID) que junto com o *Fundo Monetário Internacional* (FMI) centralizam as mais importantes decisões econômicas, políticas e jurídicas planetárias. Estas organizações integram o núcleo que traça as diretrizes políticas para os Estados nacionais, processo esse legitimado pelos governos, que participam da elaboração das propostas e/ou as referendam.

Na ótica das entidades financiadoras, o retrato da universidade latino-americana revela a deterioração acelerada da qualidade do ensino e da investigação. O funcionamento precário das instituições de ensino superior é patenteado com a deterioração das instalações físicas, falta de recursos para livros, laboratórios e materiais didáticos. À redução dos recursos agrega-se o seu uso ineficiente: a baixa relação aluno/professor, a duplicação de programas, as altas taxas de abandono, de repetição e a elevada proporção do orçamento destinado ao que são considerados "gastos não educacionais" (sic), entre os quais figura a assistência estudantil: habitação alimentação e outros serviços subvencionados aos estudantes (Bird, 1995).

O ponto de vista do *Banco Interamericano de Desenvolvimento* (BID) não é diferente. Sua leitura do ensino superior norteia-se segundo critérios importados do mundo empresarial, válidos para quaisquer tipos de investimentos: custo/benefício, a eficácia/inoperância e produtividade (BID, 1996).

O foco da crítica está voltado à universidade pública ainda que ela ofereça ensino de melhor qualidade que as universidades privadas. Estas, regidas por critérios empresariais, são tidas como a referência organizacional. São consideradas mais ágeis, eficientes, financeiramente equilibradas; apresentam maior diferenciação institucional e menor índice de conflitos e tensões políticas. Não é de surpreender que a democracia interna, a luta pela autonomia do saber, o debate crítico e a politização presentes no meio acadêmico sejam tidos como indícios nefastos para uma dinâmica organizacional flexível, dotada de agilidade e eficiência, enfim, "moderna". Assim, preconiza-se a maior diferenciação das instituições e o fomento da oferta privada:

> As instituições privadas constituem um elemento importante de alguns dos sistemas de educação pós-secundária mais eficazes que existem no mundo em desenvolvimento. *Elas podem reagir de forma eficiente e flexível às mudanças de demanda e ampliam oportunidades educacionais com pouco ou nenhum custo adicional para o Estado. Os governos podem fomentar o desenvolvimento da educação terciária privada, a fim de complementar as instituições estatais como meio de controlar os custos do aumento das matrículas na educação superior, incrementar a diversidade dos programas de ensino e ampliar a participação social no setor terciário* (Bird: 1995: 5).

Desde o Governo Cardoso, quando o processo de privatização do ensino superior foi acelerado, o empresariado da educação vem recebendo financiamento público, com recursos do BNDES, como retrata a notícia publicada no *Jornal do Brasil*, em 2000:

> Os recursos são do BNDES e poderão *beneficiar também instituições particulares que receberam conceitos insuficientes na avaliação realizada pelo ministério* [...]. O empréstimo poderá ser pago em até dez anos, de acordo com a taxa de juros de longo prazo (TJLP) mais os juros de 2,5% ao ano, somada à taxa de risco do agente financeiro. Se a instituição for particular, o financiamento é realizado de forma indireta por meio do agente financeiro, com o BNDES entrando com até 80% (Giraldi, 2000: 7).[267]

A subordinação da educação à acumulação de capital compromete a qualidade do ensino superior e sua função pública, gera o desfinanciamento do ensino público superior, desvaloriza e desqualifica a docência uni-

---

267. Conferir, também, o artigo de Gaspari, comentando a citada notícia. A Escola pública vira sucata. A privada ganha BNDES. *O Globo*, 27/02/2000, p. 14.

SERVIÇO SOCIAL EM TEMPO DE CAPITAL FETICHE

versitária ante as cumulativas perdas salariais e elimina a pesquisa e a extensão das funções precípuas da universidade.

Como atesta atualmente o Ministério da Educação (MEC):

> Segundo dados da Associação Nacional de Dirigentes das Instituições Federais de Ensino Superior (Andifes), no período de 1995-2001, as 54 instituições federais de ensino superior públicas perderam 24% dos recursos para custeio (pessoal, água, luz telefone e materiais diversos) e 77% de recursos para investimento em salas de aulas, laboratórios, computadores e acervo bibliográfico, apesar do número de alunos ter aumentado. Ao mesmo tempo, a rápida expansão do ensino médio, aumentando a pressão para o acesso ao ensino superior, deu origem a um processo de crescimento desordenado da rede privada de ensino superior (Portal do MEC. Acesso em 30 de março de 2007).

O ensino universitário tende a ser reduzido "ao treinamento, à transmissão de conhecimentos e ao adestramento que marcam o ensino pasteurizado, fragmentado e parcializado", como já denunciavam as entidades da categoria, em 1999 (ABESS/CFESS/ENESSO, 1999). A pesquisa tende a deslocar-se exclusivamente para a pós-graduação, predominantemente situada nas universidades públicas. Elas são responsáveis por mais de 90% da pesquisa básica e aplicada desenvolvida no País, conforme informa o MEC, além da qualificação docente, em nível de mestrado e doutorado (Portal do MEC. Acesso em 30 de março de 2007).

Compromete-se assim, no ensino graduado, a formação de quadros acadêmicos e profissionais dotados de competência crítica e compromisso público com os impasses do desenvolvimento da sociedade nacional em suas implicações para maioria dos trabalhadores brasileiros.

É nessa direção que se explica a regulamentação do Ensino à Distância (EAD) para todos os níveis de ensino e o exponencial aumento de vagas no ensino superior brasileiro, ratificada com a instituição da *Universidade Aberta do Brasil (UAB)*, implantada em 2006, que congrega as universidades públicas nessa modalidade de ensino. Conforme o Ministro da Educação, Sr.Paulo Haddad, o *Plano Nacional da Educação*, de janeiro de 2001, prevê dentre os objetivos da educação superior:

Prover, até o final da década, a oferta do ensino superior para, pelo menos 30% da faixa etária de 18 a 24 anos; estabelecer uma *política de expansão que diminua as desigualdades de ofertas entre as diferentes regiões do país;* estabelecer *um amplo sistema de educação à distância,* utilizando-o inclusive para ampliar a as possibilidades de atendimento nos cursos presenciais, regulares ou de educação continuada (Portal do MEC. Acesso em 30 de março de 2007).

Essa tendência é compatível com premissa de que o *mercado* —, leia-se o capital — é portador da racionalidade sociopolítica e o agente principal do bem-estar da República. Ela tende a deslocar direitos sociais, entre os quais a educação superior, para o *setor de prestação serviços definido pelo mercado,* segundo os critérios de produtividade, competição e eficiência, desfigurando-a e mutilando-a, ao tempo em que comprime o espaço público e amplia o espaço privado.

Conforme informações do Conselho Federal de Serviço Social CFESS, de julho de 2007, o país dispõe de 70.500 assistentes sociais ativos. Esse contingente organiza-se em 24 Conselhos Regionais de Serviço Social (CRESS), 3 delegacias de base estadual e 21 subdelegacias ligadas aos CRESS, congregados no (CFESS).[268]

Segundo a base de dados do MEC/INEP, de abril de 2007, para a área de Serviço Social,[269] existem no País, 253 cursos de Serviço Social inscritos em instituições de ensino superior (IES), das quais 207 são privadas, correspondente a 82% do total e 46, são públicas, ou seja, 18%.

Do total de 253 IES, 52% situam-se em universidades e 48% em instituições não universitárias, assim distribuídas: 12% em centros universitários, 33% em faculdades e 3% em institutos superiores ou escolas superiores.

O *número total de vagas,* atualmente, no ensino superior em Serviço Social, incluindo ensino presencial e ensino à distância, é de 32.823 vagas informadas. Salienta-se que 13 IES não dispõem de informação deste quesito, uma das quais EAD, o que expressa ser este total de vagas subestimado.

---

268. Fonte: Informação do CFESS, em agosto de 2007.

269. Agradeço à Profa. Dra. Larissa D. Pereira o acesso às informações por ela recolhidas e sistematizadas, a partir da base de dados do MEC, as quais foram por mim trabalhadas, e são apresentados a seguir. A referida professora, em sua pesquisa de doutorado, identificou uma série de imprecisões na base de dados do MEC, mas sendo esta uma informação oficial disponível, ela é a fonte dos dados apresentados neste item.

SERVIÇO SOCIAL EM TEMPO DE CAPITAL FETICHE

Das 32.823 vagas informadas, 84% destas, isto é, 27.465, são oferecidas por instituições privadas e apenas 16%, ou seja, 5.358 vagas por instituições públicas.

Do total de vagas ofertadas pelas IES, a maioria, 18.733 vagas, é de
responsabilidade de universidades, que se caracterizam pela oferta regular
de atividades de ensino, de pesquisa e de extensão, tanto em áreas básicas
como nas aplicadas e dispõem de autonomia para criação de cursos de cursos na sua sede. Em instituições não universitárias estão alocadas 14.090
vagas, não submetidas às exigências acima, geralmente restritas às atividades de ensino.

A distribuição das vagas segundo a natureza das IES — públicas e
privadas — expressa a avassaladora expansão do ensino privado no País
que se refrata na área de Serviço Social. As 46 IES públicas (estaduais, federais e municipais) oferecem apenas 5 358 vagas, enquanto as 207 IES de
natureza privada (privada comunitária, privada comunitária/confessional/
filantrópica, privada filantrópica e privada particular) são responsáveis por
27.465 vagas, ou seja, o quíntuplo das vagas ofertadas pelas instituições de
natureza pública.

O crescimento exponencial de vagas na área de Serviço Social tem forte estímulo dos cursos de graduação à distância, autorizados pelo MEC,
que começam a funcionar a partir de 2006. Enquanto os cursos presenciais
oferecem 70% das vagas, o EAD, em apenas dois anos de funcionamento, já
é responsável por 30% do total das vagas ofertadas, concentradas em apenas 6 cursos no País, dos quais um não dispõe de informações.

Os 6 cursos de graduação à distância em Serviço Social recém-cria-
dos, autorizados e em funcionamento, já são responsáveis por 9 760 vagas
informadas. Destes, apenas 1 curso é alocado em Fundação, considerada
universidade pública estadual, a Fundação Universidade do Tocantins —,
UNITINS, localizada em Palmas (TO). Ela é responsável pela oferta de 2760
vagas, com início de funcionamento do EAD em 2006. Os 5 outros cursos à
distância são ofertados por instituições privadas, a saber: a Universidade
para o Desenvolvimento do Estado e da Região do Pantanal — UNIDERP,
com sede na cidade de Campo Grande (MT), que iniciou o EAD em Serviço
Social em 2007 e já é a campeã da oferta de vagas: 3.800 vagas; a Universidade do Vale do Itajaí — UNIVALI — a maior Universidade de Santa Cata-

rina, tem campus nas cidades de Itajaí (sede), Balneário Camboriú, Biguaçu, Piçarras, São José e Tijucas. Ela oferece 3000 vagas de EAD em Serviço Social, cujo início de funcionamento data de 2007; a Universidade Tiradentes — UNIT — situada em Aracajú (SE) oferece 200 vagas, com início do EAD em 2006; e a Universidade Paranaense — UNIPAR, situada em Londrina (PR) e campus em Toledo, Guaíra, Paranavaí, Cianorte, Cascavel e Francisco Beltrão. Iniciou o EAD em Serviço Social em 2007 e, nos registros do MEC, não constam informações quanto o número de vagas.

As quase 10 mil vagas efetivamente ofertadas e declaradas, permitem afirmar que, mantida essa oferta (o que é certamente uma projeção acanhada ante a tendência de expansão do EAD), em 2010, só o ensino de graduação à distâncias lançará no mercado, no mínimo, um contingente de 10 mil profissionais/ano. A esse crescimento somam-se as outras 70% das vagas oferecidas por cursos presenciais, permite projetar que o contingente profissional irá dobrar até 2010.

O crescimento exponencial do contingente profissional, a curto prazo, traz sérias implicações para o exercício profissional e para as relações de trabalho e condições salariais por meio das quais ele se realiza. Pode-se antever um *crescimento acelerado do desemprego nessa área*, pois dificilmente a oferta de postos de trabalho poderá acompanhar, no mesmo ritmo, o crescimento do contingente profissional, pressionando *o piso salarial, a precarização das condições de trabalho e aumentando a insegurança do trabalho*. A hipótese que se pode aventar é que o crescimento do contingente profissional, ao tempo em que eleva a lucratividade nos negócios educacionais —, um curso barato, voltado predominantemente ao público feminino —, poderá desdobrar-se na criação de um *exército assistencial de reserva*. Isto é, *aquele crescimento poderá figurar como um recurso de qualificação do voluntariado no reforço do chamamento à solidariedade enquanto estratégia de obscurecimento das clivagens de classe e da radicalização da exploração do trabalho que funda a prevalência do capital que rende juros, o qual mascara sua relação com mundo do trabalho. A invisibilidade do trabalho e a naturalização das relações sociais —, travestidas na ótica da coesão social —, mostram-se como ingredientes ideológicos conservadores numa sociedade que prima pela reprodução acelerada das desigualdades de classes, e convive com permanentes ameaças de revoltas dos segmentos subalternizados.* Esta ilação adquire sentido em um ambiente político eivado de políticas públicas que estimulam a *assistencialização da pobreza* e o sua focalização, em detrimento de um efetivo processo de redistribuição de renda e universalização dos direitos sociais para o conjunto dos trabalhadores, o que é atestado pelos mais elevados índices mundiais de concentração de riqueza que tem lugar neste País.

A pulverização e massificação da formação universitária voltada à sua adequação às "demandas flexíveis do mercado" estimulam o reforço de mecanismos ideológicos direcionados à submissão dos profissionais às "normas do mercado", parte da estratégia do grande capital na contenção das contradições sociais e políticas condensadas na *questão social*. Os desdobramentos envolvem um processo de despolitização da categoria, decorrentes, ainda, isolamento do processo de ensino envolvido no EAD e falta de experiências estudantis coletivas na vida universitária. Mas a questão central não é exclusivamente a modalidade de ensino à distância, que pode se mostrar como uma técnica eficaz em diferentes situações se tratada com qualidade acadêmica e direção intelectual e política. Assim não se trata simplesmente de uma recusa ingênua da tecnologia do ensino a distância, mas de compreendê-la no conjunto das diretrizes norteadoras da reforma do ensino superior, capitaneada pela sua privatização e pela lógica da lucratividade que redireciona os rumos da universidade brasileira. O estímulo ao EAD é um incentivo para a ampliação da lucratividade das empresas educacionais — este sim o seu objetivo maior — a que se subordina a qualidade do ensino e da formação universitária. É isto que permite vislumbrar, como faces de um mesmo processo, a precarização do ensino e do trabalho profissional.

Esse panorama do ensino universitário compromete a direção social do projeto profissional que se propõe hegemônica, estimulando a reação conservadora e regressiva no universo acadêmico e profissional do Serviço Social brasileiro, com repercussões políticas no processo de organização dessa categoria.

Em relação à distribuição regional, a expansão do ensino superior na área de Serviço Social apresenta características diferenciadas nas vários estados da Federação, cujo conhecimento é de vital importância. Os estados da Federação que lideram a oferta de vagas em Serviço Social por ordem de prioridade são os seguintes: São Paulo, com 4 980 oferecidas por 48 IES;

Mato Grosso do Sul, com 4170 vagas oferecidas por apenas 5 IES, o que se explica pela presença da EAD; Minas Gerais, com 3 927 vagas e 48 IES; Santa Catarina com 3370 vagas —, marcando a presença da IED — e 16 IES; Tocantins, com 2910 vagas e apenas 3 IES, também com registro de EAD; Rio de Janeiro, com 2 411 vagas e 25 IES; Paraná com 1603 vagas e 24 IES; e Rio Grande do Sul com 1.425 vagas e 19 IES.

Esses dados preliminares indicam processos particulares na expansão do ensino universitário em Serviço Social quanto à natureza das IES, sua localização espacial, período e índice de crescimento nos vários estados da federação, que merecem estudos. Existem estados como São Paulo e Rio Grande do Sul onde historicamente se registra a prevalência numérica do ensino privado, diferentemente dos demais.

O ponto comum da expansão dos cursos à distância é a liderança empreendimento privado lucrativo — que tem nessa modalidade de ensino uma oportunidade de ampliar suas taxas de acumulação — e sua localização em capitais e cidades médias, que tendem a polarizar economicamente a respectiva região, seja no âmbito das atividades industriais ou de serviços. Essa distribuição espacial é possivelmente indicativa do processo de regionalização da classe trabalhadora e do agravamento da *questão social*, que acompanha o desenvolvimento e a interiorização das atividades econômicas, criando novos pólos de pobreza. Eles requerem iniciativas de controle das possíveis ameaças e insurgências dos trabalhadores mediante a *assistencialização da questão social*. A hipótese a ser verificada é se a expansão do ensino acompanha a expansão da classe trabalhadora nessas regiões e o agravamento real ou potencial da *questão social*.

Outra relação a ser verificada é o possível vínculo com a tradicional política municipalista. Em Minas, o crescimento do ensino privado em Serviço Social é recente e avassalador. Entre 1930 e 1994 foram criadas apenas 06 IES nessa área, das quais 01 pública e 05 privadas. No período 1995-2002, no Governo Cardoso foram criadas mais 8 IES, sendo 2 públicas e 6 privadas. Nesse estado totalizavam 14 IES, das quais 3 públicas e apenas 12 privadas. No período 2003-2007 (Governo Lula), em apenas 04 anos, são criadas 34 novas IES, das quais 33 são instituições privadas e 01 pública, totalizando, em abril de 2007, 48 IES sendo 44 privadas e somente 04 públicas. Esse crescimento apresenta características peculiares nesse Estado. Por

SERVIÇO SOCIAL EM TEMPO DE CAPITAL FETICHE

exemplo, uma única universidade privada oferece cursos de Serviço Social em 16 municípios distintos de Minas Gerais, cujos mantedores têm uma atuação tradicional na política mineira.

Certamente o espírito empreendedor do empresariado da educação leva-o a investir onde existe demanda: a regulamentação e municipalização da assistência social —, aliada à da saúde — vêm ampliando a oferta de trabalho nos municípios, o que certamente tem interferências no jogo político local, frequentemente marcado por características e traços populistas, clientelistas e coronelistas herdados da história política de base municipalista no país.

Decifrar as raízes particulares desse processo expansionista do ensino superior na área de Serviço Social supõe certamente entender quem são os sujeitos que o impulsionam, o que implicam estudos mais acurados dessas entidades mantenedoras.

Aqui calam as palavras de Harvey:

> Estamos diante de uma oportunidade histórica, de compreender o emaranhado da produção capitalista, de ver a produção do espaço como momento constitutivo da dinâmica a acumulação do capital e da luta de classes. Isso nos oferece a chance de nos emancipar dos grilhões que nos prendem a uma espacialidade oculta, que tem tido o poder oculto de dominar (e por vezes confundir) a lógica tanto do nosso pensamento, quanto da nossa política (Harvey, 2004: 85).

A intensa e recente expansão dos cursos de graduação no circuito do ensino privado tem sérias implicações para a política de formação acadêmica e para o exercício profissional, visto que esses novos cursos não acompanharam historicamente o processo coletivo de elaboração e implementação das diretrizes curriculares, sob a direção da ABESS, hoje ABEPSS. A ênfase nas IES privadas empresariais tem recaído sobre o ensino, em detrimento da pesquisa e da extensão. A lógica empresarial condiciona as relações contratuais de docentes, que são penalizados pelo regime de hora-aula, com elevada carga disciplinar, comprometendo um dos princípios das diretrizes curriculares: a integração do ensino, pesquisa e extensão.

Os cursos alocados em instituições não universitárias dependem do MEC para autorização, reconhecimento, credenciamento e renovação de credenciamento, o supõe avaliação por parte da *Comissão Assessora de Avaliação da Área de Serviço Social,* vinculada ao INEP. Assim a representatividade dessa Comissão e seu compromisso coletivo a formação profissional mostram-se da maior importância, visto ser o único canal de regulação estatal desses estabelecimentos de ensino, ainda que a Comissão tenha poder de recomendação e não deliberativo. A relação tensa com a política de avaliação da Universidade brasileira, submetida à profundas críticas por parte da comunidade universitária, pode obliterar as oportunidades de interferência nas instâncias de regulação do Estado sobre a iniciativa privada no campo da educação superior.

A predominância das instituições privadas de ensino superior na área, no nível de graduação é tensionada pela dificuldade política presente no universo de docentes e pesquisadores de enfrentarem o debate sobre as implicações do ensino privado no âmbito do Serviço Social. A diretriz que vem norteando o projeto de formação profissional é a defesa da universidade pública, gratuita e de qualidade, acompanhada da denúncia dos efeitos deletérios da privatização do ensino superior. Entretanto é impossível não reconhecer o peso quantitativo das IES de natureza privada no universo do Serviço Social, o que requer, de parte dos órgãos de representação da categoria, uma política específica de integração desses cursos à proposta de formação profissional consensuada, condição de se preservar a hegemonia na direção acadêmica e política dessa formação. A elevação do nível de qualidade acadêmica do conjunto da área de Serviço Social exige um investimento na qualificação dos docentes, também do ensino privado, que é um dos espaços ocupacionais do assistente social e parte de suas atribuições privativas. A formação continuada dos quadros docentes desses cursos, implementada regionalmente, é um meio de aproximá-los aos fundamentos das diretrizes curriculares da ABEPSS, condição de se preservar a direção social impressa ao ensino universitário na área, sua unidade e qualidade do ensino.

É oportuno lembrar que as Diretrizes Curriculares legalmente vigentes não exprimem integralmente o projeto de formação profissional da ABEPSS. A proposta das diretrizes curriculares, encaminhada ao então Ministério da Educação e do Desporto, foi fruto de uma construção coletiva das unidades de ensino, com ampla representatividade, sob a liderança da *Associação Brasileira de Ensino em Serviço Social* (ABESS), hoje *Associação Brasileira de Ensino e Pesquisa em Serviço Social* (Abepss).[270] Esta proposta, referendada pela então Comissão de Especialistas de Ensino em Serviço Social, assessora da *Secretaria de Ensino Superior* —, SESu —, do MEC para assuntos relativos ao Serviço Social,[271] foi encaminhada ao Conselho Nacional de Educação, onde sofreu uma forte descaracterização.

É de suma importância *registrar e analisar a forma final assumida pelas diretrizes curriculares no texto legal*, homologadas em 04/07/2001 pelo então Ministério da Educação e do Desporto (MEC). Este é o texto oficial que tem força legal. A proposta original sofreu *uma forte descaracterização no que se refere à direção social da formação profissional, aos conhecimentos e habilidades preconizados e considerados essenciais ao desempenho do assistente social.* Esses elementos, exaustivamente debatidos pelo conjunto das unidades de ensino, sofreram cortes que comprometem o projeto original proposto ao *Conselho Nacional de Educação* (CNE).

Assim, por exemplo, *no perfil do bacharel em Serviço Social* constava "profissional comprometido com os valores e princípios norteadores do Código de Ética do Assistente Social", o que foi retirado e substituído por "utilização dos recursos da informática".

Na definição das *competências e habilidades*, a definição do direcionamento teórico-metodológico e histórico para a análise dos processos sociais e da sociedade brasileira foi suprimida. Assim, consta no projeto original encaminhado ao CNE que:

> a formação profissional deve viabilizar a capacitação teórico-metodológica e ético-política, como requisito fundamental para o exercício de atividades técnico-operativas com vistas à: *apreensão crítica dos processos sociais na sua totalidade; análise do movimento histórico da sociedade brasileira, apreendendo as parti-*

---

270. Cf. MEC-SESu/CONESS/Comissão de Especialistas de Ensino em Serviço Social. *Diretrizes Curriculares. Curso: Serviço Social*. Brasília, 26/02/1999 e "Diretrizes Curriculares Nacionais do Curso de Serviço Social", homologadas em 04/07/2001 pelo MEC.

271. Participei diretamente do processo de construção e encaminhamento da proposta da ABESS nas instâncias governamentais, enquanto membro da referida Comissão e consultora da entidade.

cularidades do desenvolvimento do capitalismo no país (MEC-SESu/CONESS/ Comissão de Especialistas de Ensino em Serviço Social, 1999).

Os objetivos supracitados *foram, simplesmente, eliminados do texto legal*. E os *tópicos de estudos* foram totalmente banidos do texto oficial em todas as especialidades. Eles consubstanciavam o detalhamento dos conteúdos curriculares anunciados nos três núcleos de fundamentação que compõem a organização curricular: *núcleo de fundamentos teórico-metodológicos da vida social; núcleo de formação sócio-histórica da sociedade brasileira e núcleo de fundamentos do trabalho profissional*. Esse corte significa, na prática, a impossibilidade de garantir um conteúdo básico comum à formação profissional no País, mais além dos três núcleos organizadores da estrutura curricular.

O conteúdo da formação passa a ser submetido à livre iniciativa das unidades de ensino, públicas e privadas, desde que preservados os referidos núcleos. Essa total flexibilização da formação acadêmico-profissional, que se expressa no estatuto legal, é condizente com os princípios liberais que vêm presidindo a orientação para o ensino superior, estimulando a sua privatização e submetendo-o aos ditames da lógica do mercado. Esse é um forte desafio à construção do projeto do Serviço Social brasileiro. A sua materialização na formação universitária exige um especial empenho coletivo das unidades de ensino e entidades da categoria —, especialmente a presença ativa da ABEPSS — no sentido de garantir, pela via política da organização e da liderança intelectual, a preservação e implementação do projeto original, impulsionando a luta pela hegemonia no nível teórico e acadêmico do Serviço Social. Nesse contexto, são fundamentais o acompanhamento e assessoria ao processo de implantação das diretrizes curriculares nas unidades de ensino, uma vez que o texto legal ficou inteiramente omisso no que se refere ao detalhamento do conteúdo proposto.[272]

Outro dado relevante a ser considerado é a *divisão sexual do trabalho e o componente feminino do corpo discente e consequentemente da categoria profissional*. Segundo o Censo do Ensino Superior (INEP/MEC, 2003), dentre os

---

272. Cf. MEC-SESu/CONESS/Comissão de Especialistas de Ensino em Serviço Social. *Diretrizes Curriculares. Curso: Serviço Social.* Brasília, 26/02/1999; e *Diretrizes Curriculares Nacionais do Curso de Serviço Social,* homologadas em 04/07/2001 pelo MEC.

SERVIÇO SOCIAL EM TEMPO DE CAPITAL FETICHE

cursos com os dez maiores percentuais de matrículas do sexo feminino no Brasil, em 2003, os cursos de "Serviço Social e Orientação" lideram os de maior percentual feminino. Eles detêm 93,8 % de matrículas do sexo feminino, enquanto a média nacional é de 56,4% de matrículas femininas. Ou seja, do total de 31.963 de matrículas nos cursos de Serviço Social e Orientação em 2003, 30.001 são do sexo feminino, o que faz da questão da mulher (ou de gênero) um dos determinantes-chaves para decifrar o trabalho do assistente social: o mercado e as condições de trabalho, a efetivação das competências e atribuições profissionais, a imagem social da profissão e os dilemas da identidade profissional.

Esse esboço preliminar de dados sobre a formação universitária —, que certamente requer outros aprofundamentos — atesta as tendências de massificação do ensino superior —, mais que sua universalização —, e desqualificação da universidade no País impulsionada pela sua privatização. O que move esse processo é a diretriz de tornar a educação uma

Quadro 1
Cursos com os dez maiores percentuais de matrículas do sexo feminino
Brasil. 2003

Classe	Total	Feminino	%
Brasil	3.887.771	2.193.763	56,4
Serviço Social e Orientação	31.986	30.001	93,8
Fonoaudiologia	13.963	12.969	92,9
Nutrição	32.556	30.221	92,8
Secretariado	16.937	15.681	2,6
Ciências Domésticas	1.351	1.231	91,1
Serviços de Beleza	277	252	91,0
Pedagogia	373.945	339.832	90,9
Psicologia	90.332	76.990	85,2
Enfermagem	92.134	77.997	84,7
Terapia e Reabilitação	7.225	6.051	83,8

Fonte: Deases/INEP/MEC. Apud. Censo do Ensino Superior. *Resumo Técnico*, 2003, p. 23.

mercadoria capitalista, um *negócio empresarial privado*, capturado pelo capital e submetido aos ditames da lucratividade, reduzindo a autonomia universitária à gestão de receitas e despesas, ao gerenciamento empresarial para a captação de recursos de outras fontes, estimulando "parcerias público-privado".

Eles são indicativos da mais ampla reforma universitária que vem sendo realizada, em silêncio, no País, no decurso do processo de regulamentação da *Lei de Diretrizes e Bases da Educação Nacional*. Encoberta sob o manto da *gestão governamental* ela vem efetivando-se por meio de um acervo de medidas legais, originárias do Executivo, e, mais especificamente do Ministério da Educação: medidas provisórias, decretos, emendas constitucionais, resoluções e portarias, resoluções e pareceres.[273] São assim estabelecidas as bases para a disseminação de um projeto de universidade consoante as "leis de mercado" e critérios de avaliação a ele atinentes, em contraposição ao padrão historicamente instituído na universidade brasileira, inspirado em moldes europeus.

A *autonomia* das universidades federais proposta pelo MEC orienta-se no sentido de reduzir a participação financeira do Estado na manutenção da universidade pública, a favor de sua crescente privatização, através de mecanismos que corroem, por dentro, a sua natureza pública. A autonomia é pensada restritivamente enquanto *autonomia gerencial e financeira*. Institui-se o "contrato de desenvolvimento institucional", que materializa a transformação da Universidade Pública em uma *organização social*, coerente com o Plano de Reforma do Estado, do Governo Cardoso,[274] que se repõe hoje com a proposta da *Universidade Nova* (Almeida Filho, 2007).

Aquele projeto, aliado à restrição orçamentária e a acumulada perda salarial dos docentes e funcionários, estimula contratos de prestação de serviços, convênios com empresas, instituições privadas e organismos go-

---

273. O conjunto da normatização, condizente com o Plano Diretor da Reforma do Estado, publicada até 1997, foi reunida por iniciativa da Associação Brasileira de Mantenedoras do Ensino Superior —, ABMES —, Ver: Horta, C. E. R (Org.). *Ensino Superior: legislação atualizada*. v. 1. Brasília: ABMES, 1998, 265 p.

274. Cf. Governo Federal. Ministério da Administração e Reforma do Estado —, MARE. *Plano Diretor de Reforma do Estado.*. Brasília (DF), dez. 1995; Governo Federal. MARE. Secretaria da Reforma do Estado. *Projeto de Organizações Sociais*. Brasília, abril de 1996.

vernamentais, enquanto fontes de recursos para contratação e remuneração de pessoal. Na proposta de governo, consoante o Plano Diretor de Reforma do Estado, cabe a cada universidade a responsabilidade de elaborar seu plano de carreira docente, criar e extinguir quadros e definir sua política salarial, atingindo a organização sindical dos docentes e funcionários. A expansão de financiamento público passa a ser condicionada ao cumprimento das metas estabelecidas nos referidos contratos de gestão. Concomitantemente, estimula-se o estreitamento de laços da universidade com o mundo empresarial —, no financiamento de pesquisas, laboratórios, bolsas de estudos, convênios para prestação de serviços, entre outros, além da venda de serviços a organismos governamentais. Procede-se ao *empresariamento* de docentes e pesquisadores, agora transformados em *captadores de recursos*, submetidos às exigências das agências financiadoras e às demandas dos *clientes* que encomendam os serviços a serem prestados, em uma relação típica de mercado. As entidades contratantes passam a beneficiar-se não apenas dos resultados das pesquisas, mas a interferir na definição de temas e no seu processamento, imprimindo um caráter imediatista e instrumental à investigação e à produção de conhecimentos. O cientista-pesquisador torna-se prisioneiro de sua própria atividade criadora e do resultado encomendado, a ele estranho, mas a cujo processo afirma seu consentimento. Tem-se a inversão da relação sujeito/objeto no ato mesmo da atividade científica — a submissão do homem às coisas e o estranhamento em relação a sua própria atividade —, o que introduz, no interior da produção acadêmica na esfera pública, a alienação da atividade e do seu produto para o próprio produtor.

Por meio desses e de outros recursos, tem-se a transferência para o mundo acadêmico dos mesmos padrões que regem a compra e venda de mercadorias, estimulando o individualismo e a competição entre os professores, ao mesmo tempo em que se encurtam caminhos na direção ao ensino pago. A recomendação do Banco Mundial é clara: a meta é de que as instituições estatais possam gerar rendimentos que financiem aproximadamente 30% de suas necessidades totais de recursos para gastos ordinários (BIRD, 1995: 49).

A contrapartida é a negação da autonomia do conhecimento, enquanto livre produção do saber. O seu fim deixa de ser a descoberta da verdade histórica, a busca do saber universal, passando a ser dominada pelo "saber pragmático e instrumental", "operativo" "internacionalizado", produzido sob encomenda para que as "coisas funcionem" Faz com que a universidade, em nome da internacionalidade, perca a sua universalidade.[275]

A universidade é contemporânea à consciência da independência do trabalho intelectual, demarcando o seu lugar institucional. Ao nascer, inicia a luta por sua autonomia,[276] perante as ameaças do poder temporal e espiritual. À burocracia estatal interessava quadros capacitados para gerir os seus negócios, o que desencadeava a necessidade de controle das universidades por parte dos mandatários. O conflito com a Igreja manifestava-se na tensão entre fé e razão e na busca de produzir explicações racionais às verdades reveladas. Na atualidade a tensão entre independência do trabalho intelectual e autonomia institucional passa por outros condutos. A universidade já foi incorporada como parte constituinte do Estado, que lhe imprime um caráter público. A tensão se expressa agora ante *a racionalidade técnica que preside o saber e o teor instrumental assumido pela razão moderna*, ao tornar imediata a relação entre tecnologia e sociedade (leia-se tecnologia e mercado), em detrimento de uma relação crítico-reflexiva, com suas necessárias implicações éticas.

Chaui lembra que a *autonomia do conhecimento* preside a origem da universidade pública européia, em 1789. O universo sacralizado da universidade medieval —, e a submissão do conhecimento ao poder transcendente da religião —, é superado com o mecenato, dos séculos XV a XVII,

---

275. O Prof. Milton Santos, em discurso por ocasião da homenagem que lhe foi prestada pela Universidade Federal do Rio de Janeiro, ao conceder-lhe o título de *Professor Honoris Causa*, sustentou a tese de que a universidade internacionalizada — que só serve para alguns —, perde a sua universalidade. "A tarefa de incorporar a Universidade num projeto social e nacional impõe primeiro a criação e depois a difusão de um saber orientado para os interesses do maior número e para o homem universal. Não há contradição entre nacionalidade e universalidades entre a busca do nacional popular e o encontro com o universal. Devemos estar sempre lembrados de que o internacional não é o universal. *O trabalho universitário não é propriamente dito uma tarefa internacional, mas precipuamente nacional e universal, dependendo, desde a concepção à realização efetiva, da crença no homem como valor supremo e da existência de um projeto nacional livremente aceito e claramente expresso.* É a tarefa que nos aguarda" (Santos, 1999). Cf. também Santos (1989).

276. Silva (1995) mostra que a universidade vive um permanente dilema: "censura-se a universidade, pelo que faz, e, ao mesmo tempo, quer-se que ela o faça de outra maneira. Não se recusa o prestígio do saber, mas os poderes estabelecidos desejam que este saber se subordine de alguma maneira a condições externas ao seu modo de construção e de disseminação" (Silva, 1995).

que, ao financiar as artes e humanidades, possibilitou a sua emancipação do poder eclesiástico. Entretanto, foi o desaparecimento da figura do mecenas —, quando a universidade é assumida pelo Estado-, que tornou possível a dimensão pública do conhecimento. Ela rompe a *heteronomia do saber*, a favor do trabalho autônomo e criador. A autora mostra que, hoje, procede-se a uma visceral regressão conservadora: a submissão da produção acadêmica a uma transcendência profana, a do mercado, segundo os princípios liberais. Afirma-se não mais a alienação religiosa, mas o *fetichismo da mercadoria*, mantendo o princípio da heteronomia do conhecimento. O resultado é a *alienação da atividade* que passa a ser determinada por quem encomenda o serviço. A ação criadora do trabalho intelectual é reduzida a executar uma rotina, cujo sentido e finalidade lhe escapam, destruindo "uma das conquistas democráticas mais importantes da modernidade: a dimensão pública da pesquisa, tanto em sua realização, quanto em sua destinação" (Chaui, 1995b: 58). A concepção instrumental da autonomia encontra um clima favorável no âmbito da Reforma do Estado, *transformando a instituição universitária em uma organização social.*

As profundas alterações nos padrões tecnológicos e gerenciais na produção e comercialização de bens e serviços, em escala mundial, com a requisição de novas especializações do trabalho, estimulam o estreitamento de vínculos entre o ensino superior e o mercado de trabalho. Além de centro de criação de ciência e tecnologia de ponta para a produção (no sentido lato) de interesse dos grandes oligopólios, a universidade vem sendo impelida pelos governos a tornar-se um grande centro de qualificação de quadros técnico-profissionais capaz de responder, a curto prazo, ao novo panorama ocupacional. Corre o risco a transformar-se em um centro de formação de mão-de-obra para as necessidades imediatas do mercado, mais sofisticado, mais eficiente e barato que qualquer departamento de treinamento das grandes corporações empresariais (nas esferas financeira, industrial, comercial ou de serviços), hoje denominadas de "universidades corporativas". Essa é a tendência dominante, que tem como resposta, além da reformulação do ensino técnico de nível médio, os cursos superiores de curta duração, os cursos de formação tecnológica integral nos institutos politécnicos (ou nos Centros Federais de Formação Tecnológica), assim como os mestrados profissionalizantes e os cursos seqüenciais. Eles concretizam recomendações dos organismos internacionais no sentido de uma maior *diferenciação do ensino superior.* Abrangem tanto o estímulo a estabelecimentos privados para atender a crescente demanda de educação pós-secundária, ampliando o número de matrículas, quanto a *maior diferenciação das instituições de ensino superior,* envolvendo instituições não universitárias, (politécnicas, institutos profissionais e técnicos de ciclo curto, *community colleges,* programas de ensino à distância), consideradas mais baratas, atraentes aos estudantes e aos provedores privados. Os esforços para diferenciar os sistemas de ensino superior, desenvolvendo a capacidade institucional são inclusive prioritários para o financiamento do Banco Mundial. Este

> pode conceder financiamentos para programas de ciclo curto e educação permanente, universidades abertas e programas que outorgam diplomas e certificados, assim como para criar e ampliar o sistema privado de ensino pós-secundário. A maior parte das matrículas no nível terciário será absorvida por essas instituições. Por este motivo, as inversões do Banco se orientam cada vez mais para melhorar a qualidade do ensino que elas oferecem (Bird, 1995: 100).

Resta ainda acentuar, como lembra Neves (1998), que os cursos que fornecem certificação intermediária têm um sentido de legitimação política, podendo representar mecanismo de busca de consenso ativo de parcela da população até então excluída do ensino superior.

2.3. A pós-graduação em Serviço Social e os rumos da pesquisa

A investigação, quando compromissada em libertar a verdade de seu confinamento ideológico, é certamente um espaço de resistência e de luta. Trata-se de uma atividade fundamental para subsidiar a construção de alternativas críticas ao enfrentamento da *questão social* que fujam à mistificação neoliberal; para subsidiar a formulação de políticas sociais alternativas aos dogmas oficiais, a atuação dos movimentos das classes sociais subalternas, assim como a consolidação de propostas profissionais que fortaleçam a ruptura com o conservadorismo e afirmem o compromisso com o trabalho, os direitos e a democracia.

Vimos afirmando a centralidade da investigação na formação e no exercício profissionais: na atualização docente, na formação de novas gera-

SERVIÇO SOCIAL EM TEMPO DE CAPITAL FETICHE

ções de pesquisadores e na qualificação do exercício profissional. A pesquisa possibilita uma fecunda integração entre o ensino de graduação e pós-graduação e contribui para imprimir padrões de excelência acadêmica à instituição universitária no exercício de suas funções precípuas, que não podem ser reduzidas à transmissão de conhecimentos e à formação de mão-de-obra especializada para o mercado de trabalho.

Desde o final da década de 70 e início dos anos 80, o Serviço Social brasileiro vem se debruçando sobre os desafios que a história recente do País tem descortinado à profissão. Esse profícuo trajeto para a consolidação acadêmica e organizativa dos assistentes sociais no País, redundou, simultaneamente, num relativo distanciamento do intenso intercâmbio do Serviço Social na América Latina, prevalecente no período imediatamente anterior. Tal distanciamento tem sido revertido, nesta década, com a retomada da articulação latino-americana no Serviço Social brasileiro e sua participação no processo de re-fundação da *Asociación Latinoamericana de Enseñanza y Investigación en Trabajo Social* —, ALAEITS.[277] De outro lado, os contatos com o Serviço Social norte-americano e europeu foram relativamente escassos e insulados, pouco envolvendo a coletividade de docentes e pesquisadores, dificultando o cultivo de pesquisas comparadas, necessários para o Serviço Social brasileiro avaliar-se no caleidoscópio internacional da profissão.

Essa constatação aponta como fundamental fortalecer os intercâmbios acadêmicos internacionais, articulando forças políticas que soldem a fraternidade latino-americana, a defesa da instituição universitária, e a unidade do Serviço Social, solidário com as necessidades e interesses das grandes maiorias. E encetar esforços que permitam avançar na construção de uma agenda temática comum e na construção de uma rede de pesquisadores no marco regional, que potencie a produção e sua difusão nesse momento difícil por que passa a economia e a sociedade de nossos países, ante as pressões dos organismos multilaterais e dos países imperiais.

Mas aquele intercâmbio supõe também extrapolar as relações internacionais para os países da União Européia, Ásia e África, tanto para cons-

---

277. A direção da ALAEITS encontra-se, hoje, no Brasil sob a presidência da Prof. Dra. Ana Elizabete Mota.

truir espaços comuns de debate e pesquisa, quanto para agregar esforços na luta comum para enfrentar as desigualdades vinculadas à internacionalização da economia, da política e da cultura no cenário mundial.

O intercâmbio acadêmico implica uma relação respeitosa entre pares, a atenção à formação histórica e cultural dos países e às específicas trajetórias profissionais, que estimulem a consolidação de um projeto profissional de caráter ético-político democrático, no horizonte da emancipação de todos e de cada um dos indivíduos sociais.

Para se discutir os caminhos da pesquisa no Serviço Social há que previamente detectar as tendências que se apresentam na realidade, como pressuposto para se elaborar um diagnóstico das exigências a serem respondidas em nível de ensino graduado e pós-graduado, condizente com o projeto profissional, coletivamente construído, criando bases para se formular uma política de pesquisa para a área.

Em nível de pós-graduação, segundo dados da Fundação Comissão de Aperfeiçoamento de Pessoal de Nível Superior (CAPES) do Ministério de Educação, referentes a 2007,[278] o País tem 9 cursos de doutorado em Serviço Social (PUC/RS, PUC/SP, PUC/RJ, UFMA, UFRJ, UFPE, UnB, UNESP, UERJ) e 24 cursos de mestrado acadêmico, a maioria em instituições públicas seguidos de universidades católicas e apenas 1 em universidade privada empresarial.

A natureza dos 24 programas de pós-graduação da área de Serviço Social, em 2007, é a seguinte: 15 em Serviço Social, 5 em Política Social, 1 em Política Social e Serviço Social, 1 em Políticas sociais e Cidadania, 2 em Políticas Públicas.

A área registra um crescimento de 8 cursos de mestrado e de 1 doutorado em relação a 2003,[279] a grande maioria em instituições públicas e/ou universidades comunitárias, indicando uma tendência inversa do crescimento da graduação, que se expande em IES privadas, conforme registros da CAPES, em agosto de 2007.

---

278. Disponível em: <http://www.capes.gov.br>. Mestrados e doutorados reconhecidos. Acesso em 29/08/2007.

279. Capes/MEC. Avaliação da Pós-graduação. 2001-2003. Carvalho, D. B. et al. *Documento de área. Serviço Social e Economia Doméstica*. Brasília, ago. 2004.

SERVIÇO SOCIAL EM TEMPO DE CAPITAL FETICHE

Os programas de pós-graduação são submetidos à avaliação periódica da CAPES/MEC, considerando-se os seguintes critérios: proposta do programa, corpo docente, atividades de pesquisa, atividades de formação, corpo discente, teses e dissertações, produção intelectual e inserção social.[280] O resultado da última avaliação da CAPES,[281] datada de 2004, revela 4,2% dos programas com nota 6 (seis), referente a um único programa; 20,8% com nota 5 (cinco) incluindo cinco programas; 20,8% com nota 4 (quatro), abrangendo cinco programas e 54,2% com nota 3 (três) referente a treze programas, o que deve levar em consideração a expansão da área e a presença de programas novos.

As áreas de concentração dos programas são as seguintes:

— Estado, sociedade e políticas públicas (UFPI);

— Serviço Social, Instituições e movimentos sociais; Serviço Social, política social e cidadania (UFRJ);

— Serviço Social, políticas e processos sociais; Demandas e políticas sociais; Metodologias do Serviço Social (PUC/RS);

— Serviço Social, políticas sociais e movimentos sociais; Serviço Social: fundamentos e prática profissional (PUC/SP);

— Serviço Social e política social (UEL);

— Política social e trabalho (UERJ);

— Proteção social e processos interventivos (UFF);

---

280. Este último critério passa a ser adotado na avaliação do ano-base de 2005.

281. Significado das notas atribuídas:

a) notas 6 e 7 — exclusivas para programas que ofereçam doutorado com nível de excelência, com desempenho equivalente aos mais importantes centros internacionais de ensino e pesquisa, alto nível de inserção internacional, grande capacidade de nucleação de novos grupos de pesquisa e ensino e cujo corpo docente desempenhe papel de liderança e representatividade na respectiva comunidade;

b) nota 5 — alto nível de desempenho, sendo esse o maior conceito admitido para programas que ofereçam apenas mestrado;

c) nota 4 — bom desempenho;

d) nota 3 — desempenho regular atende o padrão mínimo de qualidade exigido;

e) notas 1 e 2 — desempenho fraco, abaixo do padrão mínimo de qualidade requerido. Os programas com esse nível de desempenho não obtêm a renovação do reconhecimento de seus cursos de mestrado e doutorado.

- Políticas públicas e movimentos sociais; Políticas sociais e avaliação de políticas e programas sociais (UFMA);
- Serviço Social, política social e cidadania (UFPA);
- Política social; Fundamentação teórico-prática do Serviço Social (UFPB-JP);
- Serviço Social, movimentos sociais e direitos sociais (UFPE);
- Serviço Social, questão social, direitos sociais (PUC-RJ)
- Serviço Social, direitos humanos e questão social (UFSC);
- Estado, Políticas sociais e cidadania (UnB);
- Trabalho e sociedade (UNESP);
- Serviço Social, cultura e relações sociais; Serviço Social, formação profissional, trabalho e proteção social (UFRN);
- Serviço Social, trabalho e direitos sociais (UFAL);
- Política social, Estado e sociedade (UFES);
- Serviço Social, Política Social e Movimentos Sociais (UCGO);
- Questão social, território, política social e Serviço Social (UFJF);
- Processos Participativos, Desenvolvimento e Política Social (UCPEL);
- Cidades e questões sociais (UNICSUL);
- Serviço Social e sustentabilidade na Amazônia (UFAM);
- Política Social, Trabalho e Cidadania (UCSAL).

Segundo Silva (2002), a área de Serviço Social encontra-se em crescimento, descentralização e amadurecimento, verificando-se a ampliação de convênios com instituições nacionais e internacionais, o aumento da produção intelectual —, com destaque à produção técnica — e a tendência de expansão e fortalecimento dos grupos/núcleos de pesquisa. O corpo docente é composto, na sua totalidade, por doutores, vários com pós-doutorado no Brasil e no exterior, sendo que a maioria dos programas dispõe de veículos próprios de divulgação da produção científica (Revistas e Cadernos).

Essa é principal base da produção de conhecimento e da investigação no Serviço Social brasileiro. Ainda que prioritariamente alicerçada na pós-graduação, com núcleos de pesquisa consolidados, constata-se, hoje, a efetiva presença da investigação no ensino de graduação e de valorização da pesquisa no exercício profissional.

O *XI Congresso Brasileiro de Assistentes Sociais*,[282] a maior reunião político-acadêmica da categoria profissional, realizado em Fortaleza, em 2004, contou com 3.180 participantes, dos quais 2.434 profissionais, 618 estudantes de graduação e 128 pós-graduandos. Somaram-se cerca de 1.500 comunicações aprovadas, um recorde na história desses Congressos. Os eixos temáticos que reuniram essas comunicações são um indicativo das preocupações científicas que polarizam a pesquisa e o exercício profissional no Serviço Social: Estado, direitos e democracia; seguridade social; direitos geracionais (infância, juventude e velhice); questões de gênero: etnia, raça e sexualidade; direitos e garantias de pessoas com deficiência; família e sistemas de proteção social; questão urbana e o direito à cidade; questão agrária e o acesso à terra; desenvolvimento regional, meio ambiente e direito à vida; direitos humanos e segurança pública; políticas e alternativas de geração de trabalho e renda; sociedade civil e a construção da esfera pública: movimento sociais, redes, ONGs e terceiro setor; projeto ético-político, trabalho e formação profissional; Serviço Social e ética; Serviço Social educação; Serviço Social e expressões artístico-culturais; Serviço Social e sistema sócio-jurídico; Serviço Social e relações de trabalho.

Essa amplitude temática é um privilégio da categoria, socialmente convocada a atuar transversalmente nas múltiplas expressões da *questão social*, na defesa dos direitos sociais e humanos e das políticas públicas que os materializam.

Para a identificação das tendências vigentes na pesquisa em Serviço Social foram utilizados os resultados da última *Avaliação Trienal dos Programas de Pós-graduação da CAPES/MEC(2001-2003)*, realizada em 2004, visto ser esse o lócus mais consolidado da pesquisa na formação profissional, incorporando inclusive os alunos da graduação, via iniciação científica. Foram consultados o perfil da área e as relações nominais das linhas de

---

282. Trata-se de uma reunião trianual, promovida pelas entidades nacionais —, Conselho Federal de Serviço Social, Associação Brasileira de Ensino e Pesquisa em Serviço Social e Executiva Nacional de Estudantes em Serviço Social — ENESSO —, sendo que XI CBAS, realizado em Fortaleza, nos dias 17 a 22 de outubro de 2004, teve como tema central: O Serviço Social e a esfera pública no Brasil: o desafio de construir, afirmar e consolidar direitos.

pesquisa existentes e respectivos projetos concluídos ou em andamento dos programas de pós-graduação em Serviço Social. O propósito é limitado: apenas identificar o quadro temático atual dos rumos da pesquisa no Serviço Social e seus possíveis desdobramentos.[283]

A área dispunha, em 2004, de 55 linhas de pesquisa ativas, congregando 581 projetos de pesquisa concluídos ou em andamento.[284] A distribuição das linhas de pesquisa —, e respectivos projetos —, é um esforço preliminar e aproximativo, visto que elas agregam temáticas amplas, comportando projetos com ênfases diferenciadas, que também se articulam com linhas fronteiriças.[285] O esforço foi apenas de identificar as predominâncias temáticas e lacunas a serem preenchidas.

Os eixos temáticos, em ordem de representatividade, do conjunto da área são os seguintes:

1. *Políticas sociais: Estado e Sociedade civil.* Congrega 19 linhas de pesquisa (34,5%) e 238 projetos em andamento ou concluídos (41,%);

2. *Relações e processos de trabalho, políticas públicas e Serviço Social,* congregando 8 linhas de pesquisa (14,5%) e 103 projetos (17,7%);

3. *Cultura e identidades: processos e práticas sociais,* articulando 8 linhas de pesquisa (14,5%) e 83 projetos (14,3%);

4. *Família, relações de gênero e geração: sociabilidade, violência e cidadania,* integrando 6 linhas de pesquisa (10,9%) e 75 projetos (12,9%);

5. *Formação profissional em Serviço Social: fundamentos e exercício da profissão,* com recortes em: história e concepções contemporâneas do Serviço Social, identidade e trabalho profissional, congregando 7 linhas de pesquisa (12,7%) e 47 projetos (8%);

---

283. Esta é, certamente, uma *aproximação preliminar* apoiada exclusivamente nas fontes supracitadas, não englobando o conjunto dos dados do CNPq para a área de Serviço Social.

284. A base dos dados foi a listagem da CAPES. *Linhas de pesquisa. Memória da pós-graduação. Sistema de avaliação. Relações nominais.* 30/04/2004.

285. Para essa categorização foi consultada a listagem dos projetos articulados a cada linha, de cada um dos programas, buscando identificar as ênfases temáticas que perfilam a linha daquele programa. Observou-se que, nem sempre, o título revela com clareza a temática predominante das pesquisas. *CAPES. Linhas de pesquisa. Memória da pós-graduação. Sistema de avaliação. Relações nominais.*

6. *Movimentos sociais, processos organizativos e mobilização popular*, com recortes nas relações de poder, conflitos sociais e poder local, questão urbana e rural, integrando 7 linhas (12,7%) e 34 projetos (5,8%).

A concentração temática da pesquisa indica uma profissão com profunda vocação histórica, atenta ao cenário das transformações operadas nas relações entre o Estado e a sociedade no País, no marco das relações internacionais, apresentando uma inquietante agenda de questões, que denota uma intensa interlocução do Serviço Social com o movimento da sociedade.

a) É conhecida a concentração da pesquisa no eixo das relações entre o Estado e sociedade civil no âmbito das políticas públicas —, em especial das políticas sociais —, terreno contraditório em que se inscreve majoritariamente a atuação do assistente social em resposta às expressões das desigualdades sociais, condensadas nas múltiplas expressões da *questão social*. A ênfase recai na implementação, gestão, avaliação de programas de projetos sociais previstos pelas políticas, com ênfase nos âmbitos estaduais e municipais, —, que são competências do assistente social —, contribuindo para qualificar o debate e o trabalho profissional.

A abordagem das políticas sociais tem como privilégio a seguridade social (em especial, saúde e assistência), ao mesmo tempo em que a extrapola, abrangendo as políticas públicas (meio ambiente, desenvolvimento sustentável, política agrária, segurança alimentar, emprego etc.) e poder local. Verifica-se uma clara preocupação em relacionar as políticas públicas e os sujeitos sociais na mobilização social por direitos, ou por meio de formas de representação nos órgãos de controle democrático, via conselhos de políticas e de direitos: crianças e adolescentes, lutas por moradia, sem terra etc.

É interessante observar que as fragmentações operadas pelas políticas no atendimento às necessidades sociais das classes subalternas e seus segmentos —, idosos, crianças e adolescentes, portador de necessidades especiais —, são o critério que vem filtrando a análise dos sujeitos sociais pelo Serviço Social, nem sempre atribuindo visibilidade às clivagens coletivas de classe. A armadilha está em focalizar os segmentos em si mesmos, fragmentando-os e isolando o seu tratamento analítico das relações sociais que os constituem.

Outro alerta que merece atenção *é a existência de uma relação mimética entre políticas sociais e Serviço Social,* diluindo e obscurecendo a visibilidade das particularidades das ações profissionais no âmbito dessas políticas. Esse mimetismo entre política social e Serviço Social, forjando uma relação de identidade em detrimento das diferenças e respectivas relações, pode explicar-se pelo fato das políticas sociais serem uma das mediações fundamentais da profissionalização do assistente social. Vale reafirmar que Serviço Social enquanto profissão não é o mesmo que política pública — esta de responsabilidade do Estado e dos governos. A diluição da visibilidade das ações profissionais no campo dessas políticas tem sérias conseqüências em nível de identidade profissional e do reconhecimento da particularidade da área de Serviço Social no campo da produção de conhecimentos. Embora vários programas de pós-graduação tenham como área de concentração as políticas sociais e políticas públicas, eles se encontram alocados em unidades de ensino de Serviço Social, o que impõe a necessidade de atribuir visibilidade às relações dessas áreas de concentração com a profissão.

b) O tema do trabalho alçou a segunda posição na prioridade da pesquisa na área, o que é uma conquista relativamente recente, condizente com as transformações societárias operadas na esfera da produção de bens e serviços, no contexto da reestruturação da produção e dos mercados no atual estágio de acumulação capitalista. Observa-se uma dupla direção das pesquisas: *o foco nas relações e processos de trabalho,* extrapolando o universo empresarial para abranger a diversidade das formas de organização e das relações de trabalho e perfis de segmentos de trabalhadores (com distinções de gênero e etnias) e *do mercado de trabalho, incluindo o mercado para o assistente social.* A segunda direção é centrada no *trabalho do assistente social e suas metamorfoses,* no contexto societário.

c) Aparece como terceiro destaque, *o foco na cultura, identidades e subjetividades dos sujeitos,* ultrapassando temas que, historicamente, tiveram privilégio na agenda profissional. De um lado, esse debate é relacionado ao Estado e políticas multiculturais, como parte de relações de poder envolvidas na luta pela hegemonia (religião, festas populares, memória da ciência; história do rádio, cultura afro-brasileira; direitos étnicos); por outro, a ênfase recai sobre as "representações sociais" dos sujeitos individuais em rela-

SERVIÇO SOCIAL EM TEMPO DE CAPITAL FETICHE

ção às várias dimensões da vida em sociedade, que, se desconectadas das bases materiais e históricas de sua produção, pode ser campo fértil às reações neoconservadoras no universo do Serviço Social.

d) A quarta prioridade volta-se a temática relativa à *família, sociabilidade e cotidiano*, apresentando uma interface destacada com o tema anterior, na análise dos sujeitos em seus recortes de gênero, etnia e geração. É fundamental a retomada dos estudos sobre a família trabalhadora e as transformações que nela vêm sendo operadas como parte das relações sociais abrangentes: adensar de historicidade a análise social das famílias como contraponto às análises no campo da clínica, de teor psicologizante, como a única alternativa para os estudos das relações familiares. O estudo da família foi alvo de pouco investimento de pesquisa no passado recente da profissão, o que abriu caminho às abordagens sistêmicas e psicossociais, inspiradas em áreas correlatas e com forte teor conservador. Mas a retomada do tema está também relacionada ao fato de a família ser alvo da maior parte dos programas previstos pelas políticas sociais públicas (criança e adolescente, idoso, segurança alimentar, portadores de necessidades especiais etc.).

Outro ângulo que sobressai nesse eixo temático refere-se às múltiplas faces da *violência* em relação aos *direitos humanos e sociais* incidentes nas relações familiares, na relação com idosos, no trabalho infantil, junto a portadores de necessidades especiais, adolescentes infratores, na exploração sexual, no trabalho rural etc.

e) A área temática de menor investimento na pesquisa refere-se aos *conflitos e movimentos sociais, processos organizativos e mobilização popular* —, o que é motivo de preocupações. Resultado similar foi também obtido, a partir de um tratamento mais detalhado da mesma base de dados da CAPES, efetuado por Carvalho e Silva (2005: 97). As autoras, a partir de distinta categorização dos eixos temáticos dos projetos de pesquisa dos programas de Pós-Graduação no triênio 2001-2003, verificam que os temas referentes à "questão urbana, questão agrária, movimentos sociais e meio ambiente" incidem em 10,4% das pesquisas da área. Destes movimentos, os relativos à questão agrária representam apenas 3,75% e à questão urbana, 6,67%.

A ênfase nos movimentos sociais parece ter sido deslocada pela prioridade aos desafios atinentes ao controle social democrático no âmbito das políticas públicas por meio dos Conselhos de Políticas e de Direitos, o que pode indicar certa prevalência da ênfase na democracia representativa sobre a democracia direta, dois caminhos políticos estreitamente inter-relacionados na defesa dos direitos e da esfera pública.

O primeiro caminho, e mais fundamental —, e que aparece com pouco investimento nas pesquisas —, é fortalecer a *democracia direta, que dê sustentação às instâncias de representação*, ao processo de alteração da correlação de forças e à formação de novas formas de poder e de convivência. Esse caminho impõe o estímulo à organização política de interesses de classes e segmentos sociais, a mobilização maciça dos trabalhadores e das forças do campo democrático-popular na defesa dos direitos.

O segundo caminho, que tem visibilidade privilegiada na agenda da pesquisa, é *a potenciação dos fóruns público-democráticos de representação*. Neste âmbito, a participação da sociedade civil organizada, isto é, das classes sociais e seus segmentos, como sujeitos de pensamento e ação, necessita ser politicamente construída, no sentido de ir além dos interesses particulares e corporativos para sua elevação a uma dimensão de universalidade, condição para realizar uma disputa hegemônica. Isso requer uma ativa capilaridade entre representantes representados, *articulando a democracia representativa com a democracia direta* (Bravo, 1999).

A integração dessas estratégias supõe uma participação, que conjugue essas instâncias de representação com as organizações de base —, sindicatos, comissões de empresas, organizações de profissionais e de bairros, movimentos populares urbanos rurais e democráticos —, e com as instituições parlamentares e os sistemas partidários, na construção de um projeto de *democracia de massas* (Netto, 1990).

f) No penúltimo lugar da agenda temática da pesquisa, está a *formação profissional, fundamentos e trabalho do assistente social*. Agrupados nessa linha existem 47 projetos, ou seja, 8,08% do total dos projetos de pesquisa concluídos ou em andamento. A eles agregando outros 55 presentes nas demais linhas temáticas que têm a *profissão* como objeto central de pesquisa, são totalizados *102 projetos, ou seja, 17,55% das pesquisas da área*, o que é um alento. Assim, ao considerar-se o conjunto da pesquisa da área, o Serviço Social como objeto de investigação, assume, de fato, a terceira posição nas eleições temáticas.

Resultado similar também foi obtido em sistematização efetuada por Carvalho e Silva (2005: 97). Os temas relativos ao "Serviço Social, trabalho e prática profissional" perfazem 10,98% e os concernentes ao "Serviço Social e formação profissional", 3,75% das pesquisas na pós-graduação, entre 2001-2003, totalizando 14,13% das temáticas no período.

Importa salientar que toda a agenda anterior é fundamental ao processo formativo, no sentido de pensar o Serviço Social na dinâmica das relações e processos sociais inscrito nas transformações históricas do Brasil recente, dentro do horizonte sociopolítico já afirmado. Assim, não se reclama uma regressão a uma perspectiva endógena da profissão, cuja ruptura foi uma das grandes conquistas dos últimos vinte anos. Entretanto a pesquisa sobre as múltiplas determinações, que atribuem historicidade ao exercício profissional —, e adensam a agenda da formação profissional —, carece de uma relação mais direta com as respostas profissionais, no sentido de qualificá-las nos seus fundamentos históricos, metodológicos, éticos e técnico-operativos. Em outros termos, para decifrar as relações sociais e qualificar o desempenho profissional, são requeridas mediações na análise das particularidades dessa especialização do trabalho, que carecem de visibilidade no universo da produção científica do Serviço Social.

Assim, ultrapassou-se a visão endógena da profissão, foram realizados importantes esforços de apropriação teórico-metodológica das grandes matrizes do pensamento social na modernidade e da crítica pós-moderna, instaurando o debate plural e respeitoso entre diferentes perspectivas. Constatou-se um avanço na análise da profissão ante as transformações recentes operadas no Estado e na sociedade e suas derivações na cultura e na sociabilidade.

Aquela análise foi enriquecida com a abordagem da gênese da *questão social* e suas múltiplas expressões na vida dos sujeitos de direitos e em suas lutas. Todavia, essas conquistas não foram ainda integralmente totalizadas em suas incidências no exercício profissional, pois falta fazer a "viagem de volta" para apreender o trabalho profissional nas suas múltiplas determinações e relações no cenário atual. É essa passagem que nos desafia: processar os avanços obtidos na análise da dinâmica societária em suas incidências na elaboração teórica, histórica e metodológica dos fundamentos e processamento do trabalho do assistente social, retomando, com novas luzes, o Serviço Social como objeto de sua própria pesquisa.

Em relação às pesquisas em andamento no eixo temático relativo à formação profissional e fundamentos do Serviço Social existem indicações preciosas que necessitam ser adensadas no campo da produção do conhecimento.

1. Observa-se que a pesquisa quanto aos *fundamentos teórico-metodológicos e históricos do Serviço Social*, foi deslocada na prioridade da agenda profissional. Na década de 80, ela voltou-se tanto à apropriação crítica das matrizes teórico-metodológicas e suas expressões na profissão quanto à pesquisa da reconstrução histórica do Serviço Social no Brasil. Hoje essas temáticas dispõem de pouca representatividade no universo da pesquisa, embora os temas estejam longe de ser esgotados. Os dados da pesquisa na pós-graduação indicam uma inquietante falta de visibilidade de pesquisas sobre a ética no Serviço Social. No período 2001-2003, os projetos de pesquisa voltados à ética, cultura e direitos humanos representavam 0,97% do total dos eixos temáticos, conforme Carvalho e Silva (2005: 97).

2. Mas, de modo alentador, o foco da abordagem move-se para *os fundamentos do trabalho e/ou ação profissional no âmbito das relações entre o Estado e a sociedade* na atualidade: os fundamentos do trabalho; a natureza, atribuições e particularidades do trabalho na esfera pública; processos de organização da cultura e inserção da prática do assistente social, particularizados na re-atualização do cooperativismo, na filantropia empresarial, na operacionalização e gestão das políticas sociais e no enfrentamento da *questão social*; o sujeito profissional: identidade, representações de gênero e subalternidade, expressão da cidadania e da democracia na ação profissional.

3. Ao mesmo tempo, existe uma saudável tendência no sentido de *particularizar a análise do exercício profissional ou a pesquisa concreta de situações concretas:* na saúde (SUS, saúde do trabalhador e da família), em hospitais universitários, nas práticas sociojurídicas, nas famílias autoras de violência contra a criança, nos espaços não-governamentais, na educação, na assistência social, nas empresas submetidas à reestruturação industrial, e em referência a sujeitos específicos portadores de deficiência, crianças e adolescentes, idosos etc.

SERVIÇO SOCIAL EM TEMPO DE CAPITAL FETICHE

4. Outro destaque nesse universo são as pesquisas voltadas para o *mercado e as relações de trabalho*: perfil do mercado de trabalho nos estados, novos espaços e demandas profissionais, terceirização, subcontratação, trabalho e emprego/desemprego no universo do Serviço Social.

5. As *competências profissionais e atribuições privativas do assistente social* resguardadas na legislação profissional são temas praticamente silenciados, afora a atribuição referente à gestão e avaliação das políticas, programas e projetos sociais.

6. O debate especificamente voltado à *formação profissional* é intenso no País, mas se expressa com pouca ênfase nas linhas de pesquisa da pósgraduação —, ainda que temáticas essenciais nelas contempladas sejam matéria das pesquisas efetuadas —, o que é motivo de preocupação, uma vez que lhe cabe a função precípua de formação de docentes. As unidades de ensino no nível de graduação tem sido o âmbito privilegiado daquele debate, indicando certo distanciamento por parte dos programas de pósgraduação da formação profissional graduada no País.

A agenda do debate sobre a formação profissional é abrangente e estreitamente relacionada às atuais diretrizes curriculares. Ela é fundamental neste momento de rápida expansão dos cursos de Serviço Social, polarizada pelo ensino privado. Aquela agenda se expressa nos seguintes temas: fundamentos do trabalho profissional, o ensino da pesquisa, o ensino da política social, estratégias didático-pedagógicas, atividades complementares de ensino, articulação do exercício e formação profissional, estágio no espaço acadêmico, experiências em instituições, campos de estágio, capacitação continuada, avaliação da formação profissional, perfil dos alunos, egressos e do mercado de trabalho etc. Assim, o projeto de formação profissional abre novas sendas ao trabalho de pesquisa: a integração entre história, teoria e método no Serviço Social, entendidos como dimensões indissociáveis da configuração da profissão nos distintos momentos históricos; a leitura da prática profissional como um trabalho especializado no marco do trabalho social coletivo, mediado pela condição assalariada, sofrendo as mesmas injunções que incidem sobre o conjunto dos trabalhadores nos tempos atuais; a *questão social* —, em suas expressões particulares —, como matéria do exercício profissional e as políticas sociais como mediações fundamentais do trabalho do assistente social; a ética como princípio que perpassa toda a formação; o redimensionamento do estágio —, articulado à pesquisa e à extensão —, as estratégias pedagógicas e da supervisão acadêmica, e as relações entre o meio acadêmico e profissional.

O quadro da pesquisa na área, aqui brevemente apresentado, indica a riqueza temática que captura o interesse dos pesquisadores e permite compreender a profissão densa de historicidade. Assim, os avanços alcançados nos vários eixos temáticos devem ser preservados, mas é também necessário realizar a viagem de retorno ao Serviço Social, inscrevendo-o nas múltiplas relações e determinações societárias, que já têm lugar na agenda temática da pesquisa na área. E reler, sob novas bases, o trabalho do assistente social,[286] reconhecendo o seu caráter contraditório no processo de reprodução das relações sociais, o que implica identificar as forças sociais e políticas que o polarizam e condicionam o significado social desse trabalho na sociedade brasileira atual. Isto aponta para *a incorporação da atitude investigativa e da pesquisa como dimensões constitutivas* —, e não apenas complementar —, tanto da formação, quanto do exercício profissional. A pesquisa de situações concretas, aliadas às suas determinações macrossociais, é condição necessária tanto para superar a defasagem entre o discurso genérico sobre a realidade social e os fenômenos singulares com que o assistente social se defronta no seu cotidiano quanto para desvelar as possibilidades de ação contidas na realidade. O estímulo à pesquisa supõe investimentos intelectuais e políticos na defesa da universidade cuja degradação compromete seriamente as condições de trabalho docente, a atividade de investigação de docentes e discentes e a qualidade do exercício profissional.

O fortalecimento das atividades investigativas na área de serviço Social pode ser impulsionado por uma política de pesquisa para a área, que, sem ferir a liberdade na busca do conhecimento, estimule a investigação em torno de eixos prioritários para a consolidação do projeto acadêmico

---

286. Já existe uma rica e diversificada literatura acumulada sobre o trabalho do assistente social que não foi possível analisar neste trabalho. Conferir, por exemplo: Serra (1998; 2000); Almeida (1996); Barbosa; Cardoso e Almeida (1998); Mota e Amaral (1998); Costa (1998, 2000); Freire (2003); Vasconcelos (2002); Cardoso (1997); Cardoso e Francisco (1999); César (1998); Granemann (1999).

profissional brasileiro. Os eventos científicos da categoria têm sido um espaço privilegiado para comunicação dos resultados de pesquisas, possibilitando um mapeamento dos temas de interesse e do acervo da investigação na área. Mas a produção acadêmica no Serviço Social carece de diretrizes para uma política de pesquisa global.[287] Ela enseja uma viva presença da pós-graduação na dinâmica da ABEPSS, consolidando a integração entre os níveis de graduação e pós-graduação; e viabilizando a articulação de pesquisadores por eixos temáticos comuns, impulsionando a produção acadêmica e o seu intercâmbio, de modo a potenciar esforços e recursos, nos níveis nacional e internacional.

O esforço está direcionado para preservar as conquistas já obtidas e materializá-las no exercício cotidiano, o que exige preencher um amplo campo de mediações entre as bases históricas, teórico-metodológicas e éticas acumuladas e o processamento do trabalho profissional nas condições incidentes no mercado de trabalho.

As sessões plenárias do XIX Congresso Brasileiro de Assistentes Sociais produziram preciosas indicações quanto ao exercício profissional, que merecem destaque:

— aprofundar o conhecimento as condições reais de trabalho do assistente social, enquanto trabalhador assalariado, articulando-o às lutas mais gerais dos trabalhadores frente as reformas sindical, trabalhista e universitária;

— estimular o estudo sobre os espaços ocupacionais —, tradicionais e emergentes —, transformando-os em espaços públicos de denúncias e reivindicações;

— aperfeiçoar e estimular a construção de articulações político-institucionais com a sociedade civil na luta pela garantia de direitos;

— apoiar o aprofundamento teórico-metodológico como base para leitura dos trabalhos realizados, reconhecendo a convivência de ten-

---

287. Sua elaboração supõe uma integração coletiva da ABEPSS com as representações de pesquisadores, representantes da categoria na CAPES, CNPq, INEP e a Comissão de Formação Profissional do CFESS, tendo em vista estimular a investigação em torno de temas identificados como prioritários para a consolidação do projeto acadêmico-profissional do Serviço Social no País.

dências inovadoras e conservadoras nessas leituras e atribuindo maior atenção a dimensão técnico-operativa da profissão;

— estimular formas de socialização e intercâmbio de experiências profissionais exitosas que indicam avanços na concretização do projeto ético-político profissional.

Ali foram identificadas pesquisas voltadas ao conhecimento dos usuários, assim como foi reafirmada a necessidade de aprofundar o debate sobre as famílias trabalhadoras na perspectiva da efetivação dos direitos. As comunicações dos pesquisadores indicam a crescente superação da visão assistencialista e da ideologia da tutela nas relações profissionais. Elas indicam também o reforço da direção social coletivamente proposta à profissão: voltada ao aprofundamento do processo de democratização e do apreço à coisa pública, em contraposição aos valores liberais que geram desesperança e encobrem a dimensão coletiva das situações sociais presentes na vida dos indivíduos e grupos de diferentes classes sociais, embora não eliminem sua existência objetiva.

Esse momento exige dos pesquisadores uma atividade intelectual aberta a compreender o novo, presidida por elevados *valores éticos* e guiada por *normas de responsabilidade intelectual,* atribuindo à pesquisa uma ampla dimensão *pública* que adense uma *vigília crítica do Brasil*, de modo que se possa afirmar, com o poeta Murilo Mendes, "não sou meu sobrevivente e sim meu contemporâneo".

O legado já acumulado pelo pensamento social crítico brasileiro sobre a interpretação do Brasil necessita ser apropriado e atualizado para, a partir dele, pensar as particularidades dos processos sociais que conformam o Brasil contemporâneo. São referências as obras de Caio Prado Junior, Astrojildo Pereira, Nelson Werneck Sodré, Florestan Fernandes, Antônio Cândido, Josué de Castro, Celso Furtado, Hélio Jaguaribe, Octávio Ianni, Guerreiro Ramos e Roland Corbisier, entre muitos outros. As transformações históricas, que tiveram lugar tanto em nosso País, quanto nos demais países latino-americanos, foram por eles assumidas como *desafios ao pensamento.* Mas eles tinham clareza que *as explicações obtidas também influenciam os movimentos da sociedade, à medida que a teoria se transforme em força real ao ser incorporada pelos sujeitos em suas ações*, especialmente aqueles que protagonizam a história dos trabalhadores neste País. Os "homens simples" também tecem as linhas da história com suas lutas e reivindicações, rebeldias e conformismos.

Como nos lembra Ianni, para conhecer a história do Brasil é indispensável conhecer "a *história social do povo brasileiro*. A maneira como se relacionam os grupos e classes sociais é uma dimensão fundamental da realidade política" (Ianni, 1992: 1). Mas as estruturas de dominação-subordinação não se revelam clara e imediatamente nessas relações. Há elementos sociais e culturais que as transfiguram e as complexificam.

É, hoje, fundamental contribuir para a análise das classes na história brasileira, densa de determinações étnico-raciais, regionais e culturais, rurais e urbanas, que resguarde a efetiva reciprocidade entre o conhecimento científico e as configurações da vida social ao longo dessa *era de extremos*, nos termos de Hobsbawm (1995). Em outros termos, somos desafiados a integrar *pensamento teórico e as condições de existência social* captadas a partir da diversidade das posições que os homens ocupam nos quadros da estrutura social, o que implica o reconhecimento das diferentes visões de mundo daí derivadas, às quais não é imune o pensamento científico. Isso envolve a afirmação das concepções de totalidade e do devir histórico (Ianni, 1992), que norteie tanto os estudos monográficos quanto as interpretações globalizadoras, inter-relacionados e complementares. Em outras palavras, impulsionar o *"ato científico como um ato de imaginação criadora"*, cuja decadência encontra-se na raiz da *crise do conhecimento científico* com as invasões positivas e empiristas, a-históricas, que estimulam a expansão irracional das especializações. Estas se desdobram na transformação do cientista em técnico, adstrito às tarefas que lhe são impostas com alvos não-científicos, em que os procedimentos e a teoria são reduzidos a instrumentos de ações, orientadas segundo os interesses daqueles que financiam o seu labor. O cientista metamorfoseado em técnico mostra-se, portanto, incapaz de lidar com os fundamentos envolvidos nos esquema teórico particular de seu trabalho (Ianni, 1992: 145) e, conseqüentemente, de decifrar o significado de suas atividades no âmbito das relações sociais e do pensamento social globais.

Recuperar a concepção de conhecimento científico que privilegia a história é uma exigência em tempos de pós-modernidade e de generalização do fetichismo do capital financeiro, que invade adensa todas as esferas da vida em sociedade tornando opaco o mundo da produção e do trabalho em suas múltiplas relações com a política e a cultura. Erigem-se, em conseqüência, reações às metanarrativas e a recusa da história, no elogio aos fragmentos, à superficialidade da vida aprisionada aos fetiches mercantis que redundam na indiferença e esvaziamento das dimensões humano-universais. Essas teorias exaltam os particularismos e as diferenças, como substitutivas — e não complementares — das contradições e das desigualdades de classes, num amplo empreendimento ideológico que invade o saber científico.

A contrapartida está no cultivo das problemáticas já anunciadas pelos pensadores clássicos —, e certamente redimensionadas na história do presente —, a favor da compreensão que valoriza a vinculação dos homens entre si e com as configurações histórico-estruturais em suas particularidades nacionais. Integrar razão e história, ciência e realidade, contribuindo para fecundar o que Florestan Fernandes chamou de "Sociologia Crítica" no Brasil: um estilo de reflexão que questiona a realidade social e o pensamento ao lidar com as relações, processos e estruturas sociais, que engendram a especificidade do social. Ela é assim caracterizada por Ianni, ao referir-se à obra de Florestan Fernandes:

> A *sociologia crítica*, compreendendo teoria e história, sintetiza um estilo de pensar a realidade social. Ao resgatar o ponto de vista crítico da sociologia clássica e moderna, com base nos ensinamentos do marxismo, e recuperar o ponto de vista crítico oferecido pelas condições de vida e de trabalho dos oprimidos da cidade e do campo, a obra de Florestan Fernandes cria e estabelece um novo estilo de pensamento (Ianni, 2004 a: 72).

O desafio é afirmar uma profissão voltada à defesa dos direitos e das conquistas acumuladas ao longo da história da luta dos trabalhadores no País, e comprometida com a radical democratização da vida social no horizonte da emancipação humana: "ser radical é tomar as coisas pela raiz, e a raiz, para o homem, é o próprio homem" (K. Marx).

As palavras finais ficam com Carlos Drummond de Andrade, em seu *Canto Brasileiro*:

Confuso amanhecer, de alma ofertante
e angústias sofreadas,
injustiças e fomes e contrastes
e lutas e achados rutilantes
de riquezas da mente e do trabalho,
meu passo vai seguindo
no ziguezague de equívocos,
de esperanças que malogram mas renascem
de sua cinza morna.
Vai comigo meu projeto
entre sombras, minha luz
de bolso me orienta
ou sou eu mesmo o caminho a procurar-se?

Bibliografia

ABESS/CEDEPSS. Proposta básica para o projeto de formação profissional. *Serviço Social & Sociedade*: o Serviço Social no século XXI, São Paulo, ano XVII, n. 50, p. 143-171, abr. 1996.

_____. Diretrizes Gerais para o Curso de Serviço Social. (Com base no currículo mínimo aprovado em Assembléia Geral Extraordinária de 08 de novembro de 1996). Formação Profissional: Trajetória e Desafios. *Cadernos ABESS*, São Paulo, n. 7, p. 58-76, 1997a. Edição especial.

_____. Proposta básica para o projeto de formação profissional. Novos subsídios para o debate. *Cadernos ABESS*, São Paulo, n. 7, p. 15-58, 1997b.

ABEPSS. Formação do assistente social no Brasil e a consolidação do projeto ético-político. *Serviço Social & Sociedade*. Especial: Serviço Social: formação e projeto político. São Paulo, ano XXV, n. 79, p. 72-81, set. 2004.

ABESS/CFESS/ENESSO. *Reforma do Ensino Superior*: a regulamentação da LDB e as implicações para o Serviço Social. Brasília, 1999 (mimeo.).

ABREU, M. *Serviço Social e a organização da cultura:* perfis pedagógicos da prática profissional. São Paulo: Cortez, 2002.

ACANDA, J. *Hegemonia e sociedade civil*. Rio de Janeiro: Ed. UFRJ, 2006.

ADUFRJ. Seção Sindical dos Docentes da Universidade Federal do Rio de Janeiro. Rio de Janeiro: UFRJ, ano V, 17 a 23 set. 1999.

AGLIETTA, M. *Regulación y crisis del capitalismo*. 5. ed. México: Siglo XXI, 1991.

ALAYÓN, N. (Org.). *Trabajo social latinoamericano*: a 40 años de la reconceptualización. Buenos Aires: Espacio Editorial, 2006.

ALMEIDA FILHO, N. *Universidade nova*: textos críticos e esperançosos. Brasília: UnB, Salvador, EDUFBA, 2007.

ALMEIDA, N. L. T. Considerações para o exame do processo de trabalho do Serviço Social. *Serviço Social & Sociedade*, São Paulo, n. 52, ano XVII, p. 7-23, dez. 1996.

ALVES, G. *O novo (precário) mundo do trabalho*. Reestruturação produtiva e crise do sindicalismo. São Paulo: Boitempo/FAPESP, 2000.

AMANN, S. Cidadania e exclusão social: o mundo desenvolvido em questão. *Serviço Social & Sociedade*, São Paulo, ano XXIV, n. 76, p. 118-142, nov. 2003.

ANDERSON, P. *As origens da pós-modernidade*. Rio de Janeiro: Zahar, 1999.

_____. Balanço do neoliberalismo. In: SADER, E.; GENTILI, P. (Orgs.). *Pós-neoliberalismo*: as políticas sociais e o Estado democrático. Rio de Janeiro: Paz e Terra, 1995.

_____. Internationalism: a Breviary. In: *New Left Review 14*. Second series. Mar/Apr 2002, p. 5-25.

ANDRADE, C. D. Canto brasileiro. In: *Carlos Drummond de Andrade. Poesia e prosa*. Rio de Janeiro: Nova Aguilar, 1983, p. 487-488. Volume único.

ANTUNES, R. *Adeus ao trabalho?* Ensaios sobre as metamorfoses e a centralidade do mundo do trabalho. São Paulo: Cortez/UNICAMP, 1995.

_____ (Org.). *Neoliberalismo, trabalho e sindicatos*. Reestruturação produtiva na Inglaterra e no Brasil. São Paulo: Boitempo, 1997.

_____. *Os sentidos do trabalho*. São Paulo: Boitempo, 1999.

_____. A nova morfologia do trabalho e o desenho multifacetado das ações coletivas. In: SANTANA, M. A.; RAMALHO, J. S. *Além da fábrica*: trabalhadores, sindicatos e a nova questão social. São Paulo: Boitempo, 2003.

ARAÚJO, J. P. *Manual dos direitos sociais da população*. Belo Horizonte: Ed. O Lutador, 1998.

ARICÓ, J. Presentación. In: MARX, K. *El Capital*. Libro I. Cap. VI (Inédito). Mexico: Siglo XXI, 1971.

BALANDIER, J. *La désordre. Éloge du mouvement*. Paris: Fayard, 1988.

BANCO INTERAMERICANO DE DESARARROLLO. *América Latina frente a la desigualdad*: progresso economico y social en America Latina. Informe 1998-1999. Washington DC: BID, 1998.

BAPTISTA, P. N. O Consenso de Washington. A visão neoliberal dos problemas latino-americanos. *Cadernos da Dívida Externa*. 2. ed. São Paulo, n. 3, 1994.

BARBOSA, R. N. B.; CARDOSO, F. G; ALMEIDA, N. L. A categoria "processo de trabalho" e o trabalho do Assistente Social. *Serviço Social & Sociedade*, São Paulo, ano XIX, n. 58, p. 109-130, nov. 1998.

BARROCO, L. *Ética e sociedade*. Curso de capacitação ética para agentes multiplicadores. Brasília, CFESS, v. 1, 2000.

_____. *Ética e Serviço Social*: fundamentos ontológicos. São Paulo: Cortez, 2001.

_____. A inscrição ética dos direitos humanos no projeto ético-político do Serviço Social. *Serviço Social & Sociedade*. Especial: Serviço Social: formação e projeto político. São Paulo, ano XXV, n. 79, p. 27-421, set. 2004.

BASTOS, E. R. *As ligas camponesas*. Petrópolis: Vozes, 1984.

BEHRING, E. R. *Política Social no capitalismo tardio*. São Paulo: Cortez, 1988.

_____. *Brasil em contra-reforma*. Desestruturação do Estado e perda de direitos. São Paulo: Cortez, 2003.

BEHRING, E. R.; BOSCHETTI, I. *Política social*: fundamentos e história. São Paulo: Cortez, Col. Biblioteca Básica de Serviço Social, v. II, 2006.

BENJAMIM, C. *O Brasil é um sonho (que realizaremos)*. Os desafios do Brasil. Rio de Janeiro: Contraponto, FAPERJ, 2002.

BERMUDO, M. *El concepto de praxis en el joven Marx*. Barcelona: Península, 1975.

BID. Banco Interamericano de Desenvolvimento. *Ensino Superior na América Latina e no Caribe. Um documento estratégico*. Departamento de Programas Sociais e Desenvolvimento Sustentado, 1996. Apud CHAUI, M. Reforma do ensino superior e autonomia universitária. *Serviço Social & Sociedade. 20 anos*. São Paulo, n. 61, p. 118-126, nov. 1999.

BIHR, A. *Da grande noite à alternativa*. O movimento operário europeu em crise. 2. ed. São Paulo: Boitempo, 1999.

BIONDI, A. *O Brasil privatizado*. Um balanço do desmonte do Estado. São Paulo: Fundação Perseu Abramo, 2000.

BIRD. Banco Mundial *La enseñanza superior. Las lecciones derivadas de la experiencia*. Washington DC, 1995.

_____. Banco Mundial. Relatório sobre o desenvolvimento mundial. Visão geral. Eqüidade e desenvolvimento. Washington DC. 2006.

BONETTI, D. A. *et al.* (Orgs.). *Serviço Social e ética*. Convite à uma nova práxis. São Paulo: Cortez/CFESS, 1996.

BOSCHETTI, I. *Assistência Social no Brasil*: um direito entre originalidade e conservadorismo. 2. ed. ver. aum. Brasília, Boschetti, 2003.

_____. *Seguridade social e trabalho*. Paradoxos na construção das políticas de previdência e assistência social no Brasil. Brasília: Letras Livres/Editora UnB, 2006.

BOSCHETTI, I; e SALVADOR, E. Orçamento da seguridade social e política econômica. Perversa alquimia. *Serviço Social & Sociedade*, São Paulo, n. 87, p. 25-57, 2006.

BOTTOMORE, T. B; e NISBET, R. (Orgs.). *História da análise sociológica*. Rio de Janeiro: Zahar, 1980.

BRAGA, R. *A nostalgia do fordismo*. Modernização e crise na teoria da sociedade salarial. São Paulo: Xamã, 2003.

BRASIL. *Constituição da República Federativa do Brasil*. Rio de Janeiro: Ed. Espaço Jurídico, 1997.

_____. Ministério da Educação e Cultura. Conselho Nacional de Educação. Comissão de Especialistas. *Diretrizes Curriculares Nacionais do Curso de Serviço Social*. Brasília, jul. 2001.

_____. Ministério da Educação e Cultura. Conselho Nacional de Educação. Comissão de Especialistas. *Diretrizes Curriculares*. Curso: Serviço Social. Brasília, fev. 1999.

BRAVERMAN, H. *Trabalho e capital monopolista*: a degradação do trabalho no século XX. Rio de Janeiro: Zahar, 1977.

BRAVO, M. I. *Serviço Social e Reforma Sanitária*: lutas sociais e práticas profissionais. São Paulo/Rio de Janeiro: Cortez/UFRJ, 1996.

_____. O Serviço Social na contemporaneidade: desafios para a construção de uma esfera pública democrática. *Em Pauta*: Revista da Faculdade de Serviço Social da UERJ, Rio de Janeiro, n. 15, p. 29-42, jul./dez. 1999.

BRAVO, M. I.; MATOS, M. C. Projeto ético-político do Serviço Social e sua relação com a reforma sanitária: elementos para debate. In: MOTA, A. E. *et al.* (Orgs.). *Serviço Social e Saúde*. Formação e trabalho profissional. São Paulo: OPAS, OMS, Ministério da Saúde, Cortez, 2006, p. 197-217.

BRAZ, M. O governo Lula e o projeto ético-político do Serviço Social. *Serviço Social & Sociedade*, São Paulo, n. 78, p. 48-68, 2004.

_____. Notas sobre o projeto ético-político do Serviço Social. CRESS 7ª Região. *Assistente Social*: ética e direitos. Coletânea de leis e Resoluções. 4. ed. Rio de Janeiro: CRESS-RJ, março de 2007, p. 405-419.

BRITES, C. M.; SALES, M. A. *Ética e Práxis Profissional*. Curso de capacitação ética para agentes multiplicadores. Brasília: CFESS, v. 2, 2000.

BUARQUE, C. *A revolução das prioridades*. Brasília, Instituto e Estudos Econômicos (Inesc), 1993.

BUROWOY, M. *The Politics of production*. London: Verso, 1980.

_____. A transformação dos regimes fabris no capitalismo avançado. *Revista Brasileira de Ciências Sociais*, São Paulo, ano 5, n. 13, p. 29-50, jun. 1990.

CAMARGO, A. A questão agrária: crise de poder e reformas de base (1930-1964). In: FAUSTO, B. (Org.). *O Brasil Republicano III*. Sociedade e política (1930-1964). São Paulo: Difel, 1983. Cap. III, p. 121-224. (Col. História Geral da Civilização Brasileira.)

CÂNDIDO, A. Sagarana. Fortuna Crítica. In: ROSA, G. *João Guimarães Rosa*. Ficção Completa em dois volumes. Rio de Janeiro: Nova Aguilar, 1994, v. I.

CAPES/MEC. Avaliação da Pós-graduação. 2001-2003. CARVALHO, D. B. *et al. Documento de área. Serviço Social e Economia Doméstica.* Brasília, ago. 2004.

CARDOSO, F. G. *Organização das classes subalternas*: um desafio para o Serviço Social. São Paulo: Cortez./EDUFMA, 1995.

CARDOSO, I. C. "Processo de trabalho do Serviço Social". In: ABESS/CEDEPSS. Proposta básica para o projeto de formação profissional. Novos subsídios para o debate". *Cadernos ABESS*, Formação Profissional: Trajetória e Desafios. São Paulo, n. 7, 1997, p. 27-46.

CARDOSO, I.; FRANCISCO, E. M. Considerações ao debate da teoria do processo de trabalho. *(Syn)Thesis*, Rio de Janeiro, n. 2, 1999, v. III, p. 11-22.

CARMO, S. R. *A transformação do trabalho intelectual em capital*: considerações sobre o trabalho de concepção criativa. 2003. Dissertação (mestrado em Serviço Social) UERJ: Rio de Janeiro, 2003.

CASTEL, R. As armadilhas da exclusão. In: YAZBEK, M. C.; BÓGUS, L.; BELFIORE WANDERLEY, M. (Orgs.). *Desigualdade e a questão social.* 2. ed. aum. São Paulo: EDUC, 2000a, p. 17-50.

_____. As transformações da questão social. In: YAZBEK, M. C; BÓGUS, L.; BELFIORE WANDERLEY, M. (Orgs.). *Desigualdade e a questão social.* 2. ed. aum. São Paulo: EDUC, 2000b, p. 235-264.

_____. *As metamorfoses da questão social.* Uma crônica do salário. Petrópolis: Vozes, 1998.

_____. As metamorfoses do trabalho. In: FIORI, J. L.; LOURENÇO, M. S.; NORONHA, J. C. *Globalização*: o fato e o mito. Rio de Janeiro: UERJ, 1998a, p. 147-163.

_____. Sociólogo francês Robert Castel, autor de Les metamorphoses de la Question Sociale. *Folha de S.Paulo*, São Paulo, 26 de fev. de 1995. Caderno Mais, p. 6-7. Entrevista concedida a Jane Russo e Maria da Glória Ribeiro da Silva.

CASTRO, N. A; GUIMARÃES, A. S. A. Além de Braverman, depois de Burowoy: vertentes analíticas da sociologia do trabalho. *Revista Brasileira de Ciências Sociais*, Rio de Janeiro, ano 6, n. 17, p. 44-52, out. 1991.

CASTRO, N. C.; LEITE, M. P. Sociologia do trabalho industrial: desafios e interpretações. *BIB*, Rio de Janeiro, n. 37, p. 39-60, 1994.

CARVALHO, A. M. P. *A questão da transformação social e o trabalho social*: uma análise gramsciana. São Paulo: Cortez, 1993.

CARVALHO, D. B.; SILVA, M. O. S. *Serviço social*: Pós-Graduação no Brasil. São Paulo: Cortez, 2005.

CARVALHO, S. R. Os múltiplos sentidos da categoria "empowerment" no projeto de promoção à saúde. *Cadernos de Saúde Pública.* FIOCRUZ, Rio de Janeiro, v. 20, n. 4, jul./ago. 2004.

CEAD/UnB. CFESS/ABEPSS. *Projeto do Curso de Especialização à Distância em Serviço Social*: direitos sociais e competências profissionais. n. 2. Programa de Capacitação Continuada para Assistentes Sociais. Brasília: CEAD/UnB, out. 2004.

CESAR, M. J. Serviço Social e reestruturação produtiva: requisições, competências e condições de trabalho profissional. In: MOTA, A. E. (Org.). *A nova fábrica de consensos*. São Paulo: Cortez, 1998, p. 115-148.

CFESS/CRESS. *Seguridade social pública*: é possível. Carta de Maceió. Maceió: CFESS/CRESS, set. 2000.

CHAUI, M. *Conformismo e resistência*: aspectos da cultura popular no Brasil. São Paulo: Brasiliense, 1986.

_____. *Cultura e democracia*: o discurso competente e outras falas. 3. ed. São Paulo: Moderna, 1982.

_____. *Seminários*. O nacional e o popular na cultura brasileira. 2. ed. São Paulo: Brasiliense, 1984.

_____. Raízes teológicas do populismo no Brasil: a teocracia dos dominantes, messianismo dos dominados. In: DAGNINO, A (Org.). *Anos 90*: política e sociedade no Brasil. São Paulo: Ed. Brasiliense, 1995a, p. 19-30.

_____. Em torno da universidade de resultados e de serviços. *Revista USP Dossiê Universidade Empresa*. São Paulo, n. 25, p. 54-61, mar-mai. 1995b.

_____. Reforma do ensino superior e autonomia universitária. *Serviço Social e Sociedade. 20 anos*. São Paulo, n. 61, p. 118-126, nov. 1999.

CHESNAIS, F. *A mundialização do capital*. São Paulo: Xamã, 1996.

_____ (Org.). *A mundialização financeira*. São Paulo: Xamã, 1998.

_____. *Tobin or not Tobin?* Porque tributar o capital financeiro internacional em apoio aos cidadãos. São Paulo: UNESP/ATTAC, 1999.

_____. Mundialização: o capital financeiro no comando. *Outubro*, São Paulo, n. 5, p. 7-28, 2001.

CHESNAIS, F.; DUMÉNIL, G.; LEVY, D.; WALLERSTEIN, I. *Uma nova fase do capitalismo?* São Paulo: CEMARX-Unicamp/Xamã, 2003.

CONNOR, S. *Cultura pós-moderna*. Introdução às teorias do contemporâneo. São Paulo: Loyola, 1996.

COSTA, D. H. O trabalho nos serviços de saúde e a inserção do assistente social. *Serviço Social & Sociedade*, São Paulo, ano XXI, n. 62, p. 35-72, 2000.

COSTA, M. D. H. C. Os serviços sociais na contemporaneidade: notas sobre o trabalho nos serviços. In: MOTA, A. E (Org.). *A nova fábrica de consensos*. São Paulo: Cortez, 1998, p. 97-114.

COSTA, S. G. A invenção de tradições: a proteção social e os cursos de graduação em Serviço Social. Serviço Social & Sociedade, São Paulo, ano XVI, n. 48, p. 58-68, ago. 1995a.

_____. *Signos em transformação*. A dialética de uma cultura profissional. São Paulo: Cortez, 1995b.

COSTA, S. G. Contribuição para o conhecimento do discurso crítico e da prática profissional do Serviço Social. *Coleção Temas Sociais*: CBCISS, Rio de Janeiro, ano XVII, n. 195, 1985.

_____. Sociedade Salarial. Contribuições de R. Castel e o caso brasileiro. *Serviço Social & Sociedade*, São Paulo, ano XXI, n. 63, p. 5-26, ago. 2000.

COUTINHO, C. N. *Intervenções*: O marxismo na batalha das idéias. São Paulo: Cortez, 2006.

_____. *O estruturalismo e a miséria da razão*. Rio de Janeiro: Paz e Terra, 1972.

_____. *A democracia como valor universal e outros ensaios*. 2. ed. amp. Rio de Janeiro: Salamandra, 1984.

_____. *Gramsci*. Um estudo sobre seu pensamento político. Rio de Janeiro: Campus, 1989.

_____. Gramsci e as Ciências Sociais. In: *Serviço Social & Sociedade*. São Paulo, Cortez, ano 11, n. 34, p. 21-40, dez. 1990.

_____. Gramsci e as Ciências Sociais. In: *Marxismo e Política*. A dualidade dos poderes e outros ensaios. São Paulo: Cortez, 1994.

_____. *Contra a corrente*. Ensaios sobre democracia e socialismo. São Paulo: Cortez, 2000.

_____. Prefácio à edição brasileira. In: MARKUS, G. *Teoria do conhecimento no jovem Marx*. Rio de Janeiro: Paz e Terra, 1974.

COUTINHO, C. N.; NOGUEIRA, M. A. (Orgs.). *Gramsci e a América Latina*. Rio de Janeiro: Paz e Terra, 1988.

_____. O conceito de política nos Cadernos do Cárcere. In: COUTINHO, C. N.; TEIXEIRA, A. de P. (Orgs.). *Ler Gramsci, entender a realidade*. Rio de Janeiro: Civilização Brasileira, 2003.

COUTO, B. R. *O direito social e a assistência social na sociedade brasileira*: uma equação possível? São Paulo: Cortez, 2004.

CRESS 7ª Região (RJ). *Assistente Social*: ética e direitos. Coletânea de Leis e Resoluções. Rio de Janeiro: Lidador, maio 2000.

DE DECCA, E. *1930. O silêncio dos vencidos*. São Paulo: Brasiliense, 1981.

DIEESE. *www.dieese.org.br*. Acesso em 19 de julho de 2007.

DURAND PONTE, V. M. Estrutura e sujeitos na análise da América Latina. In: LARANGEIRA, S. (Org.). *Classes e movimentos sociais na América Latina*. São Paulo: Hucitec, 1990.

DURKHEIM, E. *Da divisão do trabalho*. São Paulo: Martins Fontes, 1995.

DUSSEL, E. *Hacia un Marx desconocido*. Un comentario de los manuscritos de 61-63. Mexico: IZTAPALAPA/Siglo XXI, 1988.

DUSSEL, E. *El último Marx (1863-1882) y la liberación latinoamericana.* Un comentario a la tercera y a la cuarta redacción de "El Capital". Mexico: IZTAPALAPA/Siglo XXI, 1990.

EAGLETON, T. *As ilusões do pós-modernismo.* Rio de Janeiro: Zahar, 1996.

ENGELS, F. Ludwig Feuerbach e o fim da Filosofia Clássica Alemã. In: MARX, K.; ENGELS, F. *Textos I.* São Paulo: Sociais, 1977.

_____. *Socialismo dos Juristas.* In: NAVES; M. B.; BARROS, J. M. A. (Eds.). Revista *Crítica do Direito,* n. 1. São Paulo: Livraria Ciências Humanas, 1980, p. 1-4.

ESCURRA, M. F. *Sobrevivendo do lixo*: população excedente, trabalho e pobreza. Dissertação (mestrado em Serviço Social). Rio de Janeiro: UFRJ, 1996.

FALEIROS, V. P. *Trabajo social.* Ideologia y método. Buenos Aires: Ecro, 1972.

_____. Reconceptualización: acción política y prática dialética. *Acción Critica Lima,* n. 8, p. 4- 24, dez. 1980a.

_____. *A política social no Estado capitalista.* São Paulo: Cortez, 1980b.

_____. *Metodologia e ideologia do trabalho social.* São Paulo: Cortez, 1981.

_____. *O que é política social.* São Paulo: Brasiliense, 1986.

_____. Confrontos teóricos do movimento de reconceituação do Serviço Social na América Latina. *Serviço Social & Sociedade,* São Paulo, ano VIII, n. 24, p. 49-69, ago. 1987a.

_____. *Saber profissional e poder institucional.* São Paulo: Cortez, 1987b.

_____. *O trabalho da política*: saúde e segurança dos trabalhadores. São Paulo: Cortez, 1992.

_____. A reforma curricular de 1988 no ensino de graduação de Serviço Social na UnB. *Serviço Social & Sociedade,* São Paulo, ano XVI, n. 47, p. 17-25, abr. 1995.

_____. Serviço Social: questões presentes para o futuro. *Serviço Social & Sociedade,* São Paulo, ano XVII, n. 50, p. 9-39, abr. 1996.

_____. *Estratégias em Serviço Social.* 2. ed. São Paulo, 1999a.

_____. Desafios do Serviço Social na era da globalização. *Serviço Social & Sociedade,* São Paulo, ano XX, n. 61, p. 152-186, nov. 1999b.

_____. *La crítica a una política del sujeto.* Brasília, 2002. Mimeo.

FERNANDES, F. *A Revolução Burguesa no Brasil.* Ensaios de interpretação sociológica. Rio de Janeiro: Zahar, 1975.

FERRATER MORA, J. *Diccionario de Filosofia.* Quinta reimpressión. Barcelona: Alianza, 1986. 4 v.

FINELLI, R. Globalizzazione: uma questione astrata, ma non troppo. In: *Globalizzazione e identità.* Annuario del Centro Studi Franci Fortini, 2000. Estratto.

SERVIÇO SOCIAL EM TEMPO DE CAPITAL FETICHE

FINELLI, R. O pós-moderno: a realidade do moderno. In: COUTINHO, C. N.; TEIXEIRA, A. P. *Ler Gramsci, entender a realidade*. Rio de Janeiro: Civilização Brasileira, 2003, p. 109-112.

FITOUSSI, J. P.; ROSANVALLON, P. *La nueva era de las desigualdades*. Buenos Aires: Manantial, 1997.

FLEURY, S. *Estado sem cidadãos*. Seguridade social na América Latina. Rio de Janeiro: FIOCRUZ, 1994.

FREDERICO, C. *Consciência operária no Brasil*. (Estudo com um grupo de trabalhadores). 2. ed. São Paulo: Ática, 1979.

FREIRE, L. M. B. *O Serviço Social na reestruturação produtiva*. Espaços, programas e trabalho profissional. São Paulo: Cortez, 2003.

GASPARI. A Escola pública vira sucata. A privada ganha BNDES. *O Globo*, 27/02/2000, p. 14.

GIRALDI, R. Faculdades particulares terão verbas. *Jornal do Brasil*. 23/02/2000, p. 7.

GORZ, A. *Adeus ao proletariado*. Rio de Janeiro: Forense Universitária, 1982.

GRAMSCI, A. *Obras escolhidas*. Lisboa: Estampa, 1974a, v. 2.

_____. Americanismo e fordismo. In: *Obras escolhidas*. Lisboa: Estampa, 1974b, v. 2, p. 135-186,

_____. Alguns temas sobre a questão meridional. *Temas de Ciências Humanas*. São Paulo, n. 1, p. 19-46, 1977.

_____. A formação dos intelectuais. In: *Os intelectuais e a organização da cultura*. 2. ed. Rio de Janeiro: Civilização Brasileira, 1978a.

_____. *Literatura e vida nacional*. Rio de Janeiro: Civilização Brasileira, 1978b.

_____. *Maquiavel, a política e o Estado moderno*. 3. ed. Rio de Janeiro: Civilização Brasileira, 1979.

_____. *A concepção dialética da história*. Rio de Janeiro: Paz e Terra, 1981.

_____. *Cadernos do Cárcere*. Rio de Janeiro: Civilização Brasileira, 2001. V. 4.

GRANEMANN, S. "Processos de trabalho e Serviço Social". In: CEAD/UNB; CFESS/ABEPSS. *Reprodução Social, Trabalho e Serviço Social*. MóduloI I. Capacitação em Serviço Social e Política Social. Brasília: CEAD/UnB, 1999, p. 153-166.

GRASSI, E. Variaciones en torno a la exclusión. De qué integración hablamos? *Serviço Social & Sociedade*, São Paulo, ano XXIII, n. 70, jul. 2002.

_____ et al. *Políticas Sociales, Crisis y Ajuste Estructural*. Buenos Aires: Espacio Editorial, 1994.

GUERRA, Y. Presentación Biográfica. In: MARTINELLI, M. L. *Servicio Social*: identidad y alienación. São Paulo: Cortez, 1992.

_____. Instrumentalidade do processo de trabalho e Serviço Social. *Serviço Social & Sociedade*, São Paulo, ano XXI, n. 62, p. 5-34, 2000.

GRZYBOWSKI, C. *Caminhos e descaminhos dos movimentos sociais no campo.* Petrópolis: Vozes/Fase, 1987.

GUIDDENS, A. *As conseqüências da modernidade.* 2. ed. São Paulo: UNESP, 1991.

GUIMARÃES, A. P. *A crise agrária.* Rio de Janeiro: Paz e Terra, 1979.

HARVEY, D. *Los límites del capitalismo y la teoria marxista.* México: Fondo de Cultura Económica, 1990.

_____. *A condição pós-moderna.* São Paulo: Loyola, 1993.

_____. *A produção capitalista do espaço.* 2. ed. São Paulo: Annablume, 2005b.

_____. *Espaços de Esperança.* São Paulo: Loyola, 2004.

_____. *O novo imperialismo.* São Paulo: Loyola, 2005a.

_____ *et al.* Dossiê imperialismo. *Revista Margem Esquerda. Ensaios marxistas.* São Paulo, Boitempo, n. 5. p. 31-88, 2005.

HELLER, A. *O quotidiano e a história.* Rio de Janeiro: Paz e Terra, 1972.

_____. *Sociología de la vida cotidiana.* Barcelona: Península, 1977.

_____. *Teoría de las necesidades en Marx.* Barcelona: Península, 1978.

_____. *O homem do renascimento.* Lisboa: Presença, 1982.

_____. *Teoria de las necesidades en Marx.* Barcelona: Ed. Península, 1986.

HIRATA, H. Trabalho e família e relações homem/mulher. *Revista Brasileira de Ciências Sociais,* São Paulo, v. 1, n. 2, p. 5-12, 1986.

HOBSBAWM, E. J. Notas sobre a consciência de classe. In: *Mundos do trabalho.* Novos estudos sobre história operária. Rio de Janeiro: Paz e Terra, 1987, p. 35-56.

_____. Introdução. In: HOBSBAWM, E.; RANGER, T. *A invenção das tradições.* Rio de Janeiro: Paz e Terra, 1984.

_____. *A era dos extremos. O breve século XX.1914-1991.*São Paulo: Companhia das Letras, 1995.

HOLANDA, M. N. A. B. O trabalho no sentido ontológico para Marx e Lukács: algumas considerações sobre trabalho e Serviço Social. *Serviço Social & Sociedade.* São Paulo, ano XXIII, n. 69, p. 5-29, mar. 2000.

HORTA, C. E. R (Org.) *Ensino Superior: legislação atualizada.* Brasília, ABMES, 1998, v. 1.

HUSSON, M. *Miséria do capital.* Uma crítica ao neoliberalismo. Lisboa: Terramar, 1999.

IAMAMOTO, M. V.; CARVALHO, R. *Relações Sociais e Serviço Social no Brasil.* São Paulo: Cortez/Celats, 1982.

IAMAMOTO, M. V. Proposta de interpretação histórico-metodológica. In: _____; CARVALHO, R. *Relações Sociais e Serviço Social no Brasil.* Esboço de uma interpretação histórico-sociológica. São Paulo: Cortez/Celats, 1982a.

_____. *Legitimidade e crise do Serviço Social.* Ensaio de interpretação Sociológica. Piracicaba: ESALQ/USP, 1982b.

SERVIÇO SOCIAL EM TEMPO DE CAPITAL FETICHE

IAMAMOTO, M. V. *Renovação e conservadorismo no Serviço Social*. Ensaios críticos. São Paulo: Cortez, 1992a.

_____. A questão da metodologia no Serviço Social: indicações para o debate. In: Renovação e conservadorismo no Serviço Social. *Ensaios críticos*. São Paulo, Cortez, 1992b, p. 172-181.

_____. *Servicio Social y división del trabajo. Un análisis crítico de sus fundamentos*. 2. ed. São Paulo: Cortez, 1992c. Biblioteca Latinoamericana de Servicio Social.

_____. *O Serviço Social na contemporaneidade*: trabalho e formação profissional. São Paulo: Cortez, 1998a.

_____. O debate contemporâneo da reconceituação do Serviço Social: ampliação e aprofundamento do marxismo. In: _____. *O Serviço Social na contemporaneidade*: trabalho e formação profissional. São Paulo: Cortez, 1998a, p. 201-250.

_____. Transformações societárias, alterações no mundo do trabalho e Serviço Social. *Ser Social*: questão social e Serviço Social. Departamento de Política Social da UnB. Brasília, n. 6, p. 45-78, jan./jun. 2000.

_____. A questão social no capitalismo. *Temporalis*, ABEPSS, Brasília, ABEPSS/Grafline, ano II, n. 3, p. 9-33, jan./jun. 2001a.

_____. *Trabalho e indivíduo social*. São Paulo: Cortez, 2001b.

_____. *Relaciones sociales y Trabajo Social*. Lima: Celats, 1984.

_____. 20 anos do livro Relações sociais e Serviço Social no Brasil: uma leitura retrospectiva. *Temporalis*, ABEPSS, Suplemento. Niterói, ano III, p. 89-12, jul. 2002.

_____. As dimensões ético-políticas e teórico-metodológicas do Serviço Social contemporâneo. Trajetória e desafios. In: MOLINA, L. (Org.). *La cuestión social y la formación profesional en Trabajo Social en el contexto de las nuevas relaciones de poder y la diversidad latinoamericana*. Buenos Aires: Espacio, 2004, p. 17-50.

_____; NETTO, J. P. Serviço Social alternativo. In: IAMAMOTO, M. V. *Renovação e conservadorismo no Serviço Social*. Ensaios Críticos. São Paulo: Cortez, 1992a, p. 131-158.

IANNI, O. A mentalidade do homem simples. In: _____. *Sociologia e sociedade brasileira*. São Paulo: Alfa Omega, 1975.

_____. *A ditadura do grande capital*. Rio de Janeiro: Civilização Brasileira, 1981.

_____. *O ciclo da revolução burguesa no Brasil*. Petrópolis: Vozes, 1984a.

_____. A questão agrária e as formas do Estado. In: *Origens agrárias do Estado brasileiro*. São Paulo: Brasiliense, 1984b.

_____. A crise dos paradigmas na sociologia. *Revista Brasileira de Ciências Sociais*. São Paulo, ano 5, n. 13, p. 90-100, jun. 1990.

_____. A Questão Social. In: *A Idéia do Brasil Moderno*. São Paulo: Brasiliense, 1992, p. 87-109.

_____. *Capitalismo, violência e terrorismo*. Rio de Janeiro: Civilização Brasileira, 2004b

_____. *Pensamento social no Brasil*. Bauru: EDUSC, 2004a.

INEP/MEC. Censo de Ensino Superior (CES). *Resumo Técnico*. Brasília, 2003.

_____. http://www.educaçãosuperior.inep.gov.br/funcional/listacursos.asp/.

_____. http://www.edudatabrasil.inep.gov.br/resultado.jsp/.

INSS. *Matriz teórico-metodológica do Serviço Social na Previdência Social*. Brasília, Ministério da Previdência e Assistência Social — MPAS — Divisão de Serviço Social, 1994.

IPEA. *Radar Social*. Brasília: Ipea, 2005.

_____. Políticas sociais: acompanhamento e análise (1995-2005). Edição especial 13. Brasília: IPEA, 2007.

JAMESON, F. *Espaço e imagem*. Teorias do pós-moderno e outros ensaios. Rio de Janeiro: UFRJ, 1994.

_____. *As sementes do tempo*. São Paulo: Ática, 1999.

_____. *Pós-modernidade*: a lógica cultural do capitalismo tardio. São Paulo: Ática, 2000.

LARANGEIRA, S. Realidade do trabalho no final do século XX. *Ser Social*: questão social e Serviço Social. Departamento de Política Social da UnB. Brasília, n. 5, p. 23-44, jul./dez. 1999.

LAUREL, C. Avançando em direção ao passado: a política social no neoliberalismo. In: LAURELL, A. C. (Org.). *Estado e políticas sociais no neoliberalismo*. São Paulo: CEDEC/Cortez, 1995.

LECHNER, N. Los condicionantes de la governabilidad democrática en America Latina en fin de siglo. In: FILMUS, D. (Comp.). *Los noventa*. Política, sociedad y cultura en América Latina y Argentina de fin de siglo. Buenos Aires: FLACSO/Eudeba, 1999.

LEFEBVRE, H. *Critique de la vie quotidienne*. Introduction. 2. ed. Paris: L'Larche, 1958, v. I.

_____. *Critique de la vie quotidienne II*. Fondements d'une sociologie de la quotidienneté. Paris: L'Larche, 1961.

_____. *Critique de la vie quotidienne III*. De la modernité au modernisme (Pour une métaphilosophie du quotidien). Paris: L'Larche, 1981.

_____. *La vida cotidiana en el mundo moderno*. Madrid: Alianza, 1972.

_____. *Sociologia de Marx*. 2. ed. Rio de Janeiro: Forense-Universitária, 1979.

_____. *A re-produção das relações sociais de produção*. Porto: Publicações Escorpião, 1973.

LEHER, R. Fórum Social Mundial: uma combinação de espaço de catálise de movimentos com uma consistente agenda antiimperialista. *Em Pauta. Teoria social e realidade contemporânea*. Faculdade de Serviço Social da UERJ. Rio de Janeiro, Revan, n. 19, p. 39-56, jan-jul. 2007.

LÊNIN, V. I. *Que fazer?* Lisboa: Estampa, 1974.

_____. El imperialismo. Fase superior del capitalismo. In: *Obras escojidas em doce tomos.* Moscú: Progreso, 1976, t. V, p. 372-500.

_____. *Acotaciones a la correspondencia entre Marx y Engels — 1844-1883.* Montevideo: Pueblos Unidos; Barcelona: Grijalbo, 1976a.

_____. *O programa agrário da social-democracia na primeira Revolução Russa de 1905-1907.* São Paulo: Ciências Humanas, 1980.

LESSA, S. O processo de produção/reprodução social: trabalho e sociabilidade. In: *Capacitação em Serviço Social e política social.* Crise contemporânea, questão social e Serviço Social. Brasília, CEAD/UnB, 1999. Módulo 2, p. 19-33.

_____. Serviço Social e trabalho: do que se trata? *Temporalis.* ABEPSS, Brasília, ABEPSS, n. 2, p. 35-58, jul./dez. 2000.

LOJKINE, J. As novas relações entre o econômico, o social e o político. Uma concepção crítica da questão social. *Ser Social*: Questão social e Serviço Social: Departamento de Política Social da UnB. Brasília, n. 6, p. 11-44, jan./jun. 2000.

LOPES, J. B. *Objeto e especificidade do Serviço Social*: pensamento latino-americano. São Paulo: Cortez/Moraes, 1979.

LÖWY, M. Prefácio. In: NETTO, J. P.; FALCÃO, M. C. *Cotidiano*: conhecimento e crítica. São Paulo: Cortez, 1987, p. 9-12.

_____. *Para uma sociologia dos intelectuais revolucionários.* São Paulo: Livraria Ciências Humanas, 1979.

_____; SAYRE, R. *Revolta e melancolia.* Petrópolis: Vozes, 1995.

LUKÁCS, G. *La théórie du roman.* Genebra: Gauthier, 1963a.

_____. *Estética 1.* La pecualiaridad de lo estético. Questiones preliminares y de princípio. Barcelona: Grijalbo, 1963b. 1 v.

_____. *El asalto a la razón.* Barcelona; Mexico: Grijalbo, 1968.

_____. *Ontologia do ser social*: os princípios ontológicos fundamentais de Marx. São Paulo: Livraria Ciências Humanas, 1972.

_____. *História e consciência de classe.* Porto: Publicações Escorpião, 1974.

_____. As bases ontológicas da atividade humana. *Temas de Ciências Humanas*, São Paulo, n. 4, p. 1-19, 1978.

_____. *Existencialismo ou marxismo?* São Paulo: Livraria Ed. Ciências Humanas, 1979.

LUXEMBURGO, R. El segundo e tercer tomo. In: MEHRING, F. *Carlos Marx.* Historia de su vida. 2. ed. México: Biografias Gandesa/Grijalbo, 1960, p. 392-408.

MANDEL, E. *El capital.* Cien años de controvérsias en torno a la obra de Karl Marx. 2. ed.Mexico: Siglo XXI, 1988.

MANDEL, E. *O capitalismo tardio.* São Paulo: Nova Cultural, 1985.

MARCUSE, H. *Razão e revolução.* 2. ed. Rio de Janeiro: Paz e Terra, 1978.

MARKUS, G. *Marxismo e "antropología"*. Barcelona: Grijalbo, 1974a.

_____. *Teoria do conhecimento no jovem Marx*. Rio de Janeiro: Paz e Terra, 1974b.

MARSHALL, T. H. *Cidadania, classe social e "status"*. Rio de Janeiro: Zahar, 1967.

MARTINELLI, M. L. *Serviço Social*: identidade e alienação. São Paulo: Cortez, 1989.

_____. *Servicio Social*: identidad y alienación. São Paulo: Cortez, 1992.

MARTINS, H. S.; RAMALHO, R. (Orgs.). *Terceirização*. diversidade e negociação no mundo do trabalho. São Paulo: Hucitec/Cedi/Nets, 1994.

MARTINS, J. S. *Imigração e crise do Brasil agrário*. São Paulo: Pioneira, 1973.

MARTINS, J. S.; FORRACHI, M. M. (Orgs.). *Sociologia e Sociedade*. Leituras de introdução à sociologia. São Paulo: Martins Fontes, 1977, p. 1-8.

_____. O falso dilema da exclusão social e o problema da inclusão marginal. In: *Exclusão social e a nova desigualdade*. São Paulo: Paulus, 1977, p. 25-38.

_____. A sujeição da renda da terra ao capital e o novo sentido da luta pela reforma agrária. *Encontros com a Civilização Brasileira*. Rio de Janeiro, v. 3, n. 22, abr. 1980.

_____. *Expropriação e violência*. (A questão política no campo). São Paulo: Hucitec, 1980a.

_____. *Os camponeses e a política no Brasil*. Petrópolis: Vozes, 1983.

_____. O vôo das andorinhas: migrações temporárias no Brasil. *Não há terra para plantar neste verão*. Petrópolis: Vozes, 1986, p. 44-61.

_____. *Caminhada no chão da noite*. Emancipação política e libertação dos movimentos sociais do campo. São Paulo: Hucitec, 1989a.

_____. Dilemas sobre as classes subalternas na idade da razão. In: *Caminhada no chão da noite* (Emancipação política e libertação dos movimentos sociais no campo). São Paulo: Hucitec, 1989b, p. 97-137.

_____. *Expropriação e violência*. 3. ed. revisada e ampliada. São Paulo: Hucitec, 1991.

_____. *A chegada do estranho*. São Paulo: Hucitec, 1993.

_____. *O poder do atraso*. Ensaios de Sociologia da História Lenta. São Paulo: Hucitec, 1994.

_____. *A sociedade vista do abismo*. Novos estudos sobre exclusão, pobreza e classes sociais. Petrópolis: Vozes, 2002.

MARX, K. *A questão judaica*. São Paulo: Moraes, s.d.

_____. *Miseria de la Filosofía*. Buenos Aires: Siglo XXI, 1970.

_____. *Miséria da Filosofia*. São Paulo: Livraria Ciências Humanas, 1982.

_____. *El Capital*. Libro I. Capítulo VI. Inédito. Buenos Aires: Siglo XXI, 1971.

_____. O rendimento e suas fontes. A economia vulgar. In: *Manuscritos econômico-filosóficos e outros textos escolhidos*. São Paulo: Abril Cultural/Victor Civita, 1974, p. 265-328. (Coleção Os Pensadores.)

MARX, K. Introdução à crítica da economia política (1857). In: *Marx*. São Paulo: Abril Cultural, 1974a, p. 107-138. (Coleção Os Pensadores.)

_____. Manuscritos Econômico-Filosóficos de 1844. In: *Manuscritos econômico-filosóficos e outros textos escolhidos*. São Paulo: Abril Cultural, 1974b.

_____. *El Capital*. Critica de la economia politica. 2. ed. México: Fondo de Cultura Económica, 1975a. 3 v. 5. reimpressão.

_____. Manuscritos econômico-filosóficos de 1844. In: MARX, K.; ENGELS, F. *Manuscritos econômicos vários*. Barcelona: Grijalbo, 1975b.

_____. Teses sobre Feuerbach. In: MARX, K. & ENGELS, F. *Textos 1*. São Paulo: Sociais, 1977a, p. 118-120.

_____. Crítica da Filosofia do Direito de Hegel. Introdução. *Temas de Ciências Humanas*. São Paulo, n. 2, 1977b.

_____. Prefácio à contribuição à Crítica da Economia Política. In: MARX, K.; ENGELS, F. *Textos 2*. São Paulo: Sociais, 3 v., 1977c.

_____. Futuros resultados do domínio britânico na Índia. In: MARX, K; ENGELS, F. *Textos 3*. São Paulo: Sociais, 1977d.

_____. *Os 18 Brumário e Cartas a Kugelmann*. 4. ed. Rio de Janeiro: Paz e Terra, 1978.

_____. *Elementos Fundamentales para la Critica de la Economia Política (Grundrisse)*. 1857-1858. 12. ed. Mexico: Siglo XXI, 1980b, 2 v.

_____. *Teorias sobre la Plus Valia*. Primera Parte. Capitulos primero hasta séptimo y anexos. Barcelona: Editorial Critica (Grijalbo), 1997f.

_____. *Teorias sobre La Plus Valia*. Mexico: Fondo de Cultura Economica, 1980a, 3v.

_____; ENGELS, F. *A Ideologia Alemã (Feuerbach)*. São Paulo: Grijalbo, 1977.

_____. *A ideologia alemã (Feuerbach)*. São Paulo: Livraria Ciências Humanas, 1980c.

_____. *A ideologia alemã*. Lisboa: Presença; Livraria Martins Fontes, 1985a. v. 1 e 2

_____. *O Capital*. Crítica da Economia Política. São Paulo: Nova Cultural, 1985b. 5v.

_____. *El Capital*. Critica de la Economia Política. Libro I. El proceso de reproducción del capital. México: Siglo XXI, t. I, 1985c.

_____; ENGELS, F. *Manifesto do Partido Comunista*. São Paulo: Cortez, 1998.

_____; ENGELS, F. *Manifesto do Partido Comunista*. São Paulo: Textos III. São Paulo: Sociais, 1977e.

MATTOSO, J. *A desordem do trabalho*. São Paulo: Hucitec, 1995.

MEC-SESU. CONESS/Comissão de Especialistas de Ensino em Serviço Social. In: *Diretrizes Curriculares*. Curso: Serviço Social. Brasília, 26/02/1999. (mimeo.)

MEC. Conselho Nacional de Educação. *Diretrizes Curriculares Nacionais do Curso de Serviço Social*, homologadas em 04/07/2001. Disponível em: <http://www.portal.mec.gov.br>.

MELLO FRANCO, M. S. *Homens livres na ordem escravocrata*. São Paulo: Ática, 1976.

MENEGAT, M. *Depois do fim do mundo*. Fase de modernidade e a barbárie. Rio de Janeiro: Faperj/Relume-Dumará, 2003.

MENEZES, M. T. C. G. *Em busca da teoria*: políticas de assistência pública. São Paulo: Cortez; Rio de Janeiro: EDUERJ, 1993.

MERCADANTE, P. *A consciência conservadora no Brasil*. Contribuição ao Estudo da Formação Brasileira. Rio de Janeiro: Sagra, 1965.

MÉSZÁROS, I. *A necessidade do controle social*. São Paulo: Ensaio, 1987.

MILLET, D.; TOUSSAINT, E. *50 perguntas e 50 respostas sobre a dívida, o FMI e o Banco Mundial*. São Paulo: Boitempo, 2006.

MINISTÉRIO DA ADMINISTRAÇÃO E REFORMA DO ESTADO — MARE. *Plano Diretor da Reforma do Estado*. Brasília, dez. 1995.

_____/Secretaria de Reforma do Estado. *Projeto de Organizações Sociais*. Brasília, abr. 1996.

MONTAÑO, C. *Terceiro setor e a questão social*. Crítica ao padrão emergente de intervenção social. São Paulo: Cortez, 2002.

MORAES NETO, B. *Século XX e trabalho industrial*. São Paulo: Xamã, 2003.

MOTA, A. E. *Cultura da crise e seguridade social*. Um estudo das tendências da previdência e da assistência social nos anos 80-90. São Paulo: Cortez, 1995.

_____. *Cultura da Crise e Seguridade Social*. São Paulo: Cortez, 1995.

_____. Seguridade Social. *Serviço Social & Sociedade*. São Paulo, ano XVII, n. 50, p. 191-196, abr. 1996.

MOTA, A. E.; AMARAL, A. Reestruturação do capital, fragmentação do trabalho e Serviço Social In: MOTA. A E. (Org.). *A nova fábrica de consensos*. São Paulo: Cortez, 1998, p. 23-44.

NAPOLEONI, C. *Lições sobre o capítulo inédito de "O Capital"*. São Paulo: Livraria Ciências Humanas, 1981.

NETTO, J. P. *Capitalismo e reificação*. São Paulo: Ciências Humanas, 1981.

_____. A propósito da crítica de 1843. *Escrita Ensaio. Marx Hoje*. São Paulo, ano 5, n. 11-12, p. 177-196, 1983a.

_____. *Lukács*. São Paulo: Ática, 1983b.

_____. Para a crítica da vida cotidiana. In: _____; FALCÃO, M. C. *Cotidiano*: conhecimento e crítica. São Paulo: Cortez, 1987, p. 63-90.

_____. *Democracia e transição socialista*: escritos de teoria política. Belo Horizonte: Oficina de Livros, 1990.

_____. *Autocracia burguesa e Serviço Social*. Tese (doutorado em Serviço Social). São Paulo: PUC/SP, 1991a.

_____. *Ditadura e Serviço Social*. São Paulo: Cortez. 1991b.

NETTO, J. P. Capitalismo monopolista e Serviço Social. São Paulo: Cortez, 1992.

_____. Crise do socialismo e ofensiva neoliberal. São Paulo: Cortez, 1993.

_____. Transformações societárias e Serviço Social: notas para uma análise prospectiva da profissão. *Serviço Social & Sociedade*, São Paulo, n. 50, p. 87-132, 1996.

_____. Prólogo ao Manifesto do Partido Comunista. In: Marx, K; Engels, F. *Manifesto do Partido Comunista*. São Paulo: Cortez, 1998, p. IX a VXXXII.

_____. A construção do projeto ético-político do Serviço Social frente à crise contemporânea. In: CFESS/ABEPSS; CEAD/UnB (Org.). *Crise contemporânea, questão social e Serviço Social*. Capacitação em Serviço Social e política social. Brasília: CEAD/UnB, 1999.

_____. Cinco notas a propósito da questão social. *Temporalis*. ABEPSS, Brasília, n. 3, p 41-45, 2001.

_____. Reflexiones en torno a la cuestión social. In: *Nuevos escenários y práctica profesional*. Una mirada crítica desde el Trabajo Social. Buenos Aires: Espacio, 2002.

_____. Desigualdade, pobreza e Serviço Social. *Em Pauta*. Teoria social e realidade contemporânea. Revista da Faculdade de Serviço Social da Universidade do Estado do Rio de Janeiro, Rio de Janeiro, n. 19, p. 135-170, maio 2007.

NEVES, L. W. Educação: um caminhar para o mesmo lugar In: LESBAUPIN, I. *O desmonte da nação*. Petrópolis: Vozes, 1998, p.133-152.

NEVES, M. A. *Trabalho e cidadania*. As trabalhadoras de contagem. Petrópolis: Vozes, 1995.

NICOLAUS, M. El Marx desconocido. In: MARX, K. *Elementos fundamentales para la crítica de la economía política (Gründrisse) — 1857-1858*. 12. ed. México: Siglo XXI, 1980b, v. 1.

NISBET, R. *La formación del pensamiento sociológico*. Buenos Aires: Amorrortu, 1969, v. 1.

_____. Conservadorismo e sociologia. In: MARTINS, J. S. (Org.). *Introdução crítica à sociologia rural*. São Paulo: Hucitec, 1980.

NOGUEIRA. M. A. *Em defesa da Política*. São Paulo: SENAC, 2001.

NUNES, M. A. Agências Autônomas. Projeto de Reforma Administrativa das Autarquias e Fundações Federais do Setor de Atividades Exclusivas do Estado. MARE/Fundação Nacional de Administração Pública, jun. 1996.

OFFE, C. *Trabalho e sociedade*. Problemas estruturais e perspectivas para o futuro da sociedade do trabalho. A crise. Rio de Janeiro: Tempo Brasileiro, 1989. v. 1.

OLIVEIRA, F. *O elo perdido*. Classe e identidade de classe. São Paulo: Brasiliense, 1987.

_____. *Os direitos do antivalor*. A economia política da hegemonia imperfeita. Petrópolis: Vozes, 1998.

_____. Os protagonistas do drama: Estado e sociedade no Brasil. In: LARNJEIRA, S. (Org.). *Classes e movimentos sociais na América Latina*. São Paulo: Hucitec, 1990.

OLIVEIRA, C. A. B; MATTOSO, J. E. L (Orgs.). *Crise e trabalho no Brasil*. Modernidade ou volta ao passado? São Paulo: Scritta, 1996.

OLIVEIRA, H. C.; SALLES, M. A (Orgs.). *Relatório das Sessões Temáticas*. CONGRESSO BRASILEIRO DE ASSISTENTES SOCIAIS. *Trabalho e projeto ético-político profissional*, 9, 1998. Goiânia, CFESS, 1998.

ORTIZ, R. *A consciência fragmentada*. Ensaios de cultura popular e religião. Rio de Janeiro: Paz e Terra, 1980.

PAIVA, V. (Org.). *Igreja e questão agrária*. São Paulo: Loyola, 1985.

PAIVA, B. A. O SUAS e os direitos sociassistenciais: a universalização da seguridade em debate. *Serviço Social & Sociedade*. São Paulo, n. 87, p. 5-24, 2006.

PAIVA, B. A.; ROCHA, P. E. O financiamento da política de assistência social em perspectiva. *Serviço Social & Sociedade*, São Paulo, n. 83, p. 83-110, 2001.

PAOLI, M. C. Os trabalhadores urbanos na fala dos outros: tempo, espaço e classe na história operária brasileira. In: LEITE LOPES, J. S. (Org.). *Cultura e identidade operária*. Aspectos da cultura da classe trabalhadora. Rio de Janeiro: UFRJ/Marco Zero/Proed, 1987.

PAOLI, M. C.; SADER, E. Sobre as classes populares no pensamento sociológico brasileiro. (Notas de leitura sobre acontecimentos recentes). In: CARDOSO, R. (Org.). *A aventura antropológica*. 2. ed. Rio de Janeiro: Paz e Terra, 1988, p. 39-68.

PASTORINI, A. *A categoria "questão social" em debate*. São Paulo: Cortez, 2004.

PAUGAM, S. *Desqualificação social*. Ensaio sobre a nova pobreza. São Paulo: Cortez/EDUC, 2003.

PEREIRA, P. A. *A assistência social na perspectiva dos direitos*: crítica aos padrões dominantes de proteção aos pobres no Brasil. Brasília: Thesaurus, 1996.

_____. Política social no contexto da seguridade e do *Welfare State*: a particularidade da assistência social. *Serviço Social & Sociedade*. São Paulo, n. 56, 1998.

_____. A questão social e as transformações das políticas sociais. Respostas do Estado e da sociedade civil. *Ser Social*: questão social e Serviço Social. Departamento de Política Social da UnB, Brasília, n. 6, p.119-132, jan./jun. 2000.

_____. Questão social, Serviço Social e direitos de cidadania. *Temporalis*. ABEPSS, Brasília, n. 3, p. 51-62, 2001.

PESSANHA, E. G.; MOREL, R. L. Gerações operárias: rupturas e continuidades na experiência dos metalúrgicos do Rio de Janeiro. *Revista Brasileira de Ciências Sociais*. Rio de Janeiro, BIB, ano VI, n. 17, out. 1991.

PESSIS PASTERNAK, G. (Org.). *Do caos à inteligência artificial*: quando os cientistas se interrogam. São Paulo: UNESP, 1993.

PETRAS, J. *Império e políticas revolucionárias na América Latina*. São Paulo: Xamã, 2002.

QUEIROZ, M. I. *Messianismo e conflito social*. 2. ed. São Paulo: Ática, 1997.

QUIROGA, C. *Uma invasão às ocultas*: reduções positivistas no marxismo e suas manifestações no ensino do serviço Social. São Paulo: Cortez, 1989.

RAICHELLIS, R. D. *Esfera pública e Conselhos de Assistência Social*. Caminhos da construção democrática. São Paulo: Cortez, 1998a.

_____. Assistência Social e esfera pública: os conselhos no exercício do controle social. *Serviço Social & Sociedade*. São Paulo, ano XIX, n. 56, mar. 1998.

_____. Democratizar a gestão das políticas sociais: um desafio a ser enfrentado pela sociedade civil. In: MOTA, A. E. *et al*. *Serviço Social e saúde*: formação e trabalho profissional. São Paulo: Opas; OMS: Ministério da Saúde, 2006, p. 73-87.

RAMALHO, J. R. Controle, conflito e consentimento na teoria do processo de trabalho. *BIB/Anpocs*. Rio de Janeiro: Relume-Dumará, n. 32, p. 31-48, 1991.

REIS, S. O. *A controvérsia em torno da "questão social" na sociedade burguesa:* o pensamento clássico e contemporâneo. 2002. Dissertação (Mestrado em Serviço Social). Rio de Janeiro: UERJ, 2002.

ROCHA, D. 2002: o ano que não terminou? *Nota Técnica*. INESC, Brasília, n. 80, jul. 2003.

RODRIGUES, J. H. *História, corpo do tempo*. São Paulo: Perspectiva, 1976.

ROSA, G. *Ficção completa em dois volumes*. Rio de Janeiro: Nova Aguilar, 1994, v. I.

ROSANVALLON, P. *La nueva cuestión social*. Repensar el Estado providencia. Buenos Aires: Manancial, 1995.

_____. *A crise do Estado providência*. Goiânia: UnB, 1997.

_____. *A nova questão social*. Repensando o Estado Providência. Brasília: Instituto Teotônio Vilela, 1998.

ROSDOLSKY, R. *Genesis y estructura de El Capital de Marx* (Estudios sobre los Grundrisse). 3. ed. México: Siglo XXI, 1983.

_____. *Gênese e estrutura de O Capital de Karl Marx*. Rio de Janeiro: EDUERJ/Contraponto, 2001.

RUBIN, I. I. *A teoria marxista do valor*. São Paulo: Polis, 1987.

RUDÉ, G. *Ideologia e protesto popular*. Rio de Janeiro: Zahar, 1982.

SADER, E. *Quando novos personagens entram em cena*. Experiências e lutas dos trabalhadores na Grande São Paulo — 1970-1980. Rio de Janeiro: Paz e Terra, 1988.

SALAMA, P. *Pobreza e exploração do trabalho na América Latina*. São Paulo: Boitempo, 1999.

SANTANA, M. A.; RAMALHO, J. R. (Orgs.). *Além da fábrica*: trabalhadores, sindicatos e a nova questão social. São Paulo: Boitempo, 2003.

SANTANA, M. A.; RAMALHO, J. R. Trabalhadores, sindicatos e a nova questão social. In: SANTANA, M. A; RAMALHO, J. R. (Orgs.). *Além da fábrica*: trabalhadores, sindicatos e a nova questão social. São Paulo: Boitempo, 2003.

SANTOS, B. de S. *Pela mão de Alice*: o social e o político na pós-modernidade. São Paulo: Cortez, 1995.

SANTOS, L. L. *Textos de Serviço Social*. São Paulo: Cortez, 1982.

_____. El desarrollo de Trabajo Social en América Latina. *Acción Crítica*, Lima, n. 8, p. 25-39, dez. 1980.

SANTOS, M. A. Universidade: da internacionalidade à universalidade. In: *ADUFRJ*, ano V, out. 1999, p. 5.

_____. O intelectual independente e a universidade In: *Revista USP. Rumos da Universidade*. São Paulo, n. 39, 1989, p. 54-57.

SANTOS, W. G. *Cidadania e Justiça*. Rio de Janeiro: Campus, 1979.

SARTRIANI, L. M. L. *Antropologia cultural e análise da cultura subalterna*. São Paulo: Hucitec, 1986.

SALLUM, B. Jr. *Capitalismo e cafeicultura*. Oeste paulista 1888-1930. São Paulo: Livraria Duas Cidades, 1982.

SCHAFF, A. *Marxismo e indivíduo*. Rio de Janeiro: Civilização Brasileira, 1967.

_____. *A sociedade informática*. as conseqüências sociais da segunda revolução industrial. São Paulo: Brasiliense; UNESP, 1990.

SCHWARZ, R. *Ao vencedor as batatas*. (Forma literária e processo social nos inícios do romance brasileiro.) 2. ed. São Paulo: Livraria Duas Cidades, 1981.

SERRA, R. M. S. (Org.). *O Serviço Social e os seus empregadores*. O mercado de trabalho nos órgãos públicos, empresas e entidades sem fins lucrativos no Estado do Rio de Janeiro. Rio de Janeiro: UERJ, Faculdade de Serviço Social, 1998.

_____. *Crise de materialidade no Serviço Social*: repercussões no mercado profissional. São Paulo: Cortez, 2000.

_____. A questão social hoje. *Ser Social*: Questão social e Serviço Social: Departamento de Política Social da UnB. Brasília, n. 6, jan./jun. 2000a, p. 169-184.

SÈVE, L. *Marxismo e teoria da personalidade*. Lisboa: Novo Horizonte, 1979, 3 v.

SEYFERTH, G. Aspectos da proletarização do campesinato no Vale do Itajaí (SC): os colonos operários. In: LEITE LOPES, J. S. (Coord.). *Cultura e identidade operária*. Rio de Janeiro: Marco Zero; UFRJ, 1987, p. 103-120.

SILVA, A. *A gestão da seguridade social brasileira*. Entre a política pública e o mercado. São Paulo: Cortez, 2004.

SILVA, F. L. Autonomia e interação. *Revista USP Dossiê Universidade/Empresa*. São Paulo, n. 25, p. 62-67, mar./maio 1995.

SILVA, J. G.; BELIK, W.; TAKAGI, M. Para os críticos do Programa Fome Zero. *Teoria e Debate*, ano 15, n. 51, p. 17-22, jun./jul. 2002.

SILVA, M. L. L. Um novo fazer profissional. In: CEAD/UnB, *Capacitação em Serviço Social e política social*. Módulo IV: O trabalho do assistente social e as políticas sociais. Brasília: CEAD/UnB, 2000, p. 111-124.

SERVIÇO SOCIAL EM TEMPO DE CAPITAL FETICHE

SILVA, S. *Valor e renda da terra*: movimento do capital no campo. São Paulo: Polis, 1981.

SILVA, M. O. S. *O Serviço Social e o popular*. Resgate teórico-metodológico do projeto profissional de ruptura. São Paulo: Cortez, 1995.

_____. A atualidade da pós-graduação na área de Serviço Social. Brasília: CAPES/ MEC, 2002.

SILVA, R. A. A. A Sociologia do trabalho frente à reestruturação produtiva: uma discussão teórica. *BIB*, Rio de Janeiro, n. 42, p. 41-58, 1966.

SIMIONATTO, I. *Gramsci*: sua teoria, incidência no Brasil e influência no Serviço Social. São Paulo: Cortez/UFSC, 1995.

_____. As expressões ídeoculturais da crise contemporânea. In: CFESS/ABEPSS; CEAD/UnB. (Org.). *Capacitação em Serviço Social e Política Social*. Crise contemporânea, questão social e Serviço Social. Módulo I. Brasília: CEAD, 1999, p. 77-90.

SINGER, P. Apresentação. In: MANDEL, E. *O capitalismo tardio*. São Paulo: Nova Cultural, 1985, p. VII-XXXIII.

_____. A economia brasileira depois de 1964. *Debate & Crítica*, ano 2, n. 4, p. 1-22, nov. 1974.

SOARES, L. T. R. *Ajuste neoliberal e desajuste social na América Latina*. Petrópolis: Vozes/Clacso, 2001.

_____. *O desastre social*. Rio de Janeiro: Record, 2003.

SPOSATI, A. (Org.). A assistência na trajetória das políticas sociais brasileiras. São Paulo: Cortez, 1985.

STEIN, R. A (nova) questão social e as estratégias para o seu enfrentamento. *Ser Social*: Questão social e Serviço Social: Departamento de Política Social da UnB, Brasília, n. 6, p.133-168, jan./jun. 2000.

STOLKE, V. *Cafeicultura*: homens, mulheres e capital (1850-1980). São Paulo: Brasiliense, 1986.

TAULLI, J. R. *Para (re)construir o Brasil contemporâneo*. Trabalho, tecnologia e acumulação. Rio de Janeiro: Contraponto, 2001.

TELLES, V. S. *No fio da navalha*: entre carência e direitos. Petrópolis: Vozes, 1999.

THOMPSON, E. P. *A formação da classe operária inglesa*. Rio de Janeiro: Paz e Terra, 1987, 3 v.

_____. *Tradición, revuelta y consciencia de clase*. (Estudios sobre la crisis de la sociedad industrial.) Barcelona: Crítica, 1979a.

_____. La sociedad inglesa del siglo XVIII: lucha de clases sin clases? In: *Tradición, revuelta y consciencia de clase*. Estudios sobre la crisis de la sociedad industrial. Barcelona: Crítica, 1979b.

THOMPSON, E. P. *Costumes em comum*. Estudos sobre a cultura popular tradicional. São Paulo: Cia. das Letras, 2005.

TOUSSAINT, E. *La bolsa o la vida*. Las finanzas contra los pueblos. Buenos Aires: CLACSO, 2004.

VASCONCELOS, A. M. *A prática do Serviço Social*. Cotidiano, formação e alternativas na área de saúde. São Paulo: Cortez, 2002.

VAZQUEZ, A. S. Marx y su critica de la filosofia política de Hegel. Prólogo. In: HEGEL *Critica de la Filosofia del Estado de Hegel*. México: Editorial Grijalbo, 1968, p. 5-10.

VIANNA, L. W. *Liberalismo e Sindicato no Brasil*. 2. ed. Rio de Janeiro: Paz e Terra, 1978.

VIANNA, M. L. T. W. *A americanização (perversa) da seguridade social no Brasil*. Rio de Janeiro: Revan/IUPERJ-UCAM, 1998.

VINAGRE, M. e PEREIRA, T. M. D. *Ética e direitos humanos*. Curso de capacitação ética para agentes multiplicadores. Brasília: CFESS, 2007.

VIOTTI DA COSTA, E. Política de terras nos Estados Unidos e no Brasil. In: *Da Monarquia à República*: momentos decisivos. São Paulo: Grijalbo, 1977.

_____. Estrutura *versus* experiência. Novas tendências na história do movimento operário na América Latina: o que se perde e o que se ganha. *BIB*, São Paulo, n. 29, p. 3-16, 1990.

WALLERSTEIN, I. *Após o liberalismo*. Em busca da reconstrução do mundo. Petrópolis: Vozes, 2002.

WANDERLEY, M. N. Capital e propriedade fundiária na agricultura brasileira. In: ARAÚJO, B. J. (Coord.). *Reflexões sobre a agricultura brasileira*. Rio de Janeiro: Paz e Terra, 1979, p. 15-40.

WANDERLEY, L. E. Os sujeitos em questão. *Serviço Social & Sociedade*. São Paulo, n. 40, p. 141-156, dez. 1992.

_____. A questão social no contexto da globalização: o caso latino-americano e caribenho. In: YAZBEK, M. C.; BÓGUS, L.; BELFIORE; WANDERLEY, M. (Orgs.). *Desigualdade e a questão social*. São Paulo: EDUC, 2000.

_____. A particularidade da questão social na América Latina. *Serviço Social & Sociedade*. São Paulo, ano XXIV, n. 76, p. 37-57, nov. 2003.

WOOD, E. M.; FOSTER, J. B (Orgs.) *Em defesa da história*. Marxismo e pós-moedernismo. Rio de Janeiro: Zahar, 1999.

WOOD, S. (Ed.). *The degradation of work?* Skill, deskilling and the labour process. London: Hutchinson Group (SA), 1982.

YAZBEK, M. C. *Classes subalternas e Assistência Social*. 3. ed. São Paulo: Cortez, 1993.

_____. Globalização, precarização do trabalho e seguridade social. *Serviço Social & Sociedade*. São Paulo, n. 56, p. 50-59, mar. 1998.

_____. O Serviço Social como especialização do trabalho coletivo. In: CFESS/ABEPSS; CEAD/UNB (Org.). *Capacitação em Serviço Social e Política Social*. Módulo II. Reprodução social, trabalho e Serviço Social. Programa de Capacitação Continuada para Assistentes Sociais. Brasília, CEAD, p. 87-100, 1999.

YAZBEK, M. C. Os fundamentos do serviço Social na contemporaneidade. In: CFESS/ ABEPSS; CEAD/UnB. (Org.). *Capacitação em Serviço Social e Política Social*. O trabalho do assistente social e as políticas sociais. Módulo IV. Brasília: CEAD, p. 19-34, 1999a.

_____. Pobreza e exclusão social: expressões da questão social. *Temporalis*. ABEPSS, ano III, n. 3, p. 33-40, jan./jun. 2001.

_____. *Assistência social na cidade de São Paulo*: a (difícil) construção do direito. São Paulo: Polis; PUC/SP, 2004. (Observatório dos Direitos do Cidadão: acompanhamento e análise das políticas públicas da cidade de São Paulo, 22).